航海学基础

（第二版）

主　编 ◉ 张锡海　韩　鹏

副主编 ◉ 李振中　刘智明

主　审 ◉ 刘加钊

大连海事大学出版社
DALIAN MARITIME UNIVERSITY PRESS

图书在版编目(CIP)数据

航海学基础 / 张锡海,韩鹏主编. — 2 版. —大连：
大连海事大学出版社,2024.12. — ISBN 978-7-5632
-4631-1

Ⅰ.U675

中国国家版本馆 CIP 数据核字第 2024ZZ9570 号

大连海事大学出版社出版

地址:大连市黄浦路523号　邮编:116026　电话:0411-84729665(营销部)　84729480(总编室)

http://press.dlmu.edu.cn　E-mail:dmupress@dlmu.edu.cn

大连金华光彩色印刷有限公司印装　　　　　　　大连海事大学出版社发行

2019 年 2 月第 1 版　　2024 年 12 月第 2 版　　2024 年 12 月第 1 次印刷

幅面尺寸:184 mm×260 mm　　　　　　　　　印张:23.5

字数:580 千　　　　　　　　　　　　　　　　印数:1~1500 册

出版人:刘明凯

责任编辑:刘宝龙　　　　　　　　　　　　　　责任校对:席香吉

封面设计:张爱妮　　　　　　　　　　　　　　版式设计:张爱妮

ISBN 978-7-5632-4631-1　　　定价:66.00 元

第二版前言

党的二十大报告做出"发展海洋经济，保护海洋生态环境，加快建设海洋强国"的战略部署。航运业是国际贸易发展的重要保障，也是世界各国人民友好往来的重要纽带。发展海洋经济，离不开航运业的发展。

本书在继承上一版的优点并保持"航海学"课程体系的系统性和完整性的同时，更新了部分内容。本书内容涵盖了中华人民共和国海事局《海船船员考试大纲（2022版）》中"航海学"科目的相关知识点，更加注重理论与实践的联系，反映现代航海技术在航海领域的具体应用，更加突出实用性和针对性。

本书由青岛远洋船员职业学院的张锡海和韩鹏担任主编，青岛远洋船员职业学院的李振中和中远海运能源运输股份有限公司的刘智明船长担任副主编，青岛远洋船员职业学院的刘加钊担任主审。全书共分为六个模块，其中：模块一、模块三由韩鹏编写；模块二、模块四由李振中编写；模块五由张锡海编写；模块六由刘智明编写。最后统一由张锡海修改定稿。

本书在编写过程中力求系统全面，参考了许多国内优秀的航海学类教材及近年的航海图书和期刊，具体见参考文献，恕未能一一列举。本书的编写工作得到了青岛远洋船员职业学院和大连海事大学出版社各级领导、专家以及航海教研团队全体老师的大力支持和帮助，在此一并表示衷心的感谢！

由于时间仓促，加之编者水平有限，书中不足和错漏之处在所难免，敬请同行和读者批评指正。

编　者

2024 年 9 月

扫码学习《深入学习贯彻党的二十大精神　加快建设交通强国当好中国式现代化开路先锋》

第一版前言

本书是根据高等学校交通运输类专业教学指导委员会航海技术教学指导分委员会指导性教学计划，按照中华人民共和国交通运输部《海船船员培训大纲（2016版）》的要求编写的。

高等专科学校统编教材《航海学》自1999年出版以来，受到了航海院校师生和海船船员的普遍欢迎，2003年9月出版的《航海学》（专科）被评为"普通高等教育'十五'国家级教材"；2009年第二版被评为"山东省首届高等学校优秀教材一等奖"；2012年第三版被评为"山东省高等学校优秀教材"及"国家精品课程（高职高专类）教材"。

本次出版的"航海学"系列教材包括《航海学基础》《航海仪器》《航行方法》，在继承原版教材的优点并保持"航海学"课程体系的系统性和完整性的同时，内容涵盖了中华人民共和国交通运输部《海船船员培训大纲（2016版）》中"航海学"科目的所有知识点，所涉航海图书资料部分均采用现行版图书资料，航海仪器部分重点介绍当前主流设备，更加注重理论与航海实践的联系，反映了现代航海技术在航海领域的具体应用，更加突出实用性和针对性。

本书由青岛远洋船员职业学院张锡海任主编，韩鹏、李振中任副主编，刘加钊任主审。全书共分为六章，其中：第一章、第三章由韩鹏编写；第二章、第四章和第六章由李振中编写；第五章由张锡海编写。最后统一由张锡海修改定稿。

本书在编写过程中力求系统全面，参考了许多国内优秀的航海学类教材及近年的航海图书和期刊，具体见参考文献，恕未能一一列举。本书的编写工作得到了青岛远洋船员职业学院和大连海事大学出版社各级领导、专家以及航海教研室全体老师的大力支持和帮助，在此一并表示衷心的感谢！

由于时间仓促，加之编者水平所限，书中不足和错漏之处在所难免，敬请同行和读者批评指正。

编　者
2018年10月

目录

模块一 坐标、向位和距离

项目一　球面三角

我们在航海上研究一些问题时，有时把地球当作圆球体。球面三角，主要研究、分析和解算圆球体球面上几何图形的性质和由三个大圆弧相交构成的球面三角形的特性及边角函数关系，是学习航海学的主要数学基础之一，如地理坐标、航迹计算及天文定位等都涉及这方面的内容。

一、球面几何

1.球面和球面上的圆

（1）球和球面

半圆绕它的直径旋转360°而成的旋转面称为球面（Sphere Surface）。球面所包围的几何体称为球。连接球心和球面上任意点的线段称为球的半径（R）。同一球的半径相等。连接球面上两点并通过球心的线段称为球的直径。

（2）球面上的圆

任意一平面和球面相截的截痕是圆。由于平面至球心的距离不同，平面与球相截在球面上形成的圆可分为两类：

①大圆

大圆（Great Circle）：平面通过球心与球相截，在球面上的截痕是一个大圆（如图1-1-1所示）。大圆是球面上最大的圆，它把球面分成相等的两部分，其半径等于球半径，同一球的球面上的各个大圆大小相等。

大圆弧：大圆的一段圆周称为大圆弧。大圆弧在航海学中作为度量球面上的距离、方向和点的位置的统一依据。

②小圆

小圆（Small Circle）：平面不通过球心与球相截，在球面上的截痕是一个小圆（如图1-1-1所示）。小圆的半径小于球半径。平面离球心有远有近，与球面相截形成的各个小圆大小不等，离球心近的小圆比离球心远的小圆大。小圆的一段圆周叫小圆弧。

如图1-1-2所示，过球面上不在同一直径两端的任意两点，只能有一个大圆，却能作无数个小圆。过同一直径的两个端点，能作无数个大圆而不能作小圆。一个球面上不可能有两个大圆相互平行，球面上的两个大圆必定相交，交线是它们的直径，且两个大圆互相平分。

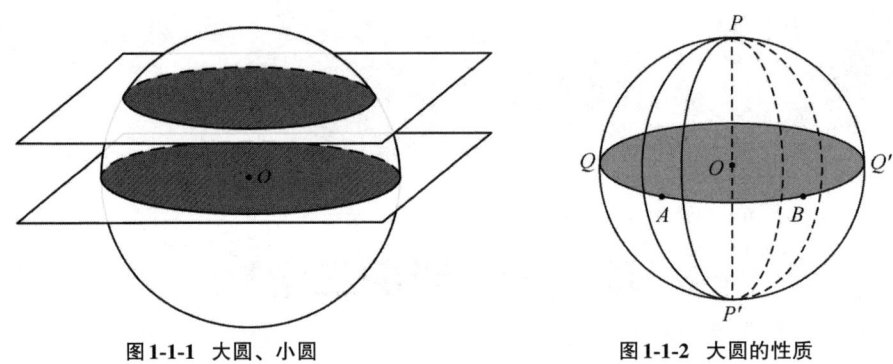

图1-1-1 大圆、小圆   图1-1-2 大圆的性质

在航海学里，当把地球当作圆球体时，赤道和经线圈是大圆，纬度圈是小圆，过南北两极，可作无数个大圆（即经线圈）。

2.球面角和球面距离

（1）轴、极、极距、极线

轴（Axis）：垂直于任一圆（大圆或小圆）的球直径称为这个圆的轴。

极（Pole）：轴与球面相交的两点称为极。故每一个圆均有两个极，而通过两个极可以有无数个大圆。

极距（Polar Distance）：从大圆弧或小圆弧上的一点到极的大圆距离称为极距，又称该圆的球面半径。球面半径并非球的半径。

极线：极距对应的球心角为90°的大圆弧称为极线。大圆弧的极距对应的球心角为90°，所以大圆弧是它的极的极线；反之，极线必定是大圆弧。

显然，如果球面上一点至其他两点（不是直径的两个端点）的球面距离都是90°，则前一点必是通过后两点的大圆的极。

（2）球面角及其度量

球面角（Spherical Angle）：球面上由两个大圆弧所构成的角称为球面角。其交点叫作球面角的顶点。每一个大圆弧叫作球面角的边。如图1-1-3所示，$\angle APB$是一个球面角，可写为$\angle P$，P为其顶点，$\overparen{PA}$、$\overparen{PB}$为其两边。$CABD$是以球面角顶点P为极的极线。PE和PF是过P点所作的$\overparen{PA}$、$\overparen{PB}$的切线。

球面角的大小以过其顶点的两个大圆弧平面所形成的两面角来确定。

球面角的三种度量方法（如图1-1-3所示）：

①切于顶点大圆弧的切线的夹角$\angle EPF$；

②顶点的极线被其两边大圆弧所截的弧$\overset{\frown}{AB}$；

③$\overset{\frown}{AB}$所对的球心角$\angle AOB$。

所以：球面角$\angle APB = \angle EPF = \angle AOB$

球面角可以为锐角、直角或钝角。当两个大圆弧重合时，球面角为$0°$。同一公共顶点的所有球面角之和等于$360°$。

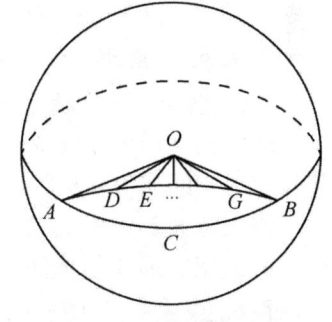

图1-1-3 球面角的三种度量方法

（3）球面距离的度量和最短距离

连接球面上两点的大圆弧的长度称为这两点间的球面距离。球面距离用两点间的大圆弧的长度来表示。它以大圆弧所对的球心角来度量，用度（°）、分（′）、秒（″）表示。

过球面上两定点间小于$180°$的大圆弧（劣弧）的长度是该两点间的最短距离（如图1-1-4所示）。若A、B为球面上任意两点，则$\overset{\frown}{ACB}$的长度是A、B两点间的最短球面距离。过A、B两点作任意曲线$ADE\cdots B$，并将该曲线划分为无穷小段的$\overset{\frown}{AD}$、$\overset{\frown}{DE}\cdots \overset{\frown}{GB}$。因为这些弧无穷小，所以可以认为$\overset{\frown}{AD}$、$\overset{\frown}{DE}\cdots \overset{\frown}{GB}$都是大圆弧。连接$OA$、$OD\cdots OB$，得一多面角$O - ADE\cdots GB$。

由立体几何知，在多面角中，任一面角小于其他面角的和，即

$$\angle AOB < \angle AOD + \angle DOE + \cdots + \angle GOB$$

由于圆的中心角与其所对的弧同度，则有

$\overset{\frown}{AB} < \overset{\frown}{AD} + \overset{\frown}{DE} + \cdots + \overset{\frown}{GB}$，即$\overset{\frown}{AB} <$球面曲线$ADE\cdots GB$

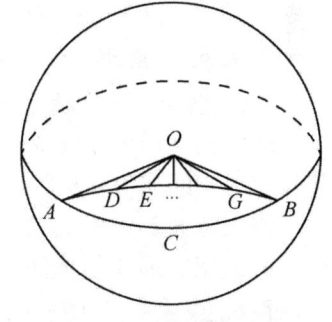

图1-1-4 球面距离的度量

这说明小于$180°$的大圆弧的长度是球面上两点间的最短距离，即地球上两地间的最短距离是两地间的小于$180°$的那段大圆弧的长度。

航海学里所讲的大圆航法，就是根据这个原理，船舶在海上从甲地到乙地采用小于$180°$的大圆弧的航线航行。

（4）圆心角相等的大圆弧与小圆弧的长度关系

如图1-1-5所示，PP'是acb小圆平面和AOB大圆平面的轴，$\angle acb = \angle AOB$，$\overset{\frown}{ab}$和$\overset{\frown}{AB}$分别是圆心角相等的小圆弧和大圆弧，其关系为

因为：$\dfrac{\overset{\frown}{ab}（长度）}{ac} = \dfrac{\overset{\frown}{AB}（长度）}{AO} = $ 圆心角（rad）

所以：$\dfrac{\overset{\frown}{ab}（长度）}{\overset{\frown}{AB}（长度）} = \dfrac{ac}{AO} = \dfrac{ac}{aO}$

又因为：$ac \perp PO$

所以：$\dfrac{\overset{\frown}{ab}（长度）}{\overset{\frown}{AB}（长度）} = \dfrac{ac}{aO} = \sin \angle aOc$

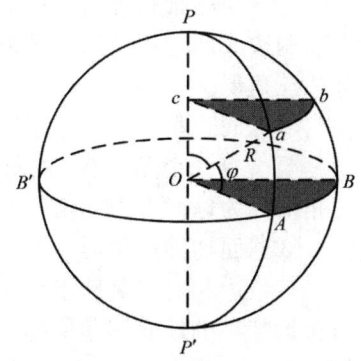

图1-1-5 东西距与经差的关系

即

$$\widehat{ab}（长度）=\widehat{AB}（长度）\times \sin\angle aOc$$
$$=\widehat{AB}（长度）\times \cos\angle aOA$$

当把地球作为圆球体时，$\widehat{ab}$、$\widehat{AB}$分别代表两条经线所夹的等经差的等纬圈弧长（即东西距）和赤道弧长（即经差$D\lambda$），且$\widehat{ab}$所在纬度等于$\angle aOA-\varphi$。因此：

$$\widehat{ab}（长度）=\widehat{AB}（长度）\times\cos\varphi \qquad\qquad (1-1-1)$$

即：东西距=经差×cos 纬度。

例 1-1-1 求纬度$60°$并且圆心角相等的等纬圈和赤道弧长之间的关系。

解：

$$\frac{等纬圈弧长（东西距）}{赤道弧长（经差）}=\cos 纬度=\cos 60°=\frac{1}{2}$$

纬度越高，等经差的东西距越短。当纬度为$60°$时，东西距仅为经差长度的一半。

二、球面三角形

1.球面三角形

（1）球面三角形及其六要素

球面三角形（Spherical Triangle）：在球面上由三个大圆弧所围成的三角形称为球面三角形。

构成球面三角形的大圆弧称为球面三角形的边。由两个大圆弧相交形成的球面角称为球面三角形的角。如图1-1-6所示，由大圆弧$\widehat{AB}$、$\widehat{BC}$、$\widehat{CA}$所围成的三角形便是一个球面三角形。通常用A、B、C表示球面三角形的三个角，用a、b、c表示球面三角形的三条边。这三个角A、B、C和这三条边a、b、c合称为球面三角形六要素。

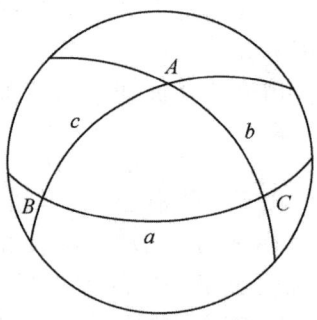

图1-1-6　球面三角形

航海上研究的是六个要素均大于$0°$而小于$180°$的欧拉球面三角形。地球上的任意两点和地极所构成的球面三角形是航海上经常用到的。

（2）球面三角形的分类

①球面等腰和等边三角形

两边或两角相等的三角形称为球面等腰三角形；三边或三角都相等的三角形称为球面等边三角形。

②球面直角和直边三角形

至少有一个角为$90°$的球面三角形称为球面直角三角形；至少有一条边为$90°$的球面三角形称为球面直边三角形。

③球面初等三角形

三条边相对于其球半径来说非常小的球面三角形称为球面小三角形；只有一个角及其对边均甚小的球面三角形称为球面窄三角形。球面小三角形和球面窄三角形统称为球面初等三角形（Primary Triangle）。

④球面任意三角形

凡不具有特殊条件的球面三角形称为球面任意三角形。

（3）球面三角形的关系

①全等

在同球或等球上，边角对应相等，且排列顺序相同的两个球面三角形为全等关系。

全等的条件有四种情况：a.两边及其夹角对应相等；b.两角及其夹边对应相等；c.三边对应相等；d.三角对应相等。

②相似

在半径不同的球面上，边角度数对应相等的两个球面三角形为相似关系。

③对称

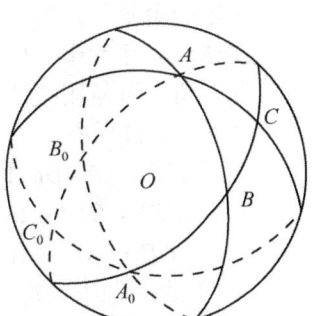

图1-1-7　球面三角形的关系

如图1-1-7所示，从球面三角形ABC的三顶点作大圆与球面交于A_0、B_0、C_0，连接A_0B_0、B_0C_0、C_0A_0，便得另一球面三角形，边、角都一一对应相等，这样的两个球面三角形为对称关系。但这两个球面三角形的边、角排列次序不同，两者不能重叠，因此其并非全等。

④球面极线三角形

由球面三角形（△ABC）的三个顶点的极线所构成的三角形，称为其极线三角形（Polar Triangle）。如图1-1-8所示，球面极线三角形的顶点常以A'、B'、C'标注，并用以表示该顶点的角；a'、b'、c'则分别表示各角所对的边。A'、B'、C'与A、B、C必然都在它们对边的同一侧。

若球面三角形各边所对的球心角均大于$90°$，则其球面极线三角形在球面三角形之内（如图1-1-8所示）；若球面三角形各边所对的球心角均小于$90°$，则其球面极线三角形在球面三角形之外（如图1-1-9所示）；若球面三角形的一边或两边所对的球心角小于$90°$，其余的边所对的球心角大于$90°$，则其球面极线三角形与球面三角形相交（如图1-1-10所示）。

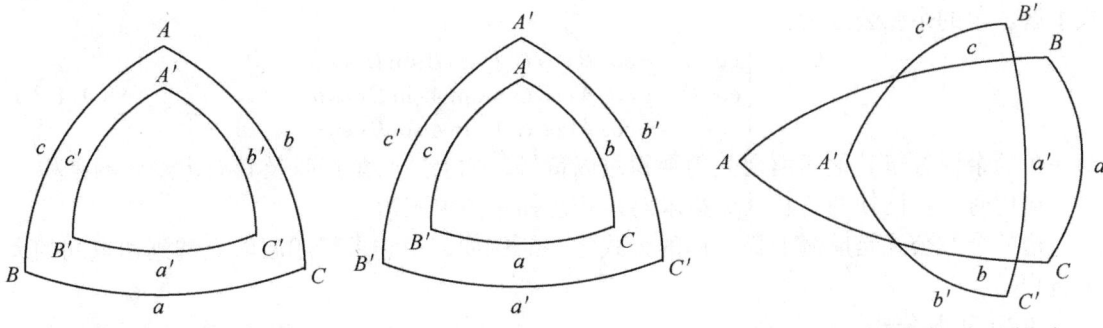

图1-1-8　球面极线三角形（一）　　图1-1-9　球面极线三角形（二）　　图1-1-10　球面极线三角形（三）

球面三角形与其球面极线三角形有如下两种关系：a.互为极线三角形，即球面三角形的顶点是其球面极线三角形对应边的极，球面极线三角形的顶点是原球面三角形对应边的极；b.边角互补，即球面三角形的边（角）与其球面极线三角形对应的角（边）互补。这两种关系在证明某些球面三角形公式和求解问题时常会用到。

2.任意球面三角形的边角函数关系

球面三角形的余弦公式、正弦公式和四联公式是航海上常用的公式。球面三角形六要素中，如果已知三个要素，就可利用有关公式求出其余三个要素。

（1）边和角的余弦公式

①边的余弦公式

在球面三角形中，已知两边及其夹角求对边，或已知三边求三角，可应用边的余弦公式求解。

如图1-1-11所示：

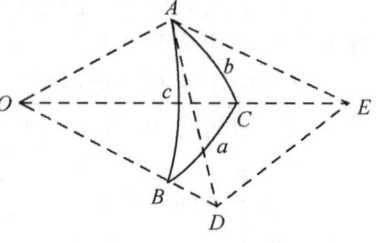

图1-1-11 边的余弦公式

在 $\triangle ODE$ 和 $\triangle ADE$ 中，由余弦定理有：

$$DE^2 = OD^2 + OE^2 - 2OD \cdot OD \cos a \quad （1）$$
$$DE^2 = AD^2 + AE^2 - 2AD \cdot AE \cos A \quad （2）$$

（1）式–（2）式得：

$$2OD \cdot OE \cos a = (OD^2 - AD^2) + (OE^2 - AE^2) + 2AD \cdot AE \cos A$$
$$= OA^2 + OA^2 + 2AD \cdot AE \cos A$$

因此

$$\cos a = \frac{OA}{OD} \frac{OA}{OE} + \frac{AD}{OD} \frac{AE}{OE} \cos A$$

又

$$\frac{OA}{OD} = \cos c, \quad \frac{OA}{OE} = \cos b, \quad \frac{AD}{OD} = \sin c, \quad \frac{AE}{OE} = \sin b$$

由此可得边的余弦公式：

$$\begin{cases} \cos a = \cos b \cos c + \sin b \sin c \cos A \\ \cos b = \cos a \cos c + \sin a \sin c \cos B \\ \cos c = \cos a \cos b + \sin a \sin b \cos C \end{cases} \quad （1-1-2）$$

即一边的余弦等于其他两边余弦的乘积，加上这两边正弦及其夹角余弦的乘积。

②角的余弦公式

在球面三角形中，已知两角及其夹边求对角，或已知三角求三边，可应用角的余弦公式求解。角的余弦公式为：

$$\begin{cases} \cos A = -\cos B \cos C + \sin B \sin C \cos a \\ \cos B = -\cos A \cos C + \sin A \sin C \cos b \\ \cos C = -\cos A \cos B + \sin A \sin B \cos c \end{cases} \quad （1-1-3）$$

即一角的余弦等于其他两角余弦的乘积冠以负号，加上这两角正弦及其夹边余弦的乘积。

应用时机：已知两角及其夹边求对角；已知三角求三边。

边的余弦公式是航海上最常用的公式之一。例如，用它求船舶起航点和到达点间的大圆航程。

（2）正弦公式

在球面三角形中，已知两边及其一对角求另一对角，或已知两角及其一对边求另一对边，可应用球面三角正弦公式求解。正弦公式为：

$$\frac{\sin a}{\sin A} = \frac{\sin b}{\sin B} = \frac{\sin c}{\sin C} \quad （1-1-4）$$

即各边的正弦与其对角的正弦成比例。

（3）余切公式（又称四联公式）

在球面三角形中，已知两边及夹角求相邻的角，或已知两角及夹边求相邻的边，可应用余切公式求解。余切公式为：

$$\begin{cases} \cot a \sin b = \cot A \sin C + \cos b \cos C \\ \cot a \sin c = \cot A \sin B + \cos c \cos B \\ \cot b \sin a = \cot B \sin C + \cos a \cos C \\ \cot b \sin c = \cot B \sin A + \cos c \cos A \\ \cot c \sin a = \cot C \sin B + \cos a \cos B \\ \cot c \sin b = \cot C \sin A + \cos b \cos A \end{cases}$$
（1-1-5）

即外边余切与内边正弦的乘积等于外角余切与内角正弦的乘积加上内边内角余弦的乘积。

四联公式可以转化，例如：$\cot a \sin b = \cot A \sin C + \cos b \cos C$，可转化成

$$\cot A = \cot a \sin b \csc C - \cos b \cos C$$

球面三角形边的余切公式也是航海上常用的公式之一，例如用来计算船舶起航点和到达点之间的起航点大圆航向。

3.球面直角三角形公式和球面直边三角形公式

（1）球面直角三角形（Right-angled Triangle）公式

设在球面三角形 ABC 中，$C = 90°$，则 $\sin C = 1$，$\cos C = 0$，我们可以从正弦公式、余弦公式、四联公式中推导出10个球面直角三角形公式：

$$\begin{cases} \sin a = \sin A \sin c, \quad \sin a = \cot B \tan b \\ \sin b = \sin B \sin c, \quad \sin b = \cot A \tan a \\ \cos c = \cos a \cos b, \quad \cos c = \cot A \cot B \\ \cos A = \sin B \cos a, \quad \cos A = \cot c \tan b \\ \cos B = \sin A \cos b, \quad \cos B = \cot c \tan a \end{cases}$$
（1-1-6）

若 A 或 B 为直角，则只需将公式的对应字母进行改换即可。

可利用"大"字法则或纳比尔法则进行记忆：首先在纸上画一"大"字图形；然后将夹直角的两边分别写在"大"字图形上部的两个空格内；再将其余的两角及直角的对边与 $90°$ 的差按顺序分别写在图形下部的三个空格内。按照法则"任一要素的正弦等于相邻两要素正切的乘积或等于相隔两要素余弦的乘积"，可直接写出球面直角三角形的有关公式。

如图1-1-12所示，在球面三角形 ABC 中，$C = 90°$。根据纳比尔法则：

已知 a 和 b，求 c。按任一要素的正弦等于相隔两要素余弦乘积的法则，可得

$$\sin(90° - c) = \cos a \cos b, \quad 即：\cos c = \cos a \cos b$$

已知 A 和 B，求 c。按任一要素的正弦等于相邻两要素正切乘积的法则，可得

$$\sin(90° - c) = \tan(90° - A)\tan(90° - B), \quad 即：\cos c = \cot A \cot B$$

可以看出，对于球面直角三角形，只要知道两个要素，即可求出其余未知要素。但在求解时要注意分析其边、角特性，并做出正确判断。

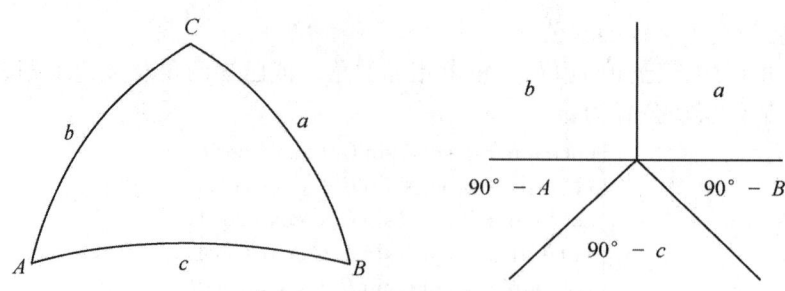

图1-1-12　球面直角三角形公式

（2）球面直边三角形（Quadrantal Triangle）公式

设在球面三角形 ABC 中，$c = 90°$，则 $\sin c = 1$，$\cos c = 0$，我们可以从正弦公式、余弦公式、四联公式中推导出10个球面直边三角形公式：

$$\begin{cases} \sin A = \sin a \sin C, \quad \sin A = \cot b \tan B \\ \sin B = \sin b \sin C, \quad \sin B = \cot a \tan A \\ \cos C = -\cot a \cot b, \quad \cos C = -\cos A \cos B \\ \cos a = \sin b \cos A, \quad \cos a = -\tan B \cot C \\ \cos b = \sin a \cos B, \quad \cos b = -\tan A \cot C \end{cases} \quad (1\text{-}1\text{-}7)$$

若 a 或 b 为直边，则只需将公式的对应字母进行改换即可。

仍可采用纳比尔法则记忆：将球面直边三角形直边的两个邻角分别写在"大"字图形上部的两个空格内；再将其余两边及直边的对角与90°的差按顺序写在图形下部的三个空格内。按照法则"任一要素的正弦等于相邻两要素正切的乘积或等于相隔两要素余弦的乘积，若等式右边的两个要素都是边或角，则在乘积之前冠以负号"，可直接写出球面直边三角形的有关公式。

可以看出，球面直边三角形也只需知道两个要素，即可求出其余未知要素。在求解时要注意分析其边、角特性，并做出正确判断。

4.球面初等三角形

在研究航海天文学和船位误差时，常会遇到球面初等三角形。

（1）球面小三角形

其特点是：

①三边相对于球半径甚小；

②三角不会很小；

③三角和接近180°；

④其面积接近平面面积。

所以，一般可将球面小三角形视为平面三角形进行近似计算。航海上在视野范围内观测陆标定位，可以将球面三角形视为平面三角形来求解，计算结果也是相当精确的。

（2）球面窄三角形

如图1-1-13所示，ABC 为球面窄三角形，其特性是：

①一边 a 相对于球半径甚小；

②小边的对角 A 也很小；

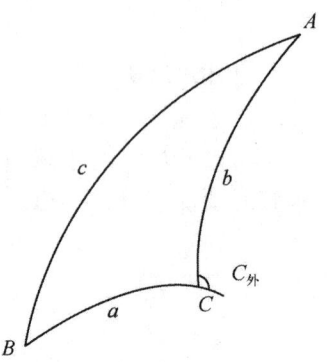

图1-1-13　球面窄三角形

③另外两边的差很小（两边近似相等，即 $b \approx c$ ）；

④小边的邻角等于另一邻角的外角，即 $B \approx C_{外}$ 。

在航海天文学中，多处用到球面窄三角形，经常遇到的是已知小边 a 与其邻角 B 及边 c，而需要求角 A 及边 b。

求边 b 的第一近似公式和第二近似公式（脚注1表示第一近似值，下同）：

$$(c - b)_1 = a \cos B$$

$$(c - b)_2 = a \cos B - 2 \cos c \sin b \left(\frac{a \sin B}{2 \sin c} \right)^2 = (c - b)_1 - \frac{a^2}{2} \sin^2 B \cot c \qquad （1-1-8）$$

求角 A 第一近似值和第二近似值公式：

$$A_1 = \frac{a \sin B}{\sin c} \qquad （1-1-9）$$

在第一近似值不能满足高精度要求时，可求第二近似值。

$$A_2 = \frac{a \sin B}{\sin c} + \frac{a \sin B}{\sin c} a \cos B \cot c = A_1 + \frac{a^2}{2} \sin 2B \cot c \cos c \qquad （1-1-10）$$

（3）度与弧度的换算

在航海学中经常用到度与弧度的换算，其关系如下：

$$2\pi = 360°$$

$$1° \approx 0.017\,453 \text{ rad}$$

$$1 \text{ rad} \approx 57°.3 = 3\,438'$$

对于某一角 x，其值用度或分制单位表示为 $x°$ 或 x'，用弧度制单位计量，则它们之间的关系为：

$$x(\text{rad}) = \frac{x°}{57°.3} = \frac{x'}{3\,438'}$$

令：

$$\text{arc}1° = (1°\text{的弧度值}) = \frac{1}{57°.3} = 0.017\,45 \text{ rad}$$

$$\text{arc}1' = (1'\text{的弧度值}) = \frac{1}{3\,438'} = 0.000\,29 \text{ rad}$$

则上式可写成：

$$x(\text{rad}) = x°\text{arc}1° = x'\text{arc}1'$$

项目二　地理坐标与大地坐标系

　　船舶在海上航行，实际是在地球表面的海面上航行，为使船舶安全经济地驶向目的港，航海者必须时刻知道船舶所处的地理位置。

　　航海上用地理坐标来表示船舶与物标的位置，要想确定地理坐标，首先要在地球表面建立坐标系，然而地球的自然表面是崎岖不平的，有高山、峡谷、湖泊和海洋等，是一个非常复杂的不规则曲面，在这种自然表面建立坐标系及研究航海问题几乎是不可能的，因此需要建立一个数学表面来代替地球的自然表面，这就需要对地球的形状与大小有一定的了解。

一、地球形状

　　自古至今，人类对地球形状的认识经历了漫长而艰辛的历程。从最早的天圆地方，到麦哲伦环球航行，再到 20 世纪人造地球卫星的发射成功，人们对大地的测量越来越精确，对地球形状的认识也越来越深刻。

　　地球自然表面的形状非常复杂，地表最高峰珠穆朗玛峰高出平均海面 8 844.43 m，而地表最低点马里亚纳海沟则低于平均海面 11 034 m。但由于地球非常巨大，这些局部的高低与地球的半径（6 371.393 km）相比，就显得非常小。

　　由于地表 71% 被海水所覆盖，因此一般所称的地球形状，并非指地球的自然表面形状，而是指被大地水准面所包围的大地球体的形状。

1. 大地水准面与大地球体

　　所谓的大地水准面，是一个假想的、与完全均衡状态的海洋面相吻合的水准面。如果将它向大陆延伸，并始终保持其在任何地方都与该地的铅垂线垂直，则这一连续的、无叠痕的光滑闭合曲面，称为大地水准面。它与全球多年平均海水面重合，显然，地球实际的表面与大地水准面相比有高有低。

　　被大地水准面所围成的球体称为大地球体，但由于地球内物质分布的不均匀，大地球体仍是起伏不平的，一般将与它符合得最理想的球体叫作地球椭球体（Spheroid of Earth）。严格地说，地球椭球体的三个轴均不相等，它不是旋转椭圆体，而是三轴椭球体，即地球椭球体上经线圈、赤道和等纬圈均不是标准的圆，它们都近似于扁率非常小的椭圆，其中赤道椭圆扁率约为 1/91 827，且计算复杂。在航海实际应用中，地球椭球体为大地球体的第三近似体，一般不采用。

2. 大地球体的第一近似体——地球圆球体

在航海上，为了计算的方便，一般以地球圆球体（Terrestrial Sphere）作为大地球体的第一近似体。在地球圆球体上，经线圈、赤道和等纬圈均为圆。根据航海上常用的 1 n mile 等于 1 852 m 计算，可推出地球圆球体的半径 R 为：

$$R = \frac{60 \times 360}{2\pi} = 3\ 437.746\ 8\ \text{n mile} = 6\ 366\ 707\ \text{m}$$

3. 大地球体的第二近似体——地球椭圆体

当航海上需要较为准确的计算时，通常将地球椭圆体（Earth Ellipsoid）作为大地球体的第二近似体。地球椭圆体又称旋转椭圆体（如图 1-2-1 所示），是由椭圆 $P_N Q P_S Q'$ 绕其短轴 $P_N P_S$ 旋转而成的几何体，它比地球圆球体更接近于大地球体。在地球椭圆体上，经线圈为椭圆，赤道和等纬圈均为圆。

表示地球椭圆体的参数有：长半轴 a、短半轴 b、扁率（Flattening）c、和偏心率（Eccentricity）e 等，它们之间的关系是：

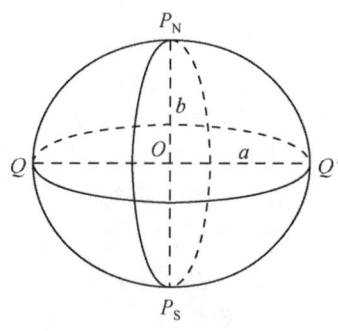

图 1-2-1　地球椭圆体

$$c = \frac{a-b}{a};\ e = \frac{\sqrt{a^2 - b^2}}{a}$$

$$e^2 = \left(1 - \frac{b}{a}\right)\left(1 + \frac{b}{a}\right) = c(2-c) \approx 2c \tag{1-2-1}$$

地球椭圆体参数是根据测量结果计算出来的。由于在不同历史时期和不同地区的测量结果不同，因而所求得的地球椭圆体参数也略有差异。不同国家或不同地区采用的适合于各自不同局部、不同目的的地球椭圆体称为参考椭圆体。

1979 年，第 17 届国际大地测量与地球物理联合会（IUGG）推荐的（GRS-80）椭圆体参数为：地球的赤道半径 $a = 6\ 378\ 137\ \text{m}$，赤道周长为 40 075.7 km，扁率为 1 : 298.257。如果将大地水准面所包围的大地球体的形状与（GRS-80）椭圆体比较，测量得到的大地球体的形状与其仍有差异：从纵剖面可以看出平均经线形状，大致像梨形，北极处凸出 10~20 m，南极处凹进 20~30 m。

二、大地坐标系

1. 大地坐标系的建立及分类

大地坐标系（Geodetic Coordinate System）是建立在一定的大地基准上的、用于表达地球表面空间位置及其相对关系的数学参照系。

目前，常用的大地坐标系主要分为三类：参心坐标系、地心坐标系和地方独立坐标系。

（1）参心坐标系

"参心"意指参考椭球的中心。参心坐标系通常分为参心大地坐标系和参心空间直角坐标系。因其参考椭球的中心一般和地球质心不一致，故又称之为非地心坐标系、局部坐标系或相对坐标系。建立一个参心坐标系，包括以下几个方面的内容：

①确定椭圆体的参数；

②确定椭圆体中心的位置（定位）；

③确定坐标轴的方向（定向）；

④确定大地原点。

因此，建立形状、大小、位置和轴向完全确定的椭圆体，使它既不能变形，又不能平移或旋转，从而在上面确定大地坐标系。其中，地球椭圆体可由长半轴 a 和扁率 c 两个参数来确定。

参心坐标系一般选择和局部大地水准面最为吻合的椭球面作为基本参考面，选一参考点作为大地测量的起算点（大地原点），利用大地原点的天文观测量来确定参考椭球在地球内部的位置和方向。一般采用传统的大地测量手段，即测量标志点之间的距离、方向，通过平差法得到各点相对于起航点的位置，由此确定各点在参心坐标系下的二维坐标，往往缺乏高精度的外部控制，长距离精度会降低。

另外，参心坐标系未与地心发生联系，不利于研究全球的地球形状和板块运动等，也无法建立全球统一的大地坐标系。

（2）地心坐标系

地心坐标系是以地球质心为坐标原点的坐标系，通常分为地心空间直角坐标系（以 x、y、z 为坐标元素）和地心大地坐标系（以 B、L、H 为坐标元素）。

其最明显的特征是该坐标系所对应的与地球最密合（全球范围内椭圆体表面与大地水准面达到最佳吻合）的椭球的中心位于地球质心，其短轴一般指向国际协议原点（CIO）。

地心坐标系的建立包括对地心坐标系进行定义、实现及维持三个方面。

建立地心坐标系首先必须从理论上给出坐标系的定义，包括坐标系的原点、轴向、尺度、时间变化特性及其他有关的模型、常数等。坐标系的实现一般通过高精度的参考框架来完成。参考框架由一组分布合理的地面站的地心坐标和速度组成。一组自洽的地面站的地心坐标集隐含了一个坐标系的原点、坐标轴的指向以及一个尺度参数，即隐含了一个地心坐标系。坐标系的维持主要考虑到地面点的坐标因板块运动、地壳形变、潮汐负荷等因素的影响而发生变化，因此必须对坐标系按一定的复测策略进行维持，以保证地面站的地心坐标和速度的不断精化。

建立地心坐标系的方法主要有重力测量法、卫星大地测量法（分为卫星动力法和卫星定位法）及综合利用全球大地测量资料和卫星数据建立弧度测量方程并转换坐标的方法等。最理想的方法是采用空间大地测量，利用卫星进行洲际和国际的大地联测，并综合地面天文、大地和重力资料，建立高精度的地心坐标系。

（3）地方独立坐标系

地方独立坐标系是在许多城市、矿区和工程测量中，基于实用、方便和科学的目的，将地方独立测量控制网建立在当地的平均海拔高程面上，并以当地子午线作为中央子午线进行高斯投影求得平面坐标的坐标系，在航海学中一般不涉及。

2. 常用的大地坐标系

我国于20世纪50年代和80年代分别建立了1954北京坐标系（P54）和1980西安坐标系（C80）。

1954 北京坐标系是在对全国天文大地网进行整体平差的基础上建立的，采用的是苏联克拉索夫斯基的地球椭圆体参数，大地原点在普尔科沃，其主要参数值如下：

$$a = 6\,378\,245\ \text{m}；b = 6\,356\,863\ \text{m}；c = 1:298.3$$

1980 西安坐标系是在对全国天文大地网进行整体平差的基础上建立的，采用的是 1975 年国际大地测量与地球物理联合会（IUGG）第 16 届大会推荐的参考椭球参数，大地原点在陕西省泾阳县永乐镇，其主要参数值如下：

$$a = 6\,378\,140\ \text{m}；b = 6\,356\,755\ \text{m}；c = 1:298.257$$

1954 北京坐标系和 1980 西安坐标系都属于参心坐标系。

随着社会的进步，国民经济建设、国防建设和科学研究等对国家大地坐标系提出了新的要求，迫切需要采用原点位于地球质心的坐标系统作为国家大地坐标系。

（1）2000 国家大地坐标系

根据《中华人民共和国测绘法》，经国务院批准，自 2008 年 7 月 1 日起，我国启用 2000 国家大地坐标系。2018 年，按照国务院关于推广使用 2000 国家大地坐标系的有关要求，自然资源部确定，2018 年 7 月 1 日起自然资源系统开始全面使用 2000 国家大地坐标系。

北斗卫星导航系统使用的是 2000 国家大地坐标系。

2000 国家大地坐标系（China Geodetic Coordinate System 2000，CGCS2000）是我国自主建立、适应现代空间技术发展趋势的地心坐标系。其原点为包括海洋和大气的整个地球的质心，且椭球定位与全球大地水准面最为密合。CGCS2000 是通过空间大地测量技术，获得各测站在国际地球参考框架（ITRF）下的地心坐标，为三维坐标系统，精度比原有参心坐标系提高 10 倍，相对精度可达 $10^{-1} \sim 10^{-8}$。其 Z 轴由原点指向历元 J2000.0 的地球参考极的方向，X 轴由原点指向格林尼治参考子午线与地球赤道面（历元 J2000.0）的交点，Y 轴与 Z 轴、X 轴构成右手正交坐标系。CGCS2000 采用的主要地球椭球参数如下：

长半轴 $a = 6\,378\,137\ \text{m}$；

扁率 $c = 1/298.257\,222\,101$；

地心引力常数 $GM = 3.986\,004\,418 \times 10^{14}\ \text{m}^3/\text{s}^2$；

自转角速度 $\omega = 7.292\,115 \times 10^{-5}\ \text{rad}/\text{s}$。

（2）WGS-84

WGS-84 是 GPS 使用的坐标系，它的定义与国际地球参考系统（ITRS）一致。WGS-84 由 12 个地面跟踪站和卫星星历共同维持。经过 1994 年和 1996 年两次精化，WGS-84 与 ITRF 符合精度（RMS）在 5 cm 以内；经过 2001 年的再次精化，WGS-84（G1150）与 ITRF2000 每一坐标分量的符合精度达到 1 cm。

（3）ITRS 及 ITRF

ITRS 是目前国际上最精确、最稳定的全球性地心坐标系之一。其定义遵循国际地球自转和参考系统服务（IERS）协议的地球坐标系法则，其原点位于地心，它通过 ITRF 来实现。

ITRF 是目前国际公认应用最广、精度最高的地心坐标参考框架。它通过分布于全球的一组 GPS 地面跟踪站的地心坐标和速度来体现，而其地心坐标和速度则通过高精度的空间大地测量手段（VLBI、SLR、GPS 等）获得。

部分国家采用的大地坐标系如表 1-2-1 所示。

表1-2-1 部分国家采用的大地坐标系

大地坐标系名称	使用国家	原点	椭圆体名称或参考框架	椭圆体参数
1980西安坐标系	中国	陕西省泾阳县永乐镇	第16届IUGG推荐值	$a = 6\ 378\ 140$ m $c = 1 : 298.257$
2000国家大地坐标系	中国	地心	CGCS2000椭球 ITRF97（历元J2000.0）	$a = 6\ 378\ 137$ m $c = 1 : 298.257\ 222\ 101$
NAD83	美国、加拿大、墨西哥	地心	GRS-80椭球	$a = 6\ 378\ 137$ m $c = 1 : 298.257\ 222\ 101$
WGS-84	GPS卫星导航系统（美国）	地心	WGS-84椭球 ITRF2005	$a = 6\ 378\ 137$ m $c = 1 : 298.257\ 223\ 563$
SIRGAS	南美洲	地心	ITRF94（历元J1995.4）	$a = 6\ 378\ 137$ m $c = 1 : 298.257\ 222\ 101$
ETRS	欧洲	地心	EUREF	$a = 6\ 378\ 137$ m $c = 1 : 298.257\ 222\ 101$
PZ-90	GLONASS导航系统（俄罗斯）	地心	PZ-90.02椭球	$a = 6\ 378\ 136$ m $c = 1 : 298.\ 257839\ 303$
JGD2000	日本	地心	GRS-80椭球 ITRF94（历元J1997.0）	$a = 6\ 378\ 137$ m $c = 1 : 298.257\ 222\ 101$
KGD2000	韩国	地心	ITRF97（历元J2000.0）	$a = 6\ 378\ 137$ m $c = 1 : 298.257\ 222\ 101$
GDA94	澳大利亚	地心	GRS-80椭球 ITRF92（历元J1994.0）	$a = 6\ 378\ 137$ m $c = 1 : 298.257\ 222\ 101$
NZGD2000	新西兰	地心	GRS-80椭球 ITRF96（历元J2000.0）	$a = 6\ 378\ 137$ m $c = 1 : 298.257\ 222\ 101$

3. 不同大地坐标系对航海实践的影响

我国自2008年7月1日起，所有新出版的中版海图和出版物开始采用CGCS2000。自2009年2月1日起，中版《航海通告》开始启用CGCS2000，其他航海图书将在改版时陆续启用CGCS2000。

在使用中版航海图书及《航海通告》时，CGCS2000可等同于WGS-84。这是因为两者均为地心坐标系，两个坐标系在坐标系原点、尺度、定向及定向演变的定义上是一致的，两者使用的参考椭球也非常相近，但扁率c有微小差异，由此引起同一点在两个坐标系内的大地坐标产生差异：从赤道至两极范围内，同一点在纬度和高度上最大相差均约0.105 mm，但对经度无影响（经度相同）。显然，在当前的测量精度水平（坐标测量精度为1 mm）下，由两个坐标系参考椭球扁率的差异引起的同一点在WGS-84和CGCS2000内的坐标变化是可以忽略的，这种变化在海图上也体现不出来，因此可忽略这点差异。

后面所讲的地理坐标是在相应的大地坐标系下建立的，因此，用地理坐标来表示船舶位置或物标位置也只能在相应的大地坐标系下成立。换言之，不同的国家或地区往往采用不同的大地坐标系，而在不同的大地坐标系中，同一位置的船舶或物标的经纬度可能有所不同，在航海实践中主要体现在两个方面：

（1）相邻的两张海图采用的坐标系不同；

（2）卫星导航定位仪采用的坐标系与所使用海图的坐标系不同。

上述不同均会导致转移定位点时出现误差，严重时会危及航行安全，因此使用者应注意不同坐标系之间的坐标转换，尤其在使用大比例尺海图时。

针对两张相邻海图的坐标系不同，当两坐标系的位移量大于海图极限精度时，必须进行坐标的变换。

对于第（2）种情况，如果不进行相应的船位修正，就会使高精度的卫星导航仪给出的船位错误地标绘在海图上。目前已有很多船用GPS接收机具有世界上主要几个大地坐标系与WGS-84的自动转换功能，航海人员在使用时，可以根据所用海图的坐标系选择与接收机内相同的坐标系。此外，许多国家出版的海图标题栏也给出海图坐标系与WGS-84之间的坐标修正量，航海人员也应正确使用，有条件时还应用陆标定位去核对。

三、地理坐标

地理坐标（Geographic Coordinate）是用纬度和经度表示地面或海面上点位置的球面坐标。航海上船舶和物标的位置一般都是用地理坐标来表示的。

1. 地球椭圆体上基本的点、线、圈

地理坐标是建立在地球椭圆体表面上的，要建立地理坐标，就必须掌握地球椭圆体上基本的点、线、圈（如图1-2-2所示）。

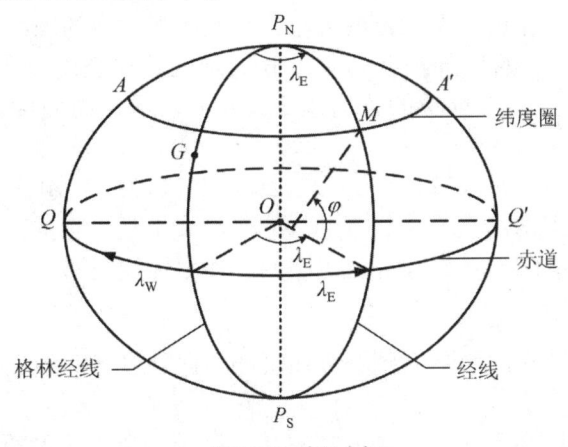

图1-2-2 地理坐标

地轴（Earth Axis）：O为地球椭圆体的中心，椭圆$P_N Q P_S Q'$的短轴$P_N P_S$为地轴。

地极（Earth Poles）：短轴$P_N P_S$的两个端点P_N和P_S是地极，其中P_N为北极，P_S为南极。

子午线（Meridian）或经线：过短轴$P_N P_S$的任一平面是子午圈平面，它与地球椭圆体表面相交的截痕是一个椭圆，称为子午圈；其中由北极到南极的半个椭圆，叫作子午线或经线。

格林经线（Greenwich Meridian）：通过英国伦敦格林尼治（Greenwich）天文台子午仪的子午线叫格林经线。

赤道（Equator）：椭圆$P_N Q P_S Q'$的长轴a绕其短轴旋转而成的平面是赤道平面，旋转

而成的大圆 QQ' 是赤道。

纬度圈（Parallel of Latitude）：与赤道平面平行的平面称为纬度圈平面，它与地球椭圆体表面相交的截痕是一个小圆，称为纬度圈。

地理坐标的基准圈是赤道和格林经线，坐标原点是赤道和格林经线的交点，辅助圈是纬线和经线。

2. 地理纬度

（1）定义：某点的地理纬度（Geographic Latitude，用 φ 或 Lat 表示）简称纬度，为该点在地球椭圆体子午线上的法线与赤道面的夹角。

（2）度量方法：某点的地理纬度的度量方法是从赤道起算，沿着子午线向北或向南由 $0°{\sim}90°$ 度量到该点所在纬度圈，向北度量的称为北纬，用 N 表示；向南度量的称为南纬，用 S 表示。

例如：北京的纬度是 $39°54'.4N$。

（3）类型：纬度通常分为低纬度、中纬度和高纬度三种类型。$0°{\sim}30°$ 称为低纬度；$30°{\sim}60°$ 称为中纬度；$60°{\sim}90°$ 称为高纬度。北纬 $66°33'$ 的纬线以北称为北极圈；南纬 $66°33'$ 的纬线以南称为南极圈。

3. 地理经度

（1）定义：某点的地理经度（Geographic Longitude，用 λ 或 Long 表示）简称经度，为该点经线与格林经线在赤道所夹劣弧的大小，或此劣弧对应的圆心角或极角。

（2）度量方法：某点的地理经度的度量方法是从格林经线起算，向东或向西由 $0°{\sim}180°$ 度量到该点子午线，向东度量的称为东经，用 E 表示；向西度量的称为西经，用 W 表示。

例如：北京的经度是 $116°28'.2E$。北京的经纬度为：$\varphi 39°54'.4N$，$\lambda 116°28'.2E$。

同一纬度圈上任一点的纬度都是相等的，同一经线上任一点的经度也都是相等的。因此，经线与纬度圈构成的图网是坐标等值线图网，即坐标线图网。

4. 其他坐标

除上述地理坐标外，在航海上个别场合还可能会遇到以下两种坐标：

（1）天文坐标

天文坐标由天文纬度和天文经度构成，它是通过天文观测求得的。而天文观测的基准是测者的铅垂线，即通过测者并与测者地平平面相垂直的线。

天文经度（Astronomical Longitude）：通过测者的铅垂线，且与地轴平行的平面，即测者天文子午面与格林子午面之间小于 $180°$ 的两面角。

天文纬度（Astronomical Latitude）：测者的铅垂线与赤道面的夹角。

天文纬度与地理纬度之差称为铅垂线偏差，它是该点的椭圆子午线法线与该点的铅垂线之间的夹角。它主要是由于地表上层 120 km 之内地质不均匀而引起的，其最大值可达 $20''$。

（2）地心坐标

地心坐标是由地心纬度（Geocentric Latitude，用 φ_e 表示）和地理经度组成的。某点的地心纬度（如图 1-2-3 所示）是该点地球椭圆体的向径与赤道面的交角。

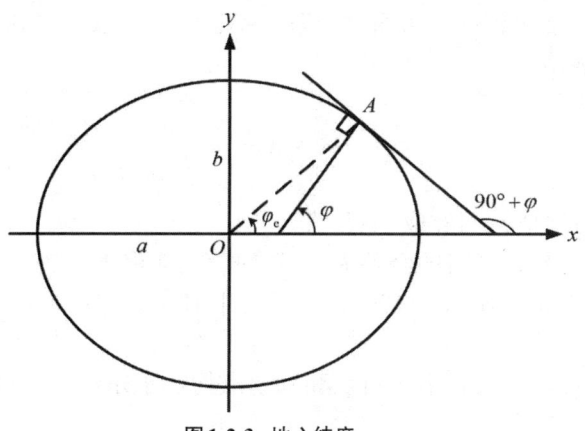

图 1-2-3 地心纬度

地理纬度与地心纬度 φ_e 的差值称为地心纬度改正量（Correction of Geocentric Latitude），它等于：

$$(\varphi - \varphi_e)'' = \frac{c \sin 2\varphi}{\text{arc } 1''} = 691''.5 \sin 2\varphi \qquad （1-2-2）$$

由上式计算可得出，地心纬度改正量在赤道和两极均为零，而在南北纬 45° 时可达 11'.5。

四、纬差和经差的计算

在航海上，地面上两个点之间的位置关系，可以用纬差和经差表示。

1. 纬差

纬差（Difference of Latitude）：表示两地之间纬度的代数差，用 $D\varphi$ 表示。

纬差有方向性，确定的原则是：以起航点的纬度为基准，当到达点位于起航点的北面时为北纬差，用 N 表示；当到达点位于起航点的南面时为南纬差，用 S 表示。

纬差可用下式计算：

$$D\varphi = \varphi_2 - \varphi_1 \qquad （1-2-3）$$

式中：φ_1、φ_2——起航点纬度和到达点纬度。

计算时应注意：

（1）北纬取"+"值，南纬取"−"值。

（2）纬差也有符号，算得的纬差为"+"时，为北纬差；为"−"时，为南纬差。

在图 1-2-4 中，可以明显看出起航点 A 和到达点 B 均位于北纬，纬度均为"+"，两者间的纬差为北纬差，也为"+"。

2. 经差

经差（Difference of Longitude）：表示两地之间经度的代数差，用符号 $D\lambda$ 表示。

经差有方向性，确定的原则是：以起航点的经度

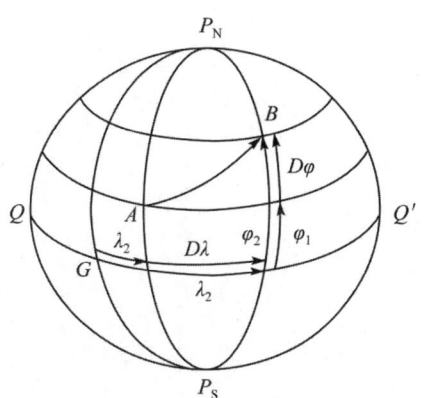

图 1-2-4 纬差和经差的计算

为基准，当到达点位于起航点的东面时为东经差，用E表示；当到达点位于起航点的西面时为西经差，用W表示。

经差可用下式计算：

$$D\lambda = \lambda_2 - \lambda_1 \tag{1-2-4}$$

计算时应注意：

（1）东经取"+"值，西经取"−"值。

（2）经差也有符号，算得的经差为"+"时，为东经差；为"−"时，为西经差。

（3）经差的绝对值应不大于180°，如果大于180°，应由180°减去该绝对值，并改变正负符号。

在图1-2-4中，可以明显看出起航点和到达点均位于东经，经度均为"+"，两者间的经差为东经差，也为"+"。

如果计算经差和纬差的两点并不是航行中的起航点和到达点，则应以计算的基准点作为起航点，而另一点作为到达点来进行计算。

例 1-2-1 起航点 $\varphi_1 07°56'.0S$、$\lambda_1 136°12'.7W$，到达点 $\varphi_2 06°11'.8N$、$\lambda_2 114°21'.3E$，求两地的纬差和经差。

解：

$$
\begin{array}{ll}
\varphi_2 06°11'.8N(+) & \lambda_2 114°21'.3E(+) \\
-)\ \varphi_1 07°56'.0S(-) & -)\ \lambda_1 136°12'.7W(-) \\
\hline
D\varphi\ 14°07'.8S(-) & D\lambda\ 250°34'.0E(+) \\
& =109°26'.0W(-)
\end{array}
$$

例 1-2-2 起航点 $\varphi_1 25°52'.3N$、$\lambda_1 118°24'.3E$，航行至 $\varphi_2 08°31'.9N$、$\lambda_2 108°25'.8E$，求两地的纬差和经差。

解：

$$
\begin{array}{ll}
\varphi_2 08°31'.9N(+) & \lambda_2 108°25'.8E(+) \\
-)\ \varphi_1 25°52'.3N(+) & -)\ \lambda_1 118°24'.3E(+) \\
\hline
D\varphi\ 17°20'.4S(-) & D\lambda\ 009°58'.5W(-)
\end{array}
$$

项目三 海上能见距离和灯标射程

一、航海上的距离单位

1. 海里

航海上度量距离最常用的单位是海里（Nautical Mile，n mile），它等于地球椭圆子午线上纬度1′所对应的弧长（如图1-3-1所示）。

由于地球子午圈并不是一个正圆，而是一个椭圆，而在椭圆上不同纬度处的曲率是不同的，因此1 n mile的长度在不同的纬度处也是不同的。如果以克拉索夫斯基的地球椭圆体参数作为基本参数，经数学推导可得出：

$$1 \text{ n mile} = 1\,852.28 - 9.31\cos 2\varphi \qquad (1\text{-}3\text{-}1)$$

从式（1-3-1）中可以看出，1 n mile的长度并不是恒定不变的，而是随着纬度的不同而略有差异。其中：在赤道最短，为1 842.9 m，而在两极最长，为1 861.6 m，

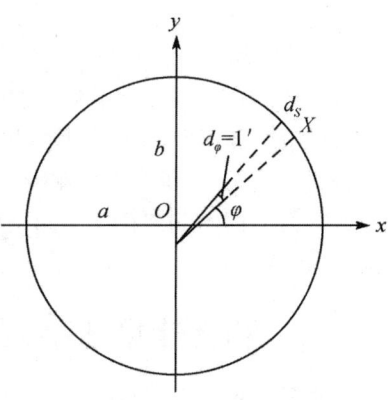

图1-3-1 海里的定义

两地1 n mile的长度差值最大为18.7 m。不同纬度处1 n mile的长度如表1-3-1所示：

表1-3-1 不同纬度处1 n mile的长度

$\varphi(°)$	0	15	30	45	60	75	90
1 n mile（m）	1 842.9	1 844.2	1 847.6	1 852.3	1 856.9	1 860.3	1 861.6

1 n mile的长度还因各个国家所采用的地球椭圆体参数不同而略有不同，但影响较小。

航海上为了实际应用的需要，尤其在使用计程仪计量航程时，必须有一个固定值作为1 n mile的统一长度：英国为1 853.18 m（6 080 ft）；我国与世界大多数国家均采用1929年国际水文地理学会议推荐的海里标准长度，即1 n mile=1 852 m。从表1-3-1中可以看出，约在纬度44°14′处1 n mile的长度刚好等于1 852 m。航海上，习惯用"′"表示海里，例如1 n mile可记为1′。

在航海实践中，船舶的航速和航程是由计程仪（一般以1 852 m作为1 n mile）计量的，而在海图上的航程却是以纬度1′作为1 n mile度量的。因此，当根据计程仪航程在海图上量取距离时会产生误差，但此误差并不大，可以忽略不计。

例如，假设某船沿着赤道向正东航行，计程仪显示的航速平均为16 kn，则航行2天后

的计程仪计量的航程是 $16 \times 24 \times 2 = 768$ n mile，即该船实际航行了 $768 \times 1\ 852 = 1\ 422\ 336$ m，这是按 1 n mile 等于 1 852 m 计算的。如果在海图上沿赤道量取 768 n mile，则其对应的长度是 $768 \times 1\ 842.94 = 1\ 415\ 378$ m，两者的误差为：

$$\frac{1\ 422\ 336 - 1\ 415\ 378}{1\ 422\ 336} \times 100\% \approx 0.5\%$$

可以看出，将 1 n mile 长度固定为 1 852 m 后，所产生的误差只有航行距离的 0.5% 左右。若在中纬度海区航行，所产生的误差将更小。

2. 其他长度单位

（1）米（Meter, m）

米是国际上通用的长度度量单位，在航海上用来表示海图水深、山高及灯高等，有时也用来度量距离。我国出版的某些海图在纬度分划图尺外边另印有米制分划图尺。

（2）链（Cable, cab）

1 n mile 的十分之一为 1 链，1 链 = 185.2 m。链是测量较近距离的长度单位。

（3）英尺（Foot, ft）、码（Yard, yd）和拓（Fathom, fm）

在拓制英版海图上，用海里、码和英尺来度量距离，用英尺表示山高，用英尺和拓表示水深。其中：1 ft = 0.304 8 m；1 yd = 3 ft = 0.914 4 m；1 fm = 6 ft = 1.829 m。目前英版的拓制海图正被米制海图（Metric Chart）所代替，在使用英版航海图书资料时，仍可能遇到如上长度单位。

二、测者能见地平距离

如图 1-3-2 所示：在海上，眼高为 e 的测者能看到的周围大海最远处，即水天交界线所围圆圈 BB'，这个圆圈所在的地平平面（自测者至 BB' 这一小块球面）称为测者能见地平平面或视地平平面（Visible Horizon）；而圆圈 BB' 称为测者能见地平或视地平，俗称水天线；测者至其所见水天线的距离（图中 $\overset{\frown}{AB}$）称为测者能见地平距离或视距，用 D_e 表示。

测者眼睛 A' 的光线不是沿着直线而是沿着曲线 $A'B$ 到达 B，曲线 $A'B$ 的切线方向 $A'T$ 与 $A'B$ 间的夹角 γ 称为地面蒙气差（Refranction, γ）。若把地球看成圆球体，在正常地面大气情况下，$\gamma = \dfrac{D}{13} = \dfrac{D_e}{13R}$，则 D_e 可通过下面推导求得。

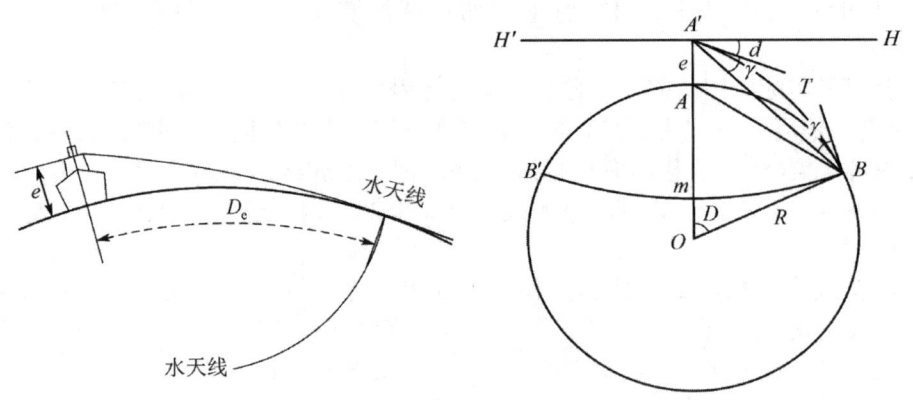

图 1-3-2　测者能见地平距离

由图 1-3-2 可知，在 $\triangle ABA'$ 中，$\angle A'AB = 90° + \dfrac{D}{2}$，$\angle A'BA = \dfrac{D}{2} - \gamma$，按平面三角形正弦公式可得：

$$\frac{A'B}{\sin\left(90° + \dfrac{D}{2}\right)} = \frac{e}{\sin\left(\dfrac{D}{2} - \gamma\right)}$$

式中：$A'B$ 与 $\overset{\frown}{AB}$ 接近，可认为 $D_e = A'B$，且 $D_e = \overset{\frown}{AB} = R \cdot D$。

因此可得：

$$D_e = A'B = \frac{e\sin\left(90° + \dfrac{D}{2}\right)}{\sin\left(\dfrac{D}{2} - \gamma\right)} = \frac{e\cos\dfrac{D}{2}}{\sin\left(\dfrac{D}{2} - \gamma\right)}$$

因在航海实践中，$\dfrac{D}{2}$ 和 $\dfrac{D}{2} - \gamma$ 都很小，故可认为 $\cos\dfrac{D}{2} \approx 1$，$\sin\left(\dfrac{D}{2} - \gamma\right) \approx \dfrac{D}{2} - \gamma$。

因此可得：

$$D_e = \frac{e}{\dfrac{D}{2} - \gamma} = \frac{e}{\dfrac{D_e}{2R} - \dfrac{D_e}{13R}} = \frac{26R \cdot e}{11D_e}$$

进而得到：

$$D_e = \sqrt{\frac{26R \cdot e}{11}}$$

若 $1'$ 取 $1\,852$ m，则地球半径 $R = \dfrac{360 \times 60'}{2\pi} = 3\,437'.746\,8$，代入上式可得：

$$D_e = \sqrt{\frac{26 \times 3\,437.746\,7e}{11 \times 1\,852}} = 2.09\sqrt{e} \quad (\text{n mile}) \tag{1-3-2}$$

式中：e——测者眼高（m）。

从式（1-3-2）中可以看出，视距的大小与测者眼高 e 有关，眼高越大，则视距越大。另外，上式是按 γ 为定值且地球为圆球体得出的，实际上蒙气差会随着气温、气压等因素的变化而变化，一般 γ 越大，则视距越大。此外，视距还受地球曲率等因素的影响。

眼高差 d（海地平俯角）也可以按图 1-3-2 求得：

$$d(') = 1.77\sqrt{e(\text{m})} \tag{1-3-3}$$

在中版《航海表》中，根据式（1-3-2）编制的表 Ⅲ-8 "视距表" 和根据式（1-3-3）编制的表 Ⅱ-16 "海地平俯角表"，均可以眼高 $e(\text{m})$ 为引数查出测者能见地平距离 D_e（n mile）和海地平俯角 $d(')$。

三、物标能见距离

1. 物标能见地平距离

如图 1-3-3 所示，假如将眼睛放在物标的顶端，则此时物标顶端的能见地平距离叫物标能见地平距离（Visible Range of Object），用 D_h 表示。它也等于眼高为 0 的测者，在能见度良好的情况下，理论上能够看到高度为 H 的物标的最大距离。

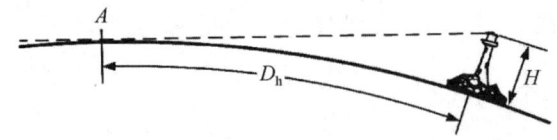

图 1-3-3　物标能见地平距离

因此，物标能见地平距离 D_h 与测者能见地平距离一样可按下式求得：

$$D_h = 2.09\sqrt{H}\ (\text{n mile}) \tag{1-3-4}$$

式中：H——物标顶点离海平面的高度（m）。

从上式中可以看出，D_h 的大小与物标高度有关，也与地球曲率及地面蒙气差等因素有关。

2. 物标地理能见距离

当能见度良好时，仅受地球曲率和地面蒙气差的影响，具有一定眼高的测者，理论上能够看到物标的最大距离，称为物标地理能见距离（Geographical Range of an Object），用 D_o 表示。如图 1-3-4 所示，当测者与物标分别位于水天线两侧且刚好互见时，两者地理能见距离最大，因此物标地理能见距离 D_o 可由下式求得：

$$D_o = D_e + D_h = 2.09\left[\sqrt{e(\text{m})} + \sqrt{H(\text{m})}\right]\ (\text{n mile}) \tag{1-3-5}$$

式中：D_o——物标地理能见距离（n mile）；

　　　e——测者眼高（m）；

　　　H——物标顶点离海平面的高度（m）。

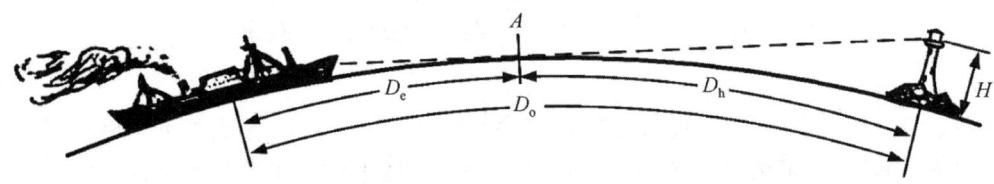

图 1-3-4　物标地理能见距离

显然，当测者与物标之间的距离大于 D_o 时，测者观察物标顶端的视线会被地面弧度即地表面所阻挡，此时测者根本不可能用眼睛看到物标。只有当两者之间的距离等于或小于 D_o 时，才有可能看到物标，但并不是一定就能看到。这是因为测者要能看到物标，还与当时的气象能见度、人们眼睛能发现物标的分辨力等因素有关。

例 1-3-1　某船上测者眼高为 16 m，山高为 81 m，求该山的地理能见距离。

解：

$$D_o = D_e + D_h = 2.09\left[\sqrt{e(\text{m})} + \sqrt{H(\text{m})}\right] = 2.09\left(\sqrt{16} + \sqrt{81}\right) = 27.17\ \text{n mile}$$

四、灯标射程

为了引导船舶安全航行，通常在航道附近的岛屿、礁石和海岸上设置有灯标，如灯塔、灯桩和灯船等。航海实践证明，在白天，即使在气象能见度良好的条件下，用望远镜发现物标的最远距离也要比物标的地理能见距离小10%左右，而在晴天黑夜，测者观看灯标灯光时，情况则有所不同。

以灯塔为例，如果灯塔灯光照射的距离大于物标地理能见距离 D_o，则测者常常在至灯塔的距离稍大于 D_o 时，就已经能够看到它的光辉，但此时测者还不能直接看到灯塔灯芯。只有在灯塔灯芯初露测者水天线的那一瞬间，才是测者最初能够直接看到灯塔灯光的时刻，这时叫灯塔灯光初显。灯塔灯光初显时，测者与灯塔之间的距离等于灯塔的地理能见距离 D_o。

同理，当船舶驶离灯塔时，测者看到灯塔灯芯刚好没于水天线的那一瞬间，叫灯塔灯光初隐。灯塔灯光初隐距离也等于灯塔地理能见距离 D_o。因此，在航行中，可以用初显与初隐来概略估计船舶至灯塔的距离，尤其当从大洋驶向海岸时，灯塔的初显有助于判断船位的正确性。

包括灯塔在内，并不是所有的灯标都有初显（隐）现象，这与灯标的射程等因素有关，每个灯标都标有该灯标的灯光射程，简称灯标射程。不同国家和地区对灯标射程的定义略有不同。

1. 我国灯标射程

（1）我国灯标射程的定义

中版海图和《航标表》中关于灯标射程的定义是：晴天黑夜，当测者眼高为5 m时，能够看到灯标灯光的最大距离。它等于光力能见距离（或称光力射程）与5 m眼高的灯标地理能见距离（或称地理射程，计为 D_{o5}）中的较小者。

所谓光力射程，是指晴天黑夜灯光所能照射的最大距离。它取决于灯光强度的大小。

显然，我国航海资料中的灯标射程不仅与灯光强度和气象能见度有关，还与眼高（5 m）、灯高（Elevation of Light）、地球曲率和地面蒙气差等有关。

（2）强光灯塔与弱光灯塔

我国的灯塔分为两种：强光灯塔和弱光灯塔。

所谓强光灯塔，是指灯塔的光力能见距离大于或等于测者眼高5 m时的灯塔地理能见距离（如图1-3-5所示）。强光灯塔所标注的射程：

$$灯塔射程 \geq 取整\left\{2.09\sqrt{H(\text{m})} + 2.09\sqrt{5(\text{m})}\right\}$$

当射程大于10 n mile时，一般只标注到整海里，小数舍去。所以，若某灯塔的射程 = 取整$\{D_{o5}\}$，则可认为该灯塔为强光灯塔（实际中也有标注大于 D_{o5} 的情况，但一般不超过 D_{o5}。

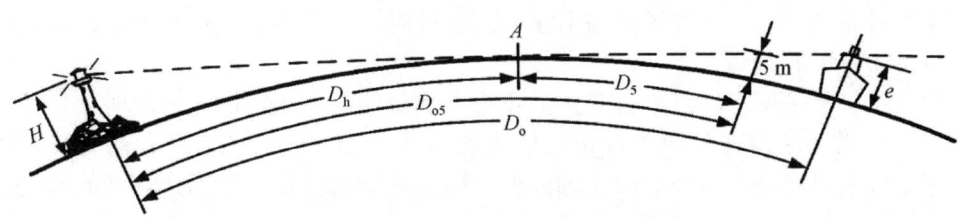

图1-3-5　中版海图上的强光灯塔及其射程

强光灯塔可能有初显（隐）现象，但并非一定有初显（隐）现象，这主要取决于当时灯塔灯光的最大可见距离是否大于该灯塔的地理能见距离 D_o。例如在图1-3-5中，对于眼高为 e 的测者，该强光灯塔灯光的最大可见距离大于该灯塔的地理能见距离 D_o，则此时能发生初显（隐）现象。但对于眼高再大一点的船舶，随着 D_o 的增大，就会出现该灯塔灯光的最大可见距离小于 D_o 的情况，此时就不会出现初显（隐）现象。

初显（隐）距离等于灯塔的地理能见距离，即

$$初显（隐）距离 = 2.09\sqrt{H(\mathrm{m})} + 2.09\sqrt{e(\mathrm{m})}$$

或

$$初显（隐）距离 = 射程 + 2.09\left[\sqrt{e(\mathrm{m})} - \sqrt{5(\mathrm{m})}\right] \tag{1-3-6}$$

例1-3-2 某中版海图上一灯塔标注"闪（3）10s 81m 23M"，已知测者眼高为16 m，判断该灯塔有无初显（隐）发生的可能。若有初显（隐）可能，则该灯塔的光力射程应至少达到多少海里？

解：

该灯塔的地理射程：

$$D_{o5} = 2.09\left(\sqrt{5} + \sqrt{81}\right) \approx 23.5 \text{ n mile}$$

该灯塔的地理能见距离：

$$D_o = 2.09\left(\sqrt{16} + \sqrt{81}\right) \approx 27.17 \text{ n mile}$$

D_{o5} 的取整值为23 n mile，等于该灯塔标注的射程，则该灯塔为强光灯塔，有初显（隐）发生的可能。若想发生初显（隐），则其光力射程至少应达到其地理能见距离27.17 n mile。

所谓弱光灯塔，是指灯塔的射程小于测者眼高5 m时的灯塔地理能见距离（地理射程）。弱光灯塔标的是光力射程，无初显（隐）现象。这种灯塔的灯光只能在标记的射程内才有可能看到，即

$$灯塔射程 < 2.09\left[\sqrt{H(\mathrm{m})} + \sqrt{5(\mathrm{m})}\right]$$

例1-3-3 利用中版《航标表》查得某灯塔资料为"闪（2）6s 91m 18M"，已知测者眼高为21 m，判断该灯塔有无初显（隐）发生的可能。若有初显（隐）可能，则该灯塔的实际光力射程应至少达到多少海里？

解：

该灯塔的地理射程：

$$D_{o5} = 2.09\left(\sqrt{5} + \sqrt{91}\right) \approx 24.6 \text{ n mile}$$

D_{o5} 的取整值为24 n mile，该灯塔射程18 n mile小于其地理射程，因此它是弱光灯塔。不论测者眼高多大，距离该灯塔18 n mile以外时，是看不到其灯光的。只有航行到射程范围内，才有可能看到它。

由此可见，不是所有的灯塔都有初显（隐）现象的。如果灯塔光力较弱（灯光的光力射程小于该灯塔的地理能见距离 D_o）或能见度不佳，均可能出现当测者初见某灯塔灯光时，该灯塔灯芯早已高出海平面一定的高度，这两种情况都不能被当作灯光的初显，因而不能求该灯塔的初显、初隐距离。

（3）中版资料中灯塔灯光的最大可见距离

一般情况下，当测者眼高大于5 m时，强光灯的最大可见距离 $D_{\max}$ 等于该灯标的地理

能见距离D_o，而弱光灯的D_{max}等于射程，即

$$D_{max}\begin{cases} D_o(\text{强光灯}) \\ \text{射程}(\text{弱光灯}) \end{cases}$$

实际上，我国航海资料中灯标的最大可见距离不仅与灯光强度和气象能见度有关，还与测者的实际眼高、眼睛发现最弱灯光的能力、灯高、地球曲率、地面蒙气差及灯塔和测者附近背景的亮度等因素都有关。所以灯塔灯光最大可见距离的计算值与实际值有一定的误差，在实际工作中只能作为制订航行计划时，预计灯塔何时有可能被看到的参考数据。

2. 英版灯标射程

（1）英版海图和《灯标表》中灯标射程的定义

在英版海图和英版《灯标雾号表》（Admiralty List of Lights and Fog Signals，ALL）（简称《灯标表》）中，灯标射程分为光力射程和额定光力射程。

光力射程（Luminous Range）：在某一气象能见度条件下，该灯塔灯光所能照射的最大距离。

额定光力射程（Nominal Range，旧称指定光力射程或特定光力射程）：在气象能见度为10 n mile的条件下，该灯塔灯光的光力射程。

世界上大多数国家采用额定光力射程作为灯标射程。采用额定光力射程的国家和地区在英版《灯标表》的特殊说明（Special Remark）中注明。在不同能见度下，灯塔灯光的可见距离可以用额定光力射程或灯光强度作为引数，在英版《灯标表》中的光力射程图上查得。

显然，英版海图上的灯标射程只与灯光强度和气象能见度有关，而与测者眼高、灯高、地球曲率和地面蒙气差等均无关。

（2）英版资料中灯塔灯光的最大可见距离

英版资料中灯塔灯光的最大可见距离等于该灯塔射程与地理能见距离D_o中的较小者。

$$D_{max} = \min\{\text{射程，}D_o\}$$

当射程大于地理能见距离时，$D_{max} = D_o$；当射程小于地理能见距离时，$D_{max} = $射程。

显然，英版资料中灯塔灯光的最大可见距离，与中版一样，也与很多因素有关，如灯光强度、气象能见度、测者实际眼高、灯高、地球曲率及地面蒙气差等。

例1-3-4 某英版海图上一灯塔灯高为25 m，额定光力射程为18 n mile，已知测者眼高为9 m，则能见度为10 n mile时，该灯塔灯光的最大可见距离D_{max}是多少？

解：

该灯塔的地理能见距离：

$$D_o = 2.09\left(\sqrt{9} + \sqrt{25}\right) \approx 16.7 \text{ n mile}$$

因为该灯塔射程大于地理能见距离D_o，所以，当能见度为10 n mile时，$D_{max} = 16.7$ n mile。

例1-3-5 某英版海图上一灯塔的灯质为"Fl（2）6s 81m 23M"，测者眼高为9 m。当气象能见度为10 n mile、6 n mile、15 n mile时，该灯塔灯光的最大可见距离各为多少？

解：

该灯塔的地理能见距离：

$$D_o = 2.09\left(\sqrt{9} + \sqrt{81}\right) \approx 25.1 \text{ n mile}$$

因为该灯塔射程小于地理能见距离，所以：

当气象能见度为 10 n mile 时，$D_{max} = 23$ n mile；

当气象能见度为 6 n mile 时，6 n mile $< D_{max} < 23$ n mile；

当气象能见度为 12 n mile 时，23 n mile $< D_{max} \leqslant 25.1$ n mile。

项目四　向位与舷角

船舶在海上需要按一定的航向航行，有时也需要测定他船或物标的方向，因此必须知道方向是如何划分的。

一、方向的确定与划分

1.测者地面真地平平面和测者真地平平面

与测者铅垂线相垂直的平面，称为测者地平平面（Horizon）。其中，通过测者眼睛的地平平面，称为测者地面真地平平面（Sensible Horizon）；通过地心的地平平面，称为测者真地平平面（True Horizon）或天文地平平面（Celestial Horizon），测者真地平平面在天文航海中会涉及。

铅垂线是指通过测者眼睛，并与测者重力方向相重合的直线。由于地球内部物质的密度分布不均匀，所以地表的铅垂线并不一定都通过地球球心。但由于地球扁率很小，而半径很大，所以一般可近似认为地球表面的所有铅垂线都是通过地球球心的，并且相邻各点的铅垂线是相互平行的。

2.方向的确定

测者周围的方向是在测者地面真地平平面上来确定的。如图1-4-1所示，假设测者位于 A 点，其眼高为 AA' ， $A'AO$ 是测者铅垂线，则：

NESW为测者地面真地平平面。

NN'S'S是测者子午圈平面。

WA'EE'是测者东西圈（Prime Vertical）平面，又称为测者卯酉圈平面。它是包含测者铅垂线并与测者子午圈平面垂直的平面。

NA'S是测者子午圈平面与测者地面真地平平面的交线，是测者方向的基准线，称为南北线。其中，指向北极（ P_N ）的方向是正北（N）方向，其反方向为正南（S）方向。

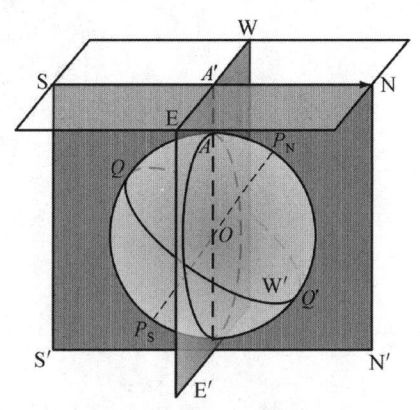

图1-4-1　方向的确定

EA'W是测者东西圈平面与测者地面真地平平面的交线，称为东西线。当测者面北背南时，东西线的右方是正东（E）方向，左方是正西（W）方向。

对于不同地点的测者地面真地平平面，南北线和东西线是不同的。位于两极的测者无法确定北、东、南、西四个基本方向。位于北极的测者无真北方向，其任意方向都是真南方向；位于南极的测者，其任意方向都是真北方向。

3.方向的划分

仅在测者地面真地平平面上确定北（N）、东（E）、南（S）、西（W）四个基点的方向是远远不能满足航海上的需要的，对方向还需进一步划分，其划分方法有以下三种：

（1）圆周法

以正北000°为基准，按顺时针方向以000°~360°计算方向。正北（N）为000°或360°；正东（E）为090°；正南（S）为180°；正西（W）为270°。圆周法始终用三位数字表示，它是航海上最常用的表示方向的方法。

（2）半圆法

以正北或正南为基准，向东或向西分别由0°~180°计算到正南或正北。其方向的表示方法除度数外，还要标出起算点和计算方向。例如，60°NE、100°NW、80°SE、120°SW等。度数后缀的两个字母表示方向，前者表示该方向是由北（N）还是由南（S）起算的；而后者则表示该方向是向东（E）还是向西（W）来计算的。半圆法主要用在航海天文计算中，表示天体的方位。

（3）罗经点法

以正北为基准，将地面真地平平面上的方向32等分，得出32个方向点，每1个方向点称为1个罗经点，对32个罗经点都给予相应的名称（如图1-4-2所示）。每个罗经点等于11°25(11°15′)，4个罗经点等于45°。具体划分如下：

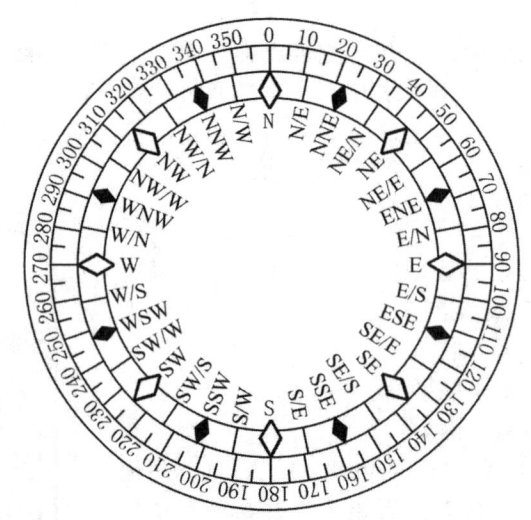

图1-4-2 罗经点方向

①4个基点：分别为北（N）、东（E）、南（S）、西（W）。

②4个隅点：平分相邻两基点之间的角度得出的4个方向点，即北东（NE）、南东（SE）、南西（SW）和北西（NW）。我国习惯上将它们称为东北、东南、西南和西北。

③8个三字点：平分基点和隅点之间的角度得出的8个方向点。其名称是在基点名称之后加上隅点名称，即北北东（NNE）、东北东（ENE）、东南东（ESE）、南南东（SSE）、南南西（SSW）、西南西（WSW）、西北西（WNW）和北北西（NNW）。

④16个偏点：再平分上述16个方向的所有相邻两方向之间的角度所得出的另外16个方向点。其名称是在基点或隅点名称之后加上偏向的方向，即北偏东（N/E）、北东偏北

（NE/N）、北东偏东（NE/E）、东偏北（E/N）……北西偏北（NW/N）和北偏西（N/W）。

由于罗经点划分得不够精确，目前仅用它来表示风、流的方向。

4.三种方向划分系统之间的换算

（1）半圆法换算成圆周法的法则

①在北东（NE）半圆：圆周度数 = 半圆度数；

②在南东（SE）半圆：圆周度数 = 180° − 半圆度数；

③在南西（SW）半圆：圆周度数 = 180° + 半圆度数；

④在北西（NW）半圆：圆周度数 = 360° − 半圆度数。

例1-4-1 分别将半圆度数120°SE和100°NW用另外一种半圆度数表示，并换算成圆周度数。

解：

①如图1-4-3所示，120°SE也可表示为60°NE，其圆周度数为：180° − 120° = 060°。

②如图1-4-4所示，100°NW也可表示为80°SW，其圆周度数为：360° − 100° = 260°。

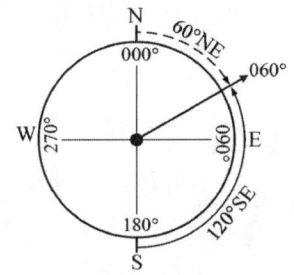

图1-4-3 半圆方向换算（一）

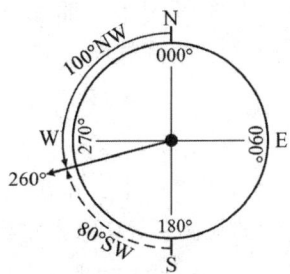

图1-4-4 半圆方向换算（二）

（2）罗经点法换算成圆周法的法则

一般可根据罗经点名称的构成规则进行换算，如三字点与相邻的基点和隅点均相差22°.5，偏点与相邻的基点或隅点相差1个罗经点的度数，即

$$1 点 = 11°.25 = 11°15′$$

例1-4-2 分别将NNE和NW/W换算成圆周度数。

解：

①因为NNE处于N和NE中间，所以：

$$NNE = 0° + 22°.5 或 45° − 22°.5 = 22°.5$$

②因为NW/W是自NW向W偏1个罗经点的方向，所以：

$$NW/W = 315° − 11°.25 = 303°.75$$

二、向位与舷角

驾驶员在航行中要随时掌握船舶的航行方向（航向，Course）和物标的方向（方位，Bearing）。它们的定义解释如下（如图1-4-5所示）：

1. 航向

（1）航向线（Course Line）

当船舶正平时，通过船舶铅垂线的纵剖面是船舶的首尾面。它与船舶地面真地平平面相交的直线，称为艏艉线（Fore-and-aft Line）。艏艉线向船首方向的延长线，称为航向线，代号为CL。

（2）真航向（True Course）

船舶航行时，在船上测者地面真地平平面上，真北（True North，N_T）线与航向线之间的夹角称为船舶的真航向，代号为TC。它从真北线开始顺时针计量到航向线，用圆周法以$000°\sim360°$表示。真航向同时也等于测者子午面与船舶首尾面所夹两面角的大小。在图1-4-5中，测者子午面$P_N A P_S$与船舶首尾面ABO的两面角为35°，因而船舶的真航向$TC=035°$。

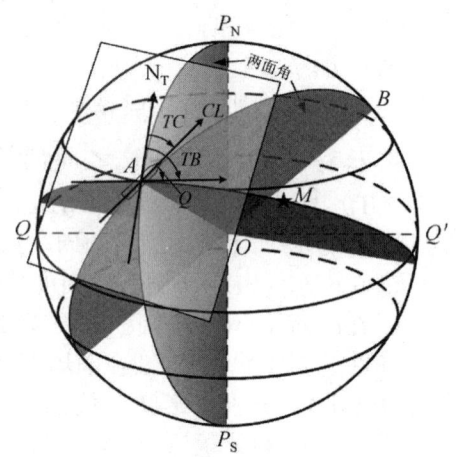

图1-4-5 真航向、真方位及舷角

（3）船首向（Heading）

船首向是指在任何情况下，船舶某一瞬间的船首方向，代号为Hdg。它常用于船舶在港内操纵或锚泊时表示船首方向。

2. 方位

（1）方位线（Bearing Line）

在测者地面真地平平面上，由测者向物标的连线，称为方位线。在地球球面上，由测者A与物标M连接的大圆弧AM称为物标的方位圈。

（2）真方位（True Bearing）

在测者地面真地平平面上，正北线与方位线之间的夹角，称为物标的真方位，代号为TB。它从真北线开始，顺时针计量到方位线，用圆周法以$000°\sim360°$表示。真方位也可以用两面角表示，在图1-4-5中，测者子午面$P_N A P_S$与物标（M）方位圈平面的两面角为85°，即物标M的真方位$TB=085°$。

3. 舷角

在测者地面真地平平面上，以航向线为基准，航向线与方位线之间的夹角，称为物标的舷角（Relative Bearing）或相对方位，代号为Q。它有两种计量方法：圆周法和半圆法。

（1）圆周法

从航向线开始，顺时针计量到物标方位线，以$000°\sim360°$表示。在图1-4-5中，物标M的舷角为050°。

（2）半圆法

从航向线开始，向右或向左由$0°\sim180°$计量到物标方位线，它们分别称为物标的右舷角$Q_{右}$或左舷角$Q_{左}$。在图1-4-5中，物标M的舷角为右舷50°。

（3）物标正横

船首线与物标方位线垂直时称为正横（Abeam）。物标方位线与船首线垂直时的物标距离称为正横距离（Distance Abeam），代号为$D_{\perp}$。

当物标舷角 $Q = 090°$ 或 $Q_右 = 90°$ 时，称为物标右正横；而当物标舷角 $Q = 270°$ 或 $Q_左 = 90°$ 时，称为物标左正横。

通过以上定义我们可以看出：物标的真方位与船舶和物标的相对位置有关，与船舶的航向无关；而物标的舷角不仅与船舶和物标的相对位置有关，而且还与船舶的真航向有关。因此，真航向、真方位与舷角之间的关系是：

$$TB = TC + Q$$

或 $$TB = TC \pm Q_{左}^{右}(Q_右 取 " + "，Q_左 取 " - ")$$ （1-4-1）

在运算中，如果被减数小于减数，则在被减数中加上 $360°$；如果相加结果大于 $360°$，则减去 $360°$，对结果并无影响。

例1-4-3 我船真航向为 $010°$，航行中测得某船位于我船左舷 $40°$，AIS 显示该船航向为 $270°$，则我船位于该船舷角为多少？

解：

如图 1-4-6 所示，我船位于该船舷角（半圆法度量）：

$$Q = 90° + 30° = 120°左$$

例1-4-4 某船 $TC120°$，航行中测得 A 物标位于左舷 $30°$，B 物标刚好位于右正横，C 物标 $Q_C = 260°$，求三物标的 TB。

解：

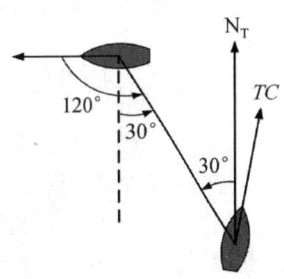

图1-4-6 图示解法

$$TB_A = TC - Q_左$$
$$= 120° - 30° = 090°$$
$$TB_B = TC + Q_右$$
$$= 120° + 90° = 210°$$
$$TB_C = TC + Q_C$$
$$= 120° + 260° = 380°(20°)$$

项目五　向位的测定与换算

航海上是用罗经（Compass）测定航向和方位（简称向位）的。目前海船上配备的罗经分为陀螺罗经（Gyrocompass）（俗称电罗经）和磁罗经（Magnetic compass）两大类。

一、陀螺罗经测定向位

陀螺罗经是利用地球自转角速度和重力场的综合效应，使高速旋转的自由陀螺仪在受到适当的控制力矩和阻尼力矩作用后，其自转轴自动寻找真北，并在运动物体上建立稳定的真北方位基准的惯性器件。它是船上比较理想的测定向位的仪器。

陀螺罗经不受地磁场和电磁场的影响，有较强的指北力，可配若干个分别安装在驾驶室及驾驶室两翼、标准罗经甲板、海图室和船长房间的分罗经。同时，它还能将指北信息输入很多航海仪器，如雷达、电子海图、卫导接收机、自动操舵仪和航迹记录器等。它已成为现代化船舶必不可少的航海仪器之一。

1.陀罗向位

陀螺罗经刻度盘上0°所指的方向称为陀罗北（Gyrocompss North，N_G）。陀罗北与真北（N_T）方向一般并不是一致的，从陀螺罗经刻度盘上读到的航向与方位也并非真航向和真方位。

（1）陀罗航向

陀罗北线与航向线之间的夹角，称为陀罗航向（Gyrocompass Course）。它从陀罗北线开始，顺时针计量到航向线，用圆周法以$000°\sim360°$表示，符号为GC。

陀罗航向的读取方法：

图1-5-1为陀螺罗经刻度盘与船体间关系的俯视示意图。图中，刻度盘外圈是与船体同步转动的罗经盆。罗经盆上F为船首基线，a为船尾基线，F、a与艏艉线一致。由图可见，船首基线F所指的罗盘读数就是陀罗北（即刻度盘0°）与航向线之间的夹角，即陀罗航向，图中为060°。当然，陀罗航向也可以在具有数字显示功能的陀螺罗经上直接读取。

（2）陀罗方位

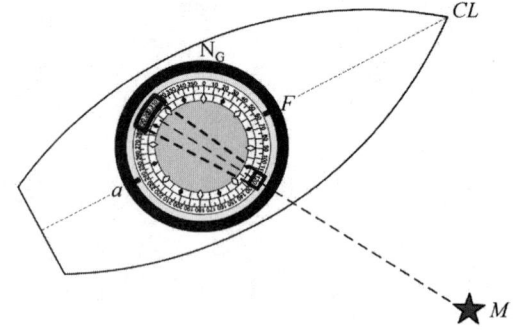

图1-5-1　陀螺罗经刻度盘与船体间关系的俯视示意图

陀罗北线与物标方位线之间的夹角称为陀罗方位（Gyrocompass Bearing）。它以陀罗北线开始，顺时针计量到物标方位线，用圆周法以$000°\sim360°$表示，代号为GB。

陀罗方位的测定方法：

观测方位需借助方位圈或光学方位仪辅助观测，图1-5-2为驾驶员利用陀螺罗经观测右舷60°某灯塔方位的示意图。在观测方位时，驾驶员通过转动方位圈，使欲观测物标的观测点与照准孔（瞄准孔）及照准线成一线，此时从照准线下方棱镜中所读出的罗盘上的刻度就是陀罗北（即刻度盘0°）与物标方位线之间的夹角，即所观测物标的陀罗方位。驾驶员观测方位的俯视图如图1-5-1所示，图中所测灯塔M的陀罗方位为120°。

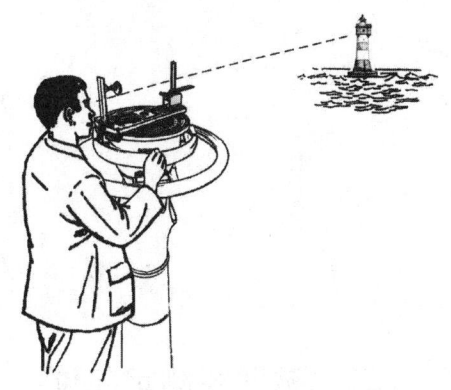

图1-5-2　陀罗方位的测定

2. 陀罗差

理论上陀螺罗经内陀螺仪的主轴应该稳定在子午面内，即陀罗北应与真北（测者的正北方向，N_T）相一致，但像任何其他测量仪器一样，陀螺罗经也存在着一定的误差。当陀罗北（N_G）偏开真北（N_T）时，其偏开的角度称为陀螺罗经差（Gyrocompass Error），简称陀罗差（在航海日志中的术语为陀螺罗经改正量，代号为GE），用ΔG表示。当陀罗北偏在真北东面（右面）时，ΔG为偏东，用E或+标示；当陀罗北偏在真北的西面（左面）时，为偏西，用W或–标示（如图1-5-3所示）。

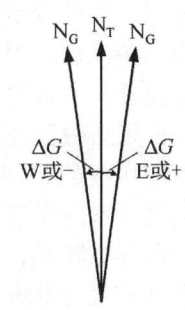

图1-5-3　陀罗差

一般ΔG主要随着船舶所在纬度和船速的变化而变化，而与航向等无关，但当航向变化时，ΔG会发生暂时的变化，这种变化可用其自身的特殊校正器来自动消除。同时，陀螺罗经上装有纬度和船速校正器，以消除纬度和船速的变化引起的ΔG变化。但校正器不完善、各个机械中存在摩擦力，以及供电系统的电压不稳定等，都会使ΔG发生变化。

另外，当地理纬度变化时，尤其在陀螺罗经重新启动后，或在进行了清洁和维修保养工作后，ΔG会有新的变化。因此，每次启动陀螺罗经，待其稳定后，必须仔细核对主罗经与各个分罗经的读数，使其一致。在开航后，一有机会就应立即测定陀罗差，以校验它是否有变化。在以长航线航行后改向时，以及在每天的日出、日没时，应抓住一切机会测定和校验陀罗差。

3. 陀罗向位与真向位的换算

陀罗航向GC和陀罗方位GB与真航向TC和真方位TB之间的关系（如图1-5-4所示）：

$$TC = GC + \Delta G（\Delta G偏E为 “ + ”）$$
$$TB = GB + \Delta G（\Delta G偏W为 “ – ”）$$

（1-5-1）

例1-5-1　某船陀罗航向$GC = 060°$，陀罗差$\Delta G = 2°E$，驾驶员测定某物标舷角为右舷60°，求真航向、陀罗方位及真方位。

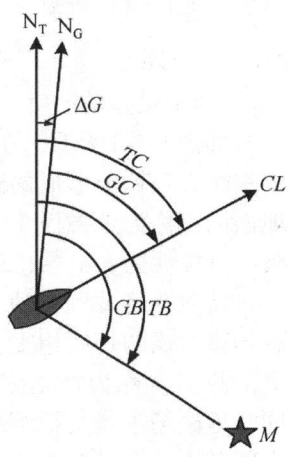

图1-5-4　陀罗向位

解：

如图 1-5-4 所示：

$$TC = GC + \Delta G$$
$$= 060° + (+2°) = 062°$$
$$GB = GC + Q_{右}$$
$$= 060° + 60° = 120°$$
$$TB = GB + \Delta G$$
$$= 120° + (+2°) = 122°$$

二、磁罗经测定向位

磁罗经是由指南针发展演变而来的。它是根据在水平面内自由旋转的磁针，受到地磁力的作用后，能稳定指示地磁场磁北方向的特性而制成的。磁罗经以其结构简单、不依赖电源、不易发生故障和价格低廉等优点，成为《国际海上人命安全公约》（SOLAS）规定的必备仪器，因此所有船舶都装配有磁罗经。关于磁罗经的原理、构造及维护保养在《航海仪器》中有讲述，下面仅介绍磁罗经误差的产生、改正与换算。

根据磁罗经安装在船上的位置、作用和精度的不同，其名称也不同。位于驾驶室顶部罗经甲板的磁罗经，由于受船磁的影响较小，称为标准罗经（Standard Compass）；而位于驾驶室内操舵仪前的磁罗经，称为操舵罗经（Steering Compass）。目前许多船舶仅安装一台标准罗经，而在它的罗盆下面设有光学反射器，能将标准罗经所示方向反射到驾驶室内操舵仪的上方，供舵工操舵使用，称为反射罗经。除此之外，有的船舶还配有应急磁罗经（Emergency Compass），在救生艇内还必须配备舢板罗经（Boat Compass）等。

磁罗经刻度盘0°所指的方向称为罗经北，简称罗北（Compass North，N_C），因此磁罗经只能指示罗北，因此在使用时必须对罗经所示方向进行误差改正。但磁罗经误差是随着时间、地点和航向的不同而变化的，且磁罗经误差（Compass Error，ΔC）由磁差和自差组成，改正时比较复杂。

1. 磁差

（1）磁差的产生

如图 1-5-5 所示，在地球周围存在一个天然的磁场——地磁场。它好像在地球内部放置一个大磁铁所形成的磁场一样，地面上各点的磁力线方向是不同的，磁力线方向垂直于地面的点称为地磁极（Geomagnetic Pole）。地磁场有两个极，靠近地理北极的称为地磁北极，其极性为：S，－；靠近地理南极的称为地磁南极，其极性为：N，＋。

将磁罗经放置在地球上某一点，它会受到地磁场的作用，磁针的N-S线将与该点的地磁场磁力线的切线相重合，其N极所指的方向即磁罗经罗盘上0°的方向在地面真地平平面上的投影，称为磁北（Magnetic North，N_M）。因为地理北极与地磁北极不在同一地点，同时地磁场本身又很不规则，所以某一点的磁北线与真北线往往不重合。真北线与磁北线之间的夹角称为磁差（Variation），代号为 Var。当磁北线偏在真北线的东面时，磁差偏东，用E或＋标示；当磁北线偏在真北的西面时，磁差偏西，用W或－标示（如图 1-5-6 所示）。

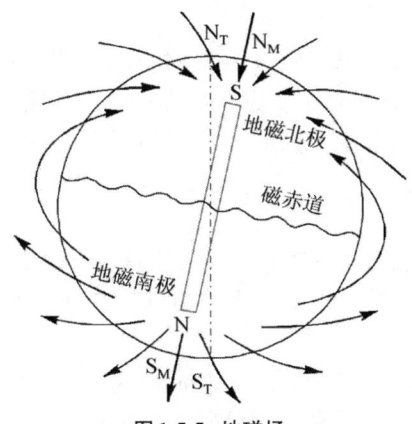

图 1-5-5　地磁场

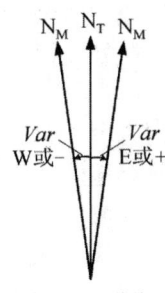

图 1-5-6　磁差

（2）磁差的变化

①地区不同，磁差不同

由于地磁轴并不与地轴重合，加上地磁场的不规则性，地面上的磁力线的分布和走向相当复杂，所以磁差的大小和方向因地而异。在低纬度地区一般磁差比较小，随着纬度的升高而磁差变大。例如，我国近年来海南岛的磁差接近于0°，而向北偏西磁差逐渐增大，青岛附近为5°W左右，到了大连附近为7°W左右。

等磁差曲线（Isogonic Line）：各地相同的磁差用曲线连接起来称为等磁差曲线。从世界等磁差曲线图上可以看到，有两条零磁差曲线将全球分为两个区域：太平洋、欧亚大陆中部、大洋洲和美洲西部为东磁差区，而大西洋、印度洋、整个非洲和亚洲、美洲东部为西磁差区。在极区则因等磁差曲线一般都汇集到地极附近的地磁极，极区的磁差随着地区的变化而变化的情况更为显著。在地极与相应的地磁极之间的磁差，最大可以达到180°左右，磁倾角最大可以达到80°~90°。因此，在极区航行的船舶是无法用磁罗经导航的。

②时间不同，磁差不同

地磁极的位置并不是固定不变的，它不断地按椭圆轨迹绕地极缓慢地移动。据推测，地磁极大约每650年绕地极变化一周。

磁差的年变量（Annual Change）或年差：同一地点的磁差，由于地磁极的移动，每年可能有0°~0°.2的变化，称为年差。根据航海上对磁差精度的要求，每年计算一次年差即可。年差可用东（E）或西（W）表示，也可用磁差绝对值的增加（+，Increasing）或减少（−，Decreasing）表示。年差的东（E）或西（W）表示该地磁差每年向东或向西变化，例如年差为0°.2E，表示磁差每年向东变化0°.2；年差的+和−，并不是表示磁差值是向东或向西变化，而是指该地磁差绝对值的增加或减少。海图上的年差，是该地区在出版该海图时几年内磁差的年增减量。

③特殊区域，磁差异常

由于地球上某处地下蕴藏着大量的磁性矿物质，致使该区域的磁场与其附近的磁场有明显的变化，这一区域称为磁力异常区或磁差异常区（Abnormal Magnetic Variation）。例如，我国山东省威海市附近的鸡鸣岛和台湾地区基隆港外的花瓶屿都有地磁异常现象。这些异常磁区在海图上和航路指南上都有记载，船舶在这些区域航行时，必须格外谨慎。

④磁暴

航行中航向并未改变，而磁罗经所示航向出现偶然或罕见的波动，这种现象可能由磁暴引起。经研究，磁暴与极光和太阳黑子的数量有关。当发生磁暴时，虽然其持续时间比较短暂，但在一昼夜中可使磁差变化几度至几十度。因此，在使用磁罗经时，如发现突然有较大的变动，应格外谨慎驾驶。

（3）磁差的查取

驾驶员在使用磁罗经时，必须根据船舶航行地区的改变，利用航用海图或磁差图中的磁差资料，查取航行地区的当时磁差值及其符号。磁差的查取方法有以下三种：

①在罗经花上查取

在航海图、沿岸图和某些港泊图的向位圈，即罗经花（Compass Rose）上，一般都给出该向位圈中心附近地区的出版海图当年的磁差资料：所给磁差值的大小和符号，所给磁差值的年份，以及其近几年内的年差。

例如，2024年，在某海图的罗经花（如图1-5-7所示）上，标有某地的磁差资料为"4°30′W2004（9′E）"，它表示在该罗经花中心附近，2004年测量的磁差值是4°30′W，磁差每年向东变化9′。则该地点2024年的磁差值应该是：

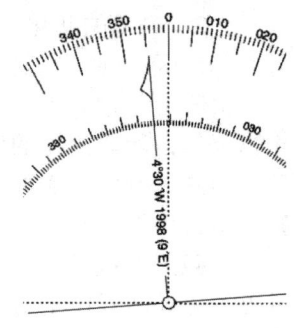

图1-5-7 某海图的罗经花

$$Var = 4°30′W + (2024 - 2002) \times 9′E = 1°30′W$$

如果船舶航行海区是在海图上的两个向位圈之间，则应先分别求出两个向位圈地点的磁差值，然后进行线性内插，即按船舶与两个向位圈之间的距离与磁差的差值进行比例内插概算，以便求得船舶航行地点的当时正确磁差值。

例如，如图1-5-8所示，某船2024年航行于距罗经花A约7 n mile、距罗经花B约3.5 n mile处，罗经花A的磁差资料为"4°30′W 2014（-3′）"，罗经花B的磁差资料为"2°30′W 2014（+3′）"。该船当时应采用的磁差值可通过先求得A、B两处2024年的磁差值：

$$Var_A = [4°30′ - 3′ \times (2024 - 2014)]W = 4°W = -4°$$

$$Var_B = [2°30′ - 3′ \times (2024 - 2014)]W = 3°W = -3°$$

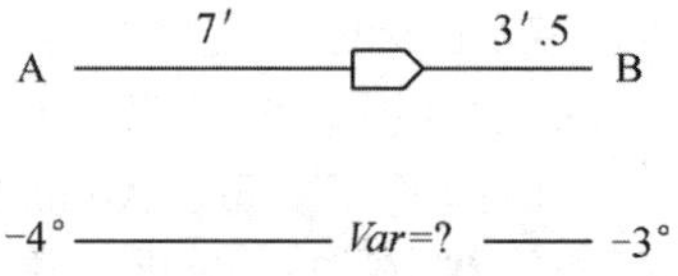

然后进行线性内插得$7/3.5 = (-4° - Var)/[Var - (-3°)]$，解得 $Var = -3°20′ = 3°20′W$。

图1-5-8 内插法

②在等磁差曲线上查取

在大洋图和总图上，由于海图比例尺较小，而图区范围很大，磁差在图区内变化较大，所以一般用等磁差曲线的形式给出磁差资料。

等磁差曲线是磁差相等的各点的连线。在每条等磁差曲线上都注有该曲线所在地区的磁差值和年差。磁差的年份一般在海图标题栏内加以说明。如："Magnetic Variation Curves are for 2024"，表示该图的等磁差曲线资料是2024年的。在求取航行地区的磁差时，应首先将航行地区附近的两条等磁差曲线改正年差，将它们的磁差值换算到航行年份；然后进行必要的线性内插，求出航行地点的当年磁差值。如果大洋海图或空白海图上的磁差资料缺乏或已陈旧，则应查阅近期出版的磁差图，用上述方法来求取航行地点的当年磁差值。

③在海图标题栏中查取

在一些大比例尺港泊图上，由于所示地区范围较小，可以认为整个图区范围内的磁差是相等的。因此，图上磁差资料有时仅在海图标题栏中给出，例如："Magnetic Var 3°20′E (2024) increasing about 5′ annually"，即2024年该图区范围内的磁差均为偏东3°20′，年差是+5′。

在实际工作中，除按上述方法求取磁差外，还可根据船位从部分GPS接收机等导航仪器中直接读取当地、当时的磁差值。

（4）磁向位

①磁航向

磁北线与航向线之间的夹角，称为磁航向（Magnetic Course）。它从磁北线开始，顺时针计量到航向线，用圆周法表示，代号为MC。

②磁方位

磁北线与物标方位线之间的夹角，称为磁方位（Magnetic Bearing）。它从磁北线开始，顺时针计量到物标方位线，用圆周法表示，代号为MB。

磁向位与真向位之间的关系如下：

$$MC = TC - Var$$
$$MB = TB - Var$$

（1-5-2）

2. 自差

（1）自差的产生

安装在钢铁制成的船上的磁罗经，除受地磁的作用外，还受船上钢铁在地磁场中磁化后形成的磁场——船磁场的影响，以及磁罗经附近的电气设备形成的电磁场的影响。它们使磁罗经的指北端不再指向磁北方向，而指向上述各种磁场的合力方向，这时磁罗经刻度盘0°所指的方向即为罗北（N_c）。

磁北线与罗北线的夹角称为磁罗经自差（Deviation，Dev或δ），简称自差。它以磁北为基准，向东或向西计量。当罗北偏在磁北之东时，称为东自差，用E或+标示；当罗北偏在磁北之西时，称为西自差，用W或−标示。

（2）自差的改变

自差相当于磁罗经所受地磁力与（地磁力和船磁力的）合力的夹角。因此，无论是地磁力的改变还是船磁力的改变，都会引起自差的改变。

①航向改变，自差改变

自差的符号和大小与船体的磁化性质和大小有关。而船磁又与船首向和地磁场磁力线方向的相对位置有关，即船磁的大小和方向是随着航向的改变而改变的。因此，磁罗经自差随着航向的改变而改变。

②船磁改变，自差改变

在船舶修理后，尤其在电焊后，船上装载钢铁和带磁性的货物后，长期停泊装卸或长期在一个固定航向上航行后，船磁都可能发生改变，自差也随之改变。

③地磁改变，自差改变

地区不同、地磁异常及磁暴等都会引起自差的改变。

（3）自差的查取方法

①利用磁罗经自差曲线或自差表查取

当磁罗经自差很大时，使用磁罗经很不方便，容易产生错觉，甚至发生海事。因此，必须对磁罗经进行自差消除工作，但消除自差不可能将各个航向上的自差都消除干净，一般还会剩下 −3°~ + 3°左右的自差，称为剩余自差。在消除自差后，应将8个主要罗经点方向上的剩余自差值测定出来，然后用曲线法或公式计算法，制成磁罗经自差曲线（如图1-5-9所示）或磁罗经自差表（如表1-5-1所示），供船舶在航行中进行向位换算使用。

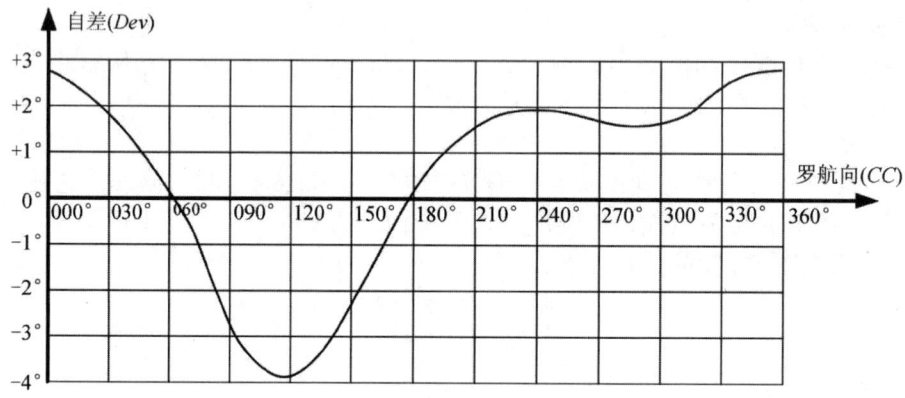

图1-5-9 磁罗经自差曲线

表1-5-1 某船标准磁罗经自差表（观测地点：吴淞口）

罗航向	自差	罗航向	自差	罗航向	自差	罗航向	自差
000°	+2°.8	090°	−2°.5	180°	−1°.0	270°	+1°.9
015°	+2°.6	105°	−3°.4	195°	+0°.2	285°	+1°.8
030°	+2°.0	120°	−3°.9	210°	+1°.2	300°	+1°.9
045°	+1°.2	135°	−3°.8	225°	+1°.8	315°	+2°.0
060°	+0°.1	150°	−3°.1	240°	+1°.9	330°	+2°.3
075°	−1°.2	165°	−2°.2	255°	+2°.0	345°	+2°.6
090°	−2°.5	180°	−1°.0	270°	+1°.9	360°	+2°.8

磁罗经自差表或自差曲线都是以罗航向为引数来查取的。因此，在从海图的计划航线上知道了真航向后，当查自差表时，应采用罗航向的近似值，即磁航向MC代替罗航向作为引数，来查取自差，有关系式：

$$CC = MC - Dev = TC - (Dev + Var) \qquad （1-5-3）$$

由式（1-5-3）可知：MC与TC哪个更接近CC，取决于$|Dev|$与$|Dev + Var|$哪个更小。易知，当Dev与Var符号相同时，MC更接近CC；当两者符号相反且$|Dev|$大于$|Var/2|$时，TC更接近CC。

在剩余自差不太大的情况下，用更接近罗航向的磁航向或真航向，来代替罗航向作为引数查自差表，所求自差的误差是可以满足海上精度要求的（磁差和自差值的精度仅要求达到0°.1）。但是除非在磁差值非常小的情况下，否则，决不应以真航向代替罗航向来查自差表。

例1-5-2 $CC = 125°$，利用磁罗经自差表（表1-5-1）求磁罗经自差。

解：

$$Dev = -3°.9 + \frac{(-3°.8) - (3°.9)}{15} \times 5 \approx -3°.9 + 0°.0 = 3°.9W$$

例1-5-3 $TC = 035°$，$Var = 5°E$，利用磁罗经自差表（表1-5-1）求磁罗经自差。

解：

$TC035°$对应的表列自差符号与磁差相同，因此本题应用MC代替CC作为引数来查取自差。

$$MC = TC - Var = 35° - 5°E = 30°$$

用磁航向代替罗航向查表1-5-1得：

$$Dev = +2°.0 = 2°.0E$$

②利用磁罗经自差记录簿查取

磁罗经自差记录簿上的数据是每次测定自差后的实测记录，可以从近期相同航行条件下测定自差的记录中查取自差值。

③根据航海日志查取

航海日志上的数据是过去航行中采用自差的实际记录，同样可以从近期相同航行条件情况下相同航向的记录中查取自差值。

需要注意的是，不论磁罗经自差校正得怎样好，也不论剩余自差表测定得如何准确，由于船磁在不断地变化着，因此为了获得航行中船舶航向上的准确自差值，或为了验证所采用的自差的可靠性，必须经常利用一切可以测定罗经差的机会，测定航行中的实际自差值，并将测定的结果记入航海日志和磁罗经自差记录簿，以便今后在相同的航行条件下参考使用。当发现自差曲线或自差表与所测得的实际自差值有较大出入时，或在每次修船后船磁发生较大变化时，都必须重新进行自差校正工作，并重新制定新的磁罗经自差表或自差曲线。

3. 罗经差

磁罗经误差简称罗经差，代号为ΔC。它是船上磁罗经的磁针在受到地磁和船磁的合力的影响时罗北（N_C）偏开真北（N_T）的夹角。当罗北偏在真北之东时，是东罗经差，用E或+表示；当罗北偏在真北之西时，是西罗经差，用W或−标示（如图1-5-10所示）。罗经差是磁差与自差的代数和，即

$$\Delta C = Var + Dev \qquad (1-5-4)$$

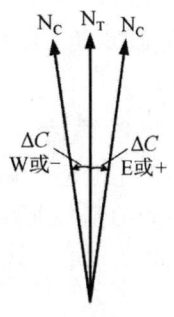

图1-5-10 罗经差

例1-5-4 某船航向为050°，航行海域的磁差$Var = 5°E$，该航向上的磁罗经自差$Dev = 3°W$，求当时的罗经差。

解：

$$\Delta C = Var + Dev = 5°E + 3°W = 5° + (-3°) = 2°E$$

4. 罗向位

（1）罗航向

罗北线与航向线之间的夹角，称为罗航向（Compass Course）。它从罗北线开始，顺时针计量到航向线，用圆周法表示，代号为 CC。

罗航向的读取方法与陀罗航向相同。若图1-5-1是磁罗经与船体间关系的俯视示意图，则船首基线 F 所指的罗盘读数就是罗北 N_C（即刻度盘0°）与航向线之间的夹角，叫作船舶的罗航向，图中为060°。

（2）罗方位

罗北线与物标方位线之间的夹角，称为罗方位（Compass Bearing）。它从罗北线开始，顺时针计量到物标方位线，用圆周法表示，代号为 CB。

罗方位的测定方法与陀螺方位相同。在观测时，当物标的观测点与照准孔及照准线成一线时，从照准线下方棱镜中所读出的罗盘上的刻度就是罗北（即刻度盘0°）与物标方位线之间的夹角，叫作所观测物标的罗方位。

（3）罗向位与真向位的换算

罗航向 CC 和罗方位 CB 与真航向 TC 和真方位 TB 之间的关系（如图1-5-11所示）：

$$TC = CC + \Delta C（\Delta C偏E为 " + "）$$
$$TB = CB + \Delta C（\Delta C偏W为 " - "）$$

（1-5-5）

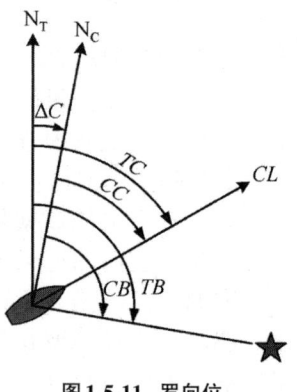

图1-5-11 罗向位

例1-5-5 某船罗航向 $CC = 120°$，测得某物标罗方位 $CB = 168°$，若罗经差 $\Delta C = 2°W$，求真航向和真方位。

解：

$$TC = CC + \Delta C = 120° + (-2°) = 118°$$
$$TB = CB + \Delta C = 168° + (-2°) = 166°$$

三、向位换算

向位换算（Conversion of Directions）是各种航向之间或各种方位之间互相变换的方法和过程。驾驶员在进行海图作业时，在海图上画出的航向线和方位线都是以真北为基准计算的，即真向位；而从磁罗经/陀螺罗经上读出的航向和测定的物标方位都是以罗北/陀罗北为基准的，即罗/陀罗向位，所以在它们之间要进行换算。向位换算的方法有以下两种：

1. 图解法

首先根据已知条件 $\Delta C/\Delta G/Var/Dev$（或罗/陀罗向位），直接画出（或反推后画出）各种不同的基准北线（ N_T、N_C/N_G 或 N_M ）；然后画出船首线 CL 和方位线；最后根据不同的基准北线到船首线及方位线的夹角，计算出各种航向和方位，如图1-5-12所示。

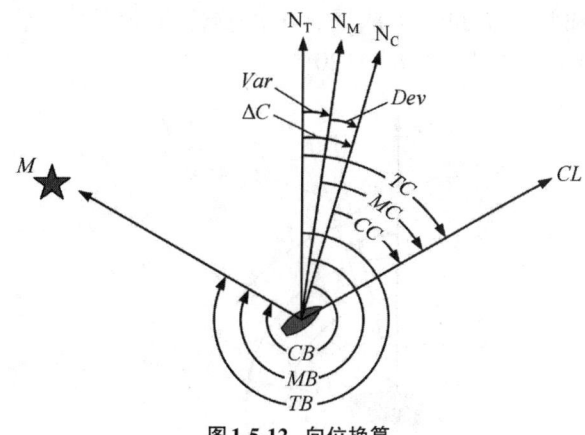

图1-5-12　向位换算

例1-5-6　已知某叠标线的真方位为330°，而船上用磁罗经测得该叠标线的罗方位为325°，该地区磁差为2°E，求磁罗经自差。

解：

作图步骤（如图1-5-13所示）为：

①画出真北基准线，根据磁差2°E画出磁北线（偏在真北线之东2°）；

②根据TB330°画出方位线；

③根据方位线和CB325°反推出并画出罗北线，它在真北线之东5°，即$\Delta C = 5°E$；

④从图中可知罗北线偏在磁北线之东3°，即自差$Dev = 3°E$。

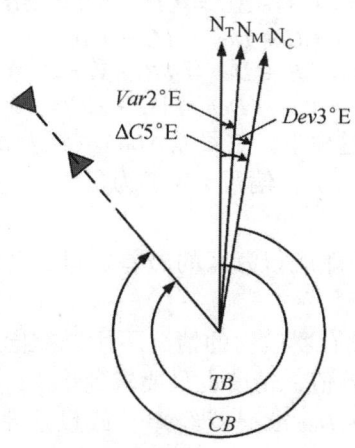

图1-5-13　图解法（一）

例1-5-7　已知真航向080°、罗方位112°、磁差11°E和自差3°W，求罗航向和真方位。

解：

作图步骤（如图1-5-14所示）为：

①画出真北基准线，根据磁差11°E画出磁北线，再根据自差3°W画出罗北线，从图中便可看出，罗经差$\Delta C = 8°E$；

②根据TC080°画出航向线；

③量得罗北基准线与航向线之间的夹角为72°，因此得到罗航向$CC = 072°$；

④以罗北基准线和罗方位112°为依据，画出物标方位线，然后量得真北基准线与方位线之间的夹角为120°，即真方位 $TB = 120°$。

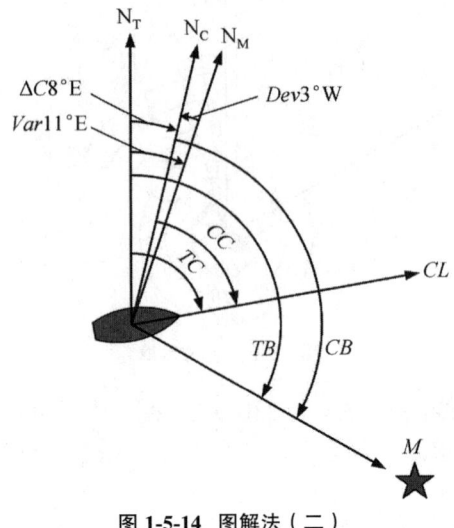

图 1-5-14 图解法（二）

2. 公式法

基本运算公式如下：

$$TC = GC + \Delta G = CC + \Delta C = MC + Var$$
$$TB = GB + \Delta G = CB + \Delta C = MB + Var$$
$$MC = CC + Dev = TC - Var \qquad (1\text{-}5\text{-}6)$$
$$MB = CB + Dev = TB - Var$$
$$\Delta C = Var + Dev = TC - CC = TB - CB$$

在进行以上公式运算的过程中，陀罗差 ΔG、罗经差 ΔC、磁差 Var 和自差 Dev 均应缀以符号，均为偏东（E）为正（+），偏西（W）为负（−）。

向位换算的具体步骤：

（1）先从海图上查出船舶航行海区的磁差资料，并将它改正到航行年份，精度只要求到 $0°.1$；

（2）按罗航向，或在没有罗航向的情况下用磁航向代替罗航向，从自差表或自差曲线图中查出当时航向上的自差值，精度也只要求到 $0°.1$；

（3）按公式 $\Delta C = Var + Dev$ 求得罗经差，或设法掌握陀罗差 ΔG，一般精度仅要求到 $0°.5$；

（4）按向位换算公式进行计算。

例 1-5-8 2024年8月5日，某船的 $CC = 085°$，测得某物标的 $CB = 036°$，海图上该处磁差资料为"偏西$3°20'.0$（2009），年差$+2'.0$"，自差从表1-5-1中查取，求 TC 和 TB。

解：

①求航行年份磁差

$$Var = 3°20'.0\text{W} + 2'.0 \times (2024 - 2009) \approx 3°50'.0\text{W} = 3°.8\text{W}$$

②求自差

以 $CC = 085°$ 查自差表得：$Dev \approx -2°.1$

③求罗经差

$$\Delta C = Var + Dev = -3°.8 + (-2°.1) = -5°.9 \approx 6°W$$

④求真向位

$$TC = CC + \Delta C = 085° + (-6°) = 079°$$

$$TB = CB + \Delta C = 036° + (-6°) = 030°$$

例 1-5-9　2024 年 6 月 10 日某船 $TC210°$，$\Delta G = 1°W$，拟在某物标 $TB300°$ 时转向，求 CC、GC 和转向时该物标的 CB 及 GB。海图上该处磁差资料为"2°30′E 2014(3′W)"，自差从表 1-5-1 中查取。

解：

①求 2024 年磁差

$$Var = 2°30′E + (3′W) \times (2024 - 2014) = 2°E$$

②求自差

$$MC = TC - Var = 210° - 2°E = 208°$$

以 $MC = 208°$ 代替 CC 查自差表并进行内插得：

$$Dev = +1°.1$$

③求罗经差

$$\Delta C = Var + Dev = 2°E + (+1°.1) \approx 3°E$$

④求罗向位和陀罗向位

$$CC = TC - \Delta C = 210° - 3°E = 207°$$

$$GC = TC - \Delta G = 210° - 1°W = 211°$$

$$CB = TB - \Delta C = 300° - 3°E = 297°$$

$$GB = TB - \Delta G = 300° - 1°W = 301°$$

利用图解法进行向位换算比较直观，不易出错，但作图麻烦、费时。利用公式法进行向位换算比较抽象，但若熟练掌握该方法，则简单、快捷。实际工作中，多采用公式法，但若对公式法掌握不熟或当向位关系较复杂时，应辅以图解法，以帮助理解，避免出错。

项目六　航速与航程

一、航速与航程的概念

1. 航速的概念

航速（Sailing Speed）即船舶在海上的航行速度，代号为 V，单位为节（Knot，kn）。1 kn = 1 n mile/h。在航海上，按照参照物和场合的不同，所涉及的航速概念主要包括船速、对水航速（航速）、对地航速（实际航速）、计划航速及推算航速等。

船速（Ship Speed）一般是指船舶在无风无流情况下的航行速度，代号为 V_E。新建造或坞修后的船舶都需在船速校验线上进行船速的测定，并制定主机转速与船速对照表，供船员在船舶航行中参考。

按照参照物的不同，航速可分为以下两种：

（1）对水航速（Speed through Water）

对水航速是指船舶相对于海水的航行速度，航海上一般所说的航速就是指对水航速，记为 V_L。船舶在航行中使用相对计程仪计量的航速为对水航速，它实际上是已包含了风影响的航行速度。

（2）对地航速（Speed over the Ground）

对地航速是指船舶相对于海底的航行速度，又称实际航速（Speed Made Good），代号为 V_G。一般绝对计程仪在其有效作用距离内计量的航速为实际航速。

对水航速与对地航速不同。例如，在有水流的海区航行时，不论顺流或逆流航行，对水航速都不变，但顺流时对地航速等于对水航速加流速，逆流时实际航速等于对水航速减流速，即

$$\overline{实际航速} = \overline{对水航速} + \overline{流速}$$

航行海区无风无流时，$V_E = V_L = V_G$；有流时，$V_L \neq V_G$；有风无流时，$V_L \approx V_G$。风对船舶速度的影响直接体现在对水航速上，进而影响对地航速。

例如，某船船速为 15 kn，顶风顺流航行，风对船速的影响为 1 kn，流速为 2 kn，则此时船舶对水航速为：15 − 1 = 14 kn，实际航速为：15 − 1 + 2 = 16 kn。

推算航速或计划航速：在航迹推算中考虑了风流影响推算出的船舶航行速度（Speed Made Good）或计划的（预配风流压差后）船舶航行速度（Speed of Advance）。

2. 航程的概念

航程（Distance Run）是由起航点至到达点船舶航行的里程，单位为 n mile，代号为 S。

按参照物的不同，航程可分为以下两种：

（1）对水航程（Distance through Water，S_L）

对水航程是指船舶相对于海水的航行里程。船舶在航行中使用相对计程仪计量的航程就是对水航程。

（2）对地航程（Distance over the Ground，S_G）

对地航程是指船舶相对于海底的航行里程，又称实际航程。绝对计程仪在其有效作用距离内计量的航程为实际航程。

实际航程、对水航程与流程的关系是：

$$实际航程 = 对水航程 + 流程$$

顺流航行时，实际航程等于对水航程与流程之和；顶流航行时，实际航程等于对水航程与流程之差。

例1-6-1 某船船速为12 kn，顺风顶流航行，风对船速的影响为1 kn，流速为3 kn，求2 h后该船的对水航程和实际航程。

解：

对水航速：$V_L = 12 + 1 = 13\text{ kn}$

实际航速：$V_G = V_L - 3 = 10\text{ kn}$

对水航程：$S_L = V_L \cdot t = 13 \times 2 = 26\text{ n mile}$

实际航程：$S_G = V_G \cdot t = 10 \times 2 = 20\text{ n mile}$

例1-6-2 某船船速为15 kn，顶风顶流航行，风对船速的影响为1 kn，流速为2 kn，求2 h后该船的对水航程和实际航程。

解：

对水航速：$V_L = 15 - 1 = 14\text{ kn}$

实际航速：$V_G = V_L - 2 = 12\text{ kn}$

对水航程：$S_L = V_L \cdot t = 14 \times 2 = 28\text{ n mile}$

实际航程：$S_G = V_G \cdot t = 12 \times 2 = 24\text{ n mile}$

二、用主机转速测船速

1. 主机转速与滑失比

船舶是利用主机带动螺旋桨旋转所产生的推水反作用力使船前进的。因此，主机转速，即每分钟转数（Revolutions per Minute，RPM）与船速有直接的关系。理论上螺旋桨在固体中旋转一周所推进的距离称为螺距（P），单位为m/r。螺距乘以主机每分钟转数等于船舶前进距离。但是实际螺旋桨是在水中工作的，水有阻力并且水在叶片的推压下向后推排，所以螺旋桨在水中旋转一周所前进的距离要比螺距小。船舶在主机转速下航行一小时前进的距离，称为主机航速（Speed by RPM），同样用船速代号V_E表示。

螺旋桨理论速度与主机航速的差值，称为滑失速度。而滑失速度与理论速度之比称为滑失比，用百分率表示为：

$$滑失比 = \frac{螺旋桨理论速度 - 主机航速}{螺旋桨理论速度} \times 100\% \qquad (1\text{-}6\text{-}1)$$

由此可得船速：

$$V_{\mathrm{E}} = \frac{P \times RPM \times 60 \times (1 - 滑失比)}{1\,852}（\mathrm{kn}）\qquad（1\text{-}6\text{-}2）$$

滑失比是一个变量，它与主机航速、船型、吃水、吃水差、风浪、水深及污底等因素有关。因此，用式（1-6-2）计算船速存在一定的误差。

2. 测速场测定船速

测速场（Speed Trial Ground）：测定和检验船速的指定场所。航速与主机转数之间的关系，一般只能通过船舶在测速场的船速校验线上航行并进行实测求得。

船速校验线一般设立在一些重要港口附近的测速场上，有专供船舶试航时用来测定航速和计程仪改正率的横向叠标组，如图1-6-1所示。一般在船速校验线上有3对横向叠标和1对导航叠标，并标有导航方向。图1-6-2为测速场示意图。

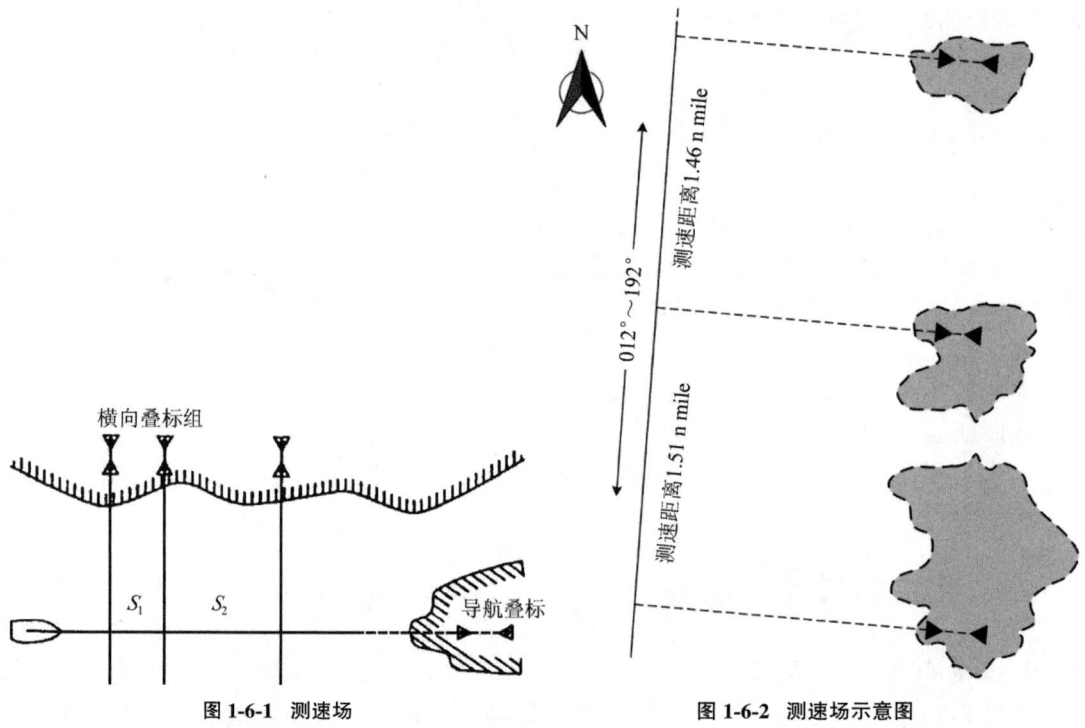

图1-6-1　测速场　　　　　　　　　　　　图1-6-2　测速场示意图

（1）良好的船速校验线应具备的条件

①船速校验线的长度要适当，过短或过长都会影响测定的精度。用于航速为18 kn以下的船舶，一般其长度应为1~2 n mile；而用于航速为18 kn以上的船舶，其长度应为2~3 n mile。

②船速校验线上的水深不应小于：

$$h = 1.5\,V^2/g + d \qquad（1\text{-}6\text{-}3）$$

式中：h——水深（m）；

　　　V——航速（m/s）；

　　　g——重力加速度（m/s²）；

　　　d——船舶吃水（m）。

否则会产生浅水航行的附加阻力，影响航速测定的精度。

③在船速校验线的两端，应有宽广的旋回余地，以便船舶在到达第一对横向叠标之前的一定距离上，就能够尽早地驶入船速校验线。

④船速校验线应设立在能避风浪和没有水流影响的地方。如果有水流存在，应使船速校验线尽可能地与流向平行。

⑤船速校验线附近应完全没有航海危险。船速校验线上的所有标志都应是容易识别的。

（2）在船速校验线上测定主机航速

①无水流影响

只要在船速校验线上航行1次，便可求得主机航速。其计算公式为：

$$V_E = \frac{3\,600 \times S}{t} \qquad (1\text{-}6\text{-}4)$$

式中：V_E——主机航速（kn）；

　　S——船速校验线上的某一段距离（n mile）；

　　t——在船速校验线上航行所需的时间（s）。

如果有水流影响，则必须在短时间内在船速校验线上往返重复测定多次，然后按下面公式计算求得主机航速。

②有恒流影响

应以同样的主机转数在船速校验线上往返重复测定2次，分别求出每次测定的主机航速 V_1 和 V_2，然后按求算术平均值的计算方法求得主机航速，即

$$V_E = (V_1 + V_2)/2 \qquad (1\text{-}6\text{-}5)$$

③有等加速水流影响

等加速水流流速变化均匀，应以同样的主机转数在短时间内在船速校验线上往返重复测定3次，分别计算出每次测定的主机航速 V_1、V_2 和 V_3，然后按下面公式计算求得主机航速，即

$$V_E = (V_1 + 2V_2 + V_3)/4 \qquad (1\text{-}6\text{-}6)$$

④有变加速水流影响

应以同样的主机转数，尽可能在短时间内在船速校验线上往返重复测定4次，分别计算出每次测定的主机航速 V_1、V_2、V_3 和 V_4，然后按下面公式计算求得主机航速，即

$$V_E = (V_1 + 3V_2 + 3V_3 + V_4)/8 \qquad (1\text{-}6\text{-}7)$$

在船速校验线上往返重复测定3次来测定主机航速的均方误差为：

$$m_V = \pm\frac{0.623 V_E m_t}{\Delta t} \qquad (1\text{-}6\text{-}8)$$

式中：V_E——主机航速（kn）；

　　Δt——航行在船速校验线上测速标之间的时间间隔（s）；

　　m_t——测定时间 t 的均方误差。

如果 t 是用秒表来测量的，则其均方误差 m_t 一般不会大于1 s。因此，对于航速为15 kn的船舶，在1 n mile的船速校验线上往返重复测定3次，其测得的航速的均方误差 $m_V = \pm 71$ m 或 0.04 n mile。这样的精度基本上将等加速水流的影响从测定中消除，完全能够满足目前航海上的要求。

新建造或坞修后的船舶在试航时，均应在船速校验线上以不同的主机转速分别在满载和空载的情况下测定航速，并列出主机转速与航速对照表（如表1-6-1所示）。该表应放在海图室内和驾驶台上，便于驾驶员和引航员在航行中用它来估算航速。

表1-6-1 某船主机转速与航速对照表

主机转速(r/min)	航速(kn)		主机转速(r/min)	航速(kn)	
	满载	空载		满载	空载
160	14.0	14.8	110	10.2	11.2
150	13.3	14.2	100	9.4	10.4
140	12.6	13.5	90	8.6	9.6
130	11.8	12.7	80	7.7	8.7
120	11.0	12.0	70	6.8	7.9

需要注意的是，对于同一船舶而言，以上不同主机转速下所测得的航速数值并非一成不变的。由于风浪将造成船舶运动的附加阻力，吃水和吃水差的不同，以及船体水下部分滋生附生物等，船舶运动所受到的水阻力从出坞起每天大约增加0.3%，日积月累，最大可使航速降低25%~30%，从而使滑失比不断地发生变化。因此，主机转速与航速对照表，只能说明船舶在测定航速时的情况，在条件不同的情况下只能作为参考。所以船舶航行中的航速和航程，必须利用计程仪进行测定。

三、航程及其测定

1. 计程仪的种类

船用计程仪（Ship's Log）：船舶测定航速与航程的主要仪器。目前根据船用计程仪能够提供航速和航程的性质，它可分为两大类：相对计程仪和绝对计程仪。

相对计程仪（Relative Log）：只能测量船舶相对于水的航速和航程。但船舶在相对于水移动的同时，水也在相对于海底流动，因此相对计程仪只能记录船舶受风影响后的相对于水的航速和航程，而不能记录船舶受水流影响后的对地航速和航程，即不能体现水流对实际航速的影响。因此，人们将相对计程仪称为计风不计流的计程仪。

例如，若船舶抛锚时有3 kn恒流的影响，则相对计程仪显示的航速并不是0 kn，而是约3 kn，因为此时船舶与水之间有相对运动；船舶在无流水域随风漂移时，只要船舶在首尾方向对水有移动，相对计程仪便有显示；而无风时船舶随流漂移，相对计程仪便没有显示，因为此时船舶对水没有移动。船舶上装备的相对计程仪主要有回转式、水压式及电磁式三种类型。

绝对计程仪（Absolute Log）：记录船舶相对于海底的航速和航程。只要船舶对于海底有位移，就应能记录出对应于该位移的航速与航程，即记录出船舶受风流影响后的航速与航程。但当水深超过计程仪向海底发射超声波的有效作用距离（一般小于200 m，大多数商船的绝对计程仪的有效作用距离为几米至几十米）时，绝对计程仪仅能起到相对计程仪的作用。船舶上装备的绝对计程仪主要有多普勒计程仪和声相关计程仪两大类型。

例 1-6-3　某船船速为 12 kn，航行 2 h 后相对计程仪计量的航程 S_L 为 26′.0，已知该船实际航程 S_G 为 30 n mile，判断船舶当时所受的风流情况。

解：

由于船速与时间的乘积 $V_E \cdot t$ 是船舶在无风无流情况下的航程，而相对计程仪航程 S_L 包含了风对 $V_E \cdot t$ 的影响，实际航程 S_G 包含了流对 S_L 的影响。

因此，判断风的情况应比较 S_L 与 $V_E \cdot t$ 的大小：

若 $S_L = V_E \cdot t$，则为无风；

若 $S_L > V_E \cdot t$，则为顺风；

若 $S_L < V_E \cdot t$，则为顶风。

本题中，26 > 12 × 2，即 $S_L > V_E \cdot t$，因此为顺风。

判断流的情况应比较 S_G 与 S_L 的大小：

若 $S_L = S_G$，则为无流；

若 $S_G > S_L$，则为顺流；

若 $S_G < S_L$，则为顶流。

本题中，30 > 26，即 $S_G > S_L$，因此为顺流。

目前，商船上应用较多的是多普勒计程仪、声相关计程仪及电磁计程仪。所有计程仪的测速原理、构造、使用及维护保养，将在《航海仪器》中讲述。

2. 计程仪航程及改正率

在驾驶室和海图室均装有计程仪指示器。从该指示器上读出的某时刻的里程数，称为计程仪读数（Log Reading），代号为 L。如果计程仪没有误差，则前后两次计程仪读数之差即为两次读数时间内计程仪计量的船舶航程。例如，0800 时计程仪读数为 L_1，1000 时计程仪读数为 L_2，则从 0800 时到 1000 时的船舶航程为：$L_2 - L_1$。

相对计程仪与任何仪器一样，都会存在一定的误差。因而从计程仪上读到的仅仅是计程仪航程读数和航速读数，必须对其进行误差改正后，才能得到准确的相对于水的航程和航速。计程仪误差在航海上用计程仪改正率（Percentage of Log Correction，ΔL）来表示。计程仪改正率是用百分比表示的计程仪误差值与读数差的比值。其表达式为：

$$\Delta L = \frac{S_L - (L_2 - L_1)}{(L_2 - L_1)} \times 100\% \tag{1-6-9}$$

式中：ΔL——计程仪改正率，用百分率表示；

　　　S_L——准确的船舶相对于水的航程，又称为计程仪航程（Distance by Log）；

　　　L_1、L_2——航行于计程仪航程的前后两次计程仪读数。

当 ΔL 为"+"时，表示计程仪慢了或航程少记了；当 ΔL 为"−"时，表示计程仪快了或航程多记了。因此，准确的计程仪航程，必须在对计程仪读数差进行误差改正后才能得到。

已知计程仪改正率和计程仪读数差求计程仪航程，公式如下：

$$S_L = (L_2 - L_1)(1 + \Delta L) \tag{1-6-10}$$

在中版《航海表》中，表Ⅲ-6"计程仪改正率表"是根据上式列出的。以 ΔL 和（$L_2 - L_1$）为引数查取 S_L。不用查表而直接用计算器进行计算也很方便。要预计某一时刻或船舶到达某一地点的计程仪读数时，应按下面公式来进行计算：

$$L_2 = L_1 + \frac{S_L}{1 + \Delta L} \qquad (1\text{-}6\text{-}11)$$

上式中的 S_L 为准确的计程仪航程，即船舶相对于水的实际航程，而不是船舶相对于海底的实际航程。因此，它一般等于航速乘以航行时间。

例1-6-4 某船顶风顶流航行，船速为 18 kn，流速为 2 kn，风使船减速 1 kn，计程仪改正率为+8%，0400时计程仪读数 $L_1 = 100'.0$，则 2 h 后相对计程仪读数 L_2 为多少？

解：

①方法一

根据计程仪航程公式及式（1-6-11）分步求取：

$$S_L = V \cdot t + V_W \cdot t = 18 \times 2 - 1 \times 2 = 34 \, \text{n mile}$$

$$L_2 = L_1 + \frac{S_L}{1 + \Delta L} = 100'.0 + \frac{34'.0}{1 + 8\%} \approx 131.5 \, \text{n mile}$$

②方法二

由船舶受风影响后的对水航程等于相对计程仪航程，可得等式：

$$(18 - 1) \times 2 = (L_2 - 100) \times (1 + 8\%)$$

$$L_2 = 131.5 \, \text{n mile}$$

3.计程仪改正率的测定

测定计程仪改正率 ΔL 与测定航速一样，应该在船速校验线上进行，并按计程仪改正率 ΔL 公式计算求出。

（1）无水流影响

在船速校验线上航行1次，可求得计程仪改正率 ΔL。

$$\Delta L = \frac{S_L - (L_2 - L_1)}{(L_2 - L_1)} \times 100\%$$

同样，为了消除水流对测定的影响，也应该在短时间内在船速校验线上往返重复测定多次，并按下面公式计算出计程仪改正率 ΔL。

（2）有恒流影响

$$\Delta L = \frac{\Delta L_1 + \Delta L_2}{2} \qquad (1\text{-}6\text{-}12)$$

（3）有等加速度水流影响

$$\Delta L = \frac{\Delta L_1 + 2\Delta L_2 + \Delta L_3}{4} \qquad (1\text{-}6\text{-}13)$$

（4）有变加速度水流影响

$$\Delta L = \frac{\Delta L_1 + 3\Delta L_2 + 3\Delta L_3 + \Delta L_4}{8} \qquad (1\text{-}6\text{-}14)$$

式中：ΔL_1、ΔL_2、ΔL_3、ΔL_4——在船速校验线上各次测定的计程仪改正率。

在船速校验线上往返3次测定计程仪改正率 ΔL 的均方误差为：

$$m_{\Delta L} = \frac{\pm 0.87 \, m_L}{S} \times 100\% \qquad (1\text{-}6\text{-}15)$$

式中：m_L——各次读取计程仪读数的均方误差；

S——在船速校验线上所测两横向测速叠标之间的距离。

实践证明，即使在最有利的条件下，测定计程仪改正率的误差仍可能达±0.5%。计程仪改正率并不是固定不变的，它受许多因素影响而发生变化。所以平时必须抓住有准确测定船位的机会，对它进行校验或测定，并将测定结果记载在计程仪误差记录簿中，作为今后在类似航行条件下的参考。

绝对计程仪的改正率也可采用上述求相对计程仪改正率的办法求出，只是计算公式应改为：

$$\Delta L = \frac{S - (L_2 - L_1)}{(L_2 - L_1)} \times 100\%$$

$$S = (L_2 - L_1)(1 + \Delta L)$$

$$L_2 = L_1 + \frac{S}{1 + \Delta L}$$

上式中的 S 为船舶相对于海底的实际航程，即在船速校验线上所测两横向测速叠标之间的距离。因此，它不需要为了消除水流影响而必须做往复多次的测定，但为了减小偶然误差对测定计程仪改正率的影响，绝对计程仪改正率的测定最好在船速校验线上往返多次，求其算术平均值作为测得的绝对计程仪改正率 ΔL。

目前，可以利用高精度的航海仪器测定船舶的实际航速。例如，ARPA（Automatic Radar Plotting Aids，自动雷达标绘仪）中的导航功能可测定船舶的实际航速。

例1-6-5 某测速场两组叠标线间距为2.2 n mile，在等加速水流中往返3次测定计程仪改正率 ΔL。第一次计程仪读数分别为120′.8、123′.2；第二次计程仪读数分别为123′.7、126′.2；第三次计程仪读数分别为126′.9、129′.3。求计程仪改正率 ΔL。

解：

$$\Delta L_1 = \frac{S - (L_2 - L_1)}{(L_2 - L_1)} \times 100\% = \frac{2'.2 - (123'.2 - 120'.8)}{123'.2 - 120'.8} \times 100\% = -8\%$$

$$\Delta L_2 = \frac{S - (L_4 - L_3)}{(L_4 - L_3)} \times 100\% = \frac{2'.2 - (126'.2 - 123'.7)}{126'.2 - 123'.7} \times 100\% = -12\%$$

$$\Delta L_3 = \frac{S - (L_6 - L_5)}{(L_6 - L_5)} \times 100\% = \frac{2'.2 - (129'.3 - 126'.9)}{129'.3 - 126'.9} \times 100\% = -8\%$$

因此：

$$\Delta L = \frac{\Delta L_1 + 2\Delta L_2 + \Delta L_3}{4} = \frac{-8\% + 2 \times (-12\%) + (-8\%)}{4} = -10\%$$

模块二 海图

海图（Nautical Chart）是一种特制的地图，以海洋及其相邻的陆地为描述对象。海图上详细地标绘了航海所需要的资料，如岸形、岛屿、礁石、浅滩、助航设施、水深、底质和水流资料等。

海图是船舶必备的航海资料和工具。航行前，船舶驾驶员使用海图拟定计划航线、制订航行计划；航行中，海图可用于航迹推算、定位与导航；航次结束后，使用过的海图可用于总结航行经验，如发生海事，还可用于判断事故责任。因此，正确了解海图的性质特点、熟悉海图上的资料、正确使用与管理海图，是船舶驾驶员的重要任务之一。

项目一 地图投影与比例尺

一、地图投影

无论地球是椭圆体还是圆球体，其表面都是封闭的、不可展的曲面。如果想得到一个完整的地球表面的平面图像，必定会发生皱褶和破裂的现象。在制图学上采用投影的方法，即将地球表面上的经纬线投影到一个可展的曲面（如圆柱面或圆锥面）或平面上的数学方法来得到地球表面的平面图像。

我们通常所称的地图，就是按照一定的数学法则，用规定的图示符号和颜色，将地面的一部分或全部按照一定的比例尺缩绘在平面上。

二、比例尺

任何一张地图都是将地面按一定比例缩小后绘制而成的。缩小的程度一般用比例尺来表示，即比例尺是图上任意线段长度与地面对应的实际长度之比：

$$比例尺 = \frac{图上任意线段长度}{地面上对应的实际长度}$$

从地图投影可知，在同一张海图上各点的比例尺是不同的，甚至在同一点上各个方向的比例尺也是不同的。因此，地图比例尺的确切定义是（如图2-1-1所示）：设以地面

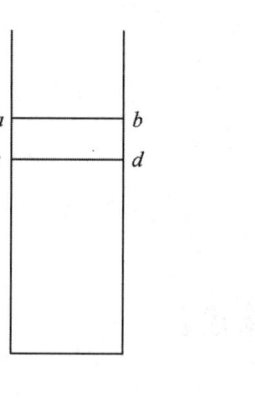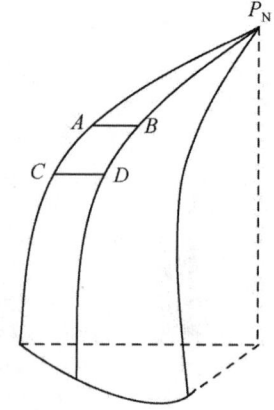

图2-1-1　比例尺的定义

上一点 A 沿某方向取微小线段 AB，投影到平面图上为 ab，使 ab 与 AB 相比，当 AB 趋近于 0 时，这个比例的极限称为 a 点在 ab 方向的局部比例尺（C），即

$$C = \lim_{AB \to 0} \frac{ab}{AB}$$

局部比例尺（Local Scale）在投影中的变化可以表示地图投影变形的特点。通常主要研究经线方向和纬线方向的局部比例尺。如果纬线方向的局部比例尺 $ab/AB = m$，等于经线方向的局部比例尺 $ac/AC = n$，即 $m = n$，那么这种投影方式就属于等角投影。

在绘制地图时必须将地球表面按一定比例缩小到平面上，因此任何一张地图都标有比例尺。它是以某点或某线的局部比例尺来表示的，这个比例尺称为普通比例尺（Ordinary Scale）或基准比例尺，该点或该线所在的纬度称为基准纬度。在图幅内其余位置的局部比例尺都与基准比例尺不同，即大于或小于基准比例尺。例如，某张海图图名下注有"1：200 000（基准纬线20°）"，这是该图的基准比例尺。表示在这张图上，只有在20°纬线上，比例尺为二十万分之一，而在其他纬线上，比例尺只接近二十万分之一。

表示海图比例尺的方法有：数字比例尺和直线比例尺。数字比例尺用1比若干的数字来表示，例如1：300 000 或 1/300 000，它表示在图上基准点处，一个单位长度等于地面上三十万个相同单位的长度。直线比例尺通常绘画在海图标题栏内或图边适当的地方。有时在一张地图上，往往两种表示方法同时使用。数字比例尺能明显地看出比例尺的大小，比值较大的地图叫大比例尺图，比值较小的地图叫小比例尺图。直线比例尺便于在图上量出两点间的距离。

海图比例尺决定着海图的精度。正常人的眼睛只能清楚地分辨出图上大于0.1 mm的两点间的距离。在海图制图工作中，线的绘画误差一般也不超过0.1 mm。因此，实地水平长度按比例尺缩绘到图上时，不可避免地有0.1 mm的误差。这种相当于海图上0.1 mm的实地水平长度，称为比例尺的精度，或称为海图的极限精度（Limit Accuracy），故每一种海图按比例尺的不同都有自己的极限精度（如表2-1-1所示）。

表2-1-1　不同比例尺下的海图极限精度

海图比例尺(从大到小)	极限精度
>1：20 000	<2 m
1：20 000~1：90 000	2~9 m

（续表）

海图比例尺（从大到小）	极限精度
1:100 000~1:190 000	10~19 m
1:200 000~1:990 000	20~99 m
1:1 000 000~1:2 990 000	100~299 m
<1:3 000 000	>300 m

船舶在航行时，应尽量选用较大比例尺的海图，因为大比例尺海图描述的范围小，资料记载详细，可以减小作图误差。用削尖的铅笔在地图上点一点，其直径约为0.2 mm，在图上其代表的地面距离与比例尺大小有关。例如，某地图比例尺为1:1 000 000，0.2 mm代表的地面距离为：

$$1\ 000\ 000 \times 0.2\ \text{mm} = 200\ \text{m}$$

说明在这张图上作业的最大精度是200 m，即在该图上无法量出小于200 m的长度。因此，比例尺越大，作图误差越小。

海图比例尺还决定绘制图上资料的详细程度。在比例尺小于1:1 000 000的总图和大洋图上，只绘有供大洋航行用的重要灯塔和至岸有一定距离的航海危险物，而在1:100 000~1:500 000的航海图上，则绘有近海航行所需的航标和外海的全部危险物；在比例尺更大的海岸图和港泊图上，则提供更加详尽的所有航海所需的资料。

我们在进行海图作业时，要根据航行海区的情况，尽可能地选用较大比例尺的海图，以便获得更多的航海资料，同时提高海图作业的精度。

三、地图投影分类

将地球表面的经纬线绘制到平面上成为地图的经纬线网的方法，叫作地图投影（Map Projection）。在既定的地图投影上的经纬线网，称为地图图网。

用投影的方法解决了地球曲面与地图平面之间的转化，但投影图像不能完全与地球表面相符，这种现象称为投影变形。任何一张地图都不可避免地存在投影变形。投影变形可分为长度变形、面积变形和角度变形。投影变形会给地图的实际使用带来一定的影响，但掌握了变形的产生和规律之后，可以根据一定的数学法则，控制地图变形的种类，使其满足不同的要求。

1. 按投影变形的性质分类

（1）等角投影（Conformal Projection）

等角投影又称正形投影，是指投影面上任意两方向的夹角与地面上对应的角度相等。由于保持角度不变形，在微小的范围内，可以保持图上的图形与实地相似。例如，地面上的一个微小圆，在图上也能保持为一个微小圆；或者说地面上的一个角度，投影到地图上后仍能保持其大小不变。但在等角投影中，不能保持其对应的面积成恒定的比例。因此，在等角投影中，从局部来看能够保持形状的相似，但从整个地图来看图形仍然是有变形的。例如，在不同地点的两个同样大小的微分圆，在等角投影的地图上可能被绘制成不同大小的两个圆。从局部比例尺来说，在等角投影中，图上任意点的各个方向上的局部比例尺都应该相等。但是不同地点的局部比例尺是随着经纬度的改变而改变的。

（2）等积投影（Equalarea Projection）

等积投影是保持地球上的面积与地图上所对应的面积成恒定比例的一种投影方法。同样，保持等积就不能同时保持等角，等积与等角不能在同一投影中同时被满足。

（3）任意投影（Orthographic Projection）

任意投影既不是等角投影，又不是等积投影，是根据某种特殊需要或为了解决某种特定问题而制作的一种地图投影方法。用于大洋航行的大圆海图属于此类投影。

2.按制作地图图网的方法分类

（1）平面投影（Plane Projection）

平面投影是将地球表面上的经纬线投影到与球面相切或相割的平面上的投影方法。此种投影的投影中心到任何一点的方位角均保持与实地相等，所以又称方位投影。平面投影大多是透视投影，即以某一点为视点，将球面上的图像直接投影到投影面上。根据视点的位置不同，平面投影又可分为：视点在地球外的叫作外射投影[如图2-1-2（a）所示]；视点在球面上的叫作极射投影（Stereographic Projection）[如图2-1-2（b）所示]，即等角方位投影（Azimuthal Projection），半球星图就是等角方位投影图；视点在球心的叫作心射投影（Gnomonic Projection）[如图2-1-2（c）所示]，又叫日晷投影。由于球面上所有大圆弧都被投影成直线，航海上用来设计大圆航线的大圆海图是用心射投影绘制的。根据投影平面与地球表面相切的切点位置的不同，平面投影又可分为极切投影、赤道切投影和任意切投影[分别如图2-1-2（d）、（e）、（f）所示]。

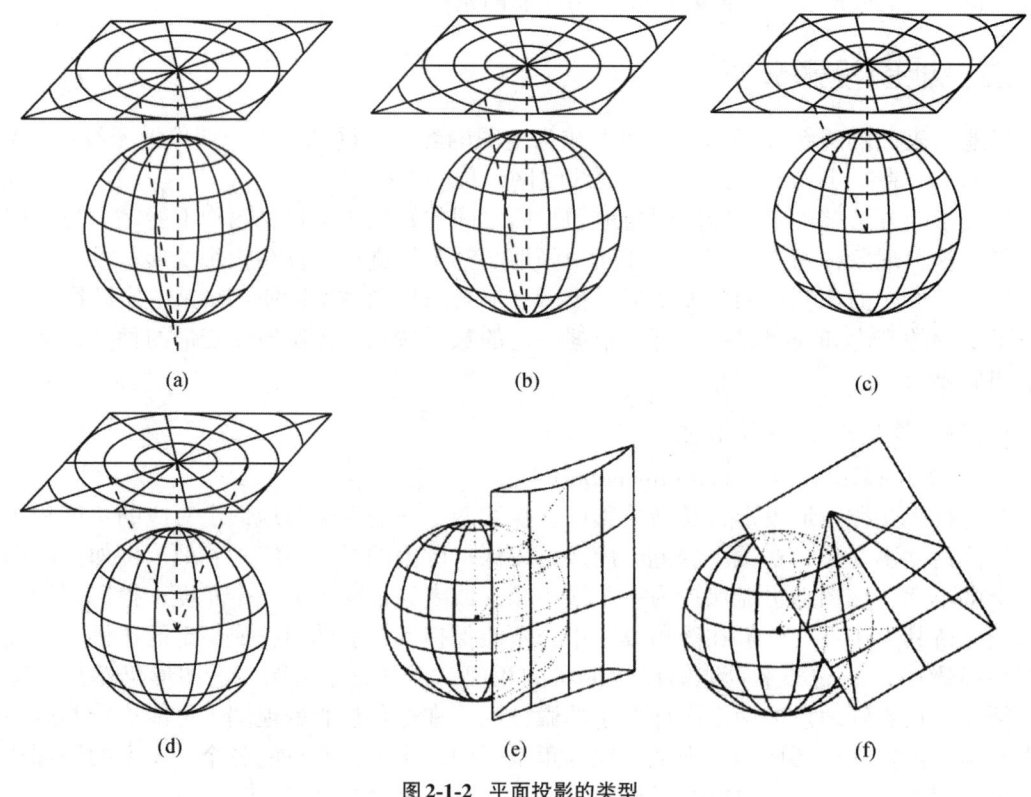

图 2-1-2　平面投影的类型

（2）圆锥投影（Conical Projection）

将一个圆锥面相切或相割于地面的纬度圈，圆锥轴与地轴重合，然后以球心为视点，将地面上的经纬线投影到圆锥面上，再沿圆锥母线切开展成平面，就得到圆锥投影图网。地图上纬线为同心圆弧，经线为相交于地极的直线。如果将经纬线投影在一个圆锥上，叫作单圆锥投影（如图 2-1-3 所示）；如果投影在几个相切于不同纬度圈的圆锥上，然后各取其相切处附近的图网，按中央经线拼凑而成的图，叫作多圆锥投影（如图 2-1-4 所示）。

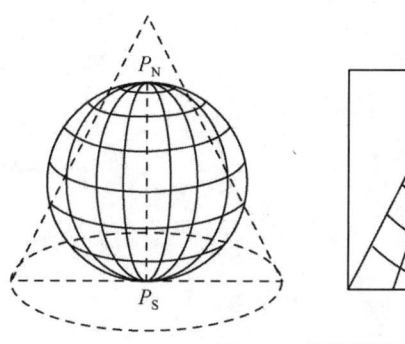

图 2-1-3　单圆锥投影

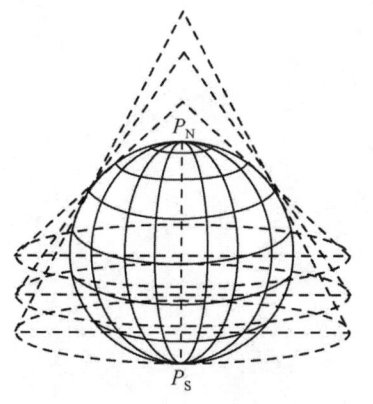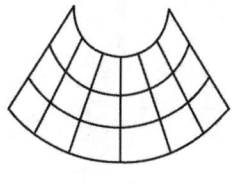

图 2-1-4　多圆锥投影

（3）圆柱投影（Cylindrical Projection）

将一个圆柱筒套在地球上，圆柱轴通过球心并与地球表面相切或相割，将地面上的经纬线均匀地投影到圆柱筒上，然后沿着圆柱母线切开展平，即成为圆柱投影图网。按圆柱筒与地球的相对位置不同，圆柱投影又可分：

①正圆柱投影

圆柱筒轴与地轴重合的投影即为正圆柱投影。后述的墨卡托投影（Mercator Projection）属于此种投影[如图 2-1-5（a）所示]。

②横圆柱投影

圆柱筒轴与地轴垂直的投影即为横圆柱投影。后述的高斯投影属于此种投影[如图 2-1-5（b）所示]。

③斜圆柱投影

圆柱筒轴通过地心但不与地轴重合或垂直的投影即为斜圆柱投影[如图2-1-5（c）所示]。

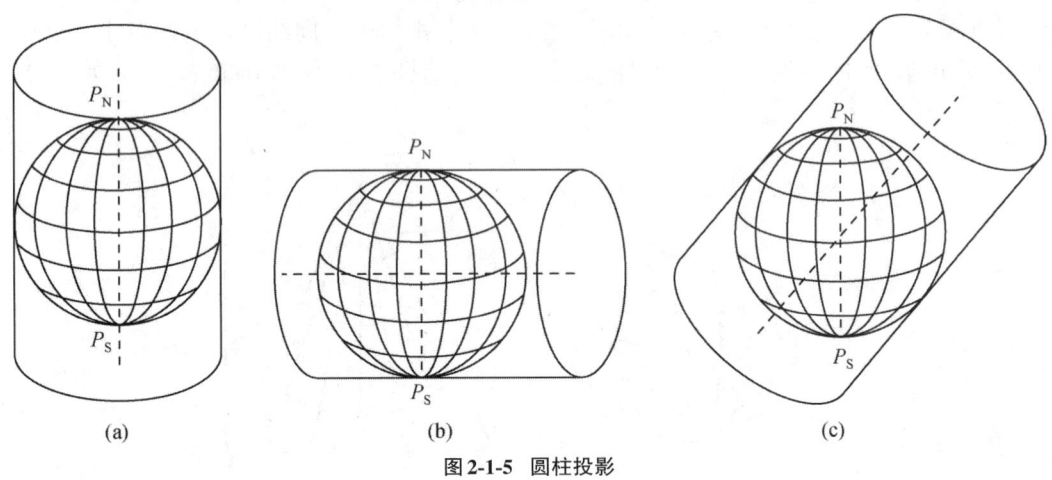

图2-1-5　圆柱投影

（4）条件投影

不属于上述三种投影，但也是按一定的数学关系绘制成图网的投影，叫作条件投影。

项目二 墨卡托海图

一、恒向线

当船舶始终按恒定的航向航行时，它的航迹在球面上是一条曲线，该曲线称为恒向线或等角航线（Rhumb Line）。在地球表面上，恒向线一般表现为一条与所有子午线相交成恒定角度的、具有双重曲率的球面螺旋线。它趋向地极，但不能到达地极。如图2-2-1所示，AB即为恒向线，它与所有子午线的交角都相等，即航向都是60°。

我们在第一章里已讲到，将地球作为圆球体时，地面上两点之间的最短距离是连接这两点的大圆弧，而不是恒向线。但大圆弧与所有子午线相交的角度不相等，也就是说，船舶如沿大圆弧航行，则在一般情况下必须不断地改变航向。因此，在航程不太长、纬

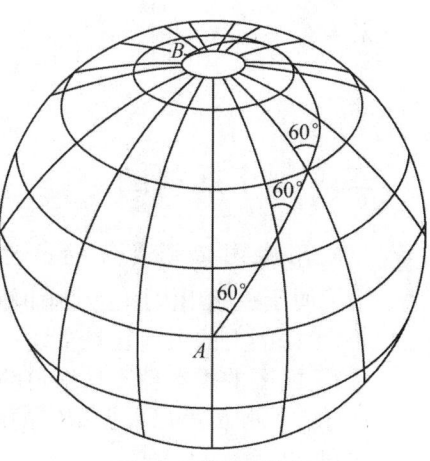

图2-2-1 恒向线航行

度不太高的海区航行时，都采用沿着两点之间的恒向线航行。在横跨数千海里的大洋航行时，才有必要考虑是否采用大圆航线航行。

为了讨论问题方便，把地球当作第一近似体即圆球体，可以得到恒向线方程式：

$$\lambda_2 - \lambda_1 = \tan C \left[\ln \tan \left(\frac{\pi}{4} + \frac{\varphi_2}{2} \right) - \ln \tan \left(\frac{\pi}{4} + \frac{\varphi_1}{2} \right) \right] \tag{2-2-1}$$

从恒向线方程式来分析恒向线的性质：

（1）当船舶航向 C 为000°或180°时，$\lambda_2 - \lambda_1 = 0$，说明恒向线与子午线重合，经度没有变化，恒向线成为从地极到地极的子午线，性质为大圆弧。

（2）当船舶航向 C 为090°或270°时，$\tan C \to \infty$，但 $\lambda_2 - \lambda_1$ 是一个有限值，因此：

$$\ln \tan \left(\frac{\pi}{4} + \frac{\varphi_2}{2} \right) - \ln \tan \left(\frac{\pi}{4} + \frac{\varphi_1}{2} \right) = 0 \tag{2-2-2}$$

即 $\varphi_2 = \varphi_1$，说明船舶是沿纬度圈航行的，纬度不变，恒向线与等纬圈重合，恒向线为赤道或等纬圈，性质为大圆弧或小圆弧。

（3）当船舶航向 C 为其他任意航向时，为讨论问题方便，若恒向线的起点在赤道 $(0, \lambda_1)$，则恒向线的方程式改写为：

$$\lambda_2 - \lambda_1 = \tan C \ln \tan \left(\frac{\pi}{4} + \frac{\varphi_2}{2} \right) \tag{2-2-3}$$

由式（2-2-3）可知对应于 φ_2 的每一个值，λ_2 只有一个解，说明任意一条恒向线只与

每条等纬圈相交一次。将式（2-2-3）改写为指数形式，即

$$\tan\left(\frac{\pi}{4} + \frac{\varphi_2}{2}\right) = e^{(\lambda_2 - \lambda_1)\cot C} \tag{2-2-4}$$

式中：e——自然对数的底。

式（2-2-4）中的 λ_2 用 $\lambda_2 + 2\pi$、$\lambda_2 + 4\pi$……代入，纬度 φ_2 的对应值也将随之改变，且有无数个解。这说明恒向线与每条子午线相交无数次。每当恒向线绕地球一周，都与同一条子午线相交一次，并且交点的纬度越来越高，逐渐接近地极，但始终不能到达地极（子午线除外）。因此，其性质为一条具有双重曲率趋向地极的球面螺旋线。

如果将地球作为地球椭圆体，则恒向线方程式应为：

$$\lambda_2 - \lambda_1 = \tan C \left\{ \ln\left[\tan\left(\frac{\pi}{4} + \frac{\varphi_2}{2}\right)\left(\frac{1 - e\sin\varphi_2}{1 + e\sin\varphi_2}\right)^{e/2}\right] - \ln\left[\tan\left(\frac{\pi}{4} + \frac{\varphi_1}{2}\right)\left(\frac{1 - e\sin\varphi_1}{1 + e\sin\varphi_1}\right)^{e/2}\right] \right\} \tag{2-2-5}$$

二、墨卡托海图

1.航用海图必须具备的条件

为了便于在航用海图上绘画恒向线和方位线，航用海图必须具备以下两个条件：

（1）海图上的恒向线是直线；

（2）海图的投影性质是等角的。

这样，驾驶员可以根据拟定的航向和测得的方位，在航用海图上直接用直尺画出恒向线航线和方位线。

1569年，荷兰制图学家格拉德·克列密尔创造了能同时满足上述两个条件的投影方法——等角正圆柱投影。他的拉丁文名字是 Mercator（墨卡托），因此用这种方法制成的海图通常称为墨卡托海图（Mercator Chart）。

2.墨卡托海图的投影原理

（1）采用正圆柱投影满足恒向线是直线的要求

将一圆柱筒套在地球外面，使圆柱轴与地轴重合，圆柱面与赤道相切，视点在球心，将地球面上的经纬线投影到圆柱面上，然后沿圆柱母线切开展平，即为正圆柱投影（如图2-2-2所示）。

在这种投影图中，所有经线成为与赤道垂直、间距相等的平行线；纬线成为与赤道平行、与经线垂直的直线。由于经线互相平行，与所有经线交角相等即航向相等的直线为恒向线。但是，这种投影不能保持等角投影的性质。众所周知，在地球面上的经线是向两极汇集的，两经线间所夹的纬线长度在赤道上最长，随着纬度的升高而逐渐变短；而正圆柱投影图中所有的经线是互相平行的直线，这样就把所有的纬线都拉长到与赤道等长，其结果使地面上物标的形状发生了方向和角度的变形，地面上的一个小圆投影后变成一个小椭圆，沿东西方向拉长了。

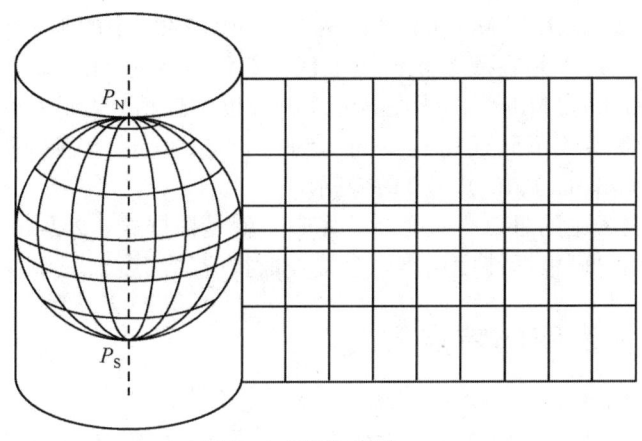

图 2-2-2　正圆柱投影

（2）采用数学计算法则解决变形问题来满足等角投影性质

在前面讨论局部比例尺时已提到，如果要保持等角投影，必须使经线方向和纬线方向的局部比例尺相等。如图 2-2-3 所示，地球表面上 BC（纬圈长度）投影到图上向东西（纬线）方向拉长后为 $bc = eq = a\mathrm{d}\lambda$，则向南北（经线）方向也要做相应的扩大伸长，其伸长倍数正好等于纬线伸长的倍数，即拉长后为 bg。

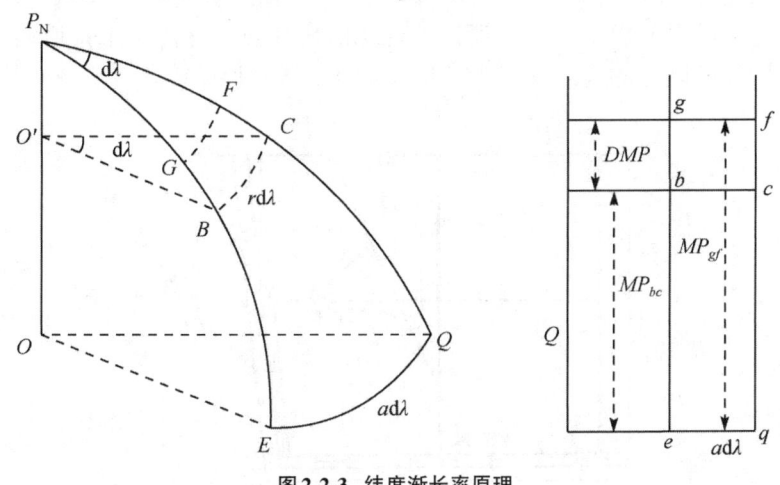

图 2-2-3　纬度渐长率原理

当然，不同纬度处沿纬线伸长的倍数不同，沿经线伸长的倍数也不同，随着纬度的升高，其伸长的倍数相应增大。沿经线的伸长值是以赤道为基准的，可通过计算求得，计算公式如下：

把地球作为椭圆体时

$$MP = 7\,915.704\,5\lg\left[\tan\left(\frac{\pi}{4}+\frac{\varphi}{2}\right)\left(\frac{1-e\sin\varphi}{1+e\sin\varphi}\right)^{e/2}\right] \qquad (2\text{-}2\text{-}6)$$

把地球作为圆球体时

$$MP = 7\,915.704\,5\lg\tan\left(\frac{\pi}{4}+\frac{\varphi}{2}\right) \qquad (2\text{-}2\text{-}7)$$

式中：*MP*——纬度渐长率（Meridianal Parts）（如图2-2-3中的*be*）。

纬度渐长率（*MP*）是在墨卡托海图上任一纬线到赤道的距离与图上1赤道里（Equatorial Mile，Geographical Mile）即图上1′经度的长度之比值。1赤道里的长度，根据各国所采用的地球椭圆体参数不同而略有不同，约为1 855.36 m。任意两纬线的纬度渐长率差（Difference of Meridianal Parts）用*DMP*表示。

中版《航海表》中的Ⅲ-3"纬度渐长率表"就是根据式（2-2-6）计算列出的。为避免复杂的计算，使用时可根据纬度从表中直接查取相应的纬度渐长率。

三、墨卡托海图的特点

综上所述，墨卡托海图具有以下特点：

（1）经线为南北向互相平行的直线，其上有量取纬度的纬度图尺；纬线为东西向互相平行的直线，其上有量取经度的经度图尺，且经线与纬线互相垂直。

（2）恒向线在图上为直线。

（3）存在纬度渐长现象，图上1′纬度即1 n mile的长度是随着纬度的升高而增大的。图上经度1′的长度均相等。

（4）具有等角的性质，真实地反映了地面上的向位关系，即在图上量取的物标方位角与地面对应角相等。

由于墨卡托海图具有以上特点，所以在使用时应注意：在海图上量取两点间距离或航程时，必须在同纬度附近的纬度图尺上量取（如图2-2-4所示）。

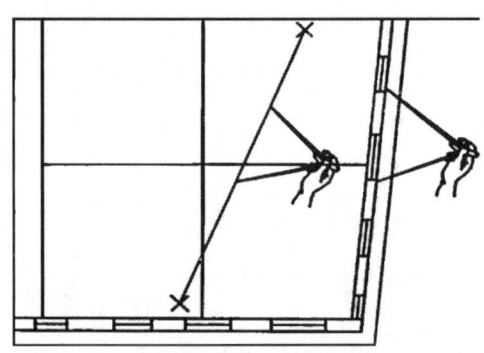

图2-2-4　在墨卡托海图上量取距离

四、墨卡托海图图网的绘制

当船舶缺少空白海图或需要绘制航行事故分析图时，可根据墨卡托投影原理在海图纸上绘制墨卡托海图图网。

1.墨卡托海图图网的正规绘制方法

（1）计算海图单位（*e*）

已知墨卡托海图上1′经度的长度均相等，即1赤道里的长度均相等，因此，把1′经度的图上长度作为海图单位。计算海图单位的公式为：

$$e = \frac{\text{图幅宽度（cm）}}{\text{图幅经差（')}}$$

例2-2-1 欲绘制一张竖版海图，其图幅为 1 023.3 mm×600.0 mm，经度范围为125°00′E~130°00′E，计算出海图单位（e）。

解：

$$e = \frac{\text{图幅宽度（cm）}}{\text{图幅经差（')}}$$

$$= \frac{60}{130°00' - 125°00'} = \frac{60}{300'} = 0.2 \text{ cm}$$

如果给出经度比例尺，例如已知图上1′经度等于 3 cm，则 $e = \frac{3 \text{ cm}}{60'} = 0.05 \text{ cm}$。

（2）计算图幅宽度并绘制经线

$$\text{图幅宽度} = \text{图幅经差} \times \text{海图单位} = D\lambda \cdot e$$

例2-2-2 已知一张海图，海图单位$e = 0.2$ cm，图中的经度范围为125°00′E~130°00′E，求图幅宽度。

解：

$$\text{图幅宽度} = D\lambda \cdot e$$

$$= (130°00' - 125°00') \times 60 \times 0.2 = 60.2 \text{ cm}$$

求得图幅宽度后，在海图纸的左下角取一点A作为基点，分别画一条经线和纬线。在纬线上截取AB为图幅宽度。海图中间的经线可根据经线之间的经差乘以海图单位求出经线间距（如图2-2-5所示）。

从A点开始每隔1°画一条经线，则 $AE = EF = \cdots = 1° \times e = 12$ cm，便可求得各等分点，然后通过各等分点画出经线。

（3）绘制纬线

已知图幅纬度范围和海图单位，利用中版《航海表》中的纬度渐长率表，便可求出图幅长度。

$$\text{图幅长度} = DMP \cdot e = (MP_2 - MP_1) \cdot e$$

例2-2-3 已知一张海图，海图单位$e = 0.2$ cm，设定图幅纬度范围为31°00′N~37°00′N，求图幅长度。

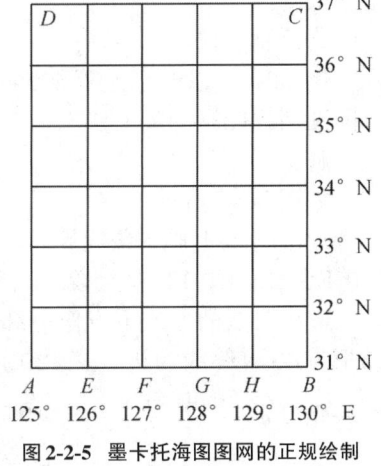

图 2-2-5 墨卡托海图图网的正规绘制

解：

从《航海表》中查纬度渐长率表得：

$$\varphi 37°00'N \qquad MP_2 \ 378.8$$

$$\varphi 31°00'N \qquad MP_1 \ 946.2$$

$$\text{图幅长度} = (2 \ 378.8 - 1 \ 964.2) \times 0.2 = 86.52 \text{ cm}$$

求得图幅长度后，在经线上截取AD、BC等于86.52 cm，连接CD即为37°00′N纬线。海图中间的纬线也可按上述方法分别求得画出。

2.墨卡托海图图网的简易绘制方法

实际工作中，对墨卡托海图图网的精度要求不是很高时，经常采用简易的墨卡托海图图网，其绘制方法如下：

（1）绘制经线

其绘制方法与正规图网经线的绘制方法相同。

（2）绘制纬线

①原理

把地球作为圆球体（如图2-2-6所示），$ABCD$ 为一微小球面梯形，AB 为同一纬圈上的一段弧长（东西距），用 DEP 表示。EQ 为 A、B 之间的经差（$D\lambda$）。从球面几何得知 $D\lambda = DEP\sec\varphi$。在墨卡托海图上 DEP 被 $D\lambda$ 代替，即 $ab = D\lambda$，就是说纬度圈弧长被拉长了 $\sec\varphi$ 倍画在海图上。经线 AD 在墨卡托海图上为 ad。为了保持等角投影性质，沿经线方向也应伸长 $\sec\varphi$ 倍变为 ad。但在两纬线间经线上各点的纬度不同，其伸长倍数也不同。为了方便起见，取其相邻两纬线间的平均纬度（φ_m）作为两纬线间的平均伸长率。如果两纬线间的纬差不是很大，纬度也不是很高，则由它引起的误差是不大的。

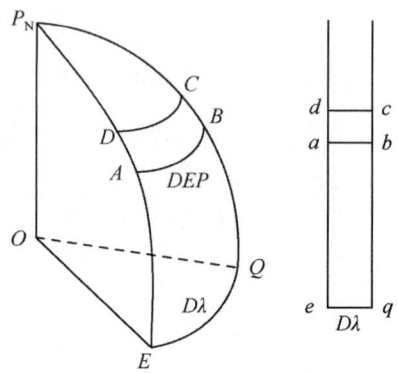

图2-2-6　墨卡托海图图网的原理

②绘制方法

例2-2-4　以1°经差等于3 cm的比例尺，绘制120°E~124°E、40°N~43°N的简易墨卡托海图图网，图网间隔1°。

解：

如图2-2-7所示：

a.在图纸上画5条间距为3 cm的平行直线，即120°E、121°E、122°E、123°E、124°E的经线。

b.在图纸的上或下方作一纬线垂直于经线。本题以下方40°N纬线为边，交120°E经线于点 A。从 A 点作一角度 $\varphi_m = \dfrac{40° + 41°}{2} = 40.5°$，交邻近121°E经线于一点 B（若是南纬，则取上方纬线为边）。

c.取纬线间距 $AC = AB$，过 C 点作纬线，所得即为41°N纬线。

d.用类似方法可画出42°N、43°N纬线。

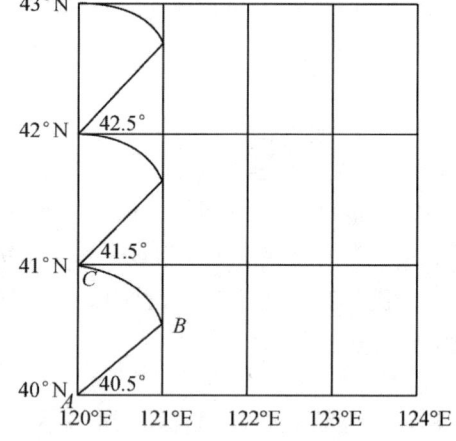

图2-2-7　墨卡托海图图网的简易绘制

五、空白海图

英版空白海图（Plotting Sheet）大部分是采用墨卡托投影的一种图网（高纬度地区采用极射赤平投影），比例尺是1∶1 000 000。大洋航行时使用的航用海图比例尺一般较小，航海人员可选用空白海图进行海图作业，以提高推算和定位的准确度。在2018版

《Catalogue of Admiralty Charts and Publications》中，关于空白海图的具体图号如表 2-2-1
所示：

表 2-2-1 英版空白海图

Chart No.	Chart Title
5015	Diagram to Facilitate the Obtaining of a Ship's Position by Summer's Method
5331~5336	Lat. 0° to 30°,30° to 48°,48° to 60°,60° to 66°,66° to 72°,72° to 78° N and S（Mercator Projection）
5331a~5336a	Lat. 0° to 30°,30° to 48°,48° to 60°,60° to 66°,66° to 72°,72° to 78° N and S（Mercator Projection with Compass Rose，Meridians of Longitude and a Central Parallel of Latitude）
5337、5338	Lat. 78° to 84°（Stereographic Projection），Lat. 84° to 90°（Stereographic Projection）
5339~5349	Lat. 0° to 6°,6° to 12°,12° to 18°,18° to 24°,24° to 30°,30° to 36°,36° to 42°,42° to 48°,48° to 54°,54° to 60°,60° to 66°（Mercator Projection with Compass Rose）

空白海图的特点及使用注意事项：

（1）空白海图上只有经纬线及其图尺，而且只在纬线上标有正、倒两个纬度度数，可供南、北半球通用，在南半球使用时只需将海图倒置一下即可。

（2）空白海图要根据航行海区的纬度选用，它不受地理经度的限制，图上没有标明经度度数，航海者可根据所航经海区的经度用铅笔标写在经线处。

（3）空白海图上印有向位圈，向位圈分为内外两圈，都标有向位读数。船舶在北半球时，使用其外圈；在南半球时，使用其内圈。

（4）船舶在大洋航行时，可根据总图拟定的航线，在空白海图上画出计划航线。当东西航向上的航程较长时，可以在同一张空白海图上重复使用，只要把航区经度用铅笔标示清楚即可。但应注意空白海图上的可使用海区是有限的，尤其当船舶接近大陆或岛屿或危险障碍物时，航线绝对不允许画出限定的海区。

（5）当利用空白海图进行定位时，必须经常对照该海区的航用海图，并将早、中、晚的观测船位或推算船位移到航用海图上，以便及时了解船舶周围海区情况。

项目三 大圆海图和大比例尺港泊图

一、大圆海图

1.大圆海图的投影及其特点

综前所述，大圆海图（Gnomonic Chart，Great Circle Chart）是采用心射平面透视投影方法制成的，即视点在球心，投影面为与地面某点相切的平面，从球心将地球上的子午线和纬度圈投影到投影面上，而形成了大圆海图图网。

大圆海图具有以下特点：

（1）在大圆海图上，大圆弧为直线。

（2）经线为由极点向外辐射的直线（极点可在图内，也可不在图内）（如图2-3-1所示）。当切点位于赤道上时，经线为南北向相互平行的直线（如图2-3-2所示）。

（3）纬线为凸向赤道的圆锥曲线。当切点位于两极时，纬线为以极点为圆心的同心圆（如图2-3-3所示）。

（4）赤道在图上是垂直于切点经线的直线。

（5）大圆海图的投影仅在切点处没有变形，随着与切点距离的增加，变形将越来越大。

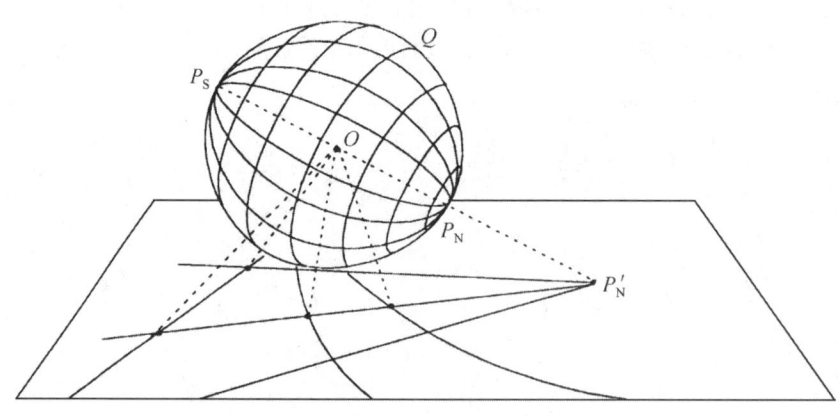

图 2-3-1 任意切

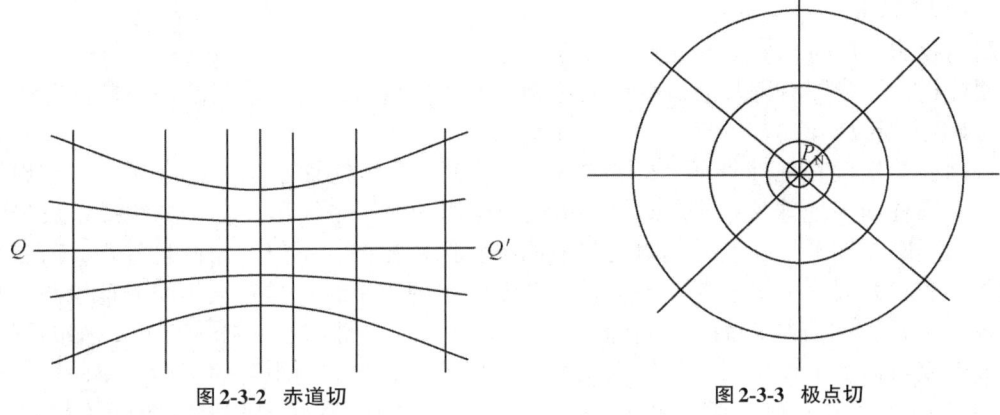

图 2-3-2 赤道切   图 2-3-3 极点切

2. 大圆海图的用途及使用注意事项

根据大圆海图的特点，大圆海图主要用于拟定大圆航线（Great Circle Route）和混合航线（Composite Route）。按其投影方法，可绘制极区地图和大比例尺港泊图。

使用大圆海图时应注意：

（1）大圆海图不是等角投影，不可在大圆海图上直接量取航向或方位（除非在图上特意绘制变形向位圈，在其上才可量取大圆航向或大圆方位），但可量取坐标点的经纬度。

（2）在大圆海图上相同纬度处的变形并不相同，所以不可在大圆海图上直接量取距离（除非在图上事先绘好量距曲线，采用特殊的方法量取距离）。大圆海图不是航用海图，不能用它进行推算和定位。

3. 大圆海图与墨卡托海图的比较

大圆海图与墨卡托海图的比较如表 2-3-1 所示。

表 2-3-1 大圆海图与墨卡托海图的比较

	大圆海图	墨卡托海图
投影方法	平面心射透视投影	等角正圆柱投影
投影变形	随着与切点距离的增大而变形增大	随着纬度的升高而变形增大
子午线	由极点向外辐射的直线	垂直于赤道,彼此平行,间距相等的直线
等纬圈	除赤道外,为凹离近极的圆锥曲线	垂直于子午线,相互平行,间距随着纬度的升高而渐长的直线
图上直线	大圆弧	恒向线
图上曲线	恒向线,凹离近极的圆锥曲线	大圆弧,凸向近极的曲线
用途	画大圆航线、混合航线	航用海图

二、大比例尺港泊图

制作大比例尺港泊图时，不仅可采用平面心射投影方式，还可以使用高斯投影和平面图。

1. 高斯投影

高斯投影（Gauss Projection）又称高斯–克吕格投影（Gauss-Krüger Projection），是等角横圆柱投影。我国沿海及港口有些大比例尺海图或航道的蓝图采用的是高斯投影法。

（1）高斯投影法

将圆柱筒横套在地球外面（如图2-3-4所示），圆柱的轴位于赤道平面上，与地轴相互垂直。圆柱面与地球某一子午圈（$P_N O P_S$）相切。该子午线称为轴子午线或中央经线。高斯海图图网在该子午线上或其附近与地面形状保持相似，不但等角而且等距，所有垂直于轴子午线的大圆，在图上都像墨卡托海图图网中的子午线一样，被等间隔地绘画成与轴子午线相互垂直的直线；而平行于轴子午线的小圆，也都像墨卡托海图图网中的纬线一样，被画成与轴子午线相互平行的直线，但它与轴子午线的间距与纬度渐长率一样，离轴子午线越远，其放大和变形就越大。这种垂直正交的网格称为公里线图网（如图2-3-5所示）。

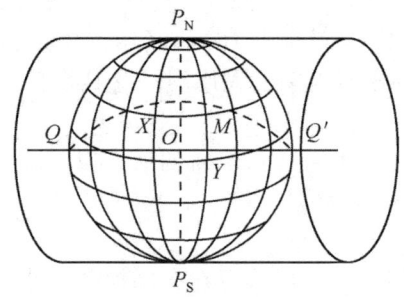

图2-3-4 高斯投影

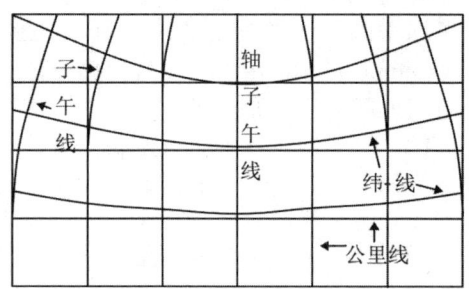

图2-3-5 公里线图网

为了使投影是等角投影、坐标网是平面直角坐标网，使投影图具有固定的比例尺，达到使用和计算方便的目的，高斯投影采取了缩小投影范围的分带方法，即把全球分为60个投影带，每个投影带的经差为6°的范围。在每个投影带里取其中间的那条经线作为轴子午经线（X轴），与赤道（Y轴）建立XOY高斯公里线图网。

全球60个投影带自西向东按序给予带号。我国长江口南水道的蓝图为高斯投影图，是在第20带，它的轴子午线为123°E。分成60个投影带后，以轴子午线为基准，将左右经差3°的范围（在赤道上的宽度约为300 km）投影到平面上。每个投影带从轴子午线到边缘，最大长度变形为1/750，在中纬度变形还要小一点。

（2）高斯投影图的特点

综上所述，高斯投影图具有以下特点：

①具有等角正形投影的性质；

②轴子午线附近长度变形很小，因此它适宜描绘经差小而纬差大的狭长地带；

③图上极区的变形较小，因此它适宜描绘高纬度地区；

④图上有两种图网——经纬线图网和公里线图网，而公里线图网主要用在测量上和军事上。

我国采用高斯投影的海图，仅仅是1∶10 000的大比例尺港泊图。由于航海上习惯使用经纬度，因此在这种海图上只画出经纬线图网，隐去了公里线图网。因为港泊图比例尺大，图区范围小，所以在中纬度以下的地区，经纬线的弯曲甚微，甚至小于测量和作图误差，故可忽略不计，而把它们都看成直线。因此，这种海图也可以当作墨卡托海图使用。

因为高斯投影图是以轴子午线为 X 轴、赤道为 Y 轴形成的平面直角坐标系，所以它实际上是具有固定比例尺的平面图。

2.平面图

英版大比例尺港泊图（Harbor Plan）基本上都采用平面图（Plane Chart）。它是将地面小范围作为平面进行测量，绘制而成的图。由于图区范围小，图网投影变形小于制图精度，因此平面图的特点是图区范围内各点的局部比例尺都相等，可以认为整个地图几乎没有变形。

三、海图的分类

1.按照海图图网绘制的方法分类

海图按其绘制图网的方法，即地图投影方法的不同，可以分为以下四类：

（1）墨卡托海图

墨卡托海图是采用墨卡托投影方法绘制的。船上海图中95%以上属于墨卡托海图。

（2）高斯投影海图

高斯投影海图是采用等角横圆柱投影绘制的。航海上用它绘制大比例尺港泊图。

（3）平面图

平面图是按平面测量绘制的，图区内比例尺不变，可以认为几乎没有变形。航海上用它绘制大比例尺港泊图。

（4）心射投影海图

心射投影海图是采用心射方位投影方法绘制的。由于图上直线是大圆弧，因此航海上用它来设计大圆航线。又由于它在切点附近无角度变形，因此航海上也用它来绘制切点附近的大比例尺港泊图。

2.按照海图的作用分类

海图按其作用的不同，可分为航用海图和航用参考图两类。

（1）航用海图

航用海图（Navigational Chart）大部分是墨卡托海图，在航行中用以拟定航线，进行航迹推算（Track Made Good）和定位（Position Fixing）等海图作业。航用海图按比例尺及用途的不同可分为海区总图、航行图和港湾图三种，如表2-3-2所示。

表 2-3-2　航用海图的分类

航用海图	比例尺	图上内容	用途
海区总图（General Chart of the Sea）	小于 1：3 000 000	海区范围、陆地地貌、港湾、岛屿、海峡、水道、水深、海底地貌、灯塔和地名要素以及与海岸有一定距离的航海危险物等	研究海区形势及拟订航行计划
航行图（Sailing Chart）	1：2 990 000~ 1：100 000	与近海航行有关的航道、水深、陆地地貌、显著目标、助航设备、海洋水文和海底地貌地形等要素。除岸边的浅滩和礁石可忽略不计外，详细记载所有外海的航海危险物，从外海看不到、设置在港湾内的航标则没有画出	供船舶在海上航行使用，也可供海洋调查、海洋研究参考使用

（续表）

航用海图	比例尺	图上内容	用途
港湾图 （Harbor Chart）	一般大于 1 ： 100 000	主要以表示港湾、锚地为主，详细表示海岸的性质、水深、底质、航行障碍物、助航设备、港湾设施、锚地、港区界限和港务机关等要素，并附有潮信表	供船舶进出港湾、锚泊避风、停靠驻泊时使用，也用于码头装卸作业和港湾施工建设等

（2）航用参考图

标绘有关航海资料供船舶航行参考使用的海图称为航用参考图（Non-navigational Chart）。常用的航用参考图有：等磁差曲线图（Magnetic Variation Chart）、洋流图（Ocean Current Chart）、气候图（Climatic Chart）、大圆海图（Gnomonic Chart）等。

项目四　海图的测量、绘制与出版

一、海图的测量

1.测量技术的发展概况

随着航海事业的发展和海上测量仪器、设备的改善，海图的测量精度和完整性逐步提高。然而，即便是近期出版的海图，也往往还有很大一部分是根据早期的测量资料绘制的，航海人员有必要对测量技术的发展有所了解。

1850年以前的测量，很多是为了勘探和发现新地区，因此，其重点一般都放在岸形测定方面，而忽视了系统的水深测量，并且该时期的海图有很多采用的是粗糙的草图稿，其测量精度和完整性都可能存在较大的问题。

1864年前后，机动船取代了帆船，水深测量工作才开始采用正规的测深线方式，而近岸的测量直到1900年机动船取代了使用桨、帆的测深船之后才开始，从而使港口及沿岸地区的水深测量逐步改善。

1935年以后，回声测深仪取代了测深锤。虽然回声测深仪的自动记录可避免漏掉测深线上任何不规则的浅点，但是其测深点的宽度，也仅是所发出的超声波波束覆盖所及的那么一个小范围，仍不能解决两条测深线之间的测深空白带。直到1973年，测量船上普遍装备了旁扫声呐，才可测到处于两条测深线间的水下沉船和浅点，从而使水深测量的精度得到了进一步改善。但是，我们必须注意到目前使用的多数海图仍然基于以前的测量资料。

海图测量除了水深测量外，位置测量也是十分重要的。

通过大地测量，建立大地基准点网，海图上物标、碍航物和水深点等的坐标位置是通过对大地基准点的相对测量来确定的。因此，海图上各种位置信息的精度除了取决于相对测量的精度外，在很大程度上还取决于大地基准点网的精度，即取决于大地测量的精度。20世纪初，大地测量主要是通过天文观测与弧度测量来实现的。1957年，人造地球卫星发射成功，促使传统大地测量发生划时代的变革。利用高精度双频GPS接收机进行大地测量就是一个成功的应用。

2.测量所用原图的比例尺

测量所用原图比例尺的大小取决于该地区的性质和重要性。一般来说，测量所用原图的比例尺基本上和出版图的最大比例尺相同。测量所用原图比例尺的大小决定了对该地区测量精度的要求。港口比例尺一般大于1∶20 000，其测量精度应高于2 m；沿岸地区比例尺一般为1∶100 000~1∶190 000，其测量精度应高于10~19 m。测量精度要求高，相应测量工作时间就要长。原图比例尺的大小还决定了测深线间距的大小。因为即便主观上想尽量使间距缩小，但毕竟要考虑到在原图上绘制工作能否进行，所以一般来说，图上测深线间距为 5 mm~1 cm。

3.水深测量

在水道测量工作中，一般采用一艘测深船顺着一系列的测深线进行测深的方式。在测量过程中，当发现有不规则的水深迹象时，一般采用比原测量所用海图比例尺更大一些的比例尺进行复验。但是，如果没有出现可疑的水深点，位置正好处在两条测深线中间的浅点、暗礁或者沉船就可能被漏掉。例如，若原图比例尺为 1∶75 000，测深线在图上间距为 5 mm，则实际间距就有 375 m 之多，如果正好在两条测深线间有一个方圆 1 cab 大小的浅点或沉船，就很可能测不出来。即便比例尺更大些，也不可能完全避免漏掉一些浅点或礁石，特别是有些水下礁石非常尖峭，测深锤或回声测深仪可能未达到它的顶点；同样的原因，沉船上的水深也可能不是最浅水深，因此，沉船上的水深测量常采用钢索扫海的方式，这样才比较可靠。

外海水域的测量精度一般要比近岸港湾地区差一些，因为外海的定位、测深和潮高修正等方面都比较困难。外海的水深都是按港内验潮站潮高读数经过内插的方法来订正到海图基准面的，自然包含着潮高的误差。

测量工作的完善程度还受到测量年代的船舶最大吃水的影响，例如在 19 世纪，当时船舶最大吃水极少超过 10 m，到 1958 年，15 m 被认为是最大的船舶吃水。因此，测量工作根据当时船舶航行的需要来确定对该地区测量的精度。由于类似的原因，在海图上确定沉船上水面航行有无危险，也依据船舶最大吃水。在 1960 年以前的英版海图中，凡沉船上水深小于 8 拓（约 15 m）者皆为危险沉船，这个指标到 1960 年改为 10 拓（约 18 m），1963 年改为 11 拓（约 20 m），1968 年改为 15 拓（约 28 m）。

二、海图的绘制

在绘制海图时，首先应根据该图所采用的基准纬度确定海图的基准比例尺；然后应根据经纬度确定海图图区所包括的范围，并计算出整个海图图幅的尺寸，或者根据通常的海图图幅确定海图所包括的地区范围。一般为了制成沿岸或某一海峡的套图，往往采用同一基准纬度比例尺。

在基准比例尺和海图所包括的范围确定后，即应着手收集有关编制海图的资料。主要的资料有下述几个方面：

（1）有关大地基准点及水准测量的各种记录；

（2）各种比例尺的海图原稿；

（3）测量原图及有关的各种测量资料；

（4）最新的磁差资料；

（5）与本图有关的各种航海图书和其他参考资料。

在收集资料的基础上，对这些资料进行进一步的加工和整理。测量原图上所记载的详尽的水深和地形等应根据海图比例尺加以修改和整理，使所绘制成的海图保持清晰，同时亦应保证在该海域航行所必需的资料都被绘制出来。可见，海图上资料绘制的详尽程度取决于海图比例尺的大小。较小比例尺的海图往往是根据较大比例尺海图绘制而成的，海图中的内容，随着比例尺的缩小，逐渐加以概括或省略。

在比例尺与测量原图比例尺相同的海图上，其水深测量资料原则上都应绘制到海图上，除非为了避免掩盖其他资料，才予以省略。如果海图比例尺比测量原图比例尺小，应遵循下列原则，对原水深测量资料进行稀疏化处理：

（1）在海图上仍应保持明显的测深线方向；

（2）在海图上应保证绘出所有与航行有关的危险浅滩以及有特殊变化的水深；

（3）在海图上所有未经测量的位置，均应以空白点表示。

在处理深度点的过程中，应详细标出浅处水深，而对深处水深可部分省略，当海底深度有剧烈变化时，应能将这种变化表示出来。

在整理底质时，在岩石、圆砾等不良底质处，不能省略底质符号，但对于泥沙等良好底质，在符号过密处可以部分省略底质符号。在礁区及锚地则必须详尽地注明底质状况。

在整理陆地资料时，亦应以航海需要为原则，进行概括或省略，即与航海定位、导航有关的应清晰准确地绘出，例如，显著的地貌、岩礁、岛屿、山头、物标（高大的烟囱、水塔，独立的建筑物）等。显著山岭的等高线也应详细地绘出，以供在海上辨认山形之用。与航海无关的资料可以略去。

在海图原图图样绘制完毕后，即可着手进行制版和印刷。

三、海图的出版与新版

在测量与编绘的基础上出版新图，大致有以下几种形式。

1. 英版海图的出版

（1）新图（New Chart）

新图是指第一次制版或全部重新制版的海图，包括下列几种：

①新海图（New Nautical Chart）

新海图是指原先未制作过的某一地区的海图，或者它的比例尺及包括的海区范围与图号均以全新的面貌出现的海图。

②新米制海图（New Metric Chart）

新米制海图是新图的一种，其陆地高程和水深均以米为单位。

③代替同图号的新图（New Chart Superseding Chart of the Same Number）

这种海图是对其原版进行重制，但图号保持不变。

④英国复制的澳大利亚和新西兰海图（UK Reproduction of AUS and NZ Government Charts）

1963年以后，英国取得澳、新两国政府的同意，有权复制该两国政府的海图以逐步替代该两国的原英版海图。

（2）新版图（New Edition Chart）

新版图是对旧版图重新调制后出版的，大部分采用了新的测量资料。新版图图号、比例尺及所包括的地区与旧版图一样，其新版日期印在海图原版日期的右侧。

海图的出版、新版及作废消息均发布于《航海通告》之中。

2. 中版海图的出版

当海区发生较大变化，航海图失去现势性且不能用小改正的方法来弥补时，制图单位根据新资料重新编制出版，称为航海图的再版或改版。再版图的图号、图名、比例尺及范围一般与原版一致。再版图上应同时注记初版年月及本次再版年月。再版的海图发行后，旧版海图即行作废。

当海图的库存不足需要添印时，应根据《航海通告》对印刷原图进行改正。添印海图注有出版次和印次。添印的海图发行后，原来的海图不作废，可以继续使用。

四、各国海图

全世界有150多个沿海国家，其中有近80个国家和地区出版发行本国沿岸海域的航海图及航海书表。了解外版航海图书资料是必要的，可以增强对它们的识别能力、判读能力和分析使用能力。

1. 中版海图

按照《中华人民共和国测绘法》的有关规定，海军负责管理中华人民共和国的海洋基础测绘工作，中国人民解放军海军司令部航海保证部是中华人民共和国官方海道测量机构。目前，该部编制出版了中国海区全套各种比例尺系列的标准海图（Standard Navigational Chart），共400余幅。该部定期编制出版《航海通告》。用户可根据《航海通告》刊发的海区变化情况，及时改正相应的海图内容。

中华人民共和国海事局（简称中国海事局）是中国海事行政管理机关，依照国家法律法规，管理海道测量事务，负责中国海区港口航道测绘并组织编印相关航海图书资料，归口管理交通行业测绘工作。

2. 英版海图

英国海道测量局（UKHO）自从1795年成立以来，提供了安全而精确的全球海事航行信息，并因此赢得了声誉。其每年有5 000多份《航海通告》通过书面或互联网在线发布，从而确保产品能够以最新的重要的安全信息来得到更新。UKHO通过自身的电子海图（ENC）和光栅海图（RNC）提供服务，处在电子海图产品研发及发布的最前沿。

UKHO全球纸质海图图夹包含有3 300多份标准海图（SNC），标准海图每周连续不断地得到更新并且在出售时全部进行了改正，从而确保其包含全部安全要素的航海信息。UKHO出版的航海专用图主要有：载重线规定图、时区图、航路图、平面图、天文图、日晷投影图、等磁差曲线图、潮汐图、教学用海图等。

3. 美版海图

美国的制图机构分工于两个部门。国家影像制图局（NIMA）负责全球海域海图的编制和出版发行。其本土由隶属于商务部的国家海洋与大气局（NOAA）的美国海岸与大地测量局（USCGS）负责，包括美国海域、内陆可航行水域及五大湖区海图的编制和出版发行。目前，美国共出版航海图约4 700余幅，各种杂图860余幅。美版海图出版周期为6个月至12年，平均2.5年。

4. 国际海图

国际海图（International Chart）是在国际海道测量组织（IHO）的协调下，按照国际统一标准出版的航海图。编制国际海图的目的是：保障远洋舰船的安全航行，向国际航行的船舶提供便于使用和交换的航海资料。

　　国际海图的设想始于1967年，在第9届国际海道测量大会上，法国和荷兰提出了编制国际海图的建议。世界海洋范围的1∶10 000 000、1∶3 500 000小比例尺海图，由英国、美国、日本、加拿大等16国编制出版；至1985年，第一版全部完成。1972年，第10届国际海道测量大会成立了一个专门委员会，研究大、中比例尺海图的出版问题。1977年，设立了海图规范委员会，1987年改为海图标准委员会，专门研究、制定国际海图标准。大、中比例尺海图由世界海洋的1∶250 000~1∶1 000 000比例尺航海图和不同比例尺的港湾图组成，从1977年开始陆续出版。大、中比例尺海图分区编制。世界海洋按照地理区域划分为13个制图区，分别以A、B、C……代表。太平洋划分为A、K、L、C2四个区：中国被分在K区，范围包括太平洋西北部海域，日本为协调国；A区包括东北太平洋和西北大西洋，美国为协调国；L区包括西南太平洋和印度洋东部，澳大利亚为协调国；C2区为东南太平洋，智利为协调国。一些测绘能力较强的成员国承担本国附近海域的海图出版，这些国家为编制国；为便于各国船舶使用本国文字的海图，非编制国可以翻印出版其他国家发行的国际海图，这些国家为翻印国。

　　国际海图大部分采用世界统一的坐标系统及其参数、墨卡托投影、依照地理特点的自由分幅方式，遵循统一的制图规范和海图图式，使用米制海图并保持基本一致的表现风格。各国海图可使用本国文字和保留少量本国海图符号，图幅编号可纳入本国系列，但须在图号前缀以英文缩写INT，在标题栏分别印有编制国、翻印国海道测量组织和国际海道测量组织的徽标。

项目五　海图的识读、管理与使用

在一张海图上不仅有经纬线海图图网，而且还要把所用的航海资料按其各自的地理坐标，用一定的图例、符号、缩写和注记绘画到图网上，再经过制版和印刷而成为海图。这种绘制海图所用的图例、符号、缩写和注记叫作海图图式。海图使用者如果想更好地识别海图，对于英版海图，可参阅英版海图5011"英版海图符号与缩写"（Symbols and Abbreviations Used on Admiralty Charts）；对于中版海图，可参阅《中国海图符号识别指南》，其中收录了中版海图采用的所有标准化符号，对符号的释义完全符合国家制定的 GB 12319—2022《中国海图图式》。

为了正确、熟练地使用海图，充分利用海图上的航海资料，必须了解和熟悉各种海图图式的含义，以及图上的各种图注和说明。海图出版后，由于海区航海资料的变化，对海图还要进行随时改正，以保持海图资料的最新程度，同时还要对海图妥善保管，确保其引导船舶安全航行的可靠性。

一、海图的识读

海图图式是海图的"文字"，只有掌握图式才能看懂、使用海图，最大限度地发挥海图的导航作用。下面仅介绍海图图式中常用的重要图式。

1.海图图号、标题、图廓注记

拿到一张海图后，要先核对一下海图图号与标题，看是否是自己想查阅的海区。此外，海图上还有很多重要的图注和说明，在使用海图时必须了解和熟悉。

（1）海图标题栏

海图标题栏（Title Legend）是该图的说明栏，如图2-5-1所示。一般制图和用图的重要说明均印在此栏内。标题栏一般印在海图的内陆处或航行不到的海面上，如有困难，也可印在图框外面适当的地方。其内容主要有：出版单位的徽志，该图所属的地区、国家、海区，以及图名。图名一般是图区内的重要起止点地名或图区的主要地理名称。在图名下有这样一些说明：绘图资料来源、投影性质、比例尺及其基准纬度、深度和高程的单位与起算面、有关图式的说明、地磁资料、国界和地理坐标的可信赖程度等。

中国　　黄海

威海港石岛港区至青岛港
WEIHAI GANG SHIDAO GANGQU TO QINGDAO GANG

1:250 000(36°12′)

墨卡托投影

2000国家大地坐标系

深度……米……理论最低潮面

高程……米……1985国家高程基准

基本等高距100 m

图式采用 GB 12319—1998

图2-5-1　中版海图标题栏

另外，标题栏内还可能有图区范围内的重要注意事项或警告（Note and Caution），如禁区、雷区、禁止抛锚区或有关航标的重要说明等。有时在海图标题栏附近还附有图区内的潮信表、潮流表、对景图、换算表和重要物标的地理坐标等。因此，在使用航用海图时，应首先阅读海图标题栏内的有关重要说明，特别是其中用洋红色印刷的重要图注，这对正确和充分利用航用海图来导航会有很大的帮助。

（2）图廓注记（Marginal Notes）

在海图图廓四周注记有很多与出版和使用本图有关的资料。

①海图图号（Chart Number）

中版海图图号印在海图图廓的四个角上，不论怎样放置海图，图号始终在图的右下角。中版海图图号是按海图所属区域编号的；而英版海图图号与地区无关，是按出版海图的时间先后编号的，刊印在海图图廓外右下角和左上角。若有需要，图号前缀有"BA"，以区别英版系列海图与其他海图。专用海图的图号，在普通海图图号前加英文字母前缀"L（XX）"表示。有些海图图号前还印有该图的国际系列图号。

英版海图的图号顺序是按照每张海图最初出版的时间先后来排列的，并不是按地区或者比例尺的大小。图号1~4999是航行图，其中有部分图号为空号，无实际的海图。这是因为有些海图作废取消后，暂未出新版图，或被其他海图取代而留下一个空图号。所以，航用图的实际数量在3 000张左右，而图号5000以后的为各种专用海图。经过多次改版，同一地区的图号许多已经不是连续图号，所以显得比较凌乱，无一定的规律可循。

我国现行海图编号的总体原则是：海区总图用三位数字编号，第一位数字代表大区号，后两位数字为海图的顺序号。如101海图，第一位数字代表中国，01为海图的顺序号。大区号的排列：中国是1；东南亚是2；西北太平洋是3；太平洋群岛和澳大利亚是4；印度洋和非洲是5；地中海是6；北欧是7；美洲是8。航行图及港湾图用五位数字编号，第一位数字代表图幅范围所在的大区号，第二位数字（"0"除外）代表所在大区中的二级区号，第三、四、五位数字为海图的顺序号。如11310海图，第二位的1代表辽宁，310为海图的顺序号。二级区号的排列：辽宁是1；河北是2；山东是3；江苏和上海是4；浙江是5；福建是6；广东是7；广西是8。用"0"所在的位置表示一定的比例尺，五位数字均不为"0"的图号为比例尺大于1：100 000的狭水道航行图及港湾图，如12339海图、13179海图都是大比例尺海图。

②图幅（Dimensions）

图幅是指海图内廓的尺寸，印在图廓外右下角处，在括号内以毫米为单位标注（拓制海图以英寸为单位）。根据图幅可以检查海图图纸是否伸缩变形。

③小改正（Small Correction）

小改正印在图廓外左下角处。海图根据航海通告改正后，均须在这里登记该通告的年份和号码，以备核查本图是否改正至最新通告。

④出版和发行情况（Publication Note）

出版和发行情况印在图廓外下边中部，给出新图出版和发行的单位、日期，在它的右面同时还印有该图新版（New Edition）和改版（Large Correction）日期。根据新版、改版日期可以判断图载资料的可信赖程度。

⑤邻接图号（Adjoining Chart）

邻接图号印在图廓外。它给出与本图相邻海图的图号，以便换图时参考。

⑥对数图尺（Logarithmical ）

在一些大比例尺的港泊图和沿岸图的外廓图框上，通常都印有对数图尺。对数图尺一般印在海图的左上方和右下方，用来速算航程（S）、航速（V）和航行时间（t）之间的关系（如图2-5-2所示）。

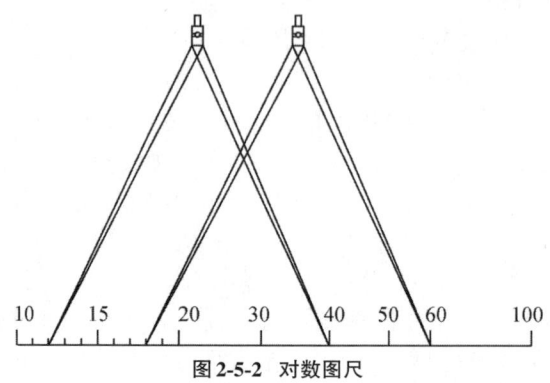

图 2-5-2　对数图尺

2. 海图基准面和底质

海图基准面（Vertical Datum）包括海图的高程基准面和深度基准面。

（1）高程基准面

中版海图上标注的山头、岛屿及明礁等的高程起算面称为高程基准面（Height Datum，HD），一般采用1985国家高程基准面。但因资料关系，也有采用当地平均海面作为起算面的，例如我国的台湾岛、舟山群岛及远离大陆的岛屿，就是采用当地平均海面作为高程基准面的。

海图陆上所标数字，以及水上带有括号的数字，都表示该数字附近物标的高程（height）。物标高程是由高程基准面至物标顶端的高度，高度大于10 m者精确到1 m；高度小于10 m者精确到0.1 m。

对于山高，除高程点一般用黑色圆点来表示并在其附近明确标有高程外，其他各点的高程是用等高线来描绘的。等高线是相等高程的各点，在平均海面上的垂直投影点的连线。其中用细的实线绘出的是基本等高线；每隔四条基本等高线画一条加粗等高线。等高线上的数字是该等高线的高程。用虚线描绘的等高线是草绘曲线，它表示并未经精确测量过。没有高程的等高线是山形线，它是仅表示山体形态的曲线，在同一条曲线上不一定等高和封闭。

等高线可以用来辨认山形。在海上从不同方向上和不同距离上观看到的山形是不同的。利用等高线和对景图来辨认山形对驾驶员来说是一项基本功，需要通过反复实践、认真学习和不断总结经验来掌握。

除此之外，灯塔（灯桩）的灯高（Elevation）是指由灯芯算至平均大潮高潮面的高度。灯高的单位是米。高度大于10 m者精确到1 m；高度小于10 m者精确到0.1 m。干出（Dries）高度是由海图深度基准面起算的、在大潮高潮面之下的物标高度。比高是指物标本身的高度，即自地物、地貌基部地面至物标顶部的高度。一般在物标旁括号内注有"一"的数字。塔高是指塔底地面至塔顶的高度，注意不要与高程相混淆。

架空电线（管道）净空高度（Charted Vertical Clearance）是指自平均大潮高潮面或江

河高水位至管线下垂最低点的垂直距离。桥梁净空高度是指自平均大潮高潮面或江河高水位（设计最高通航水位）至桥下净空宽度中下梁最低点的垂直距离。净空高度的单位也是米。高度大于 10 m 者精确到 1 m；高度小于 10 m 者精确到 0.1 m。

英版海图上的高程基准面采用平均大潮高潮面（以半日潮为主的海区）或平均高高潮面（以日潮为主的海区），无潮汐海区则以当地平均海面作为高程起算面。英版海图上所标注的灯塔（灯桩）高度、干出礁的干出高度和比高的基准面都与中版海图的相同。净空高度由平均大潮高潮面、平均高高潮面或平均海面起算，米制海图单位为米，拓制海图单位为英尺。

（2）深度基准面

海图上标注水深的起算面称为深度基准面（Chart Datum，CD），又称海图深度基准面。中版海图深度基准面采用理论最低潮面（或称理论深度基准面）。绝大多数低潮的实际水深大于海图所载水深，这样有利于保证航行安全。

凡海图水面上的数字均表示水深（即海图深度基准面至海底的深度），单位为米。但不包括带括号的和数字下有横线的。其中，斜体字表示新测量的资料，直体字表示旧资料、深度不准确或来自小比例尺海图上的资料。但在 1∶500 000 或更小比例尺的海图上，水深一律采用斜体字。2_{2} 表示特殊水深，水深小于 21 m 的精确到 0.1 m；水深为 21~31 m 的精确到 0.5 m，小数 0.1、0.2、0.3、0.9 化至相近的整米数，小数 0.4~0.8 化至 0.5 m；水深大于 31 m 的精确到 1 m。$\overline{32}$ 表示未曾精测过或未曾改正潮高的水深。$\underline{\overline{110}}$ 表示该处在测深时，110 m 仍未测到底。水深点的位置是在水深数字整数字的中心。

英版海图的深度基准面采用平均大潮低潮面。英国各港现已全部改用天文最低潮面（Lowest Astronomical Tide，LAT）作为起算面。米制海图水深单位为米。拓制海图水深单位为拓，但水深小于 11 拓时，水深给出拓和英尺，在拓右旁下侧较小的数字为英尺。4_{0} SD 表示疑深（Sounding of Doubtful Depth）。

等深线（Contour）是海图上水深相等的各点连线，用细实线描绘，显示海底表面的起伏，10 m 以内诸等深线分别用逐渐加深的颜色显示。用虚线描绘的等深线是根据稀少水深勾绘的，位置不准确。

（3）底质（Nature of Seabed）

底质（Nature of Seabed）注明海底的性质，通常标注在图上水深数字下面，为测深辨位和选择锚地时提供必要资料。常见的底质有：泥（Mud，M）、沙（Sand，S）、岩（Rock，R）、石（Stones，St）、黏土（Clay，Cy）、淤泥（Silt，Si）、砾（Gravel，G）、卵石（Cobbles，Cb）、贝壳（Shells，Sh）、珊瑚（Coral，Co）。

底质注记的顺序是先形容词后底质种类，常见形容词如细（Fine，f）、中（Medium，m）、粗（Coarse，c）、软（Soft，so）、硬（Stiff，sf）、坚（Hard，h）。带形容词的底质如软泥（soM）、粗沙（cS）等。如是两种混合底质，则应先写成分多的，后写成分少的，如泥沙（M.S）即表示底质是泥多于沙；如是不同深层的底质，则应先注记上层及其深度，再注记下一层，如软泥（15）沙[soM（15）S]，即表示底质在 15 m 时是软泥，以下是沙。

3. 碍航物和航标

（1）碍航物（Obstruction）

碍航物（Obstruction）即航行障碍物，常见的有礁石和沉船等。在中、英版海图上，常见的主要碍航物如表2-5-1所示。

礁石是海中突出的、孤立的岩石。它分为：明礁（Rock Uncovered）、干出礁（Drying Rock）、适淹礁（Rock Awash）和暗礁（Reef，Submerged Rock）等多种。沉船应根据其部分露出深度基准面，或沉船上水深在20 m及20 m以内（英版海图在28 m及28 m以内），或水深大于20 m（英版海图大于28 m）等不同情况，分别用相应的图式来表示，并在其附近注记沉船年份和船名。

在碍航物外加点线圈者，目的是提醒人们对危及水面航行的碍航物应予以特别注意，而点线圈并非危险界限。碍航物位置未被准确测定者，应在图式旁加注"概位（Position Approximate）"，英版图式为"PA"；对位置有疑问者，应在图式旁加注"疑位（Position Doubtful）"，英版图式为"PD"；对碍航物是否存在尚有疑问者，应在图式旁加注"疑存（Existence Doubtful）"，英版图式为"ED"；未经测量，据报的航行障碍物，应在图式旁加注"据报"，英版图式为"Rep"。船舶航经碍航物附近时，应按图式了解其含义，运用定位、导航和避险方法，避离它们以确保航行安全。对于疑存、疑位或概位的危险物，则必须更加宽让，以确保船舶安全。

表2-5-1 常见的主要碍航物

中版图式及其说明	英版图式及其说明
1. 〇 (2.6) 明礁 平均大潮高潮面露出的孤立岩石	1. 〇 (4) 〇 (4) 不淹没的礁石
2. 〇 (2₁) 干出礁 在大潮高潮面下、深度基准面上的礁石 ※ (1₁)	2. ◇ (1₅) ※ (1₅) 与左同义
3. ※ ⊕ 适淹礁 在深度基准面时适淹的礁石	3. ※ ⊕ 与左同义
4. ＋ ⊕ 暗礁 在深度基准面下的礁石	4. ＋ ⊕ 在深度基准面下2 m或2 m以内的礁石
5. ┼┼┼ 沉船 水深大于20 m的沉船	5. ┼┼┼ 水深大于28 m的沉船
6. ⬭ 沉船 水深小于20 m的沉船	6. ⬭ 水深小于28 m的沉船
7. 沉船 部分船体露出水面的沉船	7. WK 与左同义
8. 10 船 沉船上经10 m扫海	8. 9₁ WK 沉船上经9.1 m扫海
9. 渔礁 鱼群栖息、繁殖区，有碍航行	9. 与左同义
10. 渔栅 捕鱼用木栅、竹栅等	10. 与左同义
11. 碍锚 碍 碍锚 避免抛锚或拖网	11. Foul Foul 与左同义
12. 〇 不明性质、深度的障碍物	12. 〇 Obst 与左同义
13. 急流	13. 与左同义
14. 旋涡	14. 与左同义

注：表中"沉船 部分船体露出水面的沉船"的图式，前者是标志，并非按实物绘制的图式，只是表示一艘"部分船体露出水面的沉船"；后者是沉船的轮廓，是按实物绘制的，其虚线部分表示沉船在水面以下的部分，其实线部分表示沉船在水面以上的部分。

（2）航标

航标的全称为助航标志（Navigational Aids），表2-5-2所示为航海上常用的航标图式及其说明。海图上灯塔（Lighthouse）、灯桩（Light Beacon）的位置在其星形中心；立标（Beacon）、浮标（Buoy）和灯船（Light-vessel）的位置在其底边中心；无线电航标的位置在其圆心。灯浮是以编号、形状、颜色、顶标及灯质来相互区别的。白天以灯浮的编号、形状、颜色、顶标来识别；夜间以灯浮的灯质来识别。

表2-5-2　航海上常用的航标图式及其说明

类别	中版图式	英版图式	说明
灯塔 灯桩			
航空灯	航空	Aero	航空用灯标
立标			不发光，仅共白天使用
引导灯桩	270°	Leading lts 270°	两个或两个以上灯桩前后重叠
浮标			其上安装的发光设备为灯浮
蓝比灯船			大型助航浮标（LANBY），作为航标用的船只
带钟浮标	（钟）	Bell	装有钟、锣等音响设备的浮标
无线电信标	指向	RBn	供船舶测向仪定位使用
环射无线电信标	环向	RC	无方向性无线电信标
旋转无线电信标	旋向	RW	旋转环形天线无线电信标
无线电测向台	测向	RG	岸上无线电测向站，为船舶测出方位或船位
雷达站	雷达	Ra	海岸港口雷达站
雷达应答标	雷康	Racon	雷达航标的一种
雷达指向标	雷信	Ramark	雷达航标的一种
船舶动态报告点			设在繁忙的水道上或港区附近，船经过时应用 VHF 向交管中心报告

灯质（Light Character）是指灯光的性质。它是以灯光节奏（Rhythm）和灯光的颜色组成的。灯质的种类很多，最基本的有：颜色与亮度不变的定光（Fixed，F），颜色不变、暗的时间比明长的闪光（Flashing，Fl），颜色不同的互光（Alternating，Al），颜色

不变、明的时间比暗长的明暗光（Occulting，Oc）4种。这4种灯质又可联合或组合成不同类型的灯质，如定闪光（FFl）、互闪光（AlFl）。颜色不变、明暗交替且时间相等的灯光为等明暗光（Isophase，Iso）。

闪光灯种类较多，具体可分成单闪光Fl、联闪光Fl（3）、混合联闪光Fl（2+1）、长闪光（LFl）、快闪光（Q）、甚快闪光（VQ）、超快闪光（UQ）和间断快闪光（IQ）。

周期（Period）是指灯光亮灭或颜色交替，自始至终以同样次序重复出现时，所需的时间间隔。

光弧（Sector）是指船舶自海上看灯塔（灯桩）能够看到灯光的方向范围。光弧的界限依顺时针方向记载。方位是指由海上视灯光的真方位。光弧中有不同颜色者，均应分别注明。

灯塔、灯桩在大比例尺海图上，按下列顺序给出以下内容：灯光节奏、灯光颜色、周期、灯高、射程。例如，成山角灯塔标注"Fl 4s 60m 21M"，其含义是闪白光周期为4 s，灯高为60 m，射程为21 n mile。

雾号（Fog Signal）是指雾警设备，是附设在航标上在雾天发出音响的设备，如低音雾号（Diaphone）、雾笛（Fog Horn）、雾钟（Bell）、雾锣（Gong）、莫尔斯雾号（Morse）等。

二、海图的管理

1.海图的存放要求

（1）海图存放处应保持干燥。海图一旦受潮后，应平放阴干，以免变形。每张海图右下角均印有图幅，伸缩变形过大者不宜使用。

（2）海图在柜内平放时，图号应保持在右下角，以便于抽选。

（3）目前使用英版海图的数量较多，有的采用按图号顺序存放，有的则分区域或图夹存放。按图号顺序存放时，常用航线可抽出来单独存放；分区域存放时，每一区域中的海图要另编序号和目录，以便于抽选和查找。

2.建立海图卡片

每张航用海图都应建立一张海图卡片（如表2-5-3所示），用以反映海图的出版和改正情况，便于登记改正和查阅。全部海图卡片应按图号顺序存放在卡片箱内。海图卡片应妥善保管，卡片上的一切登记及勾销都要能正确和及时地反映出海图的新版和小改正情况。

表2-5-3 我国船舶上常用的海图卡片式样

海 图 卡 片

航区：_____ 编号：_____

图号：_____ 图夹：_____ 编号：_____

图名：_____ 出版国家：_____ 出版年月：_____

海图目录区域：_____ 调制或改版日期：_____

航海通告登记：_____

3. 编制"本船航用海图图号表"

按海图的出版国家可自行打印一份"本船航用海图图号表",图号可按顺序列出,以反映本船实际备有的全部航用海图。中版、英版、美版可分别单列,罗兰海图等凡属航用海图者均按其图号列在清单中,其他专用海图及图书表册可另列清单,以便于掌握本船航海图书资料。

4. 建立"本船海图新版及作废登记簿"

关于海图的新版及作废的登记(根据每期《航海通告》)可建立"本船海图新版及作废登记簿"。登记簿可与"本船航用海图图号表"合用,登记簿中各栏均用铅笔登记。在新版海图到船后,可将原登记出版日期及类别擦去,填入新版类别及日期。这样不仅可以了解本船海图的现行日期,而且还可以一目了然地看出新版和永久作废海图的消息,需要时及时购置。此登记簿可以长期使用。

5. 海图的配备与添置

配备与添置海图时,既要满足航行安全的需要,又要本着厉行节约的精神,反对浪费。接收新船后,需要配备海图时应考虑将本船预定航行区域的总图、航用海图及参考图配齐。配备港泊图时不仅要考虑到船舶营运可能到达的港口,也要考虑到避风锚地等因素。海图常出新版,久备不用,易造成浪费。

远洋船舶还应备有足够数量的空白定位图,其纬度范围应包括大洋可航水域,同时,常用的同一纬度范围的空白定位图应有必要的重复数量。

海图送船后,应检查该图是否是最新版,海图中的小改正是否改正到最近的有关通告,不合格的应予退回。

新图及新版图添置或更新后,应设立或更换海图卡片,卡片上的出版、新版或改版年月应按新图填写,同时应将新置图小改正栏中注明的第一个航海通告(即出版单位在新版图中纳入的最后一个通告)的年份及号码填入新卡片中,再登记自此通告后与此新置图有关的所有永久或临时的通告和预告号码。同时,经出版单位及航海图书公司改正的通告号码应在卡片上划去,表示已经改正。

海图更新后,原"本船海图新版及作废登记簿"中的登记应予擦去,表示本船配有的该海图为最新版海图。新图添置后,其图号应插入"本船海图图号表"及"本船海图新版及作废登记簿"中。

船上应避免存在同一图号的多张海图,重复的海图应及早处理掉,以免造成海图管理、改正上的混乱,以及有关当局上船检查中的误会。若确属航行需要,则应在"本船航用海图图号表"中重复列入其图号,建立其图卡并登记改正号。若重复的海图纯属参考使用,则应在"本船航用海图图号表"中该图号旁和其卡片上注明其用途,并在该张海图的图号旁及海图标题栏中用显著的中(英)文标出"参考用(Ref. only, not for Navigation)"。凡是在上述的表、卡、图三者中皆注明"参考用"的海图,也都应各有其图卡和登记的改正号,但经船长同意后可以不进行改正。

与本航次无关的并且过期的航用海图应另存他处,主要是为了防止有些港口国或船旗国当局的个别检查官强调船上应备有本航次应备的最近的图书,而将此作为一个缺陷,造成不必要的麻烦,这样的事情时有发生。

三、海图的使用

海图的准确性和可靠性与航行安全密切相关，制定航线和测定船位都要在海图上进行。因此，选择质量高的海图并正确使用是十分重要的。

1.海图的可靠程度

（1）海图的适用性

①将海图或海图卡片上注明的出版、新版或改版日期与最新版的《航海图书总目录》所载明的该海图相应的出版日期进行核对，如果两者相符，则说明该图是新版海图；如果海图上日期是过时的，则说明该图过期，不应使用。

②对最新版海图要检查是否已改正到使用日期（Corrected up to Date）。

a.核对海图小改正处的通告号码，与海图卡片上所登记的应改正通告号码是否相符，以防漏登、漏改。如已全部改正，则该图可使用；否则，应全部改正后再使用。

b.对航海图书公司出售前、后的临时通告、预告和航行警告进行查对，将其中与航行有关的、至今仍有效的通告内容，用铅笔改正在海图上，否则，海图仍不能反映最新情况。

（2）海图的测量时间和资料来源

随着科学技术的发展，航海测量仪器越来越完善，海图的测量精度越来越高，海图资料越来越能反映出实际情况。但目前船上所用海图还有一定数量是早期测量的，其精度和完整性都有一定的欠缺，尤其是年深日久，水深可能会发生较大的变化。如珊瑚礁每年可增长5 cm，几十年或上百年后，所增长的高度是航海上不可忽略的一个数值；河口附近或潮流较大的沿岸水域，流沙可能使水深有较大的变化。在该类地区的海图上，往往注有相应的警告（Cautions）和说明，应认真阅读，加倍小心。测量年代船舶的最大吃水也影响着对水下碍航物上水深的测量与标注。因此，在新出版的海图中，测量日期越近，可靠性就越大。一般情况下，各国航道测量机构所测绘、出版的海图都比较可靠。如果是引用外国资料或从国外翻印的海图，则必须对其可靠性有所分析、考虑，不可过分地信赖。

（3）测深的详尽程度

对水深测量的详尽程度（也称完整性），可以从测深线的密集程度及水深变化是否剧烈加以判断。驾驶员应根据水深点分析海图，判断是否可能存在未标明的浅点、暗礁及其他水下障碍物，以便提高航行的安全性。对于相同间距的测深线，在不同比例尺的海图上其差距是很大的。要考察某一水域的测深完善程度，应以当地的最大比例尺海图为准，因为较小比例尺的海图水深数字，是经过一定的稀疏后才绘到海图上的。一般地说，经过详尽测量的海图，其水深点较密、无空白、排列有规则。如水深点稀疏且不规则，水深变化又较为激烈，就很有可能在两条测深线之间存在尚未被发现的浅滩或礁石，使用时应注意，不应盲目信赖。如果等深线层次分明且有始有终，则其可靠程度必然较高；如果等深线间断或来去不明，应视为是一种不安全信号。

（4）海图比例尺大小

海图比例尺的大小决定了海图资料的详尽程度。大比例尺海图描绘的海区范围小，资料记载详细，物标、水深点、航标的位置准确，航行中要选用较大比例尺的海图。但在较远的航线上航行，如过多地选用大比例尺海图，则在航行中要不断更换海图，会给驾驶员工作带来一定的麻烦；如航迹推算时间过短，也不利于航行情况的分析。但也不能使用比例尺过小的海图，因为这种海图上资料太少，准确性欠佳，达不到航海定位和航迹推算精度的要求。因此，根据航行海区的具体情况，选用合适比例尺的海图，对保证船舶航行安全是很重要的。

（5）地貌精度与航标位置

对于海图上所有标明的地貌和航标位置，因为测量误差的存在，使用时都应予以注意。由于采用不同的大地测量系统，同一物标的经、纬度在不同的海图上可能存在若干秒的差异，即使在同一张海图上，也可能因海峡两岸测量系统的不尽一致而出现不相符的情况。但总的来说，海图上的主要海岸线和重要物标，其位置还是比较准确的。例如，用实线表示的岸线、等高线，都是通过比较精确的测量标绘出来的；岛岸物标的海道测量用的三角点位置，以及标有"⊙"符号的山头、灯塔、孤立的岛屿等位置都比较精确。至于平坦的海岸线及不显著的山顶、建筑物等，可能不太准确，只有在近距离定位时，方可参考使用。对于海图上标明的浮标位置，不能过分地信赖，因为它可能因大风、大浪、强流、碰撞等原因而发生了移位或漂失，还未发现，或已发现但还未发出通告。浮标位置必须通过准确船位的核实后，确凿无误才可信赖。无论对何种物标，特别是不熟悉的物标和浮标，都应进行核对后方可信赖。这不仅是因为物标在海图上的位置和实际位置可能不符，而且还存在人为误认物标的因素。

2.海图的使用注意事项

（1）开航前应按航次需要抽取航线所需要的海图，并逐张检查是否都已及时改正和擦干净。然后按航线使用先后顺序存放在海图桌的最上一只抽屉里。海图作业痕迹应保留到航次结束后方可擦去，将海图整理好并归放原处。当发生海事时，应及时封存海图，并保留到海事处理结束。

（2）在拟定航线和进行海图作业时，应尽量选用现行版较大比例尺的海图。因为大比例尺海图上的航海资料比较完整。用图时，应对图上航线附近的物标、地形、底质、危险物、航标，以及海图标题栏中的重要说明和注意事项等，进行仔细的研究。

（3）要善于鉴别一张海图的可靠程度。经过详细测量的海图，图上的水深点应该是较密集的，而且是有规律排列的，不应该在水面上存在有很多的空白处。根据精测资料绘制的海图，其等深线、等高线和岸线都应该是用实线来描绘的，而不应该是用虚线画出的。新出版的海图，其测量日期、出版日期以及再版日期都应该是最近期的，而不应该是过时的。海图上水面没有水深的空白处，并不是表示在该处海中不存在航海危险物，而仅仅说明该处没有经过详细测量。航行时应该把它作为航行危险区避开。

（4）海图也可能存在误差和不准确处，特别是资料陈旧的旧版海图，不应对其盲目信赖。限定吃水的船舶在过浅滩时，海图标示的浅滩水深经常会有变化，应特别注意收听航海警告，掌握最新水深资料。

（5）海图作业时，应按《海图作业规则》的要求用软质铅笔轻画轻写，不用的线条和字迹应用软质橡皮轻轻擦净，擦后图上应不留痕迹。严禁在海图上乱涂乱画或把海图当作草稿纸使用。一张海图使用完应按顺序放入海图桌抽屉内，直到本航次结束才可把海图作业痕迹擦干净。

总之，海图是航海的重要工具，它的改正、管理与使用，是航线拟定及安全航行的重要保证，应该对它十分爱护，妥善管理、正确使用，以保证船舶航行的安全。

模块
三

航迹推算

一、概述

对于航海人员来说，在任何时候、任何情况下都应能确定自己的船位。这样才能在海图上根据船位了解船舶的航行条件，并结合本船情况及周围动态采取适宜的航行方法和措施，以引导船舶安全、经济地航行。

航海上确定船位的方法一般分为两类：航迹推算（Track Made Good）和船舶定位。航迹推算包括航迹绘算和航迹计算；船舶定位包括陆标定位（Fixing by Landmark）、天文定位（Celestial Fixing）和电子定位（Electronic Position Finding）。本章主要介绍航迹推算。

航迹推算是以起航点或观测船位为推算起航点，根据船舶最基本的航海仪器（罗经和计程仪）所指示的航向、航程，以及船舶的操纵要素和风流要素等，在不借助外界导航物标的条件下，推算出具有一定精度的航迹和船位的方法和过程。航迹推算可以使驾驶员清晰地了解船舶在海上航行的连续轨迹，并且能够根据它推测出在船舶的前方航线上是否存在航海危险。航迹推算是驾驶员在任何情况下、在任何时刻求取位的最基本方法，也是陆标定位、天文定位、电子定位等的基础。

二、海图作业的规定及要求

广义的"海图作业"包括航迹推算和船舶定位，狭义的"海图作业"主要是指航迹绘算。驾驶员应遵照中华人民共和国交通运输部制定的《海图作业试行规则》进行航迹推算工作。

船长对海图作业全面负责，并应经常对驾驶员进行检查和指导；驾驶员应认真进行作业，如发现问题，及时向船长报告，并积极提供意见。

（1）航迹推算工作总体要求

航迹推算应该在船舶驶离港口引航水域或港界，定速航行后立即开始，推算起航点必须是准确的观测船位。在整个航行过程中，航迹推算工作应该是连续不断的，不得无故中断，直到驶抵目的地或领航水域或接近港界有物标可供导航时，方可终止。但当船驶经险要航区，如渔区、狭水道时，由于机动操纵频繁，航迹推算工作可暂时中止，驶过后应立即恢复。航迹推算的起航点、终止点应记入航海日志，途中的中止点和复始点应在海图上画出并记入航海日志。

（2）风流压差及船位差

在航迹推算中，风压差、流压差及风流压差值，应尽可能用观测的方法求得，当无观测条件时，可根据该地区的资料或航行经验，确定一个数值进行计算；当风流压差值小于1°时，可以不考虑计算。风流压差值的采用或改变由船长决定。在航行中，驾驶员对所采用的风流压差值，应不断地进行测校，如果发现变化较大，应及时报告船长；如果发现船位差较大，且需要转移推算起航点，应报经船长同意，才可将推算船位转移至观测船位。

（3）定位时间间隔

船舶在沿岸水流影响显著的海区航行时，应每小时确定一次推算船位；在其他海区航行时，一般每 2 h 或 4 h 确定一次推算船位；在沿岸航行时，若航速在 15 kn 以下，应每半小时确定一次推算船位。接近危险海区或船速在 15 kn 以上时，应适当缩短定位时间间隔。

（4）船位的记录

重要船位（改向时的船位和长时间进行航迹推算后所测得的第一个观测船位等）的观测数据和所采用的风流资料等应记入航海日志（Log Book）。观测船位记入航海日志时，应记观测原始数据，包括时间、物标名称、有关读数及改正量、计程仪读数和船位差。

（5）部分其他要求

在能见度不良的情况下，应充分使用雷达进行定位；在远离海岸航行时，应充分利用天测等定位方法；在正常情况下，每昼夜应至少有三个天测船位（晨、昏和太阳移线定位）；接近浅滩礁石和水深变化显著的地区时，应进行测深。对于长时间推算后接近沿岸的第一个船位差，应进行分析并做出记录。

项目一　航迹绘算

航迹绘算（Track Plotting）是指根据航向、航速、航行海区的风流要素等，在海图上直接运用几何作图法推算出船舶的航迹和船位；或者在海图上，根据计划航线、预配风流压差，通过几何作图法求得船舶应驶的真航向和推算船位。因为航迹绘算直观、简便，所以它是船舶航行中驾驶员进行航迹推算的主要方法。

航迹绘算中的基本概念：

（1）计划航迹线（Intended Track）

开航前预先在海图上拟定（船舶计划要航行）的航线称为计划航迹线，简称计划航线。

（2）计划航向（Course of Advance，CA）

计划航线的前进方向称为计划航迹向，简称计划航向。它由真北线起，按顺时针方向计量至计划航线。

（3）推算航迹线（Estimated Track）

通过航迹推算所确定的航迹线称为推算航迹线。

（4）推算航迹向（Course Made Good，CG）

推算航迹线的前进方向称为推算航迹向。它由真北线起，按顺时针方向计量至推算航迹线。

（5）实际航迹线（Actual Track）

船舶在风流等影响下的实际航行轨迹称为实际航迹线，简称航迹线。

（6）观测船位（Observed Position）

通过陆标定位、天文定位及无线电定位等得到的船位称为观测船位。

（7）推算船位（Estimated Position，EP）

通过航迹推算所确定的船位称为推算船位。

（8）积算船位（Dead Reckoning Position，DR）

在无风无流情况下，根据计程仪航程在计划航线或真航向线上所截取的船位称为积算船位。

一、风流对船舶的影响

1.风对船舶航行的影响

（1）风与风舷角

①真风

空气相对于地面的水平运动，称为风。在航海上，为了与由其他原因造成的空气运动相区别，又称其为真风。风速一般以m/s或kn为单位，习惯上用蒲福（Beaufort）风级来描述。风向是指风的来向，航海上常用半圆法或罗经点表示。

②船风

由于船舶自身的运动而产生的空气相对于船的运动称为船风，又称为航行风。船风的风速等于船舶对地速度，风向与船舶航迹向一致。

③视风

船舶在有风的水域航行时，船上实际所观测到的风，并非真风，而是真风和船风两者的合成风，称为视风。

视风、真风和船风三者的关系如图3-1-1所示，即

$$\overline{视风} = \overline{真风} + \overline{船风} \tag{3-1-1}$$

④风舷角 Q_w

风向与船首向之间的夹角称为风舷角，风对航行的影响与风舷角密切相关。如图3-1-1所示，航海上习惯将风舷角小于10°的情况，称为顶风；风舷角大于170°的情况，称为顺风；风舷角为80°~100°的情况，称为横风；风舷角为10°~80°的情况，称为偏逆风；风舷角为100°~170°的情况，称偏顺风。

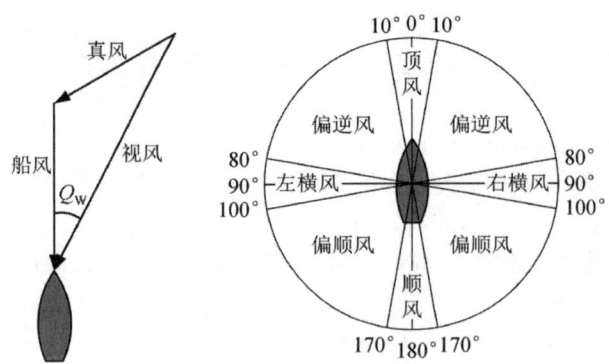

图 3-1-1 视风、真风和船风三者的关系

（2）风压差及其影响因素

船舶在有风水域航行时，除了在机器的推动下以船速沿真航向航行外，还会受到风的影响而向下风方向漂移。但由于船舶自身具有前进力，加上船舶所受水的阻力及波浪等其他各种因素的影响，船舶受风漂移的速度远小于风速，漂移的方向也并不一定等于风向。如图 3-1-2 所示，实际上，船舶是在船速矢量 V_E 和漂移矢量 R 的共同作用下，沿着它们的合成矢量方向航行的。

船舶受风影响后相对于水的航行轨迹线称为风中航迹线。风中航迹线的前进方向称为风中航迹向，用 CG_α 表示。风中航迹线与真航向线之间的夹角称为风压差角（Leeway Angle），简称风压差，代号为 α。

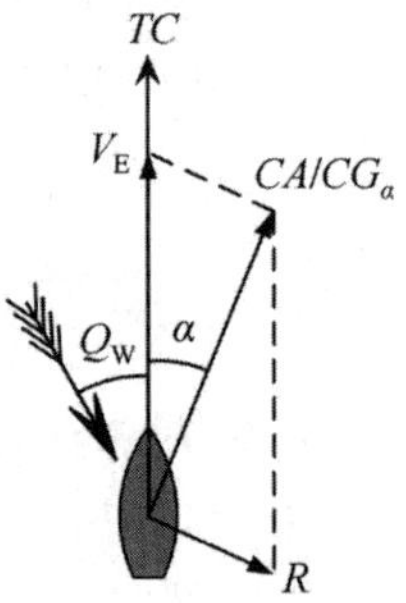

图 3-1-2 风压差

在有风无流情况下，TC、α 与 CA/CG_α 之间满足下列关系：

$$CA/CG_\alpha = TC + \alpha \begin{cases} \text{左舷受风时为 “ + ”} \\ \text{右舷受风时为 “ − ”} \end{cases}$$
（3-1-2）

影响风压差大小的因素：

①风舷角：横风，即风舷角 Q_W 接近 90° 时，α 最大；

②风速：风速越大，α 越大；

③航速：航速越大，α 越小；

④船舶受风面积：船舶有效受风面积越大，α 越大；

⑤船舶吃水：船舶吃水越大，α 越小；

⑥船型：平底船的 α 大于尖底船的 α。

影响风压差大小的因素多而复杂，而且船舶受风影响的漂移矢量也不易掌握，因此，风压差一般不通过绘制矢量三角形求得，而是通过实测的方法求取。

（3）风压差的求取方法

①尾迹流法

航海上一般采用实测法求取风压差。实测风压差的几种方法中除尾迹流法外均与实测风流合压差的方法相同，这里仅介绍尾迹流法。

所谓尾迹流，是指航行船舶推进器的排出流。船舶尾迹流的反方向可被视为船舶对水移动的方向，即在有风无流情况下的实际航迹向。

如图 3-1-3 所示，当船舶以某一航向 TC 航行时，尾迹流的反方向即为船舶的风中航迹向 CG'，它与船舶的真航向 TC 之间的夹角即为风压差。

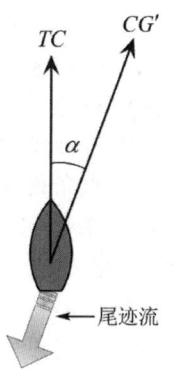

利用尾迹流法测定风压差时，可以在船尾连续抛下简易的小浮标，用其标示船舶的尾迹流，则从船上测得的小浮标的方向即为尾迹流的方向。为了减小测量误差，应在短时间内反复测定多次，取平均值作为风中的航迹向，而且应在风浪不太大的情况下观测，以减小因船舶摇摆和操舵不稳等因素引起的观测误差。

船舶每次观测风压差时，应进行详细的记录，并编制成表，以便在以后的航行过程中对照使用。风压差表（如表 3-1-1 所示）应根据当时的观测条件，如船舶吃水、风舷角和风速等编制。

图 3-1-3 尾迹流法

表 3-1-1 某船风压差表（船速 12 kn）

风舷角	4级		5级		6级		7级		8级	
	满	空	满	空	满	空	满	空	满	空
0°	0°	0°	0°	0°	0°	0°	0°	0°	0°	0°
20°	0°.8	2°.2	1°.3	3°.4	1°.9	5°.0	2°.7	6°.9	3°.6	9°.2
40°	1°.6	3°.9	2°.5	6°.2	3°.5	8°.9	4°.9	12°.5	6°.5	16°.6
60°	1°.9	4°.9	3°.1	7°.9	4°.5	11°.5	6°.1	16°.0	8°.3	21°.3
80°	2°.0	5°.1	3°.2	8°.1	4°.6	11°.7	6°.4	16°.4	8°.5	21°.8
100°	1°.8	4°.6	2°.9	7°.3	4°.1	10°.5	5°.8	14°.7	7°.7	19°.6
120°	1°.4	3°.5	2°.2	5°.6	3°.2	8°.1	4°.3	11°.3	5°.9	15°.1
140°	0°.9	1°.4	1°.5	3°.9	2°.2	5°.6	3°.1	7°.8	4°.1	10°.4
160°	0°.5	1°.2	0°.8	1°.9	1°.1	2°.8	1°.5	3°.9	2°.0	5°.2
180°	0°	0°	0°	0°	0°	0°	0°	0°	0°	0°

②公式法

若用实测法填满风压差表，需要反复测定各种情况下的风压差值，这在实际工作中是很难做到的。而利用下列经验公式可近似地求取风压差的数值，以推算出部分还未能实测到的风压差值。

$$\alpha = K\left(\frac{V_W}{V_L}\right)^2 \sin Q_W \qquad (3\text{-}1\text{-}3)$$

式中：V_W、V_L——风速和航速（m/s）；

Q_W——风舷角；

K——风压差系数（°）。

式（3-1-3）仅适用于风压差值不超过 10°~15° 的情况。根据进一步研究，人们又提出了以下更为通用的风压差经验公式：

$$\alpha = K\left(\frac{V_{\mathrm{W}}}{V_{\mathrm{L}}}\right)^{1.4}(\sin Q_{\mathrm{W}} + 0.15\sin 2Q_{\mathrm{W}}) \qquad (3\text{-}1\text{-}4)$$

风压差系数 K（Leeway Coefficient）一般与船舶的类型及航行状态等有关。客船装载情况比较稳定，因此 K 一般为常数；而货船载重变化较大，因此 K 是变数。对于 K，各船可以在各种风力条件下进行多次实测，然后根据上述公式反推求得。具体做法是：船舶在某一吃水条件下，测得不少于 $25\sim30$ 个风压差值 $\alpha_i(i = 1、2\cdots\cdots)$，且记下测定每一 α_i 时的 V_{W}（精确到 0.1 kn）、V_{L} 及 Q_{W}（精确到 $\pm5\%$）；然后根据最小二乘法，解出在该吃水条件下 K 的均值；再将其代入经验公式，求得部分未能实测的风压差值；最后将实测和用公式算出的汇总起来，即可得到该吃水条件下的风压差表，供船舶参考使用。

在一定条件下测定的风压差，只适用于在相同的航行条件使用。对于测定后得到的风压差表，应利用一切机会反复测定验证，以提高精度，保证航行安全。

2. 流对船舶航行的影响

（1）流要素

船舶在海上航行经常遇到的水流可分为海流、潮流、风生流三种。海水相对于地流动的速度称为流速，一般用 kn 表示。海水流动的方向称流向，一般是指水流流去的方向，可以用圆周法表示，也可以用半圆法表示。

①海流（Current）

海流又称洋流，是指由于相邻海区间的海水长期存在着温度、密度或气压的不同，或长期受定向风的作用，而使海水产生的水平方向的流动。通常在一定的时间内，海流的流向、流速基本不变，故其也称恒流，在海图上标有流向及平均流速。

②潮流（Tidal Current）

伴随着海水周期性的涨落而引起的海水水平方向的运动叫潮流，分为两种：

往复流：大多发生在海峡、江河、港湾和沿岸一带，因地形的影响而产生的涨潮流和落潮流的方向相反或基本相反的潮流。

回转流：在一些开阔的海区，在一个潮汐周期内，流向随时间沿顺（或逆）时针方向变化360°，流速也随时间变化的潮流。实际推算中，常常用矢量合成法求取某时段内累计的平均流向、流速（如图3-1-4所示）。

详细的潮流推算方法参见《航行方法》。

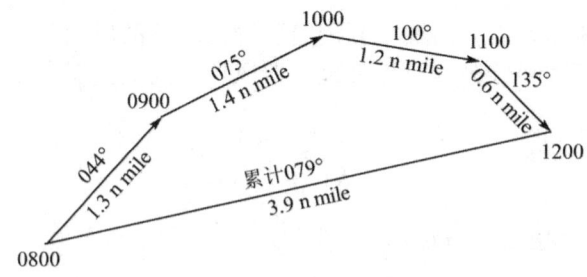

图 3-1-4 矢量合成法求平均流向、流速

③风生流（Wind-drift Current）

风生流是指本海区或相邻海区因受较长时间的定向风的作用，而产生的水平流动的表层水流。它一般在风作用一段时间后产生，风停后还会持续一段时间才消失。

风生流的流速公式为：

$$V_{\mathrm{C}} = \frac{0.012\,7}{\sqrt{\sin\varphi}} \cdot V_{\mathrm{W}} \qquad\qquad （3\text{-}1\text{-}5）$$

式中：V_{C}——风生流的流速（m/s）；

　　　V_{W}——风速（m/s）；

　　　φ——纬度。

按式（3-1-5）计算，在纬度30°左右，五级风可能产生1/3 kn的风生流，八级风可能产生2/3 kn的风生流。风生流的流向从下风向偏开约45°，在北半球向右偏开，在南半球向左偏开。但风生流除与风速、纬度有关外，还与地形、海底地貌等有关，比较复杂，因此风生流对船舶航行影响的定量分析只是近似的。

针对以上三种水流，在不同水域，考虑的侧重点亦不同：

当船舶在大洋航行时，应主要考虑洋流对船舶航行的影响。虽然洋流流速并不大（一般约为1 kn），流向、流速稳定，但长时间航行累积的水流影响就很可观。大洋水域开阔，一般情况下只要求每2 h或每4 h绘算一次推算船位，这时可以运用前述累计流向和流程的方法来进行航迹绘算。

当船舶在受潮汐影响显著的水域（如通海江河、近海等）航行时，应主要考虑潮流的影响。由于潮流的流向、流速是不断变化的，因此绘算也比较复杂。首先必须正确地估计航行海区潮流的平均流向和流速或航行时间内累计潮流的流向和流程，然后根据求得的水流要素与恒流一样进行航迹绘算。

当船舶在受风影响显著水域航行时，也应正确考虑风生流的影响。

（2）流压差

当船舶在有流无风的水域航行时，由于受到水流的影响，除了以船速沿真航向航行外，还会在水流的作用下顺水漂移，漂移方向与流向相同，漂移速度等于当时的流速。实际上，船舶是沿着船速矢量V_{E}和流速矢量V_{C}的合成矢量的方向航行的（如图3-1-5所示）。

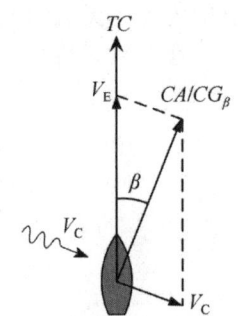

船舶在有流无风中的航行轨迹线称为流中航迹线。流中航迹线的前进方向叫流中航迹向，用CG_β表示。流中航迹线与真航向线之间的夹角叫流压差角，简称流压差（Drift Angle），代号为β。

TC、β、CA/CG_β之间的关系如下：

$$CA/CG_\beta = TC + \beta \begin{cases} \text{左舷受流时为 “ + ”} \\ \text{右舷受流时为 “ − ”} \end{cases} \qquad （3\text{-}1\text{-}6）$$

图 3-1-5　流压差

3. 风流对船舶航行的综合影响

船舶在既有风又有流的情况下航行，除了以船速沿真航向航行外，还会在风的作用下向下风漂移，同时在流的作用下顺流漂移。如图3-1-6所示，在风流的综合影响下，实际航迹向CG偏开真航向TC的角度称为风流合压差角（Leeway and Drift Angle），简称风流压差，代号为γ。

TC、γ、CA/CG之间的关系如下：

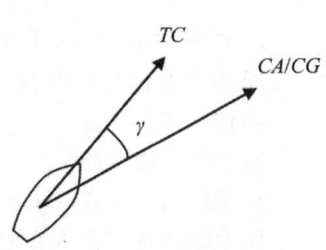

图 3-1-6　风流压差

$$CA/CG = TC + \gamma \begin{cases} \text{船向右偏开航向线时为 "+"} \\ \text{船向左偏开航向线时为 "-"} \end{cases} \quad (3\text{-}1\text{-}7)$$

式（3-1-7）中的 γ 为风流压差，它等于风压差 α 和流压差 β 的代数和，即

$$\gamma = \alpha + \beta$$

二、不同风流条件下的航迹绘算

航迹绘算主要解决两类问题：

第一类问题：根据船舶航行时的真航向 TC、计程仪航程 S_L（或航速）和风流要素，通过作图求取推算航迹向 CG 和推算船位 EP，即

$$\text{已知}\, TC \text{、} S_L \text{、风流要素} \xrightarrow{\text{求}} CG \text{、} EP$$

第二类问题：根据计划航向 CA、计程仪航程 S_L（或航速）和风流要素，通过作图求取船舶应采用的真航向 TC 和推算船位 EP，即

$$\text{已知}\, CA \text{、} S_L \text{、风流要素} \xrightarrow{\text{求}} TC \text{、} EP$$

以下主要针对上述两类问题进行分析。

1.无风无流情况下的航迹绘算

所谓无风无流，是指航行海区无风流影响，或风压差 α 很小（顺风或顶风航行），或风流很小（微风，流速一般小于 0.25 kn），其对航向的影响小于 $\pm 1°$，可忽略不计。

无风无流时两类问题的作图方法基本一致。如图 3-1-7 所示，从推算起航点 A 画出计划航迹线或推算航迹线（真航向线），并在其上自 A 点起按计程仪航程 S_L 截取一点，则 B 点即为无风无流情况下的推算船位（积算船位）。

在无风无流时：

$$\left.\begin{array}{l} \text{计划航迹向}\, CA \\ \text{推算航迹向}\, CG \end{array}\right\} = TC$$

$$\text{推算航程}\, S_G = \text{计程仪航程}\, S_L$$

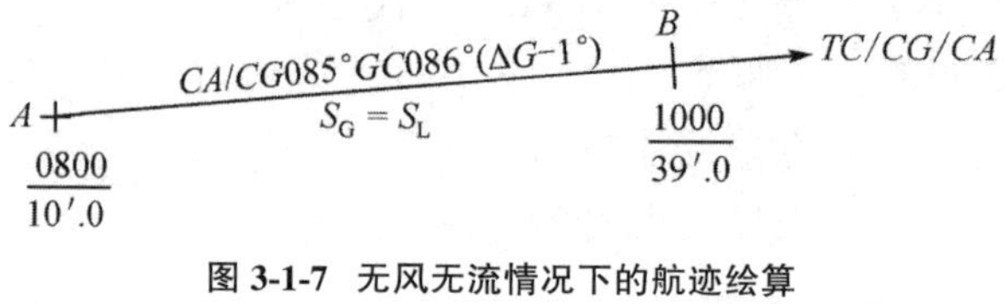

图 3-1-7 无风无流情况下的航迹绘算

2.有风无流情况下的航迹绘算

船舶在有风无流情况下航行，可根据当时的风舷角、风速和船舶装载情况查风压差表，确定风压差值 α。

对于第一类问题：

在画图时（如图 3-1-8 所示），先从推算起航点 A 画出航向线，然后根据 $CG = TC + \alpha$ 画出风中航迹线（即为推算航迹线），并在其上按 S_L 截取一点 B，则该点即为推算船位。

对于第二类问题：

在画图时（如图3-1-8所示），先从推算起航点 A 画出计划航线，然后根据 $TC = CA - \alpha$ 画出航向线，并在计划航线上按 S_L 截取一点 B，则该点即为推算船位。

有风无流时：

$$推算航程\,S_G = 计程仪航程\,S_L$$

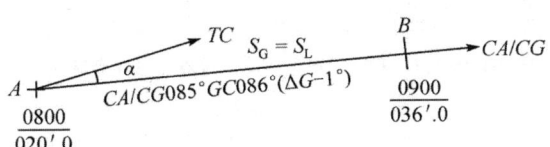

图3-1-8　有风无流情况下的航迹绘算

3.有流无风情况下的航迹绘算

在有流无风的情况下，流压差 β 一般通过作图确定。

对于第一类问题，作图步骤如下[如图3-1-9（a）所示]：

①自推算起航点 A 画出航向线，并在其上截取一点 B，使 $AB = S_L$；

②自 B 点按流向和流程 S_C 画出水流矢量 BC，则 C 点即为推算船位 EP；

③连接 A 点和 C 点的直线即为推算航迹线，其方向为推算航迹向 CG，线段 AC 即为推算航程 S_G，推算航迹线与航向线的夹角为 β。

对于第二类问题，作图步骤如下[如图3-1-9（b）所示]：

①自推算起航点 A 画出计划航线 CA；

②自 A 点按流向和流程 S_C 画出水流矢量 AB；

③以 B 点为圆心，以计程仪航程 S_L 为半径画圆弧，其与计划航线的交点 C 即为推算船位 EP；

④自 A 点作 BC 的平行线，即为航向线。

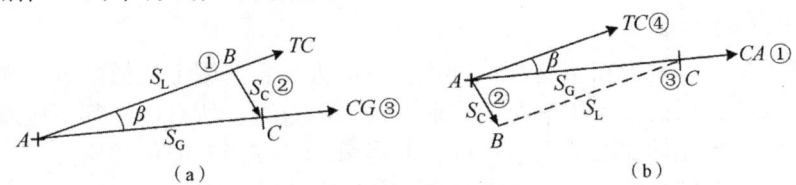

（a）　　　　　　　　　　　　　　　　　　（b）

图3-1-9　有流无风情况下的航迹绘算

4.有风有流情况下的航迹绘算

有风有流情况下的航迹绘算，是对风和流进行分步作图实现的。

对于第一类问题：

采用先风后流法，作图步骤如下（如图3-1-10所示）：

①自推算起航点 A 画出航向线；

②自 A 点根据 $CG_\alpha = TC + \alpha$ 画出风中航迹线；

③在风中航迹线上截取一点 B，使 $AB = S_L$；

④自 B 点按流向和流程 S_C 画出水流矢量 BC，则 C 点即为推算船位 EP；

⑤连接 A 点和 C 点的直线即为推算航迹线，其方向为推算航迹向 CG，线段 AC 即为推

算航程S_G，推算航迹线与风中航迹线的夹角为β。

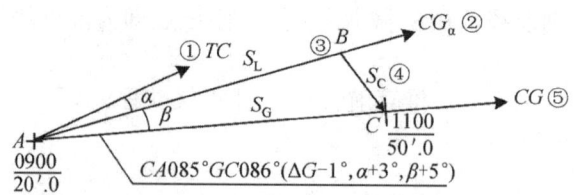

图 3-1-10 有风有流情况下的航迹绘算（已知真航向）

对于第二类问题：

采用先流后风法，作图步骤如下（如图3-1-11所示）：

①自推算起航点A画计划航线CA；

②自A点按流向和流程S_C画出水流矢量AB；

③以B点为圆心，以计程仪航程S_L为半径画圆弧，其与计划航线的交点C即为推算船位EP；

④自A点作BC的平行线，得风中航迹线；

⑤自A点根据$TC = CG_\alpha - \alpha$画出航向线。

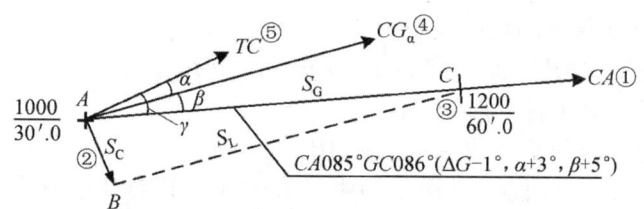

图 3-1-11 有风有流情况下的航迹绘算（已知计划航向）

5.航迹绘算的标注

航迹绘算的标注，是指在航迹推算过程中航海人员在海图上所做的各种文字和符号标记，要清楚和简洁，以供他人了解海图作业的结果和过程。所有标注都不应遮盖图上重要的航海资料，应尽可能标注在图上空白处，并尽量标注在当时船位的后方，以便在前方留有足够位置供后面在航行中标绘。通常海图作业应标注的内容如下：

（1）船位符号及标注

①船位符号

陆标定位的船位用"⊙"标示；雷达定位的船位用"△"标示；GPS定位的船位用"☆"标示；推算船位用"————＋"标示。

②船位标注

在推算船位点上应标注推算船位所对应的时刻和计程仪读数。采用分数的形式，分子用四位数字表示推算船位的时间（精确到1 min），分母为计程仪读数（精确到0.1 n mile），分数的横线与海图的纬线平行。

（2）航线标注

在计划航线或航迹线上应标注计划航迹向、罗航向（或陀罗航向）、罗经差（或陀罗差）、风压差、流压差或风流压差（若有）。其中，罗经差（或陀螺差）及风流压差应标注在航向后的括号内。当在航线上标注不下或不便标注时，可用线条拉出来标注在海图的空白处，但该标注应与纬线平行。

（3）各种提示和注意事项

在船舶计划航线和船位附近还可以标注各种提示、警告和注意事项等，以提醒值班驾驶员注意。航经水域的碍航物及天气海况等，可用铅笔标出。

三、航迹绘算的精度

1. 航迹绘算精度的主要影响因素

航迹绘算时，由于各种因素的影响，所获得的推算船位与实际船位间必然存在一定的误差。航迹绘算精度的主要影响因素如下：

（1）起航点误差（Error of Initial Point）

起航点误差是指航迹绘算起航点位置不准确引起的误差，它在推算过程中会被传递到下一个推算船位中。因此，要求航迹绘算的起航点必须是准确的观测船位，以减小其后的推算误差。

（2）航向误差（Course Error）

航向误差是在航迹绘算过程中由航向读取或作图不准确等引起的，它将造成推算船位偏离实际航迹线。其主要影响因素有：

①罗经航向的读取误差；

②罗经差的误差；

③航线作图不准确；

④操舵不稳引起的航向误差；

⑤风流压差与实际不符。

（3）航程误差（Error of Running Distance）

航程误差是在推算过程中产生的，它将造成推算船位前后偏移。其主要影响因素有：

①计程仪读数的误差；

②计程仪改正率的误差；

③水流要素掌握不准引起的航程误差；

④航线上截取航程的作图误差。

2. 推算船位误差圆

如图3-1-12所示，船舶沿计划航向从A点航行至B点，实际航程为S（即AB），若在此过程中进行航迹推算，就会因上述航向和航程误差的影响，造成推算船位点偏离实际船位点而产生误差。

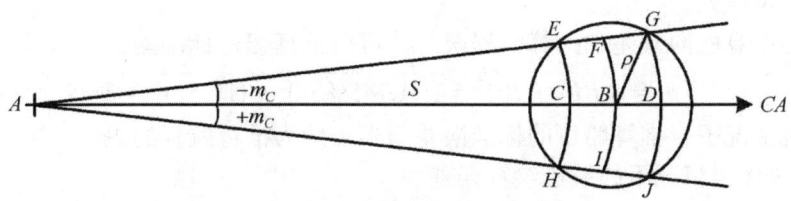

图 3-1-12 无风无流情况下的航迹绘算误差

若推算航向有标准差 $\pm m_C$，推算航程有标准差 $\pm m_S$，则推算船位就会偏离 B 点，造成推算误差，其大小用推算船位标准差 ρ 衡量，即

$$\rho = \sqrt{m_{\text{航向}}^2 + m_{\text{航程}}^2} = \sqrt{S^2 m_C^2 + m_S^2}$$

式中：$m_{\text{航向}}$——推算船位的航向误差，即 $BF(BI) = \pm S m_C$；

$\quad\quad\quad m_{\text{航程}}$——推算船位的航程误差，即 $BD(BC) = \pm m_S$。

理论上，对于以实际船位 B 为圆心、标准差 ρ 为半径所作的误差圆，推算船位落在该圆内的概率是 63.2%~68.3%。而在实际海图作业中，实际船位是未知的，而 B 点是按海图作业推算出的含有误差的推算船位，AB 为推算航程，则以 B 为圆心、ρ 为半径的推算船位误差圆反映的是实际船位在圆内出现的概率为 63.2%~68.3%。

以下就各种风流情况进行分析。

3. 各种风流情况下的航迹绘算误差

（1）无风无流情况下的航迹绘算误差

①推算航向误差

在无风无流情况下，$TC = CA$，推算航向误差的标准差：

$$m_C = m_{TC} = \pm\sqrt{m_0^2 + m_{\Delta C}^2 + m_D^2 + m_K^2}$$

式中：m_0——罗经航向读取标准差，一般为 $\pm 0°.3$；

$\quad\quad\quad m_{\Delta C}$——罗经差标准差，一般为 $\pm 0°.5$；

$\quad\quad\quad m_D$——作图航向标准差，一般为 $\pm 0°.2$。

$\quad\quad\quad m_K$——操舵不稳产生的航向标准差，一般为 $\pm 0°.5$。

将这些数值代入上式，可得 m_C 为 $\pm 0°.8$，一般取 $\pm 1°$。

若仅考虑航向误差，根据图 3-1-12，$m_C = \pm 1°.0$ 在 B 点处造成推算船位的左右偏移量为：

$$BF(BI) = \frac{m_C°S_L}{57°.3} = \pm 1.745\% S_L$$

因此，无风无流时，航向误差引起的船位误差约为推算航程的 1.745%，即船舶每航行 60 n mile，可能左右偏离航线 1 n mile。

②推算航程误差

推算航程误差主要取决于计程仪改正率标准差 $m_{\Delta L}$ 的大小和航程的长短。计程仪读数的误差和航程作图的误差相对于 $m_{\Delta L}$ 来说都是非常小的，特别是长距离航行时，一般认为，在船速校验线上重复往返三次测定 ΔL 的标准差 $m_{\Delta L}$ 为 $\pm(0.5\%\sim1.0\%)$。为保证航行的安全，通常取 $m_{\Delta L}$ 为 $\pm 1\%$，即在无风无流情况下，推算航程误差为推算航程的 1%，即

$$BD(BC) = 1\% S_L$$

③推算船位误差

综合考虑推算航向误差和推算航程误差，可得推算船位标准差：

$$\rho_0 = \sqrt{BF^2 + BD^2} = \sqrt{(1.745\% S_L)^2 + (1\% S_L)^2} = 2\% S_L$$

即在无风无流情况下，推算船位的标准误差圆半径约为推算航程的 2%。

（2）有风无流情况下的航迹绘算误差

在有风无流情况下，影响推算船位精度的因素，除了无风无流情况下的各种因素外，

还要考虑风对航向和航程的影响，目前一般靠实测的方法求取风压差值。

有风无流情况下的航迹推算精度，取决于推算航迹向标准差 m_{CA} 和推算航程标准差 m_S。其中，m_{CA} 由航向标准差 m_C 和风压差标准差 m_α 组成，因为 $CA = TC + \alpha$，所以有：

$$m_{CA} = \pm\sqrt{m_C^2 + m_\alpha^2}$$

若航向标准差 $m_C = \pm 1°$，而一般连续定位法求得的风压差标准差 $m_\alpha = \pm 1°.5$，则

$$m_{CA} = \pm\sqrt{(1°.0)^2 + (1°.5)^2} = \pm 1°.8$$

在有风无流情况下，因为计程仪已将风的影响消除，所以推算航程标准差 m_S 与无风无流情况下是一样的。因此，有风无流情况下推算船位误差圆半径：

$$\rho_1 = \sqrt{\left(\frac{m_{CA} \cdot S_L}{60}\right)^2 + \left(\frac{\Delta L \cdot S_L}{100}\right)^2} = \frac{S_L}{600}\sqrt{100 m_{CA}^2 + 36 m_{\Delta L}^2}$$

将 $m_{CA} = \pm 1°.8$，$m_{\Delta L} = \pm 1\%$ 代入上式得

$$\rho_1 = 3.2\% S_L$$

即若风压差值是由实测求得的，则可认为在有风无流情况下，推算船位标准差是推算航程的 3.2%。若风压差值是根据经验或估计求得的，则推算船位标准差可能大于此值。

（3）有流无风情况下的航迹绘算误差

在有流无风情况下，推算船位误差包括无风无流情况下的推算船位误差和水流流向及流速误差引起的误差。无风无流情况下的航迹推算标准差为 $\rho_0 \approx \pm 2\% S_L$，流向标准差为 m_P，流速为 V_C，流速标准差为 m_{V_C}，推算时间间隔为 t，则水流误差引起的推算船位标准差：

$$\rho_C \approx \pm t \sqrt{\left(\frac{V_C m_P°}{57°.3}\right) + m_{V_C}}$$

可得有流无风时，推算船位标准差：

$$\rho_2 = \pm\sqrt{\rho_0^2 + \rho_C^2} = \pm\sqrt{(0.02 S_L)^2 + \rho_C^2}$$

根据经验，一般流向标准差 $m_P = \pm 20°$，流速标准差 $m_{V_C} = \pm 0.2 \text{ kn}$，当取船速为 16 kn，流速为 2.5 kn 时，推算船位标准差：

$$\rho_2 = (4\% \sim 7\%) S_L$$

（4）有风有流情况下的航迹绘算误差

在有风有流情况下，推算船位误差包括风中推算船位误差和水流要素误差引起的推算船位误差，即

$$\rho_3 = \pm\sqrt{\rho_1^2 + \rho_C^2}$$

由于风和流的要素不断地变化，在一定条件下，推算船位标准差

$$\rho_3 = (5\% \sim 8\%) S_L$$

根据以上论述，不同风流情况下的推算船位标准差归纳如下：

$$①无风无流 \begin{cases} m_C \begin{cases} 罗经差标准差 \\ 操舵不稳产生 \\ 的航向标准差 \end{cases} \dfrac{m_C° S_L}{57°.3} \approx \pm 1.7\% S_G \\ m_S = \pm S_L m_{\Delta L} \approx \pm 1\% S_L \end{cases} \rho_0 = \pm S_L \sqrt{\left(\dfrac{m_C°}{57.3}\right)^2 + m_{\Delta L}^2} = \pm 2\% S_L$$

②有风无流
$$\left.\begin{array}{l} m_{CA}\left\{\begin{array}{l} m_C \\ m_\alpha \end{array}\right\} m_\alpha \dfrac{m_C^\circ S_L}{57^\circ.3} \approx \pm 3.1\% S_L \\ m_S = \pm S_L m_{\Delta L} \approx \pm 1\% S_L \end{array}\right\} \rho_1 = \pm S_L \sqrt{\left(\dfrac{m_{CA}^\circ}{57^\circ.3}\right)^2 + m_{\Delta L}^2} = \pm 3.2\% S_L$$

③有流无风
$$\left.\begin{array}{l} 无风无流 \ \rho_0 \approx \pm 2\% S_L \\ 流向标准差 m_P^\circ \\ 流速标准差 m_{V_C} \end{array}\right\} \rho_C = \pm t \sqrt{\left(\dfrac{V_C m_P^\circ}{57^\circ.3}\right)^2 + m_{V_C}^2} \ \right\} \rho_2 = \pm \sqrt{\rho_0^2 + \rho_C^2} = \pm(4\%\sim7\%) S_L$$

④有风有流
$$\left.\begin{array}{l} 有风无流 \ \rho_1 \approx \pm 3.2\% S_L \\ 水流要素引起的船位标准差 \rho_C \end{array}\right\} \rho_3 = \pm \sqrt{\rho_1^2 + \rho_C^2} = \pm(5\%\sim8\%) S_L$$

需要注意：以上的推算船位误差，只在航程较短（一般不超过 100 n mile）时比较理想。而当航程较长时，运用上述计算公式计算得到的推算船位误差，往往大于实际存在的误差。这是因为此处计算的误差是相互叠加的，而在实际工作中，却有可能出现误差相互抵消的情况。

综上可知：当推算船位有标准差 ρ 时，实际船位并不一定在推算点上，其落在以推算点为圆心、ρ 为半径的船位误差圆内的概率仅有 2/3 左右，特别当航行前方存在航海危险物时，更应注意这一点。在实际航海中，我们可以通过画出概率航迹区（又称或然航迹区），判断前方是否存在航行危险，如图 3-1-13 所示。若概率航迹区内没有危险物且概率航迹区离危险物有一定距离，船舶便可安全航行。此外，还应考虑其他可能出现的意外情形，如粗差和系统误差等。在下述情况下，最好画出概率航迹区，以保证航行安全：

①船舶远航归来，接近海岸、海峡、航海危险物和禁区时；
②能见度不良，船舶航行在航海危险物附近时。

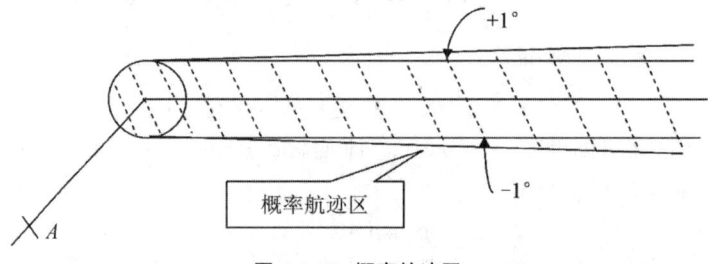

图 3-1-13 概率航迹区

四、风流压差的测定

准确掌握风流压差对提高航迹推算精度至关重要。航迹绘算时，仅根据风流资料来把握风流要素是比较困难的，而分别考虑风压差、流压差而进行绘算也是比较烦琐的。航海人员应不失时机地利用实测法测定风流压差，以检验和校正航迹推算的准确性。

船舶通常都是在有风有流的情况下航行，航行中测得的实际航迹向与真航向之差，即为当时的风流压差。如果航行水域有风无流，则该差值就是风压差；有流无风，则该差值就是流压差。航海上常用的风流压差测定方法有以下几种。

1.连续实测船位法
连续实测船位法是指在较短的时间内连续测定 3~5 个观测船位，然后利用平差法，用直线连接各实测船位（即使各观测船位到该直线的距离的平方和最小），则该直线即为船舶在这段时间内的实际航迹线，其方向为实际航迹向 CG，如图 3-1-14 所示，则

$$\gamma = CG - TC \qquad\qquad (3-1-8)$$

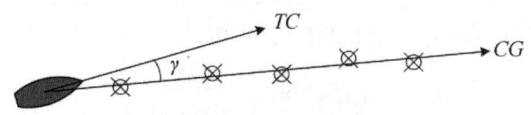

图 3-1-14 连续实测船位法

2. 雷达观测法

使用雷达观测求取实际航迹向的方法有多种。如图 3-1-15 所示，通常将雷达设置为艏向上的相对运动显示方式，连续观测某一固定物标的影像 a，航行中它的运动轨迹与船舶的相对运动方向相反，即物标在雷达荧光屏上的影像的移动方向 $a_1 a_2 a_3 \cdots \cdots$ 与船舶的航迹向刚好相反（相差 180°）。

调整雷达的电子方位线（Electronic Bearing Line，EBL）或机械方位标尺，使它与物标的回波 $a_1 a_2 a_3 \cdots \cdots$ 平行，则电子方位线或机械方位标尺与船首线之间的夹角即为风流压差 γ。

当然，也可利用雷达的 ARPA 跟踪某一固定物标的运动以获得该物标的运动要素，便可得到本船的实际航迹向，则

$$\gamma = CG - TC$$

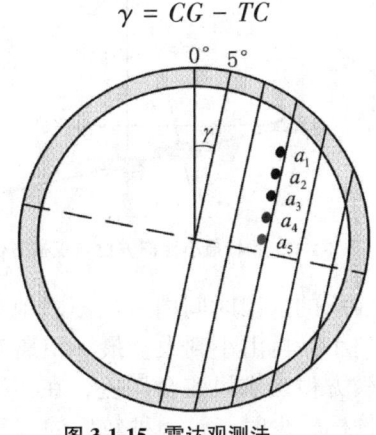

图 3-1-15 雷达观测法

3. 叠标导航法

如图 3-1-16 所示，图右为一组方位叠标，两标志的延长线称为叠标线。如果船舶在航行时保持在叠标线上，则叠标线即为船舶的航迹线，叠标线与航向线的夹角即为风流压差 γ。

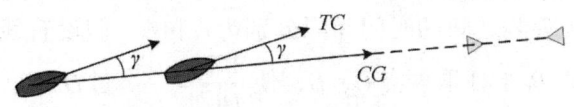

图 3-1-16 叠标导航法

叠标导航法常用于进出港口、江河、岛礁区等狭窄航道的航行，多数港口及其附近的

航道上均设有导航叠标。

4.物标最小距离方位与正横方位法

在无风流影响时，物标的最小距离与正横距离相等，最小距离方位同时也是正横方位。但在有风流影响时，两者不一致，两者之差刚好是风流压差 γ。物标的最小距离方位用 $B_{\min}$ 表示，正横方位用 $B_{\perp}$ 表示，由图3-1-17可知：

$$TB_{\min} = CG \pm 90° \begin{cases} \text{右舷物标为 "+"} \\ \text{左舷物标为 "-"} \end{cases}$$

$$TB_{\perp} = TC \pm 90° \begin{cases} \text{右正横为 "+"} \\ \text{左正横为 "-"} \end{cases}$$

因此，风流压差：

$$\gamma = CG - TC = (CG \pm 90°) - (TC \pm 90°) = TB_{\min} - TB_{\perp}$$

由于 $TC = CB + \Delta C = GB + \Delta G$，所以 γ 也可以由下式求得：

$$\gamma = CB_{\min} - CB_{\perp} = GB_{\min} - GB_{\perp} \tag{3-1-9}$$

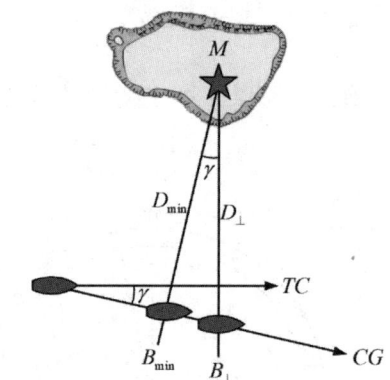

图 3-1-17　物标最小距离方位与正横方位法

在实测时，在物标正横前后的这段时间内，应不断地观测物标的方位和距离，通过比较会发现物标的距离将由大到小，再由小到大，最小距离时的方位便可从中选出。

物标最小距离方位与正横方位法求风流合压差，在传统的航海实践中应用较为普遍，特别在沿岸航行，当可见的物标较少时，是一种较好的方法。

5.单物标三方位求航迹向

船舶定向定速航行时，如果风流影响不变，并在不同时刻测得某物标的三个方位值，即可求得实测航迹向和风流压差。

如图3-1-18所示，设某船在 T_1、T_2、T_3 三个不同时刻测得某固定物标 M 的三条方位线 B_1、B_2、B_3，相邻两次观测之间的时间间隔分别为 t_1 和 t_2。假设直线 EFH 为观测方位期间船舶的实际航迹线。在 B_3 上任取两点 C、D，使 $\dfrac{MD}{DC} = \dfrac{t_1}{t_2}$。过 D 点作 B_1 的平行线，交 B_2 于点 B，连接 BC 交 B_1 于 A 点。

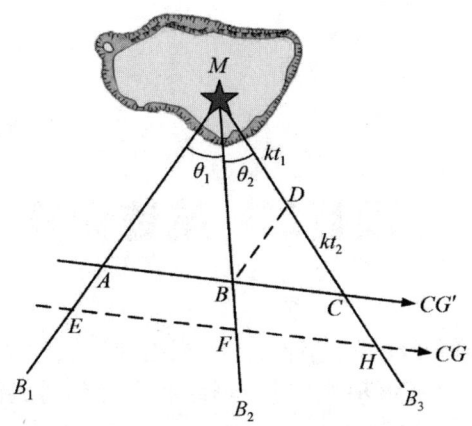

图 3-1-18 单物标三方位求航迹向

可证明，直线 AC 的方向就是航迹向 CG，它与 TC 之差即为 γ。

因 $BD \mathbin{/\mkern-5mu/} AM$，故 $\triangle ACM \backsim \triangle BCD$，可得：

$$\frac{AB}{BC} = \frac{MD}{DC} = \frac{t_1}{t_1} = \frac{Vt_1}{Vt_2} = \frac{EF}{FH}$$

进而得：

$$\frac{AB}{EF} = \frac{BC}{FH}$$

所以

$$\triangle ACM \backsim \triangle EHM$$

因此

$$AC \mathbin{/\mkern-5mu/} EH$$

需要注意：单物标三方位法求出的只是航迹向，而非航迹。

项目二　航迹计算

航迹计算一般是指恒向线的航迹计算，即根据起航点的经纬度、航向和航程，利用数学计算公式，求取到达点的经纬度；或根据起航点与到达点的经纬度，利用数学计算公式，求取两点间的航向和航程的方法。

一、主要用途

（1）使用小比例尺海图时，航迹绘算作图误差较大，辅以航迹计算，可提高航迹推算的精度；

（2）在渔区或雾中等需频繁变向、变速的条件下航行，海图作业困难，采用多航向航迹计算法，可求取较为准确的推算船位；

（3）当起航点与到达点不在同一张海图时，可用航迹计算法来帮助海图作业；

（4）发展船舶驾驶自动化，设计综合导航仪时，需采用航迹计算模型进行航迹推算。

航迹计算并不能完全替代海图作业，只能作为海图作业的补充，其计算结果标绘到海图上后，方可指导船舶航行。

二、计算方法

当船舶沿恒向线航行时，设起航点 A 的地理坐标为（φ_1，λ_1），到达点 B 的地理坐标为（φ_2，λ_2），两点间的经差为 $D\lambda$、纬差为 $D\varphi$，则 A、B 间的关系为：

$$\varphi_2 = \varphi_1 + D\varphi$$
$$\lambda_2 = \lambda_1 + D\lambda$$

航迹计算的核心问题是如何根据已知的航向、航程计算两点间的经差和纬差。

如图 3-2-1 所示，设 A、B 间的恒向线航向为 C，航程等于 S。将恒向线航程 S 等分成 n 个部分，可得 n 个球面直角三角形，如 n 值足够大，这 n 个很小的球面直角三角形可以认为是全等的平面直角三角形。用 $d\varphi$ 表示恒向线航程的 dS 的南北分量，用 dW 表示 dS 的东西分量，可以得到：

$$d\varphi = dS \cdot \cos C$$
$$dW = dS \cdot \sin C$$

所以

$$\int_{\varphi_1}^{\varphi_2} d\varphi = \int_0^S dS \cdot \cos C = S \cdot \cos C$$

$$\int_0^\omega dW = \int_0^S dS \cdot \sin C = S \cdot \sin C$$

即

$$D\varphi = S \cdot \cos C \,(\text{n mile})$$
$$W = Dep = S \cdot \sin C \,(\text{n mile}) \qquad (3\text{-}2\text{-}1)$$

式中：W——恒向线航程S的东西分量，叫作东西距，一般用Dep表示。

由式（3-2-1）可见，两点间纬差等于航程乘以航向的余弦。但航程与航向正弦之积等于东西距，并不是所求的经差。

按求取经差的方法分类，单航向航迹计算法可分为中分纬度算法、墨卡托算法及约定纬度算法三种。

1. 中分纬度算法

从图3-2-1中可以看出，在地球上，当起航点A和到达点B位于同一半球时，AB的东西距Dep必然比A、B两点子午线之间的纬度圈弧长$\overset{\frown}{AA'}$小，而比纬度圈弧长$\overset{\frown}{BB'}$大。因此，在$\overset{\frown}{AA'}$与$\overset{\frown}{BB'}$之间一定可以找到一条纬度圈弧长$\overset{\frown}{GH}$，其长度刚好等于恒向线AB的东西距Dep，则该纬度圈所在的纬度叫作中分纬度，用φ_n表示。

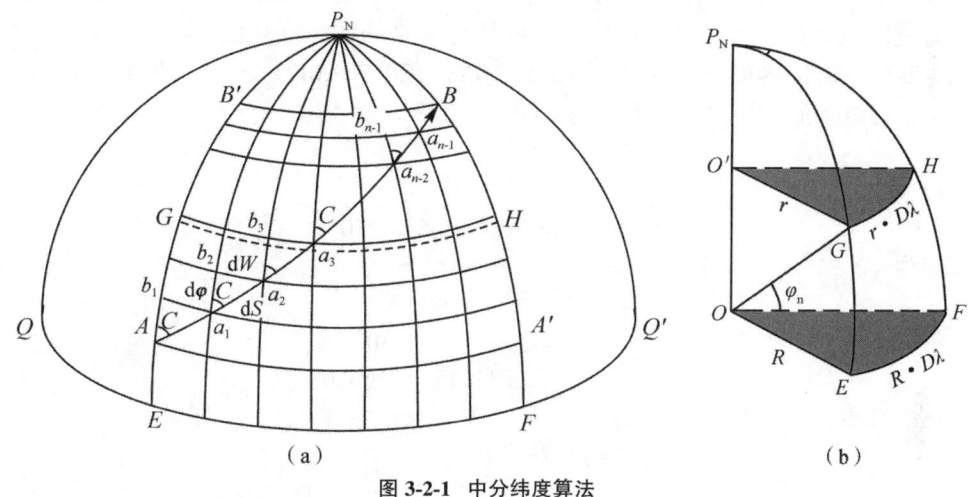

图 3-2-1　中分纬度算法

当把地球视为半径为R的圆球体时，有关系式[如图3-2-1（b）所示]：

$$\overset{\frown}{GH} = R \cdot \cos\varphi_n \cdot D\lambda \cdot \text{arc}1'$$

将$R = 3\,437'.746\,8$，$\text{arc}1' = 1/3\,437'.746\,83$代入上式可得：

$$\overset{\frown}{GH} = D\lambda' \cdot \cos\varphi_n$$

所以

$$\overset{\frown}{GH} = Dep = D\lambda' \cdot \cos\varphi_n$$

即

$$D\lambda = Dep \cdot \sec\varphi_n = S \cdot \sin C \cdot \sec\varphi_n(') \qquad (3\text{-}2\text{-}2)$$

在低纬度海区或中纬度海区且航程不长（小于600 n mile）时，中分纬度φ_n与两点间的平均纬度φ_m相差不大，因此可以用φ_m代替中分纬度φ_n来求取经差，即

$$D\lambda = Dep \cdot \sec \varphi_{n}$$

$$= Dep \cdot \sec \varphi_{m}$$

$$= S \cdot \sin C \cdot \sec \frac{\varphi_{1} + \varphi_{2}}{2} (') \tag{3-2-3}$$

一般所说的中分纬度法求经差指的就是式（3-2-3）中的平均纬度算法。

当把地球当作圆球体时，除平均纬度算法外，实际上还有另外两种利用中分纬度求经差的算法：直接利用式（3-2-2）求取；或在式（3-2-2）中用 φ_{en} 代替 φ_{n}（用地心纬度代替地理纬度求出的中分纬度）求取。只是后两种方法计算较为复杂，很少使用。

当把地球当作椭圆体时，对应的中分纬度 φ_{n} 与经差 $D\lambda$ 的关系经推导为

$$D\lambda = \frac{Dep \cdot \sqrt{1 - e^{2} \sin^{2} \varphi_{n}}}{\text{arc} 1' \cdot \alpha \cdot \cos \varphi_{n}} \tag{3-2-4}$$

利用式（3-2-4）求经差十分繁杂，因此不宜采用。但是，通过研究与模拟计算发现，当把地球当作椭圆体，在低纬度海区和中纬度海区且航程不太长时，用式（3-2-3）求经差，误差是很小的，可以使用。

但采用平均纬度代替中分纬度求经差的算法，并不是严格的中分纬度算法，且有使用限制。适应区域更广、更加准确的中分纬度法应该是约定纬度算法。

例 3-2-1 某船 0800 时船位为（$10°53'.6N$，$128°30'.0E$），航速为 13.5 kn，航向为 $230°$，求航行 20 h 后的到达点船位及东西距。

解：

航程为

$$S = 20 \times 13.5 = 270'$$

纬差为

$$D\varphi = S \cdot \cos C$$

$$= 270' \times \cos 230°$$

$$= -173'.55 = 2°53'.6S$$

到达点纬度为

$$\varphi_{2} = \varphi_{1} + D\varphi$$

$$= 10°53'.6N + 2°53'.6S = 8°00'.0N$$

东西距为

$$Dep = S \cdot \sin C$$

$$= 270' \times \sin 230°$$

$$= -206'.83 = 206'.83W$$

经差为

$$D\lambda = Dep \cdot \sec \varphi_{m}$$

$$= (-206'.83) \times \sec \frac{10°53'.6N + 8°00'.0N}{2}$$

$$= -208'.8 = 3°28'.8W$$

到达点经度为

$$\lambda_{2} = \lambda_{1} + D\lambda$$

$$= 128°30'.0E + 3°28'.8W = 125°01'.2E$$

所以该船到达点船位为（$8°00'.0N$，$125°01'.2E$），东西距为 206'.83W。

例 3-2-2　某船从阿赛尔角外海（12°10′N，51°00′E）航行到米尼科伊岛灯塔之南 5 n mile 处（8°06′N，73°00′E），求应驶的恒向线航向和航程。

解：

$\varphi_2\ 8°06′N$	$\lambda_2\ 73°.00E$
$\varphi_1\ 12°10′N$	$\lambda_1\ 51°.00E$
$D\varphi\ 4°04′S = 244′.0S$	$D\lambda\ 22°.00E = 1320′E$

平均纬度为

$$\varphi_m = \frac{8°06′N + 12°10′N}{2} = 10°08′N$$

由

$$\begin{cases} D\varphi = S \cdot \cos C & (1) \\ D\lambda = S \cdot \sin C \cdot \sec\varphi_m & (2) \end{cases}$$

$\dfrac{(2)}{(1)}$ 得

$$\tan C = \frac{D\lambda \cdot \cos\varphi_m}{D\varphi}$$

航向为

$$C = \arctan\left(\frac{|D\lambda \cdot \cos\varphi_m|}{|D\varphi|}\right)$$

$$= \arctan\left(\frac{1\ 299′.4E}{244′S}\right) = 79°.364\ 9SE \approx 100°.6$$

注意：按上式直接求得的航向为半圆度数，其第一名称与纬差同名，第二名称与经差同名。

航程为

$$S = D\varphi \cdot \sec C$$
$$= (-244′.0) \cdot \sec 100°.635\ 1 = 1\ 322′.1$$

所以船舶应驶的恒向线航向为 100°.6，航程为 1 322.1 n mile。

2.墨卡托算法

墨卡托算法是在地球椭圆体基础上建立起来的精确的航迹计算法。使用墨卡托算法计算经差时，利用的是墨卡托投影具有的等角及图上恒向线是直线的特点而得出的经差计算法，此算法还能适用于船舶跨越赤道时的航迹计算。

图 3-2-2 所示为墨卡托海图图网，某船由 A 点按航向 C 航行至 B 点。

图中：

AB——以赤道里为单位的图上航程 S；

DMP——起航点 A 与到达点 B 之间的纬度渐长率差；

DB——A、B 两点间的经差。

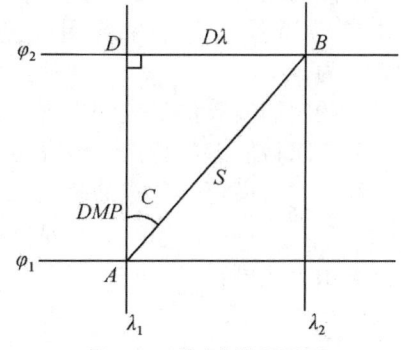

图 3-2-2　墨卡托海图图网

在直角三角形 ABD 中，得到：

$$\tan C = \frac{D\lambda}{DMP}$$

故

$$D\lambda = DMP \cdot \tan C\,(') \qquad\qquad (3\text{-}2\text{-}5)$$

通过这个公式，可以求得起航点与到达点间的经差。而纬差的计算方法与中分纬度法相同，即 $D\varphi = S \cdot \cos C$。在某些情况下使用这种方法进行航迹计算是非常方便的。

例 3-2-3 某船欲从（$4°35'$S，$169°23'.8$E）处航行至（$2°37'$N，$177°36'.2$W）处，求该船应驶的航向和航程。

解：

因为是跨赤道航行，所以应采用墨卡托算法求解。

两点间的纬度渐长率差（查中版《航海表》中的纬度渐长率表）为：

$$
\begin{array}{ll}
\varphi_2\ 2°37'.0\text{N} & MP_2\ 156.0\text{N} \\
\underline{-\varphi_1\ 4°35'.0\text{S}} & \underline{MP_1\ 273.5\text{S}} \\
D\varphi\ 7°12'.0\text{N} & DMP\ 429.5\text{N}
\end{array}
$$

$$
\begin{aligned}
D\lambda &= \lambda_2 - \lambda_1 \\
&= 177°36'.2\text{W} - 169°23'.8\text{E} \\
&= 347°00'.0\text{E} = 13°00'.0\text{E} = 780'.0\text{E}
\end{aligned}
$$

$$\tan C = \frac{|D\lambda|}{|DMP|} = \frac{780'E}{429'.5N}$$

求得：

$$C = 61°.2\text{NE} = 061°.2 \approx 061°$$
$$S = D\varphi \cdot \sec C = 432' \cdot \sec 061°.2 = 896'.7$$

所以该船应驶的航向为 $061°$，航程为 896.7 n mile。

3. 约定纬度算法

当把地球当作圆球体时，利用中分纬度求经差的三种算法与墨卡托算法求经差的结果一般是不一致的，这是因为中分纬度算法未考虑地球扁率。当把地球当作圆球体时，在赤道同侧的起航点与到达点间必存在一纬度，如果将该纬度代入中分纬度算法求经差的公式并求得经差，其结果与墨卡托算法求经差的结果一致，则这一纬度称为约定纬度（记为 φ_s）。

约定纬度算法是先利用墨卡托算法求出正确的中分纬度，然后再利用中分纬度求经差的公式求得经差的算法。该算法是正确的中分纬度算法，没有采用平均纬度代替中分纬度求经差。定义符合下式的纬度 φ_s 为约定纬度：

$$D\lambda = DMP \cdot \tan C = S \cdot \sin C \cdot \sec\varphi_s\,(') \qquad\qquad (3\text{-}2\text{-}6)$$

由上式可得：

$$\varphi_s = \text{arc}\left(\sec\frac{DMP}{D\varphi}\right)$$

显然，用上述的约定纬度算法求经差与墨卡托算法的结果一致。但是，直接用以上公式计算比墨卡托算法更复杂，这显然不是引进约定纬度算法的目的。为计算方便，引入一个约定纬度改正量 $\Delta\varphi_s$ 是可取的，即

$$\Delta\varphi_{\mathrm{S}} = \varphi_{\mathrm{S}} - \varphi_{\mathrm{m}} = \mathrm{arc\,sec}\frac{DMP}{D\varphi} - \frac{\varphi_1 + \varphi_2}{2}$$

于是　　　　　　　　　$$D\lambda = S \cdot \sin C \cdot \sec(\varphi_{\mathrm{m}} + \Delta\varphi_{\mathrm{S}})(')$$　　　　　　　（3-2-7）

$\Delta\varphi_{\mathrm{S}}$需先借助纬度渐长率表算出$DMP$值,再按式（3-2-7）求取。为计算方便,可提前按一定的起航点与到达点的平均纬度φ_{m}与纬差$D\varphi$,计算并制定约定纬度改正量$\Delta\varphi_{\mathrm{S}}$表（表3-2-1）。之后便可以平均纬度及纬差为引数,查取该表并利用内插法计算$\Delta\varphi_{\mathrm{S}}$值,但应注意要正确地内插,特别在长航程和高纬度时。

表3-2-1　约定纬度改正量 $\Delta\varphi_{\mathrm{S}}(')$ 表

纬差$D\varphi$／平均纬度φ_{m}	2°	4°	6°	8°	10°	12°	14°	16°	18°	20°
10°	−143.3	−139.1	−132.2	−122.7	−110.7	−96.5	−80.1	−61.9	−41.9	−20.3
20°	−56.9	−54.9	−51.7	−47.2	−41.5	−34.4	−26.2	−16.7	−6.1	5.7
30°	−29.8	−28.3	−25.7	−22.0	−17.4	−11.7	−5.0	2.7	11.5	21.2
40°	−15.7	−14.2	−11.7	−8.1	−3.5	2.1	8.7	16.4	25.0	34.7
50°	−7.5	−5.7	−2.9	1.0	6.2	12.5	19.9	28.5	38.3	49.3
……	……	……	……	……	……	……	……	……	……	……

4.多航向航迹计算法

船舶在起航点与到达点间采用两个或两个以上航向航行时称为多航向航行。对于这种航行,若不需要计算中间各点的船位,只需求取多次转向后的最终船位,以及初始船位与最终船位间的航向和航程关系,可采用多航向航迹计算法。如图3-2-3所示,设从$A(\varphi_A, \lambda_A)$按C_1、S_1,C_2、S_2、C_3、S_3航行到$B(\varphi_B, \lambda_B)$。用直线连接起航点A和到达点B,

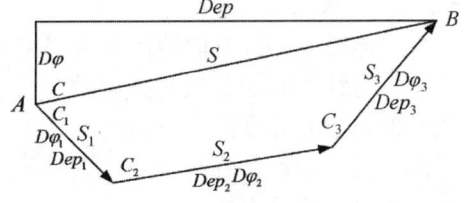

图 3-2-3　多航向航迹计算

则直线AB就是A、B两点间的直航线,其航向C称为直航向,其距离称为直航程。若把每一段航线看成一个矢量,则各段航线的矢量和就是AB矢量。

因此,多航向航迹计算的方法和步骤如下:

（1）根据各段航线的C_i和S_i分别计算出相应的纬差$D\varphi_i$和东西距Dep_i;

（2）计算总纬差$D\varphi = \sum\limits_{1}^{n}D\varphi_i$和总东西距$Dep = \sum\limits_{1}^{n}Dep_i$;

（3）求取到达点的纬度φ_B,即$\varphi_B = \varphi_A + D\varphi$;

（4）根据总东西距Dep和起、讫点的平均纬度,计算出总经差$D\lambda = Dep \times \sec\dfrac{\varphi_A + \varphi_B}{2}$;

（5）求取到达点的经度λ_B,即$\lambda_B = \lambda_A + D\lambda$。

直航向C和直航程S的计算方法与单航向计算方法相同,即

$$C = \arctan\frac{|Dep|}{|D\varphi|};\ S = \sqrt{D\varphi^2 + Dep^2}$$　　　　　　（3-2-8）

直航向 C 的命名根据总纬差和总东西距的方向确定，然后将其转化为圆周法。

三、不同航迹计算法的使用范围及精度

航迹计算的误差主要是由于没有正确考虑风流的影响而产生的。另外，航迹计算虽然可以消除部分绘图误差，但同时也增加了计算误差。

1. 中分纬度算法

中分纬度算法一般是指平均纬度算法，仅当船舶航行在赤道同一侧的中低纬度海区，航程不太大，且计算精度要求不高时适用。一般在低纬度海区或中纬度海区且航程小于 600 n mile 时，经差的误差小于航程的 0.7%。当平均纬度为 60°、纬差大于 8° 时，经差的误差将超过航程的 1%。

利用中分纬度算法进行跨赤道航行的计算时，不应直接套用前述的公式，而应将航线分成南北半球各一段，分段计算。

2. 墨卡托算法

墨卡托算法是精确的航迹计算法，但也有使用的限制：

一是不能用于等纬圈上航行的计算，因为一旦航向接近 090° 或 270°，$\tan C$ 就可能非常大，导致计算结果误差很大；二是一般不适合用于高纬度海区，因为在高纬度海区用墨卡托算法求经差时，若纬度渐长率是查表求取的话，会因内插不准确而产生较大的误差。但此方法可用于跨赤道计算。

3. 约定纬度算法

在赤道一侧且不能使用中分纬度算法的场合，可以使用约定纬度算法简化计算。

约定纬度算法是通过查取约定纬度改正量 $\Delta\varphi_S$ 表才实现简化计算的。经差的误差将随航程的增加和纬度的升高而增大，而求取约定纬度的误差又主要取决于求取约定纬度改正量的误差。因此，在计算中，应注意查取 $\Delta\varphi_S$ 的准确性，特别在长航程和高纬度时，更应注意进行正确的内插。

4. 多航向航迹计算法

多航向航迹计算法采用的平均纬度是总的平均纬度，这与每段分别求取经纬度最后相加的方法相比必然不同，会产生一定的误差，所以这种方法只适合用于在中低纬度海区小范围的多次变向航行的航迹计算。

另外，多航向航迹计算法也可用于有风流影响的航迹计算，这时可将风中航迹向 CG_α 和流向视为两个航向。但若航行中船舶改向或流向发生变化，则改向点或流向变化点应作为航迹计算的到达点求出船位后再进行下一步的推算；在计算中，如果有风压差的存在，参加计算的航向应取风中航迹向。

模块四　陆标定位

　　船舶在海上航行时，除了进行正确的航迹推算工作之外，还必须利用可能的条件、以适当的时间间隔测定准确的船位，来判断船舶是否仍处在安全位置以及是否偏离了计划航线。测定船位，简称定位（Fixing Position），是指用各种观测手段测定船舶位置的方法和过程。完成定位需要满足以下必要条件：

　　（1）已知被观测陆标的准确地理位置或空间位置或位置线图网；

　　（2）可以精确地测出船舶与陆标之间的相互位置关系，如方位、距离或距离差等；

　　（3）必须有同时观测（Simultaneous Observation）所得的两条或两条以上船位线相交。

　　若两次或两次以上观测之间的时间间隔很短，可以视为同时观测；反之，若观测之间的时间间隔较长，应认为是异时观测（Non-simultaneous Observation），必须将其船位线修正到同一时刻上再相交才能定出船位，如移线定位。

　　由定位所获得的船舶位置，称为观测船位（Observed Position），这与航迹推算中所取得的推算船位是有本质区别的。航迹推算的方法虽然可以在任何时刻求得船舶在海上的位置，但这种推算船位是根据航向、航程和风流资料推算出来的，这些数据的准确度往往会导致推算船位的精度不高。例如：风流对船舶航行的影响难以准确把握，罗经差和计程仪改正率总是或多或少地存在误差，以及操舵不稳、船舶偏荡、船舶横倾等引起的船舶偏航等。

　　测定船位的方法很多，可以利用陆标、天体、人造卫星、无线电定位系统等来定位。本章讨论的是利用测者视界范围内的陆标测定船位的一般原理和方法。

　　陆标（Landmark, Terrestrial Object）是在海图上标有准确位置可供目测或雷达观测，用以导航或定位的山头、岬角、岛屿、灯塔、立标、显著建筑物及其他显著固定物标的统称。

　　陆标定位（Fixing by Landmark）是通过观测陆标与船舶之间的某种相互位置关系（如

方位、距离或水平夹角等）进行定位的方法和过程。陆标定位所得船位又称陆标船位（Terrestrial Fix），代号为TF，在海图上用符号"⊙"表示。

项目一　航海上常用的位置线

观测船位常常是同时观测两条或两条以上船位线的交点。因此，应对航海上常用的位置线和船位线的有关基本知识有所了解。

一、船位线的基本概念

1.位置线和船位线

广义上讲，位置线是一运动物体保持某一观测值为恒定值的点的轨迹，它是等值线的一种。航海上的位置线，是特指符合某一观测值（如方位、距离和距离差等）的船位所在的等值线。船舶的位置线，实质上是球面曲线（大圆、小圆、恒向线、恒位线或双曲线等），不可能十分准确地画在墨卡托海图上，故实践中只取靠近推算船位附近的一段曲线或其切线（有的也用割线），称之为船位线，如图4-1-1所示。航海上船位线常用PL或LOP表示。

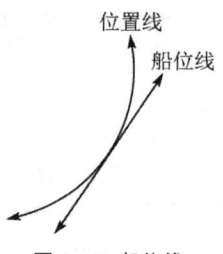

图4-1-1　船位线

2.位置线或船位线的特性

航海上所使用的位置线或船位线具有以下特性：

（1）时间性

运动中的船舶，不同时刻与另外一个物体（参照物体）的相对位置关系是在变化的，不同时刻具有不同的位置线。

（2）必然性

观测时刻船舶的位置，如果不考虑误差等因素的影响，必然在该时刻的位置线上。

（3）局限性

由于通常取某条等值线的一段或者等值线上某点的切线作为船位线，该船位线的准确性仅仅局限于实际船位的附近，离开该船位，船位线将有所偏差，或者说船位线存在着较大的误差。

二、航海上常用的位置线

航海上常用的位置线，主要有以下几种：

1.方位位置线

方位位置线（Bearing Line of Position）是在地球面上，与被测已知陆标有相同方位值的点的轨迹线。

方位位置线的形状根据测者所在的位置不同，可以分为岸测船和船测岸两种情况；以下分别进行介绍。

（1）岸测船方位位置线

岸测船方位位置线是一个已知其准确位置的测者（定点），通过测定一个陆标（动点）的方位，所得的该物标（动点）方位值相等的点的轨迹。

目前航海上通常采用目测或者无线电波对陆标方位进行观测，光线和电波在地球表面的传播路径在地球表面上的投影为大圆弧，所以保持定点测者测定动点陆标的方位角 α 为恒定值的点的轨迹应是一条大圆弧。如图4-1-2所示，地球表面的测者 M 点，测定 K、K_1、K_2……各点的方位角为 α，则连接各点的连线为一条大圆弧，它与测者子午线相交的球面角为 α，所以岸测船的方位位置线是大圆弧。

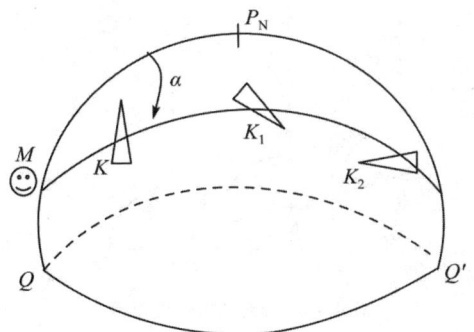

图4-1-2 岸测船方位位置线

大圆弧是过地球球心的平面与球面相交的截痕，它在墨卡托海图上呈现为一条凸向近极、凹向赤道的曲线。

岸测船方位位置线在航海上主要在需要确定外界其他陆标的位置时使用，如岸上台站测定海上某一运动船舶的无线电方位以便确定其位置。

（2）船测岸方位位置线

船测岸方位位置线是一个未知其准确位置的测者（动点），通过测定一个确知其准确位置的陆标（定点）的方位，所得的该陆标（定点）方位值相等的点的轨迹。

如图4-1-3所示，在地球球面上的测者 K 点，当测定一个固定物标 M 的方位时，保持测定 M 的方位值为恒定值 α 的各点连线，即为船测岸方位位置线，这条曲线称为恒位线（Line of Equal Bearing 或 Azimuth Gleiche），如图4-1-3中的曲线 KK_1K_2M。

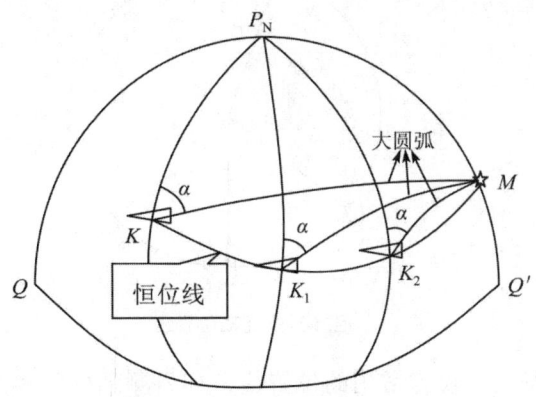

图4-1-3 船测岸方位位置线

船测岸方位位置线是航海人员在航行中用于求取本船船位的最常用的位置线之一。严格来说，航海上所采用的陆标方位定位的位置线应该是船测岸方位位置线。

（3）近距离方位位置线

求取方位的方法在航海上是较为方便的，但是由于方位位置线为曲线（大圆弧或者是恒位线），在实际观测时作图是较为复杂的。

当陆标与测者之间的距离较小（一般不超过 30 n mile）时，一般取直线作为方位位置线的近似值。在航用海图上进行海图作业时，可将其近似视为一条与大圆弧相切的恒向线来处理。如图 4-1-4 所示，可将近距离方位位置线视为直线 MK_2K_1K。

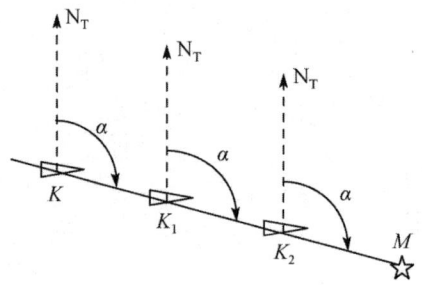

图 4-1-4　近距离方位位置线

2.距离位置线

距离位置线（Distance Line of Position）是保持与某个被观测物体的距离为恒定值的点的轨迹。在航海上所提及的距离通常指的是球面距离。在近距离时，如进行目测距离定位或运用雷达测距定位，直线距离与球面距离之间的差别可忽略。如图 4-1-5 所示，保持与定点 M 点的距离为恒定值 D 的点的轨迹为距离位置线。距离位置线在球面上呈现为一个球面小圆，当距离不太长时，距离位置线在墨卡托海图上呈现为向高纬度方向放大变形的圆（非正圆形），在近距离时，可以忽略这种变形；当距离很大时，如天文位置线（天文船位圆），在墨卡托海图上的投影则是一条复杂的周变曲线（非圆形）。

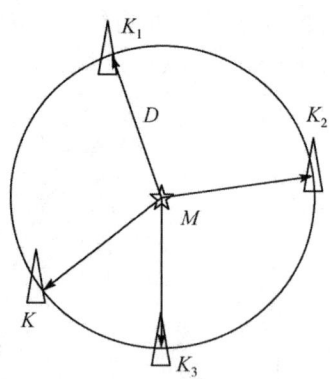

图 4-1-5　距离位置线

距离位置线在航海上是较为常用的位置线，如目测陆标距离定位、雷达距离定位、天文定位等，采用的都是距离位置线。

3.水平夹角位置线

水平夹角位置线（Position Line by Horizontal Angle），又称为方位差位置线。运动中的物体保持与两个确知其准确位置的固定物标之间的球面夹角（或者称为两个固定物标的方位差角）为恒定值的点的连线，称为水平夹角位置线。

如图4-1-6所示，测者K观测A、B两个固定物标的水平夹角为α，则保持水平夹角α为恒定值的点的轨迹为水平夹角位置线或方位差位置线。水平夹角位置线实际上是由两个固定物标和船位三个点组成的圆弧，水平夹角α实际上是该圆周上以K为顶点的圆周角。

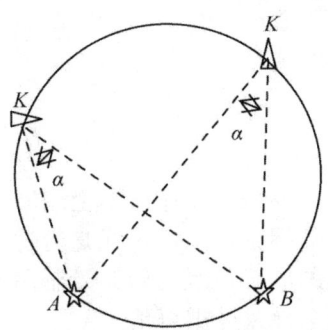

图4-1-6 水平夹角位置线

4.双曲线位置线

双曲线位置线（Hyperbolic Position Line），又称为距离差位置线。运动中的物体保持与两个确知其准确位置的固定物标的距离差为恒定值的点的轨迹，称为双曲线位置线。

如图4-1-7所示，当一个测者K测得与A、B两个固定物标的距离差为ΔD时，保持与A、B两个固定物标的距离差为恒定值的点的轨迹为双曲线。另外一个测者K_1测得与A、B两个固定物标的距离差数值同样为ΔD，仅符号不同。双曲线位置线在球面上表现为以两个固定物标的连线为旋转轴的旋转双曲面与地球球面的交线。在近距离时，如忽略地球球面的曲率，即将地面视为平面，则双曲线位置线为一条平面双曲线。

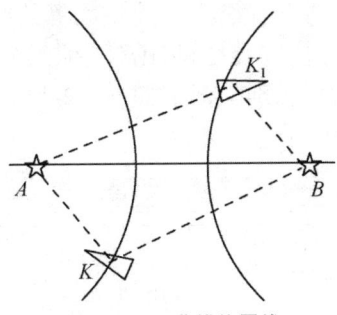

图4-1-7 双曲线位置线

项目二　辨认陆标与陆标方位、距离的测量

无论是在方位定位还是在其他陆标定位方法中，准确无误地辨认陆标是正确定位的前提，然后才是对陆标方位或距离的测量。

一、辨认陆标

陆标定位中所述的辨认陆标，就是将航用海图上用图式符号标示的陆标与实物对应识别的过程；反之亦然。因为用于陆标定位的船位线是通过对陆标进行观测后，再在航用海图上以观测值和该陆标在海图上的准确位置为依据绘制而得的，所以如果错认了陆标，就会得出错误的船位线和船位，甚至导致严重海事。

在陆标定位中，为了保证观测船位的准确性，要求所观测的陆标必须是在航用海图上其位置经过精确测绘的陆标。我们在定位时，应尽可能选择诸如灯塔、显著的建筑物、孤立的小岛、陡峭的岬角及海图上标有"△""⊙""⊡"等测控点符号的山峰等。这些陆标在航用海图上的位置一般都是准确测绘的，也是比较容易辨认的。然而，当航行到某一陌生海域时，要在连绵的群山或群岛中，识别高度相差不大、形状又无显著特点的山、岛等是有一定困难的。况且测者所看到的山形、岛形是随着船舶与陆标之间的相对方位和距离的不同而随时变化的，即在不同的方位和距离上观看到的形状是有很大差别的。航海上常用的识别陆标的方法有以下几种：

1.利用对景图识别

对景图（View）是航路指南或海图上所附的位于沿岸海口、江河口、港口或重要转向点附近的山头、岛屿、岬角、灯塔、显著人工建筑物等的照片图或素描图。图下注明船舶对该景点（View Point）的观察方位和与之的距离。船舶到达该位置附近时，可以利用对景图对照实际山头、岛屿等形状来识别陆标（如图4-2-1所示）。

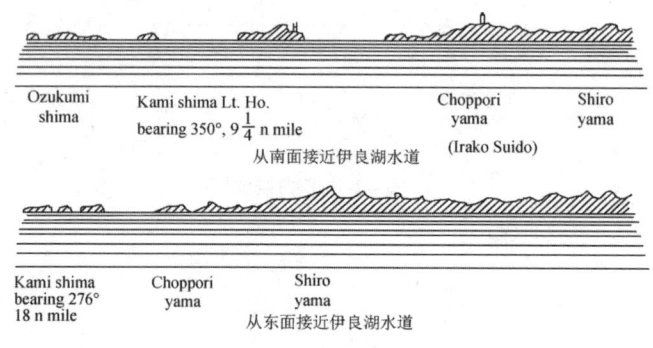

图4-2-1　对景图

2. 利用等高线识别

在经过精测的大比例尺航用海图（比例尺大于 1∶150 000 的海岸图和港泊图）上，山形通常是用准确的等高线来描绘的。等高线越密，表示山形越陡峭；等高线越疏，表示山形越平坦。因此，可根据不同层次等高线的形状来判断山、岛的形状。将等高线转化为山形线的方法如图 4-2-2 所示。

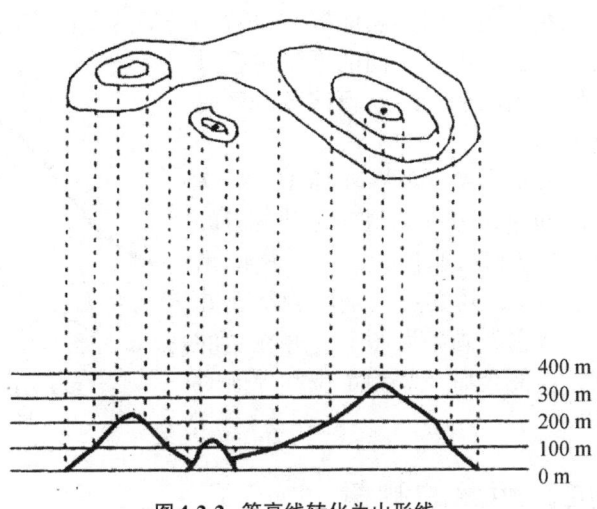

图 4-2-2　等高线转化为山形线

3. 利用船位识别

利用船位识别陆标的方法是，航行中在根据已识别陆标测定船位的同时，测出航线前方未识别陆标的方位，然后在海图上根据已识别陆标定出船位，再从船位画出所测未识别陆标的方位线，该方位线所指示的陆标就是所测的未识别陆标。当所测未识别陆标方向上或接近该方向上不止一个陆标时，可辅以距离测定，或以一定的时间间隔重复几次上述方法，方位线交点所示陆标即为所测的未识别陆标。如图 4-2-3 所示，设 A、B 为已识别陆标，C、D、E 等为未识别陆标，在观测 A、B 的同时测得前方某陆标真方位 TB000°，在海图上定得船位 F，从 F 画出 TB000° 的方位线，该方位线所指陆标 D 便是所测的未识别陆标。

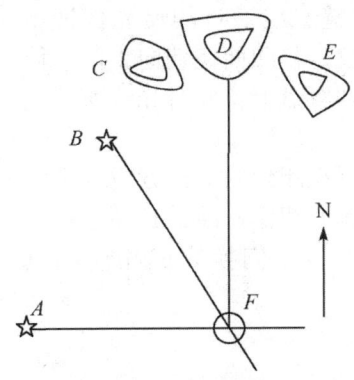

图 4-2-3　利用船位识别陆标

利用船位识别陆标方法中的"船位"，不单指上述陆标船位，还可以是GPS船位或别的方法测定的船位，只要准确便可。这种辨认陆标的方法是海上最常用的，特别在航行到比较陌生的或复杂的水域，以及夜间或能见度不良而用雷达导航时。驾驶员应养成这样的良好习惯：每次测得准确船位的同时，应利用该船位辨认前方尚未识别的陆标，以免等已识别的陆标脱离视界后，因后续陆标尚未识别而影响船位测定及航行安全。

有时还可以利用上述方法在海图上补画某些固定物标的位置。例如，新建的高大建筑物、烟囱、铁塔等，虽然不是专门为船舶导航设置的，但这些固定物标往往非常特殊和显著。因此，如果我们能在航行中将它们的准确位置补画到航用海图上，它们将是船舶今后航行在该海区时的很好的定位参考陆标。

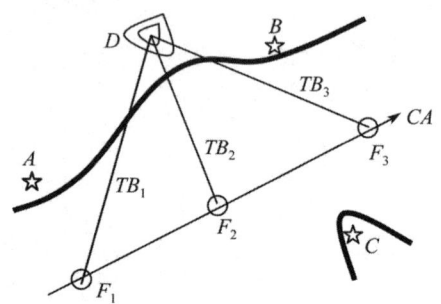

图4-2-4　新建陆标位置测定

具体做法如图4-2-4所示，在观测陆标A、B、C测得船位F_1、F_2、F_3的同时，分别测得新建陆标D的方位TB_1、TB_2、TB_3，并分别从船位F_1、F_2、F_3画出TB_1、TB_2、TB_3三条方位线，其交点就是所测新建陆标D在海图上的位置。将它补画到海图上，并在它的旁边注明名称、特点，以便今后在观测定位和导航时参考。

二、陆标方位、距离的测量

1.方位的测定

航海上测量船舶与陆标之间方位的主要仪器是罗经和雷达。利用雷达既能测定船舶与陆标之间的方位，也能测量其距离。关于雷达的相关内容，将在《航海仪器》中学习。这里我们介绍方位仪配合罗经观测陆标的方位。

如图4-2-5所示，方位仪有两套互相垂直的观测方位的装置，其中一套由目视照准架和物标照准架组成。在物标照准架的中心有一竖直线，下面装有天体反射镜、棱镜和水平仪，目视照准架中间有一细缝，当测者通过细缝观察到陆标与照准架上的竖直线重合时，从棱镜上所读取的度数，就是陆标的观测方位。方位仪不仅可以观测陆标的方位，也可以观测太阳等天体的方位。另外一套装置由可调倾角的凹面镜和允许细缝光线通过的反光棱镜组成，主要用来观测太阳的方位。将凹面镜朝向太阳，使太阳光线经棱镜的细缝投射到罗盘上，此时光线所照亮的罗盘刻度即为太阳的罗方位。

图4-2-5　方位仪

利用磁罗经或陀螺罗经所观测到的陆标方位分别为陆标的罗方位和陀螺方位，在海图作业前，必须进行罗经差或陀螺罗经差的修正，将它们换算成相应的真方位。

2.距离的测定

航海上测量船舶与陆标之间距离的主要仪器是雷达和六分仪。这里仅介绍利用六分仪测量陆标距离的原理和方法。

（1）测量陆标的垂直角求距离

如图4-2-6所示，如果我们利用六分仪观测垂足在测者能见地平之内的已知高度为 H 的陆标的垂直角（Vertical Angle）α，即陆标 MB 的仰角 $\angle MAB = \alpha$，则从 $\triangle MAB$ 中可以得到

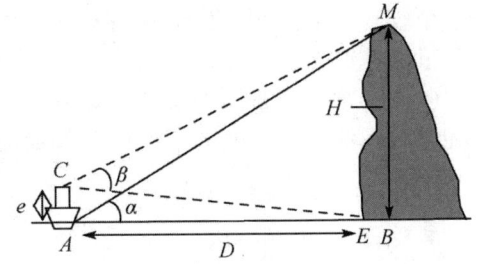

图 4-2-6　测量陆标的垂直角求距离

$$AB = H \times \cot \alpha$$

若陆标高度 H 以米为单位，距离 D 以海里为单位，且 EB 远远小于 D，则上式可以改写为

$$D(\text{n mile}) = \frac{H(\text{m})}{1\,852} \times \cot \alpha \qquad (4\text{-}2\text{-}1)$$

一般航海上观测陆标的垂直角 α 都比较小，很少有大于 $5°$ 的。如果垂直角 α 以分为单位来表示，则

$$D(\text{n mile}) = \frac{3\,437.746\,8}{1\,852} \times \frac{H(\text{m})}{\alpha(')} = 1.856\frac{H(\text{m})}{\alpha(')} \qquad (4\text{-}2\text{-}2)$$

在实际工作中，测者是有一定眼高 e 的，所测到的陆标垂直角实际上是陆标顶点 M 和海岸线 E 点在测者眼睛处的夹角 β，即 $\angle MCE$。当用 β 代替 α 按上述公式求距离时，应满足如下条件：

$$D \gg H > e \text{ 且 } H > BE$$

这样所计算求得的距离 D 的误差将小于 $3e$。这个条件也就是选择陆标测量垂直角求距离时的选标要求。另外，垂直角的观测值应经过六分仪指标差和器差（$i + s$）的修正后再代入上述公式计算距离。

（2）测量陆标的小水平角求距离

如果视界内只有低矮平坦或不知道高度的小岛，则根本无法测量它的垂直角来求距离。这时，我们可以利用六分仪测量小岛两端对船舶所张的小水平角来求船舶与小岛的距离。

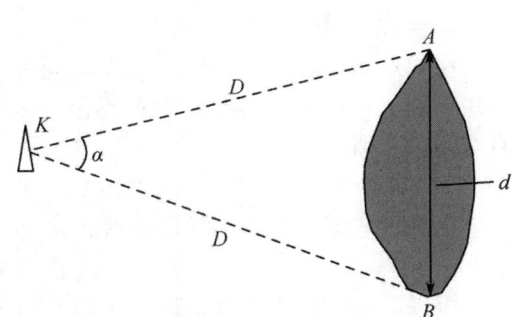

图 4-2-7　测量陆标的小水平角求距离

如图4-2-7所示，在小岛两端 A、B 与本船的距离大致相等的情况下，在航用海图上可以量得小岛的长度 $AB = d$。若船上测者用六分仪测量小岛 A、B 两端对船的张角，改正六分仪的指标差和器差（$i + s$）后，即可得小水平角 $\angle AKB = \alpha$，则本船与小岛之间的距离可以根据下式求得：

$$D = AK = BK = 57°.3 \times \frac{d}{\alpha(°)} \qquad (4\text{-}2\text{-}3)$$

如果 d 以米、α 以分、D 以海里为单位，则上式可改写为

$$D(\text{n mile}) = \frac{3\,438}{1\,852} \times \frac{d(\text{m})}{\alpha(')} = 1.856\frac{d(\text{m})}{\alpha(')} \qquad (4\text{-}2\text{-}4)$$

三、观测误差原理

观测也称测量，是将所求量与作为测量单位的同类量做比较而得出测定值的方法，是一个较复杂的过程。任何一种观测，例如用罗经读取船舶航向或观测陆标方位，用计程仪测量船速或航程，用六分仪观测天体高度，都不免带有或多或少的观测误差。因此，船舶驾驶员必须具备观测误差的理论知识，以便研究观测误差的来源、性质、大小、分布规律和它对观测船位影响的情况以及如何缩小其影响的方法等。

1. 观测方法的分类

（1）按观测方法

按观测方法，观测可分为直接观测和间接观测。

①直接观测

直接观测是指人们借助于测量仪器或器材直接测量所求量，而直接得出测定值的方法。

②间接观测

间接观测是指有些所求量不便于或不可能直接测量，只能间接测量与所求量呈某种函数关系的其他量，再通过关系式间接求出所求量，得出观测结果的方法。

（2）按观测条件及观测结果的质量

按观测条件及观测结果的质量，观测可分为等精度观测和非等精度观测。

①等精度观测

一组观测值是在大体相同的观测条件下，由同一测者使用同一仪器测得的，该组内每一观测值的可靠程度基本相同的观测，称为等精度观测。

②非等精度观测

一组观测值是在观测条件互异情况下测得的，观测质量各不相同，不能对其有同等信赖程度的观测，称为非等精度观测。

2. 误差及其成因

在同一条件下，使用同一仪器对同一量反复观测多次，其观测结果相互之间总是存在一些差别，这说明绝对准确的观测是不可能的，所以用误差来表示观测值与所观测量的真值之间的差值。

$$误差\Delta = 观测值 l - 真值 L = 真误差$$

在观测数据处理中，常用到改正量，其含义为

$$改正量 = 真值 L - 观测值 l$$

可以看出，误差与改正量大小相等而符号相反。

航海上所涉及的改正量，大多习惯上称为差，如罗经差、天文钟差等。

产生观测误差的原因很多，常见的主要有：

（1）人为过失；

（2）测量仪器不完善；

（3）测量方法不准确；

（4）测者感官上的缺陷；

（5）环境条件的影响；

（6）所用的计量单位不能量尽被测量的量。

3.误差的种类与处理方法

观测误差的消除和削弱的方法，根据误差的种类不同而不同。

（1）粗差（Mistake）

粗差是指由于观测方法的谬误或者由于观测者的粗心大意等过失而产生的误差，如看错陆标，读错读数，以及测量方法上的错误等。

粗差一般用重复观测或检核计算的方法来发现和消除。对观测者来说，应该尽可能避免粗差的产生。

（2）系统误差（Systematic Error）

系统误差服从一定的函数关系。在同一条件下反复观测时，它不改变数值和符号；或在条件变化时，它或保持不变，或按一定的规律变化。如罗经的基线误差或罗经差、六分仪的指标差、计程仪的改正率以及天体高度改正量等都属于系统误差。

系统误差的消除，通常采用下列两种方法：

①了解系统误差的规律，针对既定情况，将它求出或测出，然后对观测结果加以改正消除。常见的系统误差有仪器的零点差、某地区的磁差、一定航向上的自差、天体高度的天文蒙气差等。

②不直接求出系统误差，而是采用适当的测量方法和步骤，将它的影响消除掉。例如三方位陆标定位，就是消除系统误差的方法。

（3）偶然误差（随机误差，Random Error）

偶然误差的个别值不服从任何一定的函数关系。在同一观测条件下，它不断地改变数值和符号。随着观测次数的增多，它产生的原因是临时性的、偶然性的和随机性的。从总体上看，其呈现出统计学上的规律，观测次数越多，这种规律越明显。例如测量值中的观测误差和凑整误差、航向不稳引起的误差，船舶摇摆引起的观测误差等都属于偶然误差。

通过实例分析，偶然误差有如下基本特征：

①在一定的观测条件下，偶然误差的数值有一个限度；

②绝对值小的误差出现机会比绝对值大的误差出现机会多；

③绝对值相等的正误差与负误差，出现的机会相等；

④当观测次数无限增多时，误差的算术平均值趋近于0。

就偶然误差的个体来讲，它是偶然发生的，是始终存在的，并且又是无法确定和测定出来的，因此也就无法用改正或消除的方法来消除。但是对偶然误差性质的了解、规律的掌握和由此所采取的相应措施，可使我们在一定程度上削弱它的影响。

这里应指出的是，误差的分类不是绝对的，在一定条件下可以相互转换。

4.精度与误差

精度与误差均用来描述观测结果的可信赖程度。精度反映的是观测值接近真值的程度，而误差反映的是观测值偏离真值的程度。两者在本质上是相同的，只不过从相反的角度反映观测的质量。误差小，则精度高；误差大，则精度低。

四、偶然误差的衡量标准和概率分布

1.偶然误差的衡量标准

由随机误差的定义可知，在 n 次观测中产生的随机误差绝对值的大小、正负均不确定，因此衡量随机误差的大小应有一个尺度，即衡量标准。航海上一般用均方误差 m（Standard Deviation，又称标准差）来表示观测误差的大小。其理论公式为

$$m = \pm \sqrt{\frac{[\Delta^2]}{n}}, \text{ 其中 } \Delta = l - L \tag{4-2-5}$$

均方误差正确地反映了观测组的精确度，而且如实地反映了观测组误差的如下本质：

（1）它不等于零，因为绝对不含误差的观测是不可能的；

（2）它与诸 Δ_i 的符号无关，因为误差的符号对观测组精确度的评定并无实际意义；

（3）较大误差的影响能更明显地反映出来；

（4）它比较稳定，因为在观测次数足够多的情况下，任意多一次或少一次，均方误差变动不大。

观测组的均方误差是通过大量观测计算出来的，它是该组各个观测误差的尺度。因此在某一定观测条件下，通过大量观测计算出来的均方误差，就作为以后在相同条件下每一次观测的均方误差，所以观测组的均方误差也称为单一观测的均方误差。

例4-2-1　设某角的真值为 $45°03'.3$，5次观测值如表4-2-1所示，求该观测组的均方误差。

表4-2-1　观测数据表（一）

观测次序	观测值	真误差	真误差的平方
1	45°02'.4	-0'.9	0'.81
2	45°03'.8	+0'.5	0'.25
3	45°03'.3	0	0
4	45°02'.7	-0'.6	0'.36
5	45°03'.6	+0'.3	0'.09

$$[\Delta^2] = 1.51$$

解：

$$m = \pm \sqrt{\frac{[\Delta^2]}{n}} = \pm \sqrt{\frac{1.51}{5}} = \pm 0'.55$$

$\pm 0'.55$ 就是该观测组的均方误差，以后如果在与该观测组同样观测条件下，每观测一次，其观测精度就是 $\pm 0'.55$。

2.偶然误差的概率分布

从概率论和偶然误差的基本特征出发推导出，在观测次数无限增大时，偶然误差服从正态分布密度函数。

$$f(\Delta) = \frac{1}{\sqrt{2\pi}\, m} e^{-\left(\frac{\Delta}{\sqrt{2}\, m}\right)^2} \tag{4-2-6}$$

式中：Δ——偶然误差值；

　　　m——该观测组的均方误差。

由函数分析可知：

（1）$f(\Delta)$为偶函数，在 $\Delta = 0$ 处，曲线有一高峰 $f(\Delta) = \dfrac{1}{\sqrt{2\pi}\,m}$，由高峰向两边对称下降，其拐点位置在 $\Delta = \pm m$ 处，下降到两端趋于平缓，并以横轴为渐近线（如图4-2-8所示）。曲线反映了观测偶然误差的基本特征。

（2）当观测值的均方误差改变时，曲线的峰值、形状也随着改变。m 减小，峰值增大，但曲线以下的面积仍等于1，所以曲线两边很快趋近横轴（如图4-2-9所示）。可见 m 越小，表示观测组中绝对值小的误差越多，则观测越精确。

这样，观测偶然误差的概率分布仅与观测组的均方误差 m 有关。

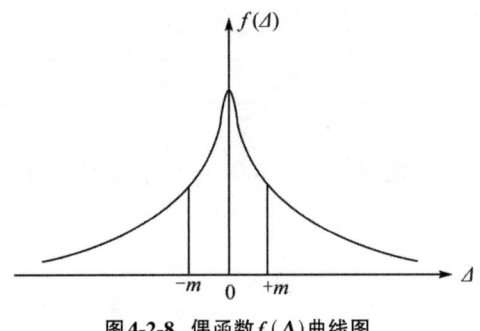

图4-2-8　偶函数 $f(\Delta)$ 曲线图

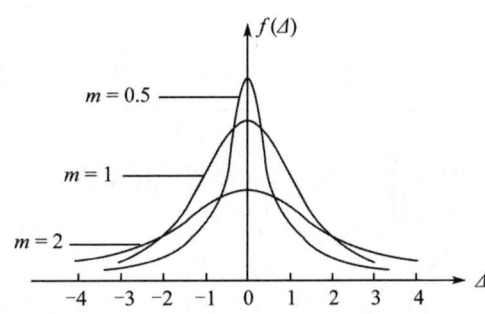

图4-2-9　偶函数 $f(\Delta)$ 在不同 m 值时的曲线图

3.偶然误差概率的计算

偶然误差是一种连续型的随机变量，可在某区间取任意的实数，因此在求得均方误差后还应知道偶然误差落在均方误差 $[-m, +m]$ 区间内的概率，并进一步了解偶然误差可能出现的区间有多大。

由概率积分可知，随机变量正态分布曲线以下、横坐标以上的全部面积相当于全部随机变量出现的概率，即

$$P_{-\infty}^{+\infty} = \frac{1}{\sqrt{2\pi}\,m} \int_{-\infty}^{+\infty} \mathrm{e}^{-\left(\frac{\Delta}{\sqrt{2}\,m}\right)^2} \mathrm{d}\Delta = 1 \tag{4-2-7}$$

随机变量落在 $[-\Delta, +\Delta]$ 区间内的概率：

$$P_{-\Delta}^{+\Delta} = \frac{1}{\sqrt{2\pi}\,m} \int_{-\Delta}^{+\Delta} \mathrm{e}^{-\left(\frac{\Delta}{\sqrt{2}\,m}\right)^2} \mathrm{d}\Delta = \frac{2}{\sqrt{2\pi}\,m} \int_{0}^{+\Delta} \mathrm{e}^{-\left(\frac{\Delta}{\sqrt{2}\,m}\right)^2} \mathrm{d}\Delta \tag{4-2-8}$$

令 $t = \dfrac{\Delta}{m}$，则 $\Delta = tm$，随机变量落在 $[-tm, +tm]$ 区间内的概率：

$$P_{-tm}^{+tm}(\Delta) = \frac{2}{\sqrt{2\pi}} \int_{0}^{t} \mathrm{e}^{-\frac{1}{2}t^2} \mathrm{d}t \tag{4-2-9}$$

故可按式（4-2-9）制作概率表（如表4-2-2所示）。

用引数 t（已将偶然误差换算成以均方误差为单位的数值）所查得的概率即为误差落

在 $[-tm, +tm]$ 区间内的概率。

若 $t = 1$，查得概率值为 68.3%，说明误差落在均方误差 $[-m, +m]$ 区间内的概率为 68.3%，即在 1 000 次观测中约有 683 次误差绝对值小于 m，只有 317 次误差绝对值大于 m。

表 4-2-2　概率表

置信系数 t	置信区间	置信概率（%）
0.674 5	$[-0.674\,5, +0.674\,5]$	50
1	$[-m, +m]$	68.3
1.2	$[-1.2m, +1.2m]$	77
1.96	$[-1.96m, +1.96m]$	95
2	$[-2m, +2m]$	95.4
3	$[-3m, +3m]$	99.7
3.6	$[-3.6m, +3.6m]$	100

例 4-2-2　已知某观测组的标准误差为 5.0 cm，误差绝对值小于 6.0 cm 和小于 10.0 cm 的概率各为多少？

解：

$t_1 = \dfrac{6.0}{5.0} = 1.2$，查表 4-2-2 得 $P_{-1.2m}^{+1.2m} = 77\%$；

$t_2 = \dfrac{10.0}{5.0} = 2$，查表 4-2-2 得 $P_{-2m}^{+2m} = 95.4\%$。

概率等于 50% 的误差界称为概率误差，即误差绝对值大于概率误差或小于概率误差的机会均为 50%。从概率表中可以看出，当 $t = 0.674\,5$ 时其概率恰为 50%，所以概率误差与均方误差的关系为

$$\rho = 0.674\,5m \qquad (4\text{-}2\text{-}10)$$

式中：ρ——概率误差。

在日、英、美等国家常用概率误差来衡量观测的精确度。

4. 误差传播规律

在实际观测中，往往不可能直接观测所求量，而是间接观测与所求量呈某种函数关系的量，然后通过计算间接求出所求量。根据航海的实际情况，我们主要了解线性函数的误差传播规律。

设有 $z = ax + by + \cdots + kt$，其中 z、x、$y \cdots t$ 为变量，a、$b \cdots k$ 分别为变量 x、$y \cdots t$ 的系数。若 m_z、m_x、$m_y \cdots m_t$ 分别为 z、x、$y \cdots t$ 的均方误差，则有

$$m_z^2 = a^2 m_x^2 + b^2 m_y^2 + \cdots + k m_t^2 \qquad (4\text{-}2\text{-}11)$$

例 4-2-3　$TC = CC + Var + Dev$，已知罗航向 CC、磁差 Var、自差 Dev 的标准差分别为 $m_{CC} = \pm 0°.2$，$m_{Var} = \pm 0°.1$，$m_{Dev} = \pm 0°.3$，求真方位 TC 的标准差 m_{TC}。

解：

$$m_{TC} = \pm \sqrt{m_{CC}^2 + m_{Var}^2 + m_{Dev}^2} = \pm \sqrt{0.2^2 + 0.1^2 + 0.3^2} \approx \pm 0°.4$$

五、观测最概率值及其精度

1.观测最概率值

对同一量进行了 n 次等精度观测之后，由于偶然误差的存在，每一个观测值虽然与真值很接近，但并不与真值完全一致。那么究竟应采取哪一个值作为观测结果？设 X 表示某量的真值；l_1、$l_2 \cdots l_n$ 表示其观测值；Δ_1、$\Delta_2 \cdots \Delta_n$ 表示其相应的真误差（True Error），简称真差，则

$$l_1 - X = \Delta_1$$
$$l_2 - X = \Delta_2$$
$$\cdots$$
$$l_n - X = \Delta_n$$

将上式两边各项相加并除 n，得

$$\frac{l_1 + l_2 + \cdots + l_n}{n} - X = \frac{\Delta_1 + \Delta_2 + \cdots + \Delta_n}{n}$$

利用高斯符号，有

$$\frac{[l]}{n} - X = \frac{[\Delta]}{n}$$

左边第一项是观测值的算术平均值，用 L 来表示，则

$$L - X = \frac{[\Delta]}{n} \tag{4-2-12}$$

根据偶然误差的第三个基本特征——绝对值相等的正负误差出现的机会相等，当 $n \to \infty$ 时，$[\Delta]$ 是一个较小的有限的量，$\frac{[\Delta]}{n} \to 0$，L 趋近 X。当观测次数 n 不是无穷大时，$\frac{[\Delta]}{n}$ 将不完全等于零，所以 L 与 X 尚有一些区别，此时，$\frac{[\Delta]}{n}$ 固然不等于零，但它的值正负机会相等，故我们可以认为观测值的算术平均值 L 是真值 X 的最概率值。即在等精度的观测情况下，可以将观测值的算术平均值作为观测的结果。

例4-2-4 试用例4-2-1的条件求其观测最概率值及算术平均值的真差。

解：

观测值的算术平均值 $L = 45°03'.2$，$[\Delta] = -0'.5$。

故观测最概率值为 $45°03'.2$，算术平均值的真差 $= -0'.5/5 = -0'.1$。

2.观测最概率值的精度

已知在等精度观测中，算术平均值 $L = \dfrac{l_1 + l_2 + \cdots + l_n}{n}$ 是观测结果的最概率值。

因为 l_1、$l_2 \cdots l_n$ 的均方误差都相同，即

$$m_{l_1} = m_{l_2} = \cdots = m_{l_n} = m$$

根据误差传播规律公式：

$$m_z^2 = a^2 m_x^2 + b^2 m_y^2 + \cdots + k^2 m_t^2$$

则得

$$m_L^2 = \left(\frac{1}{n}\right)^2 m^2 + \left(\frac{1}{n}\right)^2 m^2 + \cdots + \left(\frac{1}{n}\right)^2 m^2 = \frac{nm^2}{n^2} = \frac{m^2}{n}$$

所以

$$m_L = \frac{m}{\sqrt{n}}$$

通常用 M 代替 m_L，即

$$M = \frac{m}{\sqrt{n}} \qquad\qquad （4\text{-}2\text{-}13）$$

算术平均值的均方误差只等于观测值的均方误差的 $\frac{1}{\sqrt{n}}$，也就是算术平均值的精度比观测值的精度提高了 $\sqrt{n}$ 倍。这表明在观测时，需要对同一量进行反复观测，这样不但可以发现粗差，而且可以把观测结果的精确度提高 $\sqrt{n}$ 倍。

为了提高观测结果的精度，并不是观测次数越多越好。实践证明，在实际观测中，只有观测次数不太多时，才能获得较有利的效果。观测次数太多时，事倍功半，再考虑到测者的疲劳和视力减退等因素，过多的重复观测已不是等精度观测，继续增加观测次数则更不可取。

3.均方误差的实用公式

如果按式（4-2-6）及式（4-2-13）计算一个观测组的均方误差及算术平均值的均方误差，必须事先知道每一个观测值的真差。但在一般情况下观测值的真值和真差都是不知道的，所以利用这两个公式不能求得它们的均方误差。现在求均方误差的实用公式。

设 v_i 为每一观测值与其算术平均值之差，称为残差。

按真差和残差的定义，可以列出下列各式：

$$\Delta_1 = l_1 - X, \ v_1 = l_1 - L$$
$$\Delta_2 = l_2 - X, \ v_2 = l_2 - L$$
$$\cdots$$
$$\Delta_n = l_n - X, \ v_n = l_n - L$$

将右式中 l_i 的表达式，分别代入左式，得

$$\Delta_1 = v_1 + L - X$$
$$\Delta_2 = v_2 + L - X$$
$$\cdots$$
$$\Delta_n = v_n + L - X$$

将式（4-2-12）代入上式，得

$$\Delta_1 = v_1 + \frac{[\Delta]}{n}$$

$$\Delta_2 = v_2 + \frac{[\Delta]}{n}$$

$$\cdots$$

$$\Delta_n = v_n + \frac{[\Delta]}{n}$$

将等式两边平方，得

$$[\Delta^2] = [v^2] + 2[v]\frac{[\Delta]}{n} + n\left(\frac{[\Delta]}{n}\right)^2$$

因为

$$[v] = [l] - nl = [l] - n\frac{[l]}{n} = 0$$

所以

$$[\Delta^2] = [v^2] + n\left(\frac{[\Delta]}{n}\right)^2$$

将等式两边各除以 n，得

$$\frac{[\Delta^2]}{n} = \frac{[v^2]}{n} + \left(\frac{[\Delta]}{n}\right)^2$$

上式左边是观测组均方误差的平方 m^2；右边第二项为算术平均值的真差的平方，近似地用算术平均值的均方误差 M 代替，并根据式（4-2-13）中 M 与 m 的关系，上式变为

$$m^2 = \frac{[v^2]}{n} + \frac{m^2}{n}$$

所以观测组的均方误差

$$m = \pm\sqrt{\frac{[v^2]}{n-1}} \qquad （4-2-14）$$

又

$$M = \frac{m}{\sqrt{n}}$$

所以观测组算术平均值的均方误差

$$M = \frac{m}{\sqrt{n}} = \pm\sqrt{\frac{[v^2]}{n(n-1)}} \qquad （4-2-15）$$

式（4-2-14）和式（4-2-15）即是通常用以计算观测组的算术平均值的实用公式。

例4-2-5　用方位仪观测某陆标方位角6次，其记录如下。求观测组的均方误差和观测结果及观测结果的精度。

表4-2-3　观测数据表（二）

观测次序	观测值	残差	残差的平方
1	87°35′.2	− 0.3	0.09
2	87°35′.4	− 0.1	0.01
3	87°35′.5	0	0.01
4	87°35′.6	+ 0.1	0.01
5	87°35′.6	+ 0.1	0.01
6	87°35′.7	+ 0.2	0.04
	$L = 87°35′.5$	$[v] = 0$	$[v^2] = 0′.17$

解：

观测组的均方误差

$$m = \pm\sqrt{\frac{[v^2]}{n-1}}$$

$$= \pm\sqrt{\frac{0.17}{6-1}} = \pm 0′.18$$

观测组算术平均值的均方误差

$$M = \frac{m}{\sqrt{n}} \pm \sqrt{\frac{[v^2]}{n(n-1)}}$$

$$= \pm \sqrt{\frac{0.17}{6 \times (6-1)}} = \pm 0.08$$

观测组的均方误差 $m = \pm 0'.18$；观测结果即算术平均值 $L = 87°35'.5$，其精度用均方误差表示，$M = \pm 0.08$，往往写为 $L = 87°35'.5 \pm 0'.08$。

项目三　方位定位

方位定位是利用罗经同时观测两个或两个以上陆标的方位来确定船位的方法，又称方位交叉定位（Fixing by Cross Bearings）。方位定位具有观测方法简单、直观、海图作业容易和定位迅速等优点，是船舶在沿岸航行时最基本和最常用的定位方法之一。

一、两方位定位

1.定位原理和方法

测者在船上观测陆标方位所得方位位置线应该是恒位线。由于陆标在测者视界之内，船与陆标之间的距离一般小于 30 n mile，在中纬度以下海区航行时，可以认为这时在航用海图上代替该位置线的船位线是图上陆标与船舶的连线，即与观测方位值对应的恒向线方位线。

船上测者是用磁罗经或陀螺罗经复示器来观测陆标的方位的，直接读取的观测值是从罗北 N_C 或陀螺北 N_G 起算的罗方位 CB 或陀螺方位 GB，而航用海图上向位的基准是真北 N_T，所以必须将方位观测值 CB 或 GB 经过罗经差 ΔC 或陀螺差 ΔG 改正，变成由真北起算的真方位 TB 后，才能用 TB 在航用海图上画出该方位船位线。若同时观测两陆标，经计算改正得两真方位，再从航用海图上所测的两陆标分别作其反向真方位线（$TB \pm 180°$），其交点即为观测时刻的观测船位。

如图 4-3-1 所示，某船 0800 测得 A 灯塔 GB_1 = 349°，B 灯塔 GB_2 = 059°，陀螺罗经差 ΔG = +1°，则 A 灯塔的真方位 TB_1 = 349° + 1° = 350°，B 灯塔的真方位 TB_2 = 059° + 1° = 060°。

在航用海图上，从陆标 B 作 TB_2 = 060° 的反向直线，即为该时刻观测灯塔 B 的方位船位线；从陆标 A 作 TB_1 = 350° 的反向直线，即为该时刻观测灯塔 A 的方位船位线。两方位船位线的交点 F，即为 0800 时刻的观测船位。

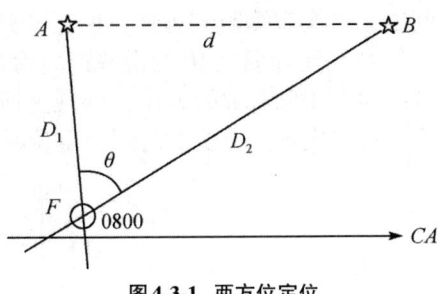

图 4-3-1　两方位定位

2.定位精度

因为观测误差包含系统误差和随机误差，所以求得的观测船位也必然含有系统误差和随机误差。在航海实际工作中通常认为观测两陆标为等精度观测，即观测两陆标方位的系统误差为 $\varepsilon_{B_1} = \varepsilon_{B_2} = \varepsilon_B$（主要是罗经本身的系统误差），观测两陆标方位的随机误差为 $m_{B_1} = m_{B_2} = m_B$（主要是观测陆标罗方位的随机误差），则观测船位的系统误差 δ 和随机误

差 M 分别为：

$$\delta = \frac{\varepsilon_B}{\sin\theta}\sqrt{D_1^2 + D_2^2 - 2D_1 D_2 \cos\theta} = \frac{\varepsilon_B^\circ d}{57^\circ.3 \sin\theta}$$

$$M = \frac{m_B^\circ}{57^\circ.3 \sin\theta}\sqrt{D_1^2 + D_2^2}$$

式中：θ——两方位船位线的交角；

　　　D_1、D_2——测者分别与两陆标的距离；

　　　d——两陆标之间的距离（如图4-3-2所示）。

从上两式可见，为了提高两方位定位的精度，应：

（1）尽量减小观测两陆标方位的系统误差 ε_B 和随机误差 m_B；

（2）尽量选用离船较近的陆标；

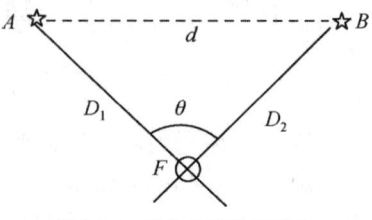

图4-3-2　两方位定位的精度

（3）两方位船位线的交角 θ 趋近90°为好，至少应大于30°且小于150°。

下面，从定位原理的角度讨论如何提高两方位定位的精度。

如前所述，两方位定位中应该是同时观测所得的两条方位船位线相交才能定出船位。在通常情况下，测定一次船位是由一名驾驶员单独完成的，一个人不可能同时观测两条船位线，两次观测的时间间隔或多或少都会存在。对于航行中的船舶来说，这个时间间隔就意味着船舶的位移，也就不可避免地给定位带来误差。为了减小船舶航行对定位所产生的误差，除了应尽可能提高观测速度，缩小观测两方位的时间间隔外，还应从观测顺序上减小船舶航行对定位所产生的影响。

如图4-3-3所示，设 A、B 为选择好的两个将进行方位观测的陆标，并设无论先测 A 或先测 B，观测好第一个陆标方位与观测好第二个陆标方位的时间间隔都是相等的；而 M 点和 M' 点分别为两次观测的实际船位所在，MM' 即为由两次观测存在时间间隔带来的船舶位移量，即观测时船舶的实际航迹。当船舶位于 M 点时，先用罗经观测了陆标 B 的方位，船位线为 BM。由于不能同时观测陆标 A 的方位，船到 M' 点时才测得陆标 A 的方位，船位线为 AM'。两条船位线 BM 和 AM' 的交点 F_1 就是在这种观测顺序下得到的观测船位。如果定位时间以第二次观测时刻为准，即船舶到达 M' 点观测陆标方位的时间为定位时刻，则此时观测船位 F_1 与实际船位 M' 的误差距离为 $F_1 M'$。如果船舶位于 M 点时先测得物标 A 的方位，到 M' 点时再测得陆标 B 的方位，则观测所得两条船位线分别为 AM 和 BM'，其交点为 F_2；同样，仍以第二次观测方位的时间为定位时刻，则观测船位 F_2 与实际船位 M' 的误差为 $F_2 M'$。

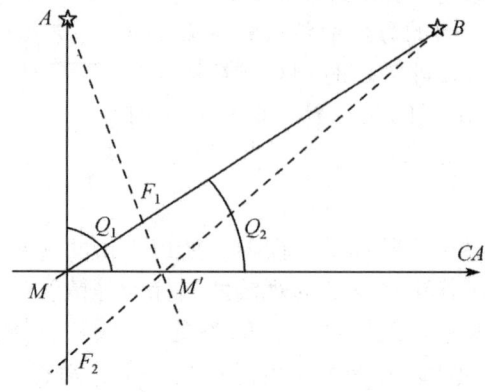

图4-3-3　观测顺序

如果以 Q_1 和 Q_2 分别表示陆标 A 和 B 在船位 M 点时的舷角，则在三角形 MF_1M' 和三角形 MF_2M' 中可以得到：

$$\frac{F_1M'}{MM'} = \frac{\sin Q_2}{\sin \angle AF_1B} \text{ 和 } \frac{F_2M'}{MM'} = \frac{\sin Q_1}{\sin \angle AF_2B}$$

如果两次观测方位的时间间隔很短，则 MM' 是一个很小的值。实际上 MM' 远远小于 MA 和 MB，因此可以认为 $\angle AF_1B \approx \angle AF_2B$，所以：

$$\frac{F_1M'}{MM'} = \frac{\sin Q_2}{\sin Q_1}$$

从上式中可看出，当 $Q_2 < Q_1$ 时，$F_1M' < F_2M'$。由此可以得到如下结论：在船舶航行中定位，为了缩小由于不能在同一时刻观测两方位而引起的船位误差，在观测方位时，应先测船首尾方向附近的方位变化慢的陆标，后测船正横方向附近的方位变化快的陆标；但在夜间观测灯标定位时，应先观测闪光周期长、较难于观测的灯标的方位，后观测闪光周期短（明暗灯或定光灯等）、较容易观测的灯标的方位。其目的是尽量缩短观测两方位的时间间隔，提高定位精度。

用两方位定位的方法在抛锚测定锚位时，应将锚着地的时间作为观测第一个方位值的时间，即测定锚位的时间。所以，此时应与上述观测顺序相反。

通过以上分析，船舶驾驶员在两陆标方位定位中，欲提高定位精度，应该做到：

（1）观测显著的、海图上有准确位置的近陆标（减小 D_1 和 D_2）。

（2）两方位船位线的交角 θ 取 $30° \sim 150°$，$60° \sim 120°$ 更佳，趋近 $90°$ 最好。

（3）由于在实际工作中不能同时观测两陆标，为减小观测时刻不同步而产生的误差，应尽量缩短两次观测的时间间隔。航行中观测陆标方位定位，应先测船首尾方向附近的陆标，后测船正横方向附近的陆标。

（4）在定位过程中，尽量减小观测系统误差 ε_B 和随机误差 m_B。

3.定位注意事项

在两方位定位中，由于只进行了两个陆标的方位观测，也就只能获得两条同一时刻的方位船位线，因此只能将它们唯一的交点 F 作为观测方位时刻的最概率船位。如果船位线有误差，这个船位也就有误差。为提高两物标方位定位的精度，测者应注意以下事项：

（1）陆标选择方面

①应尽可能选择海图上精确测绘的、显著易认的陆标。例如，灯塔、孤立的岛屿、显著的建筑物、陡峭的岬角及海图上标有 "△" "⊙" "□" 等测控点符号的山峰等。

②应尽可能选择离船较近的陆标。

③应尽可能选择两方位船位线的交角 θ 趋近 $90°$，至少大于 $30°$ 且小于 $150°$ 的陆标。

（2）观测顺序方面

①"先慢后快"，即先测方位变化慢（如船首尾方向附近）的陆标；后测方位变化快（如船正横方向附近）的陆标。

②夜间"先难后易"，即先测难以观测的，如灯光弱、周期长的灯标；后测较容易观测的，如灯光强、周期短的灯标。

③选择好适当的陆标和观测顺序后，应尽量减小"测""算""画"过程中的系统误差和随机误差，观测读数、罗经差、绘画船位线等要力求准确。

二、三方位定位

三方位定位，是同时观测三个陆标的方位，在海图上画出相应的三条方位船位线来确定船位的方法和过程。其原理和方法与两方位定位基本相同。所不同的是：两方位定位虽然简单、直观，但因为所得两条方位船位线，只要不是平行的，总能交于一点，测者也只能以这唯一的交点作为观测船位，如果定位过程中存在粗差或较大误差，也无法从观测船位本身判断出来。三方位定位虽然由于多测绘一条船位线而较两方位定位略显麻烦，但是，由于在实际观测定位中，不可避免地或多或少存在着各种各样的误差，以致在大比例尺海图上观测得到的三条船位线往往不可能相交于一点，常常交成一个三角形。测者可根据该三角形的大小来检查定位过程中是否存在粗差或较大误差，所以，在条件许可时，应尽可能进行三方位定位来代替两方位定位。

1.船位误差三角形的处理

在三方位定位中，三条方位船位线交成的三角形，称为船位误差三角形（Cocked Hat）。产生船位误差三角形的原因很多，主要有：不能同时观测三个陆标方位所造成的误差；观测方位时存在观测误差；罗经差存在误差；海图勘绘中陆标位置存在误差；海图作业时作图存在误差等。

船位误差三角形按其大小一般可分为小船位误差三角形和大船位误差三角形。对船位误差三角形大小的评定与海图比例尺的大小有关，一般认为，在沿岸海图上，每边小于 5 mm 者，可视为小船位误差三角形；反之，可视为大船位误差三角形。船位误差三角形还可按其致因中主要误差的性质分为：粗差引起的船位误差三角形、随机误差引起的船位误差三角形、系统误差引起的船位误差三角形。

下面我们按上述分类来讨论船位误差三角形的处理方法。

（1）对小船位误差三角形的处理

在定位中，如果出现小船位误差三角形，一般可认为是存在合理的随机误差引起的，或经过判断后也可认为是存在随机误差引起的，则根据船位误差三角形的形状来确定观测船位。

①若为等边三角形，取三角形中心作为观测船位［如图4-3-4（a）所示］；

②若为等腰三角形，取三角形底边中点稍向内处的一点作为观测船位［如图4-3-4（b）所示］；

③若为狭长的等腰三角形，取三角形短边中点作为观测船位［如图4-3-4（c）所示］；

④若为直角三角形，取三角形内靠近直角的一点作为观测船位［如图4-3-4（d）所示］；

⑤若为钝角三角形，取三角形内靠近短边钝角的一点作为观测船位［如图4-3-4（e）所示］；

⑥当船舶接近危险物时，应取船位误差三角形前进方向上最靠近危险物的一点作为观测船位［如图4-3-4（f）所示］。

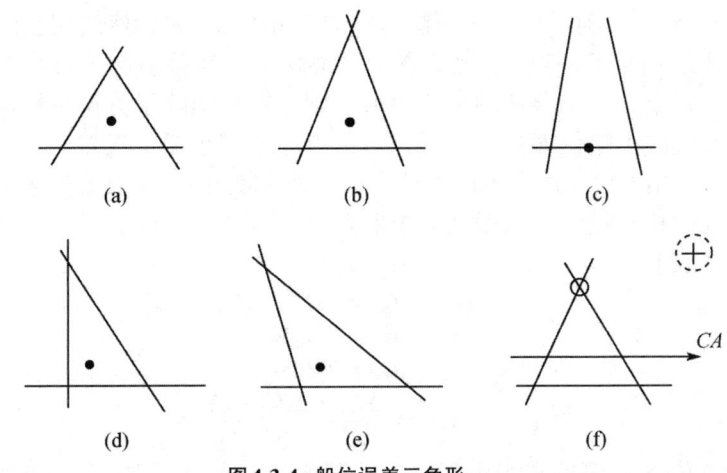

(a)　　　　(b)　　　　(c)

(d)　　　　(e)　　　　(f)

图4-3-4　船位误差三角形

　　总之，处理由随机误差引起的小船位误差三角形的原则有两个：一是将观测船位取在三角形内靠近短边大角处。其理论依据是船位误差理论所证明的：在等精度观测条件下，随机误差三角形中三条反中线的交点就是最概率船位，该点到各边的距离与相应边长成正比，对于小误差三角形而言，可以直接用目测方法简捷地将该点取在三角形内靠近短边大角处。二是将观测船位取在三角形最靠近航进前方的危险物处。这是为了充分估计危险或困难，以策安全。

　　另外，我们还应充分认识到，用上述方法求取的观测船位只是最概率船位，真实船位落在船位误差三角形内的可能性只有1/4，而要想从船位误差三角形求出真实船位是不可能的。

　　（2）对大船位误差三角形的处理

　　在定位中，如果出现较大的船位误差三角形，应该在短时间内重复观测定位2~3次，根据船位误差三角形的变化情况加以判断处理。

　　①如果在短时间内的重复观测定位中，船位误差三角形明显缩小为合理的小三角形，则一般可以认为该大误差三角形是由观测定位时存在粗差（如认错陆标、读错读数或画错方位线等）造成的，而在重复观测中已予以发现或纠正。

　　②如果在短时间内的重复观测中，船位误差三角形的大小和形状变化无一定规律，则可以认为是观测定位过程中存在较大的随机误差（如观测方位误差和作图误差等）造成的。这时最好采用其他有效的定位方法来进行核对，判断最概率船位的所在。当船位误差三角形较大又无法缩小时，应取三角形反中线之交点为最概率船位。若船舶前方有危险物，则应将观测船位取在三角形内最靠近前方危险物处。

　　③如果在短时间内的重复观测定位中，船位误差三角形的大小和形状无多大变化，则可以认为该船位误差三角形主要是由存在较大的系统误差（如罗经差不准）造成的。这时，为了消除系统误差的影响（如图4-3-5所示），可将三条方位船位线均加（或减）一

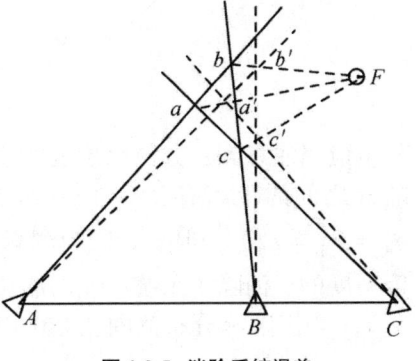

图4-3-5　消除系统误差

相同小角度（2°~4°），则形成另一新船位误差三角形 $a'b'c'$，然后用直线连接两三角形对应顶点。如果连线相交于一点 F，则 F 点就是消除了罗经差引起的方位系统误差后的观测船位；如果连线相交成一个合理的小三角形，则它就是消除了方位系统误差后，由于仍存在随机误差而形成的小船位误差三角形，可按上述处理小船位误差三角形的方法求出观测船位。若从图上量出 FA、FB、FC 的方位，就是观测时刻 A、B 和 C 的真方位，用它们与所测陆标的罗经方位相比较，可以得到三个罗经差，再求它们的算术平均值就是准确的罗经差。其计算公式如下：

$$\Delta G_1 = TB_A - GB_A$$
$$\Delta G_2 = TB_B - GB_B$$
$$\Delta G_3 = TB_C - GB_C$$
$$\Delta G = \frac{\Delta G_1 + \Delta G_2 + \Delta G_3}{3}$$

上述消除方位系统误差求观测船位 F 的基本原理如下（如图4-3-6所示）：A、B、C 是被观测的三个陆标。如果在观测方位中不存在任何误差，则三条方位船位线的交点 F 即为实际船位。设陆标 A 和 B 的方位差为 α，B 和 C 的方位差为 β，A 和 C 的方位差为 $\alpha + \beta$。当这三条方位船位线都存在相同的系统误差时，α、β 及 $\alpha + B$ 是不会随之而变的。若这三条方位船位线均存在相同的系统误差 ε 或 ε'，则相交出船位误差三角形 abc 或 $a'b'c'$。因为方位差不变，所以 $\angle AFB = \angle AaB = \angle Aa'B$，即 F、a、a' 三点均在 $\triangle AFB$ 的外接圆上。同理，F、b、b' 三点均在 $\triangle BFC$ 的外接圆上；F、c、c' 三点均在 $\triangle AFC$ 的外接圆上。当弧 aa'、弧 bb' 和弧 cc' 远小于相应外接圆半径时，可将弧 aa'、弧 bb' 和弧 cc' 当作直线处理，直线 aa'、bb' 和 cc' 的交点可视为 F 点。若将 $\triangle abc$ 当作原船位误差三角形，$\triangle a'b'c'$ 当作三条方位船位线均加（或减）相同小角度（2°~4°）后的新船位误差三角形，则连接对应顶点的直线 aa'、bb' 和 cc' 的交点 F，就是消除了方位系统误差后的观测船位。

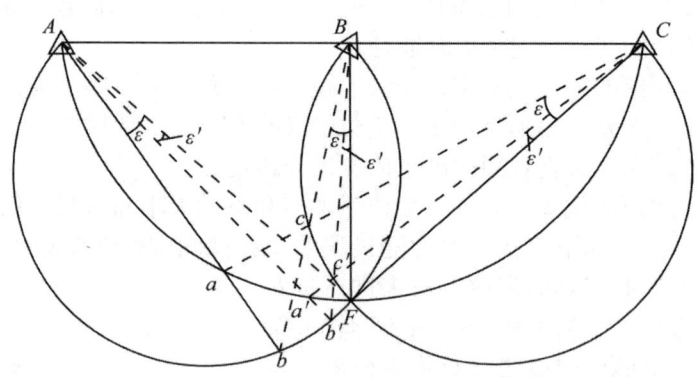

图4-3-6 求取观测船位

应当注意到：方位船位线的系统误差不仅与观测方位的系统误差 ε_B 有关，还与测者和陆标之间的距离有关。在航海实际工作中，三陆标的观测通常认为是等精度的（$\varepsilon_{B_1} = \varepsilon_{B_2} = \varepsilon_{B_3} = \varepsilon_B$）。但是，因为测者到三陆标的距离不同，所以得到的船位误差三角形是非等精度的。消除了系统误差的船位处在：

a.当三陆标分布范围在180°以下时（在同一侧），消除了系统误差的船位在误差三角形之外（中标方位线的外侧）；

b.当三陆标分布范围在180°以上时，消除了系统误差的船位在误差三角形之内。

因为船位误差三角形是非等精度的，所以船位不在旁切圆或内切圆的圆心。

（3）最概率船位的误差

可以证明，三方位定位最概率船位误差即标准误差圆半径 M 为：

$$M = \frac{m^\circ_{\text{B}}}{57^\circ.3} \sqrt{\frac{D_1^2 D_2^2 + D_2^2 D_3^2 + D_3^2 D_1^2}{D_3^2 \sin^2\alpha + D_2^2 \sin^2(\alpha + \beta) + D_1^2 \sin^2\beta}}$$

式中：m_{B}（等精度观测时 $m_{\text{B}_1} = m_{\text{B}_2} = m_{\text{B}_3} = m_{\text{B}}$）——观测方位的标准差；

　　　　D——测者与陆标的距离；

　　　　α——第一条方位船位线与第二条方位船位线的交角；

　　　　β——第二条方位船位线与第三条方位船位线的交角。

在概率一定的前提下，当 $\alpha = \beta = 60°$（或120°）时，误差圆的半径最小，即最概率船位的精度最高。

2.三方位定位的注意事项

为了提高三方位定位的精度，应：

（1）尽量减小观测误差。

（2）选择显著的、在海图上有准确位置的近陆标。

（3）尽量缩短三次观测的时间间隔。

（4）当三陆标分布范围在180°以下时，相邻两陆标的方位差角趋近60°最好。当三陆标分布范围在180°以上时，相邻两陆标的方位差角趋近120°最好。

（5）方位定位时，应尽可能选用在360°范围内均匀水平分布的三个陆标，因为此时各相邻两陆标的方位差角趋近120°，误差三角形趋近等边三角形。误差三角形为等边三角形时，无论是系统误差还是随机误差的影响，处理误差后的观测船位均在误差三角形的中心。

三、船位差

如前所述，推算船位和观测船位是两种性质不同的船位，同一时刻的推算船位和观测船位往往不在同一点，在一般情况下，观测船位要比推算船位准确。将它们做系统的比较，有利于研究和分析推算精度、积累资料和经验、提高技术水平。同时，还可用推算船位检查观测船位是否存在粗差。当观测船位与推算船位之间存在较大差距时，不可主观臆断是推算船位存在误差，还是观测船位存在粗差。应该立即重复观测定位，并分析检查推算和定位中可能存在的问题，直至确定出较准确可靠的观测船位为止。因此，系统地分析同一时刻推算船位和观测船位的差异，对保证航行安全是非常重要的。

同一时刻推算船位到观测船位的方向和距离，称为船位差（Position Difference），用符号"ΔP"表示。

如图4-3-7所示，在海图作业中，当船位差 ΔP 不大时，应该仍按

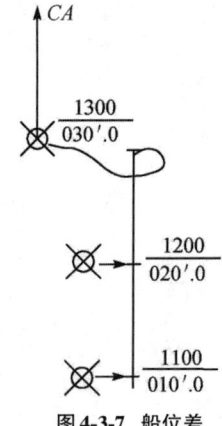

图4-3-7　船位差

推算船位继续进行航迹推算，而仅仅从观测船位画一小箭头，指向同一时刻的推算船位点，以表示它们之间的相互关系。但是在船位差 ΔP 较大，并且认为系统观测定位的观测船位比较可靠，需要将航迹推算转移到观测船位继续航行时，应经船长同意后，方可将推算船位转移到观测船位上，作为继续航行的推算起点。这时应从推算船位画一曲折线到同一时刻的观测船位上，然后从观测船位画出计划航线，并且应将船位差 ΔP 记入航海日志。

特别是在长时间进行航迹推算后，当船舶测得第一个观测船位时，必须对船位差 ΔP 进行分析并做好记录，以供今后参考。

项目四　距离定位与方位距离定位

一、距离定位

观测两个或两个以上已知陆标的距离，以确定船位的方法和过程，称为距离定位（Fixing by Distances）。具体定位过程分为两距离定位和三距离定位。

1.两距离定位

测者若同时测得两个陆标与本船的距离，在航用海图上分别以这两个陆标为圆心，以所测得的相应距离为半径画出距离船位线圆弧，其两交点中靠近推算船位的交点即为该观测时刻的观测船位（如图4-4-1所示）。当以推算船位判断取哪个交点有困难时，还可用陆标的大致方位或在此之前连续观测的船位的连线来加以判断，从而确定此时的观测船位。

2.三距离定位

三距离定位的方法与两距离定位基本相同，但通常三条同时观测的距离船位线圆弧相交成一个可近似视为船位误差三角形的图形。因为三条距离船位线交出的图形能提示定位过程中是否存在粗差和较大误差，所以三距离定位优于两距离定位。

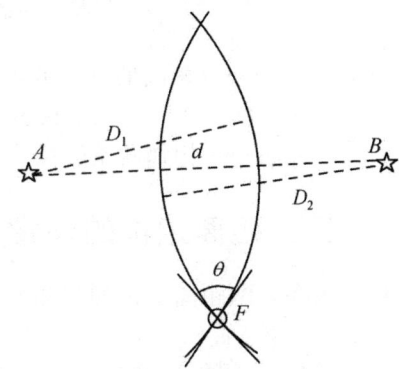

图4-4-1　两距离定位

二、距离定位的船位误差

1.两距离定位的船位误差

在航海实际工作中通常设定观测两陆标距离为等精度观测，即观测两陆标距离的系统误差为 $\varepsilon_{D_1} = \varepsilon_{D_2} = \varepsilon_D$，观测两陆标距离的随机误差为 $m_{D_1} = m_{D_2} = m_D$，则观测船位系统误差 δ 和随机误差 M 分别为：

$$\delta = \frac{\varepsilon_D}{\sin\theta}\sqrt{D_1^2 + D_2^2 - 2D_1 D_2 \cos\theta} = \frac{d \cdot \varepsilon_D}{\sin\theta}$$

$$M = \frac{m_D}{\sin\theta}\sqrt{D_1^2 + D_2^2}$$

式中：θ——两距离船位线的交角，即交点处圆弧切线的夹角，在数值上等于两距离船位线梯度方向的夹角，也等于两陆标对测者的张角；

　　　　D_1、D_2——测者分别与两陆标的距离；

　　　　d——两陆标之间的距离。

从上两式可见，为减小观测船位的系统误差和随机误差，应注意以下几个方面：

（1）尽量减小观测系统误差 ε_D 和随机误差 m_D。

（2）观测显著的、海图上有准确位置的近陆标（减小 D_1 和 D_2）。

（3）两距离船位线的交角 θ 取 $30°\sim150°$，$60°\sim120°$ 更佳，趋近 $90°$ 最好。

（4）在实际工作中不能做到同时观测两陆标，为减小观测时刻不同步而产生的误差，应尽量缩短两次观测的时间间隔。因此，航行中两距离定位时，应先测正横方向附近的陆标，后测船首尾方向附近的陆标。

2.三距离定位的船位误差

三距离定位时，因测者到三陆标的距离不同，所得的船位误差三角形的各边是非等精度的。其误差三角形的处理方法为：若为随机误差三角形，则处理方法同三方位定位；若为系统误差三角形，则将三陆标的距离同时增大或减小同一数值，得一新三角形，新三角形与原三角形对应顶点连线的交点即是消除了系统误差的船位。三距离定位的观测注意事项同两距离定位，选标时船位线交角 θ 的要求同三方位定位。

三距离定位船位均方误差圆半径在等精度观测条件下为：

$$M = m_D\sqrt{\frac{D_1^2D_2^2 + D_2^2D_3^2 + D_3^2D_1^2}{D_3^2\sin^2\alpha + D_2^2\sin^2(\alpha+\beta) + D_1^2\sin^2\beta}}$$

式中：m_D——以距离的百分数表示的观测陆标距离的均方误差；

D_1、D_2、D_3——三陆标分别与观测船位的距离；

α、β——相邻两条船位线的交角。

三、距离定位的注意事项

为提高两距离定位的观测船位精度，除应尽量减小观测中的系统误差和随机误差外，还应该注意：

（1）尽可能选择在航用海图上位置准确、显著易认且离船较近的陆标；

（2）尽可能选择两距离船位线的交角 θ 趋近 $90°$，至少大于 $30°$ 且小于 $150°$ 的陆标；

（3）应先测距离变化慢的陆标（如正横方向附近的陆标），后测距离变化快的陆标（如船首尾方向附近的陆标），以减小因不能同时观测而产生的船位误差。

为提高三距离定位的精度，其观测注意事项与两距离定位基本相同，但对选择陆标的船位线交角的要求是不一样的。在三距离定位中，若三陆标在 $180°$ 范围内均匀水平分布时，各相邻陆标方位差角最好为 $60°$；当三陆标在 $360°$ 范围内均匀水平分布时，各相邻陆标方位差角最好为 $120°$，因为此时无论是按系统误差还是按随机误差处理，求得的观测船位都在船位误差三角形的中心，既方便简单，准确性又好。

四、方位距离定位

如果在海上视野范围内，仅有一个可供观测的物标，那么就需同时观测其方位和距离。以所观测的陆标为基准，所画出的观测方位船位线和距离船位线所交的靠近推算船位的交点（如图4-4-2所示），即为观测时刻的观测船位。这种定

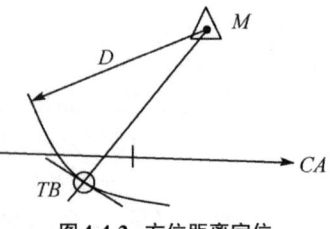

图4-4-2　方位距离定位

位方法和过程称为方位距离定位。

五、方位距离定位的精度和注意事项

单陆标方位距离定位是航海上常用的一种定位方法。这种定位方法的两船位线的交角始终是90°，因此定位误差相对较小一些。其系统误差δ和随机误差M分别为：

$$\delta = D\sqrt{\left(\frac{\varepsilon_{\mathrm{B}}^{\circ}}{57^{\circ}.3}\right)^2 + \varepsilon_{\mathrm{D}}^2}$$

$$M = D\sqrt{\left(\frac{m_{\mathrm{B}}^{\circ}}{57^{\circ}.3}\right)^2 + m_{\mathrm{D}}^2}$$

式中：D——测者与陆标的距离；

ε_{B}、ε_{D}——观测方位和距离的系统误差；

m_{B}、m_{D}——观测方位和距离的随机误差。

除了要提高观测精度以外，观测近距离陆标是提高船位精度的主要指标。航海上常用的是雷达观测近距离陆标的方位和距离定位。

项目五　移线定位

对异时观测已知陆标所得的两条或两条以上船位线，应用船位线转移原理，以确定本船船位的方法和过程，称为移线定位。移线定位主要用于视界内只有一个陆标可供观测，且只能求得一种船位线时。移线定位所获得的船位，称为移线船位（Running Fix，RF）。

一、船位线转移

船位线转移，就是将异时观测所得的两条船位线之一，按两次观测之间的推算航迹向 CG（或计划航向 CA）和推算航程 S，向前或向后平移至同一观测时间上，转换为同一时刻的船位线的方法和过程。转移后的船位线称为转移船位线（Transferred Position Line）。转移船位线通常加双箭头表示（如图4-5-1所示）。

船位线转移的具体方法，因船位线种类不同而有所差异。

1. 方位船位线的转移

在所要转移的船位线上任取一点，过该点作两次观测之间的推算航迹线，将要转移的船位线沿推算航迹向 CG（或计划航向 CA）平移两次观测之间的推算航程 S，即得转移船位线［如图4-5-1（a）~（d）所示］。M 为灯塔，P_1 为 T_1 时刻观测的方位船位线，A 为 P_1 上任取的一点作为推算的起点，经推算得 A' 点，AA' 等于在两次观测的时间间隔（T_1—T_2）内沿推算航迹向 CG（或计划航向 CA）的推算航程 S，过 A' 点作 P_1 的平行线 P'，即为转移到 T_2 时刻的 P_1 的转移方位船位线。

为方便起见，一般将要转移的船位线与推算航迹的交点，沿推算航迹向 CG（或计划航向 CA）截取推算航程 S，过截点作所要转移的船位线的平行线即可。如图4-5-1（e）所示，A 点为 T_1 时刻的推算船位，A_1 点为 T_1 时刻观测的方位船位线 P_1 与推算航迹线的交点，A' 点为 T_2 时刻的推算船位，沿推算航迹向 CA 截取 $A_1A'_1 = AA' =$ 推算航程 S，得截点 A'_1，过 A'_1 作 P_1 的平行线得转移到 T_2 时刻的转移船位线 P'_1。

对于多次转向后的方位船位线转移方法［如图4-5-1（f）所示］，如果在 T_1—T_2 时间间隔内曾多次转向，推算的对地航程矢量分别为 S_1、S_2、S_3、S_4 和 S_5，用直线连接 T_1 和 T_2 时刻的推算船位 A 和 A'，量取直航程 $S = AA'$，从 T_1 时刻方位船位线 P_1 与直航程线的交点 A_1 沿直航程线截取 $A_1A'_1 = AA' = S$ 得 A'_1 点，过 A'_1 点作船位线 P_1 的平行线 P'_1，即为 P_1 转移到 T_2 时刻的转移船位线。

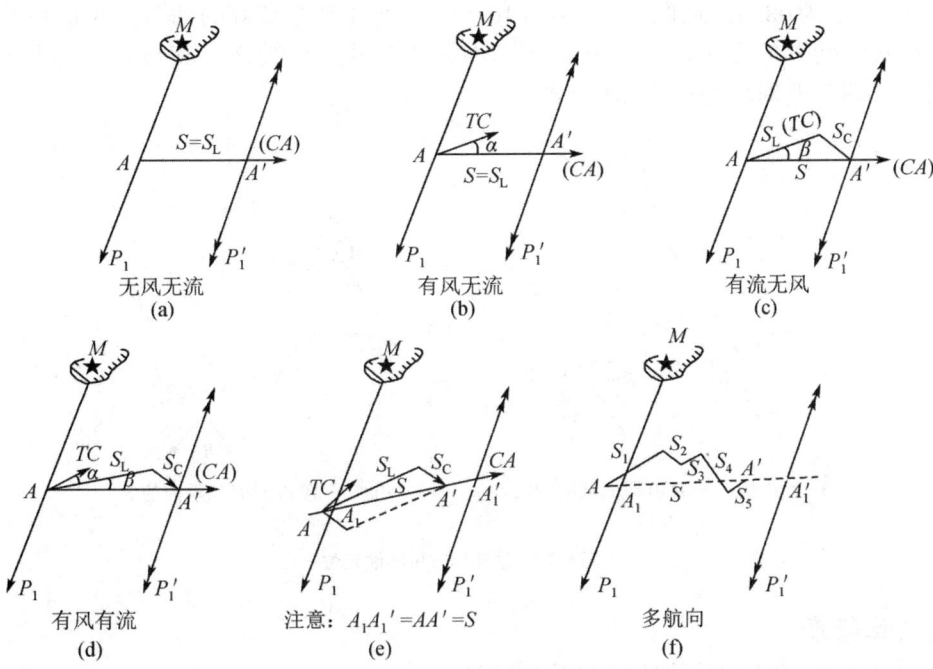

图 4-5-1 方位船位线的转移

2.距离船位线的转移

如图 4-5-2 所示，以所测陆标 M 为推算起点画推算航迹向 CG（或计划航向 CA），在其上截取两次观测之间的推算航程 S，得截点 M'；然后以 M' 为圆心，以原观测陆标 M 的距离 D_1 为半径画弧，即得转移船位线。

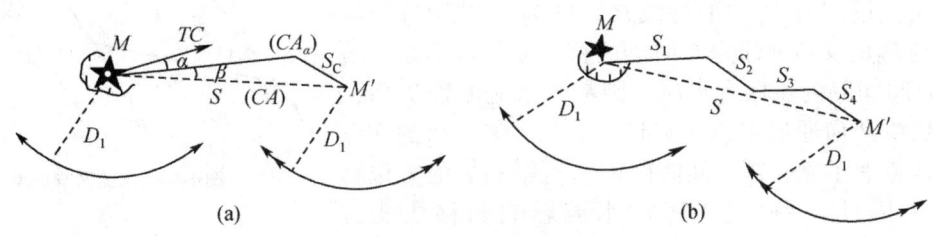

图 4-5-2 距离船位线的转移

二、单陆标方位移线定位

1.单陆标方位移线定位的方法

异时测得已知陆标的两个方位，得不同时刻的两条方位船位线，按前面所述方位船位线转移方法，将第一条方位船位线转移到第二条方位船位线的观测时刻，则第一条方位船位线的转移船位线与第二条方位船位线之交点即为第二条方位船位线观测时刻的移线船位 RF。

如图 4-5-3 所示，P_1、P_2 分别为 T_1〔在图（a）中为 0800，在图（b）中为 0830〕和 T_2

［在图（a）中为0830，在图（b）中为1030］时刻观测灯塔M的两条方位船位线，按上述方位船位线转移的方法，将P_1转移到T_2时刻得转移船位线P'_1，其与T_2时刻方位船位线P_2的交点，即为T_2时刻的移线船位RF。

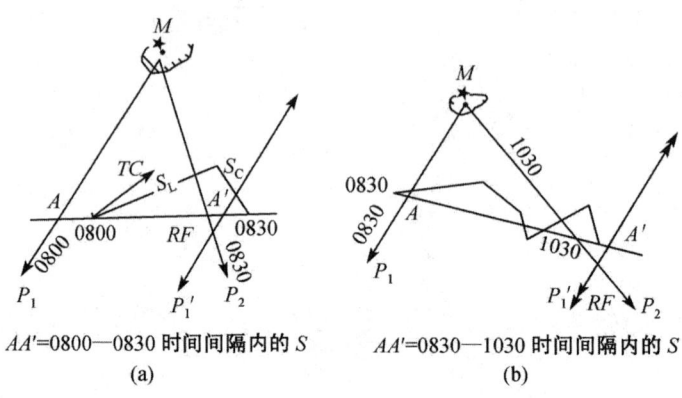

AA'=0800—0830时间间隔内的S

(a)

AA'=0830—1030时间间隔内的S

(b)

图4-5-3 单陆标方位移线定位

2.定位精度

（1）单陆标两方位移线船位的系统误差

方位移线船位系统误差除观测方位船位线的系统误差外，还包括下述三项误差：

①考虑水流影响而产生的移线船位误差

如图4-5-4所示，设T_1时刻观测陆标M的方位TB_1得方位船位线P_1，T_2时刻观测陆标M的方位TB_2得方位船位线P_2，A为P_1上任意一点，不考虑水流的影响，则由A点作航向线AA'，使AA'等于T_1—T_2时间间隔内的计程仪航程S_L，过A'作P_1的平行线P'_1，即为P_1的转移船位线，P'_1与P_2的交点F即为T_2时刻的移线船位。但是，若T_1—T_2时间间隔内航区有水流，则考虑水流流程S_C后，转移船位线P''_1应通过A''点（$A'A''=S_C$），P''_1与P_2的交点F'，才是考虑了T_1—T_2时间间隔内水流影响后的方位移线船位。因此，FF'是未考虑水流影响的移线船位误差。

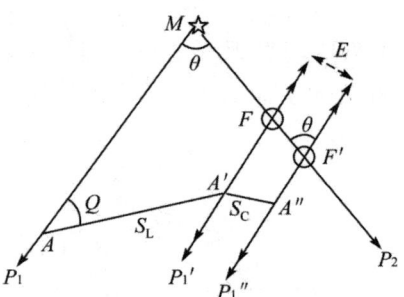

图4-5-4 水流影响误差

$$FF' = E \csc\theta = S_C \sin(\text{流向} - TB_1)\csc\theta$$

式中：E——因未考虑水流影响而引起的转移船位线误差；

$\quad\quad S_C$——两次观测时间间隔内的流程；

$\quad\quad \theta$——两方位船位线的交角。

由于未考虑水流影响而引起的转移船位线误差E可知，其大小取决于第一次观测的方位与水流流向之间的夹角和两次观测的时间间隔（该间隔影响S_C的大小），当E一定时，未考虑水流影响的移线船位误差FF'则取决于两方位船位线的交角θ。为减小移线船位误差，应尽可能缩短两次观测的时间间隔，并且应使两方位船位线的交角θ趋近$90°$。综合考虑，θ取$30°\sim60°$最好。在流向与第一条方位船位线平行或接近平行的条件下移线，可消除或减小水流对转移船位线的影响。

②由推算航向误差引起的移线船位误差

如果在两方位移线定位中，仅推算航向上存在 ΔC 的误差，则如图4-5-5所示，由此而产生的移线船位误差 FF' 为：

$$FF' = E \csc \theta$$

而

$$E = A'A'' \cos Q = \frac{S \cdot \Delta C}{57°.3} \cos Q$$

所以

$$FF' = \frac{S \cdot \Delta C}{57°.3} \cos Q \csc \theta$$

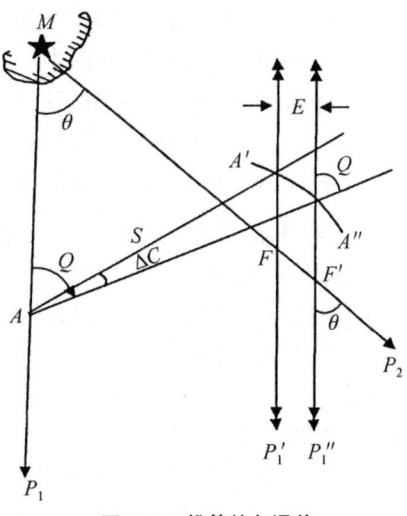

图4-5-5 推算航向误差

式中：E——因存在 ΔC 而产生的转移船位线的误差；

θ——两方位船位线的交角；

Q——第一条方位船位线与航向线的夹角，即第一次观测方位时陆标舷角 $Q = TB_1 - TC$；

$A'A''$——因存在 ΔC 而产生的两次观测时间间隔内推算船位的偏差；

S——两次观测时间间隔内的推算航程。

③由推算航程误差引起的移线船位误差

如果在两方位定位中，推算航程 S 存在误差 ΔS（以 S 的百分率表示），则它所产生的移线船位的误差 FF'，如图4-5-6所示。

$$FF' = S \cdot \Delta S \sin Q \csc \theta$$

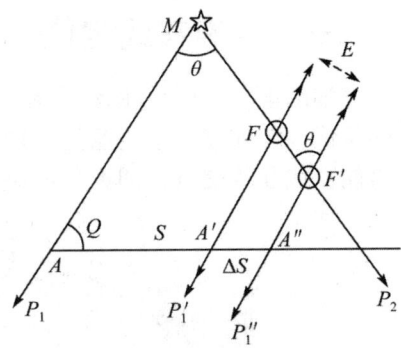

式中：Q——第一条方位船位线与航向线的夹角，即第一次观测方位时陆标舷角 $Q = TB_1 - TC$；

θ——两方位船位线的交角。

从上述移线船位误差公式可知，移线船位误差与推算航程 S 和两船位线交角 θ 有关，综合考虑这两者因素，θ取30°~60°为好

图4-5-6 推算航程误差

（2）单陆标两方位移线船位的随机误差

转移船位线既存在转移前船位线自身随机误 E，又存在转移过程中的推算误差 ρ。转移船位线的标准误差 E' 应为：

$$E' = \pm\sqrt{E^2 + \rho^2}$$

所以在两方位移线定位中，在等精度观测条件下，移线船位误差圆半径 M 为：

$$M = \frac{1}{\sin \theta} \sqrt{E_1^2 + \rho^2 + E_2^2}$$

$$= \frac{1}{\sin \theta} \sqrt{m_B^2(D_1^2 + D_2^2) + S^2(m_{CA}^2 + m_S^2)}$$

式中：E_1、E_2——第一条和第二条方位船位线的标准误差；

ρ——船位线转移过程中的推算误差；

m_B——两方位船位线的观测方位标准误差；

D_1、D_2——两次观测时船舶与陆标的距离；

S——船位线转移过程中的推算航程；

m_{CA}、m_S——船位线转移过程中的推算航迹向CA和推算航程S的标准误差，均以航程的百分数表示；

θ——两方位船位线的交角。

3. 单陆标方位移线定位的注意事项

（1）应选择显著的、在海图上有准确位置的、离船较近的陆标进行方位移线定位，并应仔细观测，以尽量减少观测方位的误差。

（2）应正确估计风流的影响，移线时尽可能按实际风流情况推算航程，以减小航迹推算的误差。在流向与第一条方位船位线平行或接近平行的条件下移线，可消除或减小水流对转移船位线的影响。

（3）应尽量缩短两次观测的时间间隔，以减小航迹推算误差。而根据船位误差理论，两船位线交角为90°最好。而时间间隔和船位线交角是相互制约的。综合考虑，船位线交角趋近30°~60°为好。

（4）应选择在陆标正横前后，陆标距离比较近、陆标方位变化比较快时进行移线定位，以期在较短的时间间隔内获得较好的船位线交角。

三、距离移线定位

如图4-5-7所示，圆弧Ⅰ和Ⅱ分别为T_1和T_2时刻观测陆标M的距离D_1和D_2所得的距离船位线，按前述的距离船位线转移的方法将船位线Ⅰ转移到T_2时刻，得转移船位线Ⅰ′，其与船位线Ⅱ的交点，即为T_2时刻的移线船位RF。

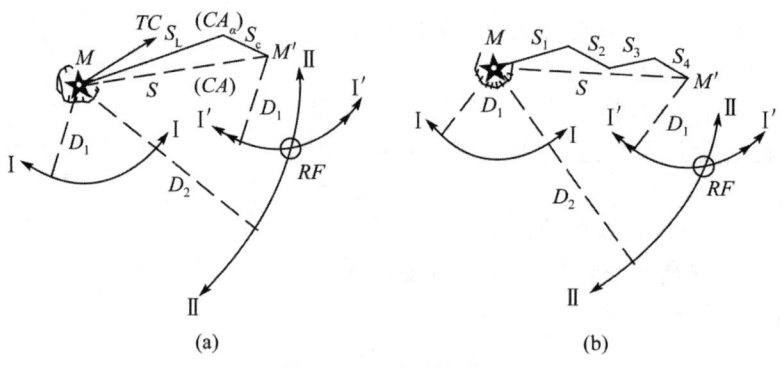

图4-5-7 距离移线定位

四、特殊方位移线定位

特殊方位移线定位实质上是将单陆标方位移线定位转化为单陆标方位距离定位，以简化船位线转移时的海图作业的方法和过程。特殊移线定位一般应用在无风无流情况下定向定速航行时。

如图4-5-8所示，船舶在航行中不同时刻两次观测同一陆标的舷角分别为α和β。如果两次观测时间间隔内船舶航程为 S_L，则第二次观测舷角时船舶与陆标的距离 D 和陆标正横距离 $D_\perp$ 为：

$$D = S_L \times \frac{\sin \alpha}{\sin (\beta - \alpha)}$$

和

$$
\begin{aligned}
D_\perp &= S_L \times \frac{\sin \alpha \sin \beta}{\sin (\beta - \alpha)} \\
&= S_L \times \frac{1}{\sin \alpha - \cot \beta} \\
&= S_L \times M
\end{aligned}
$$

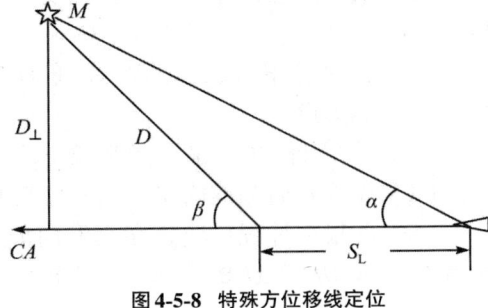

图 4-5-8 特殊方位移线定位

式中：$M = \dfrac{1}{\cot \alpha - \cot \beta}$，也可从中版《航海表》的表 III-12 中查得。

第二次观测陆标方位时的船位和陆标正横时的船位，可以在陆标的第二条方位船位线和正横方位线上，从陆标量取 D 和 $D_\perp$ 得到。

当然，如果在有风有流影响情况下，则 α 和 β 就不是陆标的舷角，而是方位线与计划航线或推算航迹线的夹角；S_L 也不应该是计程仪航程，而是推算实际航程 S；所求得的也非正横距离，而是陆标的最小距离 D_{min}。

下面介绍航海上常用的几种特殊方位移线定位方法：

1. 倍角法

若第二次观测陆标舷角 β 等于第一次观测陆标舷角 α 的 2 倍，即 $\beta = 2\alpha$，则：

$$D = S_L, \quad S_\perp = S_L \sin \beta$$

2. 四点方位法

若第一次观测陆标舷角 $\alpha = 45°$（即第四个罗经点），第二次观测陆标舷角 $\beta = 90°$，则：

$$D = D_\perp = S_L$$

3. 特殊角法

若第一次观测陆标舷角 $\alpha = 26°.5$，第二次观测陆标舷角 $\beta = 45°$，则：$D_\perp = S_L$。

航海上常用四点方位法和特殊角法来判断和预测陆标正横距离。事先在船舷设施上选择一点并做上醒目的标记，使该标记与驾驶室中艏艉线上某点的连线和艏艉线艏向相交成 $45°$。航行时，当测者位于驾驶室中该点处看到标记和陆标连成直线时，陆标的舷角即为 $45°$，记下时间和计程仪读数，等陆标正横时再记下时间和计程仪读数，便可根据计程仪航程判断陆标正横距离（$D_\perp = S_L$）。同理，如果在船舷设施上再做一能指示 $26°.5$ 舷角的标记，则可按特殊角法的原理预测陆标正横距离。

五、有准确船位后的单陆标两方位移线定位

如图 4-5-9 所示，如果船舶在 T_0 时刻获得准确船位 F 后，又在不同时刻 T_1 和 T_2 分别测得物标 M 的两条方位船位线 P_1 和 P_2，又假定船在 F 点后定向、定速航行，风的影响可忽略不计，则可以根据单标三方位求航迹向的方法，求出水流影响后的、比较可靠的移线船位和实际航迹线及平均流向、流速。

具体作图方法如下（如图4-5-9所示）：

（1）从准确船位点 F 作任意直线（为方便起见，就取真航向线 TC）交第一条方位线 P_1 于 A 点；

（2）从 A 点沿该任意直线（真航向线 TC）取 AB 满足 $FA : AB = (T_1 - T_0) : (T_2 - T_1)$，得 B 点；

（3）过 B 点作 P_1 的平行线 P_1' 交 P_2 于 RF，RF 即为 T_2 时刻的移线船位；

（4）连接 T_0 时刻准确船位点 F 与 T_2 时刻移线船位点 RF 的直线，即为实际航迹线；

（5）若根据计程仪航程在真航向 TC 线上截得 T_2 时刻的积算船位 DR，则用直线连接 DR 和 RF，从 DR 至 RF 的方向和距离即为 T_0—T_2 时间间隔内的流向和流程。

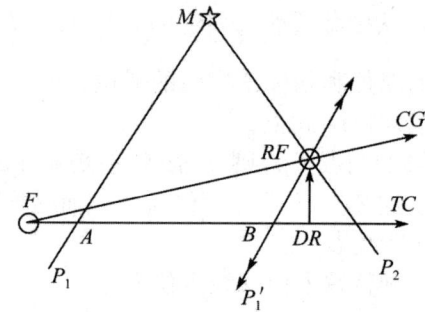

图4-5-9 有准确船位后的移线定位

项目六 最概率船位的精度估计

一、船位线误差

观测函数值为常数的几何轨迹，在数学上称为等值线。在航海实践中，驾驶员对陆标（如山头、导航台站或天体等）进行观测时，满足某一观测结果为定值的点的几何轨迹，称为船舶的位置线（Line of Position，LOP）。航海上常用的位置线有方位位置线、距离位置线、距离差位置线等。由于位置线形状复杂，在实际应用中经常取推算船位附近的一段曲线或其切线来代替位置线，这样的替代线称作船位线。

1.船位误差带

考虑到观测误差的存在，船位线只是最概率船位的轨迹。设船位线有标准误差 $\pm E$，以船位线为中心线，其左右 $\pm E$ 范围所构成的带域，称为船位标准误差带（亦称船位均方误差带）。真实船位落在1倍（ $\pm E$ ）、2倍（ $\pm 2E$ ）、3倍（ $\pm 3E$ ）船位标准误差带内的概率分别为68.3%、95.4%、99.7%。

2.位置线梯度及其误差

船位线误差即船位误差带误差也可以借用梯度的概念来描述。

（1）位置线梯度的定义

航海上，位置线梯度（Gradient）就是指位置线观测值发生变化时，位置线本身随之发生变化的剧烈程度，即观测值的变化量与其位置线位移量的比值的向量，一般用 $\vec{g}$ 表示。

如图4-6-1所示，设观测值 u 所对应的位置线为 I ，当观测值改变为 $u + \Delta u$ 时，其对应的位置线为 II 。

当测者位于第一条位置线 I 上时，其在该位置线上任何一点所对应的观测值都是不变的；当测者的位置由第一条位置线 I 移到第二条位置线 II 上时，所对应的观测值由 u 变化为 $u + \Delta u$。假设测者的位置在 A 点处，过 A 点作位置线 I 的切线 I′，并作该位置线的法线，与位置线 II 相交于 B 点，线段 AB 的距离为两条位置线对应于观测值变化量 Δu 的位移量 Δn。

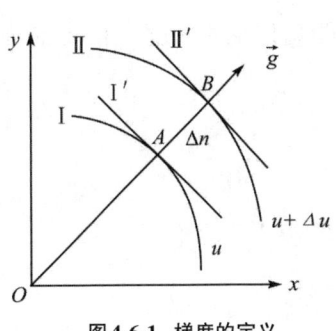

图4-6-1 梯度的定义

根据定义，该位置线梯度的模可以表示为：

$$\left| \vec{g} \right| = \frac{\Delta u}{\Delta n} \tag{4-6-1}$$

位置线梯度的方向 τ 与位置线垂直，并指向位置线观测值增大的方向。

位置线梯度在航海上主要有以下两种用途：

①截距法求天文船位线（详见后面的天文定位部分）；

②在研究定位精度时，用梯度将位置线观测值误差转换为位置线误差，从而进一步求出船位误差。

假设位置线观测值存在的误差为 $\pm m$，位置线误差为 $\pm E$，位置线梯度为 $\vec{g}$，则位置线误差 $\pm E$ 与观测值误差 $\pm m$ 及梯度 $\vec{g}$ 之间的关系为：

$$E = \frac{m}{\left|\vec{g}\right|} \qquad （4\text{-}6\text{-}2）$$

（2）几种常用位置线梯度

①方位位置线梯度

如图4-6-2所示，运动中的船舶 K，测得已知其确切位置的固定物标 M 的方位为 B，得方位位置线 I。测者与陆标 M 之间的距离为 D，当观测值 B 产生一个变量 ΔB 时，方位位置线的位移量为：

$$\Delta n = D \cdot \Delta B$$

则方位位置线梯度 $\vec{g_B}$ 的模为：

$$\left|\vec{g_B}\right| = \frac{\Delta B}{\Delta n} = \frac{\Delta B}{\frac{\pi}{180^\circ} \cdot \Delta B \cdot D} = \frac{180^\circ}{\pi \cdot D} = \frac{57^\circ.3}{D}（^\circ/\text{n mile}）$$

方位位置线梯度 $\vec{g_B}$ 的方向为：

$$\tau_B = B - 90^\circ \qquad （4\text{-}6\text{-}3）$$

②距离位置线梯度

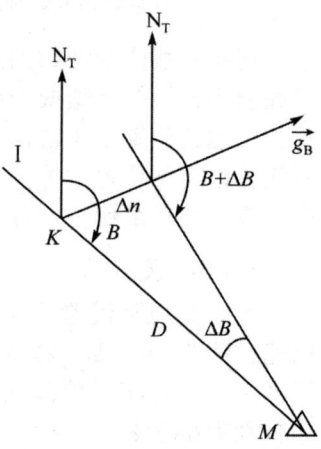

图4-6-2 方位位置线梯度

如图4-6-3所示，运动中的船舶 K，测得已知其确切位置的固定物标 M 的距离为 D，得距离位置线 I。当观测值 D 产生一个变量 ΔD 时，距离位置线的位移量为：

$$\Delta n = \Delta D$$

则距离位置线梯度 $\vec{g_D}$ 的模为：

$$\left|\vec{g_D}\right| = \frac{\Delta D}{\Delta n} = 1$$

距离位置线梯度 $\vec{g_D}$ 的方向为：

$$\tau_D = TB + 180^\circ \qquad （4\text{-}6\text{-}4）$$

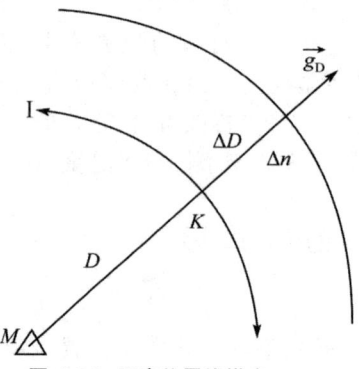

图4-6-3 距离位置线梯度

③水平夹角位置线梯度

在向量计算中已经证明：两个函数的代数和的梯度，等于这两个函数梯度的几何和。因为水平角是两个陆标的方位之差，即 $\alpha = TB_2 - TB_1$，所以水平夹角位置线梯度 $\overrightarrow{g_H}$ 为：

$$\overrightarrow{g_H} = \overrightarrow{g_2} - \overrightarrow{g_1}$$

如图 4-6-4 所示，因为

$$\left|\overrightarrow{g_1}\right| = \frac{1}{D_1}, \quad \left|\overrightarrow{g_2}\right| = \frac{1}{D_2}$$

$$
\begin{aligned}
\left|\overrightarrow{g_H}\right| &= \sqrt{\left|\overrightarrow{g_1}\right|^2 + \left|\overrightarrow{g_2}\right|^2 - 2\left|\overrightarrow{g_1}\right|\left|\overrightarrow{g_2}\right|\cos\alpha} \\
&= \frac{1}{D_1 D_2}\sqrt{D_1^2 + D_2^2 - 2D_1 D_2 \cos\alpha} \qquad (4\text{-}6\text{-}5) \\
&= \frac{d}{D_1 D_2} = \frac{\sin\alpha}{h}
\end{aligned}
$$

所以水平夹角位置线梯度的方向指向测者和两固定物标所在圆的圆心。

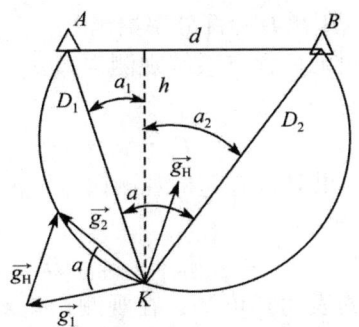

图 4-6-4 水平夹角位置线梯度

④双曲线位置线梯度

如图 4-6-5 所示，设测者测得已知其确切位置的两个陆标的距离之差 ΔD 为：

$$\Delta D = D_2 - D_1$$

与水平夹角位置线梯度的原理一样，双曲线位置线梯度 $\overrightarrow{g_H}$ 的模为：

$$\left|\overrightarrow{g_H}\right| = \sqrt{\left|\overrightarrow{g_1}\right|^2 + \left|\overrightarrow{g_2}\right|^2 - 2\left|\overrightarrow{g_1}\right|\left|\overrightarrow{g_2}\right|\cos\gamma}$$

因为

$$\left|\overrightarrow{g_1}\right| = \left|\overrightarrow{g_2}\right| = 1$$

所以

$$\left|\overrightarrow{g_H}\right| = \sqrt{2 - 2\cos\gamma} = 2\sin\frac{\gamma}{2} \qquad (4\text{-}6\text{-}6)$$

双曲线位置线梯度的方向为：

$$\tau_H = \frac{1}{2}(TB_1 + TB_2) \pm 90°$$

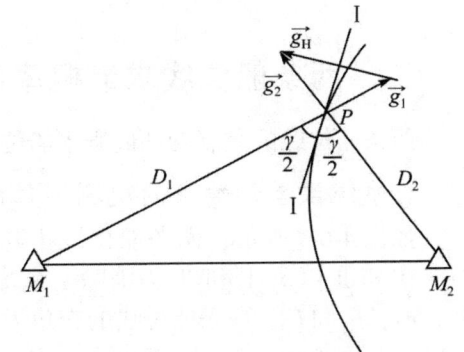

图 4-6-5 双曲线位置线梯度

3.用位置线梯度描述船位线误差

（1）方位船位线误差

如图4-6-6所示，观测某一陆标的方位，如果只含有系统观测误差 ε_B，测者与陆标的距离为 D，则根据式（4-6-3），方位船位线的系统误差 E_S 为：

$$E_S = \frac{\varepsilon_B^\circ \times D}{57^\circ.3} = \varepsilon_B^\circ \cdot D \cdot \text{arc}1^\circ \qquad （4\text{-}6\text{-}7）$$

$$\left(1^\circ \text{的弧度值} = \frac{1}{57^\circ.3} = \text{arc}1^\circ \right)$$

观测某一陆标的方位，如果只含有随机观测误差 m_B，测者与陆标的距离为 D，则方位船位线的随机误差 E_R 为：

$$E_R = \pm \frac{m_B^\circ \times D}{57^\circ.3} = \pm m_B^\circ \cdot D \cdot \text{arc}1^\circ \qquad （4\text{-}6\text{-}8）$$

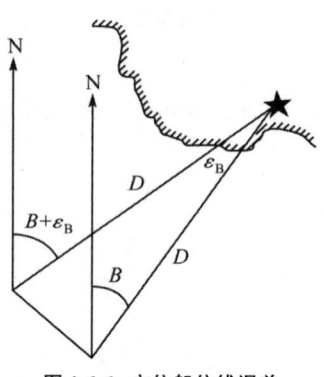

图4-6-6 方位船位线误差

由系统误差和随机误差的表达式可知，在观测误差 ε_B 或 m_B 一定的条件下，观测的陆标越近，船位线误差 E 越小，因此应尽量观测近陆标的方位来求方位船位线。

（2）距离船位线误差

距离船位线的误差通常以距离 D 的百分率给出。

观测某一陆标的距离，如果只含有系统观测误差 ε_D，测者与陆标的距离为 D，则距离船位线的系统误差 E_S 为：

$$E_S = \varepsilon_D \times D \qquad （4\text{-}6\text{-}9）$$

观测某一陆标的距离，如果只含有随机观测误差 m_D，测者与陆标的距离为 D，则距离船位线的随机误差 E_R 为：

$$E_R = \pm m_D \times D \qquad （4\text{-}6\text{-}10）$$

由系统误差和随机误差的表达式可知，在观测误差 ε_D 或 m_D 一定的条件下，观测的陆标越近，船位线误差 E 越小，因此应尽量观测近陆标的距离来求距离船位线。

（3）距离差船位线误差

距离差船位线的系统误差 E_S 为：

$$E_S = \frac{\varepsilon_{\Delta D}}{2} \csc \frac{\gamma}{2} \qquad （4\text{-}6\text{-}11）$$

距离差船位线的随机误差 E_R 为：

$$E_R = \pm \frac{m_{\Delta D}}{2} \csc \frac{\gamma}{2} \qquad （4\text{-}6\text{-}12）$$

二、两条船位线求最概率船位及其误差

两条船位线的交点就是最概率船位，该船位既含有系统误差又含有随机误差。

1.系统误差影响下的观测船位的精度

如图4-6-7所示，两条船位线Ⅰ和Ⅱ只含有系统误差，其交点为观测时刻的观测船位，Ⅰ'和Ⅱ'以及Ⅰ"和Ⅱ"为消除了系统误差 $+E_1$ 和 $+E_2$ 影响后的船位线，它们的交点为点 F_1、F_2、F_3 和 F_4，两条船位线的交角为 θ。

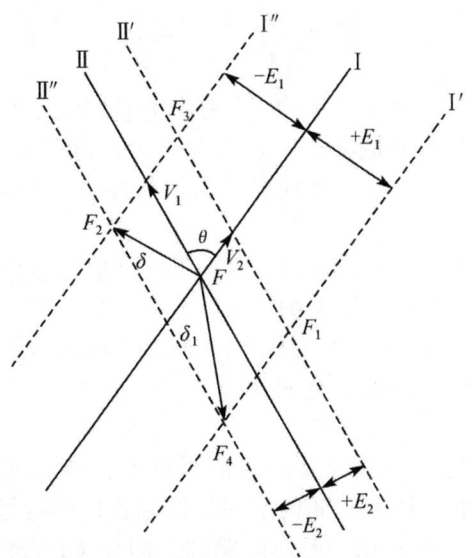

图 4-6-7　系统误差

两条船位线的向量误差分别为：

$$V_1 = \frac{E_1}{\sin\theta}, \quad V_2 = \frac{E_2}{\sin\theta}$$

若当观测时，两条船位线受到同向误差的影响，即两条船位线的误差同为正值，或同为负值，则实际的船位在 F_1 和 F_2 点，船位误差为 δ，其值为：

$$\delta = \frac{1}{\sin\theta}\sqrt{E_1^2 + E_2^2 - 2E_1E_2\cos\theta} \qquad (4\text{-}6\text{-}13)$$

如果两条船位线的误差值相等，即 $E_1 = E_2 = E$，则上述两个公式可简化为：

$$\delta = \frac{E}{\sin\theta\sqrt{2(1-\cos\theta)}} E\sec\frac{\theta}{2} \qquad (4\text{-}6\text{-}14)$$

将式（4-6-3）、式（4-6-4）代入式（4-6-14）可得：

两方位船位线定位，船位系统误差

$$\delta_B = \frac{\varepsilon_B^\circ}{57^\circ.3\sin\theta}\sqrt{D_1^2 + D_2^2 - 2D_1D_2\cos\theta} \qquad (4\text{-}6\text{-}15)$$

两距离船位线定位，船位系统误差

$$\delta_D = \frac{\varepsilon_D}{\sin\theta}\sqrt{D_1^2 + D_2^2 - 2D_1D_2\cos\theta} \qquad (4\text{-}6\text{-}16)$$

2.随机误差影响下的观测船位的精度

从随机误差的角度而言，同时观测的两条船位线的交点即为最概率船位（最接近真实船位的船位），其误差可以采用标准误差四边形、标准误差椭圆或标准误差圆来评定。

（1）标准误差四边形

由同时测得的两条船位线之船位误差带所构成的平行四边形，称为误差四边形。如图 4-6-8 所示，假设测者利用两条船位线进行定位，测得两条船位线 Ⅰ 和 Ⅱ，其交点 F 点即为观测获得的最概率船位。如果在观测过程中存在着随机误差，观测值的标准误差分别为 m_1 和 m_2，则由随机误差造成的船位线的误差 E_1 和 E_2 分别为：

$$E_1 = \frac{m_1}{|\overrightarrow{g_1}|}, \quad E_2 = \frac{m_2}{|\overrightarrow{g_2}|}$$

根据两条船位线的随机误差 $\pm E_1$ 和 $\pm E_2$ 分别作出船位线 I 和 II 的船位误差带，可以得到一个以最概率船位 F 点为中心的平行四边形，称为标准误差四边形，如图4-6-8中的四边形 $ABCD$。根据误差理论得知，观测时真实船位落在该（1倍船位线标准误差）四边形内的概率为46.6%。

以2倍船位线标准误差（$\pm 2E_1$ 和 $\pm 2E_2$）作出的误差四边形，称为2倍标准误差四边形。真实船位落在该四边形内的概率为91.1%。

以3倍船位线标准误差（$\pm 3E_1$ 和 $\pm 3E_2$）作出的误差四边形，称为3倍标准误差四边形。真实船位落在该四边形内的概率为99.5%。

（2）标准误差椭圆

根据误差理论可以证明，标准误差四边形周界上各点出现真实船位的概率是不均等的，即误差界为非等概率的。而真实船位落在最概率船位附近等概率密度点的轨迹是一椭圆族，其中以船位线标准误差（$\pm E$）所作的椭圆，即与（1倍船位线标准误差）四边形相内切的误差椭圆，称为标准误差椭圆，又称均方误差椭圆（如图4-6-8所示）。真实船位落在标准误差椭圆内的概率为39.4%。

以2倍船位线标准误差（$\pm 2E_1$ 和 $\pm 2E_2$）所作的椭圆，称为2倍标准误差椭圆。真实船位落在2倍标准误差椭圆内的概率为86.5%。

以3倍船位线标准误差（$\pm 3E_1$ 和 $\pm 3E_2$）所作的椭圆，称为3倍标准误差椭圆。真实船位落在3倍标准误差椭圆内的概率为98.9%。

观测标准误差椭圆，由于其图形周界上各点出现真实船位的概率为等值，能够反映观测船位误差的大小和方向，是最为理想的反映观测船位精度的误差图形。但是，由于它的绘制复杂，在实际航海中较少使用，常用的误差图形是标准误差圆。

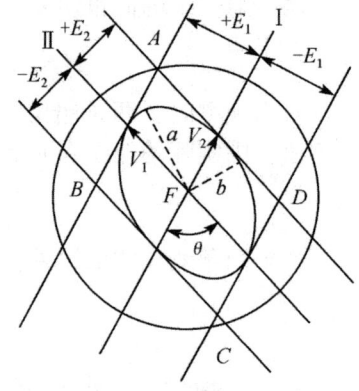

图4-6-8　随机误差

（3）标准误差圆

标准误差圆又称均方误差圆，是标准误差四边形的外接圆（如图4-6-8所示）。标准误差圆是航海实践中用来代替标准误差椭圆评定随机误差影响下船位精度的最为常用的图形。但当两条船位线的误差差别较大，或者船位线的夹角较小时，一般用标准误差四边形而不宜用标准误差圆。标准误差圆具有作图简便、直观和在标准误差圆内真实船位出现的概率大等优点，但它无法反映误差的方向。

所谓的标准误差圆，是以最概率船位点 F 为圆心，以 $M = \sqrt{a^2 + b^2}$ 为半径所作的圆，如图4-6-8所示。

因为

$$a + b = \sqrt{V_1^2 + V_2^2 + 2V_1V_2\sin\theta}$$

$$a - b = \sqrt{V_1^2 + V_2^2 - 2V_1V_2\sin\theta}$$

所以

$$a^2 + b^2 = V_1^2 + V_2^2 = \left(\frac{E_1}{\sin\theta}\right)^2 + \left(\frac{E_2}{\sin\theta}\right)^2$$

即

$$M = \frac{1}{\sin\theta}\sqrt{E_1^2 + E_2^2} = \frac{1}{\sin\theta}\sqrt{\frac{m_1^2}{|\overrightarrow{g_1}|^2} + \frac{m_2^2}{|\overrightarrow{g_2}|^2}} \qquad (4\text{-}6\text{-}17)$$

从上式中可以看出，为了减小观测船位的均方误差（即均方误差圆半径）M，应该：
①尽量使两位置线的交角接近90°；
②尽量减小观测值的标准误差m_1和m_2。

真实船位在观测船位均方误差圆内的概率值是一个变量，它是随着标准误差椭圆的长短半轴的比值b/a的变化而变化的。表4-6-1所列为不同b/a值的均方误差圆的概率值p。

表4-6-1 不同b/a值的均方误差圆的概率值

b/a	0	0.1	0.3	0.5	0.7	0.9	1.0
$p(\%)$	68.3	68.2	67.7	66.3	64.3	63.3	63.2

（4）三种观测船位标准误差图形的比较

①在评定船位精度方面，误差椭圆是最为精确和最有利的图形，误差四边形次之。误差椭圆和误差四边形均能反映误差的方向，误差圆无法反映误差的方向。

②在作图方面，误差圆作图简易和方便，误差椭圆作图最为复杂，因而实际航海中误差圆是最为常用的。为了表征误差的方向，有时也用误差四边形来评定船位精度。

③在真实船位出现的概率方面，误差圆的概率最大，其次为误差四边形，误差椭圆的概率最小，因为在同样1倍标准误差圆、椭圆和四边形中，误差圆的面积最大。若将三种图形的面积画成同样大小，船位出现在误差椭圆内的概率最大，误差四边形次之，误差圆最小。

三、三条船位线定位及其船位误差

如果测者能够同时测得三条船位线进行观测定位，因误差的存在，通常三条船位线交出一个三角形，称为船位误差三角形。

1.系统误差三角形的处理

如果三条船位线只含有系统误差，得到的误差三角形称为系统误差三角形。

如图4-6-9所示，测者同时测得的三条位置线Ⅰ、Ⅱ和Ⅲ，相交成一个误差三角形。若三条位置线都存在系统误差，消除误差后的观测船位位于F点。F点到三条位置线的距离分别为E_1、E_2和E_3，其值分别为：

$$E_1 = \frac{\varepsilon_1}{|\overrightarrow{g_1}|},\ E_2 = \frac{\varepsilon_2}{|\overrightarrow{g_2}|},\ E_3 = \frac{\varepsilon_3}{|\overrightarrow{g_3}|}$$

实际船位F点可根据各条船位线的误差值E_1、E_2和E_3运用图解的方法求出。若$E_1 = E_2 = E_3$，即三条船位线的系统误差相等，则消除了系统误差后的船位点应该在误差三角形的内心或旁心上，即：

（1）当三条船位线的方向（即位置线梯度的方向）在平面上的分布范围大于180°时，实际船位点在三角形的内心上，如图4-6-9所示。

（2）当三条船位线的方向在平面上的分布范围小于180°时，实际船位点在三角形的一个旁心上，如图4-6-10所示。Ⅰ、Ⅱ和Ⅲ为三条船位线，箭头的方向为船位线的方向，即位置线梯度的方向。此图中三条船位线的方向在平面上的分布范围小于180°，消除系统误差后的准确船位应在三角形的一个旁心上。至于说在哪一个旁心上，可以按照下述方法判断：将三角形的三边向同一方向移动同样的距离后，交成了一个新的三角形；将新三角形与原三角形的对应顶点连接起来，三条连线的交点就是所求的旁心。

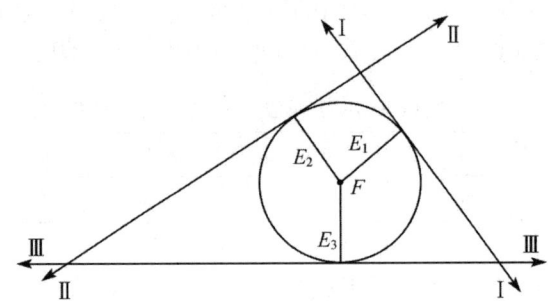

图4-6-9　船位在内心上

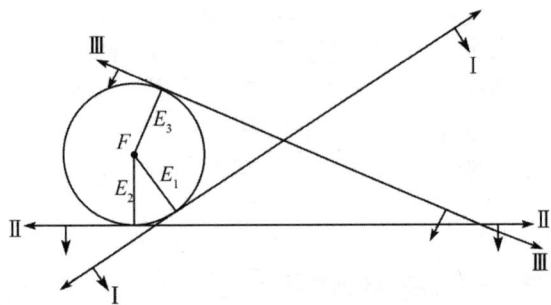

图4-6-10　船位在旁心上

2.偶然误差三角形的处理

如果三条船位线只含有偶然误差，得到误差三角形称为偶然误差三角形。

（1）求最概率船位

当利用三条位置线进行定位时，三条船位线将相交成一个误差三角形，如图4-6-11中的三角形 ABC。图中的虚线为三角形的一条边的中线，取 $\theta_1 = \theta_2$。

作出 AB 边的反中线，对三条边所作出的三条反中线应相交于一点 F。若该三角形主要是由于观测中存在着随机误差而引起的，三条船位线又是在等精度情况下测得的，则观测时的最概率船位应该处在三角形的三条反中线的交点，即图中的 F 点。

（2）求最概率船位的误差

通常用船位误差圆来描述最概率船位的误差。以最概率船位为圆心，船位误差圆的半径为：

$$R = \sqrt{\frac{E_1^2 E_2^2 + E_2^2 E_3^2 + E_3^2 E_1^2}{E_3^2 \sin\alpha + E_2^2 \sin(\alpha + \beta) + E_1^2 \sin\beta}}$$　　（4-6-18）

式中：E_1、E_2、E_3——三条船位线的随机误差；

　　　　α、β——相邻两条船位线的交角。

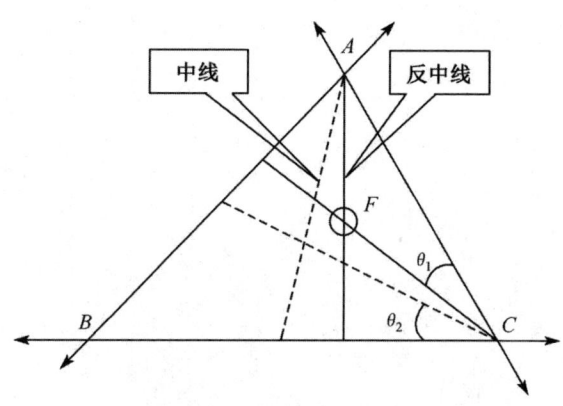

图 4-6-11　求最概率船位

模块五 天文定位

天文航海（Celestial Navigation）是船舶在海上使用的最早的导航定位方法，19世纪在航海实践中得到了广泛的应用。即使在无线电导航系统迅猛发展的今天，天文航海仍然是船舶在大洋航行中的主要导航方法之一，是船舶安全航行的可靠保证，因此，受到广大海员的重视。IMO 在 STCW 78/10 公约中要求，天文航海是船舶驾驶员的必修项目。中华人民共和国海事局规定，天文航海是船舶驾驶员适任证书评估与考试的重要内容。

项目一 天球坐标

天球坐标是用于确定天体在天空中位置的坐标系统，是研究天文航海的基础。利用天体测定船位，首先需要确定天体的位置，了解天球和天球坐标，建立测者与天体相对应的关系；其次需要借助于球面三角形公式，利用有关航海表册或计算机（器），求得天体的相关坐标，以达到获得船位的目的。

一、天球坐标系

与地球上用纬度和经度来确定某点位置相类似，确定天体在天球上位置的球面坐标系称为天球坐标系。由于采用的原点和基准大圆不同，天球坐标系可分为赤道坐标系和地平坐标系。

1. 天球（Celestial Sphere）

人们仰望天空，会觉得天空像一个倒扣过来的半球形。日、月、恒星和行星，无论离我们或远或近，都好像分布在这个等距离的球面上，而地球恰似位于这个半球的球心。

因此，为了研究问题方便，我们定义以地心为球心、以无限长为半径所作的球面叫天球。所有天体都分布在天球内，它们在天球球面上的位置称为天体位置，即延长地心与天体的连线交于天球球面上的一点。

2. 天球上的点、线、圈

建立天球坐标系，首先要确定天球上的一些点、线、圈。由于可以把天球看成是由地球圆球体表面无限扩展而形成的，因此天球上的点、线、圈都可以看作地球上的点、线、圈在天球上的投影，两者有着一一对应的关系，只是在命名上有些差异。它们之间的对应关系如表5-1-1所示。

表5-1-1　天球上的点、线、圈与地球上的点、线、圈对应表

地球	地轴	北极	南极	赤道	纬度圈	经线圈	格林经线	测者所在经线
天球	天轴	天北极	天南极	天赤道	赤纬圈	时圈	格林午圈	测者午圈

（1）天轴和天极

地轴两端无限延长到天球上，与天球相交的两点称为天极（Celestial Pole），对应于地北极的一点称为天北极 P_N，对应于地南极的一点称为天南极 P_S，连接 P_N 与 P_S 的直线称为天轴（Celestial Axis），如图5-1-1所示。

（2）天赤道

地球赤道平面无限扩展到天球上，与天球相交成的大圆称为天赤道（Celestial Equator），如图5-1-1中垂直于天轴的大圆 QQ'。天赤道把天球等分成北天半球和南天半球。天赤道上任意一点到两天极的球面距离为 $90°$。

（3）测者天顶、天底和真地平圈

视地球为均匀圆球体，地面上的某一点 A 与地心 O 的连线即是该点的铅垂线。

测者铅垂线无限延伸到天球上，与天球相交于两点，一点是测者天顶（Zenith）（如图5-1-1中 Z 所示），另一点是测者天底（Nadir）（如图5-1-1中 Z' 所示）。

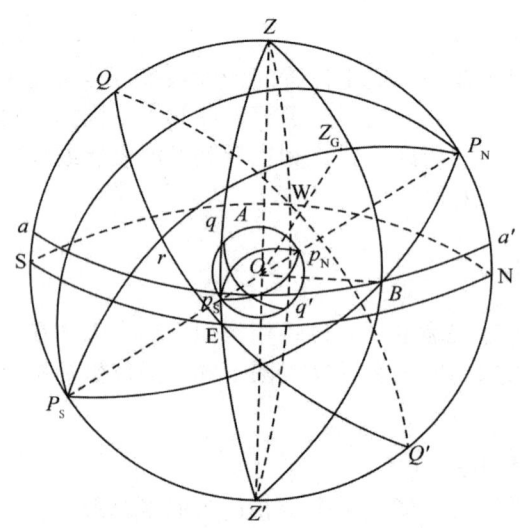

图5-1-1　真地平圈为水平面的天球图

通过地心且垂直于测者铅垂线的平面与天球截得的大圆 NESW 称为测者真地平圈或地心真地平圈（Celestial Horizon）。测者真地平圈把天球等分为上天半球和下天半球。真地平圈上任意一点到天顶或天底的球面距离均为 90°。

（4）测者子午圈和格林子午圈

过测者天顶、天底和两天极的大圆 $P_N Z P_S Z'$ 称为测者子午圈（Observers Meridian）。两天极之间包含测者天顶的半个大圆 $P_N Z P_S$ 称为测者午圈；两天极之间包含测者天底的半个大圆 $P_N Z' P_S$ 称为测者子圈（如图 5-1-1 所示）。

过格林天顶、天底和两天极的大圆称为格林子午圈（Greenwich Meridian）。两天极之间包含格林天顶的半个大圆称为格林午圈，它与格林经线（0°经线）相对应；两天极之间包含格林天底的半个大圆称为格林子圈，它与 180°经线相对应。

（5）天体方位圈

过天顶 Z、天底 Z' 和天体 B 的半个大圆 ZBZ' 称为天体方位圈（Vertical Circle），又称天体垂直圈，它与测者真地平圈垂直。过东、西两点的方位圈 $ZWZ'E$ 称为东西大圆（Prime Vertical Circle），又称卯酉圈，它与测者子午圈垂直（如图 5-1-1 所示）。

（6）天体高度平行圈

如图 5-1-1 所示，过天体 B 且平行于真地平圈的小圆 aBa' 称为天体高度平行圈（Parallel of Altitude）。

（7）方位基点

方位基点（Cardinal Points）又称四方位点。测者子午圈与真地平圈相交于两点，靠近天北极 P_N 的一点称为真地平圈的北点（North Point），用 N 表示；靠近天南极 P_S 的一点称为真地平圈的南点（South Point），用 S 表示。真地平圈与天赤道相交的两点，分别是真地平圈的东点（East Point）和西点（West Point），分别用 E 和 W 表示。四个方位基点又将真地平圈分成 NE、NW、SE、SW 四个象限，每一个象限为 90°。

（8）仰极和俯极

测者真地平圈以上的天极称为仰极（Elevated Pole），即与测者纬度同名的天极（仰极高度等于测者纬度）。测者真地平圈以下的天极称为俯极（Depressed Pole）。因此，对北半球的测者来说，仰极是 P_N，俯极是 P_S；对南半球的测者来说，仰极是 P_S，俯极是 P_N。

（9）春分点和秋分点

地球绕太阳公转的轨道平面与天球相交的大圆称为黄道（Ecliptic），黄道与天赤道成 23°27′.0 的交角称为黄赤交角 ε（如图 5-1-2 所示）。天赤道与黄道在天球上相交于两点，一点称为春分点 ♈（Vernal Equinox），另一点称为秋分点 ♎（Autumnal Equinox）。春分点 ♈ 是天球坐标系的一个原点，位于天赤道上。

（10）天体时圈和春分点时圈

过两天极和天体的半个大圆 $P_N B P_S$ 称为天体时圈（Hour Circle）（如图 5-1-2 所示）。过两天极和春分点的半个大圆 $P_N ♈ P_S$ 称为春分点时圈（Hour Circle of Vernal Equinox）。

（11）天体赤纬圈

过天体 B 和天赤道平行的小圆 DBD' 称为天体赤纬圈（Parallel of Declination），又称天体周日平行圈，它和地球上的纬度圈 dbd' 相对应（如图 5-1-2 所示）。

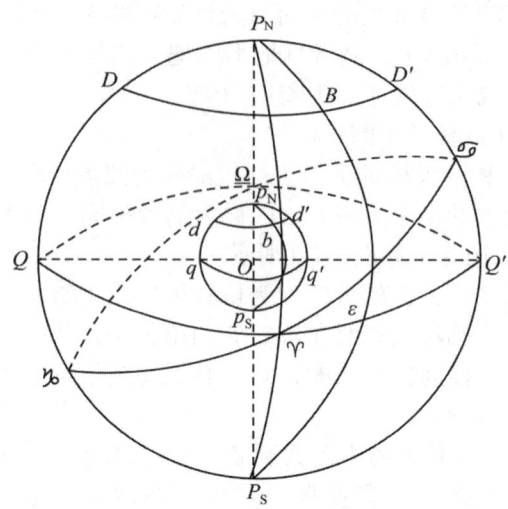

图 5-1-2　天赤道为水平面的天球图

3. 第一赤道坐标系

要确定天体在天球上的位置或要说明天球上某一点的位置，航海上经常采用天赤道坐标和地平坐标。一般在空间坐标系中确定一点的位置需要三个坐标，但是，在航海上我们所关心的只是天体的方向而不是它的距离，所以我们只需要两个量来确定。

在第一赤道坐标系（First Celestial Equator System of Coordinates）中，采用天赤道 QQ' 为基准圆，如图 5-1-3 所示。该坐标系以格林（或测者）午圈和天赤道的交点 Q_G（或 Q）为原点，以天北极 P_N 为基准极。因为其坐标是时角和赤纬，所以又称之为时角坐标系。

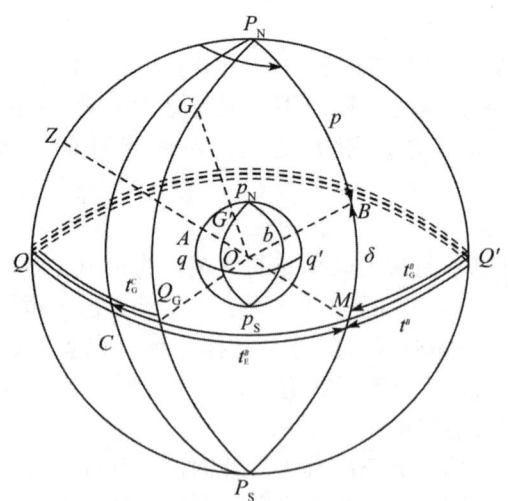

图 5-1-3　第一赤道坐标系

（1）天体赤纬

天体赤纬（Declination）用 δ 或 Dec 表示，是天赤道与天体中心在天体时圈上所夹的大圆弧，自天赤道起沿天体时圈向北或向南度量至天体中心，范围是 $0° \sim 90°$。天体在北天半球的，赤纬命名为北（N）；天体在南半天球的，赤纬命名为南（S）。

　　天体赤纬的另一种表示方法为极距（Polar Distance），用 p 表示。极距是天体中心与仰极在天体时圈上所夹的弧距，自仰极起沿天体时圈度量至天体中心，范围是 $0°\sim180°$。其值为：$p = 90° \pm \delta$（赤纬与纬度异名取"+"，同名取"–"）。如图 5-1-3 所示，弧 MB 和弧 $P_N B$ 分别为天体 B 的赤纬和极距。

　　（2）天体时角

　　测者午圈或格林午圈与天体时圈在天赤道上所夹的弧距称为时角。由于起算点的不同，时角又分为地方时角和格林时角。

　　① 天体地方时角（Local Hour Angle）

　　天体地方时角是测者午圈与天体时圈在天赤道上所夹的弧距，用 t 或 LHA 表示。其度量方法分为圆周法和半圆法。

　　a. 圆周法

　　圆周法是从测者午圈开始沿天赤道向西度量至天体时圈，范围是 $0°\sim360°$，不需命名。如图 5-1-3 所示，天体 B 的圆周地方时角 t^B = 弧 $QQ'M$。

　　b. 半圆法

　　半圆法是从测者午圈开始沿天赤道分别向东或向西度量至天体时圈，范围是 $0°\sim180°$，必须命名为 E 或 W。如图 5-1-3 所示，天体 B 的半圆地方时角 t_E^B = 弧 $QQ_G M$。

　　c. 两种算法的关系

　　设 t 为圆周时角，则有：

　　当 $t < 180°$ 时，圆周时角=半圆时角（W）；

　　当 $180° < t < 360°$ 时，$360° -$ 圆周时角 = 半圆时角（E）；

　　当 $t > 360°$ 时，要从 t 中减去 $360°$，所得值仍为西向时角。

　　凡是未命名的天体地方时角均应视为西向时角。

　　② 天体格林时角（Greenwich Hour Angle）

　　天体格林时角是格林午圈与天体时圈在天赤道上所夹的弧距，也可定义为在仰极处从格林午圈向西度量至天体时圈的球面角，用 t_G 或 GHA 表示。其度量方法为从格林午圈起沿天赤道向西量至天体时圈，范围是 $0°\sim360°$。如图 5-1-3 所示，天体 B 的格林时角 t_G^B = 弧 $Q_G QQ'M$。

　　③天体地方时角与天体格林时角的换算

　　天体地方时角由测者午圈起算，而天体格林时角由格林午圈起算。当测者经度为东经时，天体地方时角等于天体格林时角加上测者经度；当测者经度为西经时，天体地方时角等于天体格林时角减去测者经度，所得天体地方时角都为西向时角。天体圆周地方时角与天体格林时角的换算关系为：

$$地方时角 t = 格林时角 t_G \pm \lambda_W^E \qquad (5\text{-}1\text{-}1)$$

　　天体赤纬和天体格林时角，可以日期和世界时为引数，在《航海天文历》（Nautical Almanac）中查得。

例5-1-1 已知 $GHA = 288°20'.0$，测者经度 $\lambda = 128°20'.0E$，求 t。

解：

t_G	$228°20'.0$	
λ^E	$128°20'.0$	
t	$416°40'.0$	（超过360°，应减360°）
	$056°40'.0$	（仍为西时角）

例5-1-2 已知 $GHA = 068°33'.6$，测者经度 $\lambda = 105°30'.0W$，求 t。

解：

t_G	$068°33'.6$	（不够减，加360°）
λ^E	$106°30'.0$	
t	$323°03'.6$	（仍为西时角）
	$036°56'.4E$	（半圆法为东时角）

例5-1-3 已知测者经度 $\lambda = 146°12'.1E$，$LHA = 068°33'.6$，求 t_G。

解：

t	$068°33'.6$	（不够减，加360°）
λ^E	$146°12'.1$	
t_G	$282°21'.5$	（仍为西时角）

（3）天体地理位置 P_G

如图5-1-3所示，天体在天球上的位置 B 和地心 O 的连线，与地球表面的交点 b（P_G）称为天体地理位置（Geographical Position）。天体地理位置的纬度和经度，可以用天体的赤纬和格林时角来确定：

$$纬度 \varphi = 天体赤纬 \delta$$
$$经度 \lambda = 360° - t_G \quad （t_G > 180°，为东经）$$
$$经度 \lambda = t_G \quad （t_G \leq 180°，为西经）$$

例5-1-4 已知测者经度 $\lambda = 120°12'.0E$，$LHA = 168°30'.0E$，$\delta = 20°12'.0N$，求天体地理位置。

解：

天体地理位置纬度 $\varphi = \delta = 20°12'.0N$，而

t	$168°30'.0$
λ^E	$120°12'.0$
t_G	$288°42'.0$

所以天体地理位置经度 $\lambda = 360° - t_G = 360° - 288°42'.0 = 071°18'.0E$

由于赤纬平行圈平行于天赤道，所以赤纬不受地球自转的影响，而时角是由测者（格林）午圈起算的，其随着地球的自转而转动，所以时角随着地球的自转时刻在变化。因此，用第一赤道坐标系确定的天体位置是瞬间位置。为使天球坐标与地球自转无关，引进了第二赤道坐标系。

4.第二赤道坐标系

第二赤道坐标系（Second Celestial Equator System of Coordinates）是以天赤道为基准

圆，以春分点Υ为原点，以天北极P_N为基准极的天球坐标系。其坐标是赤纬和赤经。第二赤道坐标系又称春分点坐标系，如图5-1-4所示。

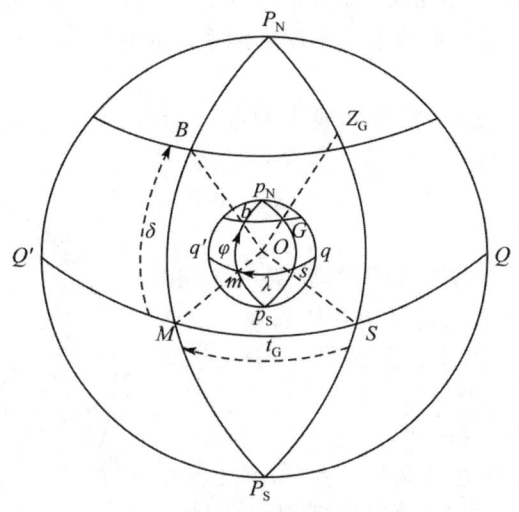

图 5-1-4　第二赤道坐标系

（1）天体赤纬

定义同第一赤道坐标系。该坐标的另外一种表示方法为极距p，其定义也与第一赤道坐标系相同。

（2）天体赤经

天体赤经（Right Ascension），用α或RA表示，是从春分点Υ开始起算，沿天赤道向东量到天体时圈的弧距，范围是$0°\sim360°$。

该坐标的另一种表示方法为天体共轭赤经（Sidereal Hour Angle），用α'或SHA表示，是从春分点Υ开始起算，沿天赤道向西量到天体时圈的弧距，范围是$0°\sim360°$。

同一个天体的赤经和共轭赤经计量的起算点和终点都是相同的，只是计算方向相反，所以两者的关系式是共轭的，即

$$\alpha + \alpha' = 360° \tag{5-1-2}$$

因为春分点在天球上的位置基本不变（变化非常缓慢），可以视为天赤道上的一颗恒星，它与各恒星间相互位置基本固定，所以各恒星的赤纬和赤经（或共轭赤经）也基本保持不变，因此用第二赤道坐标系的坐标表示天体的位置与地球的自转无关。

（3）第一、第二赤道坐标系的坐标换算

第一、第二赤道坐标系的赤纬相同。而天体的格林时角和共轭赤经度量的终点均为天体时圈，相差的只是起点格林午圈与春分点时圈在天赤道上所夹的一段弧距，该弧距称为春分点格林时角。其定义为：从格林午圈起，沿天赤道向西度量至春分点时圈的弧距，范围是$0°\sim360°$。

从图5-1-4中可以看出，天体B的格林时角等于春分点格林时角与天体共轭赤经之和。因此，天体时角与赤经和共轭赤经之间的关系表达式为：

$$t_G^* = t_G^\gamma + \alpha'$$
$$t_G^* = t_G^\gamma - \alpha \tag{5-1-3}$$

$$t = t_G^{\text{Υ}} + \alpha' \pm \lambda_W^E \qquad\qquad (5\text{-}1\text{-}4)$$

5. 地平坐标系

地平坐标系（Horizon System of Coordinates）是以真地平圈为基准圈，以北点N（或南点S）为原点，以天北极P_N为基准极的天球坐标系。其坐标为天体高度和天体方位。

（1）天体高度

天体高度（Altitude）是由测者真地平圈起，沿天体方位圈量到天体中心的大圆弧距，范围是$0°\sim90°$。用h或ALT表示。天体在上半天球，天体高度为正（+）；天体在下天半球，天体高度为负（−）。

该坐标的另一种表示方法为天体顶距（Zenith Distance），用z表示，是从测者天顶开始起算，沿天体方位圈量到天体中心的弧距，范围是$0°\sim180°$。显然，对于在地平上的同一天体，有：

$$h + z = 90°$$

如图5-1-5所示，天体B的高度$h = $弧$KB$，顶距$z = $弧$ZB$。从图5-1-5中还可以看出：弧$NP_N$为仰极（$P_N$）高度$h_{P_N}$，弧$QZ$等于测者纬度$\varphi$，则有：

$$h_{P_N} = \varphi$$

即仰极高度等于测者纬度。

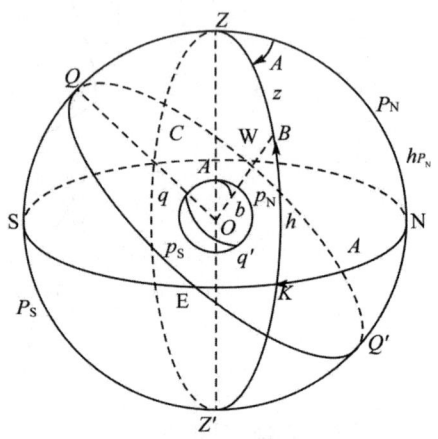

图5-1-5　地平坐标系

（2）天体方位

天体方位（Azimuth）是测者子午圈和天体方位圈在真地平圈上所夹的一段弧距NK，也等于该弧距所对的球面角$\angle NZK$，用A表示。

天体方位有两种算法：

①圆周法

圆周法是从北N点开始（北半球测者从子圈，南半球测者从午圈），沿真地平圈顺时针度量至天体方位圈，范围是$0°\sim360°$。天体方位也可以定义为在测者天顶处，测者子圈与天体方位圈所夹的球面角。

②半圆法

半圆法是从北N点（北半球测者）或从南S点（南半球测者）开始，沿真地平圈分别向东或向西度量至天体方位圈，范围是$0°\sim180°$。量取的方位必须命名：北半球测者，观测的天体在东半天时方位命名为NE，观测的天体在西半天时方位命名为NW；南半球测者，观测的天体在东半天时方位命名为SE，观测的天体在西半天时方位命名为SW。

例如图5-1-5中的天体B和天体C，它们的半圆方位分别是：

$$A_B = 060°\text{NE}$$
$$A_C = 120°\text{NW}$$

③圆周方位与半圆方位的换算

对于北纬测者：

$$\text{半圆方位}A^{\text{NE}} = \text{圆周方位}A$$
$$360° - \text{半圆方位}A^{\text{NW}} = \text{圆周方位}A$$

对于南纬测者：

$$180° - 半圆方位 A^{SE} = 圆周方位 A$$

$$180° + 半圆方位 A^{SW} = 圆周方位 A$$

利用地平坐标系确定天体位置比较直观，由于地球自转，任一天体的高度和方位是时刻在改变的，而对于不同地点的测者，同一天体的地平坐标也是不一样的。

二、天球坐标变换

一个天体在天球上的位置可以用任何一种天球坐标系的一对坐标表示，而不同坐标系的几对坐标之间通过天文三角形可以互相变换。

1.天文三角形

天文三角形（Astronomical Triangle）是由测者午圈、天体时圈和天体方位圈在天球上所构成的球面三角形。如图 5-1-6 所示，$P_N Z P_S$ 是测者午圈；$P_N B P_S$ 是天体时圈；ZBZ' 是天体方位圈。

天文三角形的三个顶点是：

①仰极 P_N；

②天顶 Z；

③天体 B。

天文三角形的三个内角是：

①半圆方位角 $A = \angle P_N ZB$；

②半圆地方时角 $LHA = \angle ZP_N B$；

③位置角 $X = \angle P_N BZ$。

天文三角形的三条边是：

①余纬 $= 90° - \varphi$；

②极距 $= 90° - \delta$；

③天顶距 $= 90° - h$。

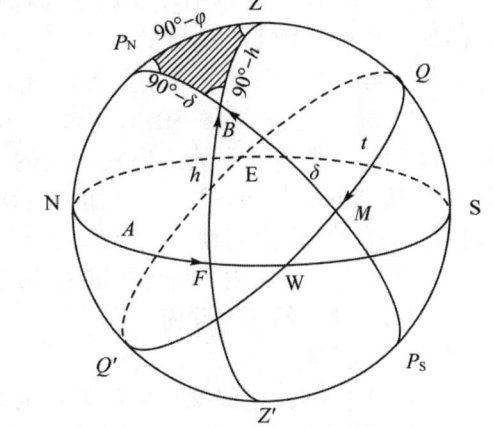

图 5-1-6 天文球面三角形

天文三角形的三边和三角称为天文三角形的六要素，任一要素均在 $0° \sim 180°$ 范围内。若已知其中的三要素，将其代入球面三角形公式，便可解出其余要素。

2.解算天文三角形

（1）求天体计算高度 h 和计算方位 A 的计算公式

在天文定位中，根据测者纬度 φ、天体赤纬 δ 和天体地方时角 t，即已知天文三角形的两边（$90° - \varphi$）、（$90° - \delta$）及其夹角 t，由球面三角形的余弦公式和四联公式，可求得天体高度 h 和天体方位 A 的公式如下：

$$\sin h = \sin \varphi \sin \delta + \cos \varphi \cos \delta \cos t \qquad (5\text{-}1\text{-}5)$$

$$\cot A = \sin \delta \cos \varphi \csc t - \sin \varphi \cot t \qquad (5\text{-}1\text{-}6)$$

若已知条件与上述相同，由余弦公式求得天体高度 h 后，问题即可转化为已知三边求角，由下列余弦公式也可求得天体方位 A 的公式：

$$\cos A = \frac{\sin \delta}{\cos \varphi \cos h} - \tan \varphi \tan h \qquad (5\text{-}1\text{-}7)$$

用余弦公式求天体方位 A，适用于计算机或计算器，因为公式中的 h 是计算机解出的，已具有足够的精度，不会进一步影响方位A的解算，而且按反余弦求角，取值$0°\sim180°$很方便。

（2）解算天文三角形时的注意事项

①测者纬度φ，不论是北纬还是南纬，一律取正值。

②天体赤纬δ，与测者纬度同名时取正值；与测者纬度异名时取负值。

③天体地方时角t为半圆时角，不论是东行的还是西行的，一律取正值。

④$\sin h$值为正（＋）时，天体高度h取小于$90°$的正值；$\sin h$值为负（－）时，天体高度h取小于$90°$的负值。

⑤天体方位A为半圆方位角，第一名称与测者纬度同名，第二名称与半圆地方时角同名，取值范围是$0°\sim180°$。

（3）利用三角函数计算器求天体计算高度h_c和计算方位A_c

函数计算器的型号很多，但基本功能是相似的。一般函数计算器具有三角函数、反三角函数以及数学运算等各种功能，用来解算天文三角是非常方便的。

现以SHARP EL-506H型（以下简称EL型）函数计算器为例加以说明。计算器在开机后即处在角度"DEG"的计算状态下，角度的输入方式以度为单位。在天文三角形中，边、角都是以度、分及分的小数形式给出的，必须转换成十进制的度进行函数运算。例如$45°36'.2$，输入方式：45→DEG→3612→DEG，显示$45°.6$。当然，用反函数求得的角度值，也是以十进制的小数度形式输出的，还要转换成六十进制的度、分、秒形式。对于EL型，按"2ndF→DMS"键，角度显示结果的分、秒不做分项显示，需根据小数点后位数自行判别。航海上习惯将显示的六十进制的秒，通过心算转换成十进制的分。在进行计算时，还需要经常使用下列各按键来完成各种运算。

"CE"键：局部清除键，用于在计算过程中清除显示器上误操作的数据，将不会影响整个运算过程。

"x→M"键：存储键，可将显示的数据存入存储器中，并且将原存储器里的数据清除掉，用于存储计算过程中常用到的数据或待用的计算结果等。

"RM"键：存储重新显示键，用于提取存储器中的数据进行运算。

"1/x"键：倒数键，可求$\cot x = \dfrac{1}{\tan x}$，$\sec x = \dfrac{1}{\cos x}$，$\csc x = \dfrac{1}{\sin x}$。在三角函数式子中，经常采用乘变除或除变乘的方法来计算$\cot x$、$\sec x$和$\csc x$。

例 5-1-5 已知$\varphi = 35°19'.8N$，$\delta = 21°39'.2N$，$t = 36°43'.7W$，求天体高度h_c和方位A_c。

解：

$$\sin h = \sin\varphi \sin\delta + \cos\varphi \cos\delta \cos t$$

EL型　35.1948→DEG→sin→×→21.3912→DEG→sin→+35.1948→DEG→cos →×→

　　　21.3912→DEG→cos→×→36.4342→DEG→cos→=→2ndF→sin→2ndF→DMS

显示　$55.11476 \approx 55°11'48'' \approx 55°11'.8$

所以　$h_c = 55°11'.8$

$$\cos A_c = \frac{\sin\delta}{\cos\varphi \cos h} - \tan\varphi \tan h$$

　　21.3912→DEG→sin→÷→35.1948→DEG→cos→÷→55.1148→DEG→cos→－→

　　35.1948→DEG→tan→×→55.1148→DEG→tan→=→2ndF→cos→2ndF→DMS

显示　103.08223 ≈ 103°08′22″ ≈ 103.°1（精确到0.°1）

所以　A_c＝103.1NW

3.天球作图

天体在天球上的位置可用赤道坐标（又称时角坐标）或地平坐标表示。在实际工作中，常常用《航海天文历》查得赤道坐标值——天体赤纬δ和天体格林时角t_G，通过与测者推算船位的换算求得天体地方时角t。把测者纬度φ、天体赤纬δ和天体地时角t作为已知条件，通过天球坐标变换（Conversion of Coordinates）（或称天球作图），可以近似地量取地平坐标值——天体高度h和天体方位A。这种方法只是为了巩固天球坐标知识，在航海上的应用甚小。另一种方法是根据已知条件，利用天文球面三角形（Nautical Astronomical Triangle）边角之间的关系式，更精确地计算出天体高度h和天体方位A。

天文航海中通常作图方法有三种：

第一种是测者子午面天球图（Diagram on the Plane of Celestial Meridian），是以测者子午圈平面所绘制的天球图，表示天体高度和天体方位比较直观。如图5-1-7所示，天体B的高度h为FB，方位A为NF。

第二种是测者真地平平面图（Diagram on the Plane of Clestial Horizon），是以测者真地平平面所绘制的天球图，表示天体高度和天体方位最为直观。如图5-1-8所示，天体B的高度h为FB，方位A为NF。

第三种是天赤道面平面图（Diagram on the Plane of Celestial Equator），是以天赤道平面所绘制的天球图，表示天体高度和天体方位最不直观。如图5-1-9所示，天体B的高度h为FB，方位A为NF。

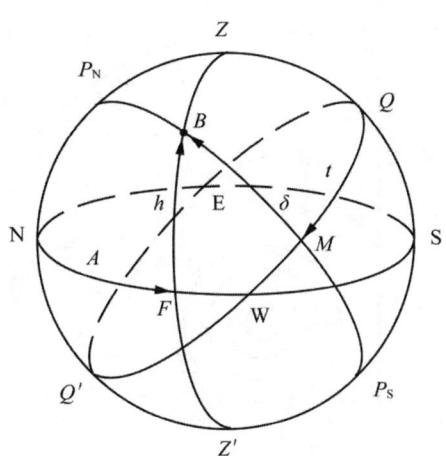

图5-1-7　测者子午面天球图

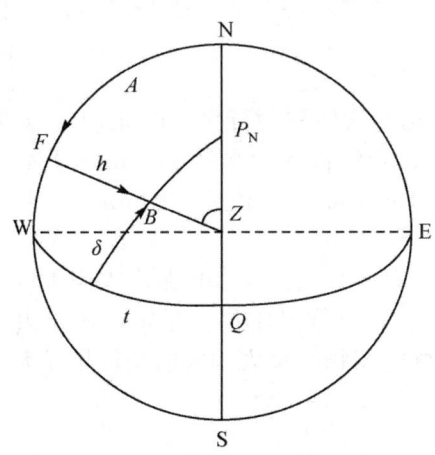

图5-1-8　测者真地平平面图

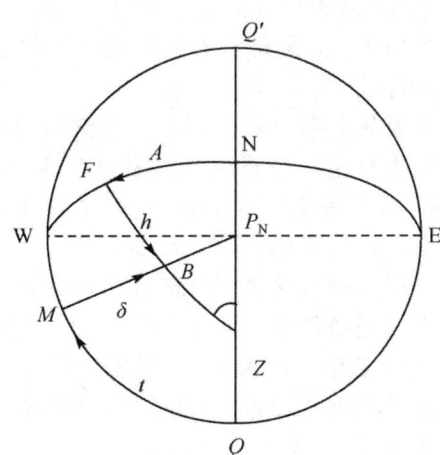

图5-1-9　天赤道面平面图

三、航用天体

1.天体简介

日、月、星辰以及宇宙中其他聚集的自然物质统称为天体（Celestial Body）。宇宙无边无际，其中天体的数目是无穷的，但用于航海定位的，仅有太阳、月亮、四大行星和159颗恒星。这些天体在航海上统称为航用天体。

（1）太阳系

太阳和环绕它运行的所有天体所构成的庞大系统称为太阳系（Solar System），如图5-1-10所示。

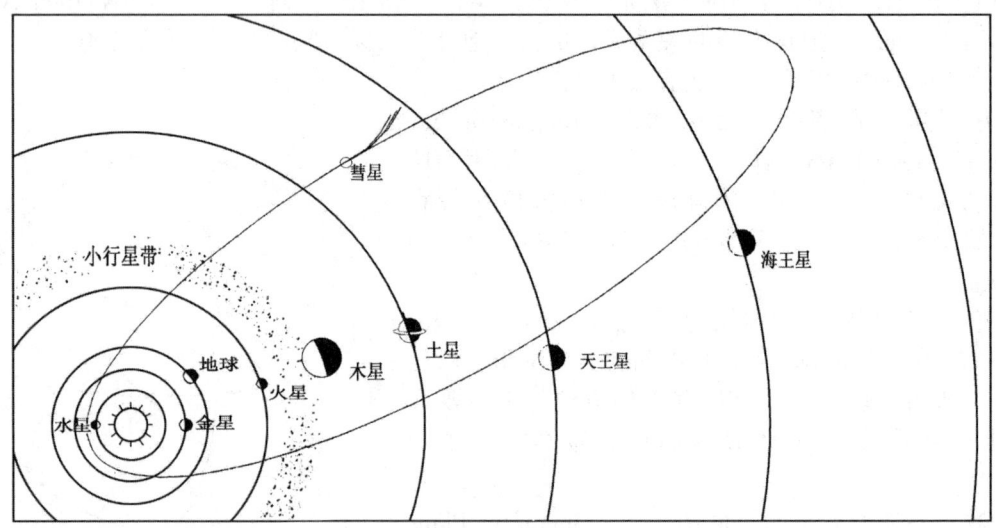

图5-1-10　太阳系

①太阳

太阳（Sun）位于太阳系的中央，是离地球最近的一颗恒星，直径达139万千米，大约是地球的109倍，离地球1.5亿千米，从地球上看，其视直径平均约为32′。它给地球带来了光和热，是地球上人类及动植物的生命源泉。

②行星

主要受太阳引力控制，以椭圆轨道环绕太阳运动的天体称为行星（Planet）。太阳系现有八大行星。按照距离太阳由近到远的顺序排列，它们依次为水星（Mercury）、金星（Venus）、地球（Earth）、火星（Mars）、木星（Jupiter）、土星（Saturn）、天王星（Uranus）、海王星（Neptune）。

行星本身不发光，由表面反射太阳光而发亮，并有盈亏现象。水星距离太阳太近，总是被太阳光所淹没，不易看见。金星最亮，光色辉青；其次是木星，呈银白色；火星第三，略呈红色；土星较暗，呈橙黄色。航海上经常称这四颗行星为四大航用行星。天王星和海王星离地球太远，用我们的肉眼看不见。

③月亮

绕行星公转的天体称为卫星（Satellite）。卫星不发光，反射日光才被看见。月亮（Moon）是地球的卫星，它伴随着地球的公转，沿其轨道绕地球由西向东运动。月面随着日、月、地三者相互位置的变化而出现盈亏现象。月亮是离地球最近的天体，平均距离约为 384 401 km，比太阳近得多，亮度仅次于太阳，是太阳系中仅能用于航海定位的天然卫星。

（2）恒星

恒星（Star）是非常炽热的巨大发光天体。古人认为星与星之间的相互位置永恒不动，所以称它们为恒星。现代的观测已证实，点点繁星都是遥远的"太阳"，它们都按照各自的规律不断地在宇宙中运动，称为自行运动（Proper Motion），只是距离地球太远了，仅凭肉眼数百年也看不出它们位置的变动。如今人们虽然仍称之为恒星，但却有着全新的理解。

距离地球最近的恒星（太阳除外）是半人马座比邻星，距离地球 4.28 光年，最远的恒星要百亿光年以上。直径最大的恒星如放在太阳的位置上，能容下土星轨道。直径最小的恒星（中子星除外）和月亮的半径差不多。在没有月光的夜晚，眼力好的人可以看到六千多颗恒星（包括地平以下的），更多遥远或暗淡的恒星只有通过望远镜才能看到。人们平常所见的银河，是太阳系从属的星系，称为银河系（Galaxy），其中直径像太阳一样大的恒星，大约有一千亿颗。在银河系以外还有十多亿个像银河系一样大的河外星系。

2. 星座和星等

航海者要进行测星定位或观测星体罗方位求罗经差时，先决条件是要知道所观测的是哪一颗星体。用我们的肉眼能看到六千多颗恒星，用于航海定位的恒星是 159 颗，常用的仅有数十颗。对于这些常用于航海定位的星体，必须熟识它们在天空中的位置及其变化规律，不但要能在晴朗的星夜识别它们，而且还要学会从云间识别它们。

（1）星座

为了认星方便，人们将星空划分成若干区域，并将星体之间的相对位置所构成的几何图形称为星座（Constellation）。星座多数根据古代神话传说中的人、兽和物等名称命名，如猎户座、狮子座、天琴座等。

1922 年国际天文学大会规定将全天星体分为 88 个星座，并采用以 1875 年的春分点和天赤道为基准的赤经线、赤纬线作为星座界线，于 1930 年由英国剑桥大学出版公布。星座中的星体按亮度排列，以星座名加希腊字母或数字的方式命名。最亮的是 α，其次是 β，再次是 γ，等等，依次类推，希腊字母不够用时以阿拉伯数字编排。例如，狮子座 α、狮子座 β；天鹅座 α、天鹅座 β、天鹅座 γ 等。但也有极少数的星座，由于是变星，其排列顺序并非如此。有些较亮的星体还另有专用名，如狮子座 α，其专用名为轩辕十四。

太阳视运动的黄道带（Zodiac），共分为黄道十二宫（Zodiacal Signs），其符号如表 5-1-2 所示。我国及其他国家的《航海天文历》中的"四星纪要"仍用黄道十二宫来表示航用行星的概略位置。

表 5-1-2 黄道十二宫符号表

宫序	宫名	英文名	符号	宫序	宫名	英文名	符号
1	白羊	Aries	♈	7	天秤	Libra	♎
2	金牛	Taurus	♉	8	天蝎	Scoropius	♏
3	双子	Gemini	♊	9	人马	Sagittarus	♐

（续表）

宫序	宫名	英文名	符号	宫序	宫名	英文名	符号
4	巨蟹	Cancer	♋	10	摩羯	Capricornus	♑
5	狮子	Leo	♌	11	宝瓶	Aquarius	♒
6	室女	Virgo	♍	12	双鱼	Pisces	♓

（2）星等

星等（Magnitude）表示观测者用肉眼或仪器所看到的天体的亮度，它与天体的实际亮度、天体和地球之间的距离等因素有关。古希腊天文学家喜帕恰斯最早提出星等的概念，将最亮的星定为一等星，最暗的星定为六等星。现代天文学规定，星等每相差1等，亮度约相差2.512倍，例如一等星比六等星亮约100倍，并且引入了更精确的测量和更广泛的数值范围。

天空中最亮的恒星是大犬座α（天狼）星，星等是-1.6；其次是船底座α（老人）星，星等是-0.9。织女星的星等是0.1。行星中金星（Venus）最亮，它的平均星等是-3.8，最亮时可达-4.6；木星次之，最亮时可达-2.8。月亮在满月时星等的平均值为-12.6，太阳的星等为-26.8。部分天体的星等如表5-1-3所示。

表5-1-3 部分天体星等表

天体名称	星等	天体名称	星等
太阳	-26.8	半人马座α（南门二）	-0.3
月亮（满月）	-12.6	天琴座α（织女一）	0.1
金星（最亮时）	-4.6	御夫座α（五车二）	0.2
木星（最亮时）	-2.8	小犬座α（南河三）	0.5
大犬座α（天狼）	-1.6	狮子座α（轩辕十四）	1.3
船底座α（老人）	-0.9	小熊座α（北极星）	2.0

为了分类和画星图的方便，星等从-0.5到0.5的天体称为零等星，从0.6到1.5的天体称为一等星，从1.6到2.5的天体称为二等星，依次类推。星等从-1.6到3.7的恒星称为航用恒星（Navigational Stars）。航海上对星等的划分并不十分严格，习惯上都把星等小于1.5的恒星称为一等星。

通常用于航海定位的恒星，都是亮度大于2.5星等的，共有60多颗，其中零等星8颗、一等星12颗、二等星46颗。而最常用的航用恒星仅有20余颗（如表5-1-4所示）。

表5-1-4 主要航用恒星一览表

星号	星座	专用名
24	金牛座α（α Tauri）	毕宿五（Aldebaran）
27	猎户座β（β Orionis）	参宿七（Rigel）
28	御夫座α（α Aurigae）	五车二（Capella）

（续表）

星号	星座	专用名
40	猎户座α（α Orionis）	参宿四（Betelgeuse）
44	船底座α（α Carinae）	老人（Canopus）
46	大犬座α（α Canis Majoris）	天狼（Sirius）
55	小犬座α（α Canis Minoris）	南河三（Procyon）
56	双子座β（β Geminorum）	北河三（Pollux）
67	狮子座α（α Leonis）	轩辕十四（Regulus）
72	大熊座α（α Ursae Majoris）	天枢（Dubhe）
74	狮子座β（β Leonis）	五帝座一（Denebola）
80	南十字座α（α Crucis）	十字架二（Acrux）
86	南十字座β（β Crucis）	十字架三（Mimosa）
92	室女座α（α Virginis）	角宿一（Spica）
97	半人马座β（β Centauri）	马腹一（Hadar）
102	牧夫座α（α Bootis）	大角（Arcturus）
102	半人马座α（α Centauri）	南门二（Rigil Kent）
117	天蝎座α（α Scorpii）	心宿二（Antares）
139	天琴座α（α Lyrae）	织女一（Vega）
146	天鹰座α（α Aquilae）	河鼓二（Altair）
149	天鹅座α（α Cygni）	天津四（Deneb）
157	南鱼座α（α Piscis Austrini）	北落师门（Fomalhaut）
159	小熊座α（α Ursae Minoris）	北极星（Polaris）

3.四季星空

航用恒星是我们肉眼所见恒星的一小部分，但它们分布在天空各处。因此要识别航用恒星，就必须熟悉天空中所有星体之间的相互联系。驾驶员如果能目视认出天空中的主要星座和重要恒星，对测星定位来说，就会方便很多。最常用的恒星是有限的，只要用心去记，不需很长时间就会记住。主要航用恒星位置如图5-1-11所示。

中版《航海天文历附表》中印有北天半球星图（如图5-1-12所示）和南天半球星图（如图5-1-13所示）以及天赤道带星图，可供认星时参阅。星图外圈标有天体共轭赤经，表示全夜可见的主要星座范围。

将星空按照春、夏、秋、冬四季划分，识别航用恒星就会更容易一些。春季星空以太阳赤经000°、星体赤经180°为中心线；夏季星空以太阳赤经090°、星体赤经270°为中心线；秋季星空以太阳赤经180°、星体赤经000°为中心线；冬季星空以太阳赤经270°、星体赤经090°为中心线。

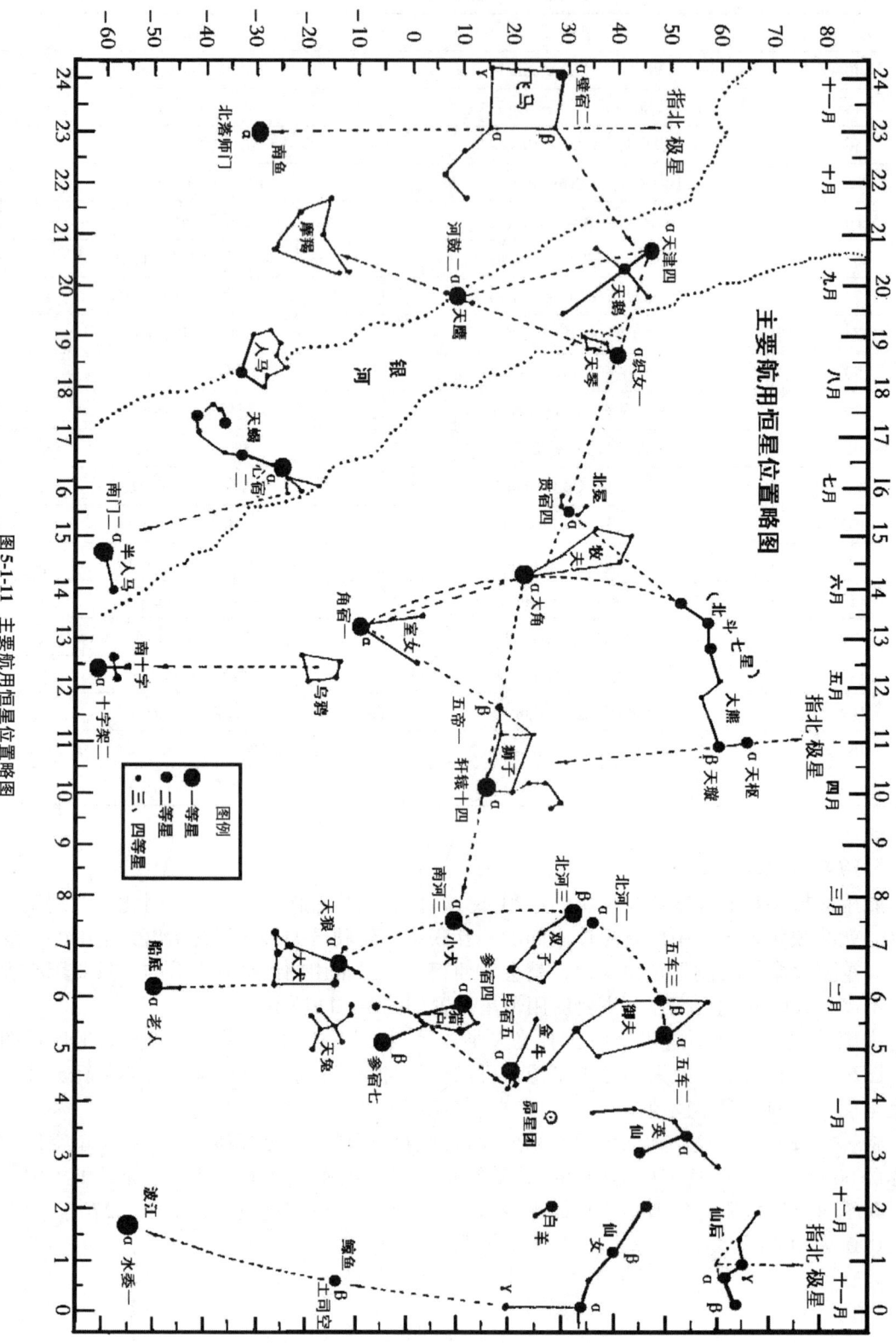

图 5-1-11　主要航用恒星位置略图

星 图

北天恒星

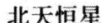

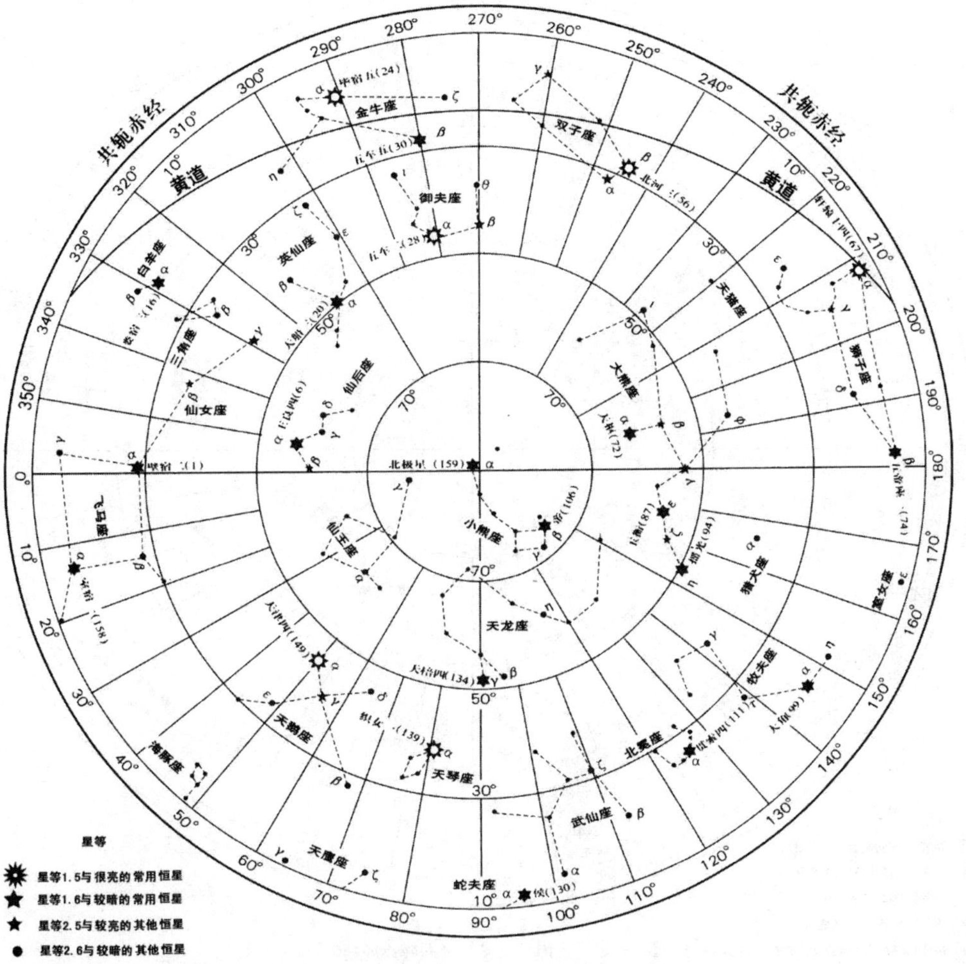

星等

✸ 星等1.5与很亮的常用恒星

★ 星等1.6与较暗的常用恒星

⭐ 星等2.5与较亮的其他恒星

● 星等2.6与较暗的其他恒星

注：括号中的数字是指恒星视位置表中恒星的星号。

赤道恒星（共轭赤经0°~180°）

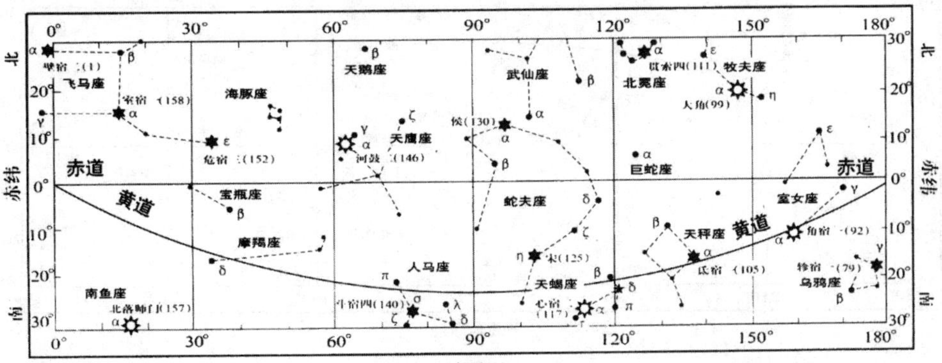

图 5-1-12 北天半球星图

星　图

南天恒星

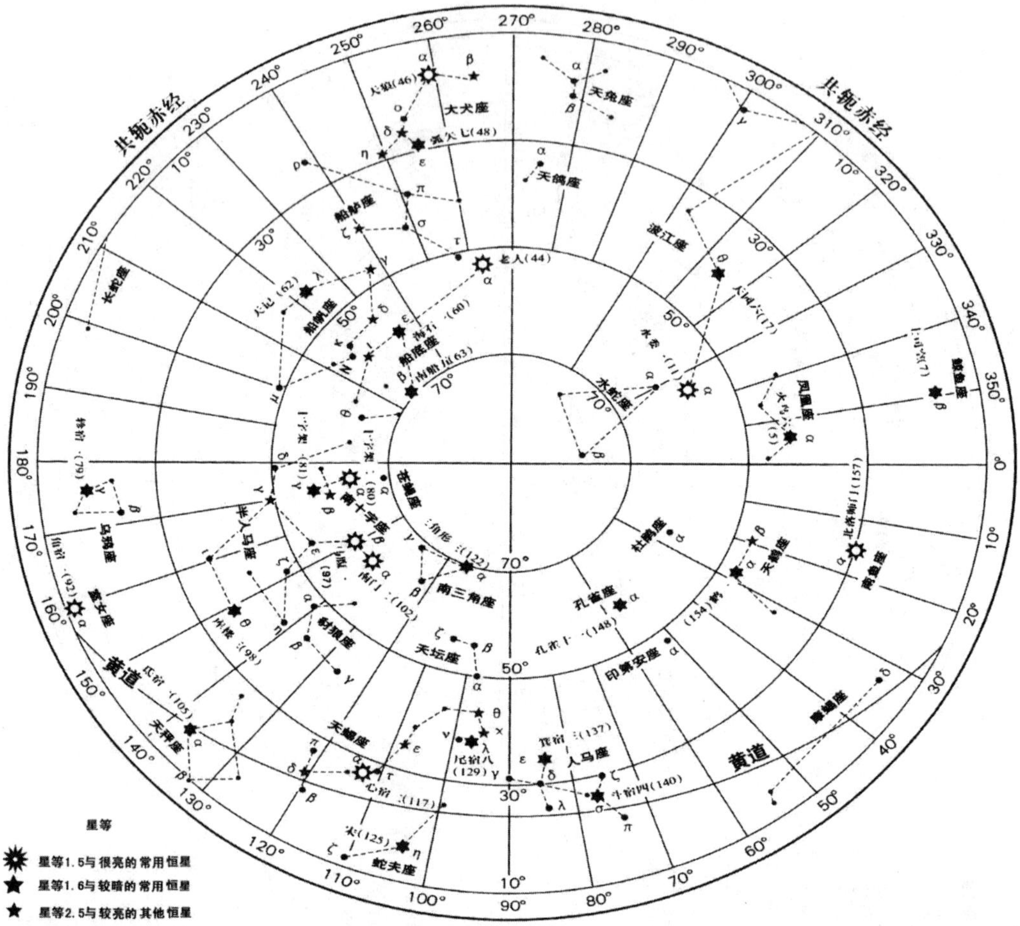

星等

- ✹ 星等1.5与很亮的常用恒星
- ★ 星等1.6与较暗的常用恒星
- ✦ 星等2.5与较暗的其他恒星
- ● 星等2.6与较暗的其他恒星

注：括号中的数字是指恒星视位置表中恒星的星号。

赤 道 恒 星 （共轭赤经180°～360°）

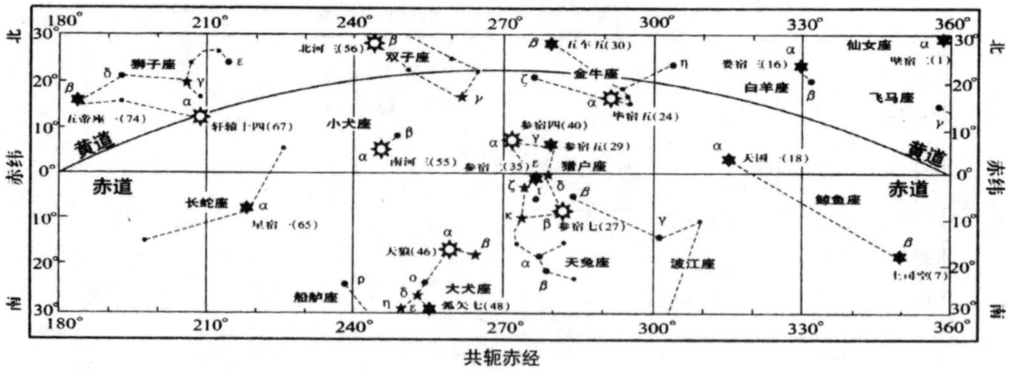

图5-1-13　南天半球星图

　　人们最熟悉的星空是2200左右的星空，上述各图所示均为人们在地方时2200所见的星座。现以人们在4月21日、7月22日、10月23日和1月22日地方时2200所见的主要星座，介绍四季星空。

　　（1）春季星空

　　春季星空主要是以大熊座—狮子座—室女座—南十字座为中心的星空。大熊座由七颗星组成，形状像一把勺子，又称北斗七星。勺子头上的α（天枢）星和β（天璇）星的连线，向北延伸约两星距离的5倍处，有一颗不太亮的二等星，即是北极星；向南延伸经过狮子座α（轩辕十四），并沿勺子柄弯曲方向延伸，可以发现牧夫座α（大角）、室女座α（角宿一）和船帆形的乌鸦座。大角、角宿一和五帝座一（狮子座β）形成一个大三角形。自乌鸦座向南就会发现南十字座。南十字座靠近南天极，比较显著，与北斗七星同样重要。南十字座南面的一颗亮星是南十字座α（十字架二），它是由两颗星组成的变星；南十字座β（十字架三）是一颗白色的一等星。紧靠在南十字座东面的半人马座α（南门二）和β（马腹一），也是在南天极附近的两颗亮星，南门二为变星。

　　（2）夏季星空

　　夏季星空主要是以天鹅座—天琴座—天鹰座—天蝎座为中心的星空。天鹅座是在银河（Milky Way）的北段，由五颗星组成一个巨大的十字形星座，形如一只天鹅，尾巴上的一颗亮星是天鹅座α（天津四）。在银河的西面，靠近天鹅头的附近有一颗亮星是天琴座α（织女一）。天鹰座位于银河的东面，三星一字排开，中间亮星为天鹰座α（河鼓二）。天津四、织女一和河鼓二在天球上组成一个直角三角形，织女一位于直角处。顺着天鹅飞去的方向，在银河的南段，有一个形如横躺着的"S"的星座，称为天蝎座。蝎子头部有三颗星，居中最亮的一颗为天蝎座α（心宿二），呈火红色。蝎子尾部东北面银河的最亮处的星座，是人马座。人马座上没有很亮的星，只有斗宿四和箕宿三两颗二等星。南三角座位于蝎子头的正南方，是由三颗星组成的小直角三角形，靠东面较亮的一颗是南三角座α（三角形三），是最靠近南天极的两颗二等星之一。另一颗是冬季星空的船底座β（南船五）。大角和织女一的连线上有一个像马蹄形的小星群，也很像一顶皇冠，故称北冕座。在北冕座中间较亮的星是贯索四，是一颗二等星。

　　（3）秋季星空

　　秋季星空主要是以仙后座—飞马座—南鱼座—波江座为中心的星空。仙后座由五颗星组成，形似字母"W"，故又称W星座。它以北极星为中心，与大熊座遥遥相对，在天空中甚为显著。在仙女座的西南方向，夏季星空天鹰座的东侧，有一个正方形的星座，即是飞马座。它由仙女座α（壁宿二）和飞马座α（室宿一）、β（室宿二）、γ（壁宿一）组成，也称方座，是秋季星空的中心。飞马座的α与β星的连线，向北指向北极星；向南延伸约两星距离的3.5倍处，即是南鱼座的α星（北落师门），它是一颗呈红色的亮星。在飞马座的正东有一个星座，是白羊座。白羊座α（娄宿三）是一颗二等星，它是航海上九大航用恒星之一。其他八颗是：天鹰座α、天蝎座α、室女座α、狮子座α、小犬座α、金牛座α、飞马座α和南鱼座α。波江座α（水委一）是一颗较亮的一等星，位于南天半球的南面，赤纬约为57°S。

　　（4）冬季星空

　　冬季星空主要是以猎户座—御夫座—大犬座—船底座为中心的星空。冬季星空的亮星最多。猎户座由四颗亮星组成一个很大的长方形，横跨天赤道南北；中间三颗并排小星，就像猎人系在腰间的短剑，天赤道经过短剑柄顶端的 δ（参宿三）星。位于猎户座东北角的一颗红色亮星是 α（参宿四）星，西南角的白色亮星是 β（参宿七）星。猎户座 γ（参宿五）、ε 和 k 三星的连线向西北方向延伸，可指向 "V" 字形星组，即金牛座。其中一颗红色亮星是金牛座 α（毕宿五），它也是黄道中最亮的一颗恒星；连线继续延伸可指向昴星团（七姐妹），它是识别金牛座的明显标志；连线向东南方向延伸，就会发现全天最亮的恒星大犬座 α（天狼星）。天狼星的正南方，即是全天第二亮的恒星船底座 α（老人星）。由天狼星向东北方向划弧线，就会发现小犬座 α（南河三）和双子座 β（北河三）。南河三是黄色的一等星，而北河三是橙黄色的一等星。南河三、参宿四和天狼星构成了一个很大的等边三角形。参宿四、南河三与春季星空的轩辕十四、五帝一和大角在天空中近似为一条大圆弧。由五颗星组成的御夫座在猎户座的正北方，五车二是御夫座的 α 星，它是黄白色的一等星。五车二、北河三和毕宿五构成了第二个等边三角形。

应注意两点：第一，真地平圈与天赤道的交角越大，测者所见天体越多。这说明测者纬度不同，所见天体也不同。纬度越高，测者所见天体越少，在天极处所见天体最少，仅能看见全星空的一半；纬度等于 $0°$ 时，所见天体最多。第二，如果在一个星座中，有一颗不属于该星座的亮星，那肯定是一颗行星。

项目二　天体视运动

地球的自转和绕太阳的公转，以及天体的自行，使得天体随时间在不停地运动，人们在地球上所看到的天体这种相对运动的现象称为天体视运动（Apparent Motion of Celestial Body）。在海上观测天体定位，必须知道被测天体的准确视位置。

天体视运动使天体坐标值不断地变化，因此要想得到观测时刻天体的准确位置，必须了解和研究天体的运动规律。

一、天体周日视运动

随着时间的变化，天体在天球上的坐标也在不断地变化。这种天体坐标的变化现象，通常称为天体视运动现象。因此，时间与天体视运动有着密切联系。

地球的自转和公转，以及天体在宇宙中的自行，使得天体在天球上的位置不断发生变化，人们在地球上所看到的天体的相对运动现象称为天体视运动。

1.天体周日视运动的成因

地球绕地轴由西向东旋转一周，人们在地球上看见天体在天球上每日由东向西旋转一周，这种周而复始的现象称为天体的周日视运动（Diurnal Apparent Motion of Celestial Body）。在一天中，恒星的赤纬基本上是不变化的，太阳、月亮和行星的赤纬是不断变化的，但仅在一天中的变化是很小的，所以，天体周日视运动的轨迹是平行于天赤道的小圆，称为天体周日平行圈或天体赤纬圈。但严格地说，太阳、月亮、行星的赤纬圈是一条连续的球面螺旋线。

2.天体周日视运动现象

天体周日视运动使天体产生了中天、出没和高度、方位等变化现象。天体周日视运动现象主要取决于测者纬度 φ 和天体赤纬 δ 的变化，当测者纬度 φ 和天体赤纬 δ 一定时，天体周日视运动现象也就确定了。

（1）天体中天

在天体周日视运动中，当天体中心位于测者子午圈上时，称为天体中天（Meridian Passage or Meridian Transit）（如图5-2-1所示）。当天体中心位于测者午圈上时，称为天体上中天（Upper Transit）。天体上中天时，高度最高，地方时角为0°，方位不是正南（180°）就是正北（0°）。当测者纬度 φ 与天体赤纬 δ 异名时，位置角为0°；当测者纬度 φ 与天体赤纬 δ 同名，且 $\varphi < \delta$ 时，位置角为180°。当天体中心位于测者子圈上时，称为天体下中天（Lower Transit）。天体下中天时，高度最低，地方时角为180°，方位与测者纬度同向。

（2）天体出没

当天体中心经过测者真地平圈时，称为天体真出或真没（Rising or Setting of Celestial Body）。在天体周日视运动中，只要天体赤纬平行圈与测者真地平圈相交，天体就有出没。由图5-2-2可以看出，不论测者纬度φ与天体赤纬δ是同名还是异名，天体有出没的条件都是：

$$\delta < 90° - \varphi \qquad\qquad (5\text{-}2\text{-}1)$$

如果天体赤纬$\delta > 90° - \varphi$，则天体没有出没，当δ与φ同名时，天体不没；当δ与φ异名时，天体不出。当天体赤纬$\delta = 90° - \varphi$时，若δ与φ同名，天体正好不没；若δ与φ异名，天体正好不出。

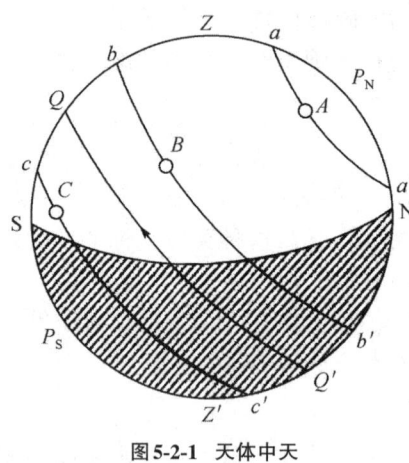

图5-2-1　天体中天

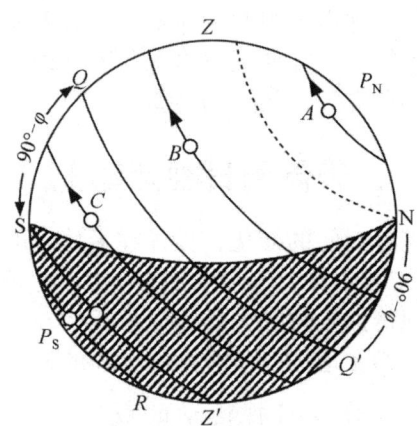

图5-2-2　天体出没

（3）天体在上天半球的运动现象

当天体有出没时，如果δ与φ同名，且$\delta < \varphi$，则天体在上天半球经过四个象限，并过测者东西大圆，在地平以上的时间大于在地平以下的时间。如图5-2-3（a）中的天体C所示，它由NE象限出，经SE、SW两象限，没于NW象限，过东西大圆，在上天半球的运行时间大于在下天半球的运行时间。当天体有出没，而δ与φ异名时，天体在上天半球只能经过两个象限，不过东西大圆，在地平以上的时间小于在地平以下的时间。如图5-2-3（a）中的天体D所示，它由SE象限出，没于SW象限，在上天半球的运行时间小于在下天半球的运行时间。

当δ与φ同名，且$\delta > \varphi$时，天体经两个象限，过午圈。当天体方位圈与天体赤纬圈相切时，天体方位角达到最大值，这时天体位置角称为距角。天体在距角处时，位置角$X = 90°$，如图5-2-3（b）中位于A_1和A_2两点的天体。

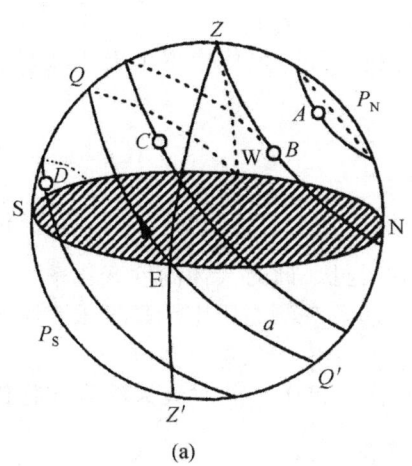

(a)

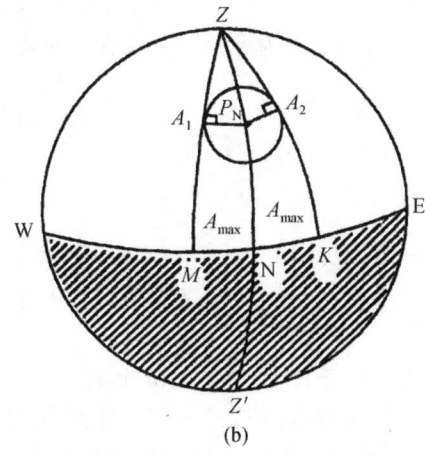

(b)

图 5-2-3 天体在上天半球的运动

当 $\delta = \varphi$ 且同名时，天体过天顶。

当 $\varphi = 0°$ 时，测者真地平圈与天赤道垂直，所有天体都有出没，天体在地平以上和在地平以下的时间相等（如图 5-2-4 所示）。

当 $\varphi = 90°$ 时，测者真地平圈与天赤道重合，上天半球的所有天体都不落，下天半球的所有天体都不出。地平上无方位基点，在地北极的测者，所见天体都向南；在地南极的测者，所见天体都向北（如图 5-2-5 所示）。从 3 月 21 日到 9 月 23 日，上半年太阳赤纬为北纬，北极为极昼，南极为极夜；下半年则相反。

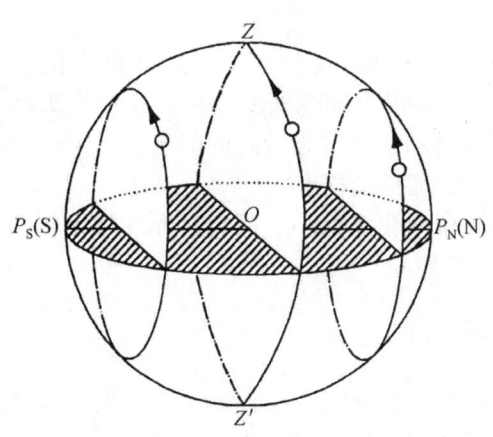

图 5-2-4 测者在赤道时天体的运动

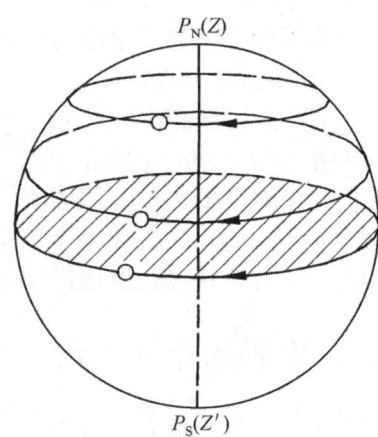

图 5-2-5 测者在两极时天体的运动

3.天体在周日视运动中坐标值的变化

引起天体坐标值变化的原因很多，下面我们只讨论由天体周日视运动所引起的地平坐标值的变化，即在天体赤纬、测者纬度不变，而只有天体时角变化的情况下，天体高度和方位的变化。

（1）时角变化对高度变化的影响

已知天文球面三角形的余弦公式：

$$\sin h = \sin\varphi \sin\delta + \cos\varphi \cos\delta \cos t$$

t 为自变量，h 为变量 t 的函数。对上式进行微分后，经变量代换得出天体高度变化率公式为：

$$\frac{\mathrm{d}h}{\mathrm{d}t} = -\cos\varphi \sin A \tag{5-2-2}$$

$$\frac{\mathrm{d}h}{\mathrm{d}t} = -\cos\delta \sin X \tag{5-2-3}$$

当天体中天时，其方位角 $A = 0°$ 或 $180°$，从上式可见，此时天体高度变化率为零，其高度变化最慢；在中天附近，其高度变化缓慢。这是后续观测太阳中天高度求纬度的理论依据。

当天体位于测者东西大圆上时，其方位角 $A = 90°$ 或 $270°$，此时天体高度变化最快。当天体位置角为距角时，天体高度变化也很快。

（2）时角变化对方位变化的影响

已知天文球面三角形的余切公式：

$$\cot A = \tan\delta \cos\varphi \csc t - \sin\varphi \cot t$$

t 为自变量，A 为 t 的函数。对上式进行微分后，经变量代换得出天体方位变化率公式为：

$$\frac{\mathrm{d}A}{\mathrm{d}t} = -(\sin\varphi - \cos\varphi \cos A \tan h) \tag{5-2-4}$$

$$\frac{\mathrm{d}A}{\mathrm{d}t} = -\cos\delta \cos X \sec h \tag{5-2-5}$$

当天体中天时，其位置角 $X = 0°$ 或 $180°$，此时方位变化率最大，方位变化最快，且与赤纬 δ 和高度 h 有关；当 δ 一定时，h 越大（测者纬度 φ 越接近天体赤纬 δ），天体方位变化越快。这是后续太阳移线定位的理论依据。

当天体真出没时（$h_t = 0°$）和过东西圈时（$A = 90°$ 或 $270°$），其方位变化率均为 $-\sin\varphi$，可以进一步证明方位变化最慢时天体介于真出没和东西圈之间，所以当天体介于真出没和东西圈之间时（即介于真出与东圈之间时和西圈与真没之间时），其方位变化缓慢。这是后续观测低高度天体的罗方位求罗经差的理论依据。

同样也可以看出，天体位于距角时，天体方位变化率最小；而天体赤纬越小，则天体高度越大，天体方位变化越快。

二、太阳周年视运动

地球除绕地轴自转外，还绕太阳由西向东公转，一年为一个周期，由此所产生的太阳相对于地球由西向东的视运动现象，称为太阳的周年视运动（Annual Apparent Motion of the Sun）。

1. 太阳周年视运动的成因

地球绕太阳的旋转轨道是一个椭圆，太阳位于椭圆的一个焦点处（如图5-2-6所示）。因此，地球与太阳的距离是不断变化的。

每年1月3日前后，地球距离太阳最近，称为近日点（Perihelion）；7月4日前后，地球距离太阳最远，称为远日点（Aphelion）。地球公转时，地轴与轨道面始终呈 $66°33'.0$

交角，因此地球赤道与轨道面的倾斜角为23°27′.0。

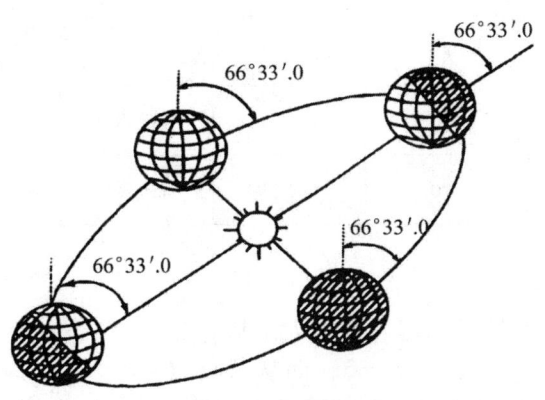

图5-2-6　地球公转示意图

太阳周年视运动轨道在天球上称为黄道（Ecliptic），它也是地球公转轨道在天球上的投影。黄道与天赤道的交角是23°27′.0，称为黄赤交角（Obliquity of the Ecliptic）。两个交点分别为春分点（Vernal Equinox）和秋分点（Autumnal Equinox）。在黄道上，春分点和秋分点之间的两个中间点，分别称为夏至点（Summer Solstice）和冬至点（Winter Solstice）（如图5-2-7所示）。

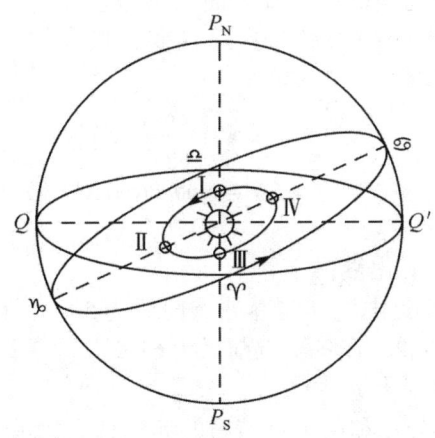

图5-2-7　黄赤交角

2.太阳周年视运动的规律

（1）运动规律

在太阳周年视运动中，太阳到达分至点的日期、坐标值及变化规律如表5-2-1所示。

表5-2-1　太阳周年视运动的规律

日期	分至点	赤经α	赤纬δ	北半球日照	说明
3月21日	春分点	0°	0°	昼夜相等	北半球天文春季开始 太阳北赤纬开始逐渐增大

（续表）

日期	分至点	赤经 α	赤纬 δ	北半球日照	说明
6月22日	夏至点	90°	23°27′N	昼长夜短	北半球天文夏季开始 太阳北赤纬开始逐渐减小
9月23日	秋分点	180°	0°	昼夜相等	北半球天文秋季开始 太阳南赤纬开始逐渐增大
12月22日	冬至点	270°	23°27′S	昼短夜长	北半球天文冬季开始 太阳南赤纬开始逐渐减小

（2）太阳周年视运动为不等速运动

地球绕太阳公转速度的不均匀性使得太阳从春分点运行到秋分点（180°）需要约186天，而从秋分点运行到春分点（180°）需要约179天，两者相差约7天。在一年中，太阳赤经日变化量在53′.8～66′.6范围内逐日变化。

太阳赤纬和赤经的日变化如果以黄道为基准大圆，以春分点为基准点，则所构成的天球坐标系称为黄道坐标系，如图5-2-8所示。黄道坐标系也可以在天球上表示一个天体的位置。其坐标值为黄经 λ 和黄纬 β。

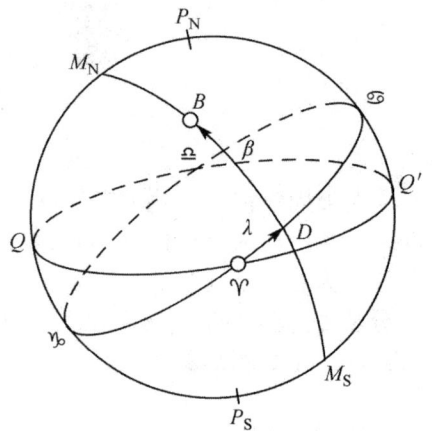

图 5-2-8 黄道坐标系

利用黄道坐标系和赤道坐标系以及球面三角形公式进行换算后，可以求得太阳赤经和赤纬日变化量公式：

$$\Delta \alpha = \frac{\cos \varepsilon}{\cos^2 \delta} \Delta \lambda \qquad (5\text{-}2\text{-}6)$$

$$\Delta \delta = \sin \varepsilon \cos \alpha \Delta \lambda \qquad (5\text{-}2\text{-}7)$$

式中：ε——黄赤交角；

   $\Delta \alpha$——太阳赤经日变化量；

   $\Delta \lambda$——太阳黄经日变化量，在春分点前后为59′.2，在秋分点前后为58′.6，在夏至点前后为57′.2，在冬至点前后为61′.2；

   $\Delta \delta$——太阳赤纬日变化量。

由此可求得太阳在两分点和两至点前后的赤经日变化量为：

在春分点前后，$\Delta \alpha = 54′.3$；

在秋分点前后，$\Delta \alpha = 53′.8$；

在夏至点前后，$\Delta \alpha = 62′.3$；

在冬至点前后，$\Delta \alpha = 66′.6$。

太阳赤经日变化量在两分点前后较小，在两至点前后较大。在近似计算时，太阳赤经日变化量可取近似平均值为1°。

根据太阳赤经日变化量的近似平均值，求太阳赤纬日变化量公式，可以转换为：

$$\Delta \delta = 0°.4 \cos \alpha \qquad (5\text{-}2\text{-}8)$$

将太阳的近似赤经代入上式，同样也可以求得太阳赤纬的近似日变化量：

在两分点前、后各一个月，$\Delta\delta \approx 0°.4$；

在两至点前、后各一个月，$\Delta\delta \approx 0°.1$；

在其他日期，$\Delta\delta \approx 0°.3$。

综合上述，只要记住太阳在两分点和两至点的赤纬、赤经，根据太阳赤纬日变化量和赤经日变化量的近似值，就可以计算出太阳在一年中任何日期的近似赤纬和赤经。

（3）太阳视运动的轨迹是一条连续的球面螺旋线

由于太阳的周日视运动和周年视运动是同时存在的，因此人们所见的太阳视运动是这两种运动的合运动。太阳的周日视运动表现为昼夜的交替变化，周年视运动表现为四季和四季星空的交替循环。不难看出，太阳视运动的轨迹是连续的球面螺旋线，其变化范围不超过23°27′N 和23°27′S 的赤纬平行圈，因此该两赤纬平行圈分别称为北回归线（或夏至线）和南回归线（或冬至线）。

三、月亮视运动

月亮除了有周日视运动外，还有它自身的运动。从地球上看到的月亮的相对运动现象称为月亮视运动。

月亮是地球的卫星，它自西向东绕地球公转，其运行的轨道是一个椭圆，该椭圆平面与天球截得的大圆称为白道；白道面与黄道面的平均交角约为5°09′，称为黄白交角（Obliquity of the Moon Path）。白道与黄道交于两点，月亮在公转的过程中，由黄道南到黄道北所经过的一点称为升交点（Ascending Node），另一点称为降交点（Descending Node）。月亮在绕地球运动中，除受地球的引力作用之外，还要受到太阳和行星的引力作用，从而使两交点每年沿黄道向西位移约19°21′，周期约为18.6年。在位移过程中，黄白交角始终约为5°09′，这样就使得白道与赤道的交角发生变化，变化范围为23°27′ ± 5°09′。当升交点与春分点重合时，白道在黄赤交角之外，月亮赤纬在28°36′N~28°36′S（23°27′ + 5°09′）之内变化；当升交点与秋分点重合时，白道在黄赤交角之内，月亮赤纬在18°18′N~18°18′S（23°27′ − 5°09′）之内变化。因此，月亮赤纬最大值在18°~29°之内变化。

月亮每天绕地球自西向东运转约13°.2，因此以恒星为参考点，月亮绕地球运转一周的时间约为27.32日，称为一个恒星月（Sidereal Month）。由于太阳赤经日变化的存在，太阳相对恒星向东偏移约1°，因此以太阳为参考点，月亮绕地球运转一周的时间约为29.53日，称为一个朔望月（Lunar Month）。每天太阳中天时间比恒星推迟约4 min（1°），月亮中天时间比恒星推迟约53 min（13°.2），月亮中天时间比太阳推迟约49 min。以月亮为参考点，地球自转一周的时间称为一个太阴日。

因为月亮本身不发光，它只能反射太阳的光辉，所以它朝向太阳的一侧始终是亮面。在绕地球运行的过程中，月亮亮面以不同的角度朝向地球，这样，在一个朔望月中，从地球上看到的月亮亮面的形状（称为月相，Lunar Phases）呈现圆缺规律性的变化。月相变化规律如图5-2-9所示。

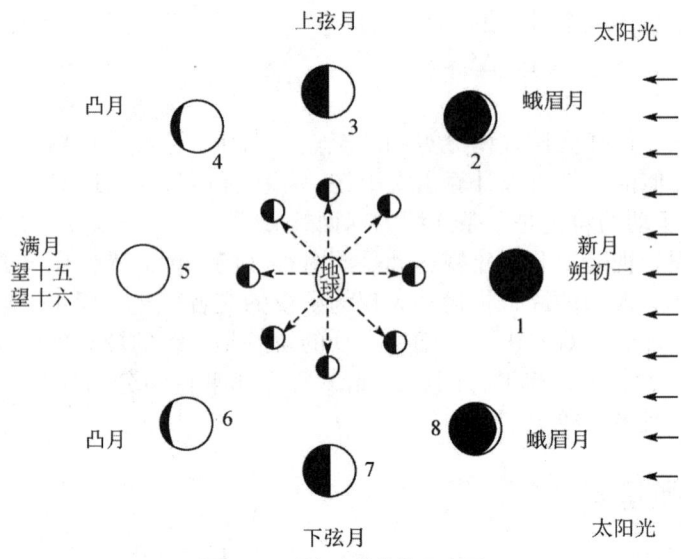

图 5-2-9　月相变化规律示意图

主要月相有以下四种：

（1）新月（New Moon，简称朔）

约在农历初一，月亮与太阳在同一个方向上，如图 5-2-9 中的位置 1 所示，从地球上看不到月亮的亮面，此时月亮与太阳一起出没。新月之后，月亮逐日向东偏离太阳。

（2）上弦月（First Quarter）

约在农历初七、初八，月亮位于太阳的东边角距 90° 左右，如图 5-2-9 中的位置 3 所示。中午，月亮升起；下午，月亮位于东天，这时白昼可同时看到太阳和月亮；日没时分，月亮在中天附近。

（3）满月（Full Moon，简称望）

约在农历十五，月亮到达图 5-2-9 中的位置 5，此时日月相对，月亮的亮面正对地球。日没时分，明月东升；日出时分，明月西没。

（4）下弦月（Last Quarter）

约在农历廿二、廿三，月亮位于太阳的西边角距 90° 左右，如图 5-2-9 中的位置 7 所示。日出时分，月亮位于中天附近；上午，月亮位于西天，这时白昼同时可见太阳和月亮；中午时分，月亮西没。

下弦过后将再次呈现新月月相，如此不断循环。

项目三   时间与天体位置

世界上一切物质都在运动，而物质运动又是在空间和时间中进行的。宇宙中的天体都在按各自的规律运动着，天体坐标是随着时间的推移而变化的。船舶的各种定位方法都有着时间上的要求，因此必须对有关的时间概念有所了解。

一、时间系统

时间是连贯的、持续的，而且永远是一直向前的。在这连续且一直向前的时间进行中，可选择一种比较均匀的、有连续重复周期的物质运动现象作为时间的计量单位。然而，无论采用什么计量单位，均应同时满足两个要求：第一，周期运动的稳定性（均匀性）；第二，周期运动的复现性（重复性）。这就是说，只能用一种均匀的、具有连续重复周期的现象作为时间的计量单位。历史上，时间计量单位的发展反映了不断满足上述要求的过程。迄今为止，时间计量标准基本可分为三类：

（1）建立在地球自转基础上的世界时系统；

（2）建立在地球公转基础上由力学定律所确定的历书时系统；

（3）建立在原子能级跃迁频率基础上的原子时系统。

在时间测量中，人们总是根据一定历史阶段内科学技厅所能达到的最高水平来选择不同的时间测量标准，从而建立最佳的时间系统。

1.世界时系统

世界时系统（Universal Time System）是建立在地球自转基础上的时间系统。与航海学有联系的是：根据以春分点为参考点的视运动现象得出的时间，称为恒星时（Sidereal Time），它是天文学上的专用时间，在航海中实际应用较少，本文不再讲述；根据以视太阳（Apparent Sun）为参考点的视运动现象得出的时间，称为视太阳时（Apparent Solar Time）；根据以平太阳（Mean Sun）为参考点的视运动现象得出的时间，称为平太阳时（Mean Solar Time）。平太阳时又可分为地方平时（Local Mean Time）和世界时（Universal Time）。

在相当长的时间内，人们把世界时当作均匀的时间使用，因为当时人们认为地球自转是均匀的。经过多年的资料积累，人们经实际观测证明地球自转不但不均匀，而且还包含了周期性变化、长周期性变化、短周期性变化和不规则变化等多种形式。

地球在自转过程中，除自转速度不均匀外，还存在"扭动"现象，从而使地极产生移动，称为极移。极移使各地的经纬度发生变化，导致世界各地天文台所测的世界时稍有差异。

虽然地球自转速度不均匀所引起的时间误差很小，但随着科学发展的需要，人们对时间的精确度要求越来越高。1955年第九届国际天文联合会决定，自1956年起要对通过天文观测得到的世界时进行两项修正。因此，世界时UT又可分为以下三类：

（1）UT0：通过天文观测得到的世界时。由于极移的影响使各地测得的UT0有微小的差别，所以不宜将其作为统一的时间。

（2）UT1：由UT0经过极移改正后得到的世界时。这是真正反映地球自转的统一时间，也是天文航海所需要的时间。

（3）UT2：由UT1经过季节性改正后得到的世界时。这是1972年以前国际公认的时间标准。但是，因为它仍旧存在着无法预测的长期减慢和不规则变化等因素的影响，所以在对时间精度提出更高要求的情况下，UT2也就不能作为均匀的时间标准了。

2. 原子时系统

随着科学的发展，世界时的观测精度已经不能满足人们越来越高的要求，于是人们把计量时间的标准从宏观世界转向了微观世界。

原子内部运动的稳定性比地球自转的稳定性要高得多。电子分布在对应不同能量的轨道上绕原子核旋转，当它们从一个轨道跃迁到另一个轨道（称为能级跃迁）时会放出或吸收一定频率的电磁波，该电磁波极为稳定。正是利用这一特性，人们制造了原子钟，从而使人们认识到，原子标准可以作为均匀的时间计量单位。它容易复制，随时可以获得，并且比世界时精确得多，因此，人们提出了原子时系统（Atomic Time System）。原子时是建立在原子能级跃迁频率基础上的时间系统。

（1）原子时

原子时（Atomic Time，AT）采用一定数值的原子能级跃迁辐射的电磁波振荡的周期作为时间计量单位。1967年10月第十三届国际度量衡大会规定：将铯-133（Cs-133）原子超精细能级跃迁辐射的电磁波振荡9 192 631 770个周期所经历的时间定义为原子时的1 s。1958年1月1日世界时（UT2）00^{h}为原子时的起始历元。根据1986年10月1日的计算，原子时已超前世界时达27 s以上，每年大约相差1 s。随着时间的推移，两者之间的差别将越来越大。尽管原子时远比世界时精确、稳定，能够满足许多科技发展的需要，但它不能代替世界时固有的特性。世界时建立在地球自转的基础上，与昼夜之间保持着稳定的关系，是人们长期以来已经用习惯了的时间。因此，如果原子时直接应用于生活、工作之中，会给人们带来许多不方便。为了在实际应用中兼顾稳定的频率和均匀的时间，同时保留世界时（UT1）的时刻，人们在原子时与世界时之间进行了协调，从而产生了协调世界时这一时间计量系统。

（2）协调世界时

协调世界时（Coordinated Universal Time，UTC）以原子时秒作为时间计量单位，而在时刻上则要求与世界时（UT1）保持在±0.9 s之内。协调世界时实际上是受世界时（UT1）制约的原子时。协调世界时满足上述要求，是通过闰秒来实现的。1971年，国际无线电咨询委员会制定了实施细节。其要点是：

①协调世界时从1972年1月1日00^{h}开始实施。

②协调世界时需通过闰秒来实现其在时刻上与世界时（UT1）保持在±0.9 s之内的要求。每次调整1 s，称为闰秒。增加1 s，即时刻推迟1 s，称为正闰秒；减少1 s，即时刻提前1 s，称为负闰秒。

③实施闰秒在6月30日和12月31日世界时的最后1 s进行。3月31日和9月30日世界时的最后1 s作为闰秒的备用日期，而且如有必要，每个月月末的最后1 s都可实施闰秒调整。实施正闰秒后，$23^h59^m60^s$的下1 s是第二天的$00^h00^m00^s$；而实施负闰秒后，$23^h59^m58^s$的下1 s是第二天的$00^h00^m00^s$。

对协调世界时实施闰秒的具体日期，由国际时间局提前两个月通知各个天文台。海上工作者可查阅英版《无线电信号表》或英版《航海通告》第Ⅵ部分。

3.历书时系统

历书时系统是一种由力学定律确定的均匀的时间系统。但是，由于观测误差较大，难以得到高精度的历书时，因而历书时只作为天文学的基本常数，它超出了天文航海的范畴，本书不再做进一步介绍。

时间系统如图5-3-1所示。

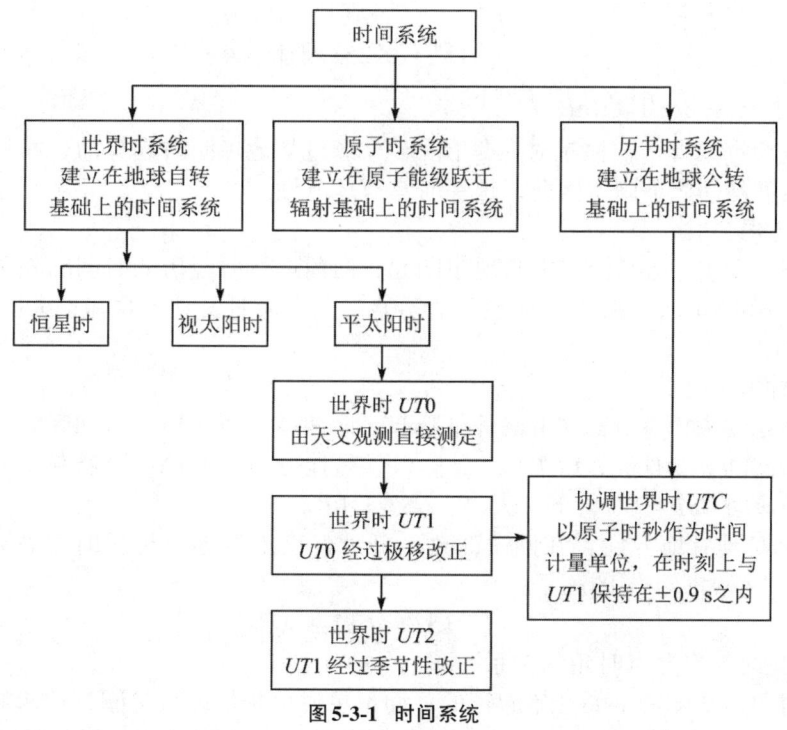

图5-3-1 时间系统

除上述介绍的时间系统之外，由美国发射的导航星全球定位系统（GPS）采用了一个独立的时间系统作为导航定位的依据，称为GPS时间系统，简称GPST。该系统规定的起点为1980年1月6日UTC的00^h。GPS主控站中的原子钟会定期调整成与UTC同步。

综上所述，天文航海主要涉及建立在地球自转基础上的世界时系统，后续章节将对其详细介绍。

二、恒星时

恒星时建立在地球自转运动基础上，以春分点为参考点，以其周日视运动的周期作为时间计量单位。

1. 恒星日（Sidereal Day）

在周日视运动中，春分点 γ 连续两次经过某地午圈所经历的时间间隔称为 1 恒星日，即 1 恒星日 = 天球旋转 360° 所经历的时间间隔。

1 恒星日可分为：

$$1恒星日 = 24恒星时$$
$$1恒星时 = 60恒星分$$
$$1恒星分 = 60恒星秒$$

在 1 恒星日中，春分点 γ 在同一个午圈上连续两次上中天，这期间春分点 γ 正好完成一整周 360° 的周日视运动，所以时间和角度之间存在着如下换算关系：

$$24\,h = 360°$$
$$1\,h = 15°$$
$$1\,min = 15',\ 则1° = 4\,min$$
$$1\,s = 15'' = 0'.25,\ 则1' = 4\,s$$

2. 恒星时（Sidereal Time）

由恒星日的定义可知，恒星时应是春分点 γ 经过某地午圈时起算的，而午圈随着测者所在地点的经度不同而不同，因此，恒星时具有地方性。

（1）地方恒星时

在周日视运动中，春分点 γ 由某地午圈起，向西运行所经历的时间间隔称为地方恒星时（Local Sidereal Time，LST）。显然，春分点 γ 上中天时，地方恒星时 $LST = 00^h$；下中天时，$LST = 12^h$。

（2）格林恒星时

在周日视运动中，春分点 γ 由格林午圈起，向西运行所经历的时间间隔称为格林恒星时（Greenwich Sidereal Time，GST）。显然，它是地方恒星时的一个特例。春分点 γ 上中天时，格林恒星时 $GST = 00^h$；下中天时，$GST = 12^h$。

由于恒星时具有地方性，在同一时刻，任意经度上的地方恒星时 LST 与格林恒星时 GST 存在如下"东大西小"的关系：

$$LST = GST \pm \lambda_W^E \tag{5-3-1}$$

（3）恒星时与春分点时角的关系

春分点时角是从测者午圈开始起算的，而恒星时也是从测者午圈开始起算的。由此可见，在同一时刻，任意经度上的春分点时角在数值上等于该时刻的恒星时。在天文航海中，恒星时是用春分点时角来表示的。恒星时是天文学上采用的时间计量单位，它不宜用于日常生活和工作中，这主要是恒星时与昼夜关系不固定的缘故。

三、视时与平时

1. 视太阳时

太阳的周日视运动产生了昼夜现象。太阳中心连续两次通过同一个子圈所经历的时间间隔称为 1 个视太阳日（Solar Day）。视太阳日自太阳下中天时（子夜零点）开始（如图 5-3-2 所示）。

为了计算更短的时间间隔，1个视太阳日被均分为24个视太阳时；1个视太阳时被均分为60个视太阳分；1个视太阳分又被均分为60个视太阳秒。

视太阳离开某地子圈的时间间隔称为视太阳时，简称视时（Apparent Time），用 $T^{\odot}$ 表示。视太阳离开子圈15°即为1个视太阳时，离开180°时，为12个视太阳时，即为视太阳中天时刻（如图5-3-3所示）。

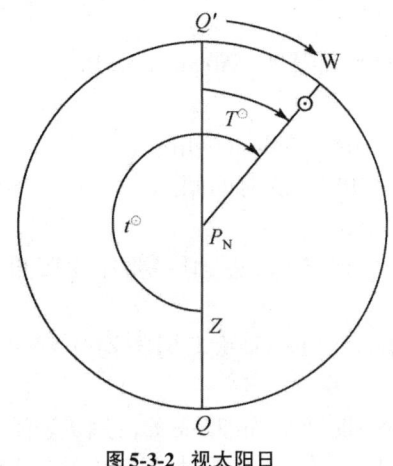

图 5-3-2　视太阳日

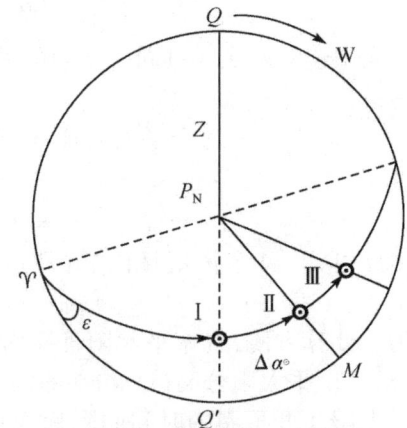

图 5-3-3　视太阳中天时刻

当视太阳又回到子圈时，其正好旋转了360°，视时为24个视太阳时。由此可知：

$$24\text{个视太阳时} = 360°$$
$$1\text{个视太阳时} = 15°，1° = 4\text{个视太阳分}$$
$$1\text{个视太阳分} = 15'，1' = 4\text{个视太阳秒}$$
$$1\text{个视太阳秒} = 15'' = 0'.25$$

同时，推得视太阳时与其地方时角的关系为：

$$T^{\odot} = t^{\odot} \pm 180°$$

或

$$t^{\odot} = T^{\odot} \pm 12^{h} \qquad (5\text{-}3\text{-}2)$$

式中：$T^{\odot}$——视时。当 $T^{\odot} < 12^{h}$ 时，应加上 12^{h}；当 $T^{\odot} > 12^{h}$ 时，应减去 12^{h}。

$t^{\odot}$——视太阳的圆周地方时角。当 $t^{\odot}$ 在 0°~180° 之内时，应加上 180°；当 $t^{\odot}$ 在 180°~360° 之内时，应减去 180°。

地球除了自转外，还绕太阳公转。对于地球上某一测者来说，因为太阳在向西做周日视运动的同时，又沿黄道向东移动了一段弧距，其赤经相应变化了 $\Delta\alpha^{\odot}$（太阳赤经日变化量），所以太阳要连续两次下中天，则天球还要向西旋转 $\Delta\alpha^{\odot}$，因此

$$1\text{个视太阳日} = \text{天球旋转}（360° + \Delta\alpha^{\odot}）\text{的时间}$$

在一年中，太阳赤经日变化量是不相等的，变化最快时达 66'.6，变化最慢时只有 53'.8。这样，一年中最长的一天比最短的一天要长 51 s，并且在逐日变化。作为一种时间单位，长短必须固定，故视太阳时不宜作为时间计量单位。

虽然视太阳时不宜作为时间计量单位，但是它与昼夜交替的关系固定，符合人们工作、休息的习惯。因此，人们又考虑在这个基础上制定一种既与昼夜交替关系稳定、长短又均匀的时间计量单位，于是产生了平太阳时。

2. 平太阳时

因为太阳在周年视运动中速度不均匀，视太阳时不能作为时间单位，所以人们引用了平太阳这个概念。平太阳是一个假想的天体，它在天球上，沿着天赤道等速地向东做周年运动。其公转周期与视太阳的公转周期一样，约为 365.242 2 天。因而平太阳赤经日变化量为：

$$\Delta\alpha^{\oplus} = \frac{360}{365.242\ 2} \approx 59'.2 \tag{5-3-3}$$

平太阳连续两次经过同一子圈的时间间隔称为 1 个平太阳日（Mean Solar Day）。它的长度为：

1 个平太阳日 = 天球旋转（360° + $\Delta\alpha^{\oplus}$）的时间间隔

= 天球旋转（360° + 59'.2）的时间间隔

= 1 个恒星日 + $3^m56^s.56$

由此可知，1 个恒星日比 1 个平太阳日短约 4 min。换句话说，恒星要比太阳早中天 4 min。

为了计算方便，1 个平太阳日被均分为 24 个平太阳时；1 个平太阳时被均分为 60 个平太阳分；1 个平太阳分又被均分为 60 个平太阳秒。

平太阳离开子圈的时间间隔称为平太阳时，简称平时（Mean Time），用 T 表示。平太阳离开子圈 15° 即为 1 个平视太阳时，离开 180° 时，为 12 个平太阳时（如图 5-3-4 所示）。

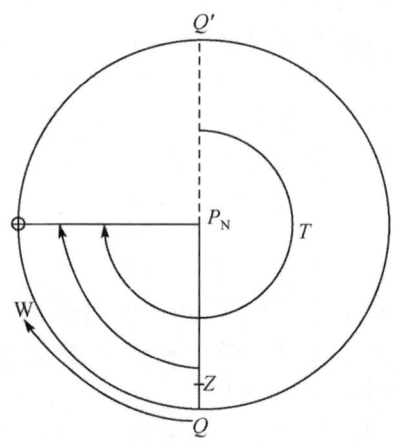

图 5-3-4 平太阳日

当平太阳又回到子圈时为 24 个平太阳时，所以

24 个平太阳时 = 360°

1 个平太阳时 = 15°，1° = 4 个平太阳分

1 个平太阳分 = 15'，1' = 4 个平太阳秒

1 个平太阳秒 = 15" = 0'.25

平太阳时与地方时角的关系为：

$$T = t \pm 180°$$

或

$$t = T \pm 12^{h} \qquad (5\text{-}3\text{-}4)$$

式中：T——平时。当 $T < 12^{h}$ 时，应加上 12^{h}；当 $T > 12^{h}$ 时，应减去 12^{h}。

　　　　t——平太阳的圆周地方时角。当 t 在 $0^{\circ}\sim180^{\circ}$ 之内时，应加上 180°；当 t 在 $180^{\circ}\sim360^{\circ}$ 之内时，应减去 180°。

3. 时差

平太阳在天赤道上以视太阳周年视运动中赤经变化的平均速度向东做周年视运动。平太阳周年视运动的速度有时比视太阳快，有时比视太阳慢，反映在天球上，平太阳时圈有时超前于视太阳时圈，有时落后于视太阳时圈（如图 5-3-5 所示）。在一年中两圈很少重合，只有四次，但它们相差距离不会太大。因此，在同一瞬间的视时与平时相差不超过 17 min。视太阳时与平太阳时的差值称为时差（Equation of Time），用 η 表示。

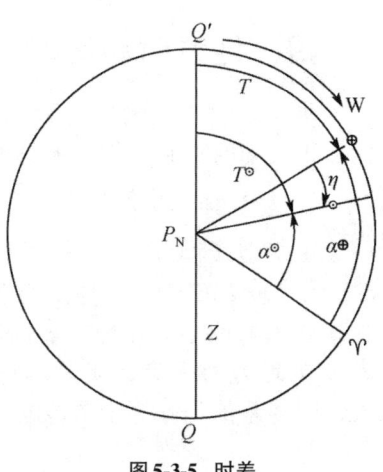

图 5-3-5　时差

$$\eta = T^{\odot} - T \qquad (5\text{-}3\text{-}5)$$

一年中太阳赤经日变化量不同，因此时差是变化的。从一年的时差变化曲线图上可以看出（如图 5-3-6 所示）：时差在一年中有两次正的峰值，在 5 月 14 日前后达 $+3^{m}44^{s}$，在 11 月 3 日前后达 $+16^{m}24^{s}$；两次负的峰值，在 2 月 11 日前后达 $-14^{m}16^{s}$，在 7 月 26 日前后达 $-6^{m}28^{s}$。时差在一年中有四次为零，分别在 4 月 15 日前后、6 月 13 日前后、9 月 1 日前后和 12 月 25 日前后。

每日的时差值，可以日期为引数在《航海天文历》中查得。平时与视时之间的最大差值是 $16^{m}24^{s}$，使平时与昼夜的交替现象基本上保持稳定的关系，适应于人们的日常生活。

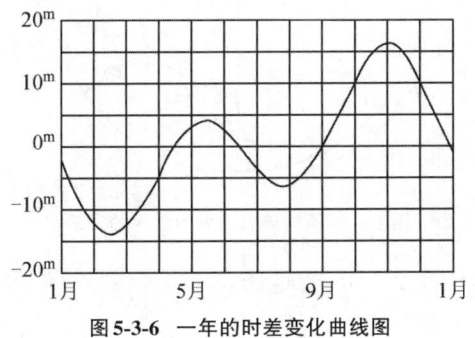

图 5-3-6　一年的时差变化曲线图

例 5-3-1　求 2024 年 9 月 12 日平时为 $20^{h}13^{m}15^{s}$ 时的视时。

解：

由《航海天文历》查得 2024 年 9 月 12 日的时差为 $+03^{m}43^{s}$，根据时差公式得：

$$
\begin{array}{lll}
T & 20^{h}13^{m}15^{s} & 12/9 \\
+)\,\eta & +03^{m}43^{s} & \\
\hline
T^{\odot} & 20^{h}16^{m}58^{s} & 12/9
\end{array}
$$

例5-3-2 求2024年3月20日平时为$12^h23^m12^s$时的视时。

解：

由《航海天文历》查得2018年3月20日的时差为-07^m27^s，根据时差公式得：

$$
\begin{array}{lll}
T & 12^h23^m12^s & 20/3 \\
+)\eta & -07^m27^s & \\
\hline
T^\odot & 12^h15^m45^s & 20/3
\end{array}
$$

四、地方时和区时

平太阳时是从测者子圈起算的，而测者子圈随着测者所在地经度的不同而不同。因此，平太阳时具有一定的地方性。

1.地方时

由某地子圈起算的平太阳时，称为该地的地方平时（Local Mean Time），简称地方时，用T或LMT表示。地方时要注明该地的名称或经度。时间所具有的共同点就是东早西晚，或东大西小。在地球表面上两个不同点的测者的地方时也不同，如图5-3-7所示，测者Z_2的地方时为T_2，测者Z_1的地方时为T_1。测者Z_2位于测者Z_1的东边，所以，T_2比T_1大，时间差值正好等于两地的经差（$D\lambda$），其关系式为：

$$T_2 = T_1 \pm D\lambda_W^E \tag{5-3-6}$$

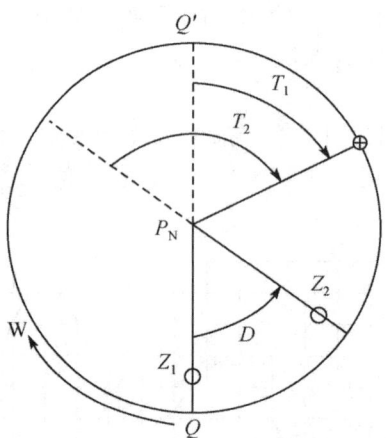

图5-3-7 不同测者地方时之间的关系

例5-3-3 已知经度$\lambda_1 127°25'.8E$的地方时$T_1 18^h15^m53^s$（9月12日），求经度$\lambda_2 118°24'.6E$的地方时T_2。

解：

①求经差$D\lambda$

$$
\begin{array}{ll}
\lambda_2 & 118 - 24 - 6(+) \\
-)\lambda_1 & 127 - 25 - 8(+) \\
\hline
D\lambda & 9 - 01 - 2(-)
\end{array}
$$

②将 $D\lambda$ 化为 h.m.s 单位形式

$$
\begin{array}{r}
9 \qquad\qquad 36^{m} \\
+)\quad 01-2 \qquad 04^{s}.8 \\
\hline
9-01-2\quad 36^{m}04^{s}.8
\end{array}
$$

③求 T_2

$$
\begin{array}{lll}
T_1 & 18^{h}15^{m}53^{s} & 12/9 \\
-)\,D\lambda & 36^{m}04^{s}.8 & \\
\hline
T_2 & 17^{h}39^{m}48^{s}.2 & 12/9
\end{array}
$$

2.世界时

由格林子圈起算的平太阳时称为格林平时（Greenwich Mean Time），又称世界时，用 T_G 表示。《航海天文历》中的"天体位置表"是以世界时为引数查取的。

对位于东半球的测者，其地方时等于世界时加其经度的时间单位；而对位于西半球的测者，地方时等于世界时减其经度的时间单位（如图5-3-8所示）。地球上任意一个地方的平时与世界时的关系，可用下式表示：

$$
T = T_G \pm \lambda_W^E \tag{5-3-7}
$$

由此可知，世界时总比东经的地方时小一个经度的时间单位，比西经的地方时大一个经度的时间单位。计算时要注意对地方时和世界时加注日期。

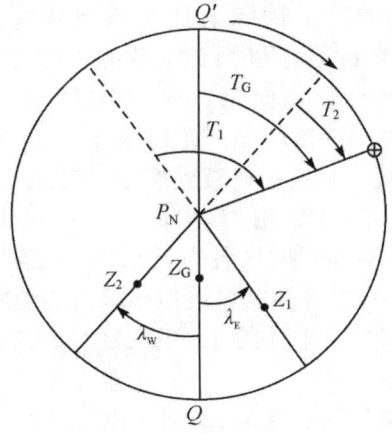

图5-3-8　地方时与世界时的关系

例5-3-4　已知世界时 $T_G 08^{h}31^{m}15^{s}$（3月12日），求经度 $\lambda 145°16'.8W$ 的地方时 T。

解：

①将经度 λ 化为 h.m.s 单位形式

$$
\begin{array}{r}
145 \qquad\qquad 9^{h}40^{m} \\
+)\quad 16-8 \qquad 01^{m}07^{s} \\
\hline
145-16-8\quad 9^{h}41^{m}07^{s}
\end{array}
$$

②求 T

$$
\begin{array}{lll}
T_{\mathrm{G}} & 08^{\mathrm{h}}31^{\mathrm{m}}15^{\mathrm{s}} & 12/3 \\
-)\lambda_{\mathrm{W}} & 9^{\mathrm{h}}41^{\mathrm{m}}07^{\mathrm{s}} & \\
\hline
T & 22^{\mathrm{h}}50^{\mathrm{m}}08^{\mathrm{s}} & 11/3
\end{array}
$$

例 5-3-5 已知某地的经度 $\lambda 125°41'.4E$，地方时 $T18^{\mathrm{h}}23^{\mathrm{m}}12^{\mathrm{s}}$（3 月 22 日），求世界时 T_{G}。

解：

①将经度 λ 化为 h.m.s 单位形式

$$
\begin{array}{lll}
125 & & 8^{\mathrm{h}}20^{\mathrm{m}} \\
+) \quad 41-4 & & 02^{\mathrm{m}}46^{\mathrm{s}} \\
\hline
125-41-4 & & 8^{\mathrm{h}}22^{\mathrm{m}}46^{\mathrm{s}}
\end{array}
$$

②求 T_{G}

$$
\begin{array}{lll}
T & 18^{\mathrm{h}}23^{\mathrm{m}}12^{\mathrm{s}} & 22/3 \\
-)\lambda_{\mathrm{E}} & 8^{\mathrm{h}}22^{\mathrm{m}}46^{\mathrm{s}} & \\
\hline
T_{\mathrm{G}} & 10^{\mathrm{h}}00^{\mathrm{m}}26^{\mathrm{s}} & 22/3
\end{array}
$$

3. 区时

在同一瞬间，不同经线上的地方时都不同。这样，在社会生活中，如果都各自使用本地平时，就会给人们带来许多麻烦。1884 年国际天文学会在地方平时的基础上，提出了区时制的建议，因此就产生了区时（Zone Time），用 ZT 表示。

（1）时区制

区时必须对应于一定的时区。国际上把全球划分为 25 个时区，每隔 15° 为一个时区。每个时区以能被 15 整除的经线为该时区的中央经线，简称中线（如图 5-3-9 所示）。以 0° 经线为零时区，分别向东、向西各为 12 个时区。东 12 个时区分别为东一时区（−1）、东二时区（−2）……直到东十二时区（−12）；西 12 个时区为西一时区（+1）、西二时区（+2）……直到西十二时区（+12）。括号中的正、负号及数字称为时区号（Zone Description），用 ZD 表示。理论上，以中线向东、向西各为 7°.5 的经度为该时区的范围，但东、西十二时区各为 7°.5，180° 经线是它们的共用时区中线。船舶在海上航行时，根据推算船位的经度就可近似地求出船舶所在时区的时区号。用推算经度除以 15 所得的余数小于 7°.5，船舶所在时区的时区号与商相同；所得的余数大于 7°.5，则船舶所在时区的时区号数为商加 1。

例 5-3-6 已知某船推算船位的经度 $\lambda 123°48'.0E$，求所在时区的时区号。

解：

$$
\frac{123°48'.0}{15} = 8° \cdots\cdots 余 3°48'.0
$$

余数小于 7°.5，所以船舶所在时区的时区号 $ZD = -8$（东八区）。

例 5-3-7 已知某船推算船位的经度 $\lambda 172°36'.0W$，求所在时区的时区号。

解：

$$
\frac{172°36'.0}{15} = 11° \cdots\cdots 余 7°36'.0
$$

余数大于 7°.5，所以船舶所在时区的时区号为商加 1，即 $ZD = +12$（西十二区）。

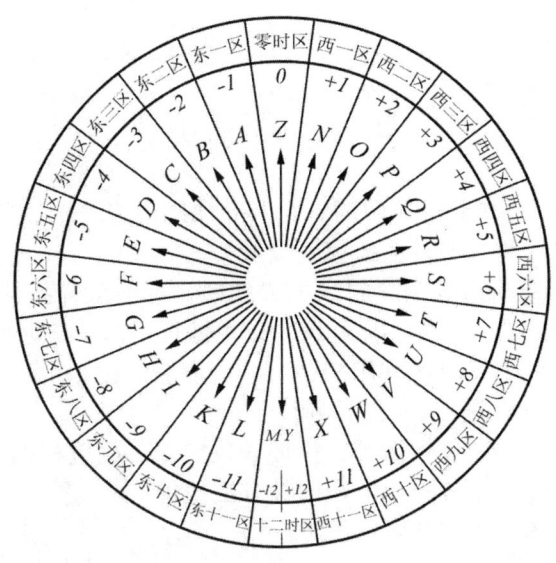

图5-3-9 时区的划分

（2）区时、船时及与世界时的关系

时区中线的地方时，作为该时区的标准时，称为该时区的区时。零时区的区时是0°经线上的地方时，即世界时T_G。因为各时区中线的地方时为各时区的区时，所以各时区的区时之差都为整小时。各时区的区时与世界时的区别，仅是时区号之差。它们之间的关系式为：

$$TG = ZT + ZD \tag{5-3-8}$$

例5-3-8 已知某船推算船位的经度λ123°48′.0E，区时ZT07^{h}18^{m}16^s（3月20日），求世界时T_G。

解：

ZT	07^{h}18^{m}16^s	20/3
ZD	-8	
T_G	23^{h}18^{m}16^s	19/3

在船上是用船钟来指示近似区时的，称为船时（Ship's Time），用SMT或ZT'表示。在航海作业方面，船时只要求精确到分钟即可，所以船时一般采用四位数表示，不标注h、m、s。用船时可求得近似世界时，其用$T_G{}'$表示。

例5-3-9 已知某船推算船位的经度λ123°48′.0E，船时ZT'1315（9月20日），求近似世界时$T_G{}'$。

解：

ZT'	1315	20/9
ZD	-8	
$T_G{}'$	0515	20/9

例5-3-10 已知某船推算船位的经度λ143°48′.0W，船时ZT'1731（3月20日），求近似世界时$T_G{}'$。

解：

ZT'	1731	20/3
ZD	+10	
T_G'	0331	21/3

（3）拨钟

船钟一般指示区时，由于相邻两时区的区时相差 1 h，并且具有"东大西小"的关系，当船舶驶入相邻时区时，船钟应拨快或拨慢 1 h。

船舶在航行中，当东行跨越一个时区的界线时，船时就需拨快 1 h；当西行跨越一个时区的界线时，船时就需拨慢 1 h。因为 180°经线是东、西十二时区共用的时区中线，该经线的地方平时是东、西十二时区共用的区时，所以船舶由东十二时区进入西十二时区或反之均不用拨钟，但日期相差 1 天（见日界线）。

船上具体什么时间拨钟，怎样拨钟，由船长决定。二副应根据船长的命令提前做出通知。一般拨钟在夜间进行，通常采用下述两种方法拨钟。

例如，某船由东八区进入东九区或反之。

①方法一

a.拨快 1 h。通常由三副在 2100 将船钟拨快 1 h，航海日志中应记录：

2100 船钟拨快 1 h，$SMT = GMT + 0900$。

通常 1 h 的时间由 3 个航行班均摊。

b.拨慢 1 h。通常由三副在 2100 将船钟拨慢 1 h，航海日志中应记录：

2100 船钟拨慢 1 h，$SMT = GMT + 0800$。

通常 1 h 的时间由 3 个航行班均摊。

②方法二

a.分三班拨钟，每班拨快 20 min，航海日志中应记录：

三副：2100 船钟拨快 20 min，$SMT = GMT + 0820$；

二副：0100 船钟拨快 20 min，$SMT = GMT + 0840$；

大副：0500 船钟拨快 20 min，$SMT = GMT + 0900$。

b.分三班拨钟，每班拨慢 20 min，航海日志中应记录：

三副：2100 船钟拨慢 20 min，$SMT = GMT + 0840$；

二副：0100 船钟拨慢 20 min，$SMT = GMT + 0820$；

大副：0500 船钟拨慢 20 min，$SMT = GMT + 0800$。

采用方法一拨钟，船钟始终指示区时，三副班在时间上有 1 h 的跳跃或重叠，这对事后的检查带来了方便，不利的是交接班的时间与正常的时间有所不同。

采用方法二拨钟，每班在时间上都有 20 min 的跳跃或重叠，在从三副拨钟到大副拨钟这段时间里，船钟指示的时间不是整数区时，这对事后的检查带来一定的不便。

（4）日界线

东十二时区和西十二时区的时区中线是 180°经线，称为国际日期变更线，简称日界线（Date Line）。从理论上讲，日界线是一条直线。但是因为一些国家和地区行政管理上的要求，所以严格地说，它是一条曲折线。

当船舶在海上航行时，若东行过日界线，即从东十二时区到西十二时区，船时不变，日期要减少 1 天；若西行过日界线，即从西十二时区到东十二时区，船时不变，日期要增加1天。

日界线的具体走向，可参阅英版世界时区图。

（5）法定时

时区制的使用，给人们的日常生活和工作带来很大的方便。但在实施中，各国、各地区又根据本国和地区的要求制定了标准时（Standard Time）。如我国横跨五个时区（东五时区到东九时区），采用东八时区的区时作为标准时，又称为北京时间。又如新加坡处于东七区，也采用东八时区的区时作为标准时。

世界各国根据本国国情由立法机关或行政当局以法令形式制定和颁布本国的标准时，故又称其为法定时（Legal Time）。

世界上还有一些国家不采用时区制时间，而是以本国的首都或本国的适中点的地方时作为国家的标准时。但要注意，这些国家的时间与世界时的差值不是整数。还有一些国家规定了本国的标准时在夏季比区时提前 1 h 或 30 min，称为夏令时（Summer Time，Daylight Saving Time），夏季过后又恢复到原来的标准时。但也有一些国家，如欧洲一些国家长年使用夏令时。

当船舶航行到一个国家时，根据船长的指示，一般情况下船钟要调整到该国的标准时上。具体世界各国的标准时，可查阅英版《无线电信号表》（Admiralty List of Radio Signals）第Ⅱ卷中的法定时部分或英版《航海天文历》中的"Standard Times"表，该表列出了各国的标准时，如果该地区执行夏令时，则给出夏令时和执行夏令时的起讫时间。

五、测天世界时

天体在天球上的位置是随时间不断地变化的，要求得测天时天体的准确位置，必须先求测天时的世界时，再利用球面三角形公式，借助于计算机求得天体的视位置（t_G，δ），或查《航海天文历》求得。用计算机计算比较麻烦，目前航海上使用者很少。

1. 天文钟

船上用来观测天体定位计时的钟称为天文钟（Chronometer）。目前船上使用的天文钟基本上是石英天文钟，它具有频率稳定、使用方便等优点。机械天文钟已趋于淘汰，只有很少的船舶配用。另外，船上的GPS导航仪显示的时间为UTC时刻，经有效定位之后显示的时间也可以用于计时。

天文钟使用注意事项：

（1）防震、保温、防潮和防磁。

（2）要注意保持天文钟电压正常，按时更换电池。更换电池后的天文钟在重新启动后才能运转。

（3）要定时接收各国无线电授时台发出的无线电时间信号进行钟差和日差的测定，并认真做好记录。

2. 天文钟钟差

现在船上的天文钟虽然很准确，但仍然有一定的积累误差。天文钟钟面上仅刻有 1^h—12^h 的时刻。在船舶工作时，要注意近似世界时的计算，确保世界时的准确性。天文钟指出的是世界时，但从钟面上读取的读数称为钟时（Chronometer Time），用 CT 表示。

世界时 T_G 与钟时 CT 之差称为天文钟钟差（Chronometer Error），简称钟差，用 CE 表示。

$$CE = T_G - CT \qquad (5\text{-}3\text{-}9)$$

天文钟快，钟差 CE 为负（－）；天文钟慢，钟差 CE 为正（＋）。钟差 CE 是通过无线电对时时号来测定的。目前世界各国的无线电授时台播发的无线电对时时号可分为两种类型：第一种是世界时时号，直接播发 $UT1$ 的时间进行对时；第二种是播发协调世界时 UTC 的时号，同时还播发改正量 $DUT1$，世界时 $UT1 = UTC + DUT1$。世界各国的无线电授时台播发的无线电对时时号的基本式样有：平时式、科学式和新国际式。它们的呼号、波长、播发时间等资料，可从英版《无线电信号表》第 II 卷的无线电时间信号（Radio Time Signals）部分或中版《航海天文历附表》中查得。

天文钟的钟差是随时间而变的。一台运转很快的天文钟，其钟差为负值，随着时间的推移，钟差将负得越来越大。天文钟钟差一天的变化量称为天文钟的日差（Daily Rate）。其公式为：

$$日差 = \frac{当次测定的钟差 - 前次测定的钟差}{两次测定钟差相隔的天数}$$

例 5-3-11 根据一天文钟钟差记录簿，2024 年 3 月 18 日世界时 6^h 测定钟差为 -1^m12^s，2024 年 3 月 20 日世界时 6^h 测定钟差为 -1^m18^s，求 2024 年 3 月 20 日该天文钟的日差。

解：

$$日差 = \frac{(-1^m18^s) - (-1^m12^s)}{2} = -3^s$$

每日对钟时均要计算出天文钟的日差。天文钟的日差有两个作用：一是根据日差检验天文钟的精度，日差小而稳定，说明天文钟的精度高，反之则低；二是根据日差推算测天时的钟差。

求测天时的推算钟差的公式为：

测天时的推算钟差 = 最近的测定钟差 +（日差 × 对钟时至测天时的间隔天数）

例 5-3-12 2024 年 3 月 20 日，船时 $ZT'1100$（－5），对钟时测定的钟差为 -1^m18^s，日差为 -3^s，求 2024 年 3 月 21 日船时 $ZT'0430$ 测星定位时的钟差。

解：

测天时间	$ZT'0430$	21/3
－）对钟时间	$ZT'1100$	20/3
相隔时间	1730	
相隔天数	0.73(d)	
×）日差	-3^s	
钟差改正量	$-2^s.2$	
+）测定钟差	$-1^m18^s.0$	
测天时的推算钟差	$-1^m20^s.2$	

3. 求测天世界时

求出测天时的推算钟差，加上测天时的天文钟读数，就可以求得测天时的世界时。但我们还应注意两个问题：一是天文钟钟面上只有 1^h—12^h，在求测天世界时时应先求出近似世界时；二是不能将天文钟搬到室外进行测天计时，而是要通过秒表，间接地求出测天钟时，然后再求测天世界时。秒表的使用方法有两种（以使用航海六分仪测天为例）：一是先测天，当天体的影像与水天线相切时，立刻启动秒表；当记下天文钟读数时，停止秒表，秒表读数（Watch Time，WT）为负值。二是在海图室内记下天文钟读数的同时，启动秒表；当天体的影像与水天线相切时，立刻停止秒表，秒表读数为正值。求测天世界时的公式为：

$$测天世界时 = 天文钟钟时 \pm 秒表读数 + 测天时的钟差$$

$$T_G = CT \pm WT + CE \qquad\qquad （5\text{-}3\text{-}10）$$

例 5-3-13　2024 年 9 月 20 日，船时 $ZT'1100$（+10），对钟时测定的钟差为 -2^m28^s，日差为 -4^s。9 月 20 日船时 $ZT'1940$（+10）测天，按停秒表时的天文钟读数 CT 为 $05^h38^m30^s$，秒表读数 WT 为 46^s，求测天世界时 T_G。

解：

①求测天时的推算钟差

测天时间	1940	20/9
－）对钟船时	1100	20/9
相隔时间	0840	
相隔天数	0.36（d）	
×）日差	-4^s	
钟差改正量	$-1^s.4$	
+）测定钟差	-2^m28^s	
测天时的推算钟差	$-2^m29^s.4$	

②求近似世界时 T_G'

	ZT'	1940	20/9
+）	ZD	+10	
近似世界时	T_G'	0540	21/9

③求测天世界时 T_G

停表钟时	CT	$05^h38^m30^s$	
+）秒表读数	WT	-46^s	
测天钟时		$05^h37^m44^s$	
+）测天钟差	CE	$-2^m29^s.4$	
测天世界时	TG	$05^h35^m14^s.6$	
		$\approx 05^h35^m15^s$	21/9

例 5-3-14　2024 年 7 月 30 日，船时 $ZT'1100$（-8），对钟时测定的钟差为 $+4^m12^s$，日差为 $+3^s.2$。8 月 1 日船时 $ZT'0435$（-8）测天，启动秒表时的天文钟读数 CT 为 $08^h31^m00^s$，停秒表时的秒表读数 WT 为 01^m06^s，求测天世界时 T_G。

解：

①求测天时的推算钟差

测天船时	ZT' 0435	1/8
−) 对钟船时	ZT' 1100	30/7
	1735 + 1 d	
相隔天数	1.73(d)	
×) 日差	+ 3^s.2	
钟差改正量	+ 5^s.5	
+) 测定钟差	+ 4^{m}12^s	
测天时的推算钟差	+ 4^{m}17^s.5	

②求近似世界时 T_G'

	ZT'	0435	1/8
+) ZD	− 8		
近似世界时	T_G'	2035	31/7

③求测天世界时 T_G

停表钟时	CT	08^{h}31^{m}00^s	
+) 秒表读数	WT	+ 01^{m}06^s	
测天钟时		20^{h}32^{m}06^s	
+) 测天钟差	CE	+ 4^{m}17^s.5	
测天世界时	TG	20^{h}36^{m}23^s.5	
		≈20^{h}36^{m}24^s	31/7

六、天体位置

天体位置随着时间不断地变化，可以根据观测天体时的世界时和天体名称，用球面三角形公式，借助计算器求得天体的视位置（t_G、δ），也可以通过查表求得。用计算器计算比较麻烦，在航海上较少使用。利用《航海天文历》查取是航海上最常用的方法，本节主要介绍《航海天文历》的内容和使用方法。

1. 中版《航海天文历》

中版《航海天文历》由中国人民解放军海军司令部航海保证部发行，共分为两册：一册是历书；另一册是附表。其中大部分内容列出了航用天体的视位置，以及与天文航海方面有关的数据。

（1）历书

历书每年出版一次，主要内容是天体位置表，每隔三日给出左、右两页。

①左页部分：按世界时整小时对应列出太阳、四大航用行星的格林时角 t_G 和赤纬 δ，以及时角超差 $\overline{\Delta}$ 和赤纬差数 Δ；在太阳旁边标注的数字，是三日中太阳的平均视半径。

②右页部分：分左、右两侧。左侧按世界时整小时对应列出春分点的格林时角 t_G^{γ}，月亮的格林时角 t_G 和赤纬 δ，以及月亮的时角超差 $\overline{\Delta}$ 和赤纬差数 Δ；右侧列出了不同纬度之间

的日出和日没时刻，月出和月没时刻，航海晨昏朦影和民用晨昏朦影时刻，以及右下角所列出的与天文航海有关的天体中天时刻、视差、时差和航用行星的赤经。

③恒星视位置表：该表按月份列出了159颗航用恒星的视位置，可用星座或星名为引数，按月份查得所观测恒星每月15日的赤纬δ、共轭赤经α'、赤经α和星等。赤经是以时（h）、分（m）世界时列出的，星等是以数字列出的。为了使用方便，还把最常用的44颗恒星视位置印成活页放入其中，称为"航海常用恒星视位置表"。

④历书的前面列出了与天文航海有关的"天象纪要""四星纪要""中天时刻图（地方平时）"。历书的后面列出了观测北极星高度求测者纬度用的"北极星高度求纬度修正表"、观测北极星罗方位求罗经差用的"北极星方位角表"等。

⑤《航海天文历》中的名词：

a.时角基本变量：天体每小时时角变化量的最小值的近似值。对于不同的天体，其时角基本变量也不同，如

太阳和行星	$14°59'.0$
月亮	$14°19'.0$
春分点	$15°02'.46$

b.时角超差$\overline{\Delta}$：天体每小时时角的实际变化量与基本变化量的差值。该差值恒为正值（+）。

太阳和行星的时角超差各不相同，但每日都变化甚小，所以每日给出一值，列在每日天体位置表之后。它可代替一日中任意1 h的时角超差。

月亮的时角超差日变化量显著，所以按小时给出，列在整小时月亮格林时角的右侧。

春分点时角每日变化是匀速的，每小时时角的实际变化量与基本变化量是相同的，即$(360° + 59'.14)/24 = 15°02'.46$，所以没有时角超差。

c.赤纬差数Δ：天体赤纬每小时的变化量，有正（+）负（-）之分。

太阳和行星的赤纬差数各不相同，但每日变化量很小，故都按日期给出，列在每日天体位置表的最后。

月亮的赤纬差数日变化量较大，按每小时给出，列在整小时月亮赤纬的右侧。

当赤纬差数在一天中有正（+）有负（-）时，应注意变号的时刻。太阳的赤纬差数的变号日期，都发生在春分点或秋分点时刻。

（2）附表

附表可以长期使用，主要内容是天体时角的分、秒变量。可以天体名称和分（m）、秒（s）世界时为引数，查取天体赤纬和时角的改正量。其内还有"赤纬、时角内插表""星图""区时图""天体观测高度改正表""无线电信时号表"等。

（3）求天体视位置

①求太阳、行星的地方时角和赤纬

天体的地方时角$t = t_G^* \pm \lambda_W^E$。按照使用《航海天文历》查取天体视位置的步骤，求天体地方时角的t的计算格式可写成：

$$t = 整小时世界时的格林时角 t'_G + 分、秒世界时的格林时角 \pm \lambda_W^E$$

$$= t'_G + \frac{时角基本变量 + 时角超差 \overline{\Delta}}{60'} \times 分、秒世界时 \pm \lambda_W^E$$

$$= t'_G + \frac{时角基本变量}{60'} \times 分、秒世界时 + \frac{时角超差 \overline{\Delta}}{60'} \times 分、秒世界时 \pm \lambda_W^E$$

$$= t'_G + m.s + \overline{\Delta'} \pm \lambda_W^E \qquad (5\text{-}3\text{-}11)$$

式中：t'_G——整小时世界时的格林时角；

$m.s$——分（m）、秒（s）世界时的时角基本变量，恒为正值（+）；

$\overline{\Delta'}$——时角超差订正值，恒为正值（+）；

$\pm\lambda_W^E$——测者经度，东经取"+"，西经取"−"。

利用《航海天文历》查取天体赤纬的计算格式可写成：

$$\delta = 整小时世界时的赤纬\delta' + 赤纬差数\Delta/60' \times 分、秒世界时$$
$$= \delta' + \Delta' \qquad (5\text{-}3\text{-}12)$$

式中：δ'——整小时世界时的赤纬；

Δ'——赤纬差数订正值，有正（+）负（−）之分，其符号与赤纬差数的符号相同。

综上所述，利用《航海天文历》查取太阳、行星视位置的步骤如下：

a.在历书的"天体位置表"中，以测天日期和整小时世界时为引数，在左页太阳或行星相应的一栏中查得天体格林时角t'_G、时角超差$\overline{\Delta}$、天体赤纬δ'和赤纬差数Δ。

b.在《航海天文历附表》的"时角、赤纬内插表"中，以分（m）、秒（s）世界时为引数，在时角基本变量一栏中查得太阳、行星的分秒格林时角。

c.在上述同一页附表中，以时角超差$\overline{\Delta}$或赤纬差数Δ为引数，在$\overline{\Delta}$或Δ订正值一栏中查得时角超差订正值$\overline{\Delta'}$或赤纬差数订正值Δ'。

②求恒星的地方时角

恒星地方时角$t^* = t_G^\gamma + \alpha' \pm \lambda_W^E$。按照《航海天文历》的查表步骤，求恒星地方时角的计算式为：

$$t^* = t_G^\gamma + m.s + \alpha' \pm \lambda_W^E \qquad (5\text{-}3\text{-}13)$$

式中：t_G^γ——整小时世界时的春分点格林时角；

$m.s$——分（m）、秒（s）世界时的春分点时角变量；

α'——天体共轭赤经；

$\pm\lambda_W^E$——测者经度，东经取"+"，西经取"−"。

综上所述，利用《航海天文历》查取恒星视位置的步骤如下：

①在历书的"天体位置表"中，以测天日期和整小时世界时为引数，在右页春分点一栏中查得春分点格林时角t_G^γ。

②在《航海天文历附表》的"时角、赤纬内插表"中，以分（m）、秒（s）世界时为引数，在时角基本变量一栏中查得春分点的分秒格林时角。

③在《航海天文历》后面部分的"恒星视位置表"中，以星名（或专用名，或星号）和月份为引数查得恒星的共轭赤经α'和赤纬δ。因为恒星的共轭赤经α'和赤纬δ变化量甚小，所以不需要进行内插。

为确保查表计算正确、清晰，一律列竖式计算，且上下对齐。

例5-3-15 2024年9月22日，船时ZT'1022，推算船位为（φ_c21°28'.6N，λ_c113°46'.8E），观测太阳高度，停秒表时的天文钟时间CT为$02^h23^m20^s$，秒表读数WT为48^s，测天时的天文钟钟差CE为16^s（快），求太阳的赤纬$\delta^\odot$、格林时角$t_G^\odot$和地方时角$t^\odot$。

解:

①求测天世界时 T_G

ZT'	1022	22/9
ZD	-8	
T_G'	0222	22/9

CT'	$02^h23^m20^s$
WT	-48^s
CE	-16^s
T_G	$02^h22^m16^s$ 22/9

②求天体赤纬 $\delta^{\odot}$、格林时角 $t_G^{\odot}$ 和地方时角 $t^{\odot}$

$T_G^{\odot'}$	$211°49'.9$	$\overline{\Delta}\ 1.2$	$\delta^{\odot'}$	$00°10'.4$N	$\Delta\ -1.0$
$m.s$	$5°33'.6$				
$\overline{\Delta}'$	0.5		Δ'	$-0'.4$	
$t_G^{\odot}$	$217°24'.0$		$\delta^{\odot}$	$00°22'.8$N	
λ_c	$113°46'.8$E				
$t^{\odot}$	$331°10'.8$				
	$= 28°52'.2$E				

例5-3-16 2024年9月23日，船时 ZT' 0450，推算船位为（φ_c 36°42'.8N，λ_c 137°24'.5W），观测金星高度，启动秒表时的天文钟时间 CT 为 $01^h50^m00^s$，当天体影像与水天线相切时停止秒表，秒表读数 WT 为 54^s，测天时的天文钟钟差 CE 为 24^s（慢），求金星的赤纬 $\delta^{\female}$、格林时角 $t_G^{\female}$ 和地方时角 $t^{\female}$。

解:

①求测天世界时 T_G

ZT'	0450	23/9
ZD	$+9$	
T_G'	1350	23/9

CT'	$01^h50^m00^s$
WT	$+54^s$
CE	$+24^s$
T_G	$13^h51^m18^s$ 23/9

②求天体赤纬 $\delta^{\female}$、格林时角 $t_G^{\female}$ 和地方时角 $t^{\female}$

$t_G^{\female'}$	$349°24'.9$	$\overline{\Delta}\ 0.6$	$\delta^{\female'}$	$11°33'.5$S	$\Delta\ +1.2$
$m.s$	$12°48'.6$				
$\overline{\Delta}'$	$0'.5$		Δ'	$+1'.0$	
$t_G^{\female}$	$002°14'.0$		$\delta^{\female}$	$11°34'.5$S	
λ_c	$137°24'.5$W				
$t^{\female}$	$224°49'.5$				
	$=135°10'.5$E				

例5-3-17 2024年9月23日，船时 ZT'1924，推算船位为（φ_c23°54'.0S，λ_c048°12'.5E），观测天鹰座 α（河鼓二）星的高度，停止秒表时的天文钟时间 CT 为 $04^h24^m00^s$，秒表读数 WT 为 56^s，测天时的天文钟钟差 CE 为 28^s（慢），求天鹰座 α 星的赤纬 δ^*、格林时角 t_G^* 和地方时角 t^*。

解：

①求测天世界时 T_G

ZT'	1924	23/9
ZD	-3	
T_G'	1624	23/9

CT'	$04^h24^m00^s$	
WT	-56^s	
CE	$+28^s$	
T_G	$16^h23^m32^s$	23/9

②求天体赤纬 δ^*、格林时角 t_G^* 和地方时角 t^*

$t_G^{\Upsilon\prime}$	242°59'.5	
$m.s$	5°54'.0	
t_G^{Υ}	248°53'.5	
α'	62°00'.0	δ^* 8°56'.1N
t_G^*	310°53'.5	
λ_c	048°12'.5E	
t^*	359°06'.0	
	$= 000°54'.0E$	

2. 英版《航海天文历》

世界各航海国所使用的《航海天文历》版本不一样，其中有代表性的是英美联合出版的《THE NAUTICAL ALMANAC》，该书被英国海军列为出版物编号NP314，每年出一版。

（1）内容安排

英版《航海天文历》也是每年出版一次，各年版本的内容安排几乎都一样。其主要内容由历书和"时角、赤纬内插表"两部分组成，并合订在一起。为了使用方便，历书用一般白纸印刷，列在该书的前半部分；内插表用黄色纸印刷，列在该书的后半部分。

①天体位置表：该表内容安排与中版《航海天文历》有些异同，也分左、右页两部分。

左页部分：列出三天的整小时世界时 GMT 所对应的春分点（Aries）格林时角 GHA，金星（Venus）、火星（Mars）、木星（Jupiter）和土星（Saturn）的格林时角 GHA 和赤纬 Dec，以及 57 颗常用恒星（Stars）的专用名称（Name）和它们的共轭赤经 SHA 和赤纬 Dec，在 57 颗恒星的最后列出四颗航用行星的共轭赤经 SHA 和中天时间（Mer. Pass.）。

右页部分：列出三天的太阳（Sun）、月亮（Moon）的格林时角 GHA 和赤纬 Dec，以及日出（Sun Rise）、日没（Sun Set）、月出（Moon Rise）、月没（Moon Set）和晨昏朦影（Twilight）时间。在右页的右下角还列出了时差（Eqn. of Time），太阳上中天（Sun

Mer. Pass.）和月亮上（Upper）、下（Lower）中天时间，以及月龄（Age）和以图形表示的月相（Phase）。

②时角、赤纬内插表：由于天体位置表只列出整小时世界时所对应的天体位置，所以在实际使用时还要利用时角、赤纬内插表进行内插计算。

③恒星视位置表：该表按月份列出173颗航用恒星每月月中的共轭赤经和赤纬，查表引数是星名和观测月份。为使用方便，将常用的57颗航用恒星列在天体位置表的左页。

④北极星高度求纬度表和北极星方位角表。

⑤世界各地标准时一览表：从该表中可查阅世界各地的标准时（或夏令时）。表中的地名以英文字母顺序排列。表中的数据改正到印刷《航海天文历》的年份，故与使用年份可能有出入。该表又分成：

表Ⅰ（LIST Ⅰ）：标准时大于协调世界时的地区（主要位于东时区的国家和地区）。

$$标准时 = 协调世界时 + 表列时间$$

表Ⅱ（LIST Ⅱ）：标准时等于协调世界时的国家和地区。

$$标准时 = 协调世界时$$

表Ⅲ（LIST Ⅲ）：标准时小于协调世界时的地区（主要位于西时区的国家和地区）。

$$标准时 = 协调世界时 - 表列时间$$

⑥天体高度改正表：A_2页为太阳、行星和恒星高度改正表（高度为10°~90°）和眼高差表；A_3页为太阳、星体高度改正表（高度为0°~10°）；A_4页为气温、气压附加改正表。

⑦高度方位表推荐使用的天体高度和方位计算表。

⑧还有星图、时度换算表等。

（2）名词解释

在编制历书和附表时采用了下述数据：

①时角基本变量：天体每小时时角变量的近似值，不同的天体采用的数值不尽相同。

②时角超差$\overline{\Delta}$：天体每小时的时角实际变量超过时角基本变量的数值。四颗航用行星的时角超差各不相同，但每日（平太阳日）变化甚小，所以每三日各给出一值，列在版面的底行，可用它来代替三日中任意1 h的时角超差。金星的时角超差有正（+）负（-）之分，其他三颗均为正（+）。

由于太阳的时角基本变量取15°，它与太阳每小时时角的实际变化量之差不超过0′.3，编表处理后不超过0′.15，可忽略不计，符合航海计算精度的要求，所以太阳没有时角超差。

月亮的时角超差日变化量显著，按每小时给出，列在整小时月亮格林时角的右侧。

每日（平太阳日）春分点时角变化是等速的，其每小时时角变量与时角基本变量相同（15°02′.46），所以没有时角超差。

③赤纬差数d：天体每小时的赤纬变化量，有正（+）负（-）之分。

太阳和行星的赤纬差数各不相同，但每日（平太阳日）变化甚小，故每三日各给出一值，列在版面的底行，可用它来代替三日中任意1 h的赤纬差数。

月亮的赤纬差数日变化量显著，按每小时给出，列在整小时月亮赤纬的右侧。

表中的赤纬差数d没有注明正（+）负（-）号的，使用者需自行判断：若赤纬随着时间的增加而增大，则d为正（+）；若赤纬随着时间的增加而减小，则d为负（-）。

（3）求天体视位置

①求太阳与行星的地方时角和赤纬

根据《航海天文历》的查算步骤，求太阳与行星的地方时角（LHA）和赤纬（Dec）的计算式可写成：

$$LHA = \text{整小时世界时的格林时角}GHA' + \text{分、秒世界时的格林时角} \pm \lambda_W^E$$
$$= GHA' + m.s + \overline{\Delta}' \pm \lambda_W^E \tag{5-3-14}$$

式中：GHA'——整小时世界时的格林时角。

　　　$m.s$——分、秒世界时的时角基本变量，恒为正值（+）。

　　　$\overline{\Delta}'$——时角超差订正值，太阳时角超差取零；金星时角超差有正（+）负（−）之分；其他三颗航用行星的时角超差均为正值（+）。

　　　$\pm\lambda_W^E$——测者经度，东经取"+"，西经取"−"。

按照《航海天文历》的查算步骤，求天体赤纬Dec的计算式可写成：

$$Dec = \text{整小时世界时的赤纬}Dec' + \text{赤纬差数}d/60' \times \text{分、秒世界时}$$
$$= Dec' + d' \tag{5-3-15}$$

式中：Dec'——整小时世界时的赤纬；

　　　d'——赤纬差数订正值，有正（+）负（−）之分，其符号与赤纬差数d的符号相同。

综上所述，查表计算太阳、行星视位置的步骤如下：

a.在历书的天体位置表中，以观测日期和整小时世界时为引数，在相应天体的一栏中查得天体格林时角（GHA）、时角超差（$\overline{\Delta}$）、天体赤纬（Dec）和赤纬差数（d）；

b.在时角、赤纬内插表中，以分、秒世界时为引数，在相应天体的一栏中查得太阳、行星（或月亮）的分、秒变角（$m.s$）；

c.在上述同一页中，以$\overline{\Delta}$或d为引数，在$\overline{\Delta}$或d订正值一栏中查得订正值$\overline{\Delta}'$或d'。

②求恒星的地方时角和赤纬

求恒星的地方时角LHA和赤纬Dec，按照《航海天文历》的查算步骤，其计算式为：

$$LHA = CHA'\Upsilon + SHA + m.s \pm \lambda_W^E \tag{5-3-16}$$

式中：$CHA'\Upsilon$——整小时世界时的春分点格林时角；

　　　SHA——天体共轭赤经；

　　　$m.s$——分、秒世界时的春分点时角变量；

　　　$\pm\lambda_W^E$——测者的推算经度，东经取"+"，西经取"−"。

综上所述，查表计算恒星视位置的步骤如下：

a.在历书的天体位置表中，以观测日期和整小时世界时为引数，在春分点一栏中查得$CHA'\Upsilon$；

b.在历书的恒星观位置表中，以星体的专用名称为引数查得该恒星的共轭赤经SHA和赤纬Dec；

c.在时角、赤纬内插表中，以分、秒世界时为引数，在Aries一栏中查得春分点的分、秒格林时角的变角（$m.s$）。

为确保查表计算正确、清晰，应列竖式计算，并上下对齐。

例5-3-18　2024年10月19日，船时SMT 0945，推算船位为（$\varphi_c 23°12'.0S$，$\lambda_c 157°01'.0E$），观测太阳，停秒表天文钟时间CT为$11^h45^m44^s$，秒表读数WT为33^s，钟差CE为22^s（快），求太阳的地方时角$LHA^\odot$和赤纬$Dec^\odot$。

解：

①求测天世界时 GMT

SMT	0945	19/10
ZD	-10	
GMT'	2345	18/10

CT	$11^h45^m44^s$	
WT	-33^s	
CE	-22^s	
GMT	$23^h44^m49^s$	18/10

②求太阳的地方时角 $LHA^\odot$ 和赤纬 $Dec^\odot$

GHA'	$168°45'.6$	Dec'	$10°03'.7S$	d $+0.9$
$m.s$	$11°12'.3$	d'	$+0'.7$	
$GHA^\odot$	$179°57'.9$	$Dec^\odot$	$10°04'.4S$	
λ_c	$157°01'.0E$	φ_c	$23°12'.0S$	
$LHA^\odot$	$336°58'.9$			
	$=23°01'.1E$			

求行星的地方时角和赤纬，查表计算步骤与太阳相同。

例5-3-19 2024年10月18日，船时 SMT 1844，推算船位为（φ_c35°15'.0N，λ_c122°20'.5E），观测天鹰座α（河鼓二）星，停秒表时天文钟时间 CT 为 $10^h43^m30^s$，秒表读数 WT 为 30^s，钟差 CE 为 +25^s，求天鹰座α（河鼓二）星的半圆地方时角 $LHA^\star$ 和赤纬 $Dec^\star$。

解：

①求测天世界时 GMT

SMT	1844	18/10
ZD	-8	
GMT'	1044	18/10

CT	$10^h43^m30^s$	
WT	-30^s	
CE	$+25^s$	
GMT	$10^h43^m25^s$	18/10

②求天鹰座α（河鼓二）星的半圆地方时角 $LHA^\star$ 和赤纬 $Dec^\star$

$GHA'\Upsilon$	$177°23'.2$		
SHA	$62°00'.2$	$Dec^\star$	$8°56'.2S$
$m.s$	$10°50'.5$		
$GHA^\star$	$250°13'.9$		
λ_c	$122°20'.5E$	φ_c	$35°15'.0N$
$LHA^\star$	$372°34'.4$		
	$=12°34'.4W$		

七、《航海天文历》跨年度使用

《航海天文历》跨年度使用，适用于观测太阳、恒星求其视位置。对于月亮、行星，《航海天文历》不可跨年度使用。

1. 求太阳视位置

利用中版2024年《航海天文历》求2025年的太阳格林时角和赤纬，对于1月和2月，应在观测世界时上加 $18^h12^m00^s$，对于3月至12月，应从观测世界时中减去 $5^h48^m00^s$，用所求得的世界时，查2024年同一日期的格林时角和赤纬，然后在所求的格林时角上加 $87°00'$。这样计算的格林时角和赤纬，其误差一般不超过 $0'.4$。

例5-3-20 2025年2月5日，世界时 T_G $13^m26^m40^s$ 观测太阳高度，用2024年《航海天文历》求太阳的格林时角 $t_G^\odot$ 和赤纬 $\delta^\odot$。

解：

①求2024年2月5日的查表世界时 T_G

2025年测天世界时	T_G	$13^h\ 26^m\ 40^s$	5/2/25
时间修正量	ΔT	$+18^h\ 12^m\ 00^s$	
2024年查表世界时	T_G	$07^h\ 38^m\ 40^s$	5/2/24

②求2025年2月5日的太阳格林时角和赤纬

2024年的太阳格林时角和赤纬	$T_G^{\odot'}$	$281°31'.5$	$\overline{\Delta}$ 0.9	$\delta^{\odot'}$	$16°03'.3S$	Δ -0.8
	$m.s$	$9°39'.4$				
	$\overline{\Delta'}$	$0'.6$		Δ	$-0'.5$	
	$t_G^\odot$	$291°11'.5$		$\delta^\odot$	$16°02'.8S$	
格林时角订正值	$\Delta t_G^\odot$	$+87°00'$				
2025年的太阳格林时角和赤纬	$t_G^\odot$	$378°11'.5$		$\delta^\odot$	$16°02'.8S$	
		$= 018°11'.5$				

例5-3-21 2025年11月2日，世界时 T_G $07^h37^m12^s$ 观测太阳高度，用2024年《航海天文历》求太阳的格林时角 $t_G^\odot$ 和赤纬 $\delta^\odot$。

解：

①求2024年11月2日的查表世界时 T_G

2025年测天世界时	T_G	$07^h37^m12^s$	2/11/25
时间修正量	ΔT	$-05^h48^m00^s$	
2024年查表世界时	T_G	$01^h49^m12^s$	2/11/24

②求2025年11月2日的太阳格林时角和赤纬

2024年的太阳格林时角和赤纬	$T_G^{\odot'}$	$199°06'.8$	$\overline{\Delta}$ 1.0	$\delta^{\odot'}$	$14°50'.7S$	Δ $+0.8$
	$m.s$	$12°17'.2$				
	$\overline{\Delta'}$	$0'.8$		Δ	$+0'.7$	
	$t_G^\odot$	$211°24'.8$		$\delta^\odot$	$14°51'.4S$	
格林时角订正值	$\Delta t_G^\odot$	$+87°00'$				
2025年的太阳格林时角和赤纬	$t_G^\odot$	$298°24'.8$		$\delta^\odot$	$14°51'.4S$	

2.求恒星视位置

用2024年《航海天文历》求2025年的恒星格林时角和赤纬，可查2024年同一日期同一时刻的格林时角和赤纬，对于1月和2月，从格林时角中减去15′.1；对于3月至12月，在格林时角上加44′.0。这样计算的格林时角和赤纬，其误差一般不超过0′.4。

例5-3-22 2025年1月22日，世界时T_G $04^h28^m01^s$观测小犬座α星（南河三）的高度，用2024年《航海天文历》求小犬座α星的格林时角t_G^*和赤纬δ^*。

解:

①2024年1月22日春分点格林时角	$t_G^{\Upsilon\prime}$	$181°00′.9$	
	$m.s$	$6°59′.8$	
	t_G^{Υ}	$188°00′.7$	
②2024年1月22日天体格林时角和赤纬	$\alpha\prime$	$244°51′.3$	δ^* $5°09′.8N$
	t_G^*	$432°52′.0$	
		$=72°52′.0$	
③2025年1月22日天体格林时角和赤纬	Δt_G^*	$-15′.1$	
	t_G^*	$72°36′.9$	δ^* $5°09′.8N$

例5-3-23 2025年4月4日，世界时T_G $23^h15^m04^s$观测小犬座α星（南河三）的高度，用2024年《航海天文历》求小犬座α星的格林时角t_G^*和赤纬δ^*。

解:

①2024年4月4日春分点格林时角	$t_G^{\Upsilon\prime}$	$178°44′.8$	
	$m.s$	$3°45′.7$	
	t_G^{Υ}	$182°30′.5$	
②2024年4月4日天体格林时角和赤纬	$\alpha\prime$	$244°51′.5$	δ^* $5°09′.7N$
	t_G^*	$427°22′.0$	
		$=67°22′.0$	
③2025年4月4日天体格林时角和赤纬	Δt_G^*	$+44′.0$	
	t_G^*	$68°06′.0$	δ^* $5°09′.7N$

项目四　天体高度的测定

利用天体来测定船位，除了需要用球面三角形公式求天体的计算高度和计算方位外，还要获得天体的真高度。航海六分仪（Marine Sextant）就是用来测定物标夹角和天体高度的一种航海仪器。本节主要介绍航海六分仪的使用方法，并用其求天体的观测高度。

一、航海六分仪

1.航海六分仪的结构及测角原理

（1）航海六分仪的结构

以国产航海六分仪为例，其主要由架体、测角读数装置和光学系统三大部分组成，如图5-4-1所示。测角读数装置主要有刻度弧、指标杆（又称指标臂）、鼓轮和游标尺；光学系统主要有望远镜、动镜、定镜和滤光片。这些部件都装在架体上，由指标杆将它们全部联系在一起。

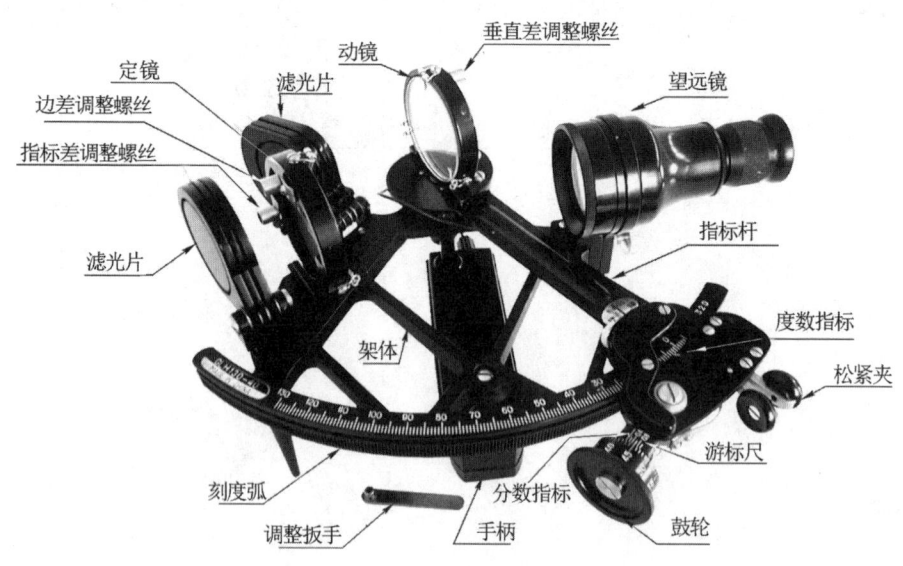

图5-4-1　航海六分仪

①刻度弧

刻度弧（Arc）位于架体下端，刻有每隔1°的圆弧。刻度弧0°左侧为主弧（0°~

140°），用于读取物标夹角的正角读数；刻度弧0°右侧为余弧（0°~5°），是负角度数，用于六分仪误差的测定。

②指标杆

指标杆（Index Arm）是以刻度弧中心为转轴，末端装有度数指标且可沿刻度弧移动的杆状半径。

③鼓轮

鼓轮（Drum）与松紧夹和游标尺装在一起（如图5-4-2所示）。鼓轮共分60格，每格为度数的1'。当捏紧松紧夹时，鼓轮和游标尺可随指标杆任意转动；当松开松紧夹时，松紧夹背面的正切螺丝（Tangent Screw）与刻度弧齿槽啮合，转动鼓轮一周，指标杆可移动1'。鼓轮旁边的游标尺上第一道刻线所指的是测角度数的分。

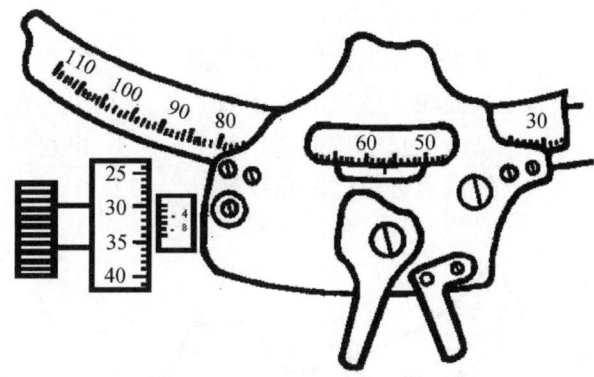

图5-4-2　航海六分仪的鼓轮

④游标尺

游标尺（Vernier）是装在鼓轮右边的一条短尺，用来读取测角的小数分（如图5-4-3所示）。游标尺共分5格，每格为0'.2。游标尺的设计原理是：取游标尺上 n 个格（国产六分仪为5格）的宽度，等于鼓轮上（$n-1$）个格的宽度。以 K、k 分别代表鼓轮和游标尺上1格的宽度，则

$$k = \frac{(n-1)K}{n} \qquad (5\text{-}4\text{-}1)$$

鼓轮上1格刻度与游标尺上1格刻度的差值为：

$$K - k = \frac{K}{n} \qquad (5\text{-}4\text{-}2)$$

$K - k$ 的数值是游标尺的最小刻度（鼓轮上1格的读数除以游标尺的格数），称为航海六分仪的最小读数。国产航海六分仪的最小读数是 0'.2。游标尺上共有5格，正好对准鼓轮上4格，当转动鼓轮时，游标尺会有一条刻度线与鼓轮上的一条刻度线最接近对齐，游标尺上刻度线所对应的数值，即为航海六分仪测角的小数分。

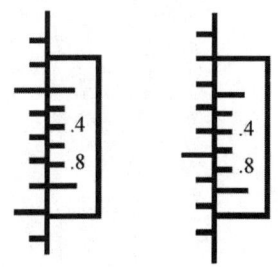

图5-4-3　航海六分仪的游标尺

⑤望远镜

望远镜（Telescope）是用于放大物标的单筒正像望远镜。

⑥动镜

动镜（Move Mirror）也叫物标镜，位于刻度弧的中心。其镜面垂直于刻度弧平面且随指标杆移动而转动。

⑦定镜

定镜（Fixed Mirror）也叫地平镜。其镜面一半可透视，另一半可反射，位于望远镜的光轴上且与光轴成75°的固定角度。从镜面中可看到物标的直射影像和动镜中的反射影像。

（2）航海六分仪的测角读数

航海六分仪的测角读数有三部分：从刻度弧上读取的整读数、从鼓轮上读取的分读数和从游标尺上读取的小数分（如图5-4-4所示）。

从刻度弧上读取的整读数	32°
从鼓轮上读取的分读数	15′
从游标尺上读取的小数分	0′.0
航海六分仪的测角读数	32°15′.0

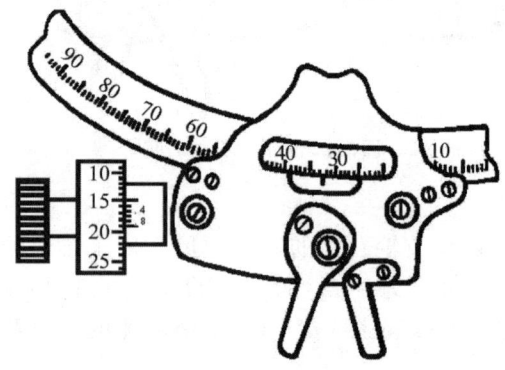

图5-4-4　主弧测角读数

当转动鼓轮，指标杆向余弧方向移动时，测角读数为负值。当鼓轮向余弧旋转一周时，测角读数为−1°；当鼓轮向余弧旋转了25.′4时，测角读数为−34.′6（如图5-4-5所示）。因为鼓轮和游标尺上的刻度都是按正角刻的，所以从鼓轮和游标尺上直接读取的读数是25.′4，实际读数应是：

$$60' - 25.'4 = -34.'6$$

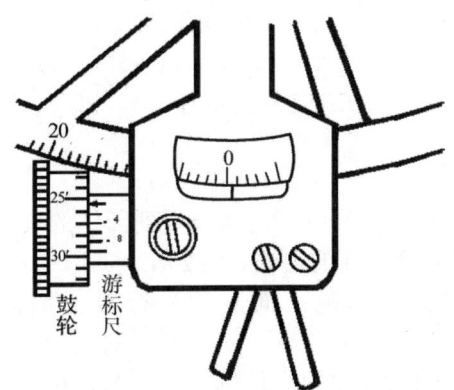

图 5-4-5 余弧测角读数

（3）航海六分仪的测角原理

航海六分仪是一种观测两个物标夹角的仪器。当用它来观测天体高度时，只需要观测天体与水天线之间的垂直高度即可，如图 5-4-6 中的 $\angle BOA$。观测时，垂直握住航海六分仪，调节物标镜直径对准天体的反射影像和水天线，转动鼓轮使天体的反射影像与水天线相切，此时从航海六分仪上读取的读数即为天体高度。

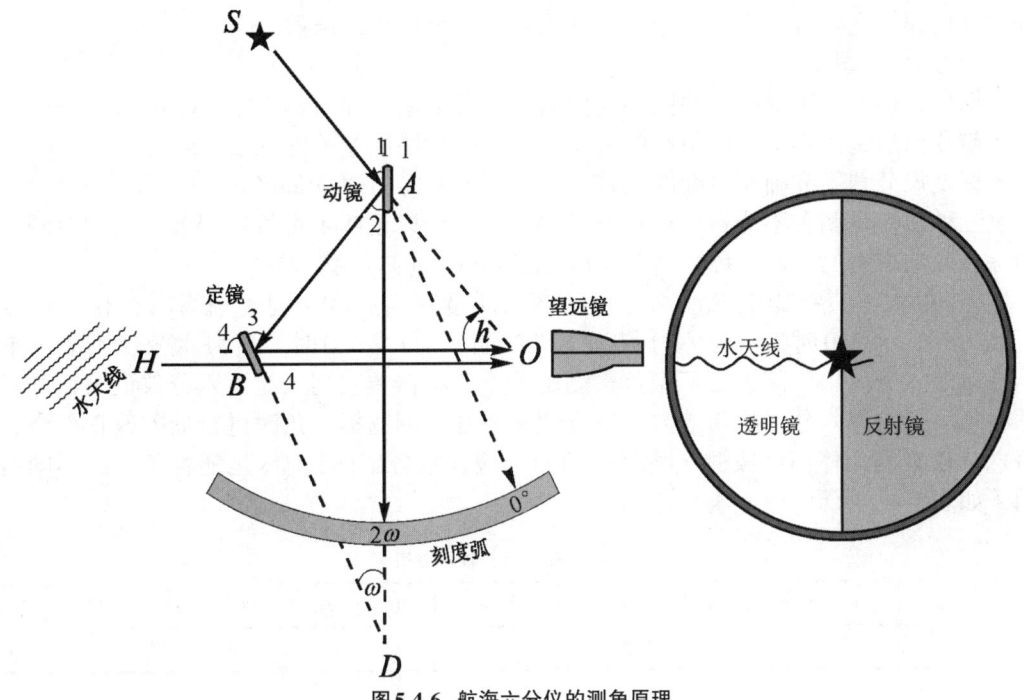

图 5-4-6 航海六分仪的测角原理

由图 5-4-6 可知：

因为：$\angle 1 = \angle 2$，$\angle 3 = \angle 4$（光线的入射角等于反射角）

$\angle OAD = \angle 1$，$\angle HCB = \angle 4$（平面几何对顶角相等定理）

所以：$\angle OAB = 2\angle 2$，$\angle HBA = 2\angle 3$

因为：$\angle HBA = \angle OAB + h$（$\triangle OAC$ 的外角定理）

所以：$h = \angle HBA - \angle OAB = 2\angle 3 - 2\angle 2 = 2(\angle 3 - \angle 2)$

又因为：$\angle 3 = \angle 2 + \omega$（$\triangle ACD$ 的外角定理）

所以：$\omega = \angle 3 - \angle 2$

$$h = 2\omega \qquad\qquad (5\text{-}4\text{-}3)$$

ω 是动镜平面与定镜平面的夹角。当测者看到天体的反射影像与水天线相切时，天体高度 h 就等于动镜平面与定镜平面的夹角 ω 的2倍。

由图 5-4-6 还可看出：当两镜平面互相平行时，指标杆指在刻度弧的 $0°$ 处，即 $\omega = 0°$，$h = 2\omega = 0°$；当两镜平面的夹角为 ω 时，指标杆指在刻度弧所对的圆心角上，$h = 2\omega$。为了直接从航海六分仪的刻度弧上读取测角读数，设计航海六分仪刻度弧读数时，把它所对的圆心角扩大1倍的读数，这样，指标杆指出的就是航海六分仪观测的天体高度 h_s 或物标夹角。

2.航海六分仪误差的检查和校正

由航海六分仪的测角原理可知：动镜平面与定镜平面平行时，指标杆应指在刻度弧的 $0°$ 处；通过动镜、定镜的入射光线和反射光线要与刻度弧平面平行，而且两镜面要与刻度弧平面互相垂直；指标杆的转轴应位于刻度弧的圆心上；各镜片前、后两面都要互相平行。以上说明了航海六分仪在结构设计和工艺上的精度要求，否则会引起测角误差。航海六分仪测角误差主要有六个：三个永久性误差和三个可校正误差。

（1）永久性误差

指标杆转轴不位于刻度弧的圆心而引起的测角误差，称为偏心差（Centering Error）；

各镜片前后镜面不平行而引起的测角误差，称为棱性差（Prismatic Error）；

各刻度尺分划不准确而引起的误差，称为刻度差（Graduation Error）。

这三种误差是测者不能自行进行修正的误差，所以也叫不可校正误差。它们对测角读数的综合影响产生的误差，称为器差（Instrument Error），用 s 表示。

器差 s 的大小直接影响航海六分仪的产品质量：当 $s < 40''$ 时，航海六分仪为一级产品；当 $40'' < s < 2'.0$ 时，航海六分仪为二级产品；当 $s > 2'.0$ 时，航海六分仪不能用来测天。在航海六分仪出厂前，由厂家负责测定器差，将器差表列入航海六分仪证书，并附一份贴在每一架航海六分仪的箱盖内，以方便测者在观测物标夹角时进行器差改正。当利用航海六分仪观测天体高度或测定物标夹角时，应注意各架的器差 s 是随着角度的不同而变化的（如表 5-4-1 所示）。

表5-4-1　航海六分仪器差表

测角 C	$0°$	$10°$	$20°$	$30°$	$40°$	$50°$	$60°$	$70°$	$80°$	$90°$	$100°$	$110°$	$120°$
器差 s	0	$+10''$	$+5''$	$-3''$	$-3''$	$-5''$	$-10''$	$-12''$	$-10''$	$-5''$	$-5''$	0	$+10''$

（2）可校正误差

当动镜平面不垂直于刻度弧平面时所引起的测角误差，称为垂直差（Perpendicular Error）或动镜误差；当定镜平面不垂直于刻度弧平面时所引起的测角误差，称为边差（Side Error）或定镜误差；当两镜面平行时指标杆不指在刻度弧 $0°$ 上的测角误差，称为指标差（Index Error）。这些误差的检查和校正顺序为：先检查和校正动镜误差；再检查和校正定镜误差；最后测定和缩小指标差。

①动镜误差的检查和校正

检查方法：将指标杆放在刻度弧的35°左右［如图5-4-7（a）所示］，右手平拿航海六分仪，或将其平放在桌面上，刻度弧朝外，眼睛从动镜的右前方望去，同时可看到动镜内、外两段刻度弧。如果动镜内的反射影像与动镜外的直射影像衔接成一体［如图5-4-7（b）所示］，说明动镜平面与刻度弧平面相垂直，无须进行垂直差的校正；如果刻度弧的直射影像与反射影像不衔接，而是错开的［如图5-4-7（c）所示］，说明动镜平面不垂直于刻度弧平面，有垂直差。

校正方法：用专用小扳手慢慢地转动动镜背面的校正小螺帽，直到动镜内、外两段刻度弧影像衔接为止。

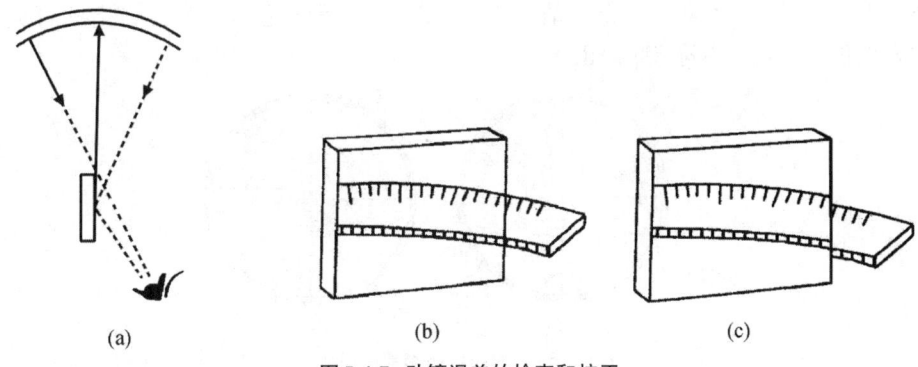

图5-4-7　动镜误差的检查和校正

②定镜误差的检查和校正

检查方法：右手正握航海六分仪，将指标杆放在刻度弧的0°附近，调整好望远镜的焦距，对准一个天体进行观察（最好利用二等星体，白天可利用太阳），在定镜中可以看到天体的直射影像和反射影像。慢慢地转动鼓轮，使天体的反射影像上下移动，当在直射影像的水平位置时，两影像完全重合［如图5-4-8（a）所示］，说明定镜无误差，镜面与刻度弧平面垂直；如果两影像在水平位置上不重合［如图5-4-8（b）所示］，说明定镜镜面不垂直于刻度弧平面，有边差。

校正方法：用专用小扳手慢慢地转动定镜背面离架体较远的校正小螺帽，直到定镜里的两影像完全重合为止。

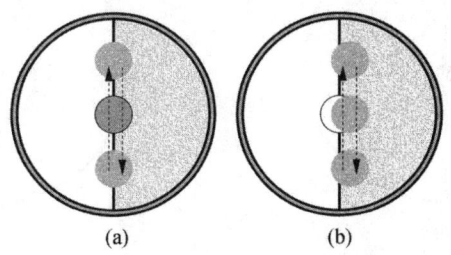

图5-4-8　定镜误差的检查和校正

③指标差的测定和缩小

校正完航海六分仪的动镜和定镜后，紧接着要进行指标差的测定。在一般情况下，每次使用航海六分仪之前都要先进行指标差的测定，测定方法通常有三种：

a. 利用水天线测定指标差

测定时，将航海六分仪的指标杆放在刻度弧的0°上，竖握航海六分仪并对准水天线，从定镜的视野中，可以看到水天线的直射影像和反射影像。两影像衔接在一起成一条直线［如图5-4-9（a）所示］，说明该航海六分仪没有指标差；两影像错开不衔接［如图5-4-9（b）所示］，说明该航海六分仪需测定指标差。

测定方法：慢慢地转动鼓轮，使水天线的两影像成一条直线，读取航海六分仪的测角读数（m），则指标差i为：

$$i = 0° - m \tag{5-4-4}$$

当指标杆向主弧移动时，m为正值（+），指标差i为负值（-）；当指标杆向余弧移动时，m为负值（-），指标差i为正值（+）。

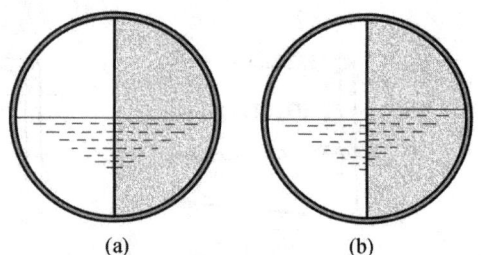

(a)　　　　　　　　(b)

图5-4-9　利用水天线测定指标差

b. 利用星体测定指标差

观测星体高度时，可以利用星体测定指标差，但一般情况下不要选择太亮的星体。测定时，将指标杆放在刻度弧的0°上，对准一星体，在定镜的视野中可以看到该星体的直射影像和反射影像。两影像重合［如图5-4-10（a）所示］，说明该航海六分仪无指标差；两影像不重合［如图5-4-10（b）所示］，说明该航海六分仪有指标差。转动鼓轮使两影像重合，读取测角读数，求得指标差i（计算方法同水天线法）。

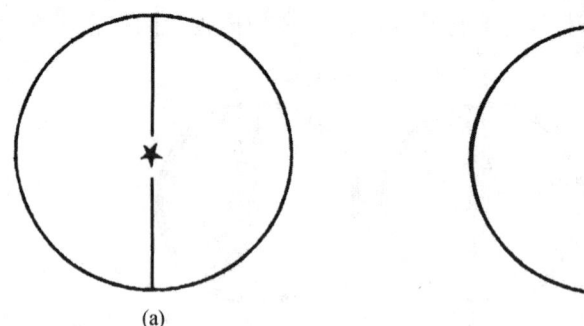

(a)　　　　　　　　　　(b)

图5-4-10　利用星体测定指标差

c.利用太阳测定指标差

观测太阳高度时，可以利用太阳测定指标差。太阳是一个圆面，亮度大，要选用适当的滤光片。测定时，将航海六分仪的指标杆先放在刻度弧的0°上，对准太阳，在定镜的视野中可以看到太阳的直射影像和反射影像。慢慢地转动鼓轮，使太阳的上边缘与反射影像相切，读取测角读数（m_1）（指标杆向余弧方向移动，直接从鼓轮上读取的读数，要从60′中减去此读数为m_1）；然后，再转动鼓轮，使太阳的下边缘与反射影像相切，读取测角读数（m_2）（如图5-4-11所示），所以：

$$m = \frac{m_1 + m_2}{2}$$

则指标差i为：

$$i = 0° - \frac{m_1 + m_2}{2} \qquad (5\text{-}4\text{-}5)$$

利用太阳测定指标差的优点是可以检查航海六分仪的观测质量。从图5-4-11中可看出，上边缘相切读数m_1和下边缘相切读数m_2的绝对值之和等于4倍的太阳平均半径，所以：

$$R^{\odot} = \frac{m_2 - m_1}{4} \qquad (5\text{-}4\text{-}6)$$

式中：$R^{\odot}$——观测的太阳半径。

观测的太阳半径（$R^{\odot}$）可与《航海天文历》所列当日太阳半径相比较。根据实际观测的要求，只要观测的太阳半径与当日太阳半径之差小于0′.2，就说明指标差可靠；否则不可靠，不可使用。

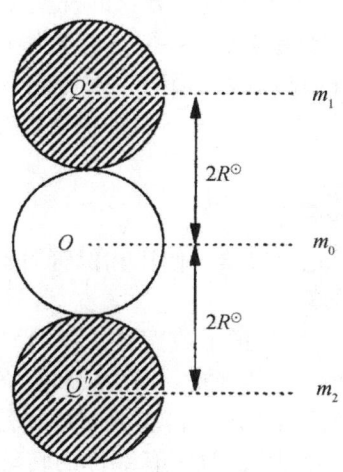

图 5-4-11　利用太阳测定指标差

例5-4-1　如图5-4-11所示，2024年9月22日，利用太阳测定指标差，测得太阳上切读数$m_1 = -33'.8$，太阳下切读数$m_2 = +30'.4$，由《航海天文历》查得当日太阳半径为15′.9，求航海六分仪的指标差i，并检查其观测质量。

解：

$$i = 0° - \frac{(-33'.8) + (+30'.4)}{2} = +1'.7$$

$$R^\odot = \frac{(+30'.4) - (-33'.8)}{4} = 16'.05$$

观测的太阳半径与《航海天文历》所列当日太阳半径的差值小于0'.2，说明观测比较准确，指标差可靠。观测完一个天体的高度后，可以从航海六分仪上读取观测高度（h_s），在经查得相应的器差（s）和测定指标差（i）的改正后，便可求得天体观测高度（h），即

天体观测高度(h) = 航海六分仪观测高度(h_s) + 指标差(i) + 器差(s)

d.缩小指标差

指标差的大小从改正测角读数来说，是无关紧要的，只要测得准确，对所测得的航海六分仪测角读数加以修正即可。但如果指标差太大，使用起来不方便。因而当指标差大于6'.0时，就应当缩小它。缩小方法是：将指标杆放在刻度弧的0°处，对准某一远距离物标，最好是一颗二等星体，在定镜的视野中可以看到星体的直射影像和反射影像；用专用小扳手，慢慢地转动定镜背后离架体较近的小螺帽，使上、下两影像基本重合。调整完指标差后，可能会影响定镜平面与刻度弧平面的垂直状态。因此，还得重新对定镜的边差进行检查和校正。边差校正后，又会影响指标差，所以再进行指标差的缩小，直到定镜平面垂直于刻度弧平面，指标差小于6'.0时即可。

3.航海六分仪的视差

对于一个无穷远的物标，其光线平行到达航海六分仪的两镜。当物标的直射影像与反射影像重合时，动镜和定镜必然平行。如无指标差，不但两镜平行，而且指标杆也指在0°。但所有物标如果不是无穷远，甚至在1 n mile之内，则其光线到达航海六分仪的两镜是不平行的，存在一个夹角y，称为航海六分仪的视差（Parallax of Sextant）。当物标无穷远时，视差为零；物标越近，视差越大。一般观测天体和水天线时，不存在航海六分仪的视差，只有测定小于1 n mile的物标的夹角时，才考虑航海六分仪的视差。用近物标来测定指标差，指标差中包含视差。因此，决不能将用近物标测定的指标差，作为观测天体时的航海六分仪指标差。

4.航海六分仪的维护和保管

航海六分仪是一种精密的光学仪器，使用和保管时都要十分注意，不要碰坏、损伤其部件，以保持其良好的测角精度。

（1）取航海六分仪时，应拿其把手或架体，不可拿其他部位，且动作要轻稳。暂不使用时，要将其三脚放在桌面，不得反放。用后要将其各部件归位，及时放回箱内。若箱盖合不上，不能硬盖，要仔细找出原因，排除故障后再盖好。

（2）使用或校正航海六分仪时，对所有部件的转动要轻。当遇到有关部件移动不灵活时，要查清原因并排除故障，切勿硬拉硬转。移动指标杆时，要捏紧松紧夹，勿使正切螺纹与刻度弧齿纹相撞击。切勿让航海六分仪受到日晒雨淋。

（3）航海六分仪一般应放在驾驶室或海图室内。如夏天或冬天室内温度与室外温度相差较大，使用前应将其拿到室外一段时间，放在通风的地方，以适应露天环境。

（4）航海六分仪不用时，应存放在箱内并盖好箱盖。放置处要远离热源，不可随意放置，以防其在风浪中船体摇晃时摔坏。

（5）航海六分仪不得随意挪作他用，不允许任意拆卸部件。对其在搬运过程中要注

意保护，严防磕碰和挤压。

二、天体高度的观测与改正

在海上观测某一天体的高度时，要做好各方面的准备工作，掌握观测要领和观测注意事项。用航海六分仪测定天体的地面高度后，经指标差和器差的修正，才能得出天体的观测高度。不同天体的观测高度要经不同的误差改正，才能求得天体的真高度。

1. 观测天体高度的准备工作

（1）检查、校正航海六分仪误差。调整望远镜的焦距，选用滤光片。

（2）确定测天时的天文钟时间和天文钟钟差。上好秒表发条，检查秒表启动、停止和秒针归零等情况。

（3）准备好测天所需的计算、作图工具，以及有关查算、修正表册。

（4）预计测天时间，选好观测天体。（计算出民用晨昏朦影时间和选择好观测的天体，是测天定位的一个重要环节，本内容将在后续章节讲述。）

（5）测定指标差，记下观测值。由于晨昏朦影时间很短，可先抓紧时间测天，后测定指标差。

2. 观测天体高度的要领

观测天体高度最重要的是航海六分仪的刻度弧平面要与天体方位圈重合，天体要与水天线相切。根据天体高度的定义，天体真高度是天体中心与真地平在天体方位圈上所夹的弧距，或者说该弧所对应的球心角（如图5-4-12所示）。

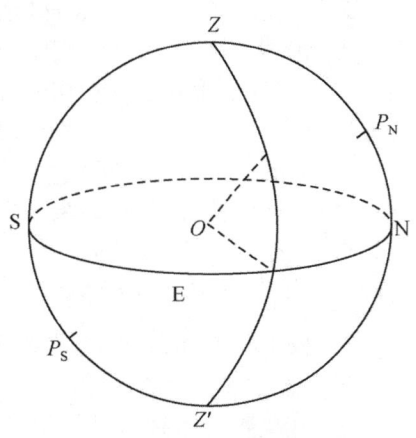

在观测天体高度时，我们只能用测者视地平代替真地平，要求航海六分仪的刻度弧平面与地面垂直，才能保持与天体方位圈方向一致。观测天体求高度时，应使天体中心（星体光点）与水天线相切。观测太阳或月亮高度时，应使太阳或月亮的上边缘或下边缘与水天线相切，观测高度分别称为上切高度或下切高度。观测步骤如下：

图 5-4-12　天体真高度

（1）将天体的反射影像拉到水天线附近

观测太阳（或月亮）高度时，选好适当的滤光片，将指标杆放在刻度弧的0°处，竖握航海六分仪，对准太阳并捏紧松紧夹，慢慢地拉动指标杆，转动架体，保持太阳的反射影像始终在定镜的视野中，直到其位于水天线附近为止。若在上午观测，可转动鼓轮使太阳的反射影像位于水天线稍下一点，等太阳慢慢升高至快要离开水面时，其反射影像与水天线的重叠处像一个小白点，小白点消失的瞬间即为太阳相切时刻；若在下午观测，可转动鼓轮使太阳的反射影像位于水天线稍上一点，等太阳慢慢下降至水面时，其反射影像与水天线之间有一条黑线，黑线断开的瞬间即为太阳相切时刻。

观测天体高度时，应事先根据观测时间，利用索星卡或星球仪求出要观测天体的大概高度和方位。然后将六分仪指标杆放在此高度上，将望远镜对准该天体的方向，在水天线附近寻找该天体，直到其反射影像出现在定镜的视野中，转动鼓轮使其反射影像与水天线相切。当索星卡或星球仪不便使用时，也可用计算器预求出测天时的大概天体高度和天体方位。若时间不足，也可反握航海六分仪，将水天线的反射影像拉向天体相切，然后正拿航海六分仪测其高度。

（2）摆动航海六分仪找切点

观测天体高度的准确性，与切点找得是否准确有很大关系。准确的切点，就是天体方位圈与测者真地平的交点。在观测天体高度时，取水天线代替真地平，也就是要求航海六分仪的刻度弧平面与天体方位圈要重合，并与水天线垂直。

找天体方位圈的方法是：以望远镜光轴为轴，左右轻轻地摆动航海六分仪，在视野中看到天体的反射影像也在做沿圆弧线的摆动，图5-4-13中的最低点为天体方位圈的位置。调整航海六分仪的观测方向，使最低点位于视野中央，这样，航海六分仪的刻度弧平面与天体方位圈方向一致，并与水天线垂直。继续摆动航海六分仪，使天体的反射影像始终处在圆弧的最低点。若天体的反射影像与水天线距离较大，可稍微转动小鼓轮，使其距离拉近一些。继续摆动航海六分仪，使摆弧越来越小，直至天体的反射影像在最低点相切为止。

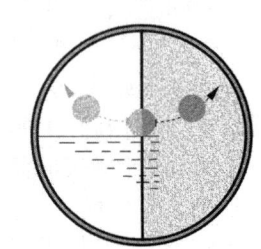

图 5-4-13　摆动航海六分仪找切点

观测过程中的注意事项可概括为：大摆找方位，小摆找切点，微摆等相切。

观测中天附近的天体高度时，天体高度变化慢，而天体方位变化快，尤其是高度较大的天体，不宜采用微摆等相切的方法，应改为在摆动航海六分仪的同时，调节鼓轮，直接将天体的反射影像拉到水天线相切。

（3）记下相切的时间

当天体反射影像与水天线刚好相切时，要立刻启动秒表（或停止秒表），回到天文钟处，在记下天文钟时间的同时停止秒表，读取秒表读数，求出测天时刻。测天时刻一定要准确，否则在所测得的天体高度中，将会产生很大的误差。

3. 观测天体高度的注意事项

提高观测天体高度的正确性，除了要掌握观测要领外，还要在观测中注意以下几点：

（1）观测天体高度时，要保持天体反射影像和水天线轮廓清晰，既能看到天体又必须同时看到水天线。

（2）观测位置要选择合适，应选在受风和震动影响较小、天体方向上没有热气流通过，而且视野开阔的地点。若视线不良，应选择在低处观测，所看到的水天线较近，比较清楚。风浪大时，水天线呈锯齿状，应选择在高处观测，所看到的水天线较远，显得平滑些，而且可以减小因船体摇摆使测者眼高发生变化而引起的误差。

（3）注意真假水天线的辨认。海上有薄雾或临近有两种不同颜色海水交汇的海面时，在海面上往往呈现一条或多条阴影与水天线相混淆；或者在太阳下方有云层，阳光透过云块空隙照射在海面上，出现多条亮线，也容易错认为水天线。月夜测星也容易将月亮的光照前沿误看为水天线。这时，用双筒望远镜仔细地沿着水天线清晰部分环视到被测天体的下方，能够辨认出最远的一条是真水天线。在水天线附近有低云时，应注意不要将云边误认为水天线。

（4）掌握航海六分仪的使用状况。航海六分仪经长期使用后，正切螺纹与刻度弧齿弧之间由于磨损会出现空隙，在向一个方向转动鼓轮之后，再倒过来反转鼓轮，指标杆并不随鼓轮的倒转而立即做相应的移动，且有一个死程，这种现象称为空回。故用六分仪测指标差和天体高度时，应向同一个方向转动鼓轮，以避免或减小空回的影响。

4. 天体观测高度的改正

天体观测高度与定义所述的天体高度还存在四个差值（如图5-4-14所示），它们分别是：由于地球表面大气层的折射作用，天体观测高度比天体真高度抬高了一个角度，这个角度称为蒙气差或折光差（Refraction），用ρ表示；以水天线为基准的天体观测高度，与以真地平为基准的天体真高度的差值称为眼高差，用d表示；测者观测的地面天体高度，与地心天体高度的差值称为视差，用p表示；观测太阳或月亮的上边缘或下边缘的高度，与其中心高度的差值称为半径差，用$S.D$表示。

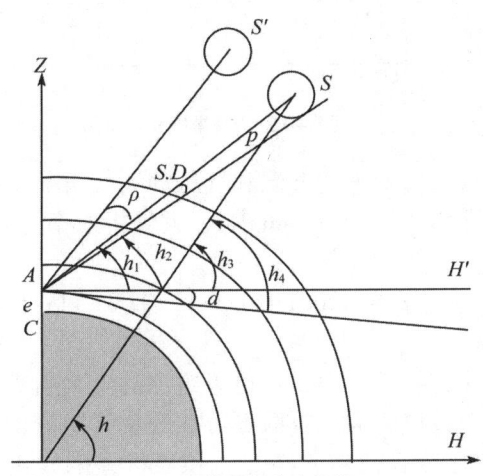

图5-4-14　天体观测高度误差

（1）蒙气差

地球周围的大气密度随着高度的增大而逐渐减小。在近地面处大气密度最大，当天体B的光线在穿过逐渐稠密的大气接近地面的过程中，向下呈一弧形曲线射入测者眼睛时（如图5-4-15所示），天体B的光线是沿曲线的切线AB'方向射入测者眼睛的，所以测者所见到的天体方向称为天体的视方向，所观测天体高度h'比真高度h抬高了一个角度，这个角度即为蒙气差（ρ）。因此，天体真高度h = 天体观测高度h' − 蒙气差ρ，故蒙气差恒为负值（−）。由数学公式论证，蒙气差计算公式为：

$$\rho = \frac{(\mu - 1)}{\text{arc}1'}(0.999\cot h - 0.001\cot^3 h) \tag{5-4-7}$$

式中：μ——大气折射率；

　　　h——地面观测高度，是测者地面真地平与天体视方向之间的垂直角。

由上式可以看出，蒙气差的大小与大气折射率和天体观测高度有关：天体观测高度越大，蒙气差越小；天体观测高度越小，蒙气差越大。大气折射率是随气温、气压的变化而变化的。气温升高、气压降低时，大气密度减小，大气折射率也随之减小，蒙气差也减小；气温降低、气压升高时，大气密度增大，大气折射率也随之增大，蒙气差也增大。但是，当天体观测高度大于30°时，气温、气压的变化对蒙气差的影响很小，可忽略不计。

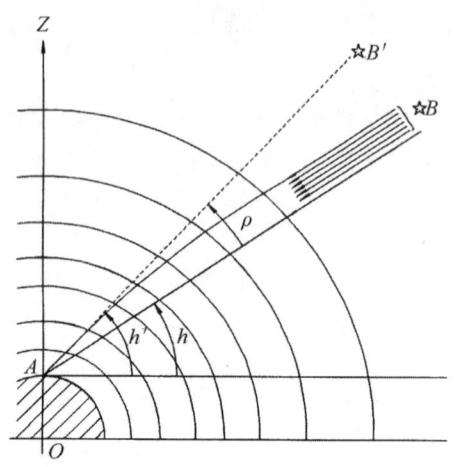

图5-4-15　天体蒙气差示意图

世界各国都按照各自采用的平均气温和气压的大气折射率编制了平均蒙气差表。我国取平均气温为+10℃，平均气压为760 mmHg，大气折射率为1.000 291 643 5，代入上式可得出大气平均状态下的蒙气差计算公式：

$$\rho_0 = 1'.001\,45\cot h' - 0.001\,11\cot^3 h' \qquad (5-4-8)$$

式中：ρ_0——平均蒙气差。

平均蒙气差可由上式直接计算出，也可以观测高度为引数，在中版《航海表》（Nautical Tables）的表Ⅱ-2a中查得。为了查取更可靠的蒙气差值，中版《航海表》中还编制了气温改正值表Ⅱ-2b和气压改正值表Ⅱ-2c，以供蒙气差的修正之用。改正天体高度的蒙气差值应为：

$$\rho = \rho_0 + \Delta\rho_t + \Delta\rho_p \qquad (5-4-9)$$

式中：ρ——蒙气差；

ρ_0——平均蒙气差；

$\Delta\rho_t$——平均蒙气差的气温改正值；

$\Delta\rho_p$——平均蒙气差的气压改正值。

天体高度越小，入射光线通过地球表面大气层的距离就越长，沿途的大气密度变化就越复杂，因此经过平均蒙气差的气温、气压修正后的蒙气差，仍旧还存在一定的差值。这个差值叫蒙气差的残余误差，使观测高度会产生一定的系统误差。当天体高度大于30°时，该误差小于0'.1；当天体高度在15°~30°时，该误差可达到0'.2；当天体高度小于15°时，就会产生不可忽视的误差。所以，从蒙气差的角度讲，航海上通常避免选择高度小于15°的天体，最好选择高度大于30°的天体。如利用函数计算器计算平均蒙气差，可使用下列简化公式直接求得，通常情况下误差不会大于0'.1。

$$\rho_0 = 0'.942\,5\cot h' \qquad (5-4-10)$$

（2）眼高差

船舶在海上航行时，测者总是有一定眼高 e（如图5-4-16所示）。测者眼高位于 A 点，观测天体 B 的高度，AH 为测者地面真地平，AS 为没有大气折射的海地平。但是，由于地面大气的折射作用，实际测者可以看到比 S 点更远的水天线 F 处。F 点是沿曲线 AF 的切线 AM 方向射入测者眼睛的，AM 为水天线的视方向，称为测者视地平。天体视地平高度与真地平高度的差值，也就是视地平 AM 低于地面真地平 AH 的角度 d 称为眼高差（Dip），又称海地平俯角，用 d 表示。所以，天体地面真地平高度 h = 天体视地平观测高度 h' – 眼高差 d，故眼高差恒为负值（–）。其计算公式为：

$$d = 1.765\sqrt{e(\mathrm{m})} \tag{5-4-11}$$

因为眼高差计算公式是采用正常大气状态下的平均地面折射率导出的，所以用其代替实际观测天体时的眼高差是有一定差值的，该差值属于未定系统误差。因此，根据上式所编制的眼高差表与实际眼高差是不一致的，这是引起天体观测高度系统误差的主要原因之一。

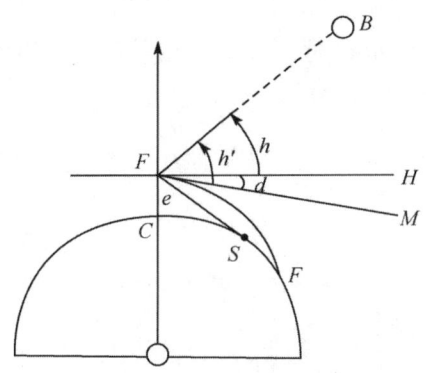

图 5-4-16 天体眼高差示意图

（3）视差

天体观测高度经过眼高差和蒙气差的改正，即可得到天体的地面真高度。但是，天体高度的定义是天体的地心真高度。对于离地球较远的天体来说，这个差值是很小的，可以忽略不计。但对一些离地球较近的天体，如太阳、月亮、金星、火星来讲，射向地球的光线是不平行的，地球半径对天体观测高度的影响是一个不可忽略的因素（如图5-4-17所示）。若测者位于 A 点，天体位于天球 B 点，AB 是测者与天体之间的连线，AH 为测者地面真地平，h' 是天体 B 的地面真高度；AO 为地球半径 R_e，OH 为地心真地平，h 是天体 B 的地心真高度。天体的地心真高度与地面真高度的差值称为天体视差（Parallax），用 p 表示。因此，天体的地心真高度 h = 天体的地面真高度 h' + 天体视差 p，故视差恒为正值（+）。

由图5-4-17可知，在 $\triangle AOB$ 中，由正弦定理得：

$$\frac{R_e}{\sin p} = \frac{D}{\sin(90° + h')}$$

$$\sin p = \frac{R_e}{D}\cos h' \tag{5-4-12}$$

式中：R_e——地球半径；

D——天体与地心之间的距离；

h'——天体的地面真高度。

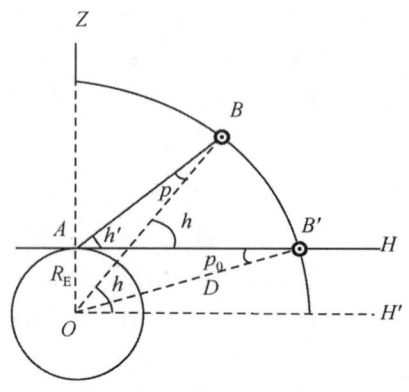

图 5-4-17　天体视差示意图

当天体 B 位于地面真地平 B' 点时，天体高度等于零，OB' 是地心与天体之间的距离 D，此时所构成的 $\triangle AOB'$ 是直角三角形，因此：

$$\sin p_0 = \frac{R_e}{D} \qquad (5\text{-}4\text{-}13)$$

式中：p_0——地平视差。

所以：

$$\sin p = \sin p_0 \cos h'$$

p 和 p_0 都是小角度，可以取：

$$\sin p' = p' \text{arc} 1'$$
$$\sin p'_0 = p'_0 \text{arc} 1'$$

即得：

$$p' = p'_0 \cos h' \qquad (5\text{-}4\text{-}14)$$

由上式可以看出，天体地平视差 p_0 与天体距离 D 的大小有关：距离越大，地平视差越小；距离越小，地平视差越大。恒星离地球很远，地平视差都很小，完全可以忽略不计，不存在改正问题。只有太阳系中的几个航用天体，它们的观测高度是需要进行视差改正的。月亮离地球最近，其地平视差最大，在 53'.9~61'.5 之内变化；其次是金星的地平视差，可达 0'.6；火星的地平视差为 0'.4；木星和土星的地平视差很小，可以忽略不计。太阳的地平视差是一个常数，等于 0'.15。所以，要对观测高度进行视差改正的天体，只有太阳、月亮、金星和火星四个天体。

（4）半径差

观测太阳、月亮高度时，不能直接观测它们的中心高度，而是观测它们的上边缘或下边缘高度，观测高度与中心高度的差值称为半径差（Semidiameter），用 $S.D$ 表示，如图 5-4-18（a）所示。观测太阳、月亮的下边缘高度时，应加上视半径差，半径差 $S.D$ 为"+"；观测它们的上边缘高度时，应减去视半径差，半径差 $S.D$ 为"–"。

太阳和月亮的视半径值，和它们本身的半径及它们与地球之间的距离有关，如图 5-4-

18（b）所示。天体的半径为R'，天体与地球之间的距离为D，从直角三角形ONO'中可得：

$$\sin S.D = \frac{R'}{D}$$

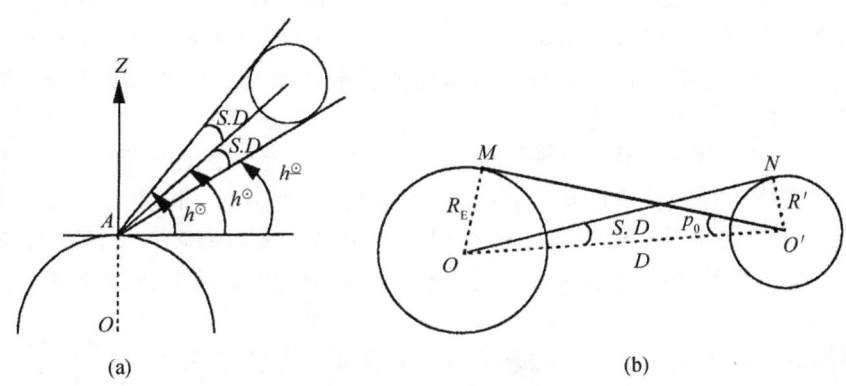

图5-4-18　天体半径差示意图

因为地球、月亮绕太阳的公转轨道是椭圆，离地球有时远有时近，其视半径随着距离的变化而变化。太阳的最大视半径是$16'.3$，最小视半径是$15'.8$；而月亮的最大视半径可达$16'.8$，最小视半径只有$14'.7$。太阳每日世界时0^h的视半径，以及月亮每日世界时0^h和12^h的视半径都在《航海天文历》的"天体视位置表"中列出。

根据图5-4-18（b）中的$\triangle ONO'$列出天体地平视差公式，可推导出月亮的半径差为：

$$S.D \approx 0.273 p_0 \tag{5-4-15}$$

式中：$S.D$——月亮的半径差；

p_0——月亮的地平视差。

综上所述，用航海六分仪测得天体的高度后，首先要进行航海六分仪器差s和指标差i改正，得到天体的观测高度h'；然后根据所观测航用天体的不同，分别进行眼高差d、蒙气差ρ、视差p和半径差$S.D$的不同改正，求得天体真高度h_{t}。

三、求天体真高度

1.求太阳真高度

观测太阳高度时，基本上都是观测太阳的下边缘高度，求太阳真高度公式为：

$$h^{\odot} = h_s^{\odot} + (i + s) - d - \rho + p + S.D \tag{5-4-16}$$

为了便于进行高度改正，我国通常将眼高差单独编制成一个表，并将其他几项改正合编成一个综合改正表和一个附加改正表。因此，上式可改写为：

$$h_{\mathrm{t}}^{\odot} = h^{\odot\prime} - d - \rho + (0.15\cos h' + 16') + (S.D - 16') \tag{5-4-17}$$

眼高差表是根据公式$d = 1.765\sqrt{e(\mathrm{m})}$编制的，查表以测者眼高为引数，其单位是角分（'）。中版《航海表》和《天体高度方位表》封面里页所列的眼高差都列在两个眼高变量的中间，这样就省略了比例内插的计算。若眼高正好位于两个眼高差的中间，一般取下限值。对于《航海天文历附表》，若眼高与表列眼高不一致，需要进行比例内插求出眼高差。因为"眼高差表"直接给出的值是负值，所以我们在计算时，直接把 $-d$ 写成 d 等于负的多少即可。

根据 $-\rho + 0.15\cos h' + 16'$ 编制了太阳下边缘观测高度综合改正表。因为太阳的平均蒙气差和视差都是随地面观测高度而变的，故以太阳观测高度为引数，可直接在《天体高度方位表》封面里页和《航海天文历附表》的"高度改正表"中查取。《航海表》中的"高度改正表"包括眼高差的改正量，查表时需要测者眼高和太阳观测高度两个引数，还需要进行比例内插，比较麻烦，在此不做介绍。

根据 $S.D - 16'$ 编制的太阳高度附加改正表，又称补充改正表。因为太阳半径是随日期变化的，与平均半径的差值也是不同的，所以以日期为引数，同样可在《天体高度方位表》封面里页和《航海天文历附表》中查得太阳半径。《航海表》中的"高度附加改正表"，分为"太阳上边缘高度附加改正表"和"太阳下边缘高度附加改正表"，在此也不做介绍。

太阳观测高度经上述三个表册的改正后，其真高度公式可写成：

$$h_t^{\odot} = 观测高度\,h^{\odot\prime} + 眼高差\,d + 综合改正\,c + 附加改正\,c'$$
$$= h^{\odot\prime} + d + c + c' \tag{5-4-18}$$

例5-4-2 2024年10月18日，测得太阳下边缘的航海六分仪观测高度 $h_s^{\odot}$ 为 $46°18'.6$，航海六分仪的指标差和器差 $(i + s)$ 为 $-1'.2$，测者眼高 e 为 16 m，求太阳真高度 $h_t^{\odot}$。

解：

太阳下边缘航海六分仪观测高度	$h_s^{\odot}$	$46°18'.6$
指标差和器差	$i + s$	$-1'.2$
太阳下边缘观测高度	$h^{\odot\prime}$	$46°17'.4$
眼高差	d	$-7'.1$
综合改正	c	$+15'.2$
附加改正	c'	$+0'.1$
太阳真高度	$h_t^{\odot}$	$46°25'.6$

2. 求星体真高度

由上述可知，求天体真高度公式为：

$$h_t^* = h_s^* + (i + s) - d - \rho + p \pm S.D$$

因为星体影像呈光点状，观测星体高度时，是将星体高度与水天线相切，所以无半径差。另外，除了金星、火星以外，其他星体都离地球非常遥远，视差极小，都可以忽略不计。所以，求星体真高度公式为：

$$h_t^* = h_s^* + (i + s) - d - \rho \tag{5-4-19}$$

求金星、火星的真高度还需加一项视差 p，即

$$h_t^* = h_s^* + (i + s) - d - \rho + p \tag{5-4-20}$$

查取眼高差的表册和方法与上述相同，因为"眼高差表"是所有天体高度改正的共用表册。

蒙气差在星体高度改正中也为天体高度综合改正，以观测高度为引数，可直接在《天体高度方位表》封面里页和《航海天文历附表》的"高度改正表"中查取。但应该注意，

在查星体高度综合改正值时，不要查错表，太阳高度综合改正值都是正的，而星体高度综合改正值恒为负值。一般星体真高度计算公式为：

$$h_t^* = h_s^* + (i + s) + 眼高差 + 综合改正（蒙气差）$$
$$= h^{*\prime} + (-d) + c \qquad\qquad (5\text{-}4\text{-}21)$$

金星或火星的观测高度改正还要进行三个查表值的改正：眼高差、综合改正和附加改正。"高度附加改正表"是根据公式 $p = p_0 \cos h^\prime$ 编制的表格，以金星或火星的地平视差和观测高度为引数，同样可在《天体高度方位表》封面里页和《航海天文历附表》中的"高度附加改正表"中查取。金星、火星的地平视差，可以日期为引数，在《航海天文历》中查取。利用金星、火星高度改正表求其真高度的公式为：

$$h_t^* = h_s^* + (i + s) + 眼高差 + 综合改正（蒙气差）+ 附加改正（视差）$$
$$= h^{*\prime} + (-d) + c + c^\prime$$

《航海表》中的星体高度改正表值，是眼高差和蒙气差的代数和，查表时需要测者眼高和星体观测高度两个引数，还需要进行比例内插，比较麻烦，在此不做介绍。

例 5-4-3 2024年11月5日，测得猎户座 α（参宿四）星的航海六分仪观测高度 h_s^* 为 $31°53^\prime.8$，航海六分仪的指标差和器差 $(i + s)$ 为 $+1^\prime.5$，测者眼高为 16 m，求此星的真高度 h_t^*。

解：

星体航海六分仪观测高度	h_s^*	$31°53^\prime.8$
指标差和器差	$i + s$	$+1^\prime.5$
星体观测高度	$h^{*\prime}$	$31°53^\prime.3$
眼高差	d	$-7^\prime.1$
综合改正	c	$-1^\prime.6$
星体真高度	h_t^*	$31°46^\prime.6$

例 5-4-4 2024年11月5日，测得金星的航海六分仪观测高度 h_s° 为 $36°10^\prime.4$，航海六分仪的指标差和器差 $(i + s)$ 为 $-2^\prime.5$，测者眼高 e 为 13 m，求金星的真高度 h_t°。

解：

金星航海六分仪观测高度	h_s°	$36°10^\prime.4$
指标差和器差	$i + s$	$-2^\prime.5$
金星观测高度	$h^{\circ\prime}$	$36°7^\prime.9$
眼高差	d	$-6^\prime.4$
综合改正	c	$-1^\prime.3$
附加改正	$c^\prime$	$+0^\prime.4 (p_0 = 0^\prime.5)$
金星真高度	h_t°	$36°0^\prime.6$

3. 外文版的天体高度改正表

外文版的天体高度改正表种类很多，其中大部分与我国的极为相似。因此只介绍英版《航海天文历》中的天体高度改正表，目前使用比较广泛。

（1）英版《航海天文历》中的太阳高度改正表

太阳高度改正表排在英版《航海天文历》封面里页，由两个表组成：

① "眼高差表"（Dip），表中左侧的查表引数单位为米（m），右侧的查表引数单位

为英尺（ft）。表格排成临界方式，不必内插。此表是公用的，改正其他天体高度时也可应用。

② "太阳高度改正表"（Sun），表中的太阳高度综合改正值是由平均蒙气差（ρ_0）、太阳视差（p）和太阳平均半径差（$S.D$）三者合成的，查表引数是地面观测高度。高度为10°~90°的改正值列在封里左页，高度为0°~10°的改正值列在封里右页。该表分为两栏：左栏适用于当年10月到次年3月，因为这栏改正值中的太阳半径差采用的是这半年内的平均值16′.2。由于这时期内的太阳半径差与平均值之差小于0′.1，故不做补充改正；右栏适用于当年4月到9月，所采用的平均太阳半径差为15′.9。在每一栏内同时列有下边缘高度（Lower Limb）和上边缘高度（Upper Limb）的改正值。左边是下边缘高度改正值（字大）；右边是上边缘高度改正值（字小）。改正值按临界方式列出，不必内插。在第三页是平均蒙气差的气温、气压补充改正表，表分为上下两部分。上半部分是根据气温、气压查取补充改正值所在竖列的字母编号；然后按字母和地面观测高度从下半部分查取平均蒙气差的气温、气压补充改正值。

例 5-4-5 2024年4月26日，测得太阳下边缘的航海六分仪观测高度 $h_s^{\odot}$ 为32°05′.4，航海六分仪的指标差和器差（$i+s$）为−1′.2，测者眼高 e 为8 m，利用英版《航海天文历》中的太阳高度改正表，求太阳真高度 $h_t^{\odot}$。

解：

太阳下边缘航海六分仪观测高度	$h_s^{\odot}$	32°05′.4
指标差和器差	$i+s$	−1′.2
太阳下边缘观测高度	$h^{\odot\prime}$	32°04′.2
眼高差	d	−5′.0
综合改正	c	+14′.5
太阳真高度	$h_t^{\odot}$	32°13′.7

（2）英版《航海天文历》中的星体高度改正表

星体高度改正表共由三个表组成：

① "眼高差表"（Dip），与其他天体的高度改正共用。

② "恒星和行星高度改正表"（Stars and Planets），表中只含有平均蒙气差（ρ），按临界方式排列，不必进行内插。

③ "金星（Venus）和火星（Mars）的补充改正表"，以日期和地面观测高度为引数，可直接从表中查出金星和火星的视差值。此表只能用于当年的改正。

例 5-4-6 2024年7月6日，测得织女一的航海六分仪观测高度 h_s^* 为17°26′.4，航海六分仪的指标差和器差（$i+s$）为−1.8，测者眼高 e 为21 m，利用英版《航海天文历》中的星体高度改正表，求织女一的真高度 h_t^*。

解：

织女一航海六分仪观测高度	h_s^*	17°26′.4
指标差和器差	$i+s$	+1′.8
织女一观测高度	$h^{*\prime}$	17°24′.6
眼高差	d	−8′.1
综合改正	c	−3′.1
织女一真高度	h_t^*	17°13′.4

项目五　天文船位线

在海上测定的船位，不论是陆标定位还是天文定位，都是由两条或两条以上同一时刻的位置线相交获得的。在某一时刻测得一天体的高度后，便可得到一条天文位置线，通常称为天文船位线。两条同一时刻的天文船位线相交就可得到该时刻的观测船位。

一、天文定位基本原理

1. 天文船位圆

（1）天体地理位置

在航海实际工作中，人们通常采用地球第一近似体来研究天文航海的问题。地心和天体中心的连线与地球表面的交点，称为该天体地理位置（Geographic Position），如图 5-5-1 中 GP_1 和 GP_2 所示。

图 5-5-1 中的 C 点为测者的推算船位，GP 为天体地理位置。天体地理位置的纬度和经度，分别用 φ_g 和 λ_g 表示。

天体地理位置的纬度在数值上等于天体赤纬，名称与赤纬相同，即

$$\varphi_g = \delta$$

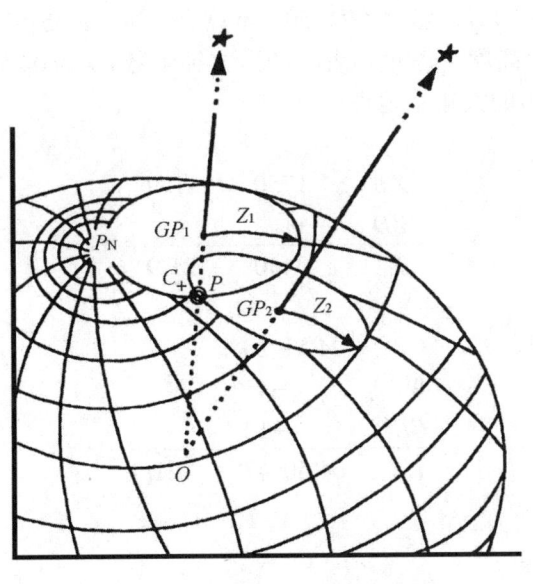

图 5-5-1　天体地理位置示意图

天体地理位置的经度与天体格林时角有如下的对应关系：

当天体格林时角 $t_G < 180°$ 时，天体地理位置的经度等于天体格林时角，为西经：

$$\lambda_g(W) = t_G$$

当天体格林时角 $t_G > 180°$ 时，天体地理位置的经度等于 $360° - t_G$，为东经：

$$\lambda_g(E) = 360° - t_G$$

例5-5-1　2024年9月23日，船时 $ZT'1050$，推算船位为（$\varphi_c 36°52'.6N$，$\lambda_c 122°16'.8E$）；观测太阳高度时启动秒表，CT 为 $02^h52^m30^s$，WT 为 56^s，CE 为 24^s（快）。求 $ZT'1050$ 的太阳地理位置。

解：

ZT'	1050	23/9
ZD	−8	
T_G'	0250	23/9
CT	$02^h52^m30^s$	
WT	-56^s	
CE	-24^s	
T_G	$02^h51^m10^s$	23/9

t_G'	$211°55'.2$	$\overline{\Delta}\ 1.2$	δ'	$00°12'.9S$	$\Delta +1.0$
$m.s$	$12°46'.6$				
$\overline{\Delta}$	$1'.0$		$\Delta\delta$	$+0'.9$	
t_G	$224°42'.8$		δ	$00°13'.8S$	
	$= 135°17'.2E$				

所以，太阳地理位置为：$\varphi_g 00°13'.8S$，$\lambda_g 135°17'.2E$。

例5-5-2　2024年9月20日，船时 $ZT'1750$，推算船位为（$\varphi_c 35°52'.6S$，$\lambda_c 167°16'.8W$）；观测牧夫座 α（大角）星高度，停止秒表时的天文钟读数 CT 为 $04^h51^m20^s$，WT 为 45^s，CE 为 12^s（慢）。求 $ZT'1750$ 的大角星地理位置。

解：

ZT'	1750	20/9
ZD	+11	
T_G'	0450	21/9
CT	$04^h51^m20^s$	
WT	-45^s	
CE	$+12^s$	
T_G	$04^h50^m47^s$	21/9

$t_G^{\gamma\prime}$	$060°31'.6$		
$m.s$	$12°40'.9$		
t_G^{γ}	$073°12'.5$		
α'	$145°52'.7$	δ	$19°03'.4N$
t_G^*	$219°05'.2$		
	$=140°54'.8E$		

所以，大角星地理位置为：$\varphi_g 19°03'.4N$，$\lambda_g 140°54'.8E$。

（2）天文船位圆的确定

以天体地理位置为圆心，以天顶距（$Z = 90° - h$）为半径，在地球表面上所作的小圆，称为天文船位圆（Circle of Position）。在该船位圆上的所有测者，同时观测该（同一个）天体所得的高度都相等，所以天文船位圆又称为等高度圈（Circle of Equal Altitude）。

天文定位求观测船位的原理，与两距离定位方法相同。同一时刻观测两个天体的高度，所得两个天文船位圆相交于两点，靠近推算船位的一点，即为观测船位，如图5-5-1中 P 点所示。

（3）天文船位圆在墨卡托海图上的投影

天文船位圆半径一般都很大，为上千海里或数千海里。如果用1 mm的长度代表1 n mile，则需要一个直径为6.9 m的地球仪。这样大的地球仪，在船上是不可能配备的，在其上面画船位圆求天文船位线，更是不可能的。直接在墨卡托海图上画船位圆，也是不可能的，因为：一是天文船位圆不可能很小。如果 $h = 30°$，则天顶距 $Z = 60°$，天文船位圆半径为3 600 n mile。如果仍用1 mm的长度代表1 n mile，那么就需要7 m见方的海图。这样大幅的海图，在船上是无法使用和存放的。二是图幅大小总是有一定的限制，天体地理位置完全可能超出海图的范围，而无法作图。三是天文船位圆在墨卡托海图上的投影是一种复杂的周变曲线，一般的作图方法根本无法实现。

天文船位圆在墨卡托海图上的投影，可分为以下三种情况讨论：

①不包括天极的天文船位圆，其半径较小，在墨卡托海图上的投影周变曲线由于纬度渐长的影响，基本上呈卵形［如图5-5-2（b）中Ⅰ所示］。

②经过天极的天文船位圆，在墨卡托海图上的投影周变曲线基本上呈U形［如图4-5-2（b）中Ⅱ所示］。

③包括天极在内的天文船位圆，其半径一般都很大，在墨卡托海图上的投影周变曲线基本上呈正弦曲线［如图5-5-2（b）中Ⅲ所示］。

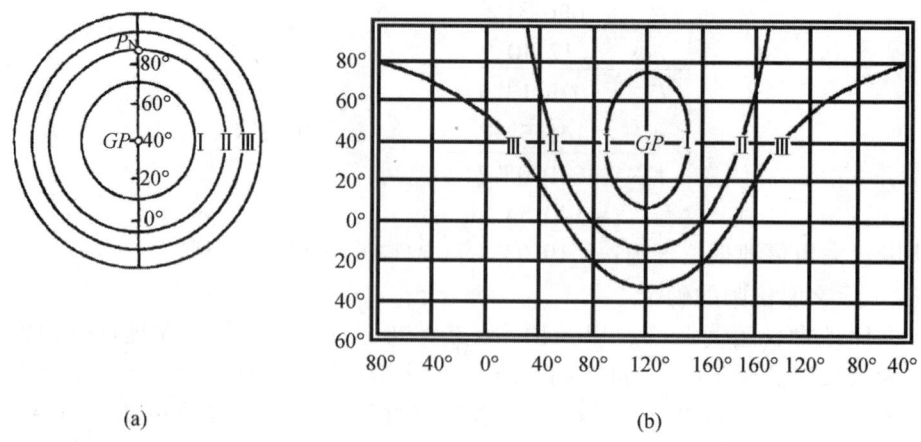

图5-5-2 天文船位圆在墨卡托海图上的投影

2.高度差法

天文船位圆在墨卡托海图上的投影是一条周变曲线。在墨卡托海图上直接画周变曲线求观测船位是不可能的，也没有必要把整个周变曲线全部画出来，只要在推算船位附近画出一小段周变曲线代替天文船位圆即可（如图5-5-3所示）。但这样要求天文船位圆的地理位置与推算船位同在一张海图上，而且天文船位圆半径必须很小，例如观测太阳特大高度求船位，其方法将在本章后续章节讲述。

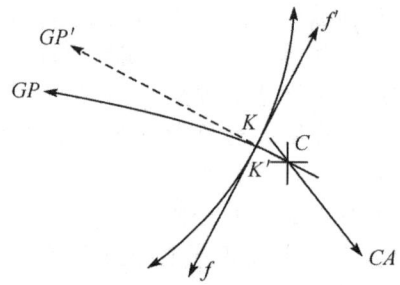

图5-5-3 高度差法原理示意图

（1）高度差法原理

天文船位圆的曲率很小，在墨卡托海图上可用天文船位圆的切线代替一小段周变曲线，这条切线称为船位线，如图5-5-3中直线ff'所示。由图5-5-3中的弧CGP可以看出，大圆弧CK'是天体方位圈上的一段弧，在通常情况下大圆弧CK'是比较短的，一般不大于30′。因此，用直线CK代替大圆弧CK'，完全可以满足航海定位精度的要求。以推算船位为作图点，在墨卡托海图上，根据天体计算方位直接画出天体方位线CGP'，并截线段CK于K点，过K点作垂直于天体方位线CGP'的直线ff'，即为天文船位线。线段CK等于计算天顶距Z_c减去真天顶距Z_t，即

$$CK = Dh = Z_c - Z_t = (90° - h_c) - (90° - h_t) = h_t - h_c \qquad (5-5-1)$$

这种求天文船位线的方法称为高度差法，或截距法（Intercept Method）。两条天文船位线的交点即为观测船位P（如图5-5-4所示）。

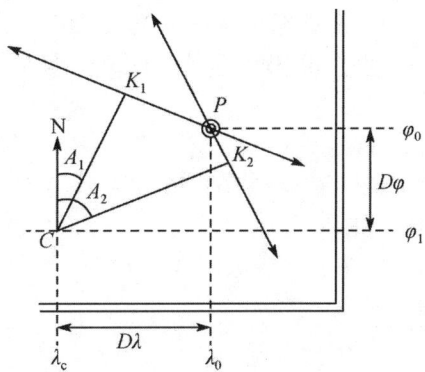

图 5-5-4 天文定位求观测船位示意图

（2）高度差法作图规则

利用高度差法求天文船位线的作图点（也称计算点）C、天体计算方位 A_c 和高度差 Dh 称为天文船位线三要素。具体作图规则如下：

①当天体 $h_t > h_c$ 时，Dh 为正值（+），作图点位于天文船位圆之外，画天文船位线时要沿着天体方位线迎向天体画出［如图 5-5-5（a）所示］；

②当天体 $h_t < h_c$ 时，Dh 为负值（–），作图点位于天文船位圆之内，画天文船位线时要沿着天体方位线背向天体画出［如图 5-5-5（b）所示］；

③当天体 $h_t = h_c$ 时，$Dh = 0$，作图点正好位于天文船位圆上，只要过作图点画出天体方位线的切线，即为天文船位线［如图 5-5-5（c）所示］。

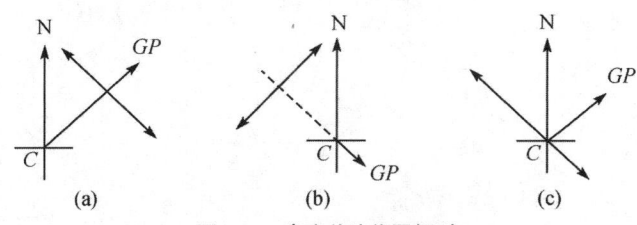

图 5-5-5 高度差法作图规则

在航用海图上所画出的天文船位线要用双向单箭头直线表示，并在其上注明观测天体的区时（如图 5-5-6 所示）。

例5-5-3 某船区时 $ZT1920$，推算船位为（$\varphi_c 36°52'.6N$，$\lambda_c 123°16'.8E$），观测一天体的真高度 h_t 为 $37°42'.8$，以推算船位求得此天体的计算高度 h_c 为 $37°32'.6$，计算方位 A_c 为 $066°$。画出天文船位线。

解：

①计算点： φ_c 　36°52'.6N 　λ_c 　123°16'.8E

②计算方位： A_c 　066°

③高度差： h_t 　37°42'.8

　　　　　　h_c 　37°32'.6

　　　　　　Dh 　+10'.2

④画天文船位线：如图5-5-6（a）所示。

例5-5-4 某船区时 ZT1009，推算船位为（φ_c36°12′.0S，λ_c163°56′.8W），观测太阳的真高度 h_t 为43°55′.6，以推算船位求得太阳的计算高度 h_c 为44°03′.2，计算方位 A_c 为166°SE。画出天文船位线。

解：

①计算点： φ_c 36°12′.0S λ_c 163°56′.8E
②计算方位： A_c 166°SE
③高度差： h_t 43°55′.6

                   h_c 44°03′.2

                   Dh −7′.6

④画观测船位线：如图5-5-6（b）所示。

例5-5-5 某船区时 ZT0631，推算船位为（φ_c32°21′.0N，λ_c133°56′.8W），观测一天体的真高度 h_t 为67°17′.2，以推算船位求得此天体的计算高度 h_c 为67°17′.2，计算方位 A_c 为123°NW。画出天文船位线。

解：

①计算点： φ_c 32°21′.0N λ_c 133°56′.8W
②计算方位： A_c 123°NW
③高度差： h_t 67°17′.2

                   h_c 67°17′.2

                   Dh +0′.0

④画天文船位线：如图5-5-6（c）所示。

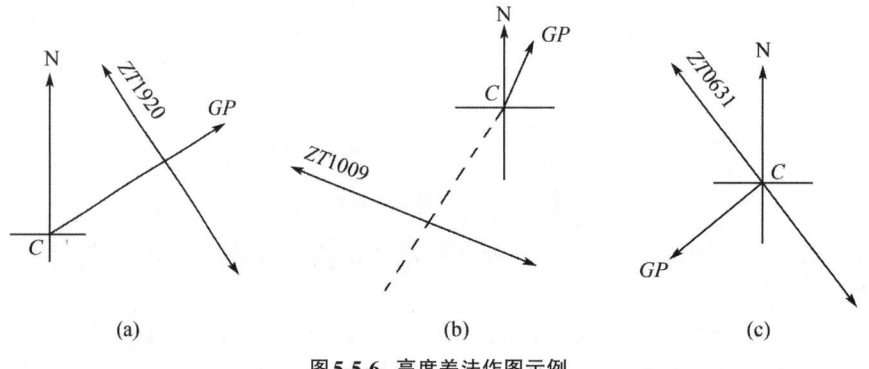

（a）   （b）   （c）

图5-5-6 高度差法作图示例

3.高度差法的作图特征

由高度差法画船位线的原理可知，作图点既可以是推算船位，又可以是选择船位。以选择船位为作图点，是目前航海上最普遍采用的方法，它具有以下两个特性：

（1）高度差法的有限任意性

天文船位圆的半径一般都很大，而曲率却较小。所以，在作图点与实际船位相差不太大的情况下，所求得的天文船位线几乎是一致的。如图5-5-7中的计算点 C_1、C_2 与 C 的距离相差不远，虽然由各点计算出来的高度不一样，所得的高度差也不相同，但是由它们计算求得的天体方位相差很小。在一般情况下，在中低纬度海区的误差值小于作图误差，对同一天体的计算方位线几乎是平行的。因此，过各自的截点所作的天文船位线基本重合于一条直线。由此可见，在一定的范围之内，计算点可以任意选择，而求得的天文船位线不失其精度，这就是高度差法用选择船位作为计算点的任意性。

如果作图点与实际船位相差较大，例如图5-5-7中的 C_3 离 C 点太远，则由两点所计算的同一天体的方位线不平行，会产生很大的误差。由 C_3 所求得的天文船位线与实际船位相差太远，达不到天文船位线的精度要求。因此，选择船位不能离真实船位太远。这就是高度差法用选择船位作为计算点的有限性。

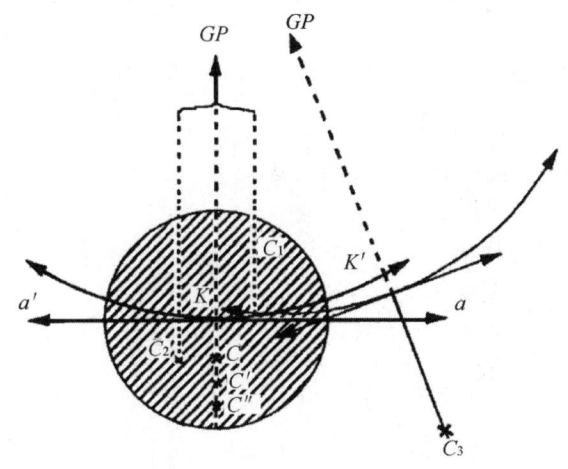

图 5-5-7　高度差法的有限任意性

综上所述，为了保证利用高度差法所求得的天文船位线不失其精度，在实际工作中要注意两点：

①选择船位为作图点时，计算点要与实际船位的经度和纬度相差小于 $30'$；

②选择天体高度不大于 $70°$ 的天体求天文船位线，可减小船位圆曲率误差和方向误差的影响。

（2）以选择船位为作图点的合理性

以选择船位为作图点，是常用的求天文船位线的方法。这是因为利用选择船位作图，纬度和地方时角都为整数，在计算或查表求天体高度和方位时，减少了内插的次数，减小了天文船位线的误差。

但是，以选择船位为作图点时，实际船位是未知的，所以在实际计算时都以推算船位作为依据，使选择船位的经纬度与推算船位的经纬度相差不大于 $30'$。如果推算船位比较准确，在满足高度差法有限任意性的前提下，用选择船位和推算船位所求得的天文船位线基本上重合为一条船位线。

推算船位误差具有一定的随机性。如果推算船位误差较大，天体观测高度也较大，就有可能与选择船位的凑整误差叠加，使作图点与实际船位的误差大于 $30'$，甚至可达 $60' \sim 70'$，这样就不符合高度差法有限任意性的原则，而导致以选择船位为作图点求得的天文船位线比用推算船位求得的天文船位线精度低；但也有可能选择船位的凑整误差与推算船位的误差相互抵消，用选择船位求得的天文船位线比用推算船位求得的天文船位线精度更高。因此，在这种条件下不能绝对地说用推算船位求得的天文船位线比用选择船位求得的天文船位线更准确，而只能说用推算船位求得的天文船位线更可靠一些，一般不会导致很大的船位线误差。当然，在高纬度海区，所测得的天体高度较大时，应避免使用选择船位求天文船位线。如果在计算天体观测船位时，发现作图点与观测船位的距离偏差太远，可用观测船位作为新的计算点，重新进行计算求得观测船位。

二、观测太阳求天文船位线

观测太阳求天文船位线，目前航海上最普遍的方法是查表法和计算器法。这两种方法的格式基本上是一致的，但查表法步骤比较烦琐，在计算过程中也容易出现错误，目前使用者较少。下面分别介绍以推算船位为作图点和以选择船位为作图点的计算格式：

1. 太阳船位线的计算格式

（1）利用选择船位求太阳船位线的格式

① 区时（船时）　　ZT

　　推算船位　　　　φ_c

　　　　　　　　　　λ_c

② 区时　　　　　　ZT　　　　日/月

　　区号　　　　　　ZD

　　近似世界时　　　T_G'　　　日/月

③ 停表钟时　　　　CT

　　天文钟误差　　　CE

　　秒表读数　　　　WT

　　世界时　　　　　T_G　　　　日/月

④ 太阳整小时格林时角t_G'时角超差$\overline{\Delta}$　　太阳整小时赤纬δ'（N 或 S）赤纬差数$\pm\Delta$

　　分秒变角　　　　$m.s$

　　超差改正量　　　$\overline{\Delta}'$　　　　　　　赤纬差数改正量 Δ'

　　太阳格林时角　　$t_G^{\odot}$　　　　　　　　太阳赤纬　　　$\delta^{\odot}$（N 或 S）

　　选择经度（λ_a）　$\pm\lambda_a$（E+，W−）　选择纬度　　φ_a（N 或 S）

　　太阳地方时角　　t

⑤ 太阳表列高度　　h_T　　　　　赤纬1′高度变化量 Δd

　　赤纬差改正量　　Δh_δ

　　太阳计算高度　　h_c

　　太阳计算方位　　A_c（第一名称与纬度同名，第二名称与时角同名）

⑥ 六分仪观测高度　$h_s^{\odot}$

　　指标差和器差　　$i+s$

　　太阳观测高度　　h'

　　眼高差　　　　　d

　　综合改正　　　　c

附加改正	c'
太阳真高度	h_t
太阳计算高度	h_c
太阳高度差	Dh

（2）利用推算船位求太阳船位线的格式

用推算船位（φ_c，λ_c）求太阳船位线的计算格式与用选择船位（φ_a，λ_a）求太阳船位线的格式，只是在计算太阳地方时角和太阳计算高度时有所不同，其他都完全相同。

太阳格林时角	$t_G^\odot$	太阳赤纬	$\delta^\odot$（N 或 S）
推算船位经度（λ_c）	$\pm\lambda_c$（E+，W-）	推算船位纬度	φ_c（N 或 S）

太阳地方时角	t	
太阳表列高度	h_T	赤纬 1′高度变化量 Δd
赤纬差改正量	Δh_δ	时角增加 1′高度减少量 Δt
时角差改正量	Δh_t	
纬度差改正量	Δh_φ	
太阳计算高度	h_c	
太阳计算方位	A_c（第一名称与纬度同名，第二名称与半圆地方时角同名）	

用推算船位和用选择船位求得的太阳方位基本上是一样的，相差很小，在画天体方位线求天文船位线时，其影响甚微，完全可以忽略不计。

2.利用《天体高度方位表》求天体的计算高度和计算方位

完成一条天文船位线需要三个步骤：天体高度的观测、天文船位线的计算和天文船位线的绘画。其中，天文船位线的计算很重要，也比较麻烦，是容易出错的一环。因此，航海上对天文船位线的计算通常采用查表法和计算器法。目前用于查表计算的表册很多，现以《天体高度方位表》为例进行介绍。

（1）《天体高度方位表》的编制

《天体高度方位表》是中国人民解放军海军司令部航海保证部出版的，通常称为B105表，按纬度每隔10°编一册。例如第四册的纬度范围是30°~39°。测者可根据船舶所航经海区的纬度选取，且南、北半球均可使用。B105表，英国出版的HD486表、NP401表，以及美国出版的HO214表等基本上相似，都是根据下列天文球面三角形基本公式编制的。

$$\sin h_c = \sin\varphi\sin\delta + \cos\varphi\cos\delta\cos t \tag{5-5-2}$$

$$\cot A_c = \tan\delta\cos\varphi\csc t - \sin\varphi\cot t \tag{5-5-3}$$

查表时，以测者纬度φ、天体赤纬δ和天体地方时角t为引数，可查取天体的表列高度h_T和天体的计算方位A_c。高度的精度为0′.1，方位的精度为0°.1。天体赤纬在29°以下，表列间隔为30′；赤纬在29°以上，表列间隔按航用天体的分布而定，间隔较大处是无可见天体。高度低于5°的天体，也不列入表中。测者纬度φ标在每一左页的左上角和每一右页的右上角，间隔均为1°。天体时角t均列在每页两侧的竖行里，表列间隔为1°。天体赤纬列在每页表的上边横行里。表的左页是按天体赤纬与测者纬度同名编排的，排列不完的列在右下页；表的右页基本上是按天体赤纬与测者纬度异名编排的，使用时应注意。封里为"观测高度改正表"和"测者眼高差改正表"，封底为"乘积表"和"纬度差高度改正表"。

（2）用推算船位求天体的计算高度和计算方位

当以推算船位为作图点时，要选择表中与推算纬度 φ_c、天体赤纬 δ 和天体地方时角 t 最接近的数值进行查表。因为测者推算纬度 φ_c、天体赤纬 δ 和天体地方时角 t 往往不是整数，同表列引数有一定的差值，所查得的天体表列高度 h_T 还要进行测者推算纬度 φ_c、天体赤纬 δ 和天体地方时角 t 三项内插修正，才能得到天体的计算高度 h_c，即

$$h_c = h_T + \Delta h_\delta + \Delta h_t + \Delta h_\varphi \tag{5-5-4}$$

表中的 Δd 是天体赤纬变化 $1'$ 时，所对应天体高度的变化量；Δt 是天体地方时角增 $1'$ 时，所对应天体高度的减小量。求天体计算高度的三项内插值公式分别为：

$$\Delta h_\delta = \frac{\Delta d}{100}(\delta - \delta_t) \tag{5-5-5}$$

$$\Delta h_t = \frac{\Delta t}{100}(t - t_t) \tag{5-5-6}$$

$$\Delta h_\varphi = \cos A_T(\varphi - \varphi_t) \tag{5-5-7}$$

上式中高度订正值 Δh_δ 和 Δh_t，也可分别以 Δd、$\delta - \delta_t$ 和 Δt、$t - t_t$ 为引数，在封底的"乘积表"中查得；Δh_φ 同样也可以 A_T、$\varphi - \varphi_t$ 为引数，在封底的"纬度差高度改正表"中查取。订正值的正（+）、负（-）号可由其计算公式或改正量表中的说明确定。

在天文定位中，对天体方位的要求较低，在一般情况下，查取的天体表列方位 A_T 不必进行内插订正，可作为天体的计算方位 A_c 使用。当天体高度大于 $50°$ 时，才考虑对表列方位进行线性内插。天体表列方位均按半圆法计算，第一名称与测者纬度同名，当测者纬度为 $0°$ 时，应与天体赤纬同名；第二名称与半圆地方时角同名，即

$$A_c = A_T + \Delta A_\delta + \Delta A_t + \Delta A_\varphi \tag{5-5-8}$$

在进行纬度的线性内差时，为了减少过多的翻表麻烦，也可用公式直接求得：

$$A_\varphi = \tan h_T \sin A_T(\varphi_c - \varphi_t) \tag{5-5-9}$$

式中：h_T——天体表列高度；

$\quad\ A_T$——天体表列方位。

（3）用选择船位求天体的计算高度和计算方位

当以选择船位为作图点时，查表引数仍为推算纬度 φ_c、天体赤纬 δ 和天体地方时角 t。其查表方法与用推算船位的查表方法一样，只是推算纬度 φ_c 和天体地方时角 t 都取整数，无须进行内插。所以查得的天体表列高度 h_T 只需进行天体赤纬的内插即可。而天体表列方位 A_T 近似等于计算方位 A_c，不进行内插。但要注意选择船位的经纬度与推算船位的经纬度，相差要不大于 $30'$。

$$h_c = h_T + \Delta h_\delta \tag{5-5-10}$$
$$A_c = A_T$$

依据《天体高度方位表》查取天体的计算高度和计算方位，内插过程比较复杂，容易出现读错或计算错的问题。如果直接利用求天体高度和方位的计算公式，使用计算机或计算器进行运算，就能提高做题的速度和效率。

3. 太阳船位线的计算

（1）用选择船位求太阳船位线

例5-5-6 2024年9月1日，区时 $ZT1050$，推算船位为（$\varphi_c 34°53'.0N$，$\lambda_c 135°51'.2W$），

航速 V 为 15 kn，航向 CA 为 070°；观测太阳下边缘高度 $h_s^\odot$ 为 58°23′.1，停止秒表时的天文钟读数 CT 为 07ʰ51ᵐ10ˢ，秒表读数 WT 为 35ˢ，钟差 CE 为 20ˢ（快），航海六分仪的指标差和器差（$i + s$）为 +1′.2，测者眼高 e 为 19.2 m。用选择船位求 ZT1050 的太阳船位线。

解：

ZT1050：

$\varphi_c = 34°53′.0$N

$\lambda_c = 135°51′.2$W

ZT	1050	1/9
ZD	+9	
$T_G{}'$	1950	1/9

CT	07ʰ51ᵐ10ˢ	
CE	−20ˢ	
WT	−35ˢ	
T_G	19ʰ50ᵐ15ˢ	1/9

$t_G{}'$	104°59′.0	$\overline{\Delta}$ 1.2	δ'	08°15′.0N	Δ −0.9
$m.s$	12°32′.9				
$\overline{\Delta'}$	1′.0		Δ'	−0′.8	
t_G	117°32′.9		δ	08°04′.4N	
λ_a	135°35′.3W		φ_a	35°N	
t	341°57′.6				
	= 018°02′.4E				

h_t	58°21′.2	Δd +88	A_c 144.°3NE
Δh_δ	+4′.8		
h_c	58°26′.0		
$h_s^\odot$	58°23′.1		
$i+s$	+1′.2		
h'	58°24′.3		
d	−7′.7		
c	+15′.5		
c'	−0′.1		
$h_t^\odot$	58°32′.0		
h_c	58°26′.0		
Dh	+6′.0		

画太阳船位线，如图 5-5-8 所示。

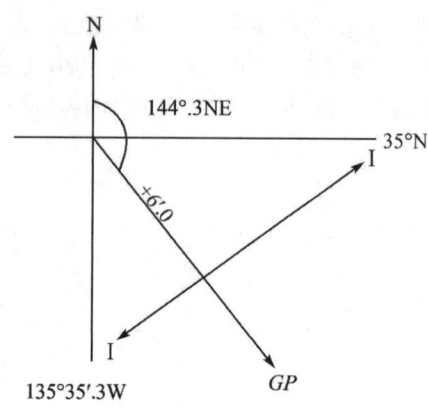

图5-5-8 用选择船位求太阳船位线作图示例

（2）用推算船位求太阳船位线

例5-5-7 2024年11月4日，船时 ZT' 0923，推算船位为（φ_c 35°10′.0N，λ_c 122°30′.0E），航速 V 为10 kn，航向 CA 为000°；观测太阳下边缘高度 $h_s^\odot$ 为30°34′.9，停止秒表时的天文钟读数 CT 为01^{h}23^{m}40^s，秒表读数 WT 为38^s，钟差 CE 为12^s（慢），航海六分仪的指标差和器差（$i+s$）为+1.5，测者眼高 e 为16.0 m。用推算船位求 ZT' 0923的太阳船位线。

解：

ZT' 0923：

$\varphi_c = 35°10′.0N$

$\lambda_c = 122°30′.0E$

ZT	0923	4/11
ZD	−8	
T_G'	0123	4/11

CT	01^{h}23^{m}40^s	
CE	+12^s	
WT	−38^s	
T_G	01^{h}23^{m}14^s	4/11

t_G'	199°06′.7	$\overline\Delta$ 1.0	δ' 15°17′.7S	Δ +0.8
$m.s$	5°48′.1			
$\overline{\Delta'}$	0′.4		Δ' +0′.3	
t_G	204°55′.2		δ 15°18′.0S	
λ_c	122°30′.0E		φ_c 35°10′.0N	
t	327°25′.2			
	= 032°34′.8E			

h_t	$30°34'.8$	Δd −86	Δt −50	A_c 142°.4NE
Δh_δ	$+10'.3$			
Δh_t	$+12'.6$			
Δh_φ	$-8'.2$			
h_c	$30°49'.5$			

$h_s^{\odot}$	$30°34'.9$
$i+s$	$+1'.5$
h'	$30°36'.4$
d	$-7'.1$
c	$+14'.4$
c'	$+0'.2$
$h_t^{\odot}$	$30°43'.9$
h_c	$30°49'.5$
Dh	$-5'.6$

画太阳船位线，如图5-5-9所示。

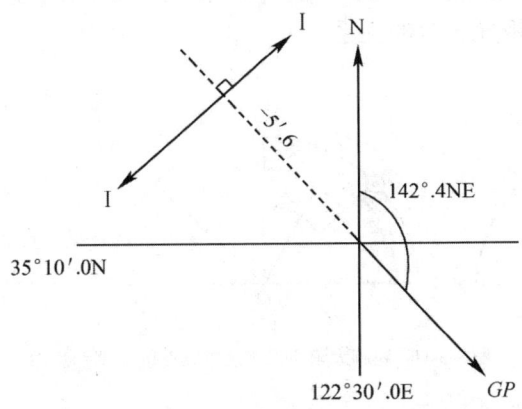

图5-5-9　用推算船位求太阳船位线作图示例

三、观测太阳中天高度求纬度

当太阳上中天时，其地方时角 $t = 0°$，其方位角 $A = 0°$ 或 $A = 180°$，这时观测太阳高度（中天高度）所求得的天文船位线，是垂直于测者子午线的纬度线，称为测者观测纬度，φ_o 表示。

当天体上中天时，构成天文三角形的三个大圆弧重合，计算天体高度和方位就不必要进行天文球面三角形公式的计算和过多的查表计算。这样求得的天文船位线，经理论证明，系统误差和偶然误差对其影响最小。加之中午船位的重要性，观测太阳中天高度求纬度就更显得重要了。

1.观测太阳中天高度求纬度的原理

当太阳上中天时，用航海六分仪观测的高度（通常是下边缘高度），称为太阳中天高度，用 $H_s^\odot$ 表示。$H_s^\odot = 90° - Z$（Z 为天顶距），因为此时太阳的地方时角 $t = 0°$，可由天文球面三角形的基本公式得知：

$$\sin H_s^\odot = \sin\varphi\sin\delta + \cos\varphi\cos\delta\cos t$$
$$\sin H_s^\odot = \sin\varphi\sin\delta + \cos\varphi\cos\delta$$
$$\sin(90° - Z) = \cos(\varphi - \delta)$$
$$\cos Z = \cos(\varphi - \delta)$$
$$Z = \varphi - \delta$$
$$\varphi = Z + \delta \tag{5-5-11}$$

由上式可以看出，测者纬度等于天体天顶距与天体赤纬的代数和。当向南观测太阳中天高度时，天顶距 Z 名称取北（N）；当向北观测太阳中天高度时，天顶距 Z 名称取南（S）。天顶距 Z 与天体赤纬 δ：同名时相加；异名时相减（用绝对值大的减去绝对值小的，纬度名称与绝对值大的相同）。因为观测纬度 φ_o 总是接近推算纬度 φ_c，所以还可以根据推算纬度 φ_c 来判定 Z 和 δ 是加还是减。

同时，还可以用图解法说明观测太阳中天高度求纬度的原理。图 5-5-10（a）表示测者纬度与太阳赤纬和天顶距同名时的关系；图 5-5-10（b）和图 5-5-10（c）分别表示测者纬度与太阳赤纬和天顶距异名时的关系。

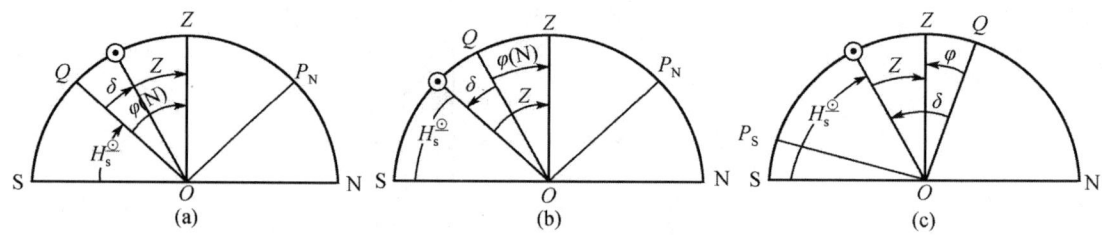

图 5-5-10 观测太阳中天高度求纬度的原理示意图

2.预求太阳中天区时

由观测太阳中天高度求纬度的原理可知，要求得测者的观测纬度，首先要测得太阳中天时的高度，并求得太阳中天时的赤纬。太阳中天时刻是瞬间的，在这瞬间要把太阳的高度观测出来，航海上通常的做法是先求出观测时刻，即预求太阳中天区时 ZT。其方法分为三个步骤：

（1）以日期为引数从《航海天文历》中查得太阳中天时刻——格林经度线上太阳中天的地方时 T，由于一天内太阳在各地的中天时刻相差很小，因此可将其近似地作为任意经度线上太阳中天的地方时 T。

（2）预推区时 $ZT1200$ 的推算船位纬度 φ_c 和经度 λ_c，计算出推算经度 λ_c 与航行时区中央经度线的经差 $D\lambda$，再根据区时与地方时的关系求得太阳中天区时 ZT：

$$ZT = T \pm D\lambda_W^E \tag{5-5-12}$$

将经差 $D\lambda$ 换算成时间，精确到分钟即可。当推算经度 λ_c 位于时区中央经度线以西时，经差 $D\lambda$ 为 E，取正（ + ）；当推算经度 λ_c 位于时区中央经度线以东时，经差 $D\lambda$ 为 W，取负（ - ）。

（3）根据太阳的预计中天区时 ZT 和区号 ZD，求得近似世界时 T_G'。以日期和近似世界时 T_G' 为引数，从《航海天文历》中查得太阳中天时刻的赤纬 δ。

显然，用上述方法求得的太阳中天区时与区时 $ZT1200$ 会有一定的时间差，由此会引起太阳中天高度存在一定的观测误差。根据天体中天高度变化率可知，太阳中天时 $\dfrac{dh}{dt} = 0$，其高度变化是十分缓慢的，若取太阳中天高度 h 为 45°，大约引起太阳高度的最大误差是 0′.065。同样，根据太阳赤纬的变化率，可以推出相差 1 min 能引起太阳赤纬的最大误差是 0′.016。综合两种误差，对观测纬度 φ_o 造成的最大误差小于 0′.1，符合天文定位的精度要求。所以，在一般情况下，对以上误差可以忽略不计。

3.观测太阳中天高度求纬度的格式

（1）求区时 $ZT1200$ 的推算船位

由上述可知，求太阳上中天船位线，必须要有区时 $ZT1200$ 的推算船位。$ZT1200$ 的推算船位在航海实际应用中有两种求取方法：最常用的一种方法是在海图上，根据航程、航向直接用圆规量取 $ZT1200$ 的推算船位（ φ_c，λ_c ）；另一种方法是利用经纬差公式，先求得 $ZT1200$ 的推算船位与前一个推算船位的经差和纬差，然后再求得 $ZT1200$ 的推算船位，即

$$D\varphi = VT\cos TC \qquad \varphi_c = \varphi_1 + D\varphi$$
$$D\lambda = VT\sin TC \sec \varphi_m \qquad \lambda_c = \lambda_1 + D\lambda$$

式中：V——航速（kn）；

$\quad\quad T$——从前一个推算船位到 $ZT1200$ 的推算船位的航行时间（h）；

$\quad\quad TC$——真航向，天文航海计算时忽略风、流的影响，所以计划航向近似等于真航向；

$\quad\quad \varphi_m$——平均纬度；

$\quad\quad \varphi_1$、λ_2——$ZT1200$ 以前最后一个推算船位的经纬度。

（2）求测者观测纬度 φ_o 的格式

①区时 $ZT1200$ 的推算船位

$ZT1200$ 　　　　φ_c 　　　λ_c

②从《航海天文历》中查得太阳中天地方平时	T	日/月
$ZT1200$ 的经度与时区中线经度的经差	$\pm D\lambda_W^E$	
中天区时	ZT	日/月
区号	ZD	
太阳中天近似世界时	T_G'	日/月
③世界时整小时的太阳赤纬	δ'（N 或 S）	赤纬差数 $\pm\Delta$
赤纬差数改正量	Δ'	
太阳中天赤纬	$\delta^\odot$（N 或 S）	

④航海六分仪观测太阳下边缘的中天高度 $H_s^{\odot}$（N或S）

指标差和器差	$i + s$
眼高差	d
综合改正	c
附加改正	c'
太阳中天真高度	$H_t^{\odot}$（N或S）
太阳中天天顶距	Z（N或S）
太阳中天赤纬	$\delta^{\odot}$（N或S）
测者观测纬度	φ_o（N或S）

4.观测太阳中天高度求纬度实例

例5-5-8 2024年11月4日，船时 $ZT'0923$，推算船位为（ $\varphi_c\,35°10'.0N$， $\lambda_c\,122°30'.0E$ ），航速 V 为 10 kn，航向 CA 为 000°，预求中天区时。当太阳中天时，向南观测太阳下边缘的中天高度 $H_s^{\odot}$ 为 $38°45'.6$，航海六分仪的指标差和器差（ $i + s$ ）为 $+1'.5$，测者眼高 e 为 16.0 m，求观测纬度 φ_o。

解：

$ZT'1200$：

$D = 10' \times 2^h.62 \times \cos0° = 26'.2N$

$\varphi_c = 35°10'.0N + 26'.2N = 35°36'.2N$

$D\lambda = 10' \times 2^h.62 \times \sin0° \sec\varphi_m = 0$

$\lambda_c = 122°30'.0E$

T	1144	4/11	$H_s^{\odot}$	$38°45'.6S$	
$D\lambda$	-10		$i + s$	$+1'.5$	
ZT	1134	4/11	H'	$38°47'.1$	
ZD	-8		d	$-7'.1$	
T_G'	0334	4/11	c	$+14'.9$	
			c'	$+0'.2$	
δ'	$15°29'.6S$	Δ +0.8	$H_t^{\odot}$	$38°55'.1S$	
Δ'	$+0'.5$		Z	$51°04'.9N$	
$\delta^{\odot}$	$15°30'.1S$		$\delta^{\odot}$	$15°30'.1S$	
			φ_o	$35°34'.8N$	

在天体周日视运动中，若仅考虑地球的自转（即天体地方时角的变化）所引起的天体高度变化，则太阳在中天时的高度最大。然而在航海的实际工作中，测者纬度是变化的，太阳赤纬也是变化的，而太阳在中天时的高度变化率不再为零，太阳的中天高度也不是其最大高度。当测者天顶与太阳的相对运动是接近时，太阳的最大高度发生在中天以后；当测者天顶与太阳的相对运动是远离时，太阳的最大高度发生在中天以前。因此，太阳的中天高度不是其最大高度。

四、天文船位线作图

画天文船位线求观测船位，既可在航用海图上直接作图求得，也可在空白纸上间接作图求得。在大洋航行中，若使用的航用海图比例尺较小，可先利用空白纸按比例画天文船位线，求出观测船位后，再将船位移至海图上，这样可提高作图的精度，使观测船位更可靠。具体作图步骤如下：

1.绘制作图比例尺

根据航海作图的要求，首先要绘制适当的作图比例尺。由海图绘制精度可知，海图比例尺越大，其精度就越高。在通常的海图作业中，一般取 $1\ cm = 5'$ 的经度为比例尺，就可达到航海作图的精度要求。现以 $1\ cm = 1'$ 的经度为比例尺，其作图方法为：

（1）确定墨卡托简易海图的经纬度比例尺

$$1'经度的长度(1\ cm) = 1'纬度的长度 \times \cos\varphi(cm)$$

式中的纬度 φ，当仅观测太阳求一条天文船位线时，可取当时的推算纬度 φ_c；如果进行太阳移线定位，或多天体定位，应取平均纬度 φ_m。

（2）根据作图纸的使用情况，可在纸边或不妨碍作图的空白处选取作图点，如图5-5-11中的 O 点。以 O 点作 $\angle AOB = \varphi$。

（3）以 $1\ cm = 1'$ 经度的长度在 OA 边上截取 $1'$、$2'$、$3'$……绘成经度比例尺。为了提高作图精度，每一格又可以 $1\ mm = 0'.1$ 经度的长度分为10个格。

（4）分别以 OA 边上的 $1'$、$2'$、$3'$……各点，作垂直于 OA 边的直线，分别交于 OB 边的 $1'$、$2'$、$3'$……各点，相邻两点之间的长度即为纬度比例尺。

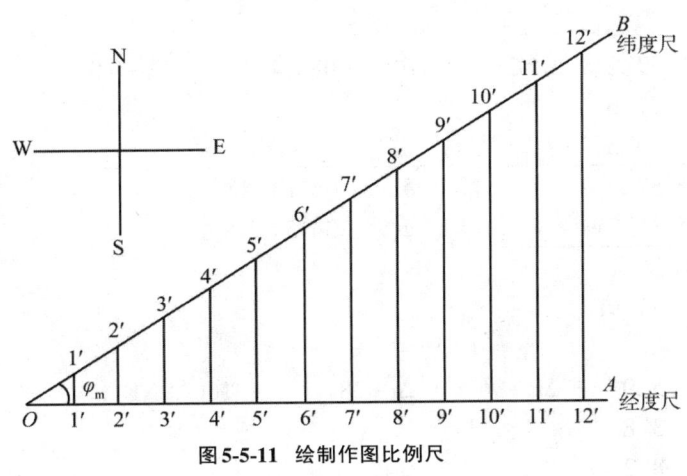

图5-5-11　绘制作图比例尺

2.确定作图点

根据船舶的航速、航向和航行时间，在作图纸上选择一适当处为推算船位，并作为计算点（作图点）。该点的经纬度即为推算船位的经纬度，或选择船位的经纬度。根据墨卡托海图的投影性质，方向由上北、下南、左西、右东来确定，画出航向线。

3.画天文船位线和观测船位

由计算点可以推出下一个时刻的推算船位或另一个作图点。根据所得的天体计算方位，以作图点画出计算方位线，并以求得的高度差 Dh 在方位线上截取 K 点，再以 K 点作方位线的垂线，即得天文船位线。如果同时观测几个天体的高度，则天文船位线的交点，即为观测船位。

例5-5-9 2024年9月1日，船时 ZT' 1124，推算船位为（φ_c 34°59′.0N，λ_c 135°31′.2W），航速 V 为 15 kn，航向 CA 为 020°；向南观测太阳下边缘的中天高度 $h_s^{\odot}$ 为 61°20′.3，停止秒表时的天文钟读数 CT 为 08ʰ24ᵐ16ˢ，秒表读数 WT 为 48ˢ，钟差 CE 为 24ˢ（慢），航海六分仪的指标差和器差（$i+s$）为 1′.2，测者眼高 e 为 19.2 m。用推算船位求 ZT' 1124 的天文船位线（以 1 cm = 2′ 经度的比例尺作图）。

解：

ZT'	1124	φ_c 34°59′.0N，λ_c 135°31′.2W

ZT'	1124	1/9
ZD	+9	
T_G'	2024	1/9

CT	08ʰ24ᵐ16ˢ	
CE	+24ˢ	
WT	−48ˢ	
T_G	20ʰ23ᵐ52ˢ	1/9

t_G'	119°59′.2	$\overline{\Delta}$ 1.2	δ'	08°14′.1N $\quad\Delta$ −0.9
$m.s$	5°57′.6			
$\overline{\Delta}'$	0′.5		Δ'	−0′.4
$t_G^{\odot}$	125°57′.3		$\delta^{\odot}$	08°13′.7N
λ_c	135°31′.2W		φ_c	34°59′.0N
t	350°26′.1			
	= 009°33′.9E			

h_t	61°45′.9	Δd +96	Δt −28	A_c 160°.9NE
Δh_δ	−3′.8			
Δh_t	−8′.2			
Δh_φ	+0′.9			
Δh_c	61°34′.8			

$h_s^{\odot}$	61°20′.3
$i + s$	+1′.2
h'	61°21′.5
d	−7′.7
c	+15′.5
c'	−0′.1
$h_t^{\odot}$	61°29′.2
h_c	61°34′.8
Dh	−5′.6

画天文船位线，如图 5-5-12 所示。

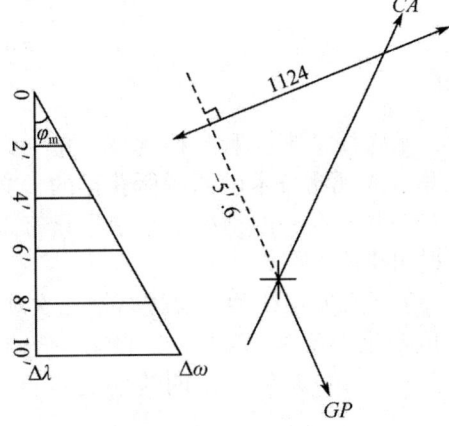

图 5-5-12　用推算船位求天文船位线作图示例

项目六 白昼测天定位

白昼观测太阳定位是天文导航的一个重要组成部分，也是STWC 78/95公约船舶操作级船员必须掌握的知识。本节主要介绍白昼利用太阳定位和太阳与金星联合定位的方法与计算步骤。

一、太阳移线定位

海上白昼定位的特点是，水天线清晰，观测精度高，单一天文船位线的均方误差m约为±1′.0。当然，有经验的观测者或观测技术较高者所获得的天文船位线精度会更高一些；反之，天文船位线精度就会差一些。在一般情况下，白昼只有太阳一个天体，海上通常采用移线定位方法求得太阳的观测船位。

白昼观测太阳高度得到一条天文船位线后，要进行第二次观测时，一般要间隔1~2 h，有时甚至更长，直到太阳方位变化大于30°以上时，将第一条天文船位线向前转移到第二次观测的天文船位线上（订正到同一天顶），两线的交点称为太阳移线船位（Running Fix）。

1. 太阳移线定位的原理

太阳移线定位的精度与两条天文船位线的交角和移线距离有关。由船位误差理论可知，两条位置线的交角在30°~90°范围内为好，交角为90°时最佳。但是，当太阳的两条方位线相交成90°时，需要较长的时间才能完成观测。而根据航迹推算误差的原理，要求两次观测的时间间隔越短，航程、航向的推算误差对移线船位误差的影响就越小。为了兼顾以上两方面的要求，两次观测的时间间隔应为1~2 h，太阳方位变化应在30°~50°之内，至少应不小于30°。

由天体高度和方位变化率公式得知，太阳位于中天附近时，高度变化最慢，而方位变化最快，一般在中低纬度海区，1 h左右太阳方位可变化30°以上，当天体高度较大时，时间会更短。因此，正午前后各1 h左右，为太阳移线定位的有利时机。

2. 太阳移线定位的方法

天文船位线在墨卡托海图上用单箭头表示，如图5-6-1中的 I - I 所示。根据推算航向和航程转移得出的天文船位线，称为转移船位线（LOP Transferred），用双箭头表示，如图5-6-1中的 I′-I′ 所示。转移船位线与第二条太阳船位线 II - II 的交点P即为太阳移线观测船位，用"◎"表示。

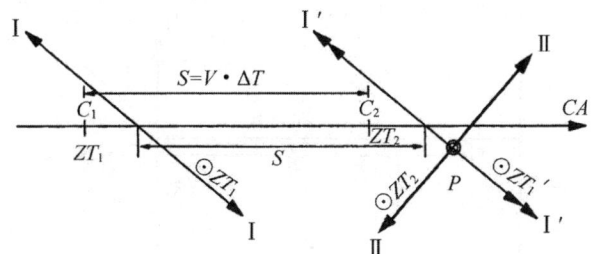

图5-6-1 移线定位的方法

（1）太阳船位线与航向线有交点的移线方法

当第一条太阳船位线 I-I 与航向线有交点时，根据以两次观测的时间间隔所计算出的航程，将 I-I 沿航迹向平移至第二条太阳船位线的观测时刻上，就得出对应于第二次观测时刻"同一"天顶的船位线 I′-I′。该方法分为直接转移法和转向转移法。

①直接转移法

如图5-6-2所示，C_1 为第一次观测时 ZT_1 的推算船位，C_2 为第二次观测时 ZT_2 的推算船位，计划航向为 CA，航速为 V，ΔT 和 S 分别为两次观测的时间间隔和航程。将第一条太阳船位线沿 CA 向前平移距离 S 后，与第二条太阳船位线的交点 P，即为太阳移线船位。

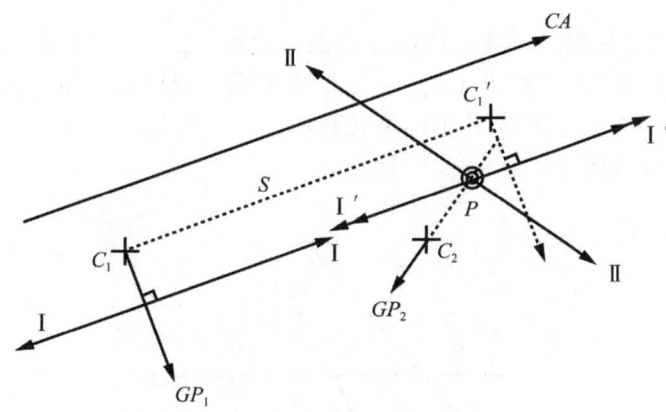

图5-6-2 直接转移法

②转向转移法

转向后的太阳移线船位，也采用平移的方法，如图5-6-3所示。C_1 为第一次观测时 ZT_1 的推算船位，C_2 为转向点，也是 ZT_2 的推算船位，航程为 S_1；C_3 为转向后的第二次观测时 ZT_3 的推算船位，航程为 S_2。用直虚线连接 ZT_1 和 ZT_3 的推算点，量取 C_1 和 C_3 的距离为 $S′$。由第一条太阳船位线 I-I 与直虚线的交点起，沿直虚线的方向将第一条太阳船位线平行地向前移动 $S′$ 的距离，得到转移 船位线 I′-I′。转移船位线与第二条太阳船位线的交点 P，即为转向后的太阳移线船位。

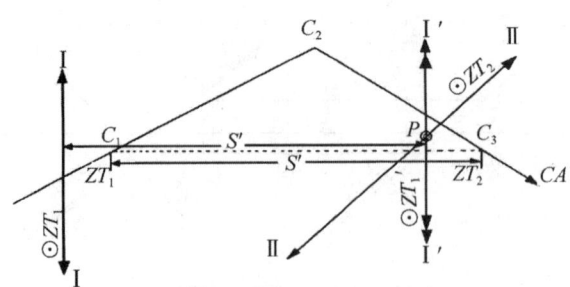

图 5-6-3　转向转移法

（2）太阳船位线与航向线无交点的移线方法

当第一条太阳船位线 I-I 与航向线无交点，或近似于平行但其交点不在海图之内时，可采用转移作图点法。该方法可分为作图转移法和计算转移法。

①作图转移法

由图 5-6-3 所示，推算船位 C_1（或选择船位）为第一作图点，所得太阳船位线 I-I，与航向线交角很小，交点在图外。根据两次观测的时间间隔，求出航程 S，由作图点 C_1 沿着航向线的方向，向前移动距离 S 至 C_1'。以 C_1' 为新作图点，以原先的太阳计算方位 A_c 和高度差 Dh，画出转移船位线 I'-I'，与第二条太阳船位线的交点 P 即为移线船位。

②计算转移法

计算转移法就是根据第一条太阳船位线的作图点（φ_1、λ_1）和两次观测的时间间隔、航向，求出转移作图点的经纬度（φ_1'、λ_1'）。在海图上以该点与原有的太阳计算方位 A_c 和高度差 Dh，所画的天文船位线 I'-I' 即为转移船位线，与第二条太阳船位线的交点 P 即为移线船位（如图 5-6-4 所示）。

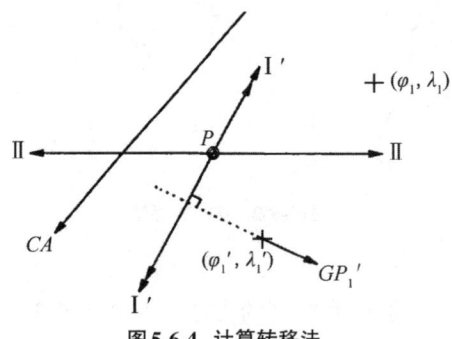

图 5-6-4　计算转移法

以上方法都适用于航速较高的船舶，但当白纸的比例尺较大时，做长航线移线不太方便，采用计算转移法较为有利。

例 5-6-1　2024 年 11 月 3 日，船时 ZT' 1100，推算船位为（$\varphi_c 36°15'.7N$，$\lambda_c 19°31'.3W$），航速 V 为 18 kn，航向 CA 为 135°，预求太阳中天区时。太阳中天时，向南观测太阳下边缘高度 $H_s^{\odot}$ 为 38°48'.7，求太阳中天观测纬度。船舶继续航行，船时 ZT' 1350，观测太阳下边缘高度 $h_s^{\odot}$ 为 32°46'.6，停止秒表时的天文钟读数 CT 为 $02^h52^m00^s$，秒表读数 WT 为 55^s，钟差 CE 为 1^m（快），航海六分仪的指标差和器差（$i+s$）为 +0'.5，测者眼高 e 为 11.3 m，用推算船位求船时 ZT' 1350 的太阳移线船位（以 1 cm = 5' 经度的比例尺作图）。

解：

$ZT'1200$：

$D\varphi = 18' \times \cos 135° = 12'.7S$

$\varphi_c = 36°15'.7N + 12'.7S = 36°03'.0N$

$D\lambda = 18' \times \sin 135° \sec 36°09'.4 = 15'.8E$

$\lambda_c = 019°31'.3W + 15'.8E = 019°15'.5W$

T	1144	3/11	$H_s^{\odot}$		38°48'.7S
$D\lambda$	+18		$i+s$		+0'.5
ZT	1202	3/11	H'		38°49'.2
ZD	+1		d		−5'.9
T_G'	1302	3/11	c		+14'.9
			c'		+0'.2
δ'	15°08'.4S	Δ +0.8	$H_t^{\odot}$		38°58'.4S
Δ'	+0'.0		Z		51°01'.6N
δ	15°08'.4S		δ		15°08'.4S
			φ_c		35°53'.2N

$ZT'1350$：

$D\varphi = 18' \times (1350 - 1100) \times \cos 135° = 36'.1S$

$\varphi_c = 36°15'.7N + 36'.1S = 35°39'.6N$

$D\lambda = 18' \times (1350 - 1100) \times \sin 135° \sec 35°57'.1 = 44'.5E$

$\lambda_c = 019°31'.3W + 44'.5E = 018°46'.8W$

ZT'	1350	3/11
ZD	+1	
T_G'	1450	3/11
CT	$02^h52^m00^s$	
CE	-1^m00^s	
WT	-55^s	
T_G	$14^h50^m05^s$	3/11

t_G'	034°06'.7	$\overline{\Delta}$ 1.0	δ'	15°19'.6S	Δ +0.8
$m.s$	12°30'.4				
$\overline{\Delta'}$	0'.8		Δ'	+0'.7	
t_G	046°37'.9		δ	15°20'.3S	
λ_c	018°46'.8W		φ_c	35°39'.6N	
t	027°51'.1				

利用天文球面三角形公式求太阳的计算高度与计算方位：

$$\sin h_c = \sin\varphi\sin\delta + \cos\varphi\cos\delta\cos t$$
$$h_c = 32°49'.8$$
$$\cot A_c = \tan\delta\cos\varphi\csc t - \sin\varphi\cot t$$
$$A_c = 147°5NW$$

$h_s^{\odot}$	$32°46'.6$
$i+s$	$+0'.5$
d	$-5'.9$
c	$+14'.6$
c'	$+0'.2$
h_t	$32°56'.0$
h_c	$32°49'.8$
Dh	$+6'.2$

移线距离 $S = 32'.0$。

画图求观测船位，如图5-6-5所示。

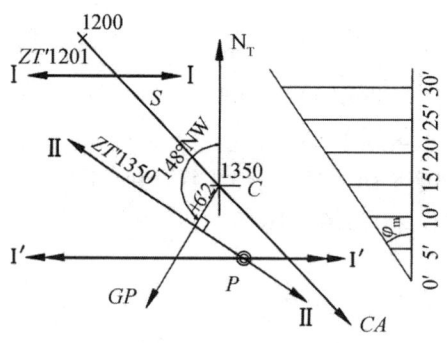

图5-6-5 太阳移线定位示例1

观测船位：$\varphi_o 35°32'.6N$，$\lambda_o 018°50'.7W$。

此例题要求用推算船位作为计算点，如果画比例尺作简易图求推算船位，会比上述计算方法容易一些，可节省一定的计算时间。因为作图总会有一定的误差，以推算船位求得的 h_c 与以选择船位求得的 h_c 会有差异。但根据高度差法的有限任意性及合理性，所得天文船位线是一致的，观测船位误差完全可以忽略不计。

例5-6-2 2024年9月2日，船时 $ZT'1050$，推算船位为（$\varphi_c 35°07'.0S$，$\lambda_c 121°51'.0W$），航速 V 为12 kn，航向 CA 为030°，测得太阳下边缘高度 $h_s^{\odot}$ 为 $43°09'.9$，停止秒表时的天文钟读数 CT 为 $06^h52^m30^s$，秒表读数 WT 为 50^s，钟差 CE 为 1^m12^s（快），航海六分仪的指标差和器差（$i+s$）为 $+2'.5$，测者眼高 e 为15.0 m，用选择船位求船时 $ZT'1050$ 的太阳船位线。船舶继续航行，预求太阳中天区时。太阳中天时向北观测太阳下边缘高度 $H_s^{\odot}$ 为 $47°07'.5$，求太阳中天观测船位。

解：

ZT' 1050：

$\varphi_c = 35°07'.0S$

$\lambda_c = 121°51'.0W$

ZT'	1050	2/9
ZD	+8	
T_G'	1850	2/9

CT	$06^h52^m30^s$	
CE	-1^m12^s	
WT	-50^s	
T_G	$18^h50^m28^s$	2/9

t_G'	090°08'.4	$\overline{\Delta}$ 1.2	δ'	07°32'.1N	Δ −0.9
$m.s$	12°36'.2				
$\overline{\Delta'}$	1'.0		Δ'	-0'.8	
t_G	102°45'.6		δ	07°31'.3N	
λ_a	121°43'.2W		φ_a	35°S	
t	341°02'.4				
	=018°57'.6E				

利用天文球面三角形公式求太阳的计算高度与计算方位：

$$\sin h_c = \sin\varphi \sin\delta + \cos\varphi \cos\delta \cos t$$

$$h_c = 43°32'.8$$

$$\cot A_c = \tan\delta \cos\varphi \csc t - \sin\varphi \cot t$$

$$A_c = 153°6SE$$

$h_s^{\odot}$	43°09'.9
$i+s$	+2'.5
h'	43°12'.4
d	−6'.8
c	+15'.1
c'	−0'.1
h_t	43°20'.6
h_c	43°32'.8
Dh	−12'.2

$ZT'1200$：

$D\varphi = 12' \times (1200 - 1050) \times \cos 30° = 12'.1\text{N}$

$\varphi_c = 35°07'.0\text{S} + 12'.1\text{N} = 34°54'.9\text{S}$

$D\lambda = 12' \times (1200 - 1050) \times \sin 30° \sec 35°00'.9 = 8'.5\text{E}$

$\lambda_c = 121°51'.0\text{W} + 8'.5\text{E} = 121°42'.5\text{W}$

T	1200	2/9			
$D\lambda$	+7				
ZT	1207	2/9	$H_s^{\odot}$	47°07'.5N	
ZD	+8		$i+s$	+2'.5	
T_G'	2007	2/9	H'	47°10'.0	
			d	−6'.8	
δ'	07°42'.4N	Δ −0.9	c	+15'.2	
Δ'	−0.1		c'	−0'.1	
δ	07°42'.3N		$H_t^{\odot}$	47°18'.3N	
			Z	42°41'.7S	
			δ	07°42'.3N	
			φ_c	34°59'.4S	

移线距离 $S = 15'.4$。

画图求观测船位，如图5-6-6所示。

观测船位：$\varphi_o 34°52'.0\text{S}$，$\lambda_o 121°58'.5\text{W}$。

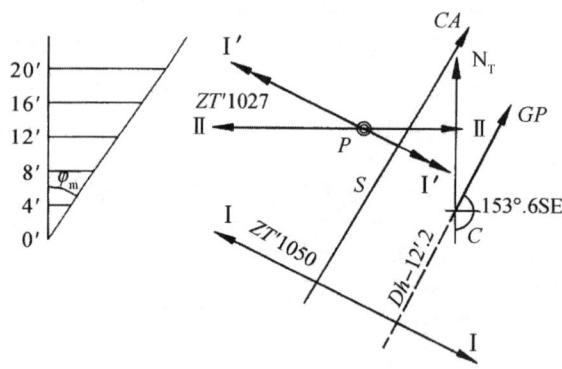

图5-6-6　太阳移线定位示例2

例5-6-3　2024年11月4日，船时 $ZT'0923$，推算船位为（$\varphi_c 35°10'.0\text{N}$，$\lambda_c 122°30'.0\text{E}$），航速 V 为10 kn，航向 CA 为000°，观测太阳下边缘高度 $h_s^{\odot}$ 为30°40'.1，停止秒表时的天文钟读数 CT 为 $01^h23^m40^s$，秒表读数 WT 为 38^s，钟差 CE 为 12^s（慢），航海六分仪的指标差和器差（$i+s$）为+1'.5，测者眼高 e 为16.0 m，用推算船位求 $ZT'0923$ 的太阳船位线。船舶继续航行，预求太阳中天区时。当太阳中天时向南观测太阳下边缘高度 $H_s^{\odot}$ 为38°57'.8，求观测纬度 φ_o；并以1 cm = 4'经度的比例尺作图，求太阳中天观测船位。

解：

ZT'0923：

$\varphi_c = 35°10'.0N$

$\lambda_c = 122°30'.0E$

ZT'	0923	4/11
ZD	−8	
T_G'	0123	4/11

CT	$01^h23^m40^s$
CE	$+12^s$
WT	$−38^s$
T_G	$01^h23^m14^s$ 4/11

t_G'	199°06'.6	$\overline{\Delta}$ 1.0	δ'	15°28'.0S	Δ +0.8
m.s	5°48'.1				
$\overline{\Delta}'$	0'.4		Δ'	+0'.3	
t_G	204°55'.1		δ	15°28'.3S	
λ_c	122°30'.0E		φ_c	35°10'.0N	
t	327°25'.1				
	= 32°34'.9E				

利用天文球面三角形公式求太阳的计算高度与计算方位：

$$\sin h_c = \sin\varphi\sin\delta + \cos\varphi\cos\delta\cos t$$
$$h_c = 30°54'.7$$
$$\cot A_c = \tan\delta\cos\varphi\csc t - \sin\varphi\cot t$$
$$A_c = 142°.7NE$$

$h_s^{\odot}$	30°40'.1
i + s	+1'.5
h'	30°41'.6
d	−7'.1
c	+14'.5
c'	+0'.2
h_t	30°49'.2
h_c	30°54'.7
Dh	−5'.5

作图画天文船位线，并推算出ZT'1200的船位，如图5-6-7所示。

ZT'1200：

$\varphi_c = 35°36'.2N$

$\lambda_c = 122°30'0E$

T	1144	4/11
$D\lambda$	−10	
ZT	1134	4/11
ZD	−8	
T_{G}'	0334	4/11
δ'	15°19′.3S	Δ +0.8
Δ'	+0′.5	
δ	15°19′.8S	
$H_{\mathrm{s}}^{\odot}$	38°57′.8S	
$i+s$	+1′.5	
H'	38°59′.3	
d	−7′.1	
c	+14′.9	
c'	+0′.2	
$H_{\mathrm{t}}^{\odot}$	39°07′.3S	
Z	50°52′.7N	
δ	15°19′.8S	
φ_{o}	35°32′.9N	

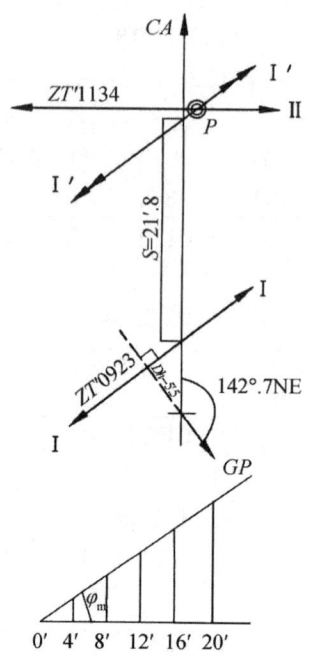

图 5-6-7　太阳移线定位示例 3

移线距离 $S = 21′.8$。

画图求观测船位，如图 5-6-7 所示。

观测船位：$\varphi_{\mathrm{o}}35°38′.8$N，$\lambda_{\mathrm{o}}122°32′.0$E。

二、观测太阳特大高度定位

观测太阳特大高度定位，是指测者在低纬度海区，当太阳真高度 $h > 88°$，即天顶距 $Z < 2°$ 时，通过观测直接画天文船位图来确定船位的方法。

1. 观测太阳特大高度定位的原理

（1）由天体方位变化率可知，当天体赤纬较小而高度较大时，其方位变化快。在低纬度海区，当测者纬度 φ 与太阳赤纬 δ 的差值小于 $2°$ 时，太阳位于中天前后，可以观测太阳的特大高度。在此时刻前后，太阳的方位变化很快，几分钟内可变化十几度或几十度，因此在短时间内可连续观测 2~3 次的太阳高度，其方位线的交角可在 $30°\sim50°$ 之内。

（2）在低纬度海区，墨卡托海图变形小，当天顶距 $Z < 2°$ 时，天文船位圆半径很小，曲率较大，在海图上的投影周变曲线近似为圆，不能再使用高度差方法求天文船位线。因此，画天文船位线时，应以太阳的地理位置为圆心，以天顶距为半径，直接画天文船位圆来代替周变曲线，由此而产生的天文船位线误差在 $\pm0′.3$ 之内。

2. 观测太阳特大高度的注意事项和定位方法

（1）注意事项

观测太阳特大高度时，与一般的天体高度观测有所差异，难度较大。这是因为：一方面，由于太阳方位变化很快，为了使切点准确，航海六分仪必须随太阳方位的变化而不断地水平移动；另一方面，太阳高度特别大，太阳几乎在天顶，摆动航海六分仪时，太阳反射影象所划的圆弧曲线几乎与水天线平行，切点难以确定。

因此，在观测太阳特大高度时应注意以下几点：

①在太阳中天前后几分钟内，连续观测太阳特大高度2~3次，并记下每次观测的世界时。最好在太阳中天前3~5 min内观测第一次，在太阳中天时观测第二次，在太阳中天后3~5 min内观测第三次。这样，可满足观测太阳特大高度定位的原理中的要求。

②太阳中天时，高度接近最大，而且方位变化最快。为得到精度较高的观测船位，最好预求太阳中天区时，确定三次或两次的观测时间和观测时刻的大概方位。

③观测时不能摆动航海六分仪找切点，要借助罗经对准太阳的近似方位，相切时要保持航海六分仪的刻度弧平面与真地平垂直。

（2）定位方法

①求太阳的地理位置

根据第二次的观测时间，求出太阳的地理位置S_2。由第二次与第一次的观测时间差ΔT_1和与第三次的观测时间差ΔT_2，分别计算出太阳的地理位置S_2与太阳的地理位置S_1的经差$\Delta \lambda_1$和与太阳的地理位置S_3的经差$\Delta \lambda_2$。作图时注意太阳的地理位置S_1在地理位置S_2的东边，太阳的地理位置S_3在地理位置S_2的西边。由于观测的时间间隔较短，一般为几分钟，太阳的赤纬变化甚微，所以可以认为太阳地理位置的纬度是不变的（如图5-6-8所示）。

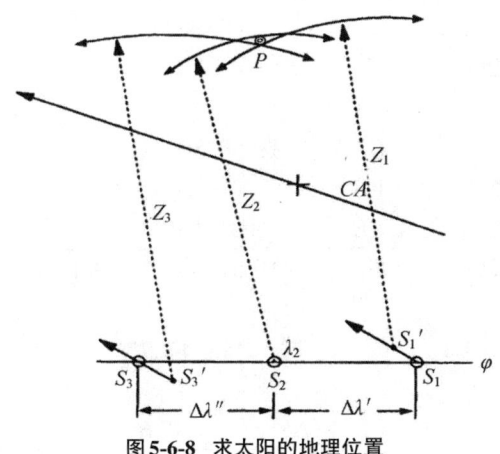

图5-6-8　求太阳的地理位置

②求天顶距

对三个航海六分仪观测高度，分别进行指标差、器差、综合改正和附加改正，求出天体真高度，三次天顶距分别为：

$$Z_1 = 90° - h_{t1}$$
$$Z_2 = 90° - h_{t2}$$
$$Z_3 = 90° - h_{t3}$$

③求观测船位

因为不能在同一时刻完成三次或两次太阳观测，所以根据ΔT_1和ΔT_2分别求出ΔS_1和

ΔS_2；然后将太阳的地理位置 S_1 沿航向移动 ΔS_1 的距离至 S'_1；再将太阳的地理位置 S_3 背航向移动 ΔS_2 的距离至 S'_3。分别以 S'_1、S_2 和 S'_3 为圆心，以 Z_1、Z_2 和 Z_3 为半径，朝推算船位的方向画弧，三条船位线的交点即为观测船位。如果三条船位线相交成一个船位误差三角形，可按船位误差三角形的处理方法求出最概率船位。

④制定作图比例尺

在航用海图上画天文船位线时，可直接从纬度比例尺和经度比例尺上量取天文船位圆半径、纬差与经差。若在空白纸上进行作图求观测船位，需要根据作图精度的要求，先画出作图比例尺。当测者纬度 $\varphi < 5°$ 时，纬度渐长率很小，可以赤道里的图上长度代替纬度的图上长度；当测者纬度较高时，要根据简易海图的绘制要求，分别画出经纬度的比例尺，再画天文船位线求观测船位。

例5-6-4 2024年4月29日，船时 ZT' 1140，推算船位为（φ_c 15°35′.0N，λ_c 118°32′.0W），航速 V 为 16 kn，航向 CA 为 163°，在短时间内同时向南观测太阳下边缘特大高度，其记录如下：

$$CT_1 = 07^h46^m10^s, \quad WT_1 = 50^s, \quad h_{s1}^{\odot} = 88°23'.8$$
$$CT_2 = 07^h50^m50^s, \quad WT_2 = 56^s, \quad h_{s2}^{\odot} = 88°56'.0$$
$$CT_3 = 07^h55^m40^s, \quad WT_3 = 48^s, \quad h_{s3}^{\odot} = 88°22'.4$$

天文钟钟差 $CE = 01^m10^s$（慢），航海六分仪的指标差和器差（$i + s$）为+1′.8，测者眼高 e 为 15.0 m，求太阳特大高度观测船位（以 1 cm = 10′经度的比例尺作图）。

解：

ZT'	1140	29/4
ZD	+8	
T_G'	1940	29/4

CT_1	$19^h46^m10^s$		CT_2	$19^h50^m50^s$		CT_3	$19^h55^m40^s$	
WT_1	-50^s		WT_2	-56^s		WT_3	-48^s	
CE	$+01^m10^s$		CE	$+01^m10^s$		CE	$+01^m10^s$	
T_{G1}	$19^h46^m30^s$	29/4	T_{G2}	$19^h51^m04^s$	29/4	T_{G3}	$19^h56^m02^s$	29/4

t_G'	105°41′.5	$\overline{\Delta}$ 1.1	δ'	14°47′.7N	Δ +0.8
$m.s$	11°36′.7				
$\overline{\Delta}'$	0′.9		Δ'	+0′.6	
t_G	117°19′.1		δ	14°48′.3N	

$\Delta T_1 = 4^m34^s$ $\Delta T_2 = 4^m58^s$

$\Delta \lambda_1 = 1°08'.5E$ $\Delta \lambda_2 = 1°14'.5W$

$\Delta S_1 = 1'.2$ $\Delta S_2 = 1'.3$

$h_{s1}^{\odot}$	88°23′.8S		$h_{s2}^{\odot}$	88°56′.0S		$h_{s3}^{\odot}$	88°22′.4S
$i+s$	+1′.8		$i+s$	+1′.8		$i+s$	+1′.8
h_1'	88°25′.6		h_2'	88°57′.8		h_3'	88°24′.2
d	−6′.8		d	−6′.8		d	−6′.8
c	+16′.0		c	+16′.0		c	+16′.0
c'	−0′.1		c'	−0′.1		c'	−0′.1
h_{t1}	88°34′.7S		h_{t2}	89°06′.9S		h_{t3}	88°33′.3S
Z_{t1}	1°25′.3N		Z_{t2}	53′.1N		Z_{t3}	1°26′.7N

作图求观测船位，如图5-6-9所示。

观测船位：φ_o15°23′.3N，λ_o118°31′.9W。

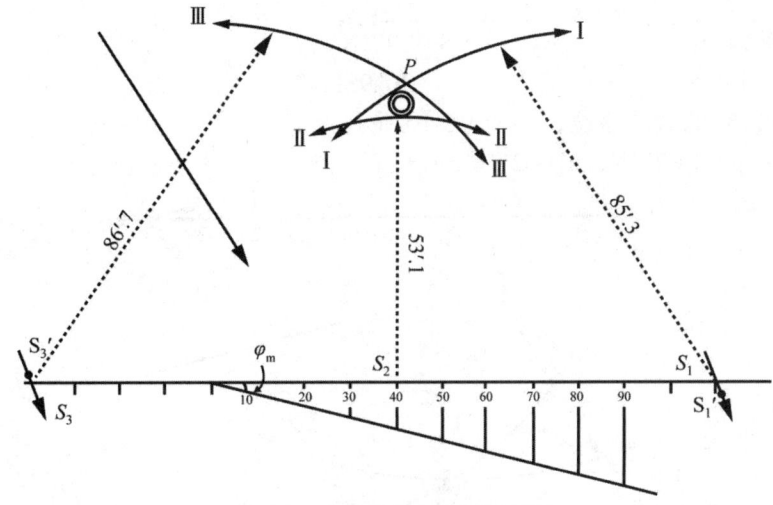

图5-6-9　太阳特大高度定位示例1

例5-6-5　2024年8月31日，区时ZT1148，推算船位为（φ_c08°01′.0N，λ_c062°18′.0E），航速V为15 kn，航向CA为290°，在短时间内同时向北观测太阳下边缘特大高度，其记录如下：

$$CT_1 = 07^h51^m00^s,\ WT_1 = 58^s,\ h_{s1}^{\odot} = 89°09.'2$$
$$CT_2 = 07^h53^m00^s,\ WT_2 = 57^s,\ h_{s2}^{\odot} = 89°23.'9$$

天文钟钟差CE为01^{m}01^s（快），航海六分仪的指标差和器差（$i+s$）为−3′.5，测者眼高e为16.5 m，求区时ZT1150的观测船位（以1 cm = 5′经度的比例尺作图）。

解：

ZT	1148	31/8			
ZD	−4				
T_G'	0748	31/8			
CT_1	07^{h}51^{m}00^s		CT_2	07^{h}53^{m}00^s	
WT_1	−58^s		WT_2	−57^s	
CE	−01^{m}01^s		CE	−01^{m}01^s	
T_{G1}	07^{h}49^{m}01^s	31/8	T_{G2}	07^{h}51^{m}02^s	31/8

ΔT	2^m01^s	$t_G{}'$	$284°56'.6$	$\overline{\Delta}\;1.2$	δ'	$08°25'.9N$	$\Delta\;-0.9$
$\Delta\lambda$	$30'.3$	$m.s$	$12°14'.4$				
ΔS	$0'.5$	$\overline{\Delta}'$	$1'.0$		Δ	$-0'.7$	
		t_G	$297°12'.0$		δ	$08°25'.2N$	
			$=062°48'.0E$				

$h_{s1}^{\odot}$	$89°09'.2N$		$h_{s2}^{\odot}$	$89°23'.9N$
$i+s$	$-3'.5$		$i+s$	$-3'.5$
$h_1{}'$	$89°05'.7$		$h_1{}'$	$89°20'.4$
d	$-7'.2$		d	$-7'.2$
c	$+16'.0$		c	$+16'.0$
c'	$-0'.1$		c'	$-0'.1$
h_{t1}	$89°14'.4N$		h_{t2}	$89°29'.1N$
Z_{t1}	$45'.6S$		Z_{t2}	$30'.9S$

作图求 $ZT1150$ 的观测船位，如图 5-6-10 所示。

观测船位：$\varphi_o\,08°02'.7N$，$\lambda_o\,062°18'.5E$。

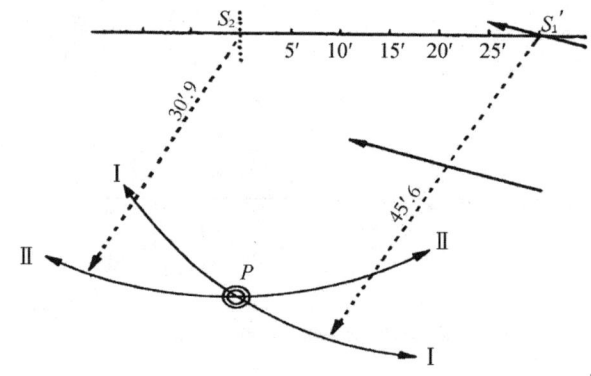

图5-6-10　太阳特大高度定位示例2

三、"同时"观测金星和太阳定位

在白天有时也可以"同时"观测金星和太阳进行定位，这样可以缩小观测时间间隔，减小航程、航向误差对观测船位的影响。

在天体视运动中，金星在下合日前后各 36 天左右最亮，尤其在接近东西大距时，太阳与金星的方位差角大于 $30°$ 是同时观测太阳与金星进行联合定位的有利时机。

1.观测金星求船位线

在天空中，除了太阳与月亮外，金星是最亮的一颗天体，它最亮时的亮度是木星的 7 倍，是最亮恒星大犬座 α（天狼）星的 13 倍。在晨昏朦影时，可"同时"观测金星与其他天体联合定位。特别是黎明时的晨星或黄昏时的昏星，更加灿烂夺目，因此在日出前或日没后，仍旧可观测其高度求得天文船位线。

2."同时"观测金星和太阳定位的步骤

（1）查阅《航海天文历》的"四星纪要"和"中天时刻图"，判定当日金星是在东大距附近还是在西大距附近，与太阳的方位差是否大于30°，亮度是否能观测到。

（2）观测时要先难后易。金星虽然在白昼能被看到，但用航海六分仪观测起来很不容易，因此要先观测金星高度，后观测太阳高度。观测金星高度时通常采用两种方法：一种是预先利用索星卡求得金星的大概高度和方位，然后将航海六分仪指标杆放在此高度上，根据其大概方位，在水天线附近寻找金星的反射影像，观测其高度；另一种是用左手倒拿航海六分仪，将航海六分仪望远镜始终对准金星，右手推指标杆使水天线在望远镜的视野中上升到与金星相切，然后换为右手拿航海六分仪，在水天线附近寻找金星并观测其高度。

（3）当金星不易寻找时，可借助望远镜观测，只要金星高度大于15°，与太阳的方位差大于30°，就可"同时"观测定位。观测时要记下观测时间。

例 5-6-6　2024年9月22日，船时 ZT' 1150，推算船位为（φ_c 34°18′.0N，λ_c 121°44′.8E），航速 V 为 12 kn，航向 CA 为 178°，观测金星和太阳定位，观测数据如下：

金星：h_s° 47°31′.2，CT 03^{h}52^{m}30^s，WT 52^s；

太阳：$h_s^{\odot}$ 56°01′.8，CT 03^{h}53^{m}20^s，WT 42^s。

钟差 CE 为 12^s（快），航海六分仪的指标差和器差（$i+s$）为 +2′.5，测者眼高 e 为14.6 m，以选择船位为作图点，求船时 ZT' 1150 的观测船位（以 1 cm = 5′.0 经度的比例尺作图）。

解：

ZT' 1150：

$\varphi_c = 34°18′.0N$

$\lambda_c = 121°44′.8E$

			h_s°	47°31′.2		
			$i+s$	+2′.5		
			h'	47°33′.7		
ZT'	1150	22/9	d	−6′.8		
ZD	−8		c	−0′.9		
T_G'	0350	22/9	c'	+0′.3	（$p_0 = 0′.4$）	
			h_t°	47°26′.3		
CT	03^{h}52^{m}30^s		h_c	47°13′.8		
CE	−12^s		Dh	+12′.5		
WT	−52^s					
T_G	03^{h}51^{m}26^s	22/9				
$t_G^{\circ}{}'$	199°38′.5	$\overline{\Delta}$ 0.6	$\delta^{\circ}{}'$	10°53′.2S	Δ +1.2	
$m.s$	12°50′.6					
$\overline{\Delta}'$	0.5		Δ'	+1′.0		
t_G°	212°29′.6		δ°	10°54′.2S		
λ_a	121°22′.9E		φ_a	34°N		
t°	333°52′.5					
	= 26°07′.5E					

利用天文球面三角形公式求金星的计算高度与计算方位：

$$\sin h_c = \sin \varphi \sin \delta + \cos \varphi \cos \delta \cos t$$

$$h_c = 47°13'.8$$

$$\cot A_c = \tan \delta \cos \varphi \csc t - \sin \varphi \cot t$$

$$A_c = 114°.3NW$$

				$h_s^{\odot}$	$56°01'.8$	
				$i + s$	$+2'.5$	
CT	$03^h53^m20^s$			h'	$56°04'.3$	
CE	-12^s			d	$-6'.8$	
WT	-42^s			c	$+15'.4$	
T_G	$03^h52^m26^s$	$22/9$		c'	$-0'.1$	
				h_t	$56°12'.8$	
				h_c	$56°26'.0$	
				Dh	$-13'.2$	

t_G'	$226°50'.1$	$\overline{\Delta}\ 1.2$		δ'	$00°09'.5N$	$\Delta\ -1.0$
$m.s$	$13°05'.6$					
$\overline{\Delta'}$	$1'.1$			Δ'	$-0'.9$	
t_G	$239°56'.8$			δ	$00°08'.6N$	
λ_a	$122°06'.2E$			φ_a	$34°N$	
t	$362°03'.0$					
	$= 2°03'.0W$					

利用天文球面三角形公式求太阳的计算高度与计算方位：

$$\sin h_c = \sin \varphi \sin \delta + \cos \varphi \cos \delta \cot t$$

$$h_c = 56°26'.0$$

$$\cot A_c = \tan \delta \cos \varphi \csc t - \sin \varphi \cot t$$

$$A_c = 176°.4NW$$

作图求 $ZT'1150$ 的观测船位，如图5-6-11所示。

观测船位：$\varphi_o 34°19'.5N$，$\lambda_o 121°51'.9E$。

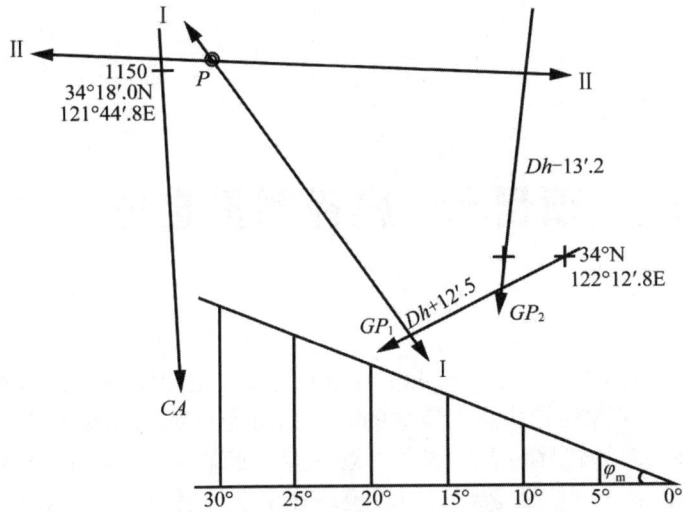

图 5-6-11　同时观测太阳和金星定位示例

项目七　晨昏测星定位

在远洋航行中，测星定位（Star Sight Fixing）是天文定位中的重要部分。其优点是在晨昏朦影（Twilight）（又称晨光昏影）较短的时间内可连续观测几颗天体进行定位，减小了由航向、航程误差引起的转移位置线误差对观测船位的影响，其定位准确度较高。但测星定位也有不利的方面：一是晨昏朦影时间较短，在中低纬度海区，一般只有 20~40 min，只有在这段时间内才既能看清天体又能看清水天线。二是在晨昏朦影时间内，虽能看清部分天体，但星光较暗；虽能看清水天线，但不如白天清晰。因此，观测难度比白天观测太阳要大一些。要熟练掌握测星技术，需通过不断的实践。

一、晨光昏影

在日出之前，先要经过一段黎明时间；当太阳落下地平线（水天线）时，天不会立刻就暗下来，还要经过一段黄昏时间。黎明和黄昏在航海上统称为晨光昏影。日出之前的晨昏时间称为晨光（Morning Twilight）；日落之后的朦影时称为昏影（Evening Twilight）。

1.晨光昏影时间

晨光昏影时间，根据太阳的低度（负高度）的不同，被划分为三个阶段：民用晨光昏影时间、航海晨光昏影时间和天文晨光昏影时间（如图5-7-1所示）。

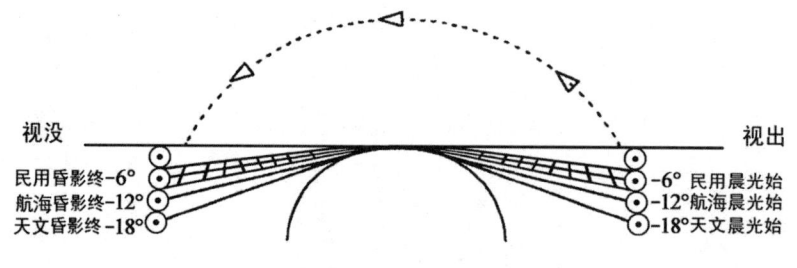

图 5-7-1　晨光昏影时间

（1）民用晨光昏影时间

太阳中心高度在 −6° 到视出没的这一段时间，称为民用晨光昏影（Civil Twilight）时间。当太阳高度上升到真高度为 −6° 时，称为民用晨光始；当太阳高度下降到真高度为 −6° 时，称为民用昏影终。在此期间，如果天气情况正常，则岸上的物标明显可辨，水天线清晰可见；天空中的一等星和二等星都能比较清楚地被看到，部分明亮的三等星也隐约可见。此时是测星定位的最有利时机。

（2）航海晨光昏影时间

太阳中心高度在−12°~−6°这一段时间，称为航海晨光昏影（Nautical Twilight）时间。在黎明前，当太阳高度上升到真高度为−12°时，称为航海晨光始；在黄昏后，当太阳高度下降到真高度为−12°时，称为航海昏影终。在此期间，岸上的物标模糊不清，水天线隐约可见；如果是晴朗的夜晚，天空中的所有航用恒星都能清楚地被观测到。因此，航海晨光始是航海测天工作的开始，而航海昏影终是航海测天工作的结束。

（3）天文晨光昏影时间

太阳真高度在−18°~−12°这一段时间，称为天文晨光昏影（Astronomical Twilight）时间。在黎明前，当太阳高度上升到真高度为−18°时，称为天文晨光始；在黄昏后，当太阳高度下降到真高度为−18°时，称为天文昏影终。在此期间，岸上的物标已看不见，水天线模糊不清；天空变暗，所有的六等星都能被肉眼看到。因此，天文晨光昏影不适合于航海测天工作。

由上所述，航海测星定位应选在民用晨光始和昏影终前后，太阳真高度在−9°~−3°或−3°~−9°。在这段时间内，我们既能看清航海上常用的恒星，又能看清水天线。但这段时间一般仅有20~40 min，驾驶员必须把握住观测时机，才能观测到三颗或三颗以上的天体进行定位。为了不失时机，在正常情况下，驾驶员要预求出测星区时。

2. 太阳视出没

当太阳的上边缘与水天线相切时，称为太阳视出（Visible Sun Rising）或视没（Visible Sun Setting）。太阳视出没的真高度可由天体高度改正量公式求得：

$$h_t^\odot = h_o^{\overline{\odot}} - d - \rho + p + S.D$$

太阳视出没时，太阳上边缘的高度 $h_o^{\overline{\odot}} = 0°$。取测者眼高为0 m，折光差为−34′，太阳的平均半径为16′，则太阳视出没的真高度为：

$$h_t^\odot = -50'$$

太阳视出没时，其中心高度在真地平以下50′.0。中版《航海天文历》中的太阳视出没时刻表，就是根据太阳真天顶距 $Z_t = 90°50'.0$ 的时刻列出的。查表时，以日期和纬度为引数，可查得56°S~70°N的0°经线上的太阳视出没的地方平时。要求得船舶所经海区的太阳视出没的区时 ZT，还要进行纬差和经差的改正。

太阳视出没的地方平时为：

$$T = T_T + \Delta T_\varphi + \Delta T_\lambda \qquad (5\text{-}7\text{-}1)$$

式中：T_T——表列太阳视出没的地方时（一般以接近并小于测者纬度的表列纬度为引数）；

ΔT_φ——两相邻表列纬度时间差（Δ）/表列纬度间隔（$\Delta\varphi$）×（测者推算纬度φ_c−表列纬度φ_T）；

ΔT_λ——相邻两天的时间差（Δ）/360°×λ。

相邻两天的时间差（Δ）要根据推算经度进行计算：当推算经度为东经时，要用前一天的太阳出没时间减去当天的出没时间，称为向前内插；当推算经度为西经时，要用后一天的太阳出没时间减去当天的出没时间，称为向后内插。ΔT_λ的改正值一般很小，所以可以忽略不计。ΔT_φ和ΔT_λ也可由《航海天文历附表》中的"日月出没、晨光昏影时间内插表"查得。

在高纬度地区，《航海天文历》日出没时刻表中的"▭"表示太阳不落；"▬"表示太阳不出；"▨"表示整夜呈现晨光昏影现象。

例5-7-1 2024年4月28日，船时 $ZT'0600$ 的推算船位为（$\varphi_c 36°27'.8N$，$\lambda_c 123°28'.8E$），预求太阳视出的船时 ZT'。

解：

2024年4月28日，0°经线上35°N处的日出时刻	T_T	0512	
纬差的改正值（$D\varphi = 1°27'.8$，$\Delta = -9^m$）	ΔT_φ	−3	
日出地方平时	T	0509	
经差（$D\lambda = 3°28'.8E$）	ΔT_λ	−14	
日出船时	ZT'	0455	28/4

例5-7-2 2024年4月28日，船时 $ZT'1800$，推算船位为（$\varphi_c 33°20'.0N$，$\lambda_c 122°38'.0W$），预求民用昏影终的区时 ZT。

解：

30°N处民用昏影终的地方时	T_T	1901	
纬差的改正值（$D\varphi = 3°20'.0$，$\Delta = +10^m$）	ΔT_φ	+7	
民用昏影终的地方平时	T	1908	
经差（$D\lambda = 2°38'.0E$）	ΔT_λ	+11	
民用昏影终的区时	ZT	1919	28/4

预求太阳视出没的区时，或晨光昏影的区时，推算船位通常在晨光期间推算到 $ZT0600$，在昏影期间推算到 $ZT1800$。这样推算虽然与测天区时有一定的出入，但不影响测天工作的完成，其时间差值完全可不计。

二、利用索星卡选星和认星

测星定位时间是较短的。驾驶员在这期间要完成一组或两组星体的观测，就必须预先选出要观测的星体和观测星组，并且求得每一颗要观测星体的大概高度和大概方位，航海上称之为选星（Selection of Stars）。在船舶航行期间，会因其他方面的工作而影响选星工作的进行，为了不失测星时机，驾驶员可先观测，后查知所观测星体；另外，有时由于天空部分云彩的遮挡，对预选星组无法观测，为了测得天文船位线，可先从云缝中观测已看到的星体，后查找星体名字，这种方法在航海上被称为认星（Identification of Stars）。

选星和认星的方法有多种，例如前文所述的目视选星和认星，航海上常用的利用索星卡选星和认星，利用B105表中的"辨认恒星表"选星和认星，利用星球仪选星和认星等。在此，主要讲述国产"TS-74"型索星卡的使用方法。

1. 索星卡的结构

索星卡（Star Finder）由两块星图底板和若干按纬度划分的透明地平坐标图网片所组成。

（1）星图底板

星图底板是天球的投射图，是按极方位等距投影原理制成的（如图5-7-2所示）。一块以天北极为中心，另一块以天南极为中心。星图底板上印有航用恒星（一等星、二等星及部分三等星）、天赤道、黄道和春分点地方时角（或天体赤经）及平太阳的日期，黄道上的日期可表示太阳每日的大概位置。星图底板上的恒星分布图是从天球外的鸟瞰图，要注意天球上各星座中的星体与人们所见星体，在方向上是左右倒置的。

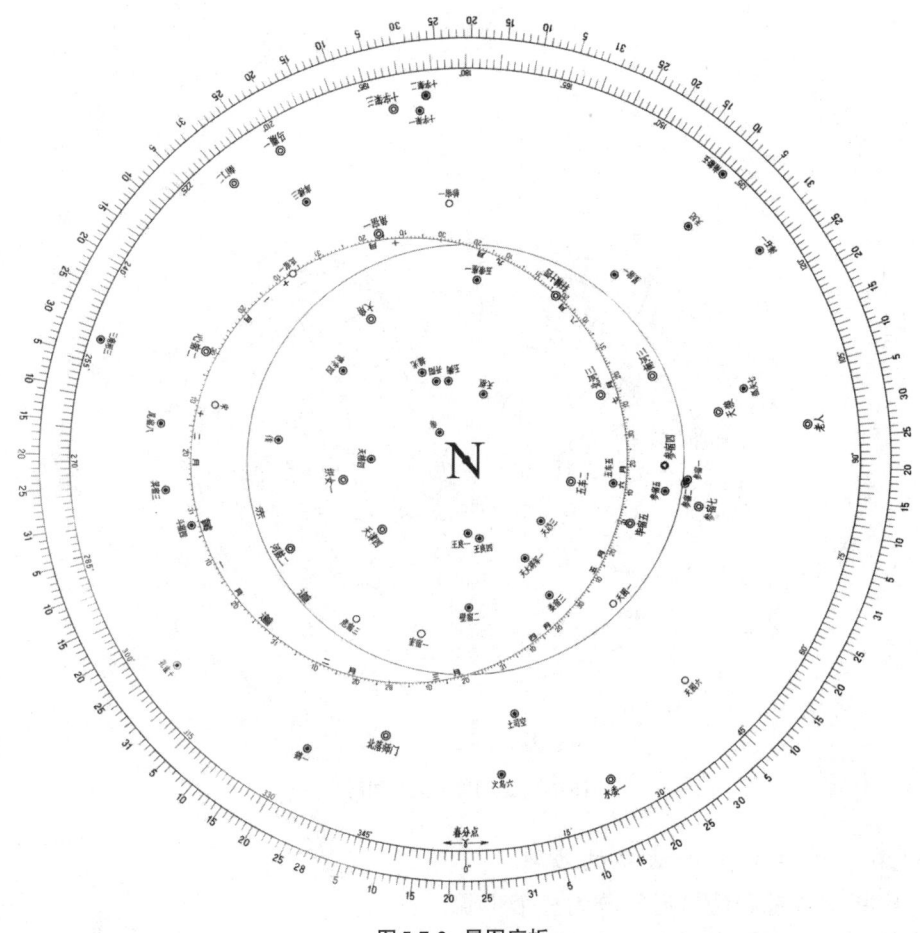

图5-7-2　星图底板

（2）透明地平坐标图网片

透明地平坐标图网片每一套共有13张，每张上面是分别按纬度0°、5°、10°……60°绘制的一系列高度、方位曲线图网（如图5-7-3所示）。每一张透明地平坐标图网片可供北纬测者和南纬测者共用，上面分别用N和S标示。地平坐标图网的中心"+"表示测者天顶；径向曲线代表天体方位圈，其末端标注着方位读数。里面数字表示北纬测者所见天体方位；外面数字表示南纬测者所见天体方位。横向的环形封闭曲线代表天体高度平行圈，上面也同样分别标注了正、倒两种高度读数。另外，地平坐标图网上标有画行星用的长方形缺口，两侧标有南北30°以内的赤纬刻度，用于标绘行星位置。地平坐标图网两侧所标注的两条太阳高度为−6°和−12°的等高度平行线，以及外边缘所标注的地方平时刻度，都是为了方便驾驶员在民用晨光昏影时间选星和认星。

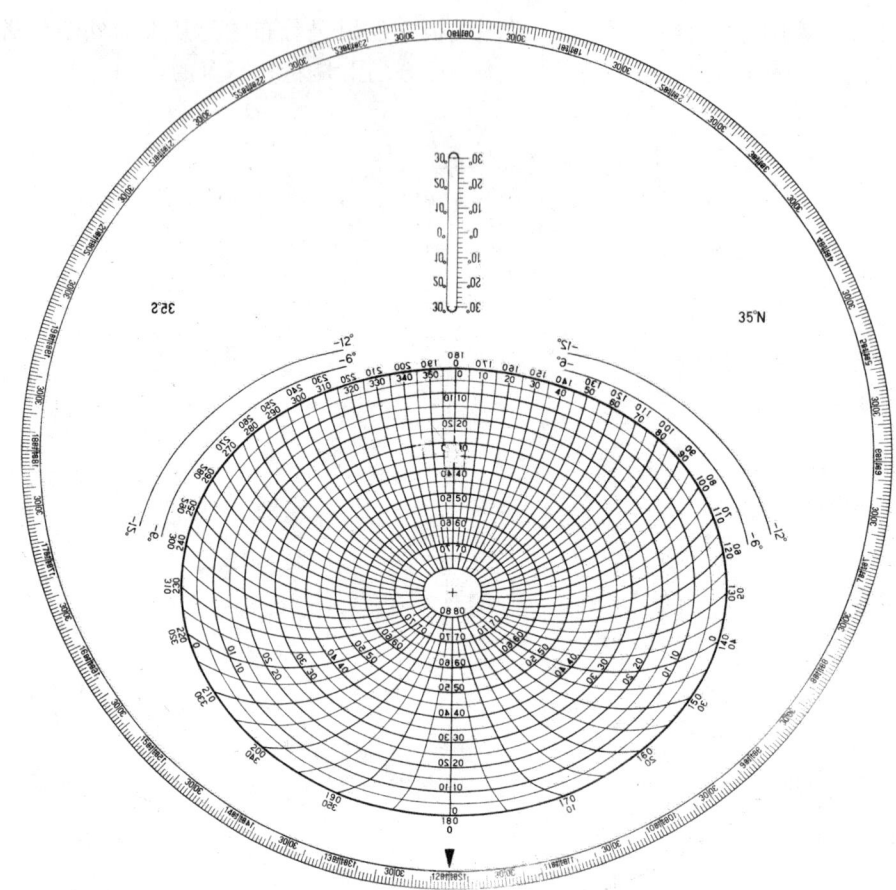

图5-7-3　透明地平坐标图网片

2.利用索星卡选星和认星的步骤

利用索星卡选星和认星通常分为三个步骤：

①在星图底板上画出可观测星体的位置；

②根据测者纬度确定可观测星体；

③对可观测星体进行选星和认星。

（1）画出可观测星体的位置

①根据测星日期，查阅《航海天文历》中的"四星纪要"，确定本月所能观测到的星体。

②根据预计测天区时求得的近似世界时，从《航海天文历》的"天体位置表"中查取所观测星体的赤纬和赤经。

③根据测者纬度，选用星图底板和透明地平坐标图网片，并在选用的星图底板上找出星体赤经的刻度。然后转动透明地平坐标图网片，使其边缘上的地方时0^h，对准星图底板上的星体赤经刻度。

④根据所求得的星体赤纬，在长方形缺口中用铅笔画出星体位置。当星体赤纬与测者纬度同名时，应在天赤道以内画出星体位置；当星体赤纬与测者纬度异名时，应在天赤道以外画出星体位置。

例4-7-3　2024年11月3日，测者准备在民用晨光始测星定位，预计船时 $ZT'0600$，推算船位为（$\varphi_c 36°27'.8N$，$\lambda_c 123°28'.8E$），请在星图底板上画出测者能观测到的星体的位置。

解：

①由《航海天文历》中的"四星纪要"查得，11月份可供观测的晨星为金星。

②求测天时的近似世界时：

T_T	0557	3/11
ΔT_φ	+2	
T	0559	
ΔT_λ	−14	
ZT'	0545	3/11
ZD	−8	
T_G'	2145	2/11

③根据日期和近似世界时，在"天体位置表"中查得金星的赤纬和赤经：

$\delta^{♀}{}'$	15°28'.0S	Δ −1.0
Δ'	−0'.8	
$\delta^{♀}$	15°27'.2S	
$\alpha^{♀}$	205°56'.1	

④画出星体的位置。根据测者纬度选用北半球星图底板和对应的透明地平坐标图网片（35°N），并将透明地平坐标图网片上的 0^h，对准星图底板上的赤经205°56'.1；然后在长方形缺口中的天赤道内，找出金星的赤纬15°27'.2S处，画出金星的位置。

（2）确定可观测星体并选星和认星

利用索星卡观测星体的方法共有三种：

①太阳−6°高度线法

a.根据测者纬度选用星图底板和透明地平坐标图网片。

b.转动透明地平坐标图网片，使太阳−6°高度线与黄道上的日期重叠。晨光始要使东侧−6°高度线与其日期重叠；昏影终要使西侧−6°高度线与其日期重叠。在地平坐标图网内的星体，即为测者所能观测到的星体。

c.选择观测星组。根据观测船位的精度要求，选择合适的观测星组，并且记下每一个星组中的每一个星体的大概高度和大概方位。

d.辨认观测星体。根据所观测星体的高度和观测此星体时的罗方位，在地平坐标图网内查找所观测星体的名称。

②春分点地方时角法

a.选星时，由预计观测天体的近似世界时（认星时，由观测天体的世界时），根据日期在《航海天文历》中查取春分点格林时角，加或减推算经度（东经加，西经减），求得春分点地方时角 t^γ。

b.根据测者纬度选用星图底板和透明地平坐标图网片。

c.转动透明地平坐标图网片，使地平坐标图网外圈的地方时 12^h（子午线上的箭头），对准星图底板上的春分点地方时角 t^γ。在地平坐标图网内的星体，即为测者所能观测到的星体。

d.选星和认星。方法同上述①中的c.和d.。

③地方平时法

a.根据预计测天的区时（认星时，可根据测天的区时）和推算船位经度求出地方时。

b.根据测者纬度选用星图底板和透明地平坐标图网片。

c.转动透明地平坐标图网片，使地平坐标图网外圈的地方时，对准星图底板上当天的日期。在地平坐标图网内的星体，即为测者所能观测到的天体。

d.选星和认星。方法同上述①中的c.和d.。

（3）选星的基本要求与测星时的注意事项

①选星的基本要求

观测星体测定船位，通常在民用晨光昏影时间进行，在这段时间测者既能看清水天线，又能看清大部分航用天体。在天空晴朗的月夜，在视线良好的情况下，也可全夜进行测星确定船位。为了使测定船位精度较高，在选择观测星组方面应满足以下几个条件：

a.要尽量选择明亮而易识别的星体。行星和一等星是首选星体。

b.要选择高度在30°~70°之内的星体。若星体高度过小，由于折光差的影响，观测船位线会存在一定的误差；若星体高度过大，天文船位圆曲率较大，也会给观测船位线带来误差。

c.星体方位的选择。若观测两星定位，其方位夹角应在30°~150°之内；根据两条天文船位线求观测船位的精度要求，两星的方位夹角最好为90°。观测三星定位时，由于观测船位线的随机误差和系统误差的影响，往往三条天文船位线不相交于一点，而是形成一个船位误差三角形，为了确保观测船位的精度，两相邻星体的方位夹角应在120°左右，这样，无论哪种误差的影响，最概率船位必定在船位误差三角形之内；若方位夹角为120°，处理后的观测船位位于船位误差三角形的中心。若采用四星定位，两相邻星体的方位夹角最好在90°左右。

②测星时的注意事项

测星前的准备工作及观测星体高度时的要求，基本上与观测太阳高度的要求相同。观测星体高度时，还应注意以下几个方面：

a.要将六分仪置于观测星体的大概高度上，借助罗经对准星体的大概方位，在水天线附近仔细寻找星体的反射影像，并测得其高度。为了提高观测精度，应对同一星体进行多次观测，按照每次观测记录的对应时间，取其观测高度的平均值。

b.观测星体的先后顺序是：在星体亮度相等的情况下，因为晨光时在东半天的星体消失得快，昏影时东边的水天线模糊得快，所以应先观测东半天的星体，后观测西半天的星体。在星体亮度不相等的情况下，晨光时因为暗星消失得快，所以应先观测较暗的，后观测较亮的；昏影时因为亮星出现得早，所以应先观测较亮的，后观测较暗的。根据移线（或异顶差）对观测船位精度的要求，当航程误差较大时，应先观测船舶正横方向上的星体，后观测其他方向上的星体；当航向误差较大时，应先观测船舶首尾方向上的星体，后观测其他方向上的星体。

c.每观测完一颗星体的高度后，都要记下观测时的天文钟时间和秒表读数。

三、观测北极星高度求纬度

在天球作图中，我们知道仰极高度等于测者纬度。如果有一天体正好位于天极处，只要在观测其高度后，进行观测高度改正，求得的天体真高度即为测者纬度。但事实上，没有一颗星体恰好位于天北极或天南极，只在天北极附近有一颗不太亮的二等星——小熊座 α 星，人们通常称它为北极星（Polaris）。2024 年，北极星的平均赤纬值为：$\delta_0 = 89°22'.0\text{N}$。由于北极星的极距小于 $1°$，在一个周日视运动中，其方位变化很小，基本上为正北方向；其高度变化很慢，一昼夜之间与天北极的高度相差很小。因此，在北半球中低纬度海区的测者，可以观测北极星的高度，经过改正后求得测者纬度。

1. 观测北极星高度求纬度的原理

按测者子午面投影（如图 5-7-4 所示），B 点是北极星任意时刻的位置，以 P_N 为圆心、$P_N B$ 为球面半径所作的小圆是北极星的周日视平行圈，小圆弧 ABa 是北极星的高度平行圈。DB 是北极星任意时刻的真高度 h_t^*，与仰极高度 h_{P_N} 仅相差一个小量 $x = P_N A$，显然测者纬度为：

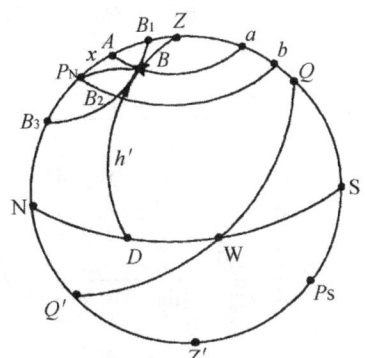

图 5-7-4　测者子午面投影

$$\varphi = h_t^* - x \qquad (5\text{-}7\text{-}1)$$

x 值有时为正，有时为负。所以求测者纬度，可以理解成求北极星真高度与改正量 x 的代数和。由图 5-7-4 可以看出，当北极星上中天时，改正值 x 为负的最大值；当北极星下中天时，改正值 x 为正的最大值。

改正值可由球面小三角形 $ZP_N B$ 的天顶距余弦定理和 $\delta = 90° - p$ 及 $t = t^\gamma - \alpha$ 进行变换整理求得：

$$x' = p' \cos t - \frac{1}{2} p'^2 \sin^2 t \tan h \operatorname{arc} 1' \qquad (5\text{-}7\text{-}2)$$

或

$$x' = p' \cos(t^\gamma - \alpha) - \frac{1}{2} p' \sin^2(t^\gamma - \alpha) \tan h \operatorname{arc} 1' \qquad (5\text{-}7\text{-}3)$$

因为岁差、章动和光行差的影响，北极星的赤纬 δ 和赤经 α 是不断变化的，但年变化很小，所以我们将北极星的平均极距 p_0' 和平均赤经 α_0 代入上式，得到：

$$x' = p' \cos(t^\gamma - \alpha_0) - \frac{1}{2} p_0'^2 \sin^2(t^\gamma - \alpha_0) \tan h \operatorname{arc} 1' \qquad (5\text{-}7\text{-}4)$$

根据上述公式，中版《航海天文历》编制了"北极星高度求纬度的改正量表"，查表方法可分为三步：

（1）第一改正值 $I = p_0' \cos(t^\gamma - \alpha_0)$，查表引数是春分点地方时角 t^γ，所得改正值即为将球面小三角形 $ZP_N B$ 作为平面三角形所计算出的改正量。

（2）第二改正值 $II = \frac{1}{2} p_0'^2 \sin^2(t^\gamma - \alpha_0) \tan h \operatorname{arc} 1'$，查表引数是春分点地方时角 t^γ 和北极星高度 h^*。查得的改正值恒为正值，是修正第一改正值的补充改正，两改正值的代数和为球面小三角形 $ZP_N B$ 的改正量。

（3）第三改正值 $III = p_0' \cos(t^\gamma - \alpha_0) - p' \cos(t^\gamma - \alpha)$，查表引数是春分点地方时角 t^γ 和日期。此改正值是将第一改正值修正为北极星当日坐标位置的改正量，查得的改正值仍是第一改正值的补充改正。

由查表所得的 I、II 和 III 改正值的代数和即为北极星高度求纬度的改正量 x，所以测者观测纬度应为：

$$\varphi_o = h_t^* + \text{I} + \text{II} + \text{III} \qquad (5\text{-}7\text{-}5)$$

如果使用英版《航海天文历》中的"北极星表"（Polaris Tables）进行北极星高度改正，应当注意到，因为三项改正值都恒为正值，所以将三项改正值之和减去1°后，才得到改正量x。这样，观测北极星高度求纬度的公式应写为：

$$\varphi_o = h_t^* + \text{I} + \text{II} + \text{III} - 1° \qquad (5\text{-}7\text{-}6)$$

2. 观测北极星高度求纬度的计算方法

区时与推算船位	ZT	φ_c	λ_c		航海六分仪观测高度	h_s^*
区时	ZT	日/月			指标差和器差	$i+s$
区号	ZD				眼高差	d
近似世界时	T_G'	日/月			综合改正（折光差）	c
停表时的天文钟时间	CT				北极星真高度	h_t^*
秒表读数	WT				第一改正值	I
天文钟误差	CE				第二改正值	II
测天世界时	T_G	日/月			第三改正值	III
整小时春分点格林时角	$t_G^{\gamma\prime}$				测者观测纬度	φ_o
分秒时角变量	$m.s$					
春分点格林时角	t_G^γ					
推算经度	$\pm\lambda_W^E$					
春分点地方时角	t^γ					

例5-7-4 2024年9月2日，船时$ZT'0450$，推算船位为（$\varphi_c\,27°28'.0N$，$\lambda_c\,137°26'.0E$），测得北极星的航海六分仪观测高度h_s^*为$28°20'.2$，停止秒表时的天文钟读数CT为$07^h52^m30^s$，秒表读数WT为52^s，天文钟误差CE为28^s（慢），航海六分仪的指标差和器差（$i+s$）为$-1'.2$，测者眼高e为16 m，求观测纬度φ_o。

解：

$ZT'0450$：

$\varphi_c = 27°28'.0N$

$\lambda_c = 137°26'.0E$

ZT'	0450	2/9
ZD	-9	
T_G'	1950	1/9

CT	$19^h52^m30^s$			h_s^*	$28°20'.2$	
WT	-52^s			$i+s$	$-1'.2$	
CE	$+28^s$			d	$-7'.1$	
T_G	$19^h52^m06^s$	1/9		c	$-1'.8$	
				h_t^*	$28°10'.1$	

$t_G^{\gamma\prime}$	$266°25'.8$		I	$-37'.3$
$m.s$	$13°03'.6$		II	$0'.0$
t_G^γ	$279°29'.4$		III	$-0'.2$
λ_c	$137°26'.0E$		φ_o	$27°32'.6N$
t^γ	$416°55'.4$			
	$= 056°55'.4$			

四、测星定位

1.将天文船位线订正到同一观测时刻上

在晨光昏影时间，可以"同时"观测三颗以上的星体进行定位。所谓"同时"观测，是指在短时间内连续观测三颗、四颗或五颗星体的高度，然后根据航向、航程和观测的时间差，将观测星体的时间订正为同一时刻（同一天顶）。在实际测定船位时，通常采用两种方法：

（1）移线定位

与太阳移线定位方法相同，两条天文船位线相交时，将第一条天文船位线按照航向、航程平行地转移到第二条天文船位线的观测时刻上。若三条天文船位线相交，为了减小航向、航程误差对观测船位的影响，三条天文船位线都要订正到同一观测时刻上（如图5-7-5所示）：将第一条天文船位线根据第一次与第二次观测间的船舶航行距离，沿着航向平行地移至第二条天文船位线的观测时刻上；将第三条天文船位线根据第二次与第三次观测间的船舶航行距离，背着航向平行地移至第二条天文船位线的观测时刻上。转移船位线要用双矢箭头表示，观测船位要用双圈"◎"表示。

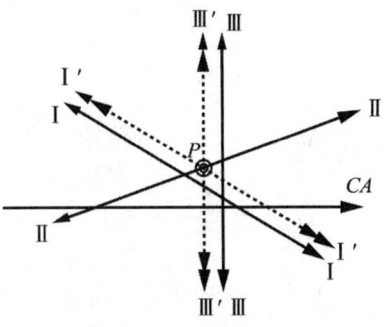

图5-7-5　测星移线定位

（2）订正异顶差

订正异顶差（Difference of Zenith）求船位，即将第一次观测的星体高度和第三次观测的星体高度，订正到第二次观测的星体高度上。如图5-7-6所示，当船位在 Z_1 时，观测星体 B 得到天文船位线 I-I；当船舶航行到 Z_2 时，再观测星体 C 得到天文船位线 II-II。显然，天文船位线 I-I 与天文船位线 II-II 的交点不是所要求的观测船位，而天文船位线 I'-I' 与天文船位线 II-II 的交点 Z_2 才是所要求的观测船位。从图中可以看出，天文船位线 I'-I' 与天文船位线 I-I 的天顶距相差 Δh_1。只要将天文船位线 I-I 的天顶距减去 Δh_1，即将星体 B 的真高度加上一个 Δh_1 值，以所得星体高度 $\Delta h_1'$ 画出的天文船位线，即为订正了异顶差的天文船位线。如果要将第三条天文船位线订正到第二条天文船位线的观测时刻上，只要将第三次观测的星体真高度减去一个 Δh_2 值，以所得星体高度 $\Delta h_{13}'$ 画出的天文船位线，即为订正了异顶差的天文船位线。

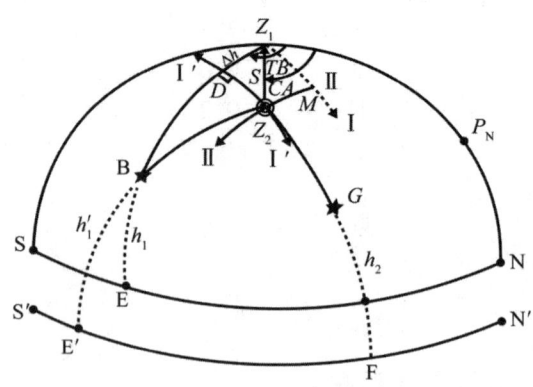

图 5-7-6　订正异顶差

由图 5-7-6 中球面三角形 Z_1Z_2D 可以求得：

$$\Delta h_1 = S\cos(A_1 - CA) = \frac{V \cdot \Delta T_1^m}{60}\cos(A_1 - CA) \tag{5-7-7}$$

$$\Delta h_2 = S\cos(A_3 - CA) = \frac{V \cdot \Delta T_2^m}{60}\cos(A_3 - CA) \tag{5-7-8}$$

$$h'_{t1} = h_{t1} + \Delta h_1 \tag{5-7-9}$$

$$h'_{t3} = h_{t3} + \Delta h_2 \tag{5-7-10}$$

式中：Δh_1、Δh_2——观测第一条天文船位线和第三条天文船位线与观测第二条天文船位线
　　　　的异顶差；

　　　ΔT_1^m、ΔT_2^m——观测第一条天文船位线时刻和第三条天文船位线时刻与观测第二条
　　　　天文船位线时刻的时间差，单位为 min；

　　　V——测天时船舶的航速；

　　　A_1、A_3——第一颗观测星体和第三颗观测星体的计算方位。

由异顶差公式可以看出，Δh 的正负值由余弦函数 $\cos(A - CA)$ 决定。星体位于船舶正
横之前，Δh 为正值（＋）；星体位于船舶正横之后，Δh 为负值（－）。当星体位于船舶正
横附近时，异顶差很小，一般可忽略不计。因此，只有航速较高（$V > 15\,\mathrm{kn}$），相隔时间
又较长，并且所观测星体在艏艉线附近时，才需进行异顶差的订正（移线）；否则可免做
移线处理，将所观测船位作为平均时间的观测船位。

2. 观测星体定船位

区时与推算船位	ZT	φ_c	λ_c		
区时	ZT		日/月	航海六分仪观测高度	h_s^*
区号	ZD			指标差和器差	$i + s$
近似世界时	T_G'		日/月	眼高差	d
				综合改正（折光差）	c
停表时的天文钟时间	CT			星体真高度	h_t^*
秒表读数	WT			星体计算高度	h_c
天文钟误差	CE			星体高度差	Dh
测天世界时	T_G		日/月		

整小时春分点格林时角	$t_G^{\gamma'}$		
分秒时角变量	$m.s$		
春分点格林时角	t_G^{γ}		
星体共轭赤经	α'	星体赤纬	δ（N或S）
推算（选择）经度	$\pm\lambda_W^E$	推算（选择）纬度	φ（N或S）
星体地方时角	t		

利用天文球面三角形公式求星体的计算高度和计算方位，可参考本章求太阳的计算高度和计算方位的步骤。

例5-7-5 2024年11月2日，船时 ZT'1920，推算船位为（φ_c35°28'.4N，λ_c133°24'.8W），航向 CA 为070°，航速 V 为 15 kn，观测三星高度记录如下：

土司空	停止秒表时	CT_1	$04^h21^m25^s$	h_s^*	26°06'.2	WT_1	47^s
天津四	停止秒表时	CT_2	$04^h23^m15^s$	h_s^*	69°37'.4	WT_2	52^s
北极星	停止秒表时	CT_3	$04^h24^m52^s$	h_s^*	35°57'.5	WT_3	54^s

天文钟误差 CE 为 28^s（快），航海六分仪的指标差和器差（$i+s$）为+1'.2，测者眼高 e 为 19.2 m，用推算船位求 ZT'1920 的观测船位（用 1 cm = 1'经度的比例尺作图，不订正异顶差）。

解：

ZT'1920：

$\varphi_c = 35°28'.4N$

$\lambda_c = 133°24'.8W$

ZT'	1920	2/11
ZD	+9	
T_G'	0420	3/11

土司空			天津四			北极星		
CT_1	$04^h21^m25^s$		CT_2	$04^h23^m15^s$		CT_3	$04^h24^m52^s$	
WT_1	-47^s		WT_2	-52^s		WT_3	-54^s	
CE	-28^s		CE	-28^s		CE	-28^s	
T_{G1}	$04^h20^m10^s$		T_{G2}	$04^h21^m55^s$		T_{G3}	$04^h23^m30^s$	3/11
$t_G^{\gamma'}$	102°54'.6		$t_G^{\gamma'}$	102°54'.6		$t_G^{\gamma'}$	102°54'.6	
$m.s$	5°03'.3		$m.s$	5°29'.7		$m.s$	5°53'.5	
t_G^{γ}	107°57'.9		t_G^{γ}	108°24'.3		t_G^{γ}	108°48'.1	
α'	348°47'.2		α'	049°26'.0				
t_G^*	456°45'.1		t_G^*	157°50'.3				
λ	133°24'.8W		λ	133°24'.8W		λ	133°24'.8W	
t	323°20'.3		t	024°25'.5		t^{γ}	335°23'.3	
	= 037°07'.5E							
δ	17°51'.0S		δ	45°22'.4N				
φ_c	35°28'.4N		φ_c	35°28'.4N				

利用天文球面三角形公式，求星体的计算高度和计算方位：

$$\sin h_c = \sin \varphi \sin \delta + \cos \varphi \cos \delta \cos t$$

$$\cot A_c = \tan \delta \cos \varphi \csc t - \sin \varphi \cot t$$

土司空：$h_c = 25°56'.2$　　天津四：$h_c = 69°33'.1$

　　　　　$A_c = 140°.1NE$　　　　　　$A_c = 054°.0NW$

h_s^*	26°06'.2	h_s^*	69°37'.4	h_s^*	35°57'.5
$i+s$	+1'.2	$i+s$	+1'.2	$i+s$	+1'.2
d	−7'.7	d	−7'.7	d	−7'.7
c	−2'.0	c	−0'.4	c	−1'.3
h_t^*	25°57'.7	h_t^*	69°30'.5	h_t^*	35°49'.7
h_c	25°56'.2	h_c	69°33'.1	Ⅰ	−12'.6
Dh	+1'.5	Dh	−2'.6	Ⅱ	+0'.1
				Ⅲ	+0'.3
				φ_c	35°37'.5N

观测船位（如图5-7-7所示）：$\varphi_o 35°35'.9N$，$\lambda_o 133°21'.3W$。

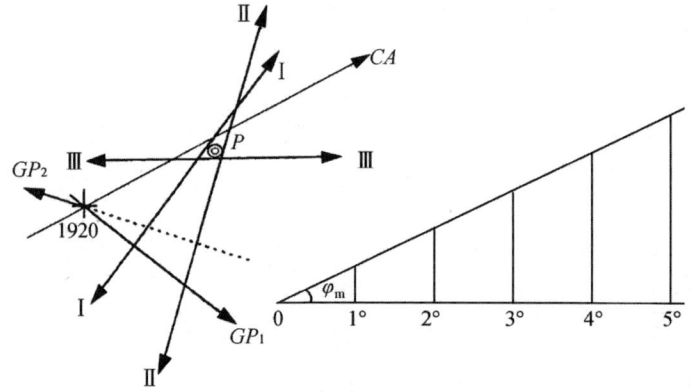

图 5-7-7　测三星定位示例1

例5-7-6　2024年11月5日，$ZT'0618$，推算船位为（$\varphi_c 35°05'.0N$，$\lambda_c 125°12'.0E$），计划航向 CA 为330°，航速 V 为18 kn，航海六分仪的指标差与器差（$i+s$）为+1'.5，测者眼高 e 为16 m，天文钟钟差慢22 s，测得三星数据如下：

北极星	CT	$10^h18^m50^s$	WT	38^s	h_s^*	35°05'.0
参宿四	CT	$10^h21^m00^s$	WT	35^s	h_s^*	32°32'.2
金星	CT	$10^h23^m20^s$	WT	40^s	h_s^ς	46°08'.3

订正异顶差后的船位误差三角形可认为主要是由系统误差造成的，要求用推算船位作为作图点，求船时 $ZT'0618$ 的观测船位（以 1 cm = 1'.0 经度的比例尺作图）。

解：

$ZT'0618$	ZT'	0618	5/11
$\varphi_c = 35°05'.0N$	ZD	−8	
$\lambda_c = 125°12'.2E$	T_G'	2218	4/11

北极星		参宿四		金星	
CT	$10^h18^m50^s$		$10^h21^m00^s$		$10^h23^m20^s$
CE	$+22$		$+22$		$+22$
WT	-38		-35		-40
T_G	$22^h18^m34^s$		$22^h20^m47^s$		$22^h23^m02^s$ 4/11
$t_G^{\gamma'}$	$014°38'.1$	$t_G^{\gamma'}$	$014°38'.1$		
$m.s$	$4°39'.3$	$m.s$	$5°12'.6$	δ^*	$07°24'.8N$
t_G^{γ}	$019°17'.4$	α'	$270°52'.0$	φ_c	$35°05'.0N$
λ_c	$125°12'.0E$	t_G^{γ}	$290°42'.7$		
t^{γ}	$144°29'.4$	λ_c	$125°12'.0E$		
		t	$415°54'.7$		
			$= 055°54'.7$		

北极星			参宿四		
$t_G^{\circ'}$	$113°41'.2$	$\overline{\Delta}\ 0.2$	$\delta^{\circ'}$	$25°06'.4S$	$\Delta\ +0.3$
$m.s$	$5°45'.1$				
$\overline{\Delta'}$	$0'.1$		Δ'	$+0'.1$	
t_G°	$119°26'.4$		δ°	$25°06'.5S$	
λ_c	$125°12'.0E$		φ_c	$35°05'.0N$	
t°	$244°38'.4$				
	$= 115°21'.6E$				

利用天文球面三角形公式，求星体的计算高度和计算方位：

$$\sin h_c = \sin\varphi \sin\delta + \cos\varphi \cos\delta \cos t$$
$$\cot A_c = \tan\delta \cos\varphi \csc t - \sin\varphi \cot t$$

参宿四：$h_c = 32°26'.5$ 金星：$h_c = 45°59'.7$
          $A_c = 105°.1NW$ $A_c = 130°.8NE$

北极星		参宿四		金星	
h_s^*	$35°05'.0$		$32°32'.2$	h_s°	$46°08'.3$
$i+s$	$+1'.5$		$+1'.5$		$+1'.5$
d	$-7'.1$		$-7'.1$		$-7'.1$
c	$-1'.3$		$-1'.6$		$-1'.0\,(p_0 = +0.2)$
h_t	$34°58'.1$		$32°25'.0$	c'	$+0'.2$
I	$+5'.6$	h_c	$32°26'.5$	h_t°	$46°01'.9$
II	$+0'.2$	Dh	$-1'.5$	h_c	$45°59'.7$
III	$-0'.3$			Dh	$+2'.2$
φ	$35°04'.9N$			$-\Delta h_2$	$-0'.6$
Δh_1	$+0'.6$			Dh'	$+2'.8$
φ'	$35°05'.5N$				

观测船位（如图5-7-8所示）：$\varphi_{o}35°06'.4N$，$\lambda_{o}125°15'.8E$。

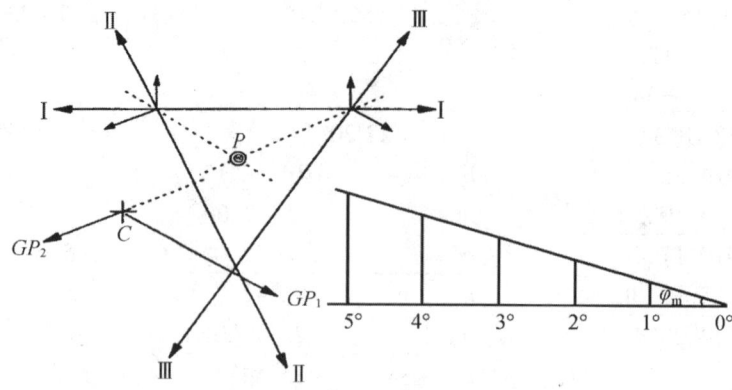

图5-7-8 测三星定位示例2

项目八　天文定位误差

天文定位受到多方面因素的影响，不可避免地存在这样或那样的误差。为了提高天文定位的精度，驾驶员要具有分析船位误差（Error of Observed Position）产生原因的能力，并要掌握其规律，尽可能利用有利条件，采取一定措施以减小误差的影响，提高观测船位的精度（Accuracy of Position）。

一、一条天文船位线的误差

观测船位是由两条或两条以上的天文船位线相交而成的，所以观测船位的精度主要是由天文船位线的精度决定的。天文船位线的误差主要有两种：一种是高度差法原理上的误差，该误差主要是系统误差，可以事先计算求出并加以修正剔除；另一种是天文船位线在观测、计算和作图方面的误差，通常称为测、算、画误差，这种误差既包含系统误差，又包含随机误差。

1.高度差法原理上的误差

高度差法原理上的误差是指方法本身所产生的误差，包括以下三项：

（1）天文船位线的曲率误差

天文船位线的曲率误差是在墨卡托海图上用恒向线直线代替天文船位圆曲线所产生的曲率误差。例如，图5-8-1中的Ⅱ-Ⅱ直线代替了天文船位线AA′曲线，从而产生了天文船位线的曲率误差ξ，它的大小与真实船位P离开K点到P′的距离和天文船位线的曲率有关。修正后可得到消除曲率误差的天文船位线Ⅲ-Ⅲ。曲率误差的公式为：

$$\xi = \frac{1}{2}(\tan h_c - \tan\varphi\cos A_c)\text{arc}1' \tag{5-8-1}$$

由以上公式可以看出，为了减小曲率误差的影响，在高纬度海区，要尽量避免观测高度大于70°的天体。

（2）天文船位线的方向误差

天文船位线的方向误差是在墨卡托海图上用恒向线直线代替天体的大圆方位线所产生的方向性误差。由高度差法原理可知，过作图点C的天体方位线，在球面上是一条大圆弧，如图5-8-1中的弧CK。在墨卡托海图上，从C画出的切线方位线代替了大圆方位线，量取截距$Dh \approx CB$并画出天文船位线Ⅰ-Ⅰ，与大圆船位线Ⅱ-Ⅱ存在一个2ψ的方向误差。其公式为：

$$2\psi = Dh'\tan\varphi\sin A_c \tag{5-8-2}$$

同样，由以上公式可以看出，在高纬度海区，当高度差较大，观测的天体又接近东西方向时，对天文船位线的精度影响较大。

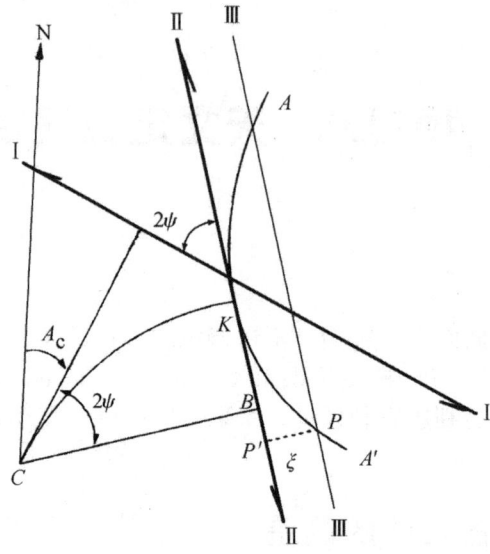

图 5-8-1　天文船位线

（3）截点距离误差

截点距离误差是由于截点不正确而产生的天文船位线误差。这种误差在一般情况下影响很小，可以忽略不计。

在中低纬度海区，天文船位线的高度差误差在一般情况下可忽略。但是，在高纬度海区（$\varphi > 60°$），当观测的天体高度较大（$h > 70°$），而且高度差也较大（$Dh > 30'$），天体又接近东西方向时，才考虑高度差法原理上的误差修正。

2. 测、算、画误差

在进行天文船位线的观测、计算和作图的过程中，所产生的误差称为测、算、画误差。该误差既含有系统误差，又含有随机误差。天文船位线是由高度差 $Dh(Dh = h_t - h_c)$ 和计算方位 A_c 决定的。计算方位 A_c 的误差在一般情况下很小，可忽略不计。天文船位线作图误差的大小，不仅取决于驾驶员的熟练程度，而且与海图比例尺有关，在此不做讨论。这里主要分析观测和计算误差。

（1）测、算、画中的系统误差

按正确方法求得的天文船位线的系统误差主要有以下两种：

①实际眼高差与表列眼高差不一致而产生的误差 Δd

眼高差的计算公式 $d = 1.765\sqrt{e}$ 是采用正常大气状态下平均地面折光率导出的，因此用其计算结果来代替实际眼高差会产生一定的误差 Δd，该误差属于未定系统误差，并与折光差、气温、水温有关。在大洋中，该误差可忽略不计；在沿海、海湾，特别是气温与水温相差很大时，可产生不可忽略的误差。这就是在沿海天文定位不准确的主要原因之一。当眼高相差 1 m 时所产生的天文船位线误差，可由下列公式求得：

$$\Delta h' = \frac{1.765}{2\sqrt{e}} \tag{5-8-3}$$

②蒙气差的误差 $\Delta\rho$

蒙气差的计算一般采用大气平均状态（气温为 $10\ ℃$，气压为 $1.01 \times 10^5\ \text{Pa}$）下的经验公式，因此利用公式计算出的蒙气差与实际蒙气差会产生一定的误差，并与气温、气压有关。当天体的高度小于 $15°$ 时，会产生不可忽略的误差；当天体的高度在 $15°\sim30°$ 时，蒙气差的误差 $\Delta\rho$ 约为 $0'.2$；当天体的高度大于 $30°$ 时，$\Delta\rho$ 小于 $0'.1$。为减小 $\Delta\rho$ 的影响，应观测高度大于 $15°$（最好大于 $30°$）的天体。

另外，天文钟钟差在最不利的情况下，每秒钟会产生 $0'.25$ 的误差。

综上所述，天文船位线的系统误差主要是实际眼高差与表列眼高差不一致而产生的误差。

（2）测、算、画中的随机误差

测、算、画中的随机误差包括观测高度的随机误差（该误差由各种因素综合影响所致）和计算高度的随机误差 m_{h_c}（主要包括使用计算工具的误差和凑整误差）。如果采用计算机或计算器计算，计算工具的误差可忽略不计。对计算结果进行"四舍五入"时，会产生凑整误差。最大凑整误差 α 等于近似数末位的 ±0.5 倍，即 $\alpha = \pm0.5$（末位）。经推证可得到最大凑整误差 α 是凑整标准差 $m_{凑}$ 的 $\sqrt{3}$ 倍，即

$$m_{凑} = \pm\frac{\alpha}{\sqrt{3}} = \pm\frac{0.5(\text{末位})}{\sqrt{3}} = \pm0.29(\text{末位}) \approx \pm0'.3(\text{末位}) \qquad (5\text{-}8\text{-}4)$$

《航海天文历》中的格林时角和赤纬均保留小数点后一位，则其最大凑整误差 $\alpha = \pm0'.05$，其凑整标准差为：

$$m_{凑} = \pm\frac{0'.05}{\sqrt{3}} \approx \pm0'.03$$

因为天文定位要准确到 $0'.1$，从上述计算结果可见，格林时角和赤伟保留小数点后一位所产生的凑整标准差为 $\pm0'.03$，所以该项误差可忽略不计。

因为 $Dh = h_t - h_c$，高度差的随机误差为：

$$m_{Dh} = \pm\sqrt{m_{h_t}^2 + m_{h_c}^2} \qquad (5\text{-}8\text{-}5)$$

式中：m_{Dh}——高度差的随机误差的标准差；

$\quad\quad m_{h_t}$——观测高度的随机误差的标准差；

$\quad\quad m_{h_c}$——计算高度的随机误差的标准差。

综上所述，测、算、画误差所包括的系统误差主要是实际眼高差与表列眼高差不一致而产生的误差；随机误差主要是高度差的误差：$m_{Dh} = \pm\sqrt{m_{h_t}^2 + m_{h_c}^2}$。

例5-8-1　测者对某一天体连续观测了3次，单一观测的均方误差 $m_{Dh} = \pm1'$，求高度差的均方误差 M_{Dh}。

解：

$$M_{Dh} = \pm\sqrt{\left(\frac{m_{h_t}}{\sqrt{n}}\right)^2 + \left(m_{h_c}\right)^2} = \pm\sqrt{\left(\frac{1'}{\sqrt{3}}\right)^2 + \left(0'.3\right)^2} = \pm0'.65$$

（3）船位误差带

在测、算、画中求得天文船位线并消除系统误差后，随机误差就可按正态分布处理，

如图5-8-2所示。观测船位落在$\pm m_{Dh}$误差带内的概率为68.3%；落在$\pm 2m_{Dh}$误差带内的概率为95.4%；落在$\pm 3m_{Dh}$误差带内的概率为99.7%。航海上以概率达到95%为极限误差，所以取2倍的均方误差分析船位的分布概率符合天文航海的要求。

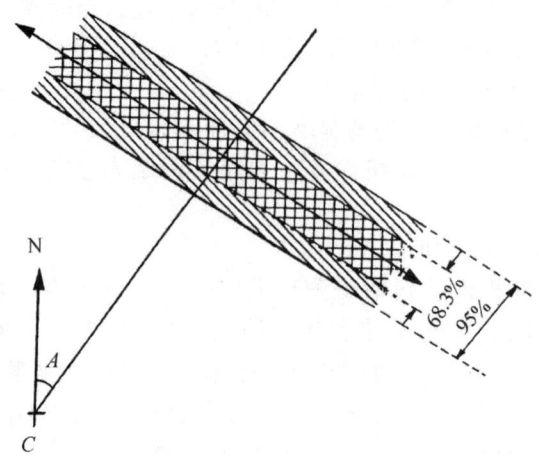

图5-8-2　船位误差带

3. 转移太阳船位线误差

转移太阳船位线误差包括观测太阳船位线的误差和转移过程中的推算误差。

（1）转移太阳船位线的系统误差

①由推算航程误差ε_S和推算航向误差ε_C引起的转移船位线误差E

转移太阳船位线的系统误差包括太阳船位线的系统误差和转移过程中的推算误差。船舶在大洋中航行，太阳船位线的系统误差可以忽略不计，转移过程中的推算误差主要与推算航程误差ε_S和推算航向误差ε_C有关：

$$E = \pm \sqrt{\left(\varepsilon_S \cos Q\right)^2 + \left(S \varepsilon_C \sin Q\right)^2} \tag{5-8-6}$$

式中：Q——天体的舷角（$A_c - CA$）；

S——移线期间的推算航程。

上式中等式右边第一项是推算航程误差ε_S引起的转移船位线误差，等式右边第二项是推算航向误差ε_C引起的转移船位线误差。

如果只考虑推算航程误差ε_S（忽略ε_C），为使转移船位线误差最小，当太阳在船舶正横（$Q = 90°$或$270°$）方向附近时进行一次观测为好。如果只考虑推算航向误差ε_C（忽略ε_S），当太阳在船舶首尾（$Q = 0°$或$180°$）方向附近时进行第一次观测为好。

②由推算航程误差ε_S和推算航向误差ε_C引起的转移船位线最大误差

当太阳在船舶首尾向时，由推算航程误差ε_S引起的转移船位线最大误差为ε_S；当太阳在船舶正横方向时，由推算航向误差ε_C引起的转移船位线最大误差为$S\varepsilon_C$。转移太阳船位线的最大推算误差为：

$$E = \pm \sqrt{\varepsilon_S^2 + \left(S \varepsilon_C \text{arc} 1°\right)^2} \tag{5-8-7}$$

由上式可见，只考虑推算误差时，为减小转移太阳船位线误差，应尽量减小推算航程和推算航向误差，并且尽量缩短移线时间间隔。

（2）转移太阳船位线的随机误差

因为转移太阳船位线的随机误差包括太阳船位线的随机误差 m_{Dh} 和推算误差 ρ，所以转移太阳船位线的随机误差为：

$$E = \pm\sqrt{m_{Dh}^2 + \rho^2} \qquad (5\text{-}8\text{-}8)$$

综上所述，为减小转移太阳船位线误差，应提高观测精度，同时尽可能地缩短移线时间间隔，以减小推算误差。

二、观测两天体定位的船位误差

"同时"观测两天体，就可求得两条天文船位线，两条天文船位线的交点，即为观测船位。由于每条天文船位线所含误差的必然性，其误差大小会直接影响观测船位的精度。

1.观测船位的系统误差

在天文定位方面，系统误差的来源和产生既不能全知道又不能全消除。在观测中不管采取什么措施或什么有利条件，所得天文船位线总要含有一定的系统误差。船舶在海上航行时，"同时"观测两天体，所得两条天文船位线可视为具有相等的系统误差。

如图5-8-3所示，A_1 和 A_2 分别为两条天文船位线 I-I 和 II-II 的计算方位；$\Delta A = A_2 - A_1$，为两天体的方位差角，其取值范围是 $0°\sim180°$。如果两条天文船位线含有相等的系统误差（暂不考虑随机误差的影响），即 $\varepsilon_1 = \varepsilon_2 = \varepsilon$，则船位系统误差的大小和方向分别为：

船位系统误差的大小：

$$\delta = \pm\varepsilon_{Dh}\sec\frac{A_2 - A_1}{2} = \pm\varepsilon_{Dh}\sec\frac{\Delta A}{2} \qquad (5\text{-}8\text{-}9)$$

船位系统误差的方向：过两条天文船位线的交点 P 所作的平均方位（$A_m = \dfrac{A_1 + A_2}{2}$）线的方向。

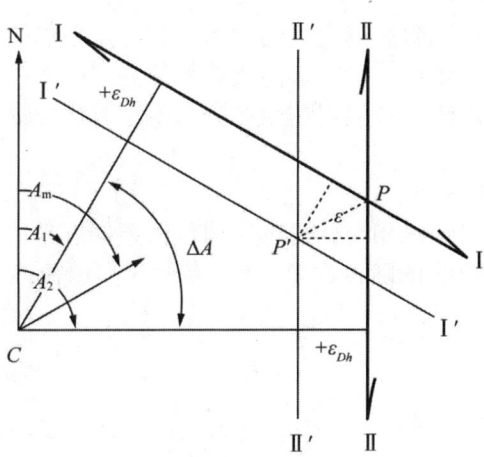

图5-8-3 观测船位的系统误差

由式（5-8-9）可以得出以下结论：

（1）只考虑系统误差，方位差角 ΔA 趋近 $0°$ 最好，趋近 $180°$ 最差；

（2）过两条天文船位线的交点所作的两天体的平均方位线，可以认为是一条消除了系统误差的天文船位线；

（3）消除了系统误差的船位位于过两条天文船位线的交点所作的两天体的平均方位线上，当天文船位线系统误差 ε_{Dh} 为"+"时，船位在平均方位的反方向上；ε_{Dh} 为"–"时，船位在平均方位的方向上。

2.观测船位的随机误差

若两条天文船位线含有随机误差（暂不考虑系统误差的影响），则两条天文船位线的交点 P 即为最概率船位。根据随机误差的特性，真实船位一定在观测船位 P 点的附近某点处，并且越靠近 P 点，其概率就越高。虽然无法确定准确的真实船位，但可根据天文船位线的均方误差，作船位误差四边形、船位误差椭圆或船位误差圆，估算出真实船位的分布范围。

（1）船位误差四边形

"同时"观测两天体，可视为等精度观测，即 $m_{Dh1} = m_{Dh2} = m_{Dh}$。

两条船位误差带相交所构成的四边形，称为船位误差四边形，如图5-8-4所示。观测船位落在 $\pm m_{Dh}$ 误差四边形内的概率为46.6%；落在 $\pm 2m_{Dh}$ 误差四边形内的概率为91.1%；落在 $\pm 3m_{Dh}$ 误差带内的概率为99.5%。

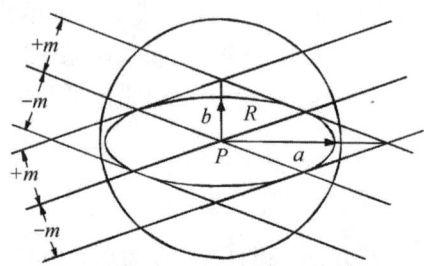

图5-8-4　观测船位的随机误差

利用船位误差四边形说明观测船位的分布，其优点是作图简单、直观，适用于两条非等精度和交角较小的天文船位线，并且能反映船位分布的方向性，即在天文船位线锐角方向的船位误差大，应加以注意。但观测船位分布不是等概率的，锐角方向的密度小，钝角方向的密度大。

（2）船位误差椭圆

两条等精度的天文船位线相交，也可用船位误差椭圆来描述观测船位的分布，如图5-8-4所示。m_{Dh} 为天文船位线的随机误差，θ 为条两天文船位线的交角，则其等精度误差椭圆的长、短半轴为：

$$a = \frac{\pm m_{Dh}}{\sqrt{2}\sin\frac{\theta}{2}}$$

$$b = \frac{\pm m_{Dh}}{\sqrt{2}\cos\frac{\theta}{2}} \tag{5-8-10}$$

$$\theta = \begin{cases} \Delta A & 0° \leqslant \Delta A \leqslant 90° \\ 180° - \Delta A & 90° < \Delta A \leqslant 180° \end{cases}$$

观测船位落在 $\pm m_{Dh}$ 误差椭圆内的概率为39.3%；落在 $\pm 2m_{Dh}$ 误差椭圆内的概率为

86.5%；落在 $\pm 3 m_{Dh}$ 误差椭圆内的概率为98.7%。根据IMO规定的海上导航精度标准，观测船位的概率应取95%为置信度。因此，取 $\pm 2.447\,7$ m画船位误差椭圆时，观测船位落在其内的概率达到95%。误差椭圆的长、短半轴可用下式表示：

$$a = \frac{1.730\,8m_{Dh}}{\sin(A_2 - A_1)/2}$$

$$b = \frac{1.730\,8m_{Dh}}{\cos(A_2 - A_1)/2}$$

（5-8-11）

已知误差椭圆的面积为 $S = \dfrac{m_{Dh}^2}{\sin\theta}$，当观测船位落在误差椭圆内的概率一定时，误差椭圆的面积越小，说明观测船位的精度越高。由误差椭圆的面积公式可见，在概率一定的前提下，θ 趋近90°时，误差椭圆的面积最小，观测船位的精度最高。因此，观测两天体定位只考虑随机误差的影响，两天体的方位差角 ΔA 趋近90°最好。

等精度误差椭圆的长轴在两条天文船位线交角的锐角平分线上，即：当两天体的方位差角 $\Delta A < 90°$ 时，误差椭圆的长轴在 $A_m \pm 90°$ 方向上；当两天体的方位差角 $\Delta A > 90°$ 时，误差椭圆的长轴在 A_m 方向上。观测船位落在误差椭圆的长轴方向上，表示随机误差大。

利用船位误差椭圆说明观测船位的分布概率，其面积最小，观测船位的置信度较高，并且概率曲线是等概率的，具有方向性，观测船位在长轴上的分布比在短轴上稀疏。因此，要注意长轴方向的航行障碍物。其缺点是作图比较麻烦。

例5-8-2 某船驾驶员"同时"观测两天体定位，对每一天体都连续观测5次，其单一观测均方误差 $m_h = \pm 1'.2$，计算高度均方误差 $m_c = \pm 0'.3$，高度差 $Dh_1 = +3'.0$，$A_{c1} = 030°$，$Dh_2 = -2'.0$，$A_{c2} = 330°$。试绘画观测船位概率为95%的均方误差椭圆。

解：

根据均方误差的传播定律求得两条天文船位线的均方误差为：

$$m_{Dh} = \pm\sqrt{m_c^2/n + m_c^2} = \pm\sqrt{1.2^2/5 + 0.3^2} = \pm 0'.6$$

$$\Delta A = A_{c2} - A_{c1} = 060°$$

（5-8-12）

均方误差椭圆的长、短半轴为：

$$a = \pm\frac{1.730\,8 \times 0.6}{\sin 30°} = \pm 2'.1$$

$$b = \pm\frac{1.730\,8 \times 0.6}{\cos 30°} = \pm 1'.2$$

（3）船位误差圆

航海上为了减少绘画椭圆的麻烦，对于等精度相交的两条天文船位线，根据IMO规定的海上导航精度标准，经常采用观测船位概率为95%的均方误差圆来概略地估算观测船位的精度。

根据误差传播定律可求得船位误差圆的半径 R 为：

$$R = \sqrt{a^2 + b^2} = \sqrt{2}\,m_{Dh}\csc\Delta A$$

（5-8-13）

如图5-8-4所示，对于以两条天文船位线的交点为圆心，以 R 为半径所画的船位误差圆，观测船位落在 $\pm m_{Dh}$ 误差圆内的概率为63.2%~68.3%；落在 $\pm 2m_{Dh}$ 误差圆内的概率为95.2%~98.2%；落在 $\pm 3m_{Dh}$ 误差带内的概率为99.7%~99.9%。如果采用观测船位概率95%为均方误差的置信度，船位误差圆半径可直接用以下公式求得：

$$R_{0.95} = 2.83m_{Dh} \csc \Delta A \qquad (5-8-14)$$

利用船位误差圆说明观测船位的分布，其优点是作图简单，易被航海者接受。但它不是等概率曲线，不能如实地反映观测船位误差的大小和方向，特别是在两条天文船位线交角较小的情况下，会造成驾驶员对观测船位实际分布的错误判断。

3. 系统误差和随机误差对船位误差的综合影响

综上所述，在天文船位线的系统误差和随机误差一定的前提下，船位误差的大小主要取决于两条天文船位线的交角 θ 或两天体的方位差角 ΔA，它们的取值范围分别为：

ΔA 在 $30° \sim 150°$ 之内，以 $60° \sim 120°$ 为好，趋近 $90°$ 最好；

θ 在 $30° \sim 90°$ 之内，以 $60° \sim 90°$ 为好，趋近 $90°$ 最好。

当两天体的方位差角 ΔA 大于或小于 $90°$ 时，系统误差和随机误差引起船位误差的大小和方向不尽相同：

（1）在等精度条件下，当两天体的方位差角 $\Delta A < 90°$ 时（如图5-8-5所示）：在大洋中，随机误差占主导地位，观测船位落在两条天文船位线交角的锐角平分线方向上（$A_m \pm 90°$ 方向），表示随机误差大；在沿海，系统误差占主导地位，观测船位落在 $\pm A_m$ 方向上，表示系统误差大；当不能确定哪种误差占主导地位时，上述任何一个方向上的危险物均不能忽视。

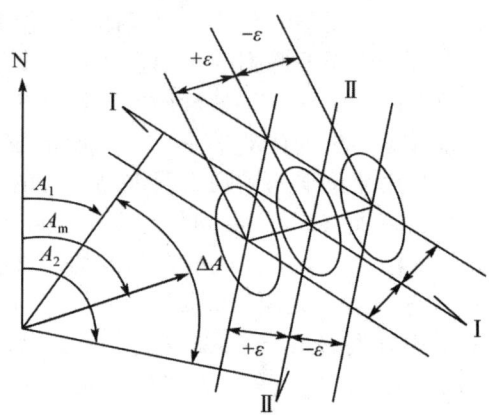

图 5-8-5　两天体的方位差角 ΔA 小于 $90°$

（2）在等精度条件下，当两天体的方位差角 $\Delta A > 90°$ 时（如图5-8-6所示），观测船位落在两条天文船位线交角的锐角平分线方向上，表示系统误差和随机误差均大（系统误差和随机误差引起的船位误差在该方向上产生叠加）。这时更应注意该方向上的危险物。

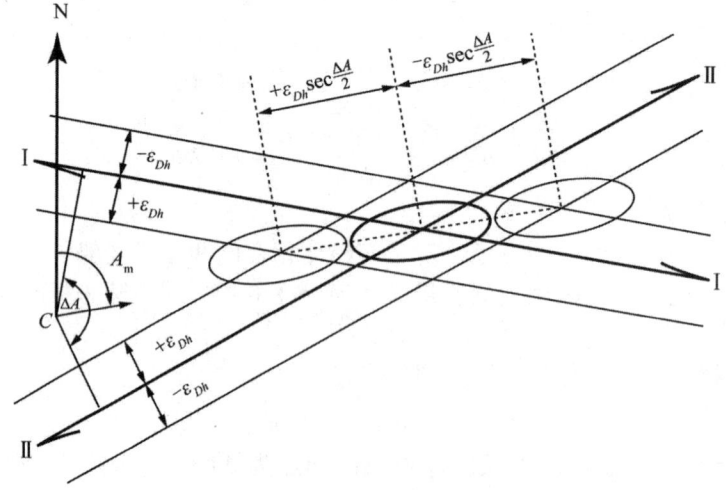

图 5-8-6　两天体的方位差角 ΔA 大于 $90°$

三、观测太阳移线定位的船位误差

太阳移线船位误差包括两次观测太阳船位线本身的误差和两次观测期间的推算误差。太阳移线船位的系统误差包括第一次和第二次观测太阳船位线的系统误差和两次观测期间的推算误差。船舶在大洋中航行时，对于观测熟练的测者，太阳移线船位的系统误差可以忽略不计，此时太阳移线船位误差主要是推算误差。由一条天文船位线的误差可知，转移太阳船位线的最大推算误差为：

$$E = \pm\sqrt{\varepsilon_S^2 + (S\varepsilon_c \mathrm{arc}\rho)^2} \qquad (5\text{-}8\text{-}15)$$

经推证可得太阳移线船位的系统误差为：

$$\delta = E\csc\theta = \frac{\sqrt{\varepsilon_S^2 + (S\varepsilon_c \mathrm{arc}1^\circ)^2}}{\sin\theta} \qquad (5\text{-}8\text{-}16)$$

太阳移线船位的随机误差包括两次观测太阳船位线的随机误差（等精度 $m_{Dh1} = m_{Dh2} = m_{Dh}$）和两次观测期间的推算误差：

$$\rho = \pm\sqrt{\varepsilon_S^2\cos^2 Q + (S\varepsilon_c \mathrm{arc}1^\circ\sin Q)^2} \qquad (5\text{-}8\text{-}17)$$

经推证可得太阳移线船位的随机误差为：

$$m = \frac{\sqrt{m_{Dh1}^2 + \rho^2 + m_{Dh2}^2}}{\sin\theta} = \frac{\sqrt{2m_{Dh}^2 + \rho^2}}{\sin\theta} \qquad (5\text{-}8\text{-}18)$$

综上所述，在航海实际工作中，为提高太阳移线船位的精度，应注意：

（1）提高太阳船位线的精度；

（2）尽量缩短两次观测的时间间隔；

（3）天文船位线交角 θ 趋近90°最好；

（4）上述（2）和（3）是相互制约的，综合考虑，两次观测的时间间隔最好为1~2 h，天文船位线交角趋近30°~50°为好，以不小于30°为原则。

四、观测三天体定位的船位误差

1.求观测船位

（1）三天体船位系统误差三角形的处理

如果三条船位线均只含系统误差（或未定系统误差），这时构成的船位误差三角形称为系统误差三角形（通常该误差三角形较大）。过三角形的三个顶点（每两条天文船位线的交点），分别可作三条平均方位线，每条平均方位线都可以看成一条消除了系统误差的天文船位线，三条平均方位线的交点即为消除了系统误差的观测船位。这就是说，航海人员不必知道系统误差的大小，就可将其抵消掉，而天文船位线的系统误差主要是未定系统误差，从这个意义上讲，也应尽量观测三天体定位。

对系统误差三角形的处理，关键是画出正确的平均方位线，三条平均方位线的交点即为消除了系统误差的观测船位。也可将三条天文船位线的高度差同时增大或缩小同一数值，画出一个新的三角形，原三角形与新三角形对应顶点连线（平均方位线）的交点，即为消除了系统误差的观测船位。

消除了系统误差的观测船位可能在三角形之外，也可能在三角形之内，这与三天体分布的范围有关。"同时"观测三天体定位可以认为是等精度的，有如下结论：

①当三天体分布范围在180°以下（在同一侧）时，消除了系统误差的观测船位位于系统误差三角形之外（中标船位线的外侧），在旁切圆的圆心上，如图5-8-7所示。

②当三天体分布范围在180°以上时，消除了系统误差的观测船位位于系统误差三角形之内，在内切圆的圆心（三条内角平分线的交点）上，如图5-8-8所示。

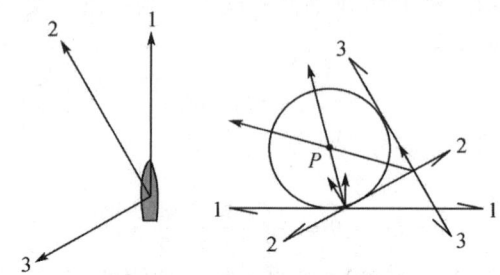

图5-8-7　三天体分布范围在180°以下

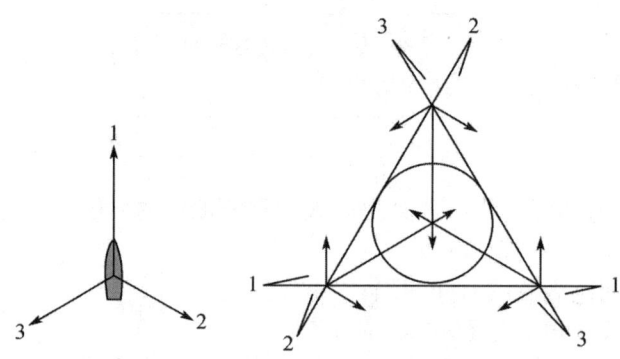

图5-8-8　三天体分布范围在180°以上

（2）三天体船位随机误差三角形的处理

如果三条天文船位线均只含有随机误差，这时构成的船位误差三角形就是随机误差三角形。在实际工作中，"同时"观测三天体定位一般认为是等精度的。若为小三角形（每边小于2′~3′），可根据边长比例法，直接在三角形内目测取靠近"短边大角"的一点为最概率船位；若为大三角形，则可用反中线法，求出的反中线交点即为最概率船位。

（3）三天体船位误差三角形的综合处理

①一般情况下，如果误差三角形的每边小于2′~3′，可按随机误差三角形处理。

②如果船位误差三角形较大，且三天体分布范围在180°以下，按系统误差三角形处理则观测船位在误差三角形之外，按随机误差三角形处理则观测船位在误差三角形之内，这时可取这两点连线的中点为观测船位。

③当三天体分布范围在180°以上时，无论是按系统误差还是按随机误差处理，观测船位均在误差三角形之内。特别是当三天体相互之间的方位差角均为120°时，两种处理方法的结果是同一点（内切圆的圆心），该点的可信赖程度最高。

综上所述，得出如下结论：应观测分布范围在180°以上的三天体，相邻两天体之间的方位差角趋近120°最好。这就是观测三天体定位要遵循的基本原则之一。

2.观测三天体定位最概率船位的误差

由误差存在的必然性可知，观测三天体定位求得的最概率船位也必然存在误差，描述该误差的95%船位误差圆的半径为：

$$R_{0.95} = \frac{2\sqrt{3}\, m_{Dh}}{\sqrt{\sin^2\theta_1 + \sin^2\theta_2 + \sin^2\theta_3}} \qquad (5\text{-}8\text{-}19)$$

式中：θ_1、θ_2、θ_3——船位误差三角形的三个内角。

当三天体方位均匀分布，即方位差角均为120°时，$\theta_1 = \theta_2 = \theta_3 = 60°$，95%船位误差圆的半径为：

$$R_{0.95} = \frac{4}{\sqrt{3}} m_{Dh} = 2.31 m_{Dh} \qquad (5\text{-}8\text{-}20)$$

这时95%船位误差圆的半径最小，即观测精度最高，这与前述观测三天体定位的基本原则是一致的。

罗经差的测定

船舶在航行中的安全与船舶航向、位置的测定精度有很大关系。船舶航向与物标方位测定的工具是陀螺罗经和磁罗经，航海人员应该掌握本船罗经的稳定性与精确性，并利用一切机会测定罗经的罗经差。本章将介绍船舶航行中常用的测定罗经差的方法：航向比对法、利用陆标和天体测定罗经差。

项目一　利用航向比对法测定罗经差

远洋航行船舶通常装配两种航向测定工具：陀螺罗经和磁罗经。因此，航海人员在船舶驾驶室可以看到两种航向数据：陀螺罗经航向 GC 与磁罗经航向 CC。

船舶在同一航向航行较长时间或转向后，航海人员经常利用比对陀螺罗经航向 GC 与磁罗经航向 CC 的方法来检验陀螺罗经的工作情况。

因为

$$TC = GC + \Delta G = CC + \Delta C$$

所以

$$CC = GC + \Delta G - \Delta C$$

航海人员可通过读取船舶实际的磁罗经航向 CC 来校验陀螺罗经航向 GC；或者当已知一类罗经的误差时，可求得另一类罗经的误差。

例如，已知陀螺罗经差 ΔG，磁罗经的罗经差可由下列公式求得：

$$\Delta C = GC + \Delta G - CC$$

同理，当 ΔC 已知时，可求得：

$$\Delta G = CC + \Delta C - GC$$

利用航向比对法测定罗经差，对航海人员来说，实施起来最方便，不耽误其正常值班瞭望。

例 6-1-1 某船 2024 年 9 月 20 日 1300 时航行于海图罗经花处，其上标注"3°W（1998）6′.0E"。同时，读取陀螺罗经航向 GC 为 091°，磁罗经航向 CC 为 090°。已知本船的陀螺罗经差 $\Delta G = 1°E$，求磁罗经的自差 Dev。

解：

①求 ΔC：

$$\Delta C = GC + \Delta G - CC$$
$$= 091° + 1°E - 090° = +2°$$

②求 Var：

$$Var = 3°W + (2018 - 1998) \times 6'.0E = 1°W$$

③求 Dev：

$$Dev = \Delta C - Var$$
$$= +2° - 1°W = +3°(3°E)$$

例 6-1-2 某船陀螺罗经航向 GC 为 009°，标准磁罗经航向 CC 为 010°。已知当时海区的磁差 $Var = 1°E$，标准磁罗经自差 $Dev = 1°E$，求本船的陀螺罗经差 ΔG。

解：

$$\Delta G = CC + \Delta C - GC$$
$$= CC + Var + Dev - GC$$
$$= 010° + 1°E + 1°E - 009° = +3°（3°E）$$

项目二　利用陆标测定罗经差

船舶沿岸航行时，航海人员应抓住一切机会利用陆标测定罗经差。其中，观测叠标方位和单陆标方位是利用陆标测定罗经差的主要方法。

一、观测叠标方位求罗经差

观测叠标方位求罗经差是航海人员最常用的方法之一。叠标按观测数据可分为方位叠标和距离叠标，本章特指方位叠标。叠标按性质可分为人工叠标和自然叠标。港口和码头几乎都设有人工叠标，为了方便船舶导航和罗经差的测定，一般在造船厂、修船厂附近，以及江河、狭水道和特殊的沿岸海区也设有很多人工叠标。由于叠标具有方位线精确的特点，所以用其求取的罗经差精度也是比较高的。

1.观测叠标方位求罗经差的原理

在一条方位线上的两个以上的陆标称为叠标。方位叠标由前后两个标志组成，离船近的称为前标，离船远的称为后标。如图6-2-1所示，灯塔A为前标，灯塔B为后标。

叠标方位是由海上到叠标的方向，可从海图上量取（有些人工叠标的方位已经标注在海图上，如图6-2-1所示，方位线AB为060°），这些数据的精度很高，可以认为是该陆标的真方位TB。

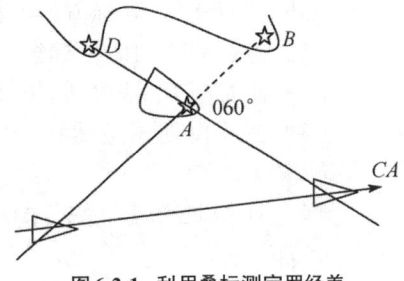

根据$\Delta G = TB - GB$或者$\Delta C = TB - CB$，在海上通过观测人工叠标或自然叠标的GB或CB，可以求取ΔG或ΔC。

若已知该海区的磁差Var，还可以求得磁罗经的自差Dev。因此，校正磁罗经的自差时，多采用这种方法求自差，进而绘制自差表或自差曲线。

图6-2-1　利用叠标测定罗经差

2.观测叠标方位求罗经差的步骤

（1）在海图上根据船舶所在位置，选择合适的人工叠标或自然叠标，量取（或直接读取）叠标的真方位。

（2）当船舶过方位叠标线，即前标（近标）与后标（远标）重合时，用陀螺罗经或者磁罗经观测前标的陀罗方位GB或罗方位CB。

（3）计算陀螺罗经差ΔG（$\Delta G = TB - GB$）或者磁罗经差ΔC（$\Delta C = TB - CB$）。

3.观测叠标方位求罗经差的注意事项

观测叠标方位求罗经差的优点是求得的罗经差精度最高，缺点是此方法只能在有叠标

航海学基础（第二版）

的海区使用。在选择叠标时，应注意选择相互垂直的两组或者不太靠近观测点的叠标，以方便观测。船过叠标线前要做好观测准备，先将罗经方位仪（圈）对准叠标的远标，在近标与远标重合的瞬间读取其罗方位数值。

例6-2-1 某海图上两叠标线上标注的方位为060°，如图6-2-1所示。船舶驾驶员发现两叠标前后重合时，用陀螺罗经观测前标的方位是059°，求本船的陀螺罗经差ΔG。

解：

$$\Delta G = TB - GB$$
$$= 060° - 059° = +1°（1°E）$$

例6-2-2 某海图上两叠标线上标注的方位为060°，如图6-2-1所示。船舶驾驶员发现两叠标前后重合时，用标准磁罗经观测前标的方位是059°，若该海区的磁差 $Var = 1°W$，求本船磁罗经的自差 Dev。

解：

$$\Delta C = TB - CB$$
$$= 060° - 059° = +1°$$
$$Dev = \Delta C - Var$$
$$= +1° - 1°W = +2°（2°E）$$

二、观测单陆标方位求罗经差

观测叠标方位求罗经差虽然精度好，但受海区限制。当船舶所在海区无灵敏度较高的叠标，或仅有一个陆标可供观测时，就可使用观测单陆标方位求罗经差的方法。

1. 已知船位求罗经差

如果已知观测单陆标方位时的船位，求罗经差的步骤如下：

（1）将观测时的船位标绘在海图上，如图6-2-2所示。

（2）在海图上量取在船位处所观测的陆标的真方位 TB。

（3）在船位处用陀螺罗经或磁罗经观测陆标的陀螺方位 GB 或罗方位 CB。

（4）计算陀螺罗经差 ΔG（$\Delta G = TB - GB$）或磁罗经差 ΔC（$\Delta C = TB - CB$）。

若能找到海图磁差资料，还可进一步求取磁罗经的自差 Dev（$Dev = \Delta C - Var$）。

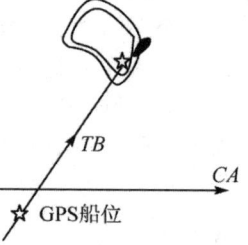

图6-2-2 已知船位

2. 未知船位求罗经差

如果观测单陆标方位时本船船位未知，可以利用远方的显著陆标，求取磁罗经差 ΔC，但不能测定陀螺罗经差 ΔG。具体步骤和原理如下：

（1）船舶发现远方的显著陆标后，操纵船舶进行旋回，如图6-2-3所示。在4个基点和4个隅点的罗航向上分别测定该陆标的8个罗方位：CB_N、CB_{NE}、CB_E、CB_{SE}、CB_S、CB_{SW}、CB_W、CB_{NW}。

（2）计算8个航向上的平均罗方位。因为船舶改变航向形成的旋回圈，与陆标的距离相比小得多，所以可认为在各个航向上测得的

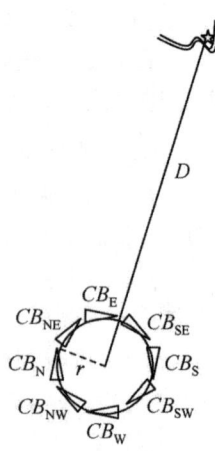

图6-2-3 未知船位

陆标磁方位近似相同，都为 MB。则在8个航向上都有：$MB - CB_i = Dev_i$。将等式两边分别求和得：

$$8MB - \sum CB_i = \sum Dev_i$$

根据磁罗经自差原理，有 $\dfrac{\sum\limits_{i=1}^{8} Dev_i}{8} = 0$，可得：

$$MB = \frac{\sum\limits_{i=1}^{8} CB_i}{8}$$

$$= \frac{CB_N + CB_{NE} + CB_E + CB_{SE} + CB_S + CB_{SW} + CB_W + CB_{NW}}{8}$$

（3）计算4个基点和4个隅点的罗航向上的自差 $Dev_i = MB - CB_i$，分别求出 Dev_N、Dev_{NE}、Dev_E、Dev_{SE}、Dev_S、Dev_{SW}、Dev_W、Dev_{NW}。

（4）在海图上查找船位处的磁差资料，求取观测时的磁差 Var。

（5）计算四个基点和四个隅点的罗航向上的罗经差 $\Delta C_i = Var + Dev_i$，分别求出 ΔC_N、ΔC_{NE}、ΔC_E、ΔC_{SE}、ΔC_S、ΔC_{SW}、ΔC_W、ΔC_{NW}。

为减小本方法所求 Dev 的误差，船舶的旋回点距离陆标要尽量远，至少保证在200倍旋回半径以上。

项目三　利用天体测定罗经差

船舶近岸航行时，应尽量利用专设的叠标或灵敏度较高的自然叠标来测定罗经差。但是，当船舶航行在开阔的海面上或无叠标的海区时，航海人员经常采用观测天体方位求罗经差的方法。其优点是不受海区、距离等限制，可在夜间观测，实用性很强。

一、利用天体求罗经差的原理及注意事项

1.原理

通过观测天体方位求罗经差的原理，与利用陆标测定罗经差的原理基本相同，即

$$\Delta C = TB - CB$$

不同之处是观测的物标由陆标换成了天体。因此，CB是天体的罗方位，TB是天体的真方位。由于观测时的真实船位未知，所以无法求出天体的真方位，只能用计算方位A_c来代替天体的真方位TB。

对于在海上航行的船舶，由于真方位精确到$0°.1$就足够了，所以用计算方位代替真方位产生的误差是可以接受的。而计算方位A_c的数值，可根据天文球面三角形的四联公式求得。

$$\cot A_c = \cos\varphi_c \tan\delta \csc t - \sin\varphi_c \cot t \qquad (6\text{-}3\text{-}1)$$

这样，观测天体求罗经差的计算公式为：

$$\Delta C = A_c - CB \qquad (6\text{-}3\text{-}2)$$

2.注意事项

为求得较准确的罗经差ΔC，应尽量减小A_c和CB的误差。此时要注意以下几个方面：

（1）应尽量观测高度小的天体。

用天体的计算方位代替天体的真方位，产生的误差叫方位误差。其数值计算公式为：

$$\Delta A = \tan h \sin A \Delta\varphi - \cos\delta\cos X \sec h \Delta\lambda \qquad (6\text{-}3\text{-}3)$$

式中：$\Delta\varphi$、$\Delta\lambda$——观测天体时，测者的推算船位与当时真实船位的误差；

　　　h、A、δ、X——被观测天体的高度、方位、赤纬、位置角。

通过分析公式，当测者观测天体时的真实船位与推算船位的误差一定时：

①方位误差主要取决于天体高度h，天体的高度越小，引起的误差越小。因此，实际观测中要尽量选择高度小的天体，其高度应小于$30°$，最好小于$15°$。

②方位误差还与被观测天体的方位A和赤纬有关，被观测天体的方位趋近$0°$，赤纬趋近$90°$时，引起的方位误差趋近0。北极星是$35°N$以下海区在夜间测定罗经差的良好物标，因为它的赤纬接近$90°$，方位接近$0°$，从而方位误差趋于$0°$。

（2）观测时应尽量保持罗经面水平。

由罗经面倾斜引起的观测天体罗方位的误差称为倾斜误差。其数值计算公式为：

$$\Delta A = \theta \tan h \qquad (6\text{-}3\text{-}4)$$

式中：θ——观测天体时，罗经面的倾斜角度；

h——被观测天体的高度。

通过分析公式可知：

①当罗经面的倾斜角度一定时，被观测天体的高度越小，倾斜误差越小。

②当被观测天体的高度一定时，罗经面的倾斜角度越小，倾斜误差越小。当罗经面的倾斜方向与天体方位垂直时，倾斜误差最大。

所以，为减小倾斜误差，应观测小高度天体的罗方位来测定罗经差，并且在观测时应尽量保持罗经面水平。

（3）观测时，应观测天体的中心方位。

（4）为避免粗差和减小随机误差的影响，一般应连续观测三次，取平均值作为对应平均时间的罗方位。罗经读数读至$0°.5$，观测时间精确到 1 min。

二、观测太阳小高度方位求罗经差

在太阳从地平线升起后一段时间和太阳落到地平线前一段时间（高度小于$30°$，最好小于$15°$），太阳的方位变化较慢，在这段时间内观测太阳方位可以求得较精确的罗经差。

1.观测太阳小高度方位求罗经差的步骤

（1）观测太阳小高度方位CB，同时记下观测时间。

（2）求观测时刻太阳的计算方位A_c，近似作为太阳真方位。

（3）求罗经差$\Delta C = A_c - CB$。

常用的求太阳计算方位A_c的方法有：查《太阳方位表》法和用函数计算器计算法（或查《天体高度方位表》法）。

2.利用《太阳方位表》求罗经差

（1）《太阳方位表》的结构

《太阳方位表》共分两册，第一册（英版称Davis's Tables，戴氏表）适用纬度为$0°~30°$；第二册（英版称Burdwood's Tables，柏氏表）适用纬度为$30°~64°$。每册又分主表和附表。主表分前后两部分，前半部分适用于纬度与赤纬同名时，后半部分适用于纬度与赤纬异名时。附表主要有连续4年的"太阳赤纬表"和"时差表"，查表引数为观测时的年、月、日，可查得世界时12 h的太阳赤纬（δ）和时差（η）。使用附表时一般不需要内插。

《太阳方位表》的查表引数为纬度（φ）、太阳赤纬（δ）和视时（T°），其中上午视时列在表的左侧，下午视时列在表的右侧。每隔4 min列出一个太阳方位。当查表引数纬度、太阳赤纬、视时与表列数据不同时应进行内插，以求得较精确的太阳方位。从表中查得的太阳方位为半圆方位（可以换算为圆周方位），应进行命名：第一名称与纬度同名；第二名称在上午观测时为"东（E）"，在下午观测时为"西（W）"。

（2）利用《太阳方位表》求罗经差的步骤

①观测太阳罗方位 CB，并记下时间（ZT）。

②根据观测时的年、月、日，查"太阳赤纬表"和"时差表"，得到观测时的太阳赤纬（δ）和时差（η）。

③求观测时的视时：$T^{\odot} = ZT \pm D\lambda_W^E + \eta$。

④以相近的纬度（φ）、太阳赤纬（δ）和视时（$T^{\odot}$）为引数，查得太阳方位 A_T，必要时换算为圆周方位。

⑤以准确的纬度、太阳赤纬和视时进行比例内插，求得相应的改正量 $\Delta A_{T^{\odot}}$、ΔA_{δ}、$\Delta A_{\varphi^{\circ}}$。

⑥计算准确的 A_c（$A_c = A_T + \Delta A_{T^{\odot}} + \Delta A_{\delta} + \Delta A_{\varphi}$），并换算为圆周方位。

⑦计算罗经差：$\Delta C = A_c - CB$。

例6-3-1 2024年9月6日，船时 ZT'1801，推算船为（$\varphi_c36°04'.5N$，$\lambda_c120°35'.5E$），测得小高度太阳罗方位 CB 为 $275°$，利用《太阳方位表》求罗经差 ΔC。

解：

根据纬度 $\varphi_c36°04'.5N$ 选用《太阳方位表》第二册。

①根据观测日期查附表得太阳赤纬和时角

$$\delta = 6°07'.0N \approx 6°.1N（精确到0°.1即可）$$

$$\eta = +1^m50^s \approx +3^m（精确到1^m即可）$$

②求观测时的视时

ZT'	18^h01^m	10/9
$D\lambda$	$+2^m$	
η	$+2^m$	
$T^{\odot}$	18^h05^m	10/9
	6^h05^m	p.m.

③以 φ、δ、$T^{\odot}$ 为引数查《太阳方位表》第二册并内插求其改正量，求计算方位和罗经差

A_T	$84°.6NW$
$\Delta A_{T^{\odot}}$	$-0°.2$
ΔA_{δ}	$+0°.1$
ΔA_{φ}	$0°.0$
A_c	$84°.3NW = 275°.7$
$-$ ）CB	$275°.0$
ΔC	$+0°.7$

3.用函数计算器计算或查B105表求罗经差

用函数计算器计算和查B105表实际上是同一种方法，都是解天文球面三角形时求计算方位 A_c 的基本公式：

$$\cot A_c = \cos\varphi_c\tan\delta\csc t - \sin\varphi_c\cot t \qquad （6-3-5）$$

式中：φ_c——观测时推算船位的纬度。

δ 和 t——观测时太阳的赤纬和地方时角。根据观测时的近似世界时从《航海天文历》中查出太阳的赤纬和格林时角，通过换算可以得出太阳的赤纬和地方时角。

与前文讲的求天体计算方位 A_c 的方法一样，可以根据公式直接用函数计算器求出 A_c，也可以查《天体高度方位表》，得到的结果基本相同。求出的方位为半圆方位，需要命名，第一名称与纬度同名，第二名称与半圆地方时角同名。

例6-3-2　2024年9月10日，船时 ZT' 1810，推算船为（φ_c 36°04′.5N，λ_c 120°23′.5E），测得小高度太阳罗方位 CB 为273°，利用函数计算器或《天体高度方位表》求罗经差。

解：

①求近似世界时

ZT'	18^h10^m	10/9
ZD	−8	
T_G'	10^h10^m	10/9

②查《航海天文历》，求太阳的地方时角和赤纬

	t_G'	330°47′.5	$\overline{\Delta}$ 1.2		δ'	04°40′.2N	Δ −0.9
	$m.s$	2°29′.8			Δ	−0′.2	
	Δ	+ 0′.2			δ	04°40′.0N	
	t_G	333°17′.5					
+)	λ_c	120°23′.5					
	t	453°41′.0					
		= 93°41′.0W					

③将 φ_c、t、δ 代入公式 $\cot A_c = \cos\varphi_c \tan\delta \csc t - \sin\varphi_c \cot t$，计算得（也可以 φ_c、t、δ 为引数查B105表）：

	A_c =	83°.9NW = 276°.1
−)	CB	273°.0
	ΔC	+3°.1

三、观测太阳真出没方位求罗经差

在周日视运动过程中，太阳中心通过测者真地平的瞬间称为太阳真出或真没（True Sunrises or Sunsets），此时太阳的真高度为0°。观测太阳真出没时刻的罗方位，就可以比较快速、简便地求得罗经差，这是测定罗经差常用的方法之一。

1.观测太阳真出没的时机

观测太阳真出没方位要求太阳的真高度 $h_t^\odot = 0°$，设此时观测太阳的下边缘高度为 $h_s^\odot$，则

$$h_t^\odot = h_s^\odot - d - \rho + p + SD = 0°$$

式中：若取 e = 16 m，则 d = −7′.0；取平均蒙气差 ρ = −30′.0；p 很小，可忽略不计；取 SD = 16′.0（平均视半径），可得

$$h_s^\odot \approx 21' \approx \frac{2}{3}D(\text{太阳视直径})$$

也就是说，看到太阳下边缘高度为 $\frac{2}{3}$ 太阳视直径时（如图6-3-1所示），观测到的就是太阳真出没的方位。显然，观测太阳真出没方位求罗经差的时间是受限制的。

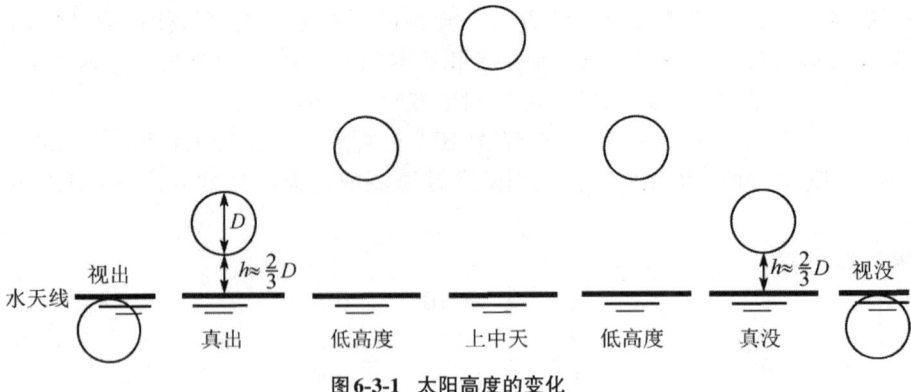

图6-3-1 太阳高度的变化

2.观测太阳真出没方位求罗经差的方法

太阳真出没时其真高度$h_t^{\circ} = 0^{\circ}$，此时天文球面三角形如图6-3-2所示，根据边的余弦公式得：

$$\cos A_c = \frac{\sin \delta}{\cos \varphi_c} \qquad (6-3-6)$$

式中：φ_c——观测时刻推算船位的纬度。

δ——观测时刻太阳赤纬，可以根据观测时间从《航海天文历》或《太阳方位表》中查取。查到的是世界时12^h的太阳赤纬，可以近似作为当天任意时刻的太阳赤纬。

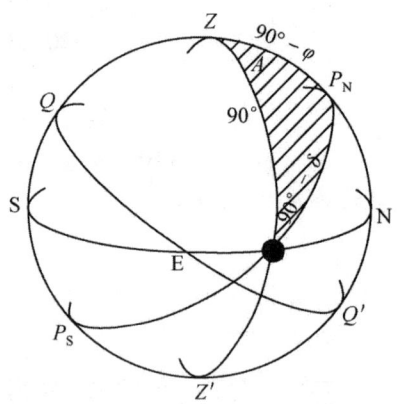

图6-3-2 天文球面三角形

（1）查《太阳方位表》求罗经差

《太阳方位表》列出了太阳每天真出没的时间（视时）和真方位。以推算纬度φ_c和太阳赤纬δ为引数，查表可求得太阳的计算方位A_c。查表时需要进行内插，查出的方位为半圆方位，需要命名：第一名称与纬度同名；第二名称在太阳真出时为E，在太阳真没时为W。

例6-3-3 2024年8月11日，推算船位为（$\varphi_c 36^{\circ}20'.0N$，$\lambda_c 123^{\circ}15'.0E$），测得太阳真没时的罗方位$CB$为$288^{\circ}.0$，查《太阳方位表》求罗经差$\Delta C$。

解：

查《太阳方位表》中的"太阳赤纬表"得8月11日的太阳赤纬$\delta = 15^{\circ}00'.0N$。

以φ_c、δ为引数查《太阳方位表》并计算得：

A_T	$70^{\circ}.7NW$
ΔA_δ	$-0^{\circ}.0$
ΔA_φ	$-0^{\circ}.1$
A_c	$70^{\circ}.6NW = 289^{\circ}.4$
$-) CB$	$288^{\circ}.0$
ΔC	$+1^{\circ}.4$

（2）用函数计算器计算求罗经差

从《航海天文历》中查出太阳真出没时的赤纬后，根据式（6-3-6）可以很容易计算出太阳的计算方位，从而求得罗经差。

例 6-3-4　2024 年 8 月 11 日，推算船位为（φ_c36°30′.0N，λ_c123°15′.0E），测得太阳真没时的罗方位 CB 为 288°.0，用函数计算器求罗经差。

解：

查《航海天文历》得 8 月 11 日世界时 12^h 的太阳赤纬 δ = 15°01′.8N。

将 φ_c 和 δ 代入公式 $\cos A_c = \dfrac{\sin\delta}{\cos\varphi_c}$ 得：

$$A_c = 71°.0\text{NW} = 289°.0$$
$$\underline{-)\ CB \qquad\qquad 288°.0}$$
$$\Delta C \qquad\qquad +1°.0$$

四、观测北极星方位求罗经差

北极星（Polaris）位于北天极附近，它的周日视运动轨迹是一个球面半径小于 1° 的周日平行圈，在一昼夜之内北极星的方位变化不超过 2°，相对容易识别。因此，北极星是北半球中低纬度（低于 35°）测者夜间测定罗经差的优选物标。

如图 6-3-3 所示，在测者东西大圆平面投影图中，由于半圆方位角 A 很小，北极星 B 所在的球面三角形 ZP_NB，可以认为是一个球面窄三角形。由正弦公式可得：

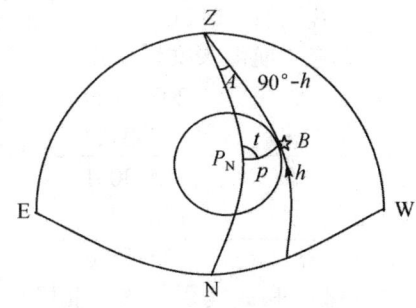

图 6-3-3　观测北极星方位求罗经差

$$\frac{\sin A}{\sin p} = \frac{\sin t}{\sin(90°-h)} \tag{6-3-7}$$

因为极距 p 和方位 A 都小于 1°，而且北极星的高度 $h \approx \varphi$，上式可以整理为：

$$A = p\sin t\sec\varphi \tag{6-3-8}$$

将 $p \approx 90° - \delta_0$，$t \approx t^\gamma - \alpha_0$ 代入上式得：

$$A = (90° - \delta_0)\sin(t^\gamma - \alpha_0)\sec\varphi \tag{6-3-9}$$

式中：δ_0——北极星的平均赤纬；

α_0——北极星的平均赤经。

航海人员在观测完北极星的罗方位后，可以根据式（6-3-9）用计算器求取北极星的计算方位 A，进而求得罗经差；还可以通过《航海天文历》中的"北极星方位角表"，查出观测时刻的北极星方位，从而计算求得罗经差。其实"北极星方位角表"就是根据式（6-3-9）的计算结果编制而成的，查表引数为观测时刻的春分点地方时角和推算船位纬度。

观测北极星方位求罗经差的步骤如下：

（1）用罗经观测北极星的罗方位 CB，并记下观测时间（精确到分钟即可）和推算船位。

（2）根据观测时间从《航海天文历》中查得春分点格林时角（t_G^γ），计算得出春分点地方时角（t^γ）。

春分点地方时角（$t^γ$）= 春分点格林时角（$t_G^γ$）± 推算船位经度（$λ_W^E$）

　　（3）以推算船位纬度（$φ_c$）和春分点地方时角（$t^γ$）为引数查《航海天文历》中的"北极星方位角表"得北极星计算方位A_c，近似作为真方位。查得的方位需要命名：用左侧的地方时角时，方位命名为NW；用右侧的地方时角时，方位命名为NE。此表数据不需要内插。

　　（4）计算罗经差：$ΔC = A_c - CB$。

　　例6-3-5　2024年9月18日，船时ZT'2230，推算船位为（$φ_c$36°04'.5N，$λ_c$120°23'.5E），测得北极星的罗方位CB为002°.5，求罗经差。

　　解：

　　①求近似世界时

ZT'	22^h30^m	18/9
ZD	−8	
$T_G{}'$	14^h30^m	18/9

　　②查《航海天文历》得：

$t_G^{γ}{}'$	207°58'.9
$m.s$	7°31'.2
$t_G^γ$	215°30'.1
$λ_c^E$	120°23'.5
$t^γ$	335°53'.6

　　③以$t^γ$和$φ_c$为引数查"北极星方位角表"得：

A_c	0°.7NE = 000°.7
−) CB	002°.5
$ΔC$	−1°.8

五、利用GPS导航仪测定罗经差

　　利用GPS导航仪测定罗经差的实质是根据GPS导航仪提供的高精度船位，驾驶员手动输入天体地理位置作为转向点，GPS导航仪自动算出的观测天体时的船位到该转向点的大圆航向就是计算方位A_c（用圆周法表示）。到预计观测的时刻，用磁罗经测得天体的罗方位CB，同时读取GPS导航仪显示的A_c，最终计算出罗经差：$ΔC = A_c - CB$。注意，这里要尽量使测得的CB与读取的A_c在时间上同步。

　　该方法与天测罗经差相比，其优势在于：

　　（1）减少了多次查表及多次内插产生的误差；

　　（2）简化了天测罗经差的求取过程；

　　（3）提高了计算方位的精度。

参考文献

[1] 钱淡如. 航海学：上册. 北京：人民交通出版社，1993.

[2] 王永勤，潘淇祥. 航海学：中册. 北京：人民交通出版社，1991.

[3] 杨守仁. 航海学：下册. 北京：人民交通出版社，1993.

[4] 郭禹，张吉平，戴冉. 航海学. 大连：大连海事大学出版社，2014.

[5] 李浑成，沈长治. 航海天文学. 大连：大连海运学院出版社，1992.

[6] 丁勇，王世林. 天文航海. 大连：大连海运学院出版社，1992.

[7] 冯孝礼. 航海专业数学. 大连：大连海运学院出版社，1990.

[8] 鄢天金. 磁罗经自差校正. 北京：人民交通出版社，1980.

[9] 赵仁余. 航海学. 北京：人民交通出版社，2009.

[10] 刘军坡，沙小进，臧继明. 航海学. 大连：大连海事大学出版社，2021.

[11] 张吉平，杨守仁. 关于航迹计算中分纬度求经差法的研究. 大连海事大学学报，1995（02）:1-6.

附录　中版《航海天文历（2024年）》《航海天文历附表》《太阳方位表》《天体高度方位表》(节选)

B102

2024
航海天文历
NAUTICAL ALMANAC

中国人民解放军海军海道测量局
CHINA NAVY HYDROGRAPHIC OFFICE
2023

天 象 纪 要，2024年

节 气

节气	月	日	时	分	节气	月	日	时	分	节气	月	日	时	分	节气	月	日	时	分
小寒	1	6	4	49	清明	4	4	15	02	小暑	7	6	22	20	寒露	10	8	3	00
大寒	1	20	22	07	谷雨	4	19	22	00	大暑	7	22	15	44	霜降	10	23	6	15
立春	2	4	16	27	立夏	5	5	8	10	立秋	8	7	8	09	立冬	11	7	6	20
雨水	2	19	12	13	小满	5	20	21	00	处暑	8	22	22	55	小雪	11	22	3	56
惊蛰	3	5	10	23	芒种	6	5	12	10	白露	9	7	11	11	大雪	12	6	23	17
春分	3	20	11	06	夏至	6	21	4	51	秋分	9	22	20	44	冬至	12	21	17	21

月 相

月 份	下 弦 ☾			朔 ●			上 弦 ☽			望 ○			下 弦 ☾			朔 ●		
	日	时	分	日	时	分	日	时	分	日	时	分	日	时	分	日	时	分
一 月	4	11	30	11	19	57	18	11	53	26	1	54	—	—	—	—	—	—
二 月	3	7	18	10	6	59	16	23	01	24	20	30	—	—	—	—	—	—
三 月	3	23	23	10	17	00	17	12	11	25	15	00	—	—	—	—	—	—
四 月	2	11	15	9	2	21	16	3	13	24	7	49	—	—	—	—	—	—
五 月	1	19	27	8	11	22	15	19	48	23	21	53	31	1	13	—	—	—
六 月	—	—	—	6	20	38	14	13	18	22	9	08	29	5	53	—	—	—
七 月	—	—	—	6	6	57	14	6	49	21	18	17	28	10	52	—	—	—
八 月	—	—	—	4	19	13	12	23	19	20	2	26	26	17	26	—	—	—
九 月	—	—	—	3	9	56	11	14	06	18	10	34	25	2	50	—	—	—
十 月	—	—	—	3	2	49	11	2	55	17	19	26	24	16	03	—	—	—
十一月	—	—	—	1	20	47	9	13	55	16	5	29	23	9	28	—	—	—
十二月	—	—	—	1	14	21	8	23	27	15	17	02	23	6	18	31	6	27

日 月 食

（一）3月25日，半影月食。这次月食，在亚洲东部、大洋洲东部、太平洋、北美洲、南美洲、大西洋、欧洲西部、非洲西部、南极洲部分区域、北冰洋部分区域可以看到。食分0.982，半影食始12时51分，食甚15时13分，半影食终17时35分。

（二）4月8-9日，日全食。这次日食，全食带从大洋洲东部开始，经过太平洋东部、墨西哥、美国、加拿大极东南部，在大西洋西北部结束。在大洋洲东部、太平洋东部、北美洲（除极西部）、南美洲极西北端、大西洋北部、欧洲极西侧、北冰洋部分区域可以看到偏食。

（三）9月18日，月偏食。这次月食，在太平洋东部、北美洲（除极西部）、南美洲、大西洋、欧洲、非洲、亚洲西部、印度洋西部、南极洲部分区域可以看到。食分0.091，半影食始8时39分，初亏10时12分，食甚10时44分，复圆11时17分，半影食终12时49分。

（四）10月2-3日，日环食。这次日食，环食带从太平洋东部开始，经过太平洋东南部、智利南部、阿根廷南部，在大西洋西南部结束。在太平洋东部、大洋洲东部、南美洲南部、大西洋西南部、南极洲部分区域可以看到偏食。

金 星

上 合		
月	日	时
6	4	24

木 星

留			合			留			冲		
月	日	时	月	日	时	月	日	时	月	日	时
12	31	23	5	19	3	10	9	15	12	8	5

注：上述时间为东经120°标准时。

SUMMARY OF ASTRONOMICAL PHENOMENA， 2024

Solar Terms

Name	d	h	m	Name	d	h	m	Name	d	h	m
Slight Cold	Jan.	6	4	49	Beginning of Summer	May	5	8	10	White Dew	Sept.	7	11	11
Great Cold	Jan.	20	22	07	Grain Full	May	20	21	00	Autumn Equinox	Sept.	22	20	44
Beginning of Spring	Feb.	4	16	27	Grain in Ear	June	5	12	10	Cold Dew	Oct.	8	3	00
Rain Water	Feb.	19	12	13	Summer Solstice	June	21	4	51	Descent of Frost	Oct.	23	6	15
Waking of Insects	Mar.	5	10	23	Slight Heat	July	6	22	20	Beginning of Winter	Nov.	7	6	20
Spring Equinox	Mar.	20	11	06	Great Heat	July	22	15	44	Slight Snow	Nov.	22	3	56
Pure Brightness	Apr.	4	15	02	Beginning of Autumn	Aug.	7	8	09	Great Snow	Dec.	6	23	17
Grain Rain	Apr.	19	22	00	Limit of Heat	Aug.	22	22	55	Winter Solstice	Dec.	21	17	21

Phases of the Moon

Month	Last Quarter ☾			New Moon ●			First Quarter ☽			Full Moon ○			Last Quarter ☾			New Moon ●		
	d	h	m	d	h	m	d	h	m	d	h	m	d	h	m	d	h	m
Jan.	4	11	30	11	19	57	18	11	53	26	1	54	–	–	–	–	–	–
Feb.	3	7	18	10	6	59	16	23	01	24	20	30	–	–	–	–	–	–
Mar.	3	23	23	10	17	00	17	12	11	25	15	00	–	–	–	–	–	–
Apr.	2	11	15	9	2	21	16	3	13	24	7	49	–	–	–	–	–	–
May	1	19	27	8	11	22	15	19	48	23	21	53	31	1	13	–	–	–
June	–	–	–	6	20	38	14	13	18	22	9	08	29	5	53	–	–	–
July	–	–	–	6	6	57	14	6	49	21	18	17	28	10	52	–	–	–
Aug.	–	–	–	4	19	13	12	23	19	20	2	26	26	17	26	–	–	–
Sept.	–	–	–	3	9	56	11	14	06	18	10	34	25	2	50	–	–	–
Oct.	–	–	–	3	2	49	11	2	55	17	19	26	24	16	03	–	–	–
Nov.	–	–	–	1	20	47	9	13	55	16	5	29	23	9	28	–	–	–
Dec.	–	–	–	1	14	21	8	23	27	15	17	02	23	6	18	31	6	27

Eclipses

Mar. 25 Penumbral Eclipse of the Moon. The eclipse is visible from eastern Asia, eastern Oceania, the Pacific Ocean, North America, South America, the Atlantic Ocean, western Europe, western Africa, parts of Antarctica and parts of the Arctic Ocean. The magnitude is 0.982. The penumbral eclipse begins at 12h51m and ends at 17h35m. The maximum eclipse occurs at 15h13m.

Apr. 8–9 Total Eclipse of the Sun. The path of the Moon´s umbral shadow begins in eastern Oceania, then travels from the eastern Pacific Ocean, Mexico, the United States of America, the extreme southeastern part of Canada and ends in the northwestern Atlantic Ocean. The eclipse is visible from eastern Oceania, the eastern Pacific Ocean, North America except extreme west, the extreme northwestern part of South America, the northern Atlantic Ocean, the extreme western part of Europe and parts of the Arctic Ocean.

Sept. 18 Partial Eclipse of the Moon. The eclipse is visible from the eastern Pacific Ocean, North America except extreme west, South America, the Atlantic Ocean, Europe, Africa, western Aisia, the western Indian Ocean and parts of Antarctica. The Magnitude is 0.091. The penumbral eclipse begins at 8h39m and ends at 12h49m. The partial eclipse begins at 10h12m and ends at 11h17m. The maximum eclipse occurs at 10h44m.

Oct. 2–3 Annular Eclipse of the Sun. The path of the Moon´s anti–umbral shadow begins in the eastern Pacific Ocean, then travels through the southeastern Pacific Ocean, southern Chile, southern Argentina and ends in the southwestern Atlantic Ocean. The partial eclipse is visible from the eastern Pacific Ocean, eastern Oceania, the southern part of South America, the southwestern Atlantic Ocean and parts of Antarctica.

Venus

		d	m
Superior Conjunction	June	4	24

Jupiter

		d	h			d	h
Stationary	Dec.	31	23	Stationary	Oct.	9	15
Conjunction	May	19	3	Opposition	Dec.	8	5

Note：the times in this section are expressed in Zone Time for 120°E.

四 星 纪 要， 2024 年

月 份	金 星	火 星	木 星	土 星
一月	晨星；由天秤座经天蝎座、蛇夫座入人马座。 星等： −4.0	日出前见于东天；在人马座。 星等： +1.4	日没后见于东天；在白羊座。 星等： −2.5	日没后见于西天；在宝瓶座。 星等： +1.0
二月	晨星；由人马座入摩羯座。 −3.9	日出前见于东天；由人马座入摩羯座。 +1.3	日没后见于西天；在白羊座。 −2.3	上半月，日没后见于西天；在宝瓶座。然后，接近太阳，不能观测。 +1.0
三月	晨星；由摩羯座经宝瓶座入双鱼座。 −3.8	日出前见于东天；由摩羯座入宝瓶座。 +1.2	日没后见于西天；在白羊座。 −2.1	上半月，接近太阳，不能观测。然后，日出前见于东天；在宝瓶座。 +1.0
四月	上半月，晨星；在双鱼座。然后，接近太阳，不能观测。 −3.8	日出前见于东天；由宝瓶座入双鱼座。 +1.2	日没后见于西天；在白羊座。 −2.0	日出前见于东天；在宝瓶座。 +1.2
五月	接近太阳，不能观测。	日出前见于东天；在双鱼座。 +1.1	接近太阳，不能观测。	日出前见于东天；在宝瓶座。 +1.2
六月	接近太阳，不能观测。	日出前见于东天；由双鱼座入白羊座。 +1.0	月初，接近太阳，不能观测。然后，日出前见于东天；在金牛座。 −2.0	日出前见于东天；在宝瓶座。 +1.1
七月	上半月，接近太阳，不能观测。然后，昏星；由巨蟹座入狮子座。 −3.9	日出前见于东天；由白羊座入金牛座。 +0.9	日出前见于东天；在金牛座。 −2.1	半夜见于东天；在宝瓶座。 +1.0
八月	昏星；由狮子座入室女座。 −3.8	日出前见于东天；在金牛座。 +0.8	日出前见于东天；在金牛座。 −2.2	半夜见于东天；在宝瓶座。 +0.7
九月	昏星；由室女座入天秤座。 −3.9	日出前见于东天；由金牛座入双子座。 +0.6	半夜见于东天；在金牛座。 −2.4	全夜可见；在宝瓶座。 +0.6
十月	昏星；由天秤座经天蝎座入蛇夫座。 −3.9	半夜见于东天；由双子座入巨蟹座。 +0.3	半夜见于东天；在金牛座。 −2.6	日没后见于东天；在宝瓶座。 +0.7
十一月	昏星；由蛇夫座入人马座。 −4.1	半夜见于东天；在巨蟹座。 −0.2	半夜见于东天；在金牛座。 −2.8	日没后见于东天；在宝瓶座。 +0.9
十二月	昏星；由人马座入摩羯座。 −4.3	半夜见于东天；在巨蟹座。 −0.8	全夜可见；在金牛座。 −2.8	日没后见于东天；在宝瓶座。 +1.0

PLANETARY INFORMATION, 2024 年

Month	Venus	Mars	Jupiter	Saturn
January	Morning star, from Lib to Sco then to Oph and Sgr. Mag.: −4.0	Visible in the eastern sky before sunrise, in Sgr. Mag.: +1.4	Visible in the eastern sky after sunset, in Ari. Mag.: −2.5	Visible in the western sky after sunset, in Aqr. Mag.: +1.0
February	Morning star, from Sgr to Cap. −3.9	Visible in the eastern sky before sunrise, from Sgr to Cap. +1.3	Visible in the western after sunset, in Ari. −2.3	Visible in the western after sunset during the first half of the month, in Aqr. Then too close to the Sun for observation. +1.0
March	Morning star, from Cap to Aqr then to Psc. −3.8	Visible in the eastern sky before sunrise, from Cap to Aqr. +1.2	Visible in the western sky after sunset, in Ari. −2.1	Too close to the Sun for observation during the first half of the month. Then visible in the eastern sky before sunrise, in Aqr. +1.0
April	Morning star during the first half of the month, in Psc. Then too close to the Sun for observation. −3.8	Visible in the eastern sky before sunrise, from Aqr to Psc. +1.2	Too close to the Sun for observation. Visible in the western sky after sunset, in Aqr. −2.0	Visible in the eastern sky before sunrise, in Aqr. +1.2
May	Too close to the Sun for observation.	Visible in the eastern sky before sunrise, in Psc. +1.1	Too close to the Sun for observation.	Visible in the eastern sky before sunrise, in Aqr. +1.2
June	Too close to the Sun for observation.	Visible in the eastern sky before sunrise, from Psc to Ari. +1.0	Too close to the Sun for observation at the beginning of the month. Then visible in the eastern sky before sunrise, in Tau. −2.0	Visible in the eastern sky before sunrise, in Aqr. +1.1
July	Too close to the Sun for observation during the first half of the month. Then evening star, from Cnc to Leo. −3.9	Visible in the eastern sky before sunrise, from Ari to Tau. +0.9	Visible in the eastern sky before sunrise, in Tau. −2.1	Visible in the eastern sky from the midnight, in Aqr. +1.0
August	Evening star, from Leo to Vir. −3.8	Visible in the eastern sky before sunrise, in Tau. +0.8	Visible in the eastern sky before sunrise, in Tau. −2.2	Visible in the eastern sky from the midnight, in Aqr. +0.7
September	Evening star, from Vir to Lib. −3.9	Visible in the eastern sky before sunrise, from Tau to Gem. +0.6	Visible in the eastern sky from the midnight, in Tau. −2.4	Visible throughout the night, in Aqr. +0.6
October	Evening star, from Lib to Sco then to Oph. −3.9	Visible in the eastern sky from the midnight, from Gem to Cnc. +0.3	Visible in the eastern sky from the midnight, in Tau. −2.6	Visible in the eastern sky after sunset, in Vir. +0.7
November	Evening star, from Oph to Sgr. −4.1	Visible in the eastern sky from the midnight, in Cnc. −0.2	Visible in the eastern sky from the midnight, in Tau. −2.8	Visible in the eastern sky after sunset, in Aqr. +0.9
December	Evening star, from Sgr to Cap. −4.3	Visible in the eastern sky from midnight, in Cnc. −0.8	Visible throughout the night, in Tau. −2.8	Visible in the eastern sky after sunset, in Aqr. +1.0

2024年中天时刻图（地方平时）
LOCAL MEAN TIME OF MERIDIAN PASSAGE, 2024

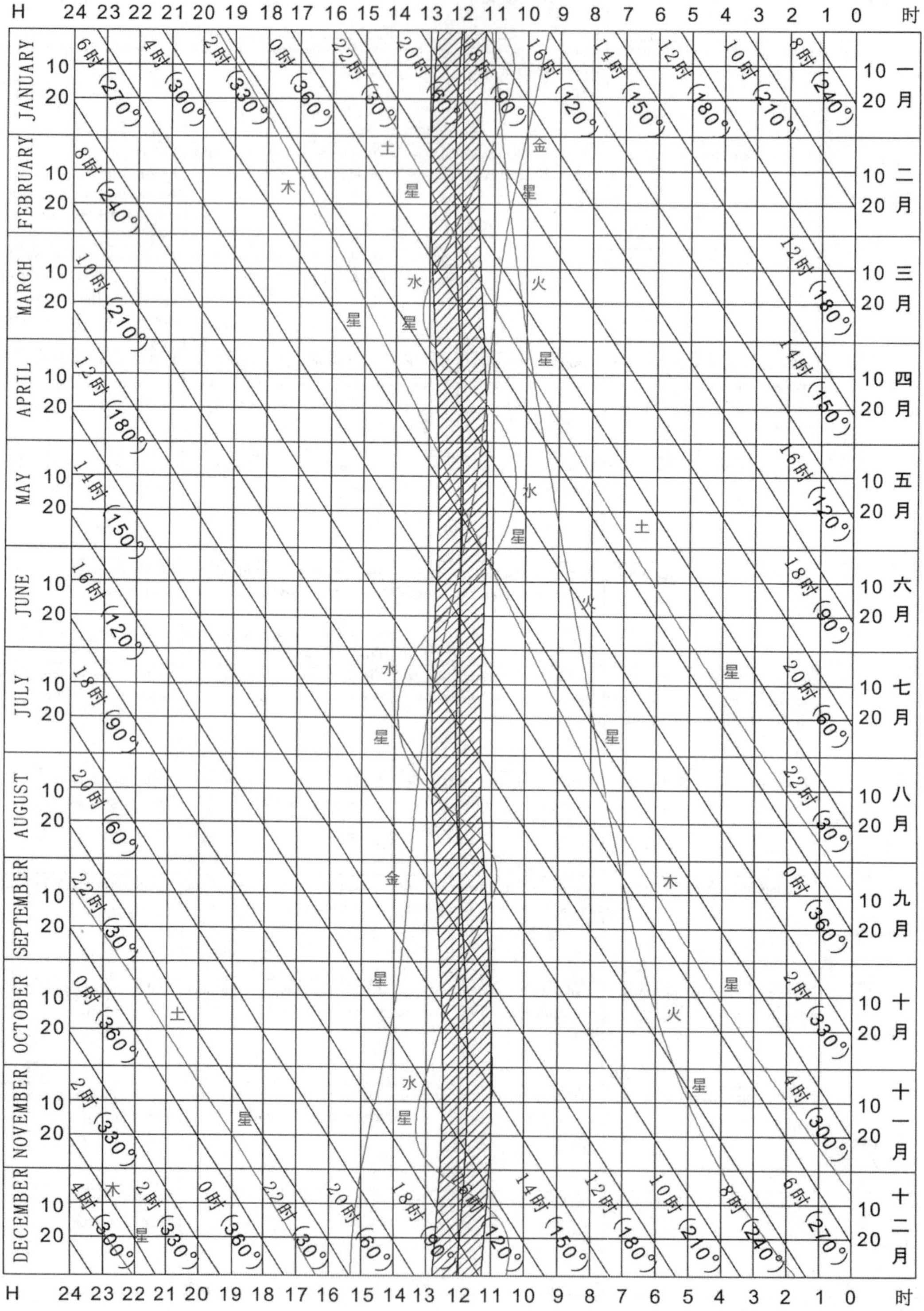

天 体 位 置, 2024 年
HOURLY ASTRONOMICAL ELEMENTS OF SUN, MOON AND PLANETS, 2024

4月27, 28, 29日　积日 118, 119, 120　　　　　　　　　　Apr. 27, 28, 29　Date of Year 118, 119, 120

世界时 UT	太阳 Sun 15'.9 G.H.A.	Dec.	金星 Venus G.H.A.	Dec.	火星 Mars G.H.A.	Dec.	木星 Jupiter G.H.A.	Dec.	土星 Saturn G.H.A.	Dec.	世界时 UT
h	° ′	° ′	° ′	° ′	° ′	° ′	° ′	° ′	° ′	° ′	h
4月27日 农历三月十九 星期六											
00	180 35.5	N13 55.4	189 59.5	N09 09.6	217 33.1	S02 16.9	164 28.3	N17 49.8	227 25.2	S07 00.6	00
01	195 35.6	13 56.2	204 59.0	09 10.7	232 33.8	02 16.1	179 30.2	17 50.0	242 27.5	07 00.6	01
02	210 35.7	13 57.0	219 58.6	09 11.9	247 34.4	02 15.3	194 32.1	17 50.1	257 29.7	07 00.5	02
03	225 35.8	13 57.8	234 58.2	09 13.0	262 35.1	02 14.6	209 33.9	17 50.3	272 32.0	07 00.4	03
04	240 35.9	13 58.6	249 57.8	09 14.2	277 35.8	02 13.8	224 35.8	17 50.4	287 34.2	07 00.3	04
05	255 36.0	13 59.4	264 57.3	09 15.3	292 36.5	02 13.0	239 37.7	17 50.6	302 36.5	07 00.2	05
06	270 36.1	N14 00.2	279 56.9	N09 16.5	307 37.2	S02 12.3	254 39.6	N17 50.7	317 38.7	S07 00.2	06
07	285 36.2	14 01.0	294 56.5	09 17.6	322 37.9	02 11.5	269 41.4	17 50.9	332 41.0	07 00.1	07
08	300 36.3	14 01.8	309 56.0	09 18.8	337 38.6	02 10.7	284 43.3	17 51.0	347 43.2	07 00.0	08
09	315 36.4	14 02.6	324 55.6	09 19.9	352 39.3	02 10.0	299 45.2	17 51.2	002 45.5	06 59.9	09
10	330 36.5	14 03.3	339 55.2	09 21.1	007 40.0	02 09.2	314 47.1	17 51.3	017 47.7	06 59.8	10
11	345 36.6	14 04.1	354 54.7	09 22.2	022 40.7	02 08.4	329 48.9	17 51.5	032 50.0	06 59.7	11
12	000 36.7	N14 04.9	009 54.3	N09 23.4	037 41.4	S02 07.7	344 50.8	N17 51.6	047 52.2	S06 59.7	12
13	015 36.8	14 05.7	024 53.9	09 24.5	052 42.1	02 06.9	359 52.7	17 51.8	062 54.5	06 59.6	13
14	030 36.9	14 06.5	039 53.4	09 25.7	067 42.8	02 06.1	014 54.6	17 51.9	077 56.7	06 59.5	14
15	045 36.9	14 07.3	054 53.0	09 26.8	082 43.4	02 05.3	029 56.4	17 52.1	092 59.0	06 59.4	15
16	060 37.0	14 08.1	069 52.6	09 28.0	097 44.1	02 04.6	044 58.3	17 52.2	108 01.2	06 59.3	16
17	075 37.1	14 08.9	084 52.1	09 29.1	112 44.8	02 03.8	060 00.2	17 52.4	123 03.5	06 59.3	17
18	090 37.2	N14 09.7	099 51.7	N09 30.3	127 45.5	S02 03.0	075 02.1	N17 52.5	138 05.7	S06 59.2	18
19	105 37.3	14 10.4	114 51.2	09 31.4	142 46.2	02 02.3	090 03.9	17 52.7	153 08.0	06 59.1	19
20	120 37.4	14 11.2	129 50.8	09 32.5	157 46.9	02 01.5	105 05.8	17 52.8	168 10.2	06 59.0	20
21	135 37.5	14 12.0	144 50.4	09 33.7	172 47.6	02 00.7	120 07.7	17 52.9	183 12.5	06 58.9	21
22	150 37.6	14 12.8	159 49.9	09 34.8	187 48.3	02 00.0	135 09.6	17 53.1	198 14.7	06 58.8	22
23	165 37.7	14 13.6	174 49.5	09 36.0	202 49.0	01 59.2	150 11.4	17 53.2	213 17.0	06 58.8	23
	△1.1	△+0.8	△0.6	△+1.1	△1.7	△−0.8	△2.9	△+0.1	△3.2	△−0.1	
4月28日 农历三月二十 星期日											
00	180 37.8	N14 14.4	189 49.1	N09 37.1	217 49.7	S01 58.4	165 13.3	N17 53.4	228 19.2	S06 58.7	00
01	195 37.9	14 15.1	204 48.6	09 38.3	232 50.4	01 57.7	180 15.2	17 53.5	243 21.5	06 58.6	01
02	210 38.0	14 15.9	219 48.2	09 39.4	247 51.1	01 56.9	195 17.1	17 53.7	258 23.7	06 58.5	02
03	225 38.0	14 16.7	234 47.8	09 40.5	262 51.8	01 56.1	210 18.9	17 53.8	273 26.0	06 58.4	03
04	240 38.1	14 17.5	249 47.3	09 41.7	277 52.5	01 55.4	225 20.8	17 54.0	288 28.2	06 58.4	04
05	255 38.2	14 18.3	264 46.9	09 42.8	292 53.2	01 54.6	240 22.7	17 54.1	303 30.5	06 58.3	05
06	270 38.3	N14 19.1	279 46.4	N09 44.0	307 53.8	S01 53.8	255 24.6	N17 54.3	318 32.7	S06 58.2	06
07	285 38.4	14 19.8	294 46.0	09 45.1	322 54.5	01 53.1	270 26.4	17 54.4	333 35.0	06 58.1	07
08	300 38.5	14 20.6	309 45.6	09 46.3	337 55.2	01 52.3	285 28.3	17 54.6	348 37.2	06 58.0	08
09	315 38.6	14 21.4	324 45.1	09 47.4	352 55.9	01 51.5	300 30.2	17 54.7	003 39.5	06 58.0	09
10	330 38.7	14 22.2	339 44.7	09 48.6	007 56.6	01 50.8	315 32.0	17 54.9	018 41.7	06 57.9	10
11	345 38.8	14 23.0	354 44.2	09 49.7	022 57.3	01 50.0	330 33.9	17 55.0	033 44.0	06 57.8	11
12	000 38.8	N14 23.7	009 43.8	N09 50.8	037 58.0	S01 49.2	345 35.8	N17 55.2	048 46.2	S06 57.7	12
13	015 38.9	14 24.5	024 43.4	09 51.9	052 58.7	01 48.5	000 37.7	17 55.3	063 48.5	06 57.6	13
14	030 39.0	14 25.3	039 42.9	09 53.1	067 59.4	01 47.7	015 39.5	17 55.5	078 50.7	06 57.6	14
15	045 39.1	14 26.1	054 42.5	09 54.2	083 00.1	01 46.9	030 41.4	17 55.6	093 53.0	06 57.5	15
16	060 39.2	14 26.8	069 42.0	09 55.4	098 00.8	01 46.2	045 43.3	17 55.8	108 55.2	06 57.4	16
17	075 39.3	14 27.6	084 41.6	09 56.5	113 01.5	01 45.4	060 45.2	17 55.9	123 57.5	06 57.3	17
18	090 39.4	N14 28.4	099 41.1	N09 57.6	128 02.2	S01 44.6	075 47.0	N17 56.1	138 59.8	S06 57.2	18
19	105 39.5	14 29.2	114 40.7	09 58.8	143 02.9	01 43.8	090 48.9	17 56.2	154 02.0	06 57.2	19
20	120 39.5	14 30.0	129 40.3	09 59.9	158 03.6	01 43.1	105 50.8	17 56.4	169 04.3	06 57.1	20
21	135 39.6	14 30.7	144 39.8	10 01.0	173 04.3	01 42.3	120 52.7	17 56.5	184 06.5	06 57.0	21
22	150 39.7	14 31.5	159 39.4	10 02.2	188 05.0	01 41.5	135 54.5	17 56.7	199 08.8	06 56.9	22
23	165 39.8	14 32.3	174 38.9	10 03.3	203 05.6	01 40.8	150 56.4	17 56.8	214 11.0	06 56.8	23
	△0.8	△+0.8	△0.6	△+1.1	△1.7	△−0.8	△2.9	△+0.1	△3.3	△−0.1	
4月29日 农历三月廿一 星期一											
00	180 39.9	N14 33.1	189 38.5	N10 04.4	218 06.3	S01 40.0	165 58.3	N17 57.0	229 13.3	S06 56.8	00
01	195 40.0	14 33.8	204 38.0	10 05.6	233 07.0	01 39.2	181 00.1	17 57.1	244 15.5	06 56.7	01
02	210 40.1	14 34.6	219 37.6	10 06.7	248 07.7	01 38.5	196 02.0	17 57.3	259 17.8	06 56.6	02
03	225 40.1	14 35.4	234 37.1	10 07.8	263 08.4	01 37.7	211 03.9	17 57.4	274 20.0	06 56.5	03
04	240 40.2	14 36.1	249 36.7	10 09.0	278 09.1	01 36.9	226 05.8	17 57.6	289 22.3	06 56.4	04
05	255 40.3	14 36.9	264 36.2	10 10.1	293 09.8	01 36.2	241 07.6	17 57.7	304 24.5	06 56.4	05
06	270 40.4	N14 37.7	279 35.8	N10 11.2	308 10.5	S01 35.4	256 09.5	N17 57.9	319 26.8	S06 56.3	06
07	285 40.5	14 38.5	294 35.4	10 12.4	323 11.2	01 34.6	271 11.4	17 58.0	334 29.0	06 56.2	07
08	300 40.6	14 39.2	309 34.9	10 13.5	338 11.9	01 33.9	286 13.2	17 58.2	349 31.3	06 56.1	08
09	315 40.6	14 40.0	324 34.5	10 14.6	353 12.6	01 33.1	301 15.1	17 58.3	004 33.6	06 56.0	09
10	330 40.7	14 40.8	339 34.0	10 15.8	008 13.3	01 32.3	316 17.0	17 58.4	019 35.8	06 55.9	10
11	345 40.8	14 41.5	354 33.6	10 16.9	023 14.0	01 31.6	331 18.9	17 58.6	034 38.1	06 55.9	11
12	000 40.9	N14 42.3	009 33.1	N10 18.0	038 14.7	S01 30.8	346 20.7	N17 58.7	049 40.3	S06 55.8	12
13	015 41.0	14 43.1	024 32.7	10 19.1	053 15.4	01 30.0	001 22.6	17 58.9	064 42.6	06 55.7	13
14	030 41.1	14 43.8	039 32.2	10 20.3	068 16.1	01 29.3	016 24.5	17 59.0	079 44.8	06 55.6	14
15	045 41.1	14 44.6	054 31.8	10 21.4	083 16.8	01 28.5	031 26.4	17 59.2	094 47.1	06 55.6	15
16	060 41.2	14 45.4	069 31.3	10 22.5	098 17.5	01 27.7	046 28.2	17 59.3	109 49.3	06 55.5	16
17	075 41.3	14 46.1	084 30.9	10 23.6	113 18.2	01 26.9	061 30.1	17 59.5	124 51.6	06 55.4	17
18	090 41.4	N14 46.9	099 30.4	N10 24.8	128 18.9	S01 26.2	076 32.0	N17 59.6	139 53.9	S06 55.3	18
19	105 41.5	14 47.7	114 30.0	10 25.9	143 19.5	01 25.4	091 33.9	17 59.8	154 56.1	06 55.2	19
20	120 41.5	14 48.4	129 29.5	10 27.0	158 20.2	01 24.6	106 35.7	17 59.9	169 58.4	06 55.2	20
21	135 41.6	14 49.2	144 29.1	10 28.2	173 20.9	01 23.9	121 37.6	18 00.1	185 00.6	06 55.1	21
22	150 41.7	14 50.0	159 28.6	10 29.3	188 21.6	01 23.1	136 39.5	18 00.2	200 02.9	06 55.0	22
23	165 41.8	14 50.7	174 28.2	10 30.4	203 22.3	01 22.3	151 41.3	18 00.4	215 05.1	06 54.9	23
	△1.1	△+0.8	△0.6	△+1.1	△1.7	△−0.8	△2.9	△+0.1	△3.3	△−0.1	

天 体 位 置， 2024 年

HOURLY ASTRONOMICAL ELEMENTS OF SUN, MOON AND PLANETS, 2024

4月27, 28, 29日　　积日 118, 119, 120　　　　　　　　　　Apr. 27, 28, 29　　Date of Year 118, 119, 120

世界时 UT — 春分点 Aries / 月亮 Moon

世界时 UT (h)	春分点 Aries G.H.A. (° ')	月亮 Moon G.H.A. (° ')	△ (')	赤纬 Dec. (° ')	△ (')
4月27日 农历三月十九 星期六					
00	215 28.3	325 47.8	08.4	S26 32.0	+06.0
01	230 30.8	340 15.2	08.2	26 38.0	05.8
02	245 33.2	354 42.4	08.2	26 43.8	05.7
03	260 35.7	009 09.6	08.1	26 49.5	05.5
04	275 38.2	023 36.7	08.1	26 55.0	05.3
05	290 40.6	038 03.8	07.9	27 00.4	05.2
06	305 43.1	052 30.7	07.9	S27 05.6	+05.1
07	320 45.6	066 57.6	07.8	27 10.7	05.0
08	335 48.0	081 24.4	07.7	27 15.7	04.8
09	350 50.5	095 51.1	07.6	27 20.5	04.6
10	005 53.0	110 17.7	07.6	27 25.1	04.5
11	020 55.4	124 44.3	07.5	27 29.6	04.4
12	035 57.9	139 10.8	07.4	S27 34.0	+04.2
13	051 00.4	153 37.2	07.4	27 38.2	04.0
14	066 02.8	168 03.5	07.3	27 42.2	03.9
15	081 05.3	182 29.8	07.2	27 46.1	03.8
16	096 07.7	196 56.0	07.2	27 49.9	03.5
17	111 10.2	211 22.2	07.1	27 53.4	03.5
18	126 12.7	225 48.3	07.0	S27 56.9	+03.2
19	141 15.1	240 14.3	06.9	28 00.1	03.1
20	156 17.6	254 40.2	06.9	28 03.2	03.0
21	171 20.1	269 06.1	06.9	28 06.2	02.8
22	186 22.5	283 32.0	06.8	28 09.0	02.6
23	201 25.0	297 57.8	06.7	28 11.6	02.5
4月28日 农历三月二十 星期日					
00	216 27.5	312 23.5	06.7	S28 14.1	+02.3
01	231 29.9	326 49.2	06.6	28 16.4	02.1
02	246 32.4	341 14.8	06.6	28 18.5	02.0
03	261 34.8	355 40.4	06.5	28 20.5	01.8
04	276 37.3	010 05.9	06.5	28 22.3	01.7
05	291 39.8	024 31.4	06.4	28 24.0	01.5
06	306 42.2	038 56.8	06.4	S28 25.5	+01.3
07	321 44.7	053 22.2	06.4	28 26.8	01.1
08	336 47.2	067 47.6	06.3	28 27.9	01.0
09	351 49.6	082 12.9	06.2	28 28.9	00.8
10	006 52.1	096 38.1	06.3	28 29.7	00.7
11	021 54.6	111 03.4	06.2	28 30.4	00.5
12	036 57.0	125 28.6	06.1	S28 30.9	+00.3
13	051 59.5	139 53.7	06.2	28 31.2	+00.1
14	067 02.0	154 18.9	06.1	28 31.3	00.0
15	082 04.4	168 44.0	06.1	28 31.3	-00.2
16	097 06.9	183 09.1	06.0	28 31.1	00.4
17	112 09.3	197 34.1	06.1	28 30.7	00.6
18	127 11.8	211 59.2	06.0	S28 30.1	-00.7
19	142 14.3	226 24.2	06.0	28 29.4	00.9
20	157 16.7	240 49.2	06.0	28 28.5	01.0
21	172 19.2	255 14.2	06.0	28 27.5	01.2
22	187 21.7	269 39.2	05.9	28 26.3	01.5
23	202 24.1	284 04.1	06.0	28 24.8	01.5
4月29日 农历三月廿一 星期一					
00	217 26.6	298 29.1	05.9	S28 23.3	-01.8
01	232 29.1	312 54.0	05.9	28 21.5	01.9
02	247 31.5	327 18.9	05.9	28 19.6	02.1
03	262 34.0	341 43.8	06.0	28 17.5	02.3
04	277 36.5	356 08.8	05.9	28 15.2	02.4
05	292 38.9	010 33.7	05.9	28 12.8	02.6
06	307 41.4	024 58.6	05.9	S28 10.2	-02.8
07	322 43.8	039 23.5	06.0	28 07.4	03.0
08	337 46.3	053 48.5	05.9	28 04.4	03.1
09	352 48.8	068 13.4	05.9	28 01.3	03.3
10	007 51.2	082 38.3	06.0	27 58.0	03.5
11	022 53.7	097 03.0	06.0	27 54.5	03.6
12	037 56.2	111 28.3	05.9	S27 50.9	-03.8
13	052 58.6	125 53.2	06.0	27 47.1	04.0
14	068 01.1	140 18.2	06.2	27 43.1	04.2
15	083 03.6	154 43.2	06.1	27 38.9	04.3
16	098 06.0	169 08.3	06.0	27 34.6	04.5
17	113 08.5	183 33.3	06.1	27 30.1	04.7
18	128 11.0	197 58.4	06.1	S27 25.4	-04.9
19	143 13.4	212 23.5	06.1	27 20.5	05.0
20	158 15.9	226 48.6	06.1	27 15.5	05.2
21	173 18.3	241 13.7	06.2	27 10.3	05.3
22	188 20.8	255 38.9	06.2	27 05.0	05.5
23	203 23.3	270 04.1	06.3	26 59.5	05.7

晨光始 Twilight / 日出 Sunrise / 月出 Moonrise
（■＝整日，▨＝晨昏蒙影连续）

纬度 Lat.	航海 Naut.	民用 Civil	日出 27日	日出 28日	日出 29日	月出 26日	月出 27日	月出 28日	月出 29日
N70	■	▨	02 51	02 46	02 40	■	■	■	■
68	■	01 32	03 14	03 09	03 05	■	■	■	■
66	■	02 10	03 31	03 27	03 24	00 52	■	■	■
64	▨	02 37	03 46	03 42	03 39	■	■	■	■
62	01 21	02 57	03 58	03 55	03 53	——	——	01 05	■
60	01 56	03 13	04 08	04 05	04 02	——	00 20	01 53	02 51
N58	02 20	03 27	04 17	04 14	04 12	23 50	——	01 13	02 12
56	02 39	03 38	04 24	04 22	04 20	23 27	——	00 45	01 44
54	02 55	03 48	04 31	04 29	04 27	23 09	——	00 23	01 23
52	03 08	03 57	04 37	04 35	04 33	22 53	——	00 05	01 05
50	03 19	04 05	04 43	04 41	04 39	22 40	23 50	——	00 49
45	03 42	04 21	04 55	04 53	04 52	22 12	23 20	——	00 19
N40	03 59	04 34	05 05	05 03	05 02	21 51	22 56	23 55	——
35	04 13	04 45	05 13	05 12	05 11	21 33	22 36	23 35	——
30	04 24	04 54	05 20	05 20	05 19	21 18	22 19	23 18	——
20	04 43	05 10	05 33	05 33	05 32	20 52	21 51	22 49	23 45
N10	04 57	05 22	05 44	05 44	05 43	20 30	21 27	22 25	23 15
0	05 08	05 33	05 54	05 54	05 54	20 09	21 04	22 02	23 00
S10	05 18	05 43	06 04	06 04	06 04	19 48	20 42	21 39	22 39
20	05 26	05 52	06 15	06 15	06 15	19 26	20 18	21 15	22 15
30	05 34	06 03	06 27	06 27	06 28	19 01	19 50	20 46	21 49
35	05 38	06 08	06 34	06 34	06 35	18 46	19 33	20 29	21 33
40	05 42	06 14	06 41	06 42	06 43	18 29	19 14	20 10	21 15
45	05 45	06 21	06 50	06 52	06 53	18 09	18 51	19 46	20 52
S50	05 51	06 29	07 01	07 03	07 04	17 43	18 22	19 15	20 24
52	05 52	06 32	07 06	07 08	07 10	17 31	18 07	19 00	20 09
54	05 54	06 36	07 12	07 14	07 15	17 17	17 50	18 42	19 53
S56	05 56	06 40	07 18	07 20	07 22	17 00	17 30	18 20	19 34

日没 Sunset / 昏影终 Twilight / 月没 Moonset

纬度 Lat.	日没 27日	日没 28日	日没 29日	民用 Civil	航海 Naut.	月没 26日	月没 27日	月没 28日	月没 29日
N70	21 08	21 14	21 19	▨	▨	■	■	■	■
68	20 45	20 49	20 53	22 31	▨	■	■	■	■
66	20 26	20 30	20 34	21 49	▨	01 53	■	■	■
64	20 12	20 15	20 18	21 21	▨	03 07	■	■	■
62	19 59	20 02	20 05	21 01	22 41	03 44	03 31	■	■
60	19 49	19 52	19 54	20 44	22 04	04 10	04 17	■	■
N58	19 40	19 42	19 45	20 30	21 38	04 31	04 47	05 21	06 23
56	19 32	19 34	19 36	20 18	21 18	04 48	05 10	05 49	06 51
54	19 25	19 27	19 29	20 08	21 02	05 02	05 29	06 10	07 12
52	19 19	19 21	19 22	19 59	20 49	05 15	05 45	06 29	07 30
50	19 13	19 15	19 16	19 51	20 37	05 26	05 59	06 44	07 45
N40	18 51	18 52	18 53	19 21	19 57	06 09	06 49	07 39	08 39
35	18 43	18 43	18 44	19 11	19 43	06 25	07 07	07 59	08 59
30	18 35	18 36	18 36	19 01	19 31	06 38	07 23	08 16	09 15
20	18 22	18 23	18 23	18 46	19 13	07 02	07 50	08 44	09 44
N10	18 11	18 11	18 11	18 33	18 59	07 22	08 13	09 09	10 08
0	18 01	18 01	18 01	18 22	18 47	07 42	08 35	09 32	10 30
S10	17 51	17 51	17 50	18 12	18 37	08 01	08 57	09 55	10 52
20	17 40	17 40	17 39	18 02	18 28	08 23	09 20	10 19	11 16
30	17 28	17 27	17 26	17 52	18 20	08 45	09 47	10 48	11 44
35	17 21	17 20	17 19	17 46	18 16	09 00	10 03	11 05	12 00
40	17 13	17 12	17 11	17 40	18 12	09 16	10 22	11 24	12 19
45	17 04	17 03	17 01	17 33	18 08	09 36	10 45	11 48	12 42
S50	16 53	16 51	16 50	17 25	18 03	10 00	11 14	12 19	13 11
52	16 48	16 46	16 44	17 22	18 00	10 12	11 28	12 34	13 25
54	16 43	16 40	16 38	17 18	18 00	10 26	11 45	12 52	13 42
S56	16 36	16 34	16 32	17 14	17 58	10 42	12 05	13 14	14 02

行星资料

	太阳 Sun	金星 Venus	火星 Mars	木星 Jupiter	土星 Saturn
中天 Mer. Pass. (h m)	11 57	11 21	09 28	12 57	08 45
视差 Parallax	0'.15	0'.1	0'.1	0'.0	0'.0
赤经 R.A.		026° 38'.4	358° 37'.8	051° 14'.1	348° 08'.2

太阳时差 / 月亮

日期 Date	时差（视时减平时）Eqn. of time (m s)		上中天 UMP (h m)	下中天 LMP (h m)	月亮 Moon 半径 Radius 0h	12h	视差 Parallax 0h	12h
27	+02	22	02 22	14 50	15.3	15.4	56.2	56.4
28	+02	31	03 18	15 47	15.4	15.5	56.7	56.9
29	+02	40	04 16	16 45	15.6	15.7	57.2	57.5

天 体 位 置， 2024 年

HOURLY ASTRONOMICAL ELEMENTS OF SUN, MOON AND PLANETS, 2024

8月31，9月1，2日　　积日 244，245，246　　Aug. 31，Sept 1，2　　Date of Year 244，245，246

日期	世界时 UT	太阳 Sun 15′.8 格林时角 G.H.A.	太阳 Sun 赤纬 Dec.	金星 Venus 格林时角 G.H.A.	金星 Venus 赤纬 Dec.	火星 Mars 格林时角 G.H.A.	火星 Mars 赤纬 Dec.	木星 Jupiter 格林时角 G.H.A.	木星 Jupiter 赤纬 Dec.	土星 Saturn 格林时角 G.H.A.	土星 Saturn 赤纬 Dec.	世界时 UT
	h	° ′	° ′	° ′	° ′	° ′	° ′	° ′	° ′	° ′	° ′	h
8月31日 农历七月廿八 星期六	00	179 55.3	N08 32.2	157 37.4	N00 16.1	252 52.3	N23 17.6	261 39.8	N22 16.7	351 05.5	S07 16.7	00
	01	194 55.5	08 31.3	172 37.1	00 14.8	267 53.1	23 17.7	276 41.9	22 16.7	006 08.1	07 16.7	01
	02	209 55.7	08 30.4	187 36.8	00 13.5	282 53.9	23 17.8	291 44.1	22 16.7	021 10.8	07 16.8	02
	03	224 55.9	08 29.5	202 36.4	00 12.2	297 54.7	23 17.8	306 46.2	22 16.8	036 13.4	07 16.9	03
	04	239 56.1	08 28.6	217 36.1	00 10.9	312 55.5	23 17.9	321 48.4	22 16.8	051 16.1	07 17.0	04
	05	254 56.3	08 27.7	232 35.8	00 09.6	327 56.3	23 18.0	336 50.5	22 16.8	066 18.7	07 17.1	05
	06	269 56.5	N08 26.8	247 35.5	N00 08.3	342 57.1	N23 18.1	351 52.7	N22 16.8	081 21.3	S07 17.1	06
	07	284 56.6	08 25.9	262 35.2	00 07.1	357 57.9	23 18.2	006 54.8	22 16.8	096 24.0	07 17.2	07
	08	299 56.8	08 25.0	277 34.9	00 05.8	012 58.7	23 18.2	021 57.0	22 16.9	111 26.6	07 17.3	08
	09	314 57.0	08 24.1	292 34.6	00 04.5	027 59.4	23 18.3	036 59.1	22 16.9	126 29.2	07 17.4	09
	10	329 57.2	08 23.2	307 34.2	00 03.2	043 00.2	23 18.4	052 01.3	22 16.9	141 31.9	07 17.4	10
	11	344 57.4	08 22.3	322 33.9	00 01.9	058 01.0	23 18.5	067 03.4	22 16.9	156 34.5	07 17.5	11
	12	359 57.6	N08 21.4	337 33.6	N00 00.6	073 01.8	N23 18.5	082 05.6	N22 17.0	171 37.2	S07 17.6	12
	13	014 57.8	08 20.5	352 33.3	S00 00.7	088 02.6	23 18.6	097 07.7	22 17.0	186 39.8	07 17.7	13
	14	029 58.0	08 19.5	007 33.0	00 02.0	103 03.4	23 18.7	112 09.9	22 17.0	201 42.4	07 17.8	14
	15	044 58.2	08 18.6	022 32.7	00 03.2	118 04.2	23 18.8	127 12.0	22 17.0	216 45.1	07 17.8	15
	16	059 58.4	08 17.7	037 32.4	00 04.5	133 05.0	23 18.8	142 14.2	22 17.1	231 47.7	07 17.9	16
	17	074 58.6	08 16.8	052 32.1	00 05.8	148 05.8	23 18.9	157 16.3	22 17.1	246 50.3	07 18.0	17
	18	089 58.8	N08 15.9	067 31.7	S00 07.1	163 06.6	N23 19.0	172 18.5	N22 17.1	261 53.0	S07 18.1	18
	19	104 59.0	08 15.0	082 31.4	00 08.4	178 07.3	23 19.1	187 20.6	22 17.1	276 55.6	07 18.1	19
	20	119 59.2	08 14.1	097 31.1	00 09.7	193 08.1	23 19.1	202 22.8	22 17.1	291 58.3	07 18.2	20
	21	134 59.4	08 13.2	112 30.8	00 11.0	208 08.9	23 19.2	217 25.0	22 17.2	307 00.9	07 18.3	21
	22	149 59.6	08 12.3	127 30.5	00 12.3	223 09.7	23 19.3	232 27.1	22 17.2	322 03.5	07 18.4	22
	23	164 59.8	08 11.4	142 30.2	00 13.6	238 10.5	23 19.4	247 29.3	22 17.2	337 06.2	07 18.4	23
		$\underline{\Delta}$ 1.2	Δ −0.9	$\underline{\Delta}$ 0.7	Δ ∓1.3	$\underline{\Delta}$ 1.8	Δ +0.1	$\underline{\Delta}$ 3.2	Δ 0.0	$\underline{\Delta}$ 3.6	Δ +0.1	
9月1日 农历七月廿九 星期日	00	180 00.0	N08 10.5	157 29.9	S00 14.8	253 11.3	N23 19.4	262 31.4	N22 17.2	352 08.8	S07 18.5	00
	01	195 00.2	08 09.6	172 29.5	00 16.1	268 12.1	23 19.5	277 33.6	22 17.3	007 11.4	07 18.6	01
	02	210 00.4	08 08.7	187 29.2	00 17.4	283 12.9	23 19.6	292 35.7	22 17.3	022 14.1	07 18.7	02
	03	225 00.6	08 07.8	202 28.9	00 18.7	298 13.7	23 19.6	307 37.9	22 17.3	037 16.7	07 18.8	03
	04	240 00.8	08 06.8	217 28.6	00 20.0	313 14.5	23 19.7	322 40.0	22 17.3	052 19.4	07 18.8	04
	05	255 01.0	08 05.9	232 28.3	00 21.3	328 15.3	23 19.8	337 42.2	22 17.3	067 22.0	07 18.9	05
	06	270 01.2	N08 05.0	247 28.0	S00 22.6	343 16.1	N23 19.9	352 44.3	N22 17.4	082 24.6	S07 19.0	06
	07	285 01.4	08 04.1	262 27.7	00 23.9	358 16.9	23 19.9	007 46.5	22 17.4	097 27.3	07 19.1	07
	08	300 01.6	08 03.2	277 27.4	00 25.1	013 17.7	23 20.0	022 48.7	22 17.4	112 29.9	07 19.1	08
	09	315 01.8	08 02.3	292 27.0	00 26.4	028 18.5	23 20.1	037 50.8	22 17.4	127 32.5	07 19.2	09
	10	330 02.0	08 01.4	307 26.7	00 27.7	043 19.3	23 20.1	052 53.0	22 17.5	142 35.2	07 19.3	10
	11	345 02.2	08 00.5	322 26.4	00 29.0	058 20.0	23 20.2	067 55.1	22 17.5	157 37.8	07 19.4	11
	12	000 02.4	N07 59.6	337 26.1	S00 30.3	073 20.8	N23 20.3	082 57.3	N22 17.5	172 40.5	S07 19.4	12
	13	015 02.6	07 58.7	352 25.8	00 31.6	088 21.6	23 20.3	097 59.4	22 17.5	187 43.1	07 19.5	13
	14	030 02.8	07 57.7	007 25.5	00 32.9	103 22.4	23 20.4	113 01.6	22 17.5	202 45.7	07 19.6	14
	15	045 03.0	07 56.8	022 25.2	00 34.2	118 23.2	23 20.5	128 03.8	22 17.6	217 48.4	07 19.7	15
	16	060 03.2	07 55.9	037 24.9	00 35.5	133 24.0	23 20.6	143 05.9	22 17.6	232 51.0	07 19.8	16
	17	075 03.4	07 55.0	052 24.5	00 36.7	148 24.8	23 20.6	158 08.1	22 17.6	247 53.7	07 19.8	17
	18	090 03.6	N07 54.1	067 24.2	S00 38.0	163 25.6	N23 20.7	173 10.2	N22 17.6	262 56.3	S07 19.9	18
	19	105 03.8	07 53.2	082 23.9	00 39.3	178 26.4	23 20.8	188 12.4	22 17.7	277 58.9	07 20.0	19
	20	120 04.0	07 52.3	097 23.6	00 40.6	193 27.2	23 20.8	203 14.5	22 17.7	293 01.6	07 20.1	20
	21	135 04.2	07 51.4	112 23.3	00 41.9	208 28.0	23 20.9	218 16.7	22 17.7	308 04.2	07 20.1	21
	22	150 04.4	07 50.4	127 23.0	00 43.2	223 28.8	23 21.0	233 18.9	22 17.7	323 06.8	07 20.2	22
	23	165 04.6	07 49.5	142 22.7	00 44.5	238 29.6	23 21.0	248 21.0	22 17.7	338 09.5	07 20.3	23
		$\underline{\Delta}$ 1.2	Δ −0.9	$\underline{\Delta}$ 0.7	Δ +1.3	$\underline{\Delta}$ 1.8	Δ +0.1	$\underline{\Delta}$ 3.2	Δ 0.0	$\underline{\Delta}$ 3.6	Δ +0.1	
9月2日 农历七月三十 星期一	00	180 04.8	N07 48.6	157 22.3	S00 45.8	253 30.4	N23 21.1	263 23.2	N22 17.8	353 12.1	S07 20.4	00
	01	195 05.0	07 47.7	172 22.0	00 47.1	268 31.2	23 21.2	278 25.4	22 17.8	008 14.8	07 20.4	01
	02	210 05.2	07 46.8	187 21.7	00 48.3	283 32.0	23 21.2	293 27.5	22 17.8	023 17.4	07 20.5	02
	03	225 05.4	07 45.9	202 21.4	00 49.6	298 32.8	23 21.3	308 29.7	22 17.8	038 20.0	07 20.6	03
	04	240 05.6	07 45.0	217 21.1	00 50.9	313 33.6	23 21.3	323 31.8	22 17.9	053 22.7	07 20.7	04
	05	255 05.8	07 44.0	232 20.8	00 52.2	328 34.4	23 21.4	338 34.0	22 17.9	068 25.3	07 20.8	05
	06	270 06.0	N07 43.1	247 20.5	S00 53.5	343 35.2	N23 21.5	353 36.2	N22 17.9	083 28.0	S07 20.8	06
	07	285 06.2	07 42.2	262 20.2	00 54.8	358 36.0	23 21.5	008 38.3	22 17.9	098 30.6	07 20.9	07
	08	300 06.4	07 41.3	277 19.8	00 56.1	013 36.8	23 21.6	023 40.5	22 17.9	113 33.2	07 21.0	08
	09	315 06.6	07 40.4	292 19.5	00 57.4	028 37.6	23 21.7	038 42.6	22 18.0	128 35.9	07 21.1	09
	10	330 06.8	07 39.5	307 19.2	00 58.7	043 38.4	23 21.7	053 44.8	22 18.0	143 38.5	07 21.1	10
	11	345 07.0	07 38.6	322 18.9	00 59.9	058 39.2	23 21.8	068 47.0	22 18.0	158 41.2	07 21.2	11
	12	000 07.2	N07 37.6	337 18.6	S01 01.2	073 40.0	N23 21.9	083 49.1	N22 18.0	173 43.8	S07 21.3	12
	13	015 07.4	07 36.7	352 18.3	01 02.5	088 40.8	23 21.9	098 51.3	22 18.0	188 46.4	07 21.4	13
	14	030 07.6	07 35.8	007 18.0	01 03.8	103 41.6	23 22.0	113 53.5	22 18.1	203 49.1	07 21.5	14
	15	045 07.8	07 34.9	022 17.7	01 05.1	118 42.4	23 22.0	128 55.6	22 18.1	218 51.7	07 21.5	15
	16	060 08.0	07 34.0	037 17.3	01 06.4	133 43.2	23 22.1	143 57.8	22 18.1	233 54.4	07 21.6	16
	17	075 08.2	07 33.1	052 17.0	01 07.7	148 44.0	23 22.2	159 00.0	22 18.1	248 57.0	07 21.7	17
	18	090 08.4	N07 32.1	067 16.7	S01 09.0	163 44.8	N23 22.2	174 02.1	N22 18.1	263 59.6	S07 21.8	18
	19	105 08.6	07 31.2	082 16.4	01 10.3	178 45.6	23 22.3	189 04.3	22 18.2	279 02.3	07 21.8	19
	20	120 08.8	07 30.3	097 16.1	01 11.5	193 46.4	23 22.3	204 06.5	22 18.2	294 04.9	07 21.9	20
	21	135 09.0	07 29.4	112 15.8	01 12.8	208 47.2	23 22.4	219 08.6	22 18.2	309 07.5	07 22.0	21
	22	150 09.2	07 28.5	127 15.5	01 14.1	223 48.0	23 22.5	234 10.8	22 18.2	324 10.2	07 22.1	22
	23	165 09.5	07 27.5	142 15.2	01 15.4	238 48.9	23 22.5	249 13.0	22 18.3	339 12.8	07 22.1	23
		$\underline{\Delta}$ 1.2	Δ −0.9	$\underline{\Delta}$ 0.7	Δ +1.3	$\underline{\Delta}$ 1.8	Δ +0.1	$\underline{\Delta}$ 3.2	Δ 0.0	$\underline{\Delta}$ 3.6	Δ +0.1	

天 体 位 置， 2024 年

HOURLY ASTRONOMICAL ELEMENTS OF SUN, MOON AND PLANETS, 2024

8月31, 9月1, 2日　积日 244, 245, 246　　　　　　　Aug. 31, Sept 1, 2　　Date of Year 244, 245, 246

世界时 UT	春分点 Aries 格林时角 G.H.A.	月 亮 Moon 格林时角 G.H.A.	△	赤纬 Dec.	△	纬度 Lat.	晨光始 Twilight 航海 Naut.	民用 Civil	日出 Sunrise 31 日	1 日	2 日	月出 Moonrise 30 日	31 日	1 日	2 日
h	° ′	° ′	′	° ′	′	°	h m	h m	h m	h m	h m	h m	h m	h m	h m
8月31日 农历七月廿八 星期六															
00	339 39.9	212 36.6	10.9	N23 53.4	−08.8	N70	▨	03 02	04 13	04 17	04 21	▢	▢	——	02 20
01	354 42.3	227 06.5	11.1	23 44.6	08.8	68	01 35	03 22	04 24	04 28	04 31	▢	——	00 26	02 44
02	009 44.8	241 36.6	11.1	23 35.8	09.0	66	02 12	03 38	04 33	04 37	04 40	▢	——	01 05	03 03
03	024 47.3	256 06.7	11.2	23 26.8	09.0	64	02 38	03 51	04 41	04 44	04 47	23 28	——	01 32	03 18
04	039 49.7	270 36.9	11.3	23 17.8	09.2	62	02 57	04 02	04 48	04 50	04 53	——	00 06	01 53	03 30
05	054 52.2	285 07.2	11.3	23 08.6	09.3	60	03 12	04 11	04 54	04 56	04 58	——	00 33	02 09	03 40
06	069 54.7	299 37.5	11.5	N22 59.3	−09.3	N58	03 25	04 19	04 59	05 01	05 03	——	00 53	02 23	03 49
07	084 57.1	314 08.0	11.6	22 50.0	09.5	56	03 36	04 26	05 03	05 05	05 07	——	01 10	02 35	03 57
08	099 59.6	328 38.6	11.7	22 40.5	09.6	54	03 45	04 32	05 07	05 09	05 11	00 05	01 25	02 46	04 04
09	115 02.1	343 09.3	11.7	22 30.9	09.7	52	03 54	04 37	05 11	05 12	05 14	00 21	01 37	02 55	04 11
10	130 04.5	357 40.0	11.9	22 21.2	09.7	50	04 01	04 42	05 14	05 16	05 17	00 34	01 48	03 03	04 16
11	145 07.0	012 10.9	11.9	22 11.5	09.9	45	04 16	04 52	05 21	05 22	05 24	01 02	02 11	03 21	04 29
12	160 09.4	026 41.8	12.0	N22 01.6	−09.9	N40	04 27	05 00	05 27	05 28	05 29	01 24	02 29	03 35	04 39
13	175 11.9	041 12.8	12.1	21 51.7	10.1	35	04 36	05 07	05 32	05 33	05 34	01 42	02 45	03 47	04 47
14	190 14.4	055 43.9	12.3	21 41.6	10.1	30	04 44	05 13	05 37	05 37	05 38	01 57	02 58	03 57	04 55
15	205 16.8	070 15.2	12.3	21 31.5	10.3	20	04 56	05 22	05 44	05 44	05 45	02 23	03 20	04 15	05 07
16	220 19.3	084 46.5	12.3	21 21.2	10.3	N10	05 05	05 29	05 51	05 51	05 51	02 46	03 40	04 31	05 19
17	235 21.8	099 17.8	12.5	21 10.9	10.4	0	05 11	05 36	05 57	05 56	05 56	03 07	03 58	04 45	05 29
18	250 24.2	113 49.3	12.6	N21 00.5	−10.5	S10	05 17	05 43	06 03	06 02	06 02	03 28	04 16	05 00	05 39
19	265 26.7	128 20.9	12.6	20 50.0	10.6	20	05 20	05 46	06 09	06 08	06 07	03 50	04 35	05 15	05 50
20	280 29.2	142 52.5	12.8	20 39.4	10.7	30	05 23	05 51	06 16	06 15	06 14	04 16	04 57	05 32	06 03
21	295 31.6	157 24.2	12.8	20 28.7	10.7	35	05 24	05 53	06 20	06 19	06 17	04 31	05 10	05 42	06 10
22	310 34.1	171 56.1	13.0	20 18.0	10.9	40	05 24	05 56	06 24	06 23	06 21	04 49	05 25	05 54	06 18
23	325 36.6	186 28.1	13.0	20 07.1	10.9	45	05 24	05 58	06 30	06 28	06 26	05 10	05 42	06 07	06 28
						S50	05 24	06 01	06 36	06 34	06 31	05 36	06 04	06 24	06 39
						52	05 23	06 02	06 38	06 36	06 34	05 49	06 14	06 32	06 45
9月1日 农历七月廿九 星期日						54	05 23	06 04	06 41	06 39	06 37	06 04	06 26	06 40	06 50
00	340 39.0	201 00.1	13.1	N19 56.2	−11.0	S56	05 22	06 05	06 45	06 42	06 40	06 21	06 39	06 50	06 57
01	355 41.5	215 32.2	13.1	19 45.2	11.1										
02	010 43.9	230 04.3	13.3	19 34.1	11.1										
03	025 46.4	244 36.6	13.3	19 23.0	11.3	纬度 Lat.	日没 Sunset 31 日	1 日	2 日	昏影终 Twilight 民用	航海	月没 Moonset 30 日	31 日	1 日	2 日
04	040 48.9	259 08.9	13.5	19 11.7	11.3	°	h m	h m	h m	h m	h m	h m	h m	h m	h m
05	055 51.3	273 41.4	13.5	19 00.4	11.4	N70	19 45	19 40	19 35	20 54	23 29	▢	▢	20 38	19 59
06	070 53.8	288 13.9	13.6	N18 49.0	−11.5	68	19 34	19 29	19 25	20 34	22 17	▢	20 58	20 12	19 46
07	085 56.3	302 46.5	13.7	18 37.5	11.5	66	19 25	19 21	19 17	20 19	21 42	▢	20 18	19 52	19 34
08	100 58.7	317 19.2	13.7	18 26.0	11.6	64	19 17	19 14	19 10	20 06	21 18	20 13	19 50	19 36	19 25
09	116 01.2	331 51.9	13.9	18 14.4	11.7	62	19 11	19 08	19 04	19 56	21 00	19 35	19 28	19 22	19 17
10	131 03.7	346 24.8	13.9	18 02.7	11.7	60	19 05	19 02	18 59	19 47	20 45	19 08	19 10	19 11	19 10
11	146 06.1	000 57.7	14.0	17 51.0	11.8	N58	19 00	18 58	18 55	19 39	20 32	18 46	18 56	19 01	19 04
12	161 08.6	015 30.7	14.1	N17 39.2	−11.9	56	18 56	18 53	18 51	19 33	20 22	18 29	18 43	18 52	18 58
13	176 11.0	030 03.8	14.2	17 27.3	12.0	54	18 52	18 50	18 47	19 27	20 12	18 14	18 32	18 44	18 53
14	191 13.5	044 37.0	14.2	17 15.3	12.0	52	18 48	18 46	18 44	19 21	20 04	18 01	18 22	18 37	18 49
15	206 16.0	059 10.2	14.3	17 03.3	12.1	50	18 45	18 43	18 41	19 17	19 57	17 49	18 13	18 31	18 45
16	221 18.4	073 43.5	14.4	16 51.2	12.1	45	18 38	18 36	18 35	19 07	19 43	17 26	17 54	18 17	18 36
17	236 20.9	088 16.9	14.5	16 39.1	12.2	N40	18 32	18 31	18 30	18 59	19 32	17 06	17 39	18 06	18 28
18	251 23.4	102 50.4	14.5	N16 26.9	−12.3	35	18 28	18 26	18 25	18 52	19 22	16 50	17 26	17 56	18 22
19	266 25.8	117 23.9	14.6	16 14.6	12.3	30	18 22	18 22	18 21	18 46	19 13	16 36	17 14	17 47	18 16
20	281 28.3	131 57.5	14.7	16 02.3	12.4	20	18 16	18 15	18 14	18 37	19 03	16 12	16 55	17 32	18 06
21	296 30.8	146 31.2	14.8	15 49.9	12.4	N10	18 10	18 09	18 08	18 30	18 55	15 51	16 37	17 19	17 57
22	311 33.2	161 05.0	14.8	15 37.5	12.5	0	18 03	18 03	18 03	18 24	18 48	15 32	16 21	17 07	17 49
23	326 35.7	175 38.8	14.9	15 25.0	12.6	S10	17 57	17 57	17 57	18 19	18 43	15 12	16 05	16 54	17 41
9月2日 农历七月三十 星期一						20	17 52	17 52	17 52	18 14	18 40	14 51	15 47	16 41	17 32
00	341 38.2	190 12.7	15.0	N15 12.4	−12.6	30	17 45	17 45	17 46	18 09	18 37	14 27	15 27	16 25	17 21
01	356 40.6	204 46.7	15.0	14 59.8	12.6	35	17 41	17 42	17 42	18 07	18 36	14 12	15 15	16 16	17 15
02	011 43.1	219 20.7	15.1	14 47.2	12.7	40	17 36	17 37	17 38	18 05	18 35	13 55	15 01	16 06	17 08
03	026 45.5	233 54.8	15.2	14 34.4	12.7	45	17 31	17 33	17 34	18 02	18 36	13 35	14 45	15 54	17 00
04	041 48.0	248 29.0	15.2	14 21.7	12.8	S50	17 25	17 27	17 28	17 59	18 37	13 09	14 24	15 39	16 51
05	056 50.5	263 03.2	15.3	14 08.9	12.9	52	17 23	17 24	17 26	17 58	18 37	12 56	14 14	15 32	16 46
06	071 52.9	277 37.5	15.4	N13 56.0	−12.9	54	17 20	17 21	17 23	17 57	18 38	12 42	14 04	15 24	16 41
07	086 55.4	292 11.9	15.4	13 43.1	13.0	S56	17 16	17 18	17 20	17 56	18 39	12 25	13 51	15 15	16 36
08	101 57.9	306 46.3	15.5	13 30.1	13.0										
09	117 00.3	321 20.8	15.6	13 17.1	13.0			太阳 Sun	金星 Venus	火星 Mars	木星 Jupiter	土星 Saturn			
10	132 02.8	335 55.4	15.6	13 04.1	13.1	中天 Mer.Pass.	h m 12 00	h m 13 30	h m 07 07	h m 06 29	h m 00 31			
11	147 05.3	350 30.0	15.7	12 51.0	13.1	视差 Parallax	0′.15	0′.1	0′.1	0′.0	0′.0			
12	162 07.7	005 04.7	15.7	N12 37.8	−13.2	赤经 R.A.		183° 09′.2	087° 27′.7	078° 07′.6	348° 30′.2			
13	177 10.2	019 39.4	15.8	12 24.6	13.2									
14	192 12.6	034 14.2	15.8	12 11.4	13.3	日差 Date	时差(视时减平时) Eqn. of time		月 亮 Moon 上中天 UMP	下中天 LMP	半径 Radius		视差 Parallax	
15	207 15.1	048 49.0	15.9	11 58.1	13.3		m s		h m	h m	0h	12h	0h	12h
16	222 17.6	063 23.9	16.0	11 44.8	13.3	31	−00 19		10 10	22 33	15.1	15.0	55.4	55.1
17	237 20.0	077 58.9	16.0	11 31.5	13.4	1	+00 00		10 56	23 18	15.0	14.9	54.9	54.7
18	252 22.5	092 33.9	16.1	N11 18.1	−13.4	2	+00 19		11 39	24 00	14.9	14.8	54.6	54.4
19	267 25.0	107 09.0	16.1	11 04.7	13.5									
20	282 27.4	121 44.1	16.2	10 51.2	13.5									
21	297 29.9	136 19.3	16.2	10 37.7	13.5									
22	312 32.4	150 54.5	16.3	10 24.2	13.6									
23	327 34.8	165 29.8	16.3	10 10.6	13.6									

天 体 位 置，2024 年
HOURLY ASTRONOMICAL ELEMENTS OF SUN, MOON AND PLANETS, 2024

9月9, 10, 11日　积日 253, 254, 255　　　　　　　　　　　　Sept 9, 10, 11　Date of Year 253, 254, 255

9月9日　农历八月初七　星期一

UT (h)	太阳 Sun 15'.9 G.H.A.	赤纬 Dec.	金星 Venus G.H.A.	赤纬 Dec.	火星 Mars G.H.A.	赤纬 Dec.	木星 Jupiter G.H.A.	赤纬 Dec.	土星 Saturn G.H.A.	赤纬 Dec.
00	180 40.1	N05 12.4	156 29.3	S04 21.8	255 48.4	N23 28.3	269 30.3	N22 21.0	000 35.7	S07 33.3
01	195 40.3	05 11.4	171 29.0	04 23.0	270 49.2	23 28.3	284 32.5	22 21.0	015 38.4	07 33.4
02	210 40.5	05 10.5	186 28.7	04 24.3	285 50.1	23 28.3	299 34.7	22 21.0	030 41.0	07 33.5
03	225 40.7	05 09.5	201 28.4	04 25.6	300 50.9	23 28.3	314 36.9	22 21.0	045 43.6	07 33.5
04	240 40.9	05 08.6	216 28.0	04 26.9	315 51.8	23 28.3	329 39.2	22 21.0	060 46.3	07 33.6
05	255 41.1	05 07.6	231 27.7	04 28.2	330 52.6	23 28.4	344 41.4	22 21.1	075 48.9	07 33.7
06	270 41.4	N05 06.7	246 27.4	S04 29.4	345 53.5	N23 28.4	359 43.6	N22 21.1	090 51.6	S07 33.8
07	285 41.6	05 05.8	261 27.1	04 30.7	000 54.3	23 28.4	014 45.8	22 21.1	105 54.2	07 33.8
08	300 41.8	05 04.8	276 26.7	04 32.0	015 55.2	23 28.4	029 48.0	22 21.1	120 56.8	07 33.9
09	315 42.0	05 03.9	291 26.4	04 33.3	030 56.0	23 28.4	044 50.2	22 21.1	135 59.5	07 34.0
10	330 42.2	05 02.9	306 26.1	04 34.5	045 56.9	23 28.5	059 52.4	22 21.1	151 02.1	07 34.1
11	345 42.5	05 02.0	321 25.8	04 35.8	060 57.7	23 28.5	074 54.6	22 21.2	166 04.8	07 34.2
12	000 42.7	N05 01.0	336 25.5	S04 37.1	075 58.6	N23 28.5	089 56.9	N22 21.2	181 07.4	S07 34.2
13	015 42.9	05 00.1	351 25.1	04 38.4	090 59.4	23 28.5	104 59.1	22 21.2	196 10.0	07 34.3
14	030 43.1	04 59.1	006 24.8	04 39.7	106 00.3	23 28.5	120 01.3	22 21.2	211 12.7	07 34.4
15	045 43.3	04 58.2	021 24.5	04 40.9	121 01.1	23 28.5	135 03.5	22 21.2	226 15.3	07 34.5
16	060 43.5	04 57.2	036 24.2	04 42.2	136 02.0	23 28.6	150 05.7	22 21.3	241 18.0	07 34.5
17	075 43.8	04 56.3	051 23.8	04 43.5	151 02.8	23 28.6	165 07.9	22 21.3	256 20.6	07 34.6
18	090 44.0	N04 55.3	066 23.5	S04 44.8	166 03.7	N23 28.6	180 10.2	N22 21.3	271 23.3	S07 34.7
19	105 44.2	04 54.4	081 23.2	04 46.0	181 04.5	23 28.6	195 12.4	22 21.3	286 25.9	07 34.8
20	120 44.4	04 53.5	096 22.9	04 47.3	196 05.4	23 28.6	210 14.6	22 21.3	301 28.5	07 34.8
21	135 44.6	04 52.5	111 22.5	04 48.6	211 06.2	23 28.6	225 16.8	22 21.3	316 31.2	07 34.9
22	150 44.9	04 51.6	126 22.2	04 49.9	226 07.1	23 28.6	240 19.0	22 21.3	331 33.8	07 35.0
23	165 45.1	04 50.6	141 21.9	04 51.1	241 07.9	23 28.7	255 21.2	22 21.3	346 36.5	07 35.1
Δ	Δ 1.2	Δ -0.9	Δ 0.7	Δ +1.3	Δ 1.8	Δ 0.0	Δ 3.2	Δ 0.0	Δ 3.6	Δ +0.1

9月10日　农历八月初八　星期二

UT (h)	太阳 Sun 15'.9 G.H.A.	赤纬 Dec.	金星 Venus G.H.A.	赤纬 Dec.	火星 Mars G.H.A.	赤纬 Dec.	木星 Jupiter G.H.A.	赤纬 Dec.	土星 Saturn G.H.A.	赤纬 Dec.
00	180 45.3	N04 49.7	156 21.6	S04 52.4	256 08.8	N23 28.7	270 23.5	N22 21.4	001 39.1	S07 35.1
01	195 45.5	04 48.7	171 21.2	04 53.7	271 09.6	23 28.7	285 25.7	22 21.4	016 41.7	07 35.2
02	210 45.7	04 47.8	186 20.9	04 55.0	286 10.5	23 28.7	300 27.9	22 21.4	031 44.4	07 35.3
03	225 45.9	04 46.8	201 20.6	04 56.2	301 11.3	23 28.7	315 30.1	22 21.4	046 47.0	07 35.4
04	240 46.2	04 45.9	216 20.3	04 57.5	316 12.2	23 28.7	330 32.3	22 21.4	061 49.7	07 35.4
05	255 46.4	04 44.9	231 19.9	04 58.8	331 13.0	23 28.7	345 34.5	22 21.4	076 52.3	07 35.5
06	270 46.6	N04 44.0	246 19.6	S05 00.1	346 13.9	N23 28.8	000 36.8	N22 21.5	091 54.9	S07 35.6
07	285 46.8	04 43.0	261 19.3	05 01.3	001 14.7	23 28.8	015 39.0	22 21.5	106 57.6	07 35.7
08	300 47.0	04 42.1	276 19.0	05 02.6	016 15.6	23 28.8	030 41.2	22 21.5	122 00.2	07 35.8
09	315 47.3	04 41.1	291 18.6	05 03.9	031 16.4	23 28.8	045 43.4	22 21.5	137 02.9	07 35.8
10	330 47.5	04 40.2	306 18.3	05 05.2	046 17.3	23 28.8	060 45.6	22 21.5	152 05.5	07 35.9
11	345 47.7	04 39.2	321 18.0	05 06.4	061 18.2	23 28.8	075 47.9	22 21.6	167 08.2	07 36.0
12	000 47.9	N04 38.3	336 17.7	S05 07.7	076 19.0	N23 28.8	090 50.1	N22 21.6	182 10.8	S07 36.1
13	015 48.1	04 37.3	351 17.3	05 09.0	091 19.9	23 28.9	105 52.3	22 21.6	197 13.4	07 36.1
14	030 48.4	04 36.4	006 17.0	05 10.2	106 20.7	23 28.9	120 54.5	22 21.6	212 16.1	07 36.2
15	045 48.6	04 35.4	021 16.7	05 11.5	121 21.6	23 28.9	135 56.8	22 21.6	227 18.7	07 36.3
16	060 48.8	04 34.5	036 16.4	05 12.8	136 22.4	23 28.9	150 59.0	22 21.6	242 21.4	07 36.4
17	075 49.0	04 33.5	051 16.0	05 14.1	151 23.3	23 28.9	166 01.2	22 21.6	257 24.0	07 36.4
18	090 49.2	N04 32.6	066 15.7	S05 15.3	166 24.2	N23 28.9	181 03.4	N22 21.6	272 26.6	S07 36.5
19	105 49.5	04 31.6	081 15.4	05 16.6	181 25.0	23 28.9	196 05.7	22 21.7	287 29.3	07 36.6
20	120 49.7	04 30.7	096 15.0	05 17.9	196 25.9	23 28.9	211 07.9	22 21.7	302 31.9	07 36.7
21	135 49.9	04 29.7	111 14.7	05 19.2	211 26.7	23 28.9	226 10.1	22 21.7	317 34.6	07 36.7
22	150 50.1	04 28.8	126 14.4	05 20.4	226 27.6	23 28.9	241 12.3	22 21.7	332 37.2	07 36.8
23	165 50.3	04 27.8	141 14.1	05 21.7	241 28.4	23 28.9	256 14.5	22 21.7	347 39.8	07 36.9
Δ	Δ 1.2	Δ -0.9	Δ 0.7	Δ +1.3	Δ 1.9	Δ 0.0	Δ 3.2	Δ 0.0	Δ 3.6	Δ +0.1

9月11日　农历八月初九　星期三

UT (h)	太阳 Sun 15'.9 G.H.A.	赤纬 Dec.	金星 Venus G.H.A.	赤纬 Dec.	火星 Mars G.H.A.	赤纬 Dec.	木星 Jupiter G.H.A.	赤纬 Dec.	土星 Saturn G.H.A.	赤纬 Dec.
00	180 50.6	N04 26.9	156 13.7	S05 23.0	256 29.3	N23 28.9	271 16.8	N22 21.7	002 42.5	S07 37.0
01	195 50.8	04 25.9	171 13.4	05 24.2	271 30.2	23 29.0	286 19.0	22 21.7	017 45.1	07 37.0
02	210 51.0	04 25.0	186 13.1	05 25.5	286 31.0	23 29.0	301 21.2	22 21.8	032 47.8	07 37.1
03	225 51.2	04 24.0	201 12.7	05 26.8	301 31.9	23 29.0	316 23.5	22 21.8	047 50.4	07 37.2
04	240 51.4	04 23.1	216 12.4	05 28.0	316 32.7	23 29.0	331 25.7	22 21.8	062 53.0	07 37.3
05	255 51.7	04 22.1	231 12.1	05 29.3	331 33.6	23 29.0	346 27.9	22 21.8	077 55.7	07 37.4
06	270 51.9	N04 21.2	246 11.7	S05 30.6	346 34.5	N23 29.0	001 30.1	N22 21.8	092 58.3	S07 37.4
07	285 52.1	04 20.2	261 11.4	05 31.9	001 35.3	23 29.0	016 32.4	22 21.8	108 01.0	07 37.5
08	300 52.3	04 19.3	276 11.1	05 33.1	016 36.2	23 29.0	031 34.6	22 21.9	123 03.6	07 37.6
09	315 52.5	04 18.3	291 10.8	05 34.4	031 37.1	23 29.0	046 36.8	22 21.9	138 06.3	07 37.7
10	330 52.8	04 17.3	306 10.4	05 35.7	046 37.9	23 29.0	061 39.0	22 21.9	153 08.9	07 37.7
11	345 53.0	04 16.4	321 10.1	05 36.9	061 38.8	23 29.0	076 41.3	22 21.9	168 11.5	07 37.8
12	000 53.2	N04 15.4	336 09.8	S05 38.2	076 39.6	N23 29.0	091 43.5	N22 21.9	183 14.2	S07 37.9
13	015 53.4	04 14.5	351 09.5	05 39.5	091 40.5	23 29.0	106 45.7	22 21.9	198 16.8	07 38.0
14	030 53.7	04 13.5	006 09.1	05 40.7	106 41.4	23 29.0	121 48.0	22 22.0	213 19.5	07 38.0
15	045 53.9	04 12.6	021 08.8	05 42.0	121 42.2	23 29.1	136 50.2	22 22.0	228 22.1	07 38.1
16	060 54.1	04 11.6	036 08.5	05 43.3	136 43.1	23 29.1	151 52.4	22 22.0	243 24.7	07 38.2
17	075 54.3	04 10.7	051 08.1	05 44.5	151 44.0	23 29.1	166 54.7	22 22.0	258 27.4	07 38.2
18	090 54.5	N04 09.7	066 07.8	S05 45.8	166 44.8	N23 29.1	181 56.9	N22 22.0	273 30.0	S07 38.3
19	105 54.8	04 08.8	081 07.5	05 47.1	181 45.7	23 29.1	196 59.1	22 22.0	288 32.7	07 38.4
20	120 55.0	04 07.8	096 07.1	05 48.3	196 46.6	23 29.1	212 01.3	22 22.1	303 35.3	07 38.5
21	135 55.2	04 06.9	111 06.8	05 49.6	211 47.4	23 29.1	227 03.6	22 22.1	318 37.9	07 38.6
22	150 55.4	04 05.9	126 06.5	05 50.9	226 48.3	23 29.1	242 05.8	22 22.1	333 40.6	07 38.6
23	165 55.6	04 05.0	141 06.1	05 52.2	241 49.2	23 29.1	257 08.0	22 22.1	348 43.2	07 38.7
Δ	Δ 1.2	Δ -1.0	Δ 0.7	Δ +1.3	Δ 1.9	Δ 0.0	Δ 3.2	Δ 0.0	Δ 3.6	Δ +0.1

天 体 位 置，2024 年

HOURLY ASTRONOMICAL ELEMENTS OF SUN, MOON AND PLANETS, 2024

9月 9, 10, 11日　积日 253, 254, 255　　　　　　　Sept 9, 10, 11　Date of Year 253, 254, 255

世界时 UT	春分点 Aries G.H.A.	月亮 Moon G.H.A.	△	赤纬 Dec.	△
h	° ′	° ′	′	° ′	′
9月9日 农历八月初七 星期一					
00	348 32.1	120 48.9	12.8	S21 37.5	+09.9
01	003 34.6	135 20.7	12.8	21 47.4	09.8
02	018 37.0	149 52.5	12.6	21 57.2	09.6
03	033 39.5	164 24.1	12.6	22 07.0	09.6
04	048 42.0	178 55.7	12.5	22 16.6	09.6
05	063 44.4	193 27.2	12.3	22 26.2	09.5
06	078 46.9	207 58.5	12.3	S22 35.7	+09.3
07	093 49.4	222 29.8	12.2	22 45.0	09.3
08	108 51.8	237 01.0	12.1	22 54.3	09.2
09	123 54.3	251 32.1	12.0	23 03.5	09.1
10	138 56.8	266 03.1	11.9	23 12.6	09.1
11	153 59.2	280 34.0	11.9	23 21.6	08.9
12	169 01.7	295 04.9	11.7	S23 30.5	+08.8
13	184 04.1	309 35.6	11.6	23 39.3	08.7
14	199 06.6	324 06.2	11.6	23 48.0	08.5
15	214 09.1	338 36.8	11.4	23 56.5	08.5
16	229 11.5	353 07.2	11.3	24 05.0	08.4
17	244 14.0	007 37.5	11.3	24 13.4	08.3
18	259 16.5	022 07.8	11.2	S24 21.7	+08.2
19	274 18.9	036 38.0	11.0	24 29.9	08.0
20	289 21.4	051 08.0	11.0	24 37.9	08.0
21	304 23.9	065 38.0	10.8	24 45.9	07.8
22	319 26.3	080 07.8	10.8	24 53.7	07.7
23	334 28.8	094 37.6	10.7	25 01.4	07.6
9月10日 农历八月初八 星期二					
00	349 31.3	109 07.3	10.6	S25 09.0	+07.5
01	004 33.7	123 36.9	10.6	25 16.5	07.4
02	019 36.2	138 06.4	10.4	25 23.9	07.3
03	034 38.6	152 35.8	10.2	25 31.2	07.1
04	049 41.1	167 05.0	10.2	25 38.3	07.1
05	064 43.6	181 34.2	10.1	25 45.4	06.9
06	079 46.0	196 03.3	10.0	S25 52.3	+06.8
07	094 48.5	210 32.3	10.0	25 59.1	06.6
08	109 51.0	225 01.3	09.8	26 05.7	06.6
09	124 53.4	239 30.1	09.7	26 12.3	06.4
10	139 55.9	253 58.8	09.6	26 18.7	06.3
11	154 58.4	268 27.4	09.6	26 25.0	06.2
12	170 00.8	282 56.0	09.4	S26 31.2	+06.0
13	185 03.3	297 24.4	09.3	26 37.2	05.9
14	200 05.8	311 52.7	09.3	26 43.1	05.8
15	215 08.2	326 21.0	09.2	26 48.9	05.6
16	230 10.7	340 49.2	09.0	26 54.5	05.6
17	245 13.1	355 17.2	09.0	27 00.1	05.3
18	260 15.6	009 45.2	08.9	S27 05.4	+05.3
19	275 18.1	024 13.1	08.8	27 10.7	05.1
20	290 20.5	038 40.9	08.7	27 15.8	05.0
21	305 23.0	053 08.6	08.6	27 20.8	04.8
22	320 25.5	067 36.2	08.6	27 25.6	04.7
23	335 27.9	082 03.8	08.4	27 30.3	04.6
9月11日 农历八月初九 星期三					
00	350 30.4	096 31.2	08.4	S27 34.9	+04.4
01	005 32.9	110 58.6	08.2	27 39.3	04.2
02	020 35.3	125 25.8	08.2	27 43.5	04.2
03	035 37.8	139 53.0	08.1	27 47.7	03.9
04	050 40.2	154 20.1	08.1	27 51.6	03.9
05	065 42.7	168 47.2	07.9	27 55.5	03.7
06	080 45.2	183 14.1	07.9	S27 59.2	+03.5
07	095 47.6	197 41.0	07.7	28 02.7	03.4
08	110 50.1	212 07.7	07.7	28 06.1	03.2
09	125 52.6	226 34.4	07.7	28 09.3	03.1
10	140 55.0	241 01.1	07.5	28 12.4	02.9
11	155 57.5	255 27.6	07.5	28 15.3	02.8
12	171 00.0	269 54.1	07.4	S28 18.1	+02.7
13	186 02.4	284 20.5	07.3	28 20.8	02.4
14	201 04.9	298 46.8	07.3	28 23.2	02.3
15	216 07.4	313 13.1	07.2	28 25.5	02.2
16	231 09.8	327 39.3	07.1	28 27.7	02.0
17	246 12.3	342 05.4	07.0	28 29.7	01.8
18	261 14.7	356 31.4	07.0	S28 31.5	+01.7
19	276 17.2	010 57.4	06.9	28 33.2	01.5
20	291 19.7	025 23.3	06.9	28 34.7	01.3
21	306 22.1	039 49.2	06.7	28 36.1	01.2
22	321 24.6	054 15.0	06.7	28 37.3	01.0
23	336 27.1	068 40.7	06.7	28 38.3	00.9

晨光始 Twilight / 日出 Sunrise / 月出 Moonrise

纬度 Lat.	航海 Naut.	民用 Civil	9日	10日	11日	8日	9日	10日	11日
°	h m	h m	h m	h m	h m	h m	h m	h m	h m
N70	02 08	03 47	04 50	04 54	04 58	■	■	■	■
68	02 38	04 01	04 57	05 00	05 04	13 54	■	■	■
66	02 59	04 11	05 02	05 06	05 09	13 13	■	■	■
64	03 16	04 20	05 07	05 10	05 13	12 46	14 49	■	■
62	03 29	04 28	05 11	05 14	05 16	12 25	14 10	16 12	■
60	03 40	04 34	05 15	05 17	05 19	12 08	13 43	15 22	16 55
N58	03 50	04 40	05 18	05 20	05 22	11 53	13 22	14 52	16 13
56	03 58	04 44	05 21	05 23	05 25	11 41	13 05	14 28	15 44
54	04 05	04 49	05 23	05 25	05 27	11 31	12 50	14 09	15 22
52	04 11	04 53	05 25	05 27	05 29	11 21	12 38	13 54	15 04
50	04 17	04 56	05 27	05 29	05 30	11 13	12 27	13 40	14 48
45	04 28	05 03	05 32	05 33	05 34	10 55	12 04	13 12	14 17
N40	04 37	05 09	05 36	05 37	05 37	10 41	11 45	12 50	13 53
35	04 44	05 14	05 39	05 39	05 40	10 29	11 30	12 32	13 33
30	04 50	05 18	05 42	05 42	05 43	10 18	11 17	12 16	13 16
20	04 58	05 24	05 46	05 46	05 46	10 01	10 54	11 50	12 48
N10	05 04	05 29	05 50	05 50	05 50	09 45	10 35	11 28	12 24
0	05 09	05 33	05 54	05 54	05 53	09 31	10 17	11 07	12 01
S10	05 11	05 36	05 57	05 57	05 56	09 16	09 59	10 46	11 38
20	05 13	05 38	06 01	06 00	05 59	09 01	09 40	10 24	11 14
30	05 12	05 40	06 05	06 04	06 03	08 44	09 18	09 58	10 46
35	05 12	05 41	06 07	06 06	06 05	08 33	09 05	09 43	10 29
40	05 10	05 41	06 10	06 08	06 07	08 22	08 51	09 26	10 10
45	05 08	05 42	06 13	06 11	06 09	08 09	08 33	09 05	09 47
S50	05 05	05 42	06 16	06 14	06 12	07 52	08 12	08 39	09 17
52	05 03	05 42	06 18	06 16	06 13	07 45	08 02	08 26	09 02
54	05 01	05 42	06 20	06 17	06 15	07 36	07 50	08 12	08 45
S56	04 59	05 42	06 22	06 19	06 17	07 27	07 38	07 55	08 24

日没 Sunset / 昏影终 Twilight / 月没 Moonset

纬度 Lat.	9日	10日	11日	民用 Civil	航海 Naut.	8日	9日	10日	11日
°	h m	h m	h m	h m	h m	h m	h m	h m	h m
N70	19 02	18 57	18 52	18 52	21 39	■	■	■	■
68	18 55	18 51	18 47	19 50	21 11	17 11	■	■	■
66	18 50	18 46	18 42	19 40	20 51	17 53	■	■	■
64	18 45	18 42	18 38	19 31	20 35	18 22	17 56	■	■
62	18 42	18 38	18 35	19 24	20 22	18 44	18 36	18 20	■
60	18 38	18 35	18 32	19 18	20 11	19 02	19 04	19 10	19 32
N58	18 35	18 32	18 29	19 12	20 02	19 17	19 25	19 41	20 14
56	18 32	18 30	18 27	19 08	19 54	19 30	19 43	20 05	20 43
54	18 30	18 28	18 25	19 03	19 47	19 41	19 58	20 24	21 05
52	18 28	18 25	18 23	19 00	19 41	19 51	20 11	20 40	21 23
50	18 26	18 24	18 21	18 56	19 36	20 00	20 23	20 54	21 39
45	18 22	18 20	18 18	18 49	19 25	20 19	20 47	21 23	22 10
N40	18 18	18 16	18 14	18 44	19 16	20 34	21 06	21 45	22 34
35	18 15	18 14	18 12	18 39	19 09	20 48	21 22	22 04	22 54
30	18 12	18 11	18 10	18 35	19 03	20 59	21 36	22 22	23 11
20	18 08	18 07	18 06	18 29	18 55	21 19	22 00	22 47	23 40
N10	18 04	18 03	18 03	18 24	18 49	21 36	22 21	23 10	——
0	18 00	18 00	18 00	18 21	18 45	21 52	22 40	23 32	——
S10	17 57	17 57	17 57	18 18	18 42	22 09	23 00	23 54	——
20	17 53	17 54	17 54	18 16	18 41	22 26	23 21	——	00 18
30	17 50	17 50	17 51	18 14	18 42	22 46	23 45	——	00 45
35	17 47	17 48	17 49	18 13	18 43	22 58	24 00	——	01 02
40	17 44	17 46	17 47	18 13	18 43	23 12	——	00 16	01 21
45	17 42	17 43	17 44	18 13	18 47	23 28	——	00 36	01 43
S50	17 39	17 40	17 42	18 12	18 50	23 48	——	01 02	02 13
52	17 37	17 39	17 40	18 12	18 52	23 58	——	01 14	02 28
54	17 36	17 37	17 39	18 13	18 54	——	00 09	01 28	02 44
S56	17 34	17 36	17 38	18 13	18 56	——	00 21	01 44	03 05

	太阳 Sun	金星 Venus	火星 Mars	木星 Jupiter	土星 Saturn
	h m	h m	h m	h m	h m
中天 Mer.Pass.	11 57	13 35	06 55	05 58	23 49
视差 Parallax	0′.15	0′.1	0′.1	0′.0	0′.0
赤经 R.A.		193° 09′.7	093° 22′.5	079° 07′.8	347° 52′.2

日期 Date	时差（视时减平时）Eqn. of time		月亮 Moon 上中天 UMP	下中天 LMP	半径 Radius		视差 Parallax	
	m	s	h m	h m	0h	12h	0h	12h
9	+02	40	16 28	04 04	14.9	15.0	54.7	54.9
10	+03	01	17 20	04 53	15.0	15.1	55.2	55.5
11	+03	22	18 14	05 47	15.2	15.3	55.9	56.3

天 体 位 置， 2024 年

HOURLY ASTRONOMICAL ELEMENTS OF SUN, MOON AND PLANETS, 2024

9 月 12，13，14 日　　　积日 256，257，258　　　　　　　　　Sept 12，13，14　　Date of Year 256，257，258

世界时 UT	太阳 Sun 15'.9		金星 Venus		火星 Mars		木星 Jupiter		土星 Saturn		世界时 UT
	格林时角 G.H.A.	赤纬 Dec.	格林时角 G.H.A.	赤纬 Dec.	格林时角 G.H.A.	赤纬 Dec.	格林时角 G.H.A.	赤纬 Dec.	格林时角 G.H.A.	赤纬 Dec.	
h	° '	° '	° '	° '	° '	° '	° '	° '	° '	° '	h
00	180 55.9	N04 04.0	156 05.8	S05 53.4	256 50.0	N23 29.1	272 10.3	N22 22.1	003 45.9	S07 38.8	00
01	195 56.1	04 03.0	171 05.5	05 54.7	271 50.9	23 29.1	287 12.5	22 22.1	018 48.5	07 38.9	01
02	210 56.3	04 02.1	186 05.1	05 56.0	286 51.8	23 29.1	302 14.7	22 22.1	033 51.1	07 38.9	02
03	225 56.5	04 01.1	201 04.8	05 57.2	301 52.6	23 29.1	317 17.0	22 22.1	048 53.8	07 39.0	03
04	240 56.8	04 00.2	216 04.5	05 58.5	316 53.5	23 29.1	332 19.2	22 22.2	063 56.4	07 39.1	04
05	255 57.0	03 59.2	231 04.1	05 59.7	331 54.4	23 29.1	347 21.4	22 22.2	078 59.1	07 39.2	05
06	270 57.2	N03 58.3	246 03.8	S06 01.0	346 55.2	N23 29.1	002 23.7	N22 22.2	094 01.7	S07 39.2	06
07	285 57.4	03 57.3	261 03.5	06 02.3	001 56.1	23 29.1	017 25.9	22 22.2	109 04.4	07 39.3	07
08	300 57.6	03 56.4	276 03.1	06 03.5	016 57.0	23 29.1	032 28.1	22 22.2	124 07.0	07 39.4	08
09	315 57.9	03 55.4	291 02.8	06 04.8	031 57.8	23 29.1	047 30.4	22 22.2	139 09.6	07 39.5	09
10	330 58.1	03 54.5	306 02.5	06 06.1	046 58.7	23 29.1	062 32.6	22 22.3	154 12.3	07 39.5	10
11	345 58.3	03 53.5	321 02.1	06 07.3	061 59.6	23 29.1	077 34.9	22 22.3	169 14.9	07 39.6	11
12	000 58.5	N03 52.5	336 01.8	S06 08.6	077 00.5	N23 29.1	092 37.1	N22 22.3	184 17.6	S07 39.7	12
13	015 58.7	03 51.6	351 01.5	06 09.9	092 01.3	23 29.1	107 39.3	22 22.3	199 20.2	07 39.8	13
14	030 59.0	03 50.6	006 01.1	06 11.1	107 02.2	23 29.1	122 41.6	22 22.3	214 22.8	07 39.8	14
15	045 59.2	03 49.7	021 00.8	06 12.4	122 03.1	23 29.1	137 43.8	22 22.3	229 25.5	07 39.9	15
16	060 59.4	03 48.7	036 00.5	06 13.7	137 03.9	23 29.1	152 46.0	22 22.3	244 28.1	07 40.0	16
17	075 59.6	03 47.8	051 00.1	06 14.9	152 04.8	23 29.1	167 48.3	22 22.3	259 30.8	07 40.1	17
18	090 59.8	N03 46.8	065 59.8	S06 16.2	167 05.7	N23 29.1	182 50.5	N22 22.4	274 33.4	S07 40.1	18
19	106 00.1	03 45.8	080 59.5	06 17.4	182 06.6	23 29.1	197 52.8	22 22.4	289 36.0	07 40.2	19
20	121 00.3	03 44.9	095 59.1	06 18.7	197 07.4	23 29.1	212 55.0	22 22.4	304 38.7	07 40.3	20
21	136 00.5	03 43.9	110 58.8	06 20.0	212 08.3	23 29.1	227 57.2	22 22.4	319 41.3	07 40.4	21
22	151 00.7	03 43.0	125 58.5	06 21.2	227 09.2	23 29.1	242 59.5	22 22.4	334 44.0	07 40.4	22
23	166 01.0	03 42.0	140 58.1	06 22.5	242 10.0	23 29.1	258 01.7	22 22.4	349 46.6	07 40.5	23
	△1.2	△ −1.0	△0.7	△ +1.3	△1.9	△ 0.0	△3.2	△ 0.0	△3.6	△ +0.1	
00	181 01.2	N03 41.1	155 57.8	S06 23.8	257 10.9	N23 29.1	273 04.0	N22 22.4	004 49.2	S07 40.6	00
01	196 01.4	03 40.1	170 57.5	06 25.0	272 11.8	23 29.1	288 06.2	22 22.5	019 51.9	07 40.7	01
02	211 01.6	03 39.1	185 57.1	06 26.3	287 12.7	23 29.1	303 08.4	22 22.5	034 54.5	07 40.7	02
03	226 01.9	03 38.2	200 56.8	06 27.5	302 13.5	23 29.1	318 10.7	22 22.5	049 57.2	07 40.8	03
04	241 02.1	03 37.2	215 56.4	06 28.8	317 14.4	23 29.1	333 12.9	22 22.5	064 59.8	07 40.9	04
05	256 02.3	03 36.3	230 56.1	06 30.1	332 15.3	23 29.1	348 15.2	22 22.5	080 02.4	07 41.0	05
06	271 02.5	N03 35.3	245 55.8	S06 31.3	347 16.2	N23 29.1	003 17.4	N22 22.5	095 05.1	S07 41.0	06
07	286 02.8	03 34.4	260 55.4	06 32.6	002 17.1	23 29.0	018 19.6	22 22.5	110 07.7	07 41.1	07
08	301 03.0	03 33.4	275 55.1	06 33.8	017 17.9	23 29.0	033 21.9	22 22.5	125 10.4	07 41.2	08
09	316 03.2	03 32.4	290 54.8	06 35.1	032 18.8	23 29.0	048 24.1	22 22.6	140 13.0	07 41.3	09
10	331 03.4	03 31.5	305 54.4	06 36.4	047 19.7	23 29.0	063 26.4	22 22.6	155 15.6	07 41.4	10
11	346 03.6	03 30.5	320 54.1	06 37.6	062 20.6	23 29.0	078 28.6	22 22.6	170 18.3	07 41.4	11
12	001 03.9	N03 29.6	335 53.7	S06 38.9	077 21.4	N23 29.0	093 30.9	N22 22.6	185 20.9	S07 41.5	12
13	016 04.1	03 28.6	350 53.4	06 40.1	092 22.3	23 29.0	108 33.1	22 22.6	200 23.6	07 41.6	13
14	031 04.3	03 27.7	005 53.1	06 41.4	107 23.2	23 29.0	123 35.4	22 22.6	215 26.2	07 41.6	14
15	046 04.5	03 26.7	020 52.7	06 42.7	122 24.1	23 29.0	138 37.6	22 22.6	230 28.8	07 41.7	15
16	061 04.8	03 25.7	035 52.4	06 43.9	137 25.0	23 29.0	153 39.8	22 22.7	245 31.5	07 41.8	16
17	076 05.0	03 24.8	050 52.1	06 45.2	152 25.8	23 29.0	168 42.1	22 22.7	260 34.1	07 41.9	17
18	091 05.2	N03 23.8	065 51.7	S06 46.4	167 26.7	N23 29.0	183 44.3	N22 22.7	275 36.8	S07 41.9	18
19	106 05.4	03 22.9	080 51.4	06 47.7	182 27.6	23 29.0	198 46.6	22 22.7	290 39.4	07 42.0	19
20	121 05.7	03 21.9	095 51.0	06 48.9	197 28.5	23 29.0	213 48.8	22 22.7	305 42.0	07 42.1	20
21	136 05.9	03 20.9	110 50.7	06 50.2	212 29.4	23 29.0	228 51.1	22 22.7	320 44.7	07 42.2	21
22	151 06.1	03 20.0	125 50.4	06 51.5	227 30.2	23 29.0	243 53.3	22 22.8	335 47.3	07 42.2	22
23	166 06.3	03 19.0	140 50.0	06 52.7	242 31.1	23 28.9	258 55.6	22 22.8	350 50.0	07 42.3	23
	△1.2	△ −1.0	△0.7	△ +1.3	△1.9	△ 0.0	△3.2	△ 0.0	△3.6	△ +0.1	
00	181 06.5	N03 18.1	155 49.7	S06 54.0	257 32.0	N23 28.9	273 57.8	N22 22.8	005 52.6	S07 42.4	00
01	196 06.8	03 17.1	170 49.3	06 55.2	272 32.9	23 28.9	289 00.1	22 22.8	020 55.3	07 42.5	01
02	211 07.0	03 16.1	185 49.0	06 56.5	287 33.8	23 28.9	304 02.3	22 22.8	035 57.9	07 42.5	02
03	226 07.2	03 15.2	200 48.6	06 57.7	302 34.7	23 28.9	319 04.6	22 22.8	051 00.5	07 42.6	03
04	241 07.4	03 14.2	215 48.3	06 59.0	317 35.5	23 28.9	334 06.8	22 22.8	066 03.2	07 42.7	04
05	256 07.7	03 13.3	230 47.9	07 00.2	332 36.4	23 28.9	349 09.1	22 22.8	081 05.8	07 42.8	05
06	271 07.9	N03 12.3	245 47.6	S07 01.5	347 37.3	N23 28.9	004 11.3	N22 22.9	096 08.4	S07 42.8	06
07	286 08.1	03 11.3	260 47.3	07 02.8	002 38.2	23 28.9	019 13.6	22 22.9	111 11.1	07 42.9	07
08	301 08.3	03 10.4	275 46.9	07 04.0	017 39.1	23 28.9	034 15.8	22 22.9	126 13.7	07 43.0	08
09	316 08.6	03 09.4	290 46.6	07 05.3	032 40.0	23 28.8	049 18.1	22 22.9	141 16.4	07 43.1	09
10	331 08.8	03 08.5	305 46.3	07 06.5	047 40.8	23 28.8	064 20.3	22 22.9	156 19.0	07 43.1	10
11	346 09.0	03 07.5	320 45.9	07 07.8	062 41.7	23 28.8	079 22.6	22 22.9	171 21.6	07 43.2	11
12	001 09.2	N03 06.5	335 45.6	S07 09.0	077 42.6	N23 28.8	094 24.8	N22 22.9	186 24.3	S07 43.3	12
13	016 09.5	03 05.6	350 45.2	07 10.3	092 43.5	23 28.8	109 27.1	22 22.9	201 26.9	07 43.4	13
14	031 09.7	03 04.6	005 44.9	07 11.5	107 44.4	23 28.8	124 29.3	22 23.0	216 29.6	07 43.4	14
15	046 09.9	03 03.7	020 44.5	07 12.8	122 45.3	23 28.8	139 31.6	22 23.0	231 32.2	07 43.5	15
16	061 10.1	03 02.7	035 44.2	07 14.0	137 46.2	23 28.8	154 33.8	22 23.0	246 34.8	07 43.6	16
17	076 10.3	03 01.7	050 43.8	07 15.3	152 47.1	23 28.8	169 36.1	22 23.0	261 37.5	07 43.7	17
18	091 10.6	N03 00.8	065 43.5	S07 16.5	167 47.9	N23 28.7	184 38.3	N22 23.0	276 40.1	S07 43.7	18
19	106 10.8	02 59.8	080 43.2	07 17.8	182 48.8	23 28.7	199 40.6	22 23.0	291 42.8	07 43.8	19
20	121 11.0	02 58.9	095 42.8	07 19.0	197 49.7	23 28.7	214 42.8	22 23.0	306 45.4	07 43.9	20
21	136 11.2	02 57.9	110 42.5	07 20.3	212 50.6	23 28.7	229 45.1	22 23.0	321 48.0	07 44.0	21
22	151 11.5	02 56.9	125 42.1	07 21.5	227 51.5	23 28.7	244 47.4	22 23.1	336 50.7	07 44.0	22
23	166 11.7	02 56.0	140 41.8	07 22.8	242 52.4	23 28.7	259 49.6	22 23.1	351 53.3	07 44.1	23
	△1.2	△ −1.0	△0.7	△ +1.3	△1.9	△ 0.0	△3.3	△ 0.0	△3.6	△ +0.1	

9 月 12 日 农历八月初十 星期四
9 月 13 日 农历八月十一 星期五
9 月 14 日 农历八月十二 星期六

天 体 位 置， 2024 年

HOURLY ASTRONOMICAL ELEMENTS OF SUN, MOON AND PLANETS, 2024

9 月 12, 13, 14 日　　积日 256, 257, 258　　　　　　　　　　　　Sept 12, 13, 14　　Date of Year 256, 257, 258

世界时 UT	春分点 Aries 格林时角 G.H.A.	月　亮　Moon 格林时角 G.H.A.	△	赤纬 Dec.	△	纬度 Lat.	晨光始 Twilight 航海 Naut.	民用 Civil	日出 Sunrise 12 日	13 日	14 日	月出 Moonrise 11 日	12 日	13 日	14 日
h	° ′	° ′	′	° ′	′	°	h m	h m	h m	h m	h m	h m	h m	h m	h m
00	351 29.5	083 06.4	06.6	S28 39.2	+00.7	N70	02 29	04 01	05 02	05 06	05 10	■■■	■■■	■■■	■■■
01	006 32.0	097 32.0	06.6	28 39.9	00.5	68	02 54	04 12	05 07	05 11	05 14	■■■	■■■	■■■	■■■
02	021 34.5	111 57.6	06.5	28 40.4	00.4	66	03 12	04 22	05 12	05 15	05 18	■■■	■■■	■■■	19 57
03	036 36.9	126 23.1	06.5	28 40.8	+00.2	64	03 27	04 29	05 16	05 18	05 21	■■■	■■■	13 46	19 10
04	051 39.4	140 48.6	06.4	28 41.0	00.0	62	03 39	04 36	05 19	05 21	05 24	■■■	■■■	18 52	18 39
05	066 41.9	155 14.0	06.3	28 41.0	-00.1	60	03 49	04 42	05 22	05 24	05 26	16 55	17 51	18 10	18 16
9月12日 农历八月初十 星期四 06	081 44.3	169 39.3	06.3	S28 40.9	-00.3	N58	03 57	04 46	05 24	05 26	05 29	16 13	17 10	17 41	17 57
07	096 46.8	184 04.6	06.3	28 40.6	00.5	56	04 05	04 51	05 26	05 28	05 30	15 44	16 42	17 19	17 41
08	111 49.2	198 29.9	06.2	28 40.1	00.6	54	04 11	04 54	05 28	05 30	05 32	15 22	16 20	17 01	17 27
09	126 51.7	212 55.1	06.2	28 39.5	00.8	52	04 17	04 58	05 30	05 32	05 34	15 04	16 02	16 45	17 15
10	141 54.2	227 20.3	06.2	28 38.7	01.0	50	04 22	05 01	05 32	05 33	05 35	14 48	15 47	16 32	17 05
11	156 56.6	241 45.5	06.1	28 37.7	01.1	45	04 32	05 07	05 35	05 37	05 38	14 17	15 16	16 04	16 42
12	171 59.1	256 10.6	06.1	S28 36.6	-01.4	N40	04 40	05 12	05 38	05 39	05 40	13 53	14 51	15 42	16 24
13	187 01.6	270 35.6	06.1	28 35.2	01.5	35	04 46	05 16	05 41	05 42	05 42	13 33	14 31	15 23	16 09
14	202 04.0	285 00.7	06.0	28 33.7	01.8	30	04 52	05 20	05 43	05 44	05 44	13 16	14 14	15 08	15 56
15	217 06.5	299 25.7	05.9	28 32.0	01.8	20	04 59	05 25	05 47	05 47	05 47	12 48	13 46	14 41	15 33
16	232 09.0	313 50.6	05.9	28 30.2	02.0	N10	05 04	05 29	05 50	05 50	05 50	12 24	13 21	14 18	15 13
17	247 11.4	328 15.6	05.9	28 28.2	02.2	0	05 08	05 32	05 53	05 52	05 52	12 01	12 58	13 57	14 55
18	262 13.9	342 40.5	05.8	S28 26.0	-02.4	S10	05 10	05 34	05 56	05 55	05 54	11 38	12 35	13 35	14 36
19	277 16.4	357 05.4	05.8	28 23.6	02.5	20	05 10	05 36	05 59	05 58	05 57	11 14	12 10	13 12	14 16
20	292 18.8	011 30.2	05.9	28 21.1	02.8	30	05 09	05 36	06 02	06 00	05 59	10 46	11 42	12 45	13 53
21	307 21.3	025 55.1	05.8	28 18.3	02.9	35	05 07	05 37	06 03	06 02	06 00	10 29	11 25	12 29	13 40
22	322 23.7	040 19.9	05.8	28 15.4	03.0	40	05 05	05 37	06 05	06 04	06 02	10 10	11 05	12 10	13 24
23	337 26.2	054 44.7	05.8	28 12.4	03.3	45	05 02	05 36	06 07	06 05	06 04	09 47	10 41	11 48	13 05
00	352 28.7	069 09.5	05.8	S28 09.1	-03.4	S50	04 58	05 36	06 10	06 08	06 06	09 17	10 10	11 19	12 41
01	007 31.1	083 34.3	05.7	28 05.7	03.6	52	04 56	05 35	06 11	06 09	06 06	09 02	09 54	11 05	12 30
02	022 33.6	097 59.0	05.7	28 02.1	03.8	54	04 54	05 35	06 12	06 10	06 07	08 45	09 36	10 48	12 17
9月13日 农历八月十一 星期五 03	037 36.1	112 23.8	05.7	27 58.3	04.0	S56	04 51	05 34	06 14	06 11	06 09	08 24	09 14	10 29	12 02
04	052 38.5	126 48.5	05.7	27 54.3	04.1										
05	067 41.0	141 13.3	05.7	27 50.2	04.3	纬度 Lat.	日没 Sunset 12 日	13 日	14 日	昏影终 Twilight 民用 Civil	航海 Naut.	月没 Moonset 11 日	12 日	13 日	14 日
06	082 43.5	155 38.0	05.7	S27 45.9	-04.5	°	h m	h m	h m	h m	h m	h m	h m	h m	h m
07	097 45.9	170 02.7	05.7	27 41.4	04.7	N70	18 48	18 43	18 38	19 47	21 17	■■■	■■■	■■■	■■■
08	112 48.4	184 27.4	05.8	27 36.7	04.8	68	18 43	18 38	18 34	19 36	20 54	■■■	■■■	■■■	■■■
09	127 50.8	198 52.2	05.7	27 31.9	05.1	66	18 38	18 35	18 31	19 27	20 36	■■■	■■■	■■■	22 36
10	142 53.3	213 16.9	05.7	27 26.8	05.2	64	18 35	18 31	18 28	19 20	20 22	■■■	■■■	23 23	23 23
11	157 55.8	227 41.6	05.7	27 21.6	05.3	62	18 32	18 28	18 25	19 14	20 10	■■■	21 38	23 52	23 52
12	172 58.2	242 06.3	05.8	S27 16.3	-05.6	60	18 29	18 26	18 23	19 08	20 01	19 32	20 36	22 20	— —
13	188 00.7	256 31.1	05.7	27 10.7	05.7	N58	18 27	18 24	18 21	19 04	19 52	20 14	21 17	22 48	— —
14	203 03.2	270 55.8	05.7	27 05.0	05.9	56	18 24	18 22	18 19	18 59	19 45	20 43	21 45	23 10	— —
15	218 05.6	285 20.6	05.8	26 59.1	06.1	54	18 22	18 20	18 18	18 56	19 39	21 05	22 07	23 28	— —
16	233 08.1	299 45.4	05.8	26 53.0	06.3	52	18 21	18 18	18 16	18 53	19 33	21 23	22 25	23 43	— —
17	248 10.6	314 10.2	05.8	26 46.7	06.4	50	18 19	18 17	18 16	18 50	19 29	21 39	22 40	23 56	— —
18	263 13.0	328 35.0	05.8	S26 40.3	-06.6	45	18 16	18 14	18 12	18 43	19 19	22 10	23 11	— —	00 23
19	278 15.5	342 59.8	05.8	26 33.7	06.6	N40	18 13	18 11	18 10	18 39	19 11	22 34	23 35	— —	00 44
20	293 18.0	357 24.6	05.9	26 26.9	06.9	35	18 11	18 09	18 08	18 35	19 04	22 54	23 54	— —	01 02
21	308 20.4	011 49.5	05.9	26 20.0	07.2	30	18 09	18 07	18 06	18 31	18 59	23 11	— —	00 11	01 17
22	323 22.9	026 14.4	05.9	26 12.8	07.3	20	18 05	18 04	18 03	18 26	18 52	23 40	— —	00 39	01 43
23	338 25.3	040 39.3	05.9	26 05.5	07.5	N10	18 02	18 02	18 01	18 22	18 47	— —	00 05	01 04	02 04
00	353 27.8	055 04.2	05.9	S25 58.0	-07.6	0	17 59	17 59	17 59	18 20	18 44	— —	00 28	01 26	02 25
01	008 30.3	069 29.1	06.0	25 50.4	07.8	S10	17 57	17 57	17 56	18 18	18 42	— —	00 51	01 49	02 45
02	023 32.7	083 54.1	06.0	25 42.6	08.0	20	17 54	17 54	17 54	18 16	18 42	00 18	01 16	02 13	03 06
9月14日 农历八月十二 星期六 03	038 35.2	098 19.1	06.1	25 34.6	08.2	30	17 51	17 52	17 52	18 17	18 43	00 45	01 44	02 40	03 31
04	053 37.7	112 44.2	06.1	25 26.4	08.3	35	17 49	17 50	17 51	18 15	18 45	01 02	02 01	02 57	03 46
05	068 40.1	127 09.3	06.1	25 18.1	08.5	40	17 47	17 47	17 48	18 16	18 47	01 21	02 21	03 16	04 02
06	083 42.6	141 34.4	06.1	S25 09.6	-08.7	45	17 44	17 45	17 46	18 16	18 50	01 43	02 45	03 39	04 22
07	098 45.1	155 59.5	06.2	25 00.9	08.8	S50	17 43	17 45	17 46	18 17	18 54	02 13	03 17	04 08	04 47
08	113 47.5	170 24.7	06.2	24 52.1	09.0	52	17 42	17 44	17 45	18 17	18 57	02 28	03 32	04 23	04 59
09	128 50.0	184 49.9	06.2	24 43.1	09.2	54	17 41	17 43	17 44	18 18	18 59	02 44	03 50	04 39	05 13
10	143 52.5	199 15.1	06.3	24 33.9	09.3	S56	17 39	17 41	17 43	18 18	19 02	03 05	04 12	04 59	05 28
11	158 54.9	213 40.4	06.4	24 24.6	09.5										
12	173 57.4	228 05.8	06.3	S24 15.1	-09.7		太阳 Sun		金星 Venus		火星 Mars		木星 Jupiter		土星 Saturn
13	188 59.8	242 31.1	06.4	24 05.4	09.8	中天 Mer.Pass.	h m 11 56		h m 13 36		h m 06 51		h m 05 47		h m 23 37
14	204 02.3	256 56.5	06.5	23 55.6	10.0	视差 Parallax	0′.15		0′.1		0′.1		0′.0		0′.0
15	219 04.8	271 22.0	06.5	23 45.6	10.2	赤经 R.A.			196° 30′.9		095° 17′.7		079° 24′.7		347° 39′.4
16	234 07.2	285 47.5	06.5	23 35.4	10.2										
17	249 09.7	300 13.0	06.6	23 25.1	10.4	日期 Date	时差（视减平时）Eqn. of time		月　亮　Moon 上中天 UMP	下中天 LMP	半径 Radius		视差 Parallax		
18	264 12.2	314 38.6	06.6	S23 14.7	-10.7		m s		h m	h m	0h	12h	0h	12h	
19	279 14.6	329 04.2	06.7	23 04.0	10.7	12	+03 43		19 12	06 43	15.4	15.6	56.7	57.1	
20	294 17.1	343 29.9	06.8	22 53.3	11.0	13	+04 05		20 11	07 41	15.7	15.8	57.6	58.1	
21	309 19.6	357 55.7	06.7	22 42.3	11.1	14	+04 26		21 09	08 40	16.0	16.1	58.6	59.0	
22	324 22.0	012 21.4	06.9	22 31.2	11.2										
23	339 24.5	026 47.3	06.8	22 20.0	11.4										

天 体 位 置，2024 年

HOURLY ASTRONOMICAL ELEMENTS OF SUN, MOON AND PLANETS, 2024

9月 18, 19, 20日　　积日 262, 263, 264　　　　　　　Sept 18, 19, 20　Date of Year 262, 263, 264

9月18日　农历八月十六　星期三

UT h	太阳 Sun 15'.9 G.H.A.	太阳 Dec.	金星 Venus G.H.A.	金星 Dec.	火星 Mars G.H.A.	火星 Dec.	木星 Jupiter G.H.A.	木星 Dec.	土星 Saturn G.H.A.	土星 Dec.	UT h
00	181 28.1	N01 45.5	155 15.9	S08 53.3	258 58.3	N23 27.0	277 35.1	N22 23.9	010 05.9	S07 49.5	00
01	196 28.3	01 44.6	170 15.6	08 54.5	273 59.2	23 27.0	292 37.4	22 23.9	025 08.6	07 49.6	01
02	211 28.5	01 43.6	185 15.2	08 55.8	289 00.1	23 27.0	307 39.7	22 23.9	040 11.2	07 49.6	02
03	226 28.7	01 42.6	200 14.8	08 57.0	304 01.0	23 26.9	322 42.0	22 24.0	055 13.8	07 49.7	03
04	241 29.0	01 41.7	215 14.5	08 58.2	319 01.9	23 26.9	337 44.3	22 24.0	070 16.5	07 49.7	04
05	256 29.2	01 40.7	230 14.1	08 59.4	334 02.8	23 26.9	352 46.6	22 24.0	085 19.1	07 49.9	05
06	271 29.4	N01 39.7	245 13.7	S09 00.7	349 03.7	N23 26.9	007 48.8	N22 24.0	100 21.8	S07 49.9	06
07	286 29.6	01 38.8	260 13.4	09 01.9	004 04.7	23 26.8	022 51.1	22 24.0	115 24.4	07 50.0	07
08	301 29.9	01 37.8	275 13.0	09 03.1	019 05.6	23 26.8	037 53.4	22 24.0	130 27.0	07 50.1	08
09	316 30.1	01 36.8	290 12.6	09 04.3	034 06.5	23 26.8	052 55.7	22 24.0	145 29.7	07 50.1	09
10	331 30.3	01 35.9	305 12.3	09 05.5	049 07.4	23 26.7	067 58.0	22 24.0	160 32.3	07 50.2	10
11	346 30.5	01 34.9	320 11.9	09 06.8	064 08.3	23 26.7	083 00.2	22 24.0	175 34.9	07 50.3	11
12	001 30.7	N01 33.9	335 11.5	S09 08.0	079 09.3	N23 26.7	098 02.5	N22 24.1	190 37.6	S07 50.4	12
13	016 31.0	01 32.9	350 11.2	09 09.2	094 10.2	23 26.6	113 04.8	22 24.1	205 40.2	07 50.4	13
14	031 31.2	01 32.0	005 10.8	09 10.5	109 11.1	23 26.6	128 07.1	22 24.1	220 42.9	07 50.5	14
15	046 31.4	01 31.0	020 10.4	09 11.7	124 12.0	23 26.6	143 09.4	22 24.1	235 45.5	07 50.6	15
16	061 31.6	01 30.0	035 10.1	09 12.9	139 12.9	23 26.5	158 11.7	22 24.1	250 48.1	07 50.7	16
17	076 31.9	01 29.1	050 09.7	09 14.1	154 13.9	23 26.5	173 14.0	22 24.1	265 50.8	07 50.7	17
18	091 32.1	N01 28.1	065 09.3	S09 15.4	169 14.8	N23 26.5	188 16.2	N22 24.1	280 53.4	S07 50.8	18
19	106 32.3	01 27.1	080 09.0	09 16.6	184 15.7	23 26.4	203 18.5	22 24.1	295 56.0	07 50.9	19
20	121 32.5	01 26.2	095 08.6	09 17.8	199 16.6	23 26.4	218 20.8	22 24.1	310 58.7	07 51.0	20
21	136 32.8	01 25.2	110 08.2	09 19.0	214 17.5	23 26.4	233 23.1	22 24.2	326 01.3	07 51.0	21
22	151 33.0	01 24.2	125 07.9	09 20.3	229 18.5	23 26.3	248 25.4	22 24.2	341 04.0	07 51.1	22
23	166 33.2	01 23.3	140 07.5	09 21.5	244 19.4	23 26.3	263 27.7	22 24.2	356 06.6	07 51.1	23
△	△ 1.1	△ -1.0	△ 0.6	△ +1.2	△ 1.9	△ 0.0	△ 3.3	△ 0.0	△ 3.6	△ +0.1	

9月19日　农历八月十七　星期四

UT h	太阳 Sun 15'.9 G.H.A.	太阳 Dec.	金星 Venus G.H.A.	金星 Dec.	火星 Mars G.H.A.	火星 Dec.	木星 Jupiter G.H.A.	木星 Dec.	土星 Saturn G.H.A.	土星 Dec.	UT h
00	181 33.4	N01 22.3	155 07.1	S09 22.7	259 20.3	N23 26.3	278 30.0	N22 24.2	011 09.2	S07 51.2	00
01	196 33.7	01 21.3	170 06.8	09 23.9	274 21.2	23 26.2	293 32.2	22 24.2	026 11.9	07 51.3	01
02	211 33.9	01 20.4	185 06.4	09 25.1	289 22.2	23 26.2	308 34.5	22 24.2	041 14.5	07 51.4	02
03	226 34.1	01 19.4	200 06.0	09 26.4	304 23.1	23 26.2	323 36.8	22 24.2	056 17.1	07 51.4	03
04	241 34.3	01 18.4	215 05.6	09 27.6	319 24.0	23 26.1	338 39.1	22 24.2	071 19.8	07 51.5	04
05	256 34.6	01 17.4	230 05.3	09 28.8	334 24.9	23 26.1	353 41.4	22 24.2	086 22.4	07 51.6	05
06	271 34.8	N01 16.5	245 04.9	S09 30.0	349 25.9	N23 26.0	008 43.7	N22 24.2	101 25.0	S07 51.7	06
07	286 35.0	01 15.5	260 04.5	09 31.2	004 26.8	23 26.0	023 46.0	22 24.2	116 27.7	07 51.7	07
08	301 35.2	01 14.5	275 04.2	09 32.4	019 27.7	23 26.0	038 48.3	22 24.3	131 30.3	07 51.8	08
09	316 35.5	01 13.6	290 03.8	09 33.7	034 28.6	23 25.9	053 50.6	22 24.3	146 33.0	07 51.9	09
10	331 35.7	01 12.6	305 03.4	09 34.9	049 29.5	23 25.9	068 52.8	22 24.3	161 35.6	07 51.9	10
11	346 35.9	01 11.6	320 03.0	09 36.1	064 30.5	23 25.9	083 55.1	22 24.3	176 38.2	07 52.0	11
12	001 36.1	N01 10.7	335 02.7	S09 37.3	079 31.4	N23 25.8	098 57.4	N22 24.3	191 40.9	S07 52.1	12
13	016 36.3	01 09.7	350 02.3	09 38.5	094 32.3	23 25.8	113 59.7	22 24.3	206 43.5	07 52.2	13
14	031 36.6	01 08.7	005 01.9	09 39.7	109 33.3	23 25.7	129 02.0	22 24.3	221 46.1	07 52.2	14
15	046 36.8	01 07.7	020 01.5	09 41.0	124 34.2	23 25.7	144 04.3	22 24.3	236 48.8	07 52.3	15
16	061 37.0	01 06.8	035 01.2	09 42.2	139 35.1	23 25.6	159 06.6	22 24.3	251 51.4	07 52.4	16
17	076 37.2	01 05.8	050 00.8	09 43.4	154 36.0	23 25.6	174 08.9	22 24.3	266 54.0	07 52.5	17
18	091 37.5	N01 04.8	065 00.4	S09 44.6	169 37.0	N23 25.6	189 11.2	N22 24.4	281 56.7	S07 52.5	18
19	106 37.7	01 03.9	080 00.0	09 45.8	184 37.9	23 25.5	204 13.5	22 24.4	296 59.3	07 52.6	19
20	121 37.9	01 02.9	094 59.7	09 47.0	199 38.8	23 25.5	219 15.8	22 24.4	312 02.0	07 52.7	20
21	136 38.1	01 01.9	109 59.3	09 48.3	214 39.8	23 25.5	234 18.1	22 24.4	327 04.6	07 52.7	21
22	151 38.4	01 01.0	124 58.9	09 49.5	229 40.7	23 25.4	249 20.4	22 24.4	342 07.2	07 52.8	22
23	166 38.6	01 00.0	139 58.5	09 50.7	244 41.6	23 25.4	264 22.7	22 24.4	357 09.9	07 52.9	23
△	△ 1.2	△ -1.0	△ 0.6	△ +1.2	△ 1.9	△ 0.0	△ 3.3	△ 0.0	△ 3.6	△ +0.1	

9月20日　农历八月十八　星期五

UT h	太阳 Sun 15'.9 G.H.A.	太阳 Dec.	金星 Venus G.H.A.	金星 Dec.	火星 Mars G.H.A.	火星 Dec.	木星 Jupiter G.H.A.	木星 Dec.	土星 Saturn G.H.A.	土星 Dec.	UT h
00	181 38.8	N00 59.0	154 58.2	S09 51.9	259 42.6	N23 25.4	279 25.0	N22 24.4	012 12.5	S07 53.0	00
01	196 39.0	00 58.0	169 57.8	09 53.1	274 43.5	23 25.3	294 27.3	22 24.4	027 15.1	07 53.1	01
02	211 39.2	00 57.1	184 57.4	09 54.3	289 44.4	23 25.3	309 29.5	22 24.4	042 17.8	07 53.1	02
03	226 39.5	00 56.1	199 57.0	09 55.5	304 45.4	23 25.2	324 31.8	22 24.4	057 20.4	07 53.2	03
04	241 39.7	00 55.1	214 56.6	09 56.7	319 46.3	23 25.2	339 34.1	22 24.5	072 23.0	07 53.2	04
05	256 39.9	00 54.2	229 56.3	09 57.9	334 47.2	23 25.2	354 36.4	22 24.5	087 25.7	07 53.3	05
06	271 40.1	N00 53.2	244 55.9	S09 59.2	349 48.2	N23 25.1	009 38.7	N22 24.5	102 28.3	S07 53.4	06
07	286 40.4	00 52.2	259 55.5	10 00.4	004 49.1	23 25.1	024 41.0	22 24.5	117 30.9	07 53.5	07
08	301 40.6	00 51.3	274 55.1	10 01.6	019 50.0	23 25.0	039 43.3	22 24.5	132 33.6	07 53.5	08
09	316 40.8	00 50.3	289 54.8	10 02.8	034 51.0	23 25.0	054 45.6	22 24.5	147 36.2	07 53.6	09
10	331 41.0	00 49.3	304 54.4	10 04.0	049 51.9	23 24.9	069 47.9	22 24.5	162 38.8	07 53.7	10
11	346 41.3	00 48.3	319 54.0	10 05.2	064 52.8	23 24.9	084 50.2	22 24.5	177 41.5	07 53.7	11
12	001 41.5	N00 47.4	334 53.6	S10 06.4	079 53.8	N23 24.9	099 52.5	N22 24.5	192 44.1	S07 53.8	12
13	016 41.7	00 46.4	349 53.2	10 07.6	094 54.7	23 24.8	114 54.8	22 24.5	207 46.8	07 53.9	13
14	031 41.9	00 45.4	004 52.8	10 08.8	109 55.6	23 24.8	129 57.1	22 24.5	222 49.4	07 54.0	14
15	046 42.1	00 44.5	019 52.5	10 10.0	124 56.6	23 24.7	144 59.4	22 24.6	237 52.0	07 54.0	15
16	061 42.4	00 43.5	034 52.1	10 11.2	139 57.5	23 24.7	160 01.7	22 24.6	252 54.7	07 54.1	16
17	076 42.6	00 42.5	049 51.7	10 12.4	154 58.4	23 24.6	175 04.0	22 24.6	267 57.3	07 54.1	17
18	091 42.8	N00 41.5	064 51.3	S10 13.6	169 59.4	N23 24.6	190 06.3	N22 24.6	282 59.9	S07 54.2	18
19	106 43.0	00 40.6	079 50.9	10 14.9	185 00.3	23 24.5	205 08.6	22 24.6	298 02.6	07 54.3	19
20	121 43.3	00 39.6	094 50.5	10 16.1	200 01.2	23 24.5	220 10.9	22 24.6	313 05.2	07 54.4	20
21	136 43.5	00 38.6	109 50.2	10 17.3	215 02.2	23 24.5	235 13.2	22 24.6	328 07.8	07 54.5	21
22	151 43.7	00 37.7	124 49.8	10 18.5	230 03.1	23 24.4	250 15.5	22 24.6	343 10.5	07 54.5	22
23	166 43.9	00 36.7	139 49.4	10 19.7	245 04.1	23 24.4	265 17.8	22 24.6	358 13.1	07 54.6	23
△	△ 1.2	△ -1.0	△ 0.6	△ +1.2	△ 1.9	△ 0.0	△ 3.3	△ 0.0	△ 3.6	△ +0.1	

天 体 位 置, 2024 年

HOURLY ASTRONOMICAL ELEMENTS OF SUN, MOON AND PLANETS, 2024

9月 18, 19, 20日　积日 262, 263, 264　　　　　　　　　　Sept 18, 19, 20　Date of Year 262, 263, 264

日期	世界时 UT (h)	春分点Aries 格林时角 G.H.A. (° ′)	月亮 Moon 格林时角 G.H.A. (° ′)	△ (′)	赤纬 Dec. (° ′)	△ (′)
9月18日 农历八月十六 星期三	00	357 24.4	002 24.6	10.0	S03 25.3	-18.2
	01	012 26.8	016 53.6	09.9	03 07.1	18.2
	02	027 29.3	031 22.5	10.0	02 48.9	18.2
	03	042 31.8	045 51.5	09.9	02 30.7	18.3
	04	057 34.2	060 20.4	10.0	02 12.4	18.3
	05	072 36.7	074 49.4	10.0	01 54.1	18.2
	06	087 39.1	089 18.4	10.0	S01 35.9	-18.3
	07	102 41.6	103 47.4	09.9	01 17.6	18.3
	08	117 44.1	118 16.3	10.0	00 59.3	18.4
	09	132 46.5	132 45.3	10.0	00 40.9	18.3
	10	147 49.0	147 14.3	10.0	00 22.6	18.3
	11	162 51.5	161 43.3	10.0	S00 04.3	-18.3
	12	177 53.9	176 12.3	10.0	N00 13.9	+18.3
	13	192 56.4	190 41.3	10.0	00 32.3	18.3
	14	207 58.9	205 10.3	10.0	00 50.7	18.3
	15	223 01.3	219 39.3	10.0	01 09.0	18.3
	16	238 03.8	234 08.3	09.9	01 27.3	18.3
	17	253 06.3	248 37.2	10.0	01 45.6	18.3
	18	268 08.7	263 06.2	09.9	N02 03.9	+18.2
	19	283 11.2	277 35.1	10.0	02 22.1	18.3
	20	298 13.6	292 04.1	09.9	02 40.4	18.2
	21	313 16.1	306 33.0	09.9	02 58.6	18.2
	22	328 18.6	321 01.9	09.9	03 16.8	18.2
	23	343 21.0	335 30.8	09.9	03 35.0	18.2
9月19日 农历八月十七 星期四	00	358 23.5	349 59.7	09.9	N03 53.2	+18.2
	01	013 26.0	004 28.6	09.9	04 11.4	18.1
	02	028 28.4	018 57.5	09.8	04 29.5	18.1
	03	043 30.9	033 26.3	09.8	04 47.6	18.0
	04	058 33.4	047 55.1	09.8	05 05.6	18.0
	05	073 35.8	062 23.9	09.9	05 23.6	18.0
	06	088 38.3	076 52.7	09.7	N05 41.6	+18.0
	07	103 40.7	091 21.4	09.8	05 59.6	17.9
	08	118 43.2	105 50.2	09.7	06 17.5	17.8
	09	133 45.7	120 18.9	09.6	06 35.3	17.8
	10	148 48.1	134 47.5	09.7	06 53.1	17.8
	11	163 50.6	149 16.2	09.6	07 10.9	17.7
	12	178 53.1	163 44.8	09.6	N07 28.6	+17.7
	13	193 55.5	178 13.4	09.5	07 46.3	17.6
	14	208 58.0	192 41.9	09.6	08 03.9	17.6
	15	224 00.5	207 10.5	09.5	08 21.5	17.5
	16	239 02.9	221 39.0	09.4	08 39.0	17.4
	17	254 05.4	236 07.4	09.4	08 56.4	17.4
	18	269 07.9	250 35.8	09.4	N09 13.8	+17.3
	19	284 10.3	265 04.2	09.4	09 31.1	17.3
	20	299 12.8	279 32.6	09.3	09 48.4	17.1
	21	314 15.2	294 00.9	09.3	10 05.5	17.2
	22	329 17.7	308 29.2	09.2	10 22.7	17.0
	23	344 20.2	322 57.4	09.2	10 39.7	17.0
9月20日 农历八月十八 星期五	00	359 22.6	337 25.6	09.1	N10 56.7	+16.9
	01	014 25.1	351 53.7	09.1	11 13.6	16.8
	02	029 27.6	006 21.8	09.1	11 30.4	16.7
	03	044 30.0	020 49.9	09.0	11 47.1	16.7
	04	059 32.5	035 17.9	09.0	12 03.8	16.6
	05	074 35.0	049 45.9	08.9	12 20.4	16.5
	06	089 37.4	064 13.8	08.9	N12 36.9	+16.4
	07	104 39.9	078 41.7	08.8	12 53.3	16.3
	08	119 42.4	093 09.5	08.8	13 09.6	16.2
	09	134 44.8	107 37.3	08.7	13 25.8	16.1
	10	149 47.3	122 05.0	08.7	13 41.9	16.1
	11	164 49.7	136 32.7	08.6	13 58.0	15.9
	12	179 52.2	151 00.3	08.6	N14 13.9	+15.9
	13	194 54.7	165 27.9	08.5	14 29.8	15.7
	14	209 57.1	179 55.4	08.5	14 45.5	15.6
	15	224 59.6	194 22.9	08.4	15 01.1	15.6
	16	240 02.1	208 50.3	08.4	15 16.7	15.4
	17	255 04.5	223 17.7	08.3	15 32.1	15.3
	18	270 07.0	237 45.0	08.3	N15 47.4	+15.3
	19	285 09.5	252 12.3	08.2	16 02.7	15.1
	20	300 11.9	266 39.5	08.1	16 17.8	15.0
	21	315 14.4	281 06.6	08.1	16 32.8	14.8
	22	330 16.8	295 33.7	08.0	16 47.6	14.8
	23	345 19.3	310 00.7	08.0	17 02.4	14.7

晨光始 Twilight / 日出 Sunrise / 月出 Moonrise

纬度 Lat.	晨光始 Twilight 航海 Naut.	民用 Civil	日出 Sunrise 18日	19日	20日	月出 Moonrise 17日	18日	19日	20日
N70	03 05	04 27	05 26	05 30	05 34	18 38	18 07	17 34	16 51
68	03 23	04 35	05 29	05 32	05 36	18 32	18 09	17 45	17 15
66	03 37	04 42	05 31	05 34	05 37	18 27	18 11	17 54	17 34
64	03 48	04 48	05 33	05 36	05 38	18 23	18 12	18 01	17 49
62	03 57	04 52	05 34	05 37	05 40	18 19	18 14	18 08	18 02
60	04 05	04 56	05 36	05 38	05 40	18 16	18 15	18 14	18 13
N58	04 12	05 00	05 37	05 39	05 41	18 13	18 16	18 19	18 23
56	04 18	05 03	05 38	05 40	05 42	18 10	18 17	18 23	18 31
54	04 23	05 05	05 39	05 41	05 43	18 08	18 18	18 27	18 39
52	04 28	05 08	05 40	05 42	05 43	18 06	18 18	18 31	18 46
50	04 32	05 10	05 41	05 42	05 44	18 04	18 19	18 34	18 46
45	04 40	05 14	05 43	05 44	05 45	18 00	18 21	18 42	19 05
N40	04 46	05 18	05 44	05 45	05 46	17 56	18 22	18 48	19 17
35	04 51	05 21	05 45	05 46	05 47	17 53	18 23	18 53	19 26
30	04 55	05 23	05 46	05 47	05 47	17 51	18 24	18 58	19 35
20	05 00	05 26	05 48	05 48	05 48	17 46	18 26	19 07	19 49
N10	05 04	05 28	05 49	05 49	05 49	17 42	18 28	19 14	20 02
0	05 06	05 30	05 51	05 50	05 50	17 38	18 29	19 21	20 14
S10	05 06	05 30	05 52	05 51	05 51	17 34	18 31	19 28	20 27
20	05 05	05 30	05 53	05 52	05 51	17 30	18 33	19 36	20 40
30	05 01	05 29	05 54	05 53	05 52	17 25	18 35	19 45	20 56
35	04 59	05 28	05 55	05 53	05 52	17 22	18 36	19 50	21 05
40	04 55	05 27	05 55	05 54	05 52	17 19	18 37	19 56	21 05
45	04 51	05 25	05 56	05 54	05 52	17 15	18 39	20 03	21 27
S50	04 45	05 22	05 57	05 55	05 52	17 11	18 41	20 11	21 42
52	04 42	05 21	05 57	05 55	05 52	17 09	18 42	20 15	21 49
54	04 38	05 20	05 58	05 55	05 53	17 07	18 43	20 19	21 57
S56	04 35	05 18	05 58	05 55	05 53	17 04	18 44	20 24	22 06

日没 Sunset / 昏影终 Twilight / 月没 Moonset

纬度 Lat.	日没 Sunset 18日	19日	20日	昏影终 Twilight 民用 Civil	航海 Naut.	月没 Moonset 17日	18日	19日	20日
N70	18 20	18 15	18 10	19 17	20 38	03 14	05 41	08 05	10 41
68	18 17	18 13	18 09	19 09	20 21	03 27	05 44	07 58	10 19
66	18 14	18 11	18 08	19 03	20 08	03 38	05 45	07 51	10 02
64	18 14	18 11	18 06	18 58	19 57	03 47	05 47	07 46	09 49
62	18 12	18 09	18 05	18 53	19 48	03 54	05 48	07 42	09 37
60	18 11	18 08	18 05	18 49	19 44	04 01	05 49	07 38	09 28
N58	18 10	18 07	18 04	18 46	19 33	04 06	05 50	07 34	09 19
56	18 09	18 06	18 03	18 43	19 28	04 11	05 51	07 31	09 12
54	18 08	18 05	18 03	18 40	19 23	04 16	05 52	07 28	09 05
52	18 07	18 04	18 02	18 38	19 18	04 20	05 53	07 26	08 59
45	18 06	18 04	18 01	18 36	19 14	04 24	05 54	07 24	08 54
N40	18 03	18 01	18 00	18 29	19 00	04 38	05 56	07 15	08 33
35	18 02	18 01	17 59	18 26	18 55	04 43	05 57	07 11	08 25
30	18 01	18 00	17 59	18 24	18 52	04 48	05 58	07 08	08 18
20	18 00	17 59	17 58	18 21	18 46	04 56	06 00	07 03	08 06
N10	17 58	17 58	17 57	18 19	18 43	05 04	06 01	06 58	07 56
0	17 57	17 57	17 56	18 18	18 42	05 10	06 02	06 54	07 46
S10	17 56	17 56	17 56	18 17	18 41	05 17	06 03	06 49	07 36
20	17 55	17 55	17 56	18 17	18 43	05 24	06 04	06 45	07 26
30	17 54	17 55	17 55	18 19	18 47	05 32	06 05	06 39	07 14
35	17 54	17 54	17 55	18 20	18 49	05 36	06 06	06 36	07 08
40	17 53	17 54	17 55	18 21	18 53	05 41	06 07	06 33	07 00
45	17 53	17 53	17 55	18 24	18 57	05 47	06 08	06 29	06 51
S50	17 52	17 53	17 55	18 26	19 04	05 54	06 09	06 24	06 41
52	17 52	17 53	17 55	18 27	19 07	05 57	06 10	06 22	06 36
54	17 51	17 53	17 55	18 28	19 10	06 01	06 10	06 20	06 30
S56	17 51	17 52	17 55	18 30	19 14	06 05	06 11	06 17	06 24

行星

	太阳 Sun	金星 Venus	火星 Mars	木星 Jupiter	土星 Saturn
中天 Mer.Pass. (h m)	11 54	13 40	06 42	05 25	23 11
视差 Parallax	0′.15	0′.1	0′.1	0′.0	0′.0
赤经 R.A.		203° 16′.4	099° 03′.2	079° 53′.5	347° 14′.3

月亮 Moon

日期 Date	时差(视时减平时) Eqn. of time (m s)	上中天 UMP (h m)	下中天 LMP (h m)	半径 Radius 0h	12h	视差 Parallax 0h	12h
18	+05 52	——	12 16	16.7	16.7	61.3	61.4
19	+06 14	00 41	13 07	16.7	16.7	61.3	61.2
20	+06 35	01 34	14 00	16.6	16.6	61.0	60.8

天 体 位 置， 2024 年
HOURLY ASTRONOMICAL ELEMENTS OF SUN, MOON AND PLANETS, 2024

9 月 21，22，23 日　　积日 265，266，267　　　　　　　　Sept 21，22，23　Date of Year 265，266，267

世界时 UT	太阳 Sun 15′.9 G.H.A.	太阳 Dec.	金星 Venus G.H.A.	金星 Dec.	火星 Mars G.H.A.	火星 Dec.	木星 Jupiter G.H.A.	木星 Dec.	土星 Saturn G.H.A.	土星 Dec.	世界时 UT
h	° ′	° ′	° ′	° ′	° ′	° ′	° ′	° ′	° ′	° ′	h
9月21日 农历八月十九 星期六											
00	181 44.1	N00 35.7	154 49.0	S10 20.9	260 05.0	N23 24.3	280 20.2	N22 24.6	013 15.7	S07 54.7	00
01	196 44.4	00 34.7	169 48.6	10 22.1	275 06.0	23 24.3	295 22.5	22 24.6	028 18.4	07 54.7	01
02	211 44.6	00 33.8	184 48.2	10 23.3	290 06.9	23 24.2	310 24.8	22 24.7	043 21.0	07 54.8	02
03	226 44.8	00 31.8	199 47.9	10 24.5	305 07.9	23 24.2	325 27.1	22 24.7	058 23.6	07 54.9	03
04	241 45.0	00 31.8	214 47.5	10 25.7	320 08.8	23 24.1	340 29.4	22 24.7	073 26.3	07 55.0	04
05	256 45.3	00 30.9	229 47.1	10 26.9	335 09.7	23 24.1	355 31.7	22 24.7	088 28.9	07 55.0	05
06	271 45.5	N00 29.9	244 46.7	S10 28.1	350 10.7	N23 24.0	010 34.0	N22 24.7	103 31.5	S07 55.1	06
07	286 45.7	00 28.9	259 46.3	10 29.3	005 11.6	23 24.0	025 36.3	22 24.7	118 34.2	07 55.2	07
08	301 45.9	00 27.9	274 45.9	10 30.5	020 12.6	23 24.0	040 38.6	22 24.7	133 36.8	07 55.2	08
09	316 46.1	00 27.0	289 45.5	10 31.7	035 13.5	23 23.9	055 40.9	22 24.7	148 39.4	07 55.3	09
10	331 46.4	00 26.0	304 45.2	10 32.9	050 14.5	23 23.9	070 43.2	22 24.7	163 42.1	07 55.4	10
11	346 46.6	00 25.0	319 44.8	10 34.1	065 15.4	23 23.8	085 45.5	22 24.7	178 44.7	07 55.4	11
12	001 46.8	N00 24.1	334 44.4	S10 35.3	080 16.3	N23 23.8	100 47.8	N22 24.7	193 47.3	S07 55.5	12
13	016 47.0	00 23.1	349 44.0	10 36.5	095 17.3	23 23.7	115 50.1	22 24.8	208 50.0	07 55.6	13
14	031 47.3	00 22.1	004 43.6	10 37.7	110 18.2	23 23.7	130 52.4	22 24.8	223 52.6	07 55.7	14
15	046 47.5	00 21.1	019 43.2	10 38.9	125 19.2	23 23.6	145 54.8	22 24.8	238 55.3	07 55.7	15
16	061 47.7	00 20.2	034 42.8	10 40.1	140 20.1	23 23.6	160 57.1	22 24.8	253 57.9	07 55.8	16
17	076 47.9	00 19.2	049 42.4	10 41.3	155 21.1	23 23.5	175 59.4	22 24.8	269 00.5	07 55.9	17
18	091 48.1	N00 18.2	064 42.0	S10 42.5	170 22.0	N23 23.5	191 01.7	N22 24.8	284 03.2	S07 55.9	18
19	106 48.4	00 17.2	079 41.7	10 43.7	185 23.0	23 23.4	206 04.0	22 24.8	299 05.8	07 56.0	19
20	121 48.6	00 16.3	094 41.3	10 44.9	200 23.9	23 23.3	221 06.3	22 24.8	314 08.4	07 56.1	20
21	136 48.8	00 15.3	109 40.9	10 46.1	215 24.9	23 23.3	236 08.6	22 24.8	329 11.1	07 56.1	21
22	151 49.0	00 14.3	124 40.5	10 47.3	230 25.8	23 23.3	251 10.9	22 24.8	344 13.7	07 56.2	22
23	166 49.2	00 13.4	139 40.1	10 48.4	245 26.8	23 23.2	266 13.2	22 24.8	359 16.3	07 56.3	23
	△ 1.2	△ −1.0	△ 0.6	△ +1.2	△ 1.9	△ 0.0	△ 3.3	△ 0.0	△ 3.6	△ +0.1	
9月22日 农历八月二十 星期日											
00	181 49.5	N00 12.4	154 39.7	S10 49.6	260 27.7	N23 23.2	281 15.5	N22 24.8	014 19.0	S07 56.4	00
01	196 49.7	00 11.4	169 39.3	10 50.8	275 28.7	23 23.1	296 17.9	22 24.9	029 21.6	07 56.4	01
02	211 49.9	00 10.4	184 38.9	10 52.0	290 29.6	23 23.1	311 20.2	22 24.9	044 24.2	07 56.5	02
03	226 50.1	00 09.5	199 38.5	10 53.2	305 30.6	23 23.0	326 22.5	22 24.9	059 26.9	07 56.6	03
04	241 50.3	00 08.5	214 38.1	10 54.4	320 31.5	23 23.0	341 24.8	22 24.9	074 29.5	07 56.6	04
05	256 50.6	00 07.5	229 37.7	10 55.6	335 32.5	23 22.9	356 27.1	22 24.9	089 32.1	07 56.7	05
06	271 50.8	N00 06.6	244 37.3	S10 56.8	350 33.4	N23 22.9	011 29.4	N22 24.9	104 34.8	S07 56.8	06
07	286 51.0	00 05.6	259 36.9	10 58.0	005 34.4	23 22.8	026 31.7	22 24.9	119 37.4	07 56.8	07
08	301 51.2	00 04.6	274 36.5	10 59.2	020 35.3	23 22.8	041 34.1	22 24.9	134 40.0	07 56.9	08
09	316 51.5	00 03.6	289 36.1	11 00.4	035 36.3	23 22.7	056 36.4	22 24.9	149 42.7	07 57.0	09
10	331 51.7	00 02.7	304 35.8	11 01.6	050 37.2	23 22.7	071 38.7	22 24.9	164 45.3	07 57.1	10
11	346 51.9	00 01.7	319 35.4	11 02.7	065 38.2	23 22.6	086 41.0	22 24.9	179 47.9	07 57.1	11
12	001 52.1	N00 00.7	334 35.0	S11 03.9	080 39.1	N23 22.6	101 43.3	N22 24.9	194 50.6	S07 57.2	12
13	016 52.3	S00 00.3	349 34.6	11 05.1	095 40.1	23 22.5	116 45.6	22 25.0	209 53.2	07 57.3	13
14	031 52.6	00 01.2	004 34.2	11 06.3	110 41.0	23 22.5	131 47.9	22 25.0	224 55.8	07 57.3	14
15	046 52.8	00 02.2	019 33.8	11 07.5	125 42.0	23 22.4	146 50.3	22 25.0	239 58.5	07 57.4	15
16	061 53.0	00 03.2	034 33.4	11 08.7	140 42.9	23 22.4	161 52.6	22 25.0	255 01.1	07 57.5	16
17	076 53.2	00 04.1	049 33.0	11 09.9	155 43.9	23 22.3	176 54.9	22 25.0	270 03.7	07 57.5	17
18	091 53.4	S00 05.1	064 32.6	S11 11.1	170 44.9	N23 22.3	191 57.2	N22 25.0	285 06.3	S07 57.6	18
19	106 53.7	00 06.1	079 32.2	11 12.2	185 45.8	23 22.2	206 59.5	22 25.0	300 09.0	07 57.7	19
20	121 53.9	00 07.1	094 31.8	11 13.4	200 46.8	23 22.1	222 01.9	22 25.0	315 11.6	07 57.8	20
21	136 54.1	00 08.0	109 31.4	11 14.6	215 47.7	23 22.1	237 04.2	22 25.0	330 14.2	07 57.8	21
22	151 54.3	00 09.0	124 31.0	11 15.8	230 48.7	23 22.0	252 06.5	22 25.0	345 16.9	07 57.9	22
23	166 54.5	00 10.0	139 30.6	11 17.0	245 49.6	23 22.0	267 08.8	22 25.0	000 19.5	07 58.0	23
	△ 1.2	△ ∓1.0	△ 0.6	△ +1.2	△ 2.0	△ −0.1	△ 3.3	△ 0.0	△ 3.6	△ +0.1	
9月23日 农历八月廿一 星期一											
00	181 54.8	S00 11.0	154 30.2	S11 18.2	260 50.6	N23 21.9	282 11.1	N22 25.0	015 22.1	S07 58.0	00
01	196 55.0	00 11.9	169 29.8	11 19.4	275 51.6	23 21.9	297 13.5	22 25.1	030 24.8	07 58.1	01
02	211 55.2	00 12.9	184 29.4	11 20.5	290 52.5	23 21.8	312 15.8	22 25.1	045 27.4	07 58.2	02
03	226 55.4	00 13.9	199 29.0	11 21.7	305 53.5	23 21.8	327 18.1	22 25.1	060 30.0	07 58.3	03
04	241 55.6	00 14.8	214 28.6	11 22.9	320 54.4	23 21.7	342 20.4	22 25.1	075 32.7	07 58.3	04
05	256 55.8	00 15.8	229 28.2	11 24.1	335 55.4	23 21.7	357 22.7	22 25.1	090 35.3	07 58.4	05
06	271 56.1	S00 16.8	244 27.8	S11 25.3	350 56.4	N23 21.6	012 25.1	N22 25.1	105 37.9	S07 58.5	06
07	286 56.3	00 17.8	259 27.4	11 26.4	005 57.3	23 21.5	027 27.4	22 25.1	120 40.6	07 58.5	07
08	301 56.5	00 18.7	274 27.0	11 27.6	020 58.3	23 21.5	042 29.7	22 25.1	135 43.2	07 58.6	08
09	316 56.7	00 19.7	289 26.6	11 28.8	035 59.2	23 21.4	057 32.0	22 25.1	150 45.8	07 58.7	09
10	331 56.9	00 20.7	304 26.1	11 30.0	051 00.2	23 21.4	072 34.4	22 25.1	165 48.5	07 58.7	10
11	346 57.2	00 21.7	319 25.7	11 31.2	066 01.2	23 21.3	087 36.7	22 25.1	180 51.1	07 58.8	11
12	001 57.4	S00 22.6	334 25.3	S11 32.3	081 02.1	N23 21.3	102 39.0	N22 25.1	195 53.7	S07 58.9	12
13	016 57.6	00 23.6	349 24.9	11 33.5	096 03.1	23 21.2	117 41.3	22 25.1	210 56.4	07 58.9	13
14	031 57.8	00 24.6	004 24.5	11 34.7	111 04.1	23 21.1	132 43.7	22 25.2	225 59.0	07 59.0	14
15	046 58.0	00 25.6	019 24.1	11 35.9	126 05.0	23 21.1	147 46.0	22 25.2	241 01.6	07 59.1	15
16	061 58.3	00 26.5	034 23.7	11 37.1	141 06.0	23 21.0	162 48.3	22 25.2	256 04.3	07 59.1	16
17	076 58.5	00 27.5	049 23.3	11 38.2	156 07.0	23 20.9	177 50.6	22 25.2	271 06.9	07 59.2	17
18	091 58.7	S00 28.5	064 22.9	S11 39.4	171 07.9	N23 20.9	192 53.0	N22 25.2	286 09.5	S07 59.3	18
19	106 58.9	00 29.4	079 22.5	11 40.6	186 08.9	23 20.9	207 55.3	22 25.2	301 12.1	07 59.3	19
20	121 59.1	00 30.4	094 22.1	11 41.8	201 09.8	23 20.8	222 57.6	22 25.2	316 14.8	07 59.4	20
21	136 59.3	00 31.4	109 21.7	11 42.9	216 10.8	23 20.7	237 59.9	22 25.2	331 17.4	07 59.5	21
22	151 59.6	00 32.4	124 21.3	11 44.1	231 11.8	23 20.7	253 02.3	22 25.2	346 20.0	07 59.6	22
23	166 59.8	00 33.3	139 20.9	11 45.3	246 12.8	23 20.6	268 04.6	22 25.2	001 22.7	07 59.6	23
	△ 1.2	△ +1.0	△ 0.6	△ +1.2	△ 2.0	△ −0.1	△ 3.3	△ 0.0	△ 3.6	△ +0.1	

天 体 位 置， 2024 年

HOURLY ASTRONOMICAL ELEMENTS OF SUN, MOON AND PLANETS, 2024

9月 21, 22, 23 日　积日 265, 266, 267　　　　　Sept 21, 22, 23　Date of Year 265, 266, 267

春分点Aries / 月亮 Moon

世界时 UT	春分点Aries 格林时角 G.H.A.	月亮 格林时角 G.H.A.	△	赤纬 Dec.	△
h	° ′	° ′	′	° ′	′
9月21日 农历八月十九 星期六					
00	000 21.8	324 27.7	07.9	N17 17.1	+14.5
01	015 24.2	338 54.6	07.9	17 31.6	14.4
02	030 26.7	353 21.5	07.8	17 46.0	14.3
03	045 29.2	007 48.3	07.7	18 00.3	14.1
04	060 31.6	022 15.0	07.7	18 14.4	14.1
05	075 34.1	036 41.7	07.7	18 28.5	13.9
06	090 36.6	051 08.4	07.5	N18 42.4	+13.8
07	105 39.0	065 34.9	07.5	18 56.2	13.6
08	120 41.5	080 01.4	07.5	19 09.8	13.5
09	135 44.0	094 27.9	07.4	19 23.3	13.4
10	150 46.4	108 54.3	07.3	19 36.7	13.3
11	165 48.9	123 20.6	07.3	19 50.0	13.1
12	180 51.3	137 46.9	07.2	N20 03.1	+13.0
13	195 53.8	152 13.1	07.2	20 16.1	12.8
14	210 56.3	166 39.3	07.1	20 28.9	12.7
15	225 58.7	181 05.4	07.0	20 41.6	12.5
16	241 01.2	195 31.4	07.0	20 54.1	12.5
17	256 03.7	209 57.4	07.0	21 06.6	12.2
18	271 06.1	224 23.4	06.8	N21 18.8	+12.1
19	286 08.6	238 49.2	06.8	21 30.9	12.0
20	301 11.1	253 15.0	06.8	21 42.9	11.8
21	316 13.5	267 40.8	06.7	21 54.7	11.7
22	331 16.0	282 06.5	06.7	22 06.4	11.5
23	346 18.5	296 32.2	06.6	22 17.9	11.4
9月22日 农历八月二十 星期日					
00	001 20.9	310 57.8	06.5	N22 29.3	+11.2
01	016 23.4	325 23.3	06.5	22 40.5	11.1
02	031 25.8	339 48.8	06.4	22 51.6	10.9
03	046 28.3	354 14.2	06.4	23 02.5	10.7
04	061 30.8	008 39.6	06.3	23 13.2	10.6
05	076 33.2	023 04.9	06.3	23 23.8	10.4
06	091 35.7	037 30.2	06.2	N23 34.2	+10.3
07	106 38.2	051 55.4	06.2	23 44.5	10.1
08	121 40.6	066 20.6	06.2	23 54.6	09.9
09	136 43.1	080 45.8	06.0	24 04.5	09.8
10	151 45.6	095 10.8	06.1	24 14.3	09.6
11	166 48.0	109 35.9	06.0	24 23.9	09.4
12	181 50.5	124 00.9	05.9	N24 33.3	+09.3
13	196 52.9	138 25.8	05.9	24 42.6	09.1
14	211 55.4	152 50.7	05.9	24 51.7	09.0
15	226 57.9	167 15.6	05.8	25 00.7	08.7
16	242 00.3	181 40.4	05.8	25 09.4	08.6
17	257 02.8	196 05.2	05.8	25 18.0	08.5
18	272 05.3	210 30.0	05.7	N25 26.5	+08.2
19	287 07.7	224 54.7	05.7	25 34.7	08.1
20	302 10.2	239 19.4	05.6	25 42.8	07.9
21	317 12.7	253 44.0	05.6	25 50.7	07.8
22	332 15.1	268 08.6	05.6	25 58.5	07.5
23	347 17.6	282 33.2	05.5	26 06.0	07.4
9月23日 农历八月廿一 星期一					
00	002 20.1	296 57.7	05.5	N26 13.4	+07.2
01	017 22.5	311 22.2	05.5	26 20.6	07.1
02	032 25.0	325 46.7	05.5	26 27.7	06.8
03	047 27.4	340 11.2	05.4	26 34.5	06.7
04	062 29.9	354 35.6	05.4	26 41.2	06.5
05	077 32.4	009 00.1	05.4	26 47.7	06.4
06	092 34.8	023 24.5	05.3	N26 54.1	+06.1
07	107 37.3	037 48.8	05.4	27 00.2	06.0
08	122 39.8	052 13.2	05.3	27 06.2	05.8
09	137 42.2	066 37.5	05.4	27 12.0	05.6
10	152 44.7	081 01.9	05.3	27 17.6	05.4
11	167 47.2	095 26.3	05.3	27 23.0	05.2
12	182 49.6	109 50.5	05.3	N27 28.3	+05.0
13	197 52.1	124 14.8	05.3	27 33.3	04.9
14	212 54.6	138 39.1	05.3	27 38.2	04.7
15	227 57.0	153 03.4	05.3	27 42.9	04.6
16	242 59.5	167 27.7	05.3	27 47.5	04.3
17	258 01.9	181 52.0	05.3	27 51.8	04.2
18	273 04.4	196 16.3	05.2	N27 56.0	+04.0
19	288 06.9	210 40.5	05.3	28 00.0	03.8
20	303 09.3	225 04.8	05.3	28 03.8	03.6
21	318 11.8	239 29.1	05.4	28 07.4	03.5
22	333 14.3	253 53.5	05.3	28 10.9	03.2
23	348 16.7	268 17.8	05.3	28 14.1	03.1

晨光始 Twilight / 日出 Sunrise / 月出 Moonrise

纬度 Lat.	航海 Naut.	民用 Civil	日出 21日	22日	23日	月出 20日	21日	22日	23日
°	h m	h m	h m	h m	h m	h m	h m	h m	h m
N70	03 21	04 40	05 38	05 42	05 46	16 51	□	□	□
68	03 36	04 46	05 39	05 43	05 46	17 15	16 18	□	□
66	03 48	04 52	05 40	05 43	05 47	17 34	17 03	□	□
64	03 58	04 56	05 41	05 44	05 47	17 49	17 33	16 59	□
62	04 06	05 00	05 43	05 45	05 47	18 02	17 56	17 47	17 26
60	04 13	05 03	05 43	05 45	05 48	18 13	18 14	18 18	18 32
N58	04 19	05 06	05 43	05 46	05 48	18 23	18 30	18 42	19 06
56	04 24	05 09	05 44	05 46	05 48	18 31	18 43	19 01	19 32
54	04 29	05 11	05 45	05 46	05 48	18 39	18 55	19 17	19 52
52	04 33	05 13	05 45	05 47	05 48	18 46	19 05	19 31	20 09
50	04 36	05 15	05 45	05 47	05 48	18 52	19 14	19 43	20 24
45	04 44	05 18	05 46	05 47	05 49	19 05	19 34	20 09	20 54
N40	04 49	05 21	05 47	05 48	05 49	19 17	19 50	20 29	21 17
35	04 53	05 23	05 47	05 48	05 49	19 26	20 03	20 46	21 36
30	04 57	05 25	05 48	05 49	05 49	19 35	20 15	21 01	21 53
20	05 01	05 27	05 49	05 49	05 49	19 49	20 36	21 26	22 21
N10	05 04	05 28	05 49	05 49	05 50	20 02	20 53	21 48	22 45
0	05 05	05 29	05 50	05 49	05 49	20 14	21 10	22 08	23 08
S10	05 04	05 28	05 50	05 49	05 49	20 27	21 27	22 29	23 30
20	05 02	05 27	05 50	05 49	05 48	20 40	21 46	22 51	23 55
30	04 57	05 25	05 50	05 50	05 48	20 56	22 07	23 17	——
40	04 54	05 24	05 50	05 49	05 47	21 05	22 19	23 33	——
45	04 50	05 22	05 50	05 49	05 47	21 15	22 34	23 50	——
S50	04 45	05 19	05 50	05 48	05 46	21 27	22 51	——	00 12
52	04 38	05 16	05 50	05 48	05 46	21 42	23 13	——	00 39
54	04 34	05 14	05 50	05 48	05 45	21 49	23 23	——	00 53
56	04 31	05 12	05 50	05 48	05 45	21 57	23 35	——	01 08
	04 26	05 10	05 50	05 48	05 45	22 06	23 48	——	01 27

日没 Sunset / 昏影终 Twilight / 月没 Moonset

纬度 Lat.	日没 21日	22日	23日	民用 Civil	航海 Naut.	月没 20日	21日	22日	23日
°	h m	h m	h m	h m	h m	h m	h m	h m	h m
N70	18 06	18 01	17 57	19 02	20 20	10 41	□	□	□
68	18 05	18 00	17 56	18 56	20 06	10 19	13 12	□	□
66	18 04	18 00	17 56	18 51	19 54	10 02	12 29	□	□
64	18 03	17 59	17 56	18 47	19 45	09 49	12 00	14 35	□
62	18 02	17 59	17 56	18 43	19 37	09 37	11 38	13 47	16 12
60	18 02	17 59	17 55	18 40	19 30	09 28	11 21	13 17	15 07
N58	18 01	17 58	17 55	18 37	19 24	09 19	11 06	12 54	14 33
56	18 01	17 58	17 55	18 35	19 19	09 12	10 54	12 35	14 08
54	18 00	17 58	17 55	18 33	19 15	09 05	10 43	12 19	13 48
52	18 00	17 57	17 55	18 31	19 11	08 59	10 34	12 06	13 31
50	17 59	17 57	17 55	18 29	19 07	08 54	10 25	11 54	13 16
45	17 59	17 57	17 55	18 26	19 00	08 43	10 07	11 30	12 47
N40	17 58	17 57	17 55	18 23	18 55	08 33	09 53	11 11	12 24
35	17 58	17 56	17 55	18 21	18 51	08 25	09 40	10 54	12 05
30	17 57	17 56	17 55	18 20	18 48	08 18	09 30	10 41	11 49
20	17 57	17 56	17 56	18 18	18 43	08 06	09 11	10 17	11 22
N10	17 57	17 56	17 56	18 17	18 41	07 56	08 55	09 57	10 58
0	17 56	17 56	17 56	18 17	18 40	07 46	08 41	09 38	10 38
S10	17 56	17 56	17 56	18 17	18 41	07 36	08 26	09 19	10 15
20	17 56	17 56	17 56	18 18	18 44	07 26	08 10	08 59	09 52
30	17 56	17 56	17 57	18 20	18 48	07 14	07 53	08 36	09 29
35	17 56	17 57	17 57	18 21	18 52	07 08	07 42	08 22	09 09
40	17 55	17 56	17 57	18 23	18 56	07 00	07 30	08 06	08 50
45	17 55	17 57	17 57	18 24	19 01	06 51	07 17	07 48	08 28
S50	17 57	17 57	17 58	18 30	19 08	06 41	07 00	07 25	07 59
52	17 57	17 57	17 58	18 32	19 12	06 36	06 52	07 17	07 46
54	17 57	17 58	18 00	18 34	19 16	06 30	06 43	07 02	07 30
56	17 57	17 59	18 01	18 36	19 20	06 24	06 34	06 48	07 11

太阳、行星

	太阳 Sun	金星 Venus	火星 Mars	木星 Jupiter	土星 Saturn
	h m	h m	h m	h m	h m
中天 Mer.Pass.	11 53	13 42	06 38	05 14	22 59
视差 Parallax	0′.15	0′.1	0′.1	0′.0	0′.0
赤经 R.A.		206° 41′.2	100° 53′.2	080° 05′.4	347° 02′.0

月 亮 Moon

日期 Date	时差(视时减平时) Eqn. of time m	s	上中天 UMP	下中天 LMP	半径 Radius 0h	12h	视差 Parallax 0h	12h
	m	s	h m	h m				
21	+06	57	02 28	14 55	16.5	16.4	60.1	60.1
22	+07	18	03 24	15 53	16.3	16.1	59.7	59.2
23	+07	39	04 22	16 52	16.0	15.9	58.8	58.3

天 体 位 置， 2024 年

HOURLY ASTRONOMICAL ELEMENTS OF SUN, MOON AND PLANETS, 2024

10 月 18、19、20 日　积日 292、293、294　　　　　　　　　Oct. 18, 19, 20　Date of Year 292, 293, 294

世界时 UT	太阳 Sun 16'.1 G.H.A.	赤纬 Dec.	金星 Venus G.H.A.	赤纬 Dec.	火星 Mars G.H.A.	赤纬 Dec.	木星 Jupiter G.H.A.	赤纬 Dec.	土星 Saturn G.H.A.	赤纬 Dec.	世界时 UT
h	° ′	° ′	° ′	° ′	° ′	° ′	° ′	° ′	° ′	° ′	h

10月18日 农历九月十六 星期五

UT	Sun GHA	Sun Dec	Venus GHA	Venus Dec	Mars GHA	Mars Dec	Jupiter GHA	Jupiter Dec	Saturn GHA	Saturn Dec	UT
00	183 42.9	S09 42.9	149 10.5	S21 18.3	271 48.5	N22 24.4	306 29.4	N22 25.8	041 26.7	S08 32.0	00
01	198 43.0	09 43.8	164 09.8	21 19.0	286 49.8	22 24.3	321 31.9	22 25.8	056 29.2	08 32.0	01
02	213 43.1	09 44.7	179 09.1	21 19.8	301 51.0	22 24.2	336 34.5	22 25.8	071 31.8	08 32.1	02
03	228 43.3	09 45.6	194 08.4	21 20.5	316 52.3	22 24.1	351 37.0	22 25.8	086 34.4	08 32.1	03
04	243 43.4	09 46.5	209 07.8	21 21.3	331 53.6	22 23.9	006 39.6	22 25.8	101 36.9	08 32.1	04
05	258 43.5	09 47.4	224 07.1	21 22.1	346 54.8	22 23.8	021 42.1	22 25.8	116 39.5	08 32.2	05
06	273 43.6	S09 48.4	239 06.4	S21 22.8	001 56.1	N22 23.7	036 44.6	N22 25.8	131 42.1	S08 32.2	06
07	288 43.7	09 49.3	254 05.7	21 23.6	016 57.3	22 23.6	051 47.2	22 25.8	146 44.7	08 32.3	07
08	303 43.9	09 50.2	269 05.0	21 24.3	031 58.6	22 23.5	066 49.7	22 25.8	161 47.2	08 32.3	08
09	318 44.0	09 51.1	284 04.4	21 25.1	046 59.9	22 23.3	081 52.3	22 25.8	176 49.8	08 32.3	09
10	333 44.1	09 52.0	299 03.7	21 25.8	062 01.1	22 23.2	096 54.8	22 25.7	191 52.4	08 32.4	10
11	348 44.2	09 52.9	314 03.0	21 26.6	077 02.4	22 23.1	111 57.4	22 25.7	206 55.0	08 32.4	11
12	003 44.3	S09 53.8	329 02.3	S21 27.3	092 03.6	N22 23.0	126 59.9	N22 25.7	221 57.5	S08 32.5	12
13	018 44.4	09 54.7	344 01.6	21 28.1	107 04.9	22 22.9	142 02.5	22 25.7	237 00.1	08 32.5	13
14	033 44.6	09 55.6	359 00.9	21 28.8	122 06.2	22 22.7	157 05.0	22 25.7	252 02.7	08 32.5	14
15	048 44.7	09 56.5	014 00.3	21 29.6	137 07.4	22 22.6	172 07.6	22 25.7	267 05.3	08 32.6	15
16	063 44.8	09 57.4	028 59.6	21 30.3	152 08.7	22 22.5	187 10.1	22 25.7	282 07.8	08 32.6	16
17	078 44.9	09 58.3	043 58.9	21 31.1	167 10.0	22 22.4	202 12.7	22 25.7	297 10.4	08 32.7	17
18	093 45.0	S09 59.2	058 58.2	S21 31.8	182 11.2	N22 22.3	217 15.2	N22 25.7	312 13.0	S08 32.7	18
19	108 45.1	10 00.1	073 57.5	21 32.6	197 12.5	22 22.1	232 17.8	22 25.7	327 15.5	08 32.7	19
20	123 45.3	10 01.0	088 56.8	21 33.3	212 13.8	22 22.0	247 20.3	22 25.7	342 18.1	08 32.8	20
21	138 45.4	10 01.9	103 56.1	21 34.0	227 15.0	22 21.9	262 22.9	22 25.7	357 20.7	08 32.8	21
22	153 45.5	10 02.8	118 55.5	21 34.8	242 16.3	22 21.8	277 25.4	22 25.7	012 23.3	08 32.9	22
23	168 45.6	10 03.7	133 54.8	21 35.5	257 17.6	22 21.7	292 28.0	22 25.7	027 25.8	08 32.9	23
	Δ 1.1	Δ +0.9	Δ 0.3	Δ +0.7	Δ 2.3	Δ -0.1	Δ 3.5	Δ 0.0	Δ 3.6	Δ 0.0	

10月19日 农历九月十七 星期六

UT	Sun GHA	Sun Dec	Venus GHA	Venus Dec	Mars GHA	Mars Dec	Jupiter GHA	Jupiter Dec	Saturn GHA	Saturn Dec	UT
00	183 45.7	S10 04.6	148 54.1	S21 36.3	272 18.8	N22 21.5	307 30.5	N22 25.7	042 28.4	S08 32.9	00
01	198 45.8	10 05.5	163 53.4	21 37.0	287 20.1	22 21.4	322 33.1	22 25.7	057 31.0	08 33.0	01
02	213 46.0	10 06.4	178 52.7	21 37.7	302 21.4	22 21.3	337 35.6	22 25.7	072 33.5	08 33.0	02
03	228 46.1	10 07.3	193 52.0	21 38.5	317 22.6	22 21.2	352 38.2	22 25.7	087 36.1	08 33.1	03
04	243 46.2	10 08.2	208 51.3	21 39.2	332 23.9	22 21.0	007 40.7	22 25.7	102 38.7	08 33.1	04
05	258 46.3	10 09.1	223 50.6	21 39.9	347 25.2	22 20.9	022 43.3	22 25.7	117 41.3	08 33.1	05
06	273 46.4	S10 10.0	238 49.9	S21 40.7	002 26.5	N22 20.8	037 45.8	N22 25.6	132 43.8	S08 33.2	06
07	288 46.5	10 10.9	253 49.2	21 41.4	017 27.7	22 20.7	052 48.4	22 25.6	147 46.4	08 33.2	07
08	303 46.6	10 11.8	268 48.5	21 42.1	032 29.0	22 20.6	067 50.9	22 25.6	162 49.0	08 33.2	08
09	318 46.7	10 12.7	283 47.9	21 42.9	047 30.3	22 20.4	082 53.5	22 25.6	177 51.5	08 33.3	09
10	333 46.9	10 13.6	298 47.2	21 43.6	062 31.5	22 20.3	097 56.0	22 25.6	192 54.1	08 33.3	10
11	348 47.0	10 14.5	313 46.5	21 44.3	077 32.8	22 20.2	112 58.6	22 25.6	207 56.7	08 33.4	11
12	003 47.1	S10 15.4	328 45.8	S21 45.1	092 34.1	N22 20.1	128 01.2	N22 25.6	222 59.3	S08 33.4	12
13	018 47.2	10 16.3	343 45.1	21 45.8	107 35.4	22 20.0	143 03.7	22 25.6	238 01.8	08 33.4	13
14	033 47.3	10 17.2	358 44.4	21 46.5	122 36.7	22 19.8	158 06.3	22 25.6	253 04.4	08 33.5	14
15	048 47.4	10 18.1	013 43.7	21 47.2	137 37.9	22 19.7	173 08.8	22 25.6	268 07.0	08 33.5	15
16	063 47.5	10 19.0	028 43.0	21 47.9	152 39.2	22 19.6	188 11.4	22 25.6	283 09.5	08 33.6	16
17	078 47.6	10 19.9	043 42.3	21 48.7	167 40.5	22 19.5	203 13.9	22 25.6	298 12.1	08 33.6	17
18	093 47.7	S10 20.8	058 41.6	S21 49.4	182 41.8	N22 19.4	218 16.5	N22 25.6	313 14.7	S08 33.6	18
19	108 47.9	10 21.7	073 40.9	21 50.1	197 43.1	22 19.2	233 19.1	22 25.6	328 17.2	08 33.7	19
20	123 48.0	10 22.6	088 40.2	21 50.8	212 44.3	22 19.1	248 21.6	22 25.6	343 19.8	08 33.7	20
21	138 48.1	10 23.5	103 39.5	21 51.5	227 45.6	22 19.0	263 24.2	22 25.6	358 22.4	08 33.8	21
22	153 48.2	10 24.4	118 38.8	21 52.3	242 46.9	22 18.9	278 26.7	22 25.6	013 24.9	08 33.8	22
23	168 48.3	10 25.2	133 38.1	21 53.0	257 48.2	22 18.7	293 29.3	22 25.5	028 27.5	08 33.8	23
	Δ 1.1	Δ +0.9	Δ 0.3	Δ +0.7	Δ 2.3	Δ -0.1	Δ 3.6	Δ 0.0	Δ 3.6	Δ 0.0	

10月20日 农历九月十八 星期日

UT	Sun GHA	Sun Dec	Venus GHA	Venus Dec	Mars GHA	Mars Dec	Jupiter GHA	Jupiter Dec	Saturn GHA	Saturn Dec	UT
00	183 48.4	S10 26.1	148 37.4	S21 53.7	272 49.5	N22 18.6	308 31.9	N22 25.5	043 30.1	S08 33.9	00
01	198 48.5	10 27.0	163 36.7	21 54.4	287 50.8	22 18.5	323 34.4	22 25.5	058 32.6	08 33.9	01
02	213 48.6	10 27.9	178 36.0	21 55.1	302 52.0	22 18.4	338 37.0	22 25.5	073 35.2	08 33.9	02
03	228 48.7	10 28.8	193 35.3	21 55.8	317 53.3	22 18.3	353 39.5	22 25.5	088 37.8	08 34.0	03
04	243 48.8	10 29.7	208 34.6	21 56.5	332 54.6	22 18.1	008 42.1	22 25.5	103 40.4	08 34.0	04
05	258 48.9	10 30.6	223 33.9	21 57.3	347 55.9	22 18.0	023 44.7	22 25.5	118 42.9	08 34.0	05
06	273 49.0	S10 31.5	238 33.2	S21 58.0	002 57.2	N22 17.9	038 47.2	N22 25.5	133 45.5	S08 34.1	06
07	288 49.1	10 32.4	253 32.5	21 58.7	017 58.5	22 17.8	053 49.8	22 25.5	148 48.1	08 34.1	07
08	303 49.2	10 33.3	268 31.8	21 59.4	032 59.8	22 17.7	068 52.3	22 25.5	163 50.6	08 34.2	08
09	318 49.4	10 34.2	283 31.1	22 00.1	048 01.0	22 17.5	083 54.9	22 25.5	178 53.2	08 34.2	09
10	333 49.5	10 35.1	298 30.4	22 00.8	063 02.3	22 17.4	098 57.5	22 25.5	193 55.8	08 34.2	10
11	348 49.6	10 36.0	313 29.7	22 01.5	078 03.6	22 17.3	114 00.0	22 25.5	208 58.3	08 34.3	11
12	003 49.7	S10 36.9	328 29.0	S22 02.2	093 04.9	N22 17.2	129 02.6	N22 25.5	224 00.9	S08 34.3	12
13	018 49.8	10 37.7	343 28.3	22 02.9	108 06.2	22 17.0	144 05.2	22 25.5	239 03.5	08 34.3	13
14	033 49.9	10 38.6	358 27.5	22 03.6	123 07.5	22 16.9	159 07.7	22 25.5	254 06.0	08 34.4	14
15	048 50.0	10 39.5	013 26.8	22 04.3	138 08.8	22 16.8	174 10.3	22 25.4	269 08.6	08 34.4	15
16	063 50.1	10 40.4	028 26.1	22 05.0	153 10.1	22 16.7	189 12.9	22 25.4	284 11.2	08 34.5	16
17	078 50.2	10 41.3	043 25.4	22 05.7	168 11.4	22 16.6	204 15.4	22 25.4	299 13.7	08 34.5	17
18	093 50.3	S10 42.2	058 24.7	S22 06.4	183 12.7	N22 16.4	219 18.0	N22 25.4	314 16.3	S08 34.5	18
19	108 50.4	10 43.1	073 24.0	22 07.1	198 14.0	22 16.3	234 20.6	22 25.4	329 18.9	08 34.6	19
20	123 50.5	10 44.0	088 23.3	22 07.8	213 15.3	22 16.2	249 23.1	22 25.4	344 21.4	08 34.6	20
21	138 50.6	10 44.9	103 22.6	22 08.5	228 16.6	22 16.1	264 25.7	22 25.4	359 24.0	08 34.6	21
22	153 50.7	10 45.8	118 21.9	22 09.2	243 17.9	22 16.0	279 28.3	22 25.4	014 26.6	08 34.7	22
23	168 50.8	10 46.6	133 21.2	22 09.9	258 19.2	22 15.8	294 30.8	22 25.4	029 29.1	08 34.7	23
	Δ 1.1	Δ +0.9	Δ 0.3	Δ +0.7	Δ 2.3	Δ -0.1	Δ 3.6	Δ 0.0	Δ 3.6	Δ 0.0	

天 体 位 置， 2024 年

HOURLY ASTRONOMICAL ELEMENTS OF SUN, MOON AND PLANETS, 2024

10月18, 19, 20日　积日 292, 293, 294　　　　　　Oct. 18, 19, 20　Date of Year 292, 293, 294

世界时 UT	春分点 Aries G.H.A.	月 亮 Moon G.H.A.	△	赤纬 Dec.	△
h	° ′	° ′	′	° ′	′
10月18日 农历九月十六 星期五					
00	026 58.5	357 27.4	07.9	N14 31.0	+16.0
01	042 01.0	011 54.3	07.8	14 47.0	15.9
02	057 03.4	026 21.1	07.7	15 02.9	15.8
03	072 05.9	040 47.8	07.7	15 18.7	15.7
04	087 08.4	055 14.5	07.6	15 34.4	15.6
05	102 10.8	069 41.1	07.5	15 50.0	15.5
06	117 13.3	084 07.6	07.4	N16 05.5	+15.4
07	132 15.8	098 34.0	07.4	16 20.9	15.3
08	147 18.2	113 00.4	07.3	16 36.2	15.1
09	162 20.7	127 26.7	07.2	16 51.3	15.1
10	177 23.2	141 52.9	07.1	17 06.4	14.9
11	192 25.6	156 19.0	07.1	17 21.3	14.8
12	207 28.1	170 45.1	07.0	N17 36.1	+14.7
13	222 30.5	185 11.1	06.9	17 50.8	14.5
14	237 33.0	199 37.0	06.9	18 05.3	14.5
15	252 35.5	214 02.9	06.7	18 19.8	14.3
16	267 37.9	228 28.6	06.7	18 34.1	14.2
17	282 40.4	242 54.3	06.6	18 48.3	14.0
18	297 42.9	257 19.9	06.6	N19 02.3	+13.9
19	312 45.3	271 45.5	06.5	19 16.2	13.8
20	327 47.8	286 11.0	06.4	19 30.0	13.6
21	342 50.3	300 36.4	06.3	19 43.6	13.5
22	357 52.7	315 01.7	06.2	19 57.1	13.4
23	012 55.2	329 26.9	06.2	20 10.5	13.2
10月19日 农历九月十七 星期六					
00	027 57.7	343 52.1	06.1	N20 23.7	+13.1
01	043 00.1	358 17.2	06.1	20 36.8	12.9
02	058 02.6	012 42.3	05.9	20 49.7	12.8
03	073 05.0	027 07.2	05.9	21 02.5	12.6
04	088 07.5	041 32.1	05.8	21 15.1	12.5
05	103 10.0	055 56.9	05.8	21 27.6	12.3
06	118 12.4	070 21.7	05.7	N21 39.9	+12.2
07	133 14.9	084 46.4	05.6	21 52.1	12.0
08	148 17.4	099 11.0	05.5	22 04.1	11.9
09	163 19.8	113 35.5	05.5	22 16.0	11.7
10	178 22.3	128 00.0	05.4	22 27.7	11.5
11	193 24.8	142 24.4	05.4	22 39.2	11.4
12	208 27.2	156 48.8	05.2	N22 50.6	+11.2
13	223 29.7	171 13.0	05.3	23 01.8	11.1
14	238 32.2	185 37.3	05.1	23 12.9	10.8
15	253 34.6	200 01.4	05.1	23 23.7	10.7
16	268 37.1	214 25.5	05.0	23 34.4	10.6
17	283 39.5	228 49.5	05.0	23 45.0	10.4
18	298 42.0	243 13.5	04.9	N23 55.4	+10.2
19	313 44.5	257 37.4	04.9	24 05.6	10.0
20	328 46.9	272 01.3	04.8	24 15.6	09.8
21	343 49.4	286 25.1	04.7	24 25.4	09.7
22	358 51.9	300 48.8	04.7	24 35.1	09.5
23	013 54.3	315 12.5	04.7	24 44.6	09.3
10月20日 农历九月十八 星期日					
00	028 56.8	329 36.2	04.6	N24 53.9	+09.2
01	043 59.3	343 59.8	04.5	25 03.1	09.0
02	059 01.7	358 23.3	04.5	25 12.1	08.7
03	074 04.2	012 46.8	04.4	25 20.8	08.6
04	089 06.6	027 10.3	04.4	25 29.4	08.5
05	104 09.1	041 33.7	04.4	25 37.9	08.2
06	119 11.6	055 57.1	04.3	N25 46.1	+08.0
07	134 14.0	070 20.4	04.3	25 54.1	07.9
08	149 16.5	084 43.7	04.3	26 02.0	07.7
09	164 19.0	099 07.0	04.2	26 09.7	07.5
10	179 21.4	113 30.2	04.2	26 17.2	07.3
11	194 23.9	127 53.4	04.2	26 24.5	07.1
12	209 26.4	142 16.6	04.1	N26 31.6	+06.9
13	224 28.8	156 39.7	04.1	26 38.5	06.7
14	239 31.3	171 02.8	04.1	26 45.2	06.6
15	254 33.8	185 25.9	04.1	26 51.8	06.3
16	269 36.2	199 49.0	04.0	26 58.1	06.2
17	284 38.7	214 12.0	04.0	27 04.3	06.1
18	299 41.1	228 35.0	04.1	N27 10.3	+05.7
19	314 43.6	242 58.1	04.0	27 16.0	05.6
20	329 46.1	257 21.1	04.0	27 21.6	05.4
21	344 48.5	271 44.1	03.9	27 27.0	05.2
22	359 51.0	286 07.0	04.0	27 32.2	05.0
23	014 53.5	300 30.0	04.0	27 37.2	04.9

纬度 Lat.	晨光始 Twilight 航海 Naut.	民用 Civil	日出 Sunrise 18日	19日	20日	月出 Moonrise 17日	18日	19日	20日
°	h m	h m	h m	h m	h m	h m	h m	h m	h m
N70	05 16	06 27	07 28	07 32	07 36	15 29	14 29	□	□
68	05 17	06 22	07 17	07 21	07 24	15 44	15 07	□	□
66	05 18	06 18	07 08	07 11	07 14	15 57	15 33	14 43	□
64	05 19	06 14	07 00	07 03	07 06	16 08	15 54	15 33	□
62	05 19	06 11	06 53	06 56	06 59	16 17	16 11	16 04	15 53
60	05 19	06 07	06 48	06 50	06 53	16 25	16 26	16 28	16 37
N58	05 19	06 05	06 43	06 45	06 47	16 32	16 38	16 47	17 06
56	05 19	06 02	06 38	06 40	06 42	16 39	16 49	17 04	17 29
54	05 19	06 00	06 34	06 36	06 38	16 44	16 58	17 17	17 47
52	05 18	05 58	06 31	06 32	06 34	16 49	17 06	17 30	18 03
50	05 18	05 56	06 27	06 29	06 31	16 54	17 14	17 40	18 17
45	05 17	05 52	06 20	06 21	06 23	17 04	17 30	18 03	18 45
N40	05 16	05 48	06 14	06 15	06 16	17 13	17 44	18 21	19 07
35	05 14	05 44	06 09	06 10	06 10	17 20	17 56	18 37	19 26
30	05 13	05 41	06 04	06 05	06 05	17 27	18 06	18 50	19 41
20	05 08	05 34	05 56	05 56	05 56	17 38	18 23	19 13	20 08
N10	05 03	05 27	05 49	05 49	05 49	17 48	18 39	19 32	20 32
0	04 56	05 21	05 42	05 42	05 41	17 58	18 53	19 52	20 53
S10	04 48	05 13	05 35	05 34	05 34	18 07	19 08	20 11	21 15
20	04 38	05 04	05 27	05 26	05 26	18 18	19 24	20 32	21 39
30	04 24	04 53	05 18	05 17	05 16	18 30	19 42	20 56	22 07
35	04 15	04 46	05 13	05 12	05 11	18 37	19 53	21 10	22 23
40	04 04	04 38	05 07	05 06	05 04	18 45	20 06	21 26	22 42
45	03 51	04 28	05 00	04 59	04 57	18 54	20 21	21 46	23 06
S50	03 34	04 16	04 52	04 50	04 48	19 05	20 39	22 11	23 35
52	03 25	04 10	04 48	04 46	04 44	19 11	20 47	22 23	23 50
54	03 16	04 04	04 44	04 42	04 40	19 17	20 57	22 37	——
S56	03 05	03 57	04 40	04 37	04 35	19 23	21 08	22 53	——

纬度 Lat.	日没 Sunset 18日	19日	20日	昏影终 Twilight 民用	航海	月没 Moonset 17日	18日	19日	20日
°	h m	h m	h m	h m	h m	h m	h m	h m	h m
N70	16 01	15 56	15 51	17 01	18 12	07 26	10 22	□	□
68	16 12	16 08	16 04	17 06	18 11	07 13	09 46	□	□
66	16 21	16 17	16 14	17 11	18 10	07 02	09 21	12 13	□
64	16 29	16 25	16 22	17 15	18 10	06 54	09 02	11 25	□
62	16 35	16 32	16 29	17 18	18 09	06 46	08 46	10 54	13 13
60	16 41	16 38	16 36	17 21	18 09	06 40	08 33	10 31	12 30
N58	16 46	16 44	16 41	17 24	18 09	06 34	08 22	10 13	12 01
56	16 51	16 48	16 46	17 26	18 09	06 29	08 12	09 57	11 39
54	16 55	16 53	16 50	17 29	18 10	06 24	08 04	09 44	11 20
52	16 59	16 56	16 54	17 31	18 10	06 20	07 56	09 33	11 05
50	17 02	17 00	16 58	17 33	18 10	06 17	07 49	09 22	10 52
45	17 09	17 08	17 06	17 37	18 12	06 09	07 35	09 01	10 24
N40	17 16	17 14	17 13	17 42	18 13	06 02	07 23	08 44	10 03
35	17 21	17 20	17 18	17 45	18 15	05 57	07 13	08 30	09 45
30	17 26	17 24	17 24	17 49	18 17	05 52	07 04	08 17	09 30
20	17 34	17 33	17 32	17 56	18 21	05 44	06 49	07 56	09 04
N10	17 41	17 41	17 41	18 02	18 27	05 36	06 36	07 38	08 42
0	17 48	17 48	17 48	18 09	18 34	05 29	06 24	07 21	08 21
S10	17 55	17 55	17 56	18 17	18 42	05 22	06 11	07 04	08 01
20	18 03	18 04	18 04	18 26	18 53	05 15	05 59	06 46	07 39
30	18 12	18 13	18 14	18 38	19 06	05 07	05 44	06 25	07 13
35	18 17	18 18	18 19	18 45	19 16	05 02	05 35	06 13	06 58
40	18 23	18 25	18 26	18 53	19 27	04 57	05 26	06 00	06 41
45	18 30	18 32	18 33	19 04	19 40	04 51	05 15	05 43	06 20
S50	18 39	18 41	18 42	19 17	19 57	04 43	05 01	05 24	05 54
52	18 43	18 45	18 46	19 21	20 06	04 40	04 55	05 14	05 42
54	18 47	18 49	18 51	19 27	20 14	04 36	04 48	05 04	05 27
S56	18 52	18 54	18 56	19 35	20 27	04 32	04 40	04 52	05 11

	太阳 Sun	金星 Venus	火星 Mars	木星 Jupiter	土星 Saturn
中天 Mer.Pass.	h m 11 45	h m 14 05	h m 05 50	h m 03 29	h m 21 06
视差 Parallax	0′.15	0′.1	0′.1	0′.0	0′.0
赤经 R.A.		239° 03′.6	115° 38′.8	080° 27′.1	345° 29′.2

日期 Date	时差(视减平时) Eqn. of time		月 亮 Moon 上中天 UMP	下中天 LMP	半径 Radius 0h	12h	视差 Parallax 0h	12h
	m	s	h m	h m				
18	+14	52	00 11	12 38	16.7	16.6	61.2	61.0
19	+15	03	01 07	13 37	16.5	16.5	60.8	60.4
20	+15	14	02 07	14 37	16.4	16.2	60.0	59.6

天 体 位 置， 2024 年

HOURLY ASTRONOMICAL ELEMENTS OF SUN, MOON AND PLANETS, 2024

11月2, 3, 4日　积日 307, 308, 309　　　　　　　　　　Nov. 2, 3, 4　Date of Year 307, 308, 309

世界时 UT	太阳 Sun 16'.1 G.H.A.	赤纬 Dec.	金星 Venus G.H.A.	赤纬 Dec.	火星 Mars G.H.A.	赤纬 Dec.	木星 Jupiter G.H.A.	赤纬 Dec.	土星 Saturn G.H.A.	赤纬 Dec.	世界时 UT
h	° ′	° ′	° ′	° ′	° ′	° ′	° ′	° ′	° ′	° ′	h
11月2日 农历十月初二 星期六											
00	184 06.8	S14 49.9	144 38.9	S24 43.8	280 03.1	N21 42.3	322 08.4	N22 22.6	056 44.3	S08 42.4	00
01	199 06.8	14 50.7	159 38.1	24 44.2	295 04.7	21 42.2	337 11.1	22 22.6	071 46.8	08 42.5	01
02	214 06.8	14 51.5	174 37.2	24 44.6	310 06.2	21 42.1	352 13.8	22 22.6	086 49.3	08 42.5	02
03	229 06.8	14 52.3	189 36.4	24 44.9	325 07.7	21 42.0	007 16.5	22 22.6	101 51.8	08 42.5	03
04	244 06.8	14 53.1	204 35.6	24 45.3	340 09.2	21 41.8	022 19.1	22 22.6	116 54.3	08 42.5	04
05	259 06.8	14 53.9	219 34.8	24 45.6	355 10.7	21 41.7	037 21.8	22 22.6	131 56.9	08 42.5	05
06	274 06.8	S14 54.6	234 34.0	S24 46.0	010 12.2	N21 41.6	052 24.5	N22 22.5	146 59.4	S08 42.5	06
07	289 06.8	14 55.4	249 33.1	24 46.4	025 13.7	21 41.5	067 27.2	22 22.5	162 01.9	08 42.6	07
08	304 06.8	14 56.2	264 32.3	24 46.7	040 15.2	21 41.4	082 29.8	22 22.5	177 04.4	08 42.6	08
09	319 06.8	14 57.0	279 31.5	24 47.1	055 16.7	21 41.3	097 32.5	22 22.5	192 06.9	08 42.6	09
10	334 06.8	14 57.8	294 30.7	24 47.4	070 18.2	21 41.2	112 35.2	22 22.5	207 09.5	08 42.6	10
11	349 06.8	14 58.6	309 29.9	24 47.8	085 19.8	21 41.1	127 37.9	22 22.5	222 12.0	08 42.6	11
12	004 06.8	S14 59.3	324 29.0	S24 48.1	100 21.3	N21 41.0	142 40.5	N22 22.4	237 14.5	S08 42.6	12
13	019 06.8	15 00.1	339 28.2	24 48.5	115 22.8	21 40.9	157 43.2	22 22.4	252 17.0	08 42.7	13
14	034 06.8	15 00.9	354 27.4	24 48.8	130 24.3	21 40.8	172 45.9	22 22.4	267 19.5	08 42.7	14
15	049 06.8	15 01.7	009 26.6	24 49.2	145 25.8	21 40.7	187 48.6	22 22.4	282 22.1	08 42.7	15
16	064 06.8	15 02.5	024 25.8	24 49.5	160 27.3	21 40.6	202 51.2	22 22.4	297 24.6	08 42.7	16
17	079 06.8	15 03.3	039 24.9	24 49.9	175 28.8	21 40.5	217 53.9	22 22.4	312 27.1	08 42.7	17
18	094 06.8	S15 04.1	054 24.1	S24 50.2	190 30.4	N21 40.4	232 56.6	N22 22.4	327 29.6	S08 42.7	18
19	109 06.8	15 04.8	069 23.3	24 50.6	205 31.9	21 40.3	247 59.3	22 22.4	342 32.1	08 42.8	19
20	124 06.8	15 05.6	084 22.5	24 50.9	220 33.4	21 40.2	263 02.0	22 22.3	357 34.7	08 42.8	20
21	139 06.8	15 06.4	099 21.7	24 51.2	235 34.9	21 40.1	278 04.6	22 22.3	012 37.2	08 42.8	21
22	154 06.8	15 07.2	114 20.8	24 51.6	250 36.5	21 40.0	293 07.3	22 22.3	027 39.7	08 42.8	22
23	169 06.8	15 07.9	129 20.0	24 51.9	265 38.0	21 39.9	308 10.0	22 22.3	042 42.2	08 42.8	23
	△1.0	△+0.8	△0.2	△+0.4	△2.5	△−0.1	△3.7	△0.0	△3.5	△0.0	
11月3日 农历十月初三 星期日											
00	184 06.8	S15 08.7	144 19.2	S24 52.3	280 39.5	N21 39.8	323 12.7	N22 22.3	057 44.7	S08 42.8	00
01	199 06.8	15 09.5	159 18.4	24 52.6	295 41.0	21 39.7	338 15.3	22 22.3	072 47.2	08 42.9	01
02	214 06.8	15 10.3	174 17.5	24 52.9	310 42.6	21 39.6	353 18.0	22 22.3	087 49.8	08 42.9	02
03	229 06.8	15 11.0	189 16.7	24 53.3	325 44.1	21 39.4	008 20.7	22 22.3	102 52.3	08 42.9	03
04	244 06.8	15 11.8	204 15.9	24 53.6	340 45.6	21 39.3	023 23.4	22 22.2	117 54.8	08 42.9	04
05	259 06.8	15 12.6	219 15.1	24 53.9	355 47.1	21 39.2	038 26.1	22 22.2	132 57.3	08 42.9	05
06	274 06.8	S15 13.4	234 14.3	S24 54.3	010 48.7	N21 39.1	053 28.8	N22 22.2	147 59.8	S08 42.9	06
07	289 06.8	15 14.2	249 13.4	24 54.6	025 50.2	21 39.0	068 31.4	22 22.2	163 02.4	08 42.9	07
08	304 06.8	15 14.9	264 12.6	24 54.9	040 51.7	21 38.9	083 34.1	22 22.2	178 04.9	08 43.0	08
09	319 06.8	15 15.7	279 11.8	24 55.2	055 53.3	21 38.8	098 36.8	22 22.2	193 07.4	08 43.0	09
10	334 06.8	15 16.5	294 11.0	24 55.6	070 54.8	21 38.7	113 39.5	22 22.2	208 09.9	08 43.0	10
11	349 06.8	15 17.2	309 10.1	24 55.9	085 56.3	21 38.6	128 42.2	22 22.2	223 12.4	08 43.0	11
12	004 06.8	S15 18.0	324 09.3	S24 56.2	100 57.9	N21 38.5	143 44.8	N22 22.1	238 14.9	S08 43.0	12
13	019 06.8	15 18.8	339 08.5	24 56.5	115 59.4	21 38.4	158 47.5	22 22.1	253 17.4	08 43.0	13
14	034 06.8	15 19.6	354 07.7	24 56.9	131 00.9	21 38.3	173 50.2	22 22.1	268 20.0	08 43.0	14
15	049 06.7	15 20.3	009 06.8	24 57.2	146 02.5	21 38.2	188 52.9	22 22.1	283 22.5	08 43.1	15
16	064 06.7	15 21.1	024 06.0	24 57.5	161 04.0	21 38.1	203 55.6	22 22.1	298 25.0	08 43.1	16
17	079 06.7	15 21.9	039 05.2	24 57.8	176 05.5	21 38.0	218 58.3	22 22.1	313 27.5	08 43.1	17
18	094 06.7	S15 22.7	054 04.4	S24 58.1	191 07.1	N21 37.9	234 01.0	N22 22.0	328 30.0	S08 43.1	18
19	109 06.7	15 23.4	069 03.5	24 58.4	206 08.6	21 37.8	249 03.6	22 22.0	343 32.5	08 43.1	19
20	124 06.7	15 24.2	084 02.7	24 58.7	221 10.2	21 37.7	264 06.3	22 22.0	358 35.0	08 43.1	20
21	139 06.7	15 25.0	099 01.9	24 59.1	236 11.7	21 37.6	279 09.0	22 22.0	013 37.6	08 43.1	21
22	154 06.7	15 25.7	114 01.0	24 59.4	251 13.2	21 37.5	294 11.7	22 22.0	028 40.1	08 43.2	22
23	169 06.7	15 26.5	129 00.2	24 59.7	266 14.8	21 37.4	309 14.4	22 22.0	043 42.6	08 43.2	23
	△1.0	△+0.8	△0.2	△+0.3	△2.5	△−0.1	△3.7	△0.0	△3.5	△0.0	
11月4日 农历十月初四 星期一											
00	184 06.7	S15 27.3	143 59.4	S25 00.0	281 16.3	N21 37.3	324 17.1	N22 22.0	058 45.1	S08 43.2	00
01	199 06.6	15 28.0	158 58.6	25 00.3	296 17.9	21 37.2	339 19.8	22 22.0	073 47.6	08 43.2	01
02	214 06.6	15 28.8	173 57.7	25 00.6	311 19.4	21 37.1	354 22.5	22 21.9	088 50.1	08 43.2	02
03	229 06.6	15 29.6	188 56.9	25 00.9	326 21.0	21 37.0	009 25.1	22 21.9	103 52.6	08 43.2	03
04	244 06.6	15 30.3	203 56.1	25 01.2	341 22.5	21 36.9	024 27.8	22 21.9	118 55.2	08 43.2	04
05	259 06.6	15 31.1	218 55.3	25 01.5	356 24.1	21 36.8	039 30.5	22 21.9	133 57.7	08 43.2	05
06	274 06.6	S15 31.9	233 54.4	S25 01.8	011 25.6	N21 36.7	054 33.2	N22 21.9	149 00.2	S08 43.3	06
07	289 06.6	15 32.6	248 53.6	25 02.1	026 27.2	21 36.6	069 35.9	22 21.9	164 02.7	08 43.3	07
08	304 06.6	15 33.4	263 52.8	25 02.4	041 28.7	21 36.5	084 38.6	22 21.9	179 05.2	08 43.3	08
09	319 06.5	15 34.2	278 51.9	25 02.7	056 30.3	21 36.4	099 41.3	22 21.8	194 07.7	08 43.3	09
10	334 06.5	15 34.9	293 51.1	25 03.0	071 31.8	21 36.3	114 44.0	22 21.8	209 10.2	08 43.3	10
11	349 06.5	15 35.7	308 50.3	25 03.3	086 33.4	21 36.2	129 46.7	22 21.8	224 12.7	08 43.3	11
12	004 06.5	S15 36.4	323 49.5	S25 03.6	101 34.9	N21 36.1	144 49.4	N22 21.8	239 15.3	S08 43.3	12
13	019 06.5	15 37.2	338 48.6	25 03.9	116 36.5	21 36.0	159 52.0	22 21.8	254 17.8	08 43.4	13
14	034 06.5	15 38.0	353 47.8	25 04.2	131 38.0	21 35.9	174 54.7	22 21.8	269 20.3	08 43.4	14
15	049 06.5	15 38.7	008 47.0	25 04.5	146 39.6	21 35.8	189 57.4	22 21.8	284 22.8	08 43.4	15
16	064 06.4	15 39.5	023 46.1	25 04.8	161 41.1	21 35.7	205 00.1	22 21.7	299 25.3	08 43.4	16
17	079 06.4	15 40.3	038 45.3	25 05.0	176 42.7	21 35.6	220 02.8	22 21.7	314 27.8	08 43.4	17
18	094 06.4	S15 41.0	053 44.5	S25 05.3	191 44.3	N21 35.5	235 05.5	N22 21.7	329 30.3	S08 43.4	18
19	109 06.4	15 41.8	068 43.6	25 05.6	206 45.8	21 35.4	250 08.2	22 21.7	344 32.8	08 43.4	19
20	124 06.4	15 42.5	083 42.8	25 05.9	221 47.4	21 35.3	265 10.9	22 21.7	359 35.3	08 43.4	20
21	139 06.4	15 43.3	098 42.0	25 06.2	236 48.9	21 35.2	280 13.6	22 21.7	014 37.9	08 43.4	21
22	154 06.3	15 44.0	113 41.2	25 06.4	251 50.5	21 35.1	295 16.3	22 21.6	029 40.4	08 43.5	22
23	169 06.3	15 44.8	128 40.3	25 06.7	266 52.1	21 35.0	310 19.0	22 21.6	044 42.9	08 43.5	23
	△1.0	△+0.8	△0.2	△+0.3	△2.6	△−0.1	△3.7	△0.0	△3.5	△0.0	

天 体 位 置， 2024 年

HOURLY ASTRONOMICAL ELEMENTS OF SUN, MOON AND PLANETS, 2024

11月2, 3, 4日　　积日 307, 308, 309　　　　　　　　　　　　　Nov. 2, 3, 4　　Date of Year 307, 308, 309

世界时 UT	春分点 Aries G.H.A.	月 亮 Moon 格林时角 G.H.A.	△	赤纬 Dec.	△	纬度 Lat.	晨光始 Twilight 航海 Naut.	民用 Civil	日出 Sunrise 2日	3日	4日	月出 Moonrise 1日	2日	3日	4日
h	° ′	° ′	′	° ′	′	°	h m	h m	h m	h m	h m	h m	h m	h m	h m
11月2日 农历十月初二 星期六															
00	041 45.6	180 02.3	13.7	S19 30.7	+10.9	N70	06 11	07 26	08 38	08 43	08 48	09 17	■■	■■	■■
01	056 48.1	194 35.0	13.6	19 41.6	10.8	68	06 06	07 14	08 17	08 21	08 25	08 44	11 37	■■	■■
02	071 50.5	209 07.6	13.5	19 52.4	10.8	66	06 02	07 04	08 00	08 04	08 08	08 20	10 27	■■	■■
03	086 53.0	223 40.1	13.5	20 03.2	10.7	64	05 59	06 56	07 47	07 50	07 53	08 01	09 51	12 09	■■
04	101 55.5	238 12.6	13.3	20 13.9	10.6	62	05 56	06 49	07 36	07 38	07 41	07 46	09 25	11 15	13 26
05	116 57.9	252 44.9	13.3	20 24.5	10.5	60	05 53	06 43	07 26	07 28	07 31	07 34	09 06	10 42	12 20
06	132 00.4	267 17.2	13.2	S20 35.0	+10.4	N58	05 50	06 37	07 17	07 20	07 22	07 23	08 49	10 19	11 45
07	147 02.8	281 49.4	13.1	20 45.4	10.3	56	05 48	06 32	07 10	07 12	07 14	07 13	08 35	09 59	11 20
08	162 05.3	296 21.5	13.1	20 55.7	10.3	54	05 45	06 27	07 03	07 05	07 07	07 05	08 24	09 43	11 00
09	177 07.8	310 53.6	12.9	21 06.0	10.2	52	05 43	06 23	06 57	06 59	07 01	06 58	08 13	09 30	10 43
10	192 10.2	325 25.5	12.9	21 16.2	10.1	50	05 41	06 19	06 52	06 54	06 55	06 51	08 04	09 19	10 29
11	207 12.7	339 57.4	12.8	21 26.3	10.0	45	05 36	06 11	06 40	06 42	06 43	06 37	07 44	08 53	10 00
12	222 15.2	354 29.2	12.7	S21 36.3	+09.9	N40	05 31	06 03	06 31	06 32	06 33	06 25	07 29	08 33	09 37
13	237 17.6	009 00.9	12.6	21 46.2	09.8	35	05 27	05 57	06 22	06 23	06 24	06 15	07 15	08 17	09 18
14	252 20.1	023 32.5	12.5	21 56.0	09.7	30	05 22	05 51	06 15	06 16	06 16	06 07	07 04	08 03	09 02
15	267 22.6	038 04.0	12.5	22 05.7	09.6	20	05 14	05 40	06 02	06 02	06 03	05 52	06 44	07 39	08 35
16	282 25.0	052 35.5	12.4	22 15.3	09.6	N10	05 04	05 29	05 51	05 51	05 51	05 39	06 27	07 18	08 12
17	297 27.5	067 06.9	12.2	22 24.9	09.4	0	04 54	05 19	05 40	05 40	05 40	05 27	06 12	06 59	07 50
18	312 29.9	081 38.1	12.2	S22 34.3	+09.4	S10	04 42	05 09	05 29	05 29	05 29	05 15	05 56	06 40	07 29
19	327 32.4	096 09.3	12.1	22 43.7	09.2	20	04 27	04 54	05 18	05 17	05 17	05 01	05 39	06 20	07 06
20	342 34.9	110 40.4	12.1	22 52.9	09.2	30	04 08	04 38	05 04	05 03	05 03	04 49	05 20	05 57	06 39
21	357 37.3	125 11.5	11.9	23 02.1	09.0	35	03 56	04 28	04 56	04 55	04 54	04 40	05 09	05 43	06 24
22	012 39.8	139 42.4	11.9	23 11.1	09.0	40	03 41	04 17	04 47	04 46	04 45	04 31	04 57	05 28	06 06
23	027 42.3	154 13.3	11.7	23 20.1	08.8	45	03 23	04 03	04 37	04 35	04 34	04 20	04 42	05 09	05 44
11月3日 农历十月初三 星期日															
00	042 44.7	168 44.0	11.7	S23 28.9	+08.7	S50	02 59	03 46	04 24	04 22	04 21	04 07	04 24	04 46	05 16
01	057 47.2	183 14.7	11.6	23 37.6	08.7	52	02 47	03 37	04 18	04 16	04 14	04 01	04 15	04 35	05 03
02	072 49.7	197 45.3	11.5	23 46.3	08.5	54	02 33	03 28	04 11	04 09	04 07	03 55	04 06	04 23	04 47
03	087 52.1	212 15.8	11.5	23 54.8	08.4	56	02 16	03 17	04 04	04 01	04 00	03 47	03 55	04 08	04 29
04	102 54.6	226 46.3	11.3	24 03.2	08.4	纬度 Lat.	日没 Sunset 2日	3日	4日	昏影终 Twilight 民用 Civil	航海 Naut.	月没 Moonset 1日	2日	3日	4日
05	117 57.1	241 16.6	11.3	24 11.6	08.2	°	h m	h m	h m	h m	h m	h m	h m	h m	h m
06	132 59.5	255 46.9	11.2	S24 19.8	+08.1	N70	14 48	14 43	14 38	16 00	17 15	13 38	■■	■■	■■
07	148 02.0	270 17.1	11.1	24 27.9	07.9	68	15 09	15 05	15 01	16 12	17 20	14 13	12 53	■■	■■
08	163 04.4	284 47.2	11.0	24 35.8	07.9	66	15 26	15 22	15 18	16 22	17 24	14 38	14 04	■■	■■
09	178 06.9	299 17.2	10.9	24 43.7	07.8	64	15 39	15 36	15 33	16 30	17 27	14 58	14 41	14 03	■■
10	193 09.4	313 47.1	10.8	24 51.5	07.6	62	15 51	15 48	15 45	16 37	17 30	15 14	15 07	14 58	14 35
11	208 11.8	328 16.9	10.8	24 59.1	07.6	60	16 00	15 58	15 55	16 44	17 33	15 27	15 28	15 31	15 42
12	223 14.3	342 46.7	10.7	S25 06.7	+07.4	N58	16 09	16 06	16 04	16 49	17 36	15 39	15 45	15 55	16 35
13	238 16.8	357 16.4	10.6	25 14.1	07.3	56	16 16	16 14	16 12	16 54	17 39	15 49	15 59	16 15	16 42
14	253 19.2	011 46.0	10.5	25 21.4	07.2	54	16 23	16 21	16 19	16 59	17 41	15 58	16 12	16 32	17 02
15	268 21.7	026 15.5	10.4	25 28.6	07.0	52	16 29	16 27	16 25	17 03	17 43	16 06	16 23	16 46	17 19
16	283 24.2	040 44.9	10.3	25 35.6	07.0	50	16 34	16 33	16 31	17 07	17 45	16 14	16 33	16 58	17 34
17	298 26.6	055 14.2	10.3	25 42.6	06.8	45	16 46	16 45	16 45	17 16	17 50	16 29	16 53	17 24	18 03
18	313 29.1	069 43.5	10.2	S25 49.4	+06.7	N40	16 56	16 55	16 54	17 23	17 55	16 42	17 10	17 44	18 26
19	328 31.6	084 12.7	10.1	25 56.1	06.5	35	17 04	17 03	17 03	17 30	18 00	16 53	17 24	18 01	18 46
20	343 34.0	098 41.8	10.0	26 02.6	06.5	30	17 12	17 11	17 10	17 36	18 04	17 03	17 37	18 16	19 02
21	358 36.5	113 10.8	10.0	26 09.1	06.3	20	17 25	17 24	17 24	17 47	18 13	17 20	17 58	18 41	19 30
22	013 38.9	127 39.8	09.8	26 15.4	06.2	N10	17 36	17 36	17 36	17 58	18 23	17 34	18 17	19 03	19 54
23	028 41.4	142 08.6	09.8	26 21.6	06.1	0	17 47	17 47	17 47	18 08	18 33	17 48	18 34	19 23	20 16
11月4日 农历十月初四 星期一															
00	043 43.9	156 37.4	09.7	S26 27.7	+05.9	S10	17 58	17 58	17 58	18 20	18 46	18 02	18 52	19 44	20 39
01	058 46.3	171 06.1	09.7	26 33.6	05.8	20	18 10	18 10	18 11	18 33	19 01	18 18	19 10	20 06	21 03
02	073 48.8	185 34.8	09.5	26 39.4	05.7	30	18 23	18 24	18 25	18 49	19 20	18 34	19 32	20 31	21 31
03	088 51.3	200 03.3	09.5	26 45.1	05.5	35	18 31	18 32	18 33	18 59	19 33	18 44	19 45	20 47	21 47
04	103 53.7	214 31.8	09.5	26 50.6	05.4	40	18 40	18 42	18 43	19 11	19 47	18 56	20 00	21 04	22 04
05	118 56.2	229 00.3	09.3	26 56.0	05.3	45	18 51	18 53	18 54	19 25	20 05	19 09	20 17	21 25	22 30
06	133 58.7	243 28.6	09.3	S27 01.3	+05.2	S50	19 04	19 06	19 08	19 43	20 30	19 26	20 39	21 52	23 00
07	149 01.1	257 56.9	09.2	27 06.5	05.0	52	19 10	19 12	19 14	19 51	20 42	19 34	20 50	22 05	23 15
08	164 03.6	272 25.1	09.1	27 11.5	04.8	54	19 17	19 19	19 21	20 01	20 57	19 42	21 02	22 20	23 33
09	179 06.1	286 53.2	09.1	27 16.3	04.8	S56	19 25	19 27	19 29	20 12	21 14	19 52	21 15	22 38	23 54
10	194 08.5	301 21.3	09.0	27 21.1	04.6										
11	209 11.0	315 49.3	08.9	27 25.7	04.4		太阳 Sun		金星 Venus		火星 Mars		木星 Jupiter		土星 Saturn
12	224 13.4	330 17.2	08.9	S27 30.1	+04.3	中天 Mer.Pass.	h m 11 44		h m 14 24		h m 05 17		h m 02 27		h m 20 06
13	239 15.9	344 45.0	08.8	27 34.4	04.2	视差 Parallax	0′.15		0′.1		0′.1		0′.0		0′.0
14	254 18.4	359 12.8	08.8	27 38.6	04.0	赤经 R.A.			258° 25′.5		122° 05′.2		079° 32′.1		345° 00′.0
15	269 20.8	013 40.6	08.6	27 42.6	03.9	日期 Date	时差(视时减平时) Eqn. of time				月 亮 Moon				
16	284 23.3	028 08.2	08.6	27 46.5	03.8				上中天 UMP	下中天 LMP	半径 Radius		视差 Parallax		
17	299 25.8	042 35.8	08.6	27 50.3	03.6		m	s	h m	h m	0h	12h	0h	12h	
18	314 28.2	057 03.4	08.5	S27 53.9	+03.4	2	+16	27	12 23	——	14.8	14.9	54.4	54.6	
19	329 30.7	071 30.9	08.4	27 57.3	03.3	3	+16	27	13 11	00 47	14.9	14.9	54.7	54.9	
20	344 33.2	085 58.3	08.4	28 00.6	03.2	4	+16	27	14 03	01 37	15.0	15.1	55.1	55.3	
21	359 35.6	100 25.7	08.3	28 03.8	03.0										
22	014 38.1	114 53.0	08.3	28 06.8	02.9										
23	029 40.6	129 20.3	08.2	28 09.7	02.7										

天 体 位 置， 2024 年

HOURLY ASTRONOMICAL ELEMENTS OF SUN, MOON AND PLANETS, 2024

11月5,6,7日　积日 310，311，312　　　　　　　　　　Nov. 5, 6, 7　Date of Year 310, 311, 312

11月5日 农历十月初五 星期二

UT (h)	太阳 Sun 16'.1 G.H.A.	太阳 Dec.	金星 Venus G.H.A.	金星 Dec.	火星 Mars G.H.A.	火星 Dec.	木星 Jupiter G.H.A.	木星 Dec.	土星 Saturn G.H.A.	土星 Dec.
00	184 06.3	S15 45.6	143 39.5	S25 07.0	281 53.6	N21 34.9	325 21.7	N22 21.6	059 45.4	S08 43.5
01	199 06.3	15 46.3	158 38.7	25 07.3	296 55.2	21 34.8	340 24.4	22 21.6	074 47.9	08 43.5
02	214 06.3	15 47.1	173 37.8	25 07.6	311 56.8	21 34.8	355 27.1	22 21.6	089 50.4	08 43.5
03	229 06.2	15 47.8	188 37.0	25 07.8	326 58.3	21 34.7	010 29.8	22 21.6	104 52.9	08 43.5
04	244 06.2	15 48.6	203 36.2	25 08.1	341 59.9	21 34.6	025 32.5	22 21.6	119 55.4	08 43.5
05	259 06.2	15 49.3	218 35.3	25 08.4	357 01.5	21 34.5	040 35.2	22 21.6	134 57.9	08 43.5
06	274 06.2	S15 50.1	233 34.5	S25 08.6	012 03.0	N21 34.4	055 37.8	N22 21.5	150 00.4	S08 43.6
07	289 06.1	15 50.9	248 33.7	25 08.9	027 04.6	21 34.3	070 40.5	22 21.5	165 02.9	08 43.6
08	304 06.1	15 51.6	263 32.8	25 09.2	042 06.2	21 34.2	085 43.2	22 21.5	180 05.5	08 43.6
09	319 06.1	15 52.4	278 32.0	25 09.5	057 07.7	21 34.1	100 45.9	22 21.5	195 08.0	08 43.6
10	334 06.1	15 53.1	293 31.2	25 09.7	072 09.3	21 34.0	115 48.6	22 21.5	210 10.5	08 43.6
11	349 06.1	15 53.9	308 30.3	25 10.0	087 10.9	21 33.9	130 51.3	22 21.5	225 13.0	08 43.6
12	004 06.0	S15 54.6	323 29.5	S25 10.2	102 12.5	N21 33.8	145 54.0	N22 21.5	240 15.5	S08 43.6
13	019 06.0	15 55.4	338 28.7	25 10.5	117 14.0	21 33.7	160 56.7	22 21.4	255 18.0	08 43.6
14	034 06.0	15 56.1	353 27.8	25 10.8	132 15.6	21 33.6	175 59.4	22 21.4	270 20.5	08 43.6
15	049 06.0	15 56.9	008 27.0	25 11.0	147 17.2	21 33.5	191 02.1	22 21.4	285 23.0	08 43.7
16	064 06.0	15 57.6	023 26.2	25 11.3	162 18.8	21 33.4	206 04.8	22 21.4	300 25.5	08 43.7
17	079 05.9	15 58.4	038 25.3	25 11.5	177 20.3	21 33.3	221 07.5	22 21.4	315 28.0	08 43.7
18	094 05.9	S15 59.1	053 24.5	S25 11.8	192 21.9	N21 33.2	236 10.2	N22 21.4	330 30.5	S08 43.7
19	109 05.9	15 59.9	068 23.7	25 12.1	207 23.5	21 33.1	251 12.9	22 21.3	345 33.0	08 43.7
20	124 05.8	16 00.6	083 22.8	25 12.3	222 25.1	21 33.0	266 15.6	22 21.3	000 35.5	08 43.7
21	139 05.8	16 01.4	098 22.0	25 12.6	237 26.7	21 32.9	281 18.3	22 21.3	015 38.1	08 43.7
22	154 05.8	16 02.1	113 21.2	25 12.8	252 28.3	21 32.8	296 21.0	22 21.3	030 40.6	08 43.7
23	169 05.8	16 02.9	128 20.3	25 13.1	267 29.8	21 32.7	311 23.7	22 21.3	045 43.1	08 43.7
	△ 1.0	△ +0.8	△ 0.2	△ +0.3	△ 2.6	△ −0.1	△ 3.7	△ 0.0	△ 3.5	△ 0.0

11月6日 农历十月初六 星期三

UT (h)	太阳 Sun G.H.A.	太阳 Dec.	金星 Venus G.H.A.	金星 Dec.	火星 Mars G.H.A.	火星 Dec.	木星 Jupiter G.H.A.	木星 Dec.	土星 Saturn G.H.A.	土星 Dec.
00	184 05.7	S16 03.6	143 19.5	S25 13.3	282 31.4	N21 32.7	326 26.4	N22 21.3	060 45.6	S08 43.7
01	199 05.7	16 04.3	158 18.7	25 13.6	297 33.0	21 32.6	341 29.1	22 21.3	075 48.1	08 43.8
02	214 05.7	16 05.1	173 17.8	25 13.8	312 34.6	21 32.5	356 31.9	22 21.2	090 50.6	08 43.8
03	229 05.6	16 05.8	188 17.0	25 14.0	327 36.2	21 32.4	011 34.6	22 21.2	105 53.1	08 43.8
04	244 05.6	16 06.6	203 16.2	25 14.3	342 37.8	21 32.2	026 37.3	22 21.2	120 55.6	08 43.8
05	259 05.6	16 07.3	218 15.3	25 14.5	357 39.4	21 32.2	041 40.0	22 21.2	135 58.1	08 43.8
06	274 05.6	S16 08.1	233 14.5	S25 14.8	012 40.9	N21 32.1	056 42.7	N22 21.2	151 00.6	S08 43.8
07	289 05.5	16 08.8	248 13.7	25 15.0	027 42.5	21 32.0	071 45.4	22 21.2	166 03.1	08 43.8
08	304 05.5	16 09.6	263 12.8	25 15.3	042 44.1	21 31.9	086 48.1	22 21.1	181 05.6	08 43.8
09	319 05.5	16 10.3	278 12.0	25 15.5	057 45.7	21 31.8	101 50.8	22 21.1	196 08.1	08 43.8
10	334 05.4	16 11.0	293 11.1	25 15.7	072 47.3	21 31.7	116 53.5	22 21.1	211 10.6	08 43.8
11	349 05.4	16 11.8	308 10.3	25 16.0	087 48.9	21 31.6	131 56.2	22 21.1	226 13.1	08 43.9
12	004 05.4	S16 12.5	323 09.5	S25 16.2	102 50.5	N21 31.5	146 58.9	N22 21.1	241 15.6	S08 43.9
13	019 05.4	16 13.3	338 08.6	25 16.4	117 52.1	21 31.4	162 01.6	22 21.1	256 18.1	08 43.9
14	034 05.3	16 14.0	353 07.8	25 16.7	132 53.7	21 31.4	177 04.3	22 21.1	271 20.6	08 43.9
15	049 05.3	16 14.7	008 07.0	25 16.9	147 55.3	21 31.3	192 07.0	22 21.1	286 23.1	08 43.9
16	064 05.3	16 15.5	023 06.1	25 17.1	162 56.9	21 31.2	207 09.7	22 21.0	301 25.6	08 43.9
17	079 05.2	16 16.2	038 05.3	25 17.3	177 58.5	21 31.1	222 12.4	22 21.0	316 28.1	08 43.9
18	094 05.2	S16 17.0	053 04.4	S25 17.6	193 00.1	N21 31.0	237 15.1	N22 21.0	331 30.6	S08 43.9
19	109 05.2	16 17.7	068 03.6	25 17.8	208 01.7	21 30.9	252 17.9	22 21.0	346 33.1	08 43.9
20	124 05.1	16 18.4	083 02.8	25 18.0	223 03.3	21 30.8	267 20.6	22 21.0	001 35.6	08 43.9
21	139 05.1	16 19.2	098 01.9	25 18.2	238 04.9	21 30.7	282 23.3	22 21.0	016 38.2	08 43.9
22	154 05.0	16 19.9	113 01.1	25 18.5	253 06.5	21 30.6	297 26.0	22 20.9	031 40.7	08 44.0
23	169 05.0	16 20.6	128 00.3	25 18.7	268 08.1	21 30.5	312 28.7	22 20.9	046 43.2	08 44.0
	△ 1.0	△ +0.7	△ 0.2	△ +0.2	△ 2.6	△ −0.1	△ 3.7	△ 0.0	△ 3.5	△ 0.0

11月7日 农历十月初七 星期四

UT (h)	太阳 Sun G.H.A.	太阳 Dec.	金星 Venus G.H.A.	金星 Dec.	火星 Mars G.H.A.	火星 Dec.	木星 Jupiter G.H.A.	木星 Dec.	土星 Saturn G.H.A.	土星 Dec.
00	184 05.0	S16 21.4	142 59.4	S25 18.9	283 09.7	N21 30.4	327 31.4	N22 20.9	061 45.7	S08 44.0
01	199 04.9	16 22.1	157 58.6	25 19.1	298 11.3	21 30.4	342 34.1	22 20.9	076 48.2	08 44.0
02	214 04.9	16 22.8	172 57.7	25 19.3	313 12.9	21 30.3	357 36.8	22 20.9	091 50.7	08 44.0
03	229 04.9	16 23.6	187 56.9	25 19.5	328 14.5	21 30.2	012 39.5	22 20.9	106 53.2	08 44.0
04	244 04.8	16 24.3	202 56.1	25 19.8	343 16.1	21 30.1	027 42.2	22 20.9	121 55.7	08 44.0
05	259 04.8	16 25.0	217 55.2	25 20.0	358 17.7	21 30.0	042 45.0	22 20.8	136 58.2	08 44.0
06	274 04.8	S16 25.8	232 54.4	S25 20.2	013 19.3	N21 29.9	057 47.7	N22 20.8	152 00.7	S08 44.0
07	289 04.7	16 26.5	247 53.6	25 20.4	028 21.0	21 29.8	072 50.4	22 20.8	167 03.2	08 44.0
08	304 04.7	16 27.2	262 52.7	25 20.6	043 22.6	21 29.7	087 53.1	22 20.8	182 05.7	08 44.0
09	319 04.6	16 28.0	277 51.9	25 20.8	058 24.2	21 29.6	102 55.8	22 20.8	197 08.2	08 44.0
10	334 04.6	16 28.7	292 51.0	25 21.0	073 25.8	21 29.6	117 58.5	22 20.8	212 10.7	08 44.1
11	349 04.6	16 29.4	307 50.2	25 21.2	088 27.4	21 29.5	133 01.2	22 20.7	227 13.2	08 44.1
12	004 04.5	S16 30.1	322 49.4	S25 21.4	103 29.0	N21 29.4	148 03.9	N22 20.7	242 15.7	S08 44.1
13	019 04.5	16 30.9	337 48.5	25 21.6	118 30.6	21 29.3	163 06.7	22 20.7	257 18.2	08 44.1
14	034 04.4	16 31.6	352 47.7	25 21.8	133 32.2	21 29.2	178 09.4	22 20.7	272 20.7	08 44.1
15	049 04.4	16 32.3	007 46.8	25 22.0	148 33.9	21 29.1	193 12.1	22 20.7	287 23.2	08 44.1
16	064 04.3	16 33.1	022 46.0	25 22.2	163 35.5	21 29.0	208 14.8	22 20.7	302 25.7	08 44.1
17	079 04.3	16 33.8	037 45.2	25 22.4	178 37.1	21 28.9	223 17.5	22 20.7	317 28.2	08 44.1
18	094 04.3	S16 34.5	052 44.3	S25 22.6	193 38.7	N21 28.8	238 20.2	N22 20.6	332 30.7	S08 44.1
19	109 04.2	16 35.2	067 43.5	25 22.8	208 40.4	21 28.8	253 22.9	22 20.6	347 33.2	08 44.1
20	124 04.2	16 36.0	082 42.7	25 23.0	223 42.0	21 28.7	268 25.7	22 20.6	002 35.7	08 44.1
21	139 04.1	16 36.7	097 41.8	25 23.2	238 43.6	21 28.6	283 28.4	22 20.6	017 38.2	08 44.1
22	154 04.1	16 37.4	112 41.0	25 23.4	253 45.2	21 28.5	298 31.1	22 20.6	032 40.7	08 44.1
23	169 04.0	16 38.1	127 40.1	25 23.6	268 46.9	21 28.4	313 33.8	22 20.6	047 43.2	08 44.1
	△ 1.0	△ +0.7	△ 0.2	△ +0.2	△ 2.6	△ −0.1	△ 3.7	△ 0.0	△ 3.5	△ 0.0

天 体 位 置， 2024 年

HOURLY ASTRONOMICAL ELEMENTS OF SUN, MOON AND PLANETS, 2024

11 月 5, 6, 7 日　积日 310, 311, 312　　Nov. 5, 6, 7　Date of Year 310, 311, 312

日期	世界时 UT	春分点 Aries 格林时角 G.H.A.	月亮 Moon 格林时角 G.H.A.	△	月亮 Moon 赤纬 Dec.	△
	h	° ′	° ′	′	° ′	′
11月5日 农历十月初五 星期二	00	044 43.0	143 47.5	08.1	S28 12.4	+02.6
	01	059 45.5	158 14.6	08.2	28 15.0	02.4
	02	074 47.9	172 41.8	08.0	28 17.4	02.3
	03	089 50.4	187 08.8	08.0	28 19.7	02.1
	04	104 52.9	201 35.8	08.0	28 21.8	02.0
	05	119 55.3	216 02.8	07.9	28 23.8	01.8
	06	134 57.8	230 29.7	07.9	S28 25.6	+01.6
	07	150 00.3	244 56.6	07.9	28 27.2	01.6
	08	165 02.7	259 23.5	07.8	28 28.8	01.3
	09	180 05.2	273 50.3	07.7	28 30.1	01.2
	10	195 07.7	288 17.0	07.8	28 31.3	01.1
	11	210 10.1	302 43.8	07.6	28 32.4	00.8
	12	225 12.6	317 10.4	07.7	S28 33.2	+00.8
	13	240 15.0	331 37.1	07.6	28 34.0	00.6
	14	255 17.5	346 03.7	07.6	28 34.6	00.4
	15	270 20.0	000 30.3	07.6	28 35.0	00.2
	16	285 22.4	014 56.9	07.5	28 35.2	+00.1
	17	300 24.9	029 23.4	07.6	28 35.3	00.0
	18	315 27.4	043 50.0	07.4	S28 35.3	-00.2
	19	330 29.8	058 16.4	07.5	28 35.1	00.4
	20	345 32.3	072 42.9	07.5	28 34.7	00.5
	21	000 34.8	087 09.4	07.4	28 34.2	00.7
	22	015 37.2	101 35.8	07.4	28 33.5	00.9
	23	030 39.7	116 02.2	07.4	28 32.6	01.0
11月6日 农历十月初六 星期三	00	045 42.2	130 28.6	07.4	S28 31.6	-01.1
	01	060 44.6	144 55.0	07.4	28 30.5	01.4
	02	075 47.1	159 21.4	07.3	28 29.1	01.5
	03	090 49.5	173 47.7	07.4	28 27.6	01.6
	04	105 52.0	188 14.1	07.3	28 26.0	01.8
	05	120 54.5	202 40.4	07.4	28 24.2	02.0
	06	135 56.9	217 06.8	07.3	S28 22.2	-02.1
	07	150 59.4	231 33.1	07.3	28 20.1	02.3
	08	166 01.9	245 59.4	07.3	28 17.8	02.4
	09	181 04.3	260 25.7	07.4	28 15.4	02.7
	10	196 06.8	274 52.1	07.3	28 12.7	02.7
	11	211 09.3	289 18.4	07.3	28 10.0	03.0
	12	226 11.7	303 44.7	07.4	S28 07.0	-03.1
	13	241 14.2	318 11.1	07.3	28 03.9	03.2
	14	256 16.7	332 37.4	07.4	28 00.7	03.4
	15	271 19.1	347 03.8	07.4	27 57.3	03.6
	16	286 21.6	001 30.2	07.3	27 53.7	03.7
	17	301 24.0	015 56.5	07.4	27 50.0	03.9
	18	316 26.5	030 22.9	07.4	S27 46.1	-04.1
	19	331 29.0	044 49.3	07.4	27 42.0	04.2
	20	346 31.4	059 15.7	07.5	27 37.8	04.3
	21	001 33.9	073 42.2	07.4	27 33.5	04.6
	22	016 36.4	088 08.6	07.5	27 28.9	04.7
	23	031 38.8	102 35.1	07.5	27 24.2	04.8
11月7日 农历十月初七 星期四	00	046 41.3	117 01.6	07.5	S27 19.4	-05.0
	01	061 43.8	131 28.1	07.6	27 14.4	05.2
	02	076 46.2	145 54.7	07.5	27 09.2	05.3
	03	091 48.7	160 21.2	07.6	27 03.9	05.5
	04	106 51.2	174 47.8	07.7	26 58.4	05.6
	05	121 53.6	189 14.5	07.6	26 52.8	05.8
	06	136 56.1	203 41.1	07.7	S26 47.0	-05.9
	07	151 58.5	218 07.8	07.7	26 41.1	06.1
	08	167 01.0	232 34.5	07.8	26 35.0	06.3
	09	182 03.5	247 01.3	07.7	26 28.7	06.4
	10	197 05.9	261 28.0	07.9	26 22.3	06.5
	11	212 08.4	275 54.9	07.8	26 15.8	06.7
	12	227 10.9	290 21.7	07.9	S26 09.1	-06.9
	13	242 13.3	304 48.6	07.9	26 02.2	07.0
	14	257 15.8	319 15.5	08.0	25 55.2	07.2
	15	272 18.3	333 42.5	08.0	25 48.0	07.3
	16	287 20.7	348 09.5	08.0	25 40.7	07.4
	17	302 23.2	002 36.5	08.1	25 33.3	07.6
	18	317 25.7	017 03.6	08.1	S25 25.7	-07.8
	19	332 28.1	031 30.7	08.2	25 17.9	07.9
	20	347 30.6	045 57.9	08.2	25 10.0	08.1
	21	002 33.0	060 25.1	08.3	25 01.9	08.2
	22	017 35.5	074 52.4	08.3	24 53.7	08.3
	23	032 38.0	089 19.7	08.3	24 45.4	08.5

纬度 Lat.	晨光始 Twilight 航海 Naut.	晨光始 Twilight 民用 Civil	日出 Sunrise 5日	日出 Sunrise 6日	日出 Sunrise 7日	月出 Moonrise 4日	月出 Moonrise 5日	月出 Moonrise 6日	月出 Moonrise 7日
°	h m	h m	h m	h m	h m	h m	h m	h m	h m
N70	06 21	07 38	08 53	08 59	09 04	■	■	■	■
68	06 15	07 25	08 30	08 34	08 38	■	■	■	■
66	06 11	07 14	08 11	08 15	08 19	■	■	■	■
64	06 06	07 04	07 56	08 00	08 03	■	■	■	16 16
62	06 03	06 57	07 44	07 47	07 50	13 26	■	■	15 10
60	05 59	06 50	07 34	07 36	07 39	12 20	13 41	14 21	14 34
N58	05 56	06 43	07 24	07 27	07 29	11 45	12 58	13 44	14 09
56	05 53	06 38	07 16	07 19	07 21	11 20	12 29	13 18	13 49
54	05 50	06 33	07 09	07 11	07 13	11 00	12 07	12 57	13 32
52	05 48	06 28	07 03	07 05	07 06	10 43	11 49	12 40	13 17
50	05 45	06 24	06 57	06 59	07 00	10 29	11 33	12 25	13 04
45	05 40	06 15	06 44	06 46	06 47	10 00	11 02	11 55	12 38
N40	05 34	06 07	06 34	06 35	06 36	09 37	10 38	11 31	12 17
35	05 29	06 00	06 25	06 26	06 27	09 18	10 18	11 12	12 00
30	05 25	05 53	06 17	06 18	06 19	09 02	10 01	10 55	11 45
20	05 15	05 41	06 03	06 04	06 04	08 35	09 32	10 27	11 19
N10	05 05	05 30	05 51	05 52	05 52	08 12	09 07	10 03	10 57
0	04 54	05 19	05 40	05 40	05 40	07 50	08 45	09 40	10 36
S10	04 41	05 07	05 29	05 28	05 28	07 29	08 22	09 18	10 15
20	04 25	04 53	05 16	05 16	05 15	07 06	07 57	08 53	09 53
30	04 05	04 36	05 02	05 01	05 00	06 39	07 29	08 25	09 27
35	03 52	04 25	04 53	04 53	04 52	06 24	07 12	08 08	09 11
40	03 37	04 13	04 44	04 43	04 42	06 06	06 52	07 49	08 54
45	03 18	03 59	04 33	04 31	04 30	05 44	06 29	07 25	08 32
S50	02 52	03 40	04 19	04 17	04 16	05 16	05 58	06 55	08 04
52	02 39	03 31	04 13	04 11	04 09	05 03	05 43	06 39	07 51
54	02 24	03 21	04 05	04 03	04 02	04 47	05 25	06 22	07 35
S56	02 05	03 10	03 57	03 55	03 53	04 29	05 04	06 00	07 17

纬度 Lat.	日没 Sunset 5日	日没 Sunset 6日	日没 Sunset 7日	昏影终 Twilight 民用	昏影终 Twilight 航海	月没 Moonset 4日	月没 Moonset 5日	月没 Moonset 6日	月没 Moonset 7日
°	h m	h m	h m	h m	h m	h m	h m	h m	h m
N70	14 32	14 27	14 22	15 48	17 05	■	■	■	■
68	14 56	14 52	14 48	16 01	17 10	■	■	■	■
66	15 15	15 11	15 08	16 12	17 15	■	■	■	■
64	15 30	15 27	15 23	16 22	17 20	■	■	■	17 33
62	15 42	15 39	15 37	16 30	17 24	14 35	■	■	18 39
60	15 53	15 50	15 48	16 37	17 27	15 42	16 15	17 31	19 13
N58	16 02	16 00	15 58	16 43	17 30	16 16	16 58	18 07	19 38
56	16 10	16 08	16 06	16 49	17 33	16 42	17 26	18 33	19 58
54	16 17	16 15	16 14	16 54	17 36	17 02	17 49	18 54	20 14
52	16 24	16 22	16 20	16 58	17 39	17 19	18 07	19 11	20 29
50	16 30	16 28	16 26	17 03	17 41	17 34	18 22	19 26	20 41
45	16 42	16 41	16 40	17 12	17 47	18 03	18 54	19 56	21 06
N40	16 53	16 52	16 51	17 20	17 52	18 26	19 18	20 19	21 26
35	17 02	17 01	17 00	17 27	17 57	18 46	19 38	20 38	21 43
30	17 10	17 09	17 08	17 34	18 02	19 02	19 55	20 54	21 58
20	17 23	17 23	17 23	17 46	18 12	19 30	20 24	21 22	22 22
N10	17 36	17 35	17 35	17 57	18 23	19 54	20 48	21 45	22 43
0	17 47	17 47	17 47	18 09	18 34	20 16	21 11	22 07	23 02
S10	17 59	17 59	17 59	18 21	18 47	20 39	21 34	22 29	23 21
20	18 11	18 12	18 12	18 35	19 02	21 03	21 59	22 52	23 42
30	18 26	18 27	18 27	18 52	19 23	21 31	22 27	23 19	— —
35	18 34	18 35	18 36	19 03	19 36	21 47	22 44	23 35	— —
40	18 44	18 45	18 46	19 15	19 51	22 07	23 04	23 54	— —
45	18 55	18 57	18 58	19 30	20 11	22 30	23 28	— —	00 16
S50	19 09	19 11	19 13	19 48	20 37	23 00	23 58	— —	00 44
52	19 16	19 18	19 20	19 57	20 50	23 15	— —	00 14	00 58
54	19 23	19 25	19 27	20 08	21 06	23 33	— —	00 32	01 14
S56	19 31	19 33	19 36	20 19	21 25	23 54	— —	00 53	01 32

	太阳 Sun	金星 Venus	火星 Mars	木星 Jupiter	土星 Saturn
中天 Mer.Pass.	h m 11 44	h m 14 28	h m 05 09	h m 02 14	h m 19 54
视差 Parallax	0′.15	0′.1	0′.1	0′.0	0′.0
赤经 R.A.		262° 22′.7	123° 10′.7	079° 15′.7	344° 56′.6

日期 Date	时差(视时减平时) Eqn. of time		月亮 Moon 上中天 UMP	月亮 Moon 下中天 LMP	半径 Radius 0h	半径 Radius 12h	视差 Parallax 0h	视差 Parallax 12h
	m	s	h m	h m				
5	+16	25	14 58	02 30	15.1	15.2	55.5	55.8
6	+16	23	15 54	03 26	15.3	15.3	56.0	56.3
7	+16	20	16 49	04 22	15.4	15.5	56.6	56.9

恒 星 视 位 置， 2024 年
SIDEREAL HOUR ANGLE AND DECLINATION OF STARS, 2024

星号 No.	恒星名称 Star Name		共轭赤经 / 赤纬	1月 Jan.	2月 Feb.	3月 Mar.	4月 Apr.	5月 May	6月 June	7月 July	8月 Aug.	9月 Sept.	10月 Oct.	11月 Nov.	12月 Dec.	赤经 R.A.	星等 Mag.
			°	′	′	′	′	′	′	′	′	′	′	′	′	h m	
1	仙女 And α	壁宿二 Alpheratz	357	35.8	35.8	35.9	35.8	35.6	35.3	35.1	34.8	34.7	34.7	34.7	34.8	00 10	2.1
			N 29	13.5	13.4	13.3	13.3	13.3	13.3	13.4	13.6	13.7	13.8	13.9	13.9		
2	仙后 Cas β	王良一 Caph	357	23.4	23.6	23.7	23.6	23.3	22.9	22.5	22.2	22.0	22.0	22.1	22.3	00 10	2.3
			N 59	17.2	17.1	16.9	16.8	16.7	16.8	16.8	17.0	17.2	17.3	17.5	17.5		
3	飞马 Peg γ	壁宿一 Algenib	356	23.1	23.1	23.2	23.1	22.9	22.7	22.4	22.2	22.1	22.0	22.1	22.1	00 14	2.8
			N 15	19.0	19.0	18.9	18.9	19.0	19.0	19.2	19.3	19.4	19.4	19.4	19.4		
4	水蛇 Hyi β	………	353	15.2	15.7	15.9	15.9	15.8	15.4	15.0	13.2	12.8	12.7	13.1	13.7	00 27	2.8
			S 77	07.5	07.4	07.2	07.0	06.8	06.7	06.7	06.7	06.8	07.0	07.1	07.2		
5	凤凰 Phe α	火鸟六 Ankaa	353	08.1	08.2	08.2	08.1	08.0	07.7	07.4	07.1	07.0	06.9	07.0	07.1	00 27	2.4
			S 42	10.8	10.7	10.6	10.5	10.3	10.2	10.1	10.1	10.2	10.3	10.4	10.4		
6	仙后 Cas α	王良四 Schedar	349	32.1	32.3	32.4	32.4	32.1	31.8	31.4	31.1	30.9	30.8	30.8	31.0	00 42	2.2
			N 56	40.2	40.3	40.2	40.1	40.0	40.0	40.1	40.2	40.4	40.5	40.7	40.7		
7	鲸鱼 Cet β	土司空 Diphda	348	48.2	48.3	48.3	48.2	48.1	47.9	47.6	47.4	47.2	47.2	47.2	47.3	00 45	2.0
			S 17	51.5	51.5	51.4	51.3	51.2	51.1	51.0	50.9	50.9	50.9	51.0	51.1		
8	仙后 Cas γ	………	345	27.7	28.0	28.1	28.1	27.8	27.5	27.1	26.7	26.4	26.3	26.3	26.5	00 58	变星[1]
			N 60	51.1	51.0	50.9	50.7	50.7	50.6	50.7	50.8	51.0	51.2	51.3	51.4		
9	仙女 And β	奎宿九 Mirach	342	13.9	14.0	14.1	14.1	13.9	13.7	13.4	13.1	12.9	12.8	12.8	12.9	01 11	2.1
			N 35	45.0	45.0	44.9	44.8	44.8	44.8	44.9	45.0	45.1	45.2	45.3	45.4		
10	仙后 Cas δ	阁道三 Ruchbah	338	09.2	09.4	09.6	09.6	09.4	09.0	08.6	08.2	07.9	07.8	07.7	07.9	01 27	2.7
			N 60	21.9	21.8	21.7	21.6	21.5	21.5	21.5	21.6	21.7	21.9	22.1	22.2		
11	波江 Eri α	水委一 Achernar	335	20.8	21.0	21.2	21.2	21.1	20.8	20.5	20.1	19.9	19.7	19.7	19.9	01 39	0.5
			S 57	07.2	07.2	07.0	06.9	06.7	06.5	06.4	06.4	06.4	06.6	06.7	06.8		
13	白羊 Ari β	娄宿一 Sheratan	330	60.5	60.6	60.7	60.7	60.6	60.4	60.1	59.9	59.7	59.5	59.5	59.5	01 56	2.6
			N 20	55.6	55.5	55.4	55.5	55.5	55.5	55.6	55.7	55.8	55.9	55.9	55.9		
12	仙后 Cas ε	………	330	58.0	58.3	58.5	58.6	58.4	58.0	57.6	57.1	56.7	56.5	56.4	56.5	01 56	3.4
			N 63	47.6	47.5	47.4	47.3	47.2	47.1	47.2	47.2	47.4	47.5	47.7	47.8		
14	水蛇 Hyi α	………	330	06.8	07.1	07.4	07.5	07.4	07.1	06.8	06.4	06.0	05.9	05.9	06.0	02 00	2.9
			S 61	27.5	27.5	27.3	27.2	27.0	26.8	26.7	26.7	26.7	26.8	27.0	27.1		
15	仙女 And γ	天大将军一 Almak	328	39.3	39.5	39.6	39.6	39.5	39.3	39.0	38.7	38.4	38.3	38.2	38.2	02 05	2.3
			N 42	26.9	26.8	26.8	26.7	26.6	26.6	26.7	26.7	26.9	27.0	27.1	27.2		
16	白羊 Ari α	娄宿三 Hamal	327	52.1	52.2	52.2	52.3	52.2	52.0	51.7	51.5	51.2	51.1	51.0	51.0	02 09	2.0
			N 23	34.6	34.6	34.6	34.5	34.5	34.5	34.6	34.7	34.8	34.9	34.9	34.9		
17	波江 Eri θ	天园六 Acamar	315	12.2	12.4	12.5	12.6	12.6	12.5	12.2	11.9	11.7	11.5	11.4	11.5	02 59	3.2
			S 40	12.7	12.8	12.7	12.6	12.4	12.3	12.1	12.0	12.0	12.1	12.3	12.4		
18	鲸鱼 Cet α	天囷一 Menkar	314	06.9	07.0	07.1	07.1	07.1	06.9	06.7	06.5	06.2	06.1	06.0	05.9	03 04	2.5
			N 4	11.0	11.0	11.0	11.0	11.0	11.1	11.2	11.3	11.3	11.3	11.3	11.3		
19	英仙 Per β	大陵五 Algol	312	33.8	34.0	34.1	34.2	34.2	34.0	33.7	33.4	33.1	32.9	32.7	32.7	03 10	变星[2]
			N 41	03.0	03.0	03.0	02.9	02.9	02.8	02.8	02.9	03.0	03.1	03.2	03.2		
20	英仙 Per α	天船三 Mirfak	308	29.2	29.3	29.5	29.6	29.6	29.4	29.1	28.7	28.4	28.1	28.0	27.9	03 26	1.8
			N 49	57.0	57.0	56.9	56.9	56.8	56.7	56.7	56.7	56.8	56.9	57.0	57.1		
21	金牛 Tau η	昴宿六 Alcyone	302	46.1	46.2	46.3	46.4	46.4	46.3	46.1	45.8	45.6	45.3	45.2	45.1	03 49	2.9
			N 24	10.8	10.8	10.8	10.8	10.8	10.8	10.8	10.9	10.9	11.0	11.0	11.0		
22	英仙 Per ζ	………	301	05.2	05.3	05.4	05.5	05.5	05.3	05.1	04.8	04.6	04.3	04.2	04.1	03 56	2.9
			N 31	57.4	57.4	57.4	57.3	57.3	57.3	57.3	57.3	57.4	57.4	57.5	57.6		
23	英仙 Per ε	………	300	07.8	07.9	08.0	08.1	08.1	08.0	07.8	07.5	07.2	06.9	06.7	06.6	03 59	2.9
			N 40	04.9	04.9	04.9	04.8	04.8	04.7	04.7	04.8	04.8	04.9	05.0	05.0		

[1] 星等 1.6—3.0，   [2] 星等 2.1—3.4。
[1] Magnitude 1.6—3.0,   [2] Magnitude 2.1—3.4.

恒 星 视 位 置，2024 年
SIDEREAL HOUR ANGLE AND DECLINATION OF STARS, 2024

星号 No.	恒星名称 Star Name			共轭赤经 / 赤纬	1月 Jan.	2月 Feb.	3月 Mar.	4月 Apr.	5月 May	6月 June	7月 July	8月 Aug.	9月 Sept.	10月 Oct.	11月 Nov.	12月 Dec.	赤经 R.A.	星等 Mag.
24	金牛 Tau	α	毕宿五 Aldebaran	290	40.3	40.4	40.5	40.6	40.6	40.5	40.3	40.1	39.9	39.6	39.5	39.4	04 37	0.9
				N 16	33.5	33.5	33.4	33.4	33.4	33.5	33.5	33.6	33.6	33.6	33.6	33.6		
25	御夫 Aur	ι	....	285	21.3	21.4	21.6	21.7	21.7	21.6	21.5	21.2	20.9	20.7	20.4	20.3	04 59	2.7
				N 33	12.3	12.3	12.3	12.3	12.3	12.2	12.2	12.2	12.3	12.3	12.3	12.4		
26	波江 Eri	β	....	282	44.3	44.4	44.5	44.6	44.6	44.6	44.4	44.2	44.0	43.8	43.6	43.5	05 09	2.8
				S 5	03.4	03.4	03.4	03.4	03.4	03.3	03.2	03.1	03.1	03.1	03.1	03.2		
27	猎户 Ori	β	参宿七 Rigel	281	04.4	04.4	04.6	04.7	04.7	04.7	04.5	04.3	04.1	03.9	03.7	03.6	05 16	0.1
				S 8	10.5	10.5	10.6	10.5	10.5	10.4	10.3	10.2	10.2	10.2	10.2	10.3		
28	御夫 Aur	α	五车二 Capella	280	22.7	22.8	22.9	23.1	23.2	23.1	22.9	22.6	22.3	22.0	21.7	21.5	05 18	0.1
				N 46	01.4	01.5	01.5	01.4	01.4	01.3	01.3	01.2	01.2	01.3	01.3	01.4		
29	猎户 Ori	γ	参宿五 Bellatrix	278	23.5	23.5	23.6	23.7	23.8	23.7	23.6	23.4	23.2	22.9	22.7	22.6	05 26	1.6
				N 6	22.3	22.2	22.2	22.2	22.3	22.3	22.4	22.4	22.5	22.5	22.4	22.4		
30	金牛 Tau	β	五车五 Elnath	278	02.6	02.6	02.7	02.9	02.9	02.9	02.7	02.5	02.2	02.0	01.7	01.6	05 28	1.7
				N 28	37.7	37.7	37.7	37.7	37.7	37.7	37.7	37.7	37.7	37.7	37.7	37.7		
31	天兔 Lep	β	....	277	40.6	40.7	40.8	40.9	41.0	41.0	40.9	40.7	40.4	40.2	40.0	39.9	05 29	2.8
				S 20	44.5	44.6	44.6	44.6	44.5	44.4	44.2	44.1	44.1	44.1	44.2	44.3		
32	猎户 Ori	δ	....	276	41.2	41.3	41.4	41.5	41.6	41.5	41.4	41.2	41.0	40.8	40.6	40.4	05 33	2.2
				S 0	16.9	17.0	17.0	17.0	16.9	16.9	16.8	16.7	16.7	16.7	16.7	16.8		
33	天兔 Lep	α	....	276	32.9	32.9	33.1	33.2	33.3	33.2	33.1	32.9	32.7	32.5	32.3	32.2	05 34	2.6
				S 17	48.4	48.4	48.5	48.4	48.4	48.3	48.1	48.0	48.0	48.0	48.1	48.2		
34	猎户 Ori	ι	....	275	50.6	50.7	50.8	50.9	51.0	50.9	50.8	50.6	50.4	50.2	50.0	49.8	05 37	2.8
				S 5	53.7	53.7	53.8	53.7	53.7	53.6	53.5	53.5	53.4	53.4	53.5	53.6		
35	猎户 Ori	ε	参宿二 Alnilam	275	38.3	38.3	38.4	38.5	38.6	38.6	38.4	38.2	38.0	37.8	37.6	37.5	05 37	1.7
				S 1	11.2	11.3	11.3	11.3	11.2	11.2	11.1	11.0	11.0	11.0	11.0	11.1		
36	金牛 Tau	ζ	....	275	13.5	13.6	13.7	13.8	13.9	13.8	13.7	13.5	13.2	13.0	12.7	12.6	05 39	3.0
				N 21	09.4	09.4	09.4	09.4	09.4	09.4	09.5	09.5	09.5	09.5	09.5	09.5		
37	天鸽 Col	α	丈人一 Phact	274	51.9	52.0	52.1	52.3	52.4	52.4	52.3	52.1	51.9	51.6	51.4	51.3	05 41	2.6
				S 34	03.8	03.9	03.9	03.9	03.8	03.6	03.5	03.4	03.3	03.3	03.4	03.6		
38	猎户 Ori	ζ¹	参宿一 Alnitak	274	30.2	30.2	30.3	30.5	30.5	30.5	30.4	30.2	29.9	29.7	29.5	29.4	05 42	2.0
				S 1	55.8	55.9	55.9	55.9	55.8	55.8	55.7	55.6	55.6	55.6	55.6	55.7		
39	猎户 Ori	κ	....	272	46.3	46.3	46.5	46.6	46.7	46.6	46.5	46.3	46.1	45.9	45.7	45.5	05 49	2.1
				S 9	39.7	39.8	39.8	39.8	39.7	39.6	39.5	39.5	39.4	39.4	39.5	39.6		
40	猎户 Ori	α	参宿四 Betelgeuse	270	52.7	52.7	52.8	52.9	53.0	53.0	52.8	52.6	52.4	52.2	52.0	51.8	05 56	变星¹
				N 7	24.7	24.6	24.6	24.6	24.7	24.7	24.8	24.8	24.8	24.8	24.8	24.7		
41	御夫 Aur	β	五车三 Menkalinan	269	40.3	40.3	40.5	40.6	40.7	40.7	40.5	40.3	40.0	39.7	39.4	39.1	06 01	1.9
				N 44	57.0	57.1	57.1	57.1	57.0	57.0	56.9	56.9	56.9	56.9	56.9	57.0		
42	御夫 Aur	θ	....	269	39.3	39.3	39.4	39.6	39.7	39.7	39.5	39.3	39.0	38.7	38.4	38.2	06 01	2.6
				N 37	12.9	12.9	12.9	12.9	12.9	12.9	12.8	12.8	12.8	12.8	12.8	12.8		
43	大犬 CMa	β	军市一 Mirzam	264	03.3	03.4	03.5	03.6	03.7	03.7	03.7	03.5	03.3	03.1	02.8	02.7	06 24	2.0
				S 17	58.1	58.2	58.2	58.2	58.2	58.1	58.0	57.9	57.8	57.8	57.9	58.0		
44	船底 Car	α	老人 Canopus	263	52.2	52.4	52.6	52.9	53.1	53.2	53.1	52.9	52.6	52.3	52.0	51.9	06 24	-0.7
				S 52	42.5	42.5	42.5	42.7	42.7	42.4	42.3	42.2	42.1	42.1	42.2	42.4		
45	双子 Gem	γ	井宿三 Alhena	260	13.2	13.3	13.4	13.5	13.6	13.6	13.5	13.3	13.1	12.8	12.6	12.4	06 39	1.9
				N 16	22.7	22.7	22.7	22.7	22.7	22.7	22.7	22.8	22.8	22.7	22.7	22.7		
46	大犬 CMa	α	天狼 Sirius	258	26.6	26.6	26.8	26.9	27.0	27.0	26.9	26.8	26.6	26.4	26.1	26.0	06 46	-1.5
				S 16	45.0	45.1	45.1	45.1	45.1	45.0	44.9	44.8	44.7	44.7	44.8	44.9		

¹ 星等 0.0—1.3。
¹ Magnitude 0.0—1.3 .

恒 星 视 位 置，2024 年
SIDEREAL HOUR ANGLE AND DECLINATION OF STARS, 2024

星号 No.	恒星名称 Star Name			共轭赤经 赤纬	1月 Jan.	2月 Feb.	3月 Mar.	4月 Apr.	5月 May	6月 June	7月 July	8月 Aug.	9月 Sept.	10月 Oct.	11月 Nov.	12月 Dec.	赤经 R.A.	星等 Mag.
				°	′	′	′	′	′	′	′	′	′	′	′	′	h m	
47	船尾 Pup	τ	....	257	21.5	21.7	21.9	22.1	22.3	22.4	22.4	22.2	22.0	21.7	21.4	21.2	06 51	2.9
				S 50	38.6	38.7	38.8	38.8	38.8	38.6	38.5	38.3	38.2	38.2	38.3	38.5		
48	大犬 CMa	ε	弧矢七 Adhara	255	06.1	06.2	06.3	06.4	06.6	06.6	06.6	06.4	06.2	06.0	05.7	05.6	07 00	1.5
				S 29	00.3	00.4	00.5	00.5	00.4	00.3	00.2	00.1	00.0	00.0	00.1	00.2		
49	大犬 CMa	o²	....	253	59.3	59.3	59.4	59.6	59.7	59.7	59.7	59.5	59.3	59.1	58.9	58.7	07 04	3.0
				S 23	52.1	52.2	52.3	52.3	52.2	52.2	52.0	51.9	51.9	51.9	51.9	52.1		
50	大犬 CMa	δ	弧矢一 Wezen	252	39.2	39.2	39.3	39.5	39.6	39.6	39.6	39.4	39.2	39.0	38.8	38.6	07 09	1.8
				S 26	25.9	26.0	26.1	26.1	26.0	25.9	25.8	25.7	25.6	25.6	25.7	25.8		
51	船尾 Pup	π	....	250	29.8	29.8	29.9	30.1	30.3	30.4	30.3	30.2	30.0	29.8	29.5	29.3	07 18	2.7
				S 37	08.4	08.6	08.7	08.7	08.6	08.5	08.4	08.2	08.2	08.1	08.2	08.4		
52	大犬 CMa	η	....	248	44.0	44.0	44.1	44.3	44.4	44.5	44.4	44.3	44.1	43.9	43.6	43.4	07 25	2.5
				S 29	21.0	21.1	21.2	21.2	21.2	21.1	21.0	20.8	20.8	20.8	20.8	21.0		
53	小犬 CMi	β	....	247	52.9	52.9	53.0	53.1	53.2	53.2	53.2	53.0	52.8	52.6	52.4	52.2	07 28	2.9
				N 8	14.4	14.4	14.4	14.4	14.4	14.4	14.4	14.5	14.5	14.5	14.4	14.4		
54	双子 Gem	α	北河二 Castor	245	57.7	57.7	57.8	57.9	58.0	58.1	58.0	57.9	57.6	57.4	57.1	56.8	07 36	双星[1]
				N 31	50.1	50.1	50.2	50.2	50.2	50.1	50.1	50.1	50.0	50.0	49.9	49.9		
55	小犬 CMi	α	南河三 Procyon	244	51.3	51.3	51.4	51.5	51.6	51.6	51.6	51.5	51.3	51.1	50.8	50.6	07 41	0.4
				N 5	09.8	09.7	09.7	09.7	09.7	09.8	09.8	09.8	09.8	09.8	09.8	09.7		
56	双子 Gem	β	北河三 Pollux	243	17.9	17.9	18.0	18.1	18.2	18.2	18.2	18.0	17.8	17.6	17.3	17.1	07 47	1.1
				N 27	58.0	58.1	58.1	58.1	58.1	58.1	58.1	58.1	58.0	58.0	57.9	57.9		
57	船尾 Pup.	ζ	....	238	53.2	53.2	53.3	53.5	53.7	53.8	53.8	53.7	53.5	53.3	53.0	52.8	08 04	2.3
				S 40	04.2	04.4	04.5	04.5	04.5	04.4	04.3	04.1	04.0	04.0	04.1	04.2		
58	船尾 Pup	ρ	....	237	51.2	51.2	51.2	51.4	51.5	51.6	51.6	51.5	51.3	51.1	50.9	50.6	08 09	2.8
				S 24	22.4	22.5	22.6	22.6	22.6	22.5	22.4	22.3	22.3	22.2	22.3	22.4		
59	船帆 Vel	γ	....	237	25.5	25.5	25.7	25.9	26.1	26.2	26.3	26.2	26.0	25.7	25.4	25.2	08 10	1.8
				S 47	24.4	24.5	24.7	24.7	24.7	24.6	24.5	24.3	24.2	24.2	24.2	24.4		
60	船底 Car	ε	海石一 Avior	234	14.4	14.5	14.6	14.9	15.2	15.5	15.6	15.5	15.3	15.0	14.6	14.3	08 23	1.9
				S 59	35.1	35.3	35.4	35.5	35.5	35.4	35.3	35.1	35.0	34.9	35.0	35.1		
61	船帆 Vel	δ	....	228	39.1	39.1	39.2	39.4	39.7	39.9	40.0	39.9	39.8	39.5	39.1	38.8	08 45	2.0
				S 54	47.7	47.9	48.0	48.1	48.1	48.0	47.9	47.8	47.6	47.6	47.6	47.7		
62	船帆 Vel	λ	天记 Suhail	222	46.5	46.4	46.5	46.6	46.8	47.0	47.0	47.0	46.9	46.7	46.4	46.1	09 09	2.2
				S 43	31.7	31.8	32.0	32.1	32.1	32.0	31.9	31.8	31.7	31.6	31.6	31.8		
63	船底 Car	β	南船五 Miaplacidus	221	37.6	37.5	37.7	38.1	38.6	39.0	39.3	39.3	39.2	38.8	38.2	37.7	09 13	1.7
				S 69	48.8	49.0	49.1	49.2	49.3	49.2	49.1	49.0	48.8	48.7	48.7	48.8		
64	船底 Car	ι	....	220	33.6	33.5	33.7	33.9	34.2	34.4	34.6	34.6	34.5	34.2	33.8	33.4	09 18	2.3
				S 59	22.4	22.6	22.7	22.9	22.9	22.8	22.7	22.6	22.4	22.4	22.4	22.5		
65	长蛇 Hya	α	星宿一 Alphard	217	48.2	48.2	48.2	48.2	48.3	48.4	48.4	48.4	48.3	48.1	47.9	47.6	09 29	2.0
				S 8	45.8	45.9	45.9	45.9	45.9	45.9	45.8	45.8	45.7	45.8	45.8	45.9		
66	船帆 Vel	N	....	217	00.4	00.3	00.4	00.6	00.8	01.0	01.2	01.2	01.1	00.9	00.5	00.1	09 32	3.1
				S 57	08.2	08.4	08.6	08.7	08.8	08.7	08.6	08.5	08.3	08.3	08.3	08.4		
67	狮子 Leo	α	轩辕十四 Regulus	207	35.0	34.9	34.9	34.9	35.0	35.1	35.1	35.1	35.0	34.9	34.6	34.4	10 10	1.4
				N 11	50.9	50.9	50.9	50.9	50.9	50.9	51.0	51.0	50.9	50.9	50.8	50.7		
68	狮子 Leo	γ¹	轩辕十二 Algeiba	204	40.4	40.2	40.2	40.2	40.3	40.4	40.4	40.4	40.3	40.2	39.9	39.7	10 21	2.6
				N 19	43.1	43.1	43.1	43.1	43.2	43.2	43.2	43.2	43.1	43.0	42.9	42.8		

[1] 星等 2.0,2.9。
[1] Magnitude 2.0,2.9 .

恒 星 视 位 置， 2024 年
SIDEREAL HOUR ANGLE AND DECLINATION OF STARS, 2024

星号 No.	恒星名称 Star Name			共轭赤经 / 赤纬	1月 Jan.	2月 Feb.	3月 Mar.	4月 Apr.	5月 May	6月 June	7月 July	8月 Aug.	9月 Sept.	10月 Oct.	11月 Nov.	12月 Dec.	赤经 R.A.	星等 Mag.
				° / ′	′	′	′	′	′	′	′	′	′	′	′	′	h m	
69	船底 Car	θ	………	199	02.5	02.3	02.3	02.4	02.7	03.0	03.2	03.4	03.4	03.2	02.8	02.3	10 44	2.8
			………	S 64	31.0	31.2	31.3	31.5	31.6	31.6	31.5	31.4	31.3	31.2	31.1	31.2		
70	船帆 Vel	μ	………	198	02.7	02.6	02.5	02.6	02.7	02.9	03.1	03.1	03.1	03.0	02.7	02.3	10 48	2.7
			………	S 49	32.6	32.8	33.0	33.1	33.2	33.2	33.1	33.0	32.9	32.8	32.8	32.8		
71	大熊 UMa 天璇 Merak	β		194	10.4	10.1	10.0	10.1	10.2	10.4	10.6	10.7	10.6	10.4	10.1	09.8	11 03	2.4
				N 56	15.0	15.0	15.2	15.3	15.4	15.4	15.3	15.2	15.1	14.9	14.7	14.6		
72	大熊 UMa 天枢 Dubhe	α		193	41.6	41.2	41.1	41.2	41.4	41.7	41.9	42.0	41.9	41.7	41.4	41.0	11 05	1.8
				N 61	37.0	37.1	37.2	37.4	37.4	37.5	37.4	37.3	37.1	36.9	36.8	36.7		
73	狮子 Leo	δ	………	191	09.1	08.9	08.8	08.8	08.9	09.0	09.0	09.1	09.0	08.9	08.7	08.4	11 15	2.6
			………	N 20	23.4	23.4	23.4	23.4	23.5	23.5	23.5	23.5	23.4	23.4	23.2	23.1		
74	狮子 Leo 五帝座一 Denebola	β		182	25.6	25.4	25.3	25.3	25.4	25.4	25.5	25.5	25.5	25.5	25.3	25.0	11 50	2.1
				N 14	26.2	26.1	26.1	26.1	26.2	26.2	26.2	26.2	26.2	26.1	26.0	25.9		
75	大熊 UMa 天玑 Phecda	γ		181	13.4	13.1	12.9	12.9	13.1	13.2	13.4	13.5	13.5	13.4	13.2	12.9	11 55	2.4
				N 53	33.4	33.4	33.5	33.7	33.8	33.8	33.8	33.7	33.6	33.4	33.2	33.1		
76	半人马 Cen	δ	………	177	35.8	35.6	35.4	35.4	35.5	35.6	35.8	35.9	36.0	35.9	35.7	35.3	12 10	2.6
			………	S 50	51.1	51.3	51.5	51.6	51.7	51.8	51.7	51.7	51.5	51.4	51.4	51.4		
77	南十字 Cru	δ	………	175	53.6	53.2	53.1	53.0	53.1	53.3	53.5	53.7	53.8	53.7	53.5	53.1	12 16	2.8
			………	S 58	52.7	52.8	53.0	53.2	53.3	53.4	53.4	53.3	53.2	53.0	53.0	53.0		
78	大熊 UMa	δ	………	175	50.6	50.2	50.1	50.0	50.2	50.4	50.5	50.7	50.8	50.7	50.5	50.1	12 17	3.3
			………	N 56	53.7	53.7	53.8	53.9	54.0	54.1	54.1	54.0	53.9	53.7	53.5	53.4		
79	乌鸦 Crv 轸宿一 Gienah	γ		175	44.3	44.1	44.0	43.9	44.0	44.0	44.1	44.2	44.2	44.1	44.0	43.7	12 17	2.6
				S 17	40.4	40.6	40.7	40.7	40.8	40.8	40.7	40.7	40.6	40.6	40.6	40.7		
80	南十字 Cru 十字架二 Acrux	α		173	00.8	00.5	00.3	00.2	00.3	00.5	00.8	01.0	01.2	01.1	00.8	00.4	12 28	1.3
				S 63	13.6	13.8	14.0	14.1	14.3	14.3	14.4	14.3	14.2	14.0	13.9	13.9		
81	南十字 Cru 十字架一 Gacrux	γ		171	52.4	52.1	51.9	51.8	51.9	52.1	52.3	52.5	52.6	52.5	52.3	51.9	12 33	1.6
				S 57	14.6	14.7	14.9	15.1	15.2	15.3	15.3	15.2	15.1	15.0	14.9	14.9		
82	乌鸦 Crv	β	………	171	05.2	05.0	04.9	04.8	04.8	04.9	05.0	05.0	05.1	05.0	04.9	04.6	12 36	2.7
			………	S 23	31.7	31.8	31.9	32.0	32.0	32.0	32.0	32.0	31.9	31.9	31.9	31.9		
83	苍蝇 Mus	α	………	170	20.6	20.1	19.8	19.7	19.9	20.1	20.5	20.8	21.0	21.0	20.7	20.1	12 39	2.7
			………	S 69	15.8	15.9	16.1	16.3	16.4	16.5	16.5	16.5	16.3	16.2	16.1	16.1		
84	半人马 Cen 库楼七 Muhlifain	γ		169	17.3	17.0	16.8	16.8	16.8	16.9	17.1	17.2	17.3	17.3	17.1	16.7	12 43	2.2
				S 49	05.3	05.4	05.6	05.7	05.8	05.9	05.9	05.8	05.7	05.6	05.5	05.5		
85	室女 Vir	γ	………	169	16.8	16.6	16.5	16.4	16.4	16.5	16.5	16.6	16.6	16.6	16.5	16.2	12 43	3.5
			………	S 1	34.9	35.0	35.0	35.0	35.0	35.0	35.0	34.9	34.9	35.0	35.0	35.1		
86	南十字 Cru 十字架三 Mimosa	β		167	43.0	42.7	42.4	42.4	42.4	42.6	42.8	43.0	43.1	43.1	42.9	42.5	12 49	1.3
				S 59	48.9	49.1	49.2	49.4	49.5	49.6	49.6	49.6	49.4	49.3	49.2	49.2		
87	大熊 UMa 玉衡 Alioth	ε		166	13.6	13.2	13.0	12.9	13.0	13.2	13.4	13.6	13.7	13.7	13.5	13.2	12 55	1.8
				N 55	49.5	49.6	49.7	49.7	49.8	49.9	49.9	49.8	49.7	49.5	49.4	49.2		
88	猎犬 CVn 常陈一 Cor Caroli	α		165	42.7	42.4	42.2	42.2	42.2	42.3	42.4	42.5	42.6	42.6	42.4	42.2	12 57	2.9
				N 38	11.1	11.1	11.1	11.2	11.3	11.4	11.4	11.4	11.3	11.1	11.0	10.8		
89	室女 Vir	ε	………	164	09.4	09.2	09.0	08.9	09.0	09.0	09.1	09.1	09.2	09.2	09.0	08.8	13 03	2.8
			………	N 10	49.7	49.6	49.6	49.6	49.7	49.7	49.8	49.8	49.7	49.7	49.6	49.5		
90	半人马 Cen	ι	………	159	30.8	30.5	30.3	30.2	30.2	30.3	30.4	30.5	30.6	30.6	30.4	30.2	13 22	2.8
			………	S 36	50.2	50.3	50.4	50.5	50.6	50.6	50.7	50.6	50.5	50.5	50.4	50.4		

恒　星　视　位　置，2024 年
SIDEREAL HOUR ANGLE AND DECLINATION OF STARS, 2024

星号 No.	恒星名称 Star Name	共轭赤经 / 赤纬	1月 Jan.	2月 Feb.	3月 Mar.	4月 Apr.	5月 May	6月 June	7月 July	8月 Aug.	9月 Sept.	10月 Oct.	11月 Nov.	12月 Dec.	赤经 R.A.	星等 Mag.
		° / ′	′	′	′	′	′	′	′	′	′	′	′	′	h m	
91	大熊 ζ 开阳 UMa Mizar	158	46.5	46.2	45.9	45.8	45.9	46.0	46.2	46.4	46.5	46.6	46.5	46.2	13 25	2.3
		N 54	47.7	47.7	47.7	47.9	48.0	48.1	48.1	48.1	48.0	47.8	47.6	47.4		
92	室女 α 角宿一 Vir Spica	158	23.2	22.9	22.7	22.7	22.6	22.7	22.7	22.8	22.9	22.9	22.7	22.5	13 26	1.0
		S 11	17.2	17.3	17.3	17.4	17.4	17.4	17.4	17.3	17.3	17.3	17.3	17.4		
93	半人马 ε Cen	154	38.9	38.5	38.3	38.1	38.1	38.2	38.3	38.5	38.6	38.7	38.5	38.2	13 41	2.3
		S 53	35.0	35.2	35.3	35.4	35.6	35.7	35.7	35.7	35.6	35.5	35.4	35.3		
94	大熊 η 摇光 UMa Alkaid	152	52.7	52.3	52.1	52.0	52.0	52.1	52.3	52.4	52.6	52.6	52.6	52.3	13 49	1.9
		N 49	11.3	11.3	11.3	11.4	11.6	11.7	11.7	11.7	11.6	11.4	11.3	11.1		
95	牧夫 η Boo	151	02.6	02.4	02.2	02.1	02.0	02.1	02.1	02.1	02.2	02.3	02.3	02.1	13 56	2.7
		N 18	16.5	16.4	16.4	16.4	16.5	16.6	16.6	16.6	16.6	16.6	16.4	16.3		
96	半人马 ζ Cen	150	44.5	44.2	43.9	43.8	43.7	43.8	43.9	44.0	44.2	44.2	44.1	43.8	13 57	2.6
		S 47	24.2	24.3	24.4	24.5	24.6	24.7	24.7	24.7	24.6	24.6	24.5	24.4		
97	半人马 β 马腹一 Cen Hadar	148	37.3	36.8	36.5	36.3	36.2	36.3	36.5	36.7	36.9	37.0	36.9	36.5	14 06	0.6
		S 60	29.0	29.1	29.3	29.3	29.4	29.6	29.7	29.7	29.7	29.6	29.5	29.3		
98	半人马 θ 库楼三 Cen Menkent	147	58.7	58.4	58.1	58.0	57.9	57.9	58.0	58.1	58.3	58.3	58.2	58.0	14 08	2.1
		S 36	29.1	29.2	29.3	29.4	29.5	29.6	29.6	29.6	29.5	29.4	29.4	29.4		
99	牧夫 α 大角 Boo Arcturus	145	48.7	48.5	48.3	48.2	48.1	48.1	48.2	48.3	48.4	48.4	48.4	48.2	14 17	−0.0
		N 19	03.3	03.2	03.2	03.2	03.3	03.4	03.4	03.4	03.4	03.3	03.2	03.1		
100	牧夫 γ Boo	141	44.4	44.1	43.9	43.7	43.7	43.7	43.8	44.0	44.1	44.2	44.2	44.0	14 33	3.0
		N 38	11.9	11.9	11.9	12.0	12.1	12.2	12.3	12.3	12.2	12.1	11.9	11.8		
101	半人马 η Cen	140	44.7	44.3	44.1	43.9	43.8	43.8	43.9	44.0	44.1	44.2	44.1	43.9	14 37	2.3
		S 42	15.6	15.7	15.8	15.9	16.0	16.1	16.1	16.1	16.0	16.0	15.9	15.9		
102	半人马 南门二 Cen Rigil Kent	139	41.6	41.2	40.8	40.6	40.5	40.5	40.7	40.9	41.2	41.3	41.2	40.9	14 41	双星[1]
		S 60	55.8	55.9	56.0	56.1	56.3	56.4	56.5	56.5	56.4	56.3	56.2	56.1		
103	豺狼 α Lup	139	07.3	06.9	06.6	06.4	06.4	06.5	06.6	06.6	06.7	06.8	06.7	06.5	14 44	2.3
		S 47	29.3	29.3	29.4	29.6	29.7	29.7	29.8	29.8	29.7	29.6	29.6	29.5		
104	牧夫 ε Boo	138	29.6	29.3	29.1	29.0	28.9	28.9	29.0	29.1	29.2	29.3	29.2	29.1	14 46	2.7
		N 26	58.2	58.1	58.1	58.2	58.3	58.4	58.4	58.4	58.4	58.3	58.2	58.0		
106	小熊 β 帝 UMi Kochab	137	20.2	19.5	18.9	18.6	18.6	18.8	19.3	19.9	20.4	20.8	20.9	20.7	14 51	2.1
		N 74	03.0	03.0	03.0	03.2	03.3	03.5	03.5	03.5	03.4	03.3	03.1	02.9		
105	天秤 α² 氐宿一 Lib Zubenelgenubi	136	57.0	56.8	56.6	56.4	56.3	56.3	56.3	56.4	56.5	56.6	56.5	56.4	14 52	2.8
		S 16	08.5	08.5	08.6	08.6	08.7	08.7	08.7	08.6	08.6	08.6	08.6	08.7		
107	豺狼 β Lup	134	58.6	58.3	58.0	57.8	57.7	57.6	57.7	57.8	58.0	58.1	58.0	57.8	15 00	2.7
		S 43	13.6	13.7	13.8	13.9	14.0	14.1	14.1	14.1	14.1	14.0	13.9	13.9		
108	天秤 β Lib	130	25.7	25.4	25.2	25.0	24.9	24.9	24.9	25.0	25.1	25.2	25.2	25.0	15 18	2.6
		S 9	28.3	28.4	28.4	28.5	28.5	28.4	28.4	28.4	28.4	28.4	28.4	28.5		
109	南三角 γ TrA	129	43.0	42.3	41.8	41.4	41.2	41.4	41.6	42.0	42.2	42.2	42.1	41.9	15 21	2.9
		S 68	45.8	45.8	45.9	46.0	46.2	46.3	46.4	46.4	46.4	46.3	46.2	46.1		
111	北冕 α 贯索四 CrB Alphecca	126	04.6	04.4	04.1	04.0	03.8	03.8	03.9	04.0	04.1	04.2	04.2	04.1	15 36	2.2
		N 26	37.8	37.7	37.7	37.8	37.9	38.0	38.1	38.1	38.1	38.0	37.9	37.7		
110	豺狼 γ Lup	125	49.1	48.8	48.5	48.3	48.1	48.1	48.1	48.2	48.4	48.5	48.5	48.3	15 37	2.8
		S 41	14.7	14.8	14.9	15.0	15.0	15.1	15.1	15.1	15.1	15.0	14.9	14.9		
112	巨蛇 α Ser	123	38.4	38.2	38.0	37.8	37.7	37.6	37.7	37.7	37.9	37.9	37.9	37.8	15 45	2.7
		N 6	20.9	20.8	20.8	20.8	20.9	20.9	21.0	21.0	21.0	21.0	20.9	20.8		
113	天蝎 δ 房宿三 Sco Dschubba	119	34.0	33.7	33.4	33.2	33.1	33.0	33.0	33.1	33.2	33.3	33.3	33.2	16 02	2.3
		S 22	41.4	41.4	41.5	41.5	41.5	41.5	41.6	41.5	41.5	41.5	41.5	41.5		

[1] 星等 −0.0，1.3。

[1] Magnitude −0.0, 1.3 .

恒 星 视 位 置，2024 年
SIDEREAL HOUR ANGLE AND DECLINATION OF STARS, 2024

星号 No.	恒星名称 Star Name			共轭赤经/赤纬	1月 Jan.	2月 Feb.	3月 Mar.	4月 Apr.	5月 May	6月 June	7月 July	8月 Aug.	9月 Sept.	10月 Oct.	11月 Nov.	12月 Dec.	赤经 R.A.	星等 Mag.
				° ′	′	′	′	′	′	′	′	′	′	′	′	′	h m	
114	天蝎 Sco	β	………	118	17.8	17.5	17.3	17.0	16.9	16.8	16.8	16.9	17.0	17.1	17.1	17.0	16 07	2.6
				S 19	52.2	52.3	52.3	52.4	52.4	52.4	52.4	52.4	52.4	52.4	52.4	52.4		
115	蛇夫 Oph	δ	………	116	06.2	05.9	05.7	05.5	05.4	05.3	05.3	05.4	05.5	05.6	05.6	05.5	16 16	2.7
				S 3	45.4	45.5	45.5	45.5	45.5	45.5	45.4	45.4	45.4	45.4	45.4	45.5		
116	天龙 Dra	η	………	113	55.6	55.2	54.8	54.5	54.3	54.3	54.5	54.8	55.1	55.4	55.6	55.6	16 24	2.7
				N 61	27.3	27.1	27.1	27.2	27.4	27.5	27.7	27.7	27.7	27.6	27.5	27.3		
117	天蝎 Sco	α 心宿二 Antares		112	17.1	16.8	16.6	16.3	16.2	16.1	16.1	16.1	16.3	16.4	16.4	16.3	16 31	1.0
				S 26	29.1	29.1	29.1	29.2	29.2	29.2	29.2	29.2	29.2	29.2	29.2	29.2		
118	武仙 Her	β	………	112	11.5	11.2	11.0	10.8	10.7	10.6	10.6	10.7	10.8	11.0	11.0	10.9	16 31	2.8
				N 21	26.1	26.0	25.9	26.0	26.1	26.2	26.3	26.3	26.3	26.3	26.2	26.1		
119	天蝎 Sco	τ	………	110	39.7	39.4	39.1	38.9	38.7	38.6	38.6	38.7	38.8	38.9	38.9	38.8	16 37	2.8
				S 28	15.9	15.9	16.0	16.0	16.0	16.1	16.1	16.1	16.1	16.1	16.0	16.0		
120	蛇夫 Oph	ζ	………	110	23.1	22.8	22.6	22.4	22.2	22.1	22.1	22.2	22.3	22.4	22.4	22.3	16 39	2.6
				S 10	37.0	37.0	37.1	37.1	37.1	37.0	37.0	37.0	37.0	37.0	37.0	37.0		
121	武仙 Her	ζ	………	109	27.4	27.2	26.9	26.7	26.6	26.5	26.5	26.6	26.8	26.9	27.0	27.0	16 42	2.8
				N 31	33.3	33.2	33.2	33.2	33.3	33.5	33.6	33.7	33.7	33.6	33.5	33.4		
122	南三角 TrA	α 三角形三 Atria		107	12.5	11.9	11.4	10.8	10.4	10.2	10.2	10.4	10.8	11.1	11.3	11.2	16 51	1.9
				S 69	04.0	04.0	04.0	04.1	04.2	04.3	04.4	04.5	04.5	04.5	04.4	04.2		
123	天蝎 Sco	ε	………	107	04.6	04.3	04.0	03.8	03.6	03.4	03.4	03.5	03.6	03.7	03.8	03.7	16 52	2.3
				S 34	20.1	20.1	20.2	20.2	20.3	20.3	20.3	20.4	20.4	20.3	20.3	20.3		
124	天坛 Ara	ζ	………	104	51.4	51.0	50.6	50.2	49.9	49.8	49.7	49.9	50.1	50.3	50.4	50.3	17 01	3.1
				S 56	01.5	01.5	01.5	01.5	01.6	01.7	01.8	01.9	01.9	01.9	01.8	01.7		
125	蛇夫 Oph	η 宋 Sabik		102	04.0	03.8	03.5	03.3	03.1	03.0	03.0	03.0	03.1	03.2	03.3	03.2	17 12	2.4
				S 15	45.3	45.3	45.4	45.4	45.4	45.3	45.3	45.3	45.3	45.3	45.3	45.3		
126	天坛 Ara	β	………	98	11.1	10.8	10.4	10.0	09.7	09.5	09.4	09.5	09.7	09.9	10.0	10.0	17 27	2.9
				S 55	33.0	33.0	33.0	33.0	33.1	33.2	33.2	33.3	33.3	33.3	33.2	33.1		
127	天龙 Dra	β	………	97	15.8	15.6	15.3	15.0	14.8	14.7	14.7	14.9	15.1	15.4	15.5	15.6	17 31	2.8
				N 52	16.8	16.6	16.6	16.6	16.7	16.9	17.1	17.2	17.2	17.2	17.1	16.9		
128	天坛 Ara	α	………	96	35.1	34.7	34.4	34.0	33.8	33.6	33.5	33.6	33.7	33.9	34.0	34.0	17 34	3.0
				S 49	53.6	53.6	53.6	53.6	53.6	53.7	53.8	53.9	53.9	53.9	53.8	53.7		
129	天蝎 Sco	λ 尾宿八 Shaula		96	11.8	11.6	11.3	11.0	10.8	10.6	10.5	10.6	10.7	10.9	10.9	10.9	17 35	1.6
				S 37	07.2	07.2	07.2	07.2	07.3	07.3	07.3	07.4	07.4	07.4	07.3	07.3		
130	蛇夫 Oph	α 侯 Rasalhague		95	59.6	59.4	59.2	59.0	58.8	58.6	58.6	58.7	58.8	58.9	59.0	59.0	17 36	2.1
				N 12	32.4	32.3	32.3	32.3	32.4	32.5	32.6	32.6	32.7	32.7	32.6	32.5		
131	天蝎 Sco	θ	………	95	14.8	14.5	14.2	13.9	13.7	13.5	13.4	13.5	13.6	13.8	13.8	13.8	17 39	1.9
				S 43	00.7	00.7	00.7	00.7	00.7	00.8	00.9	00.9	00.9	00.9	00.9	00.8		
132	天蝎 Sco	κ	………	93	58.2	57.9	57.6	57.4	57.1	56.9	56.9	56.9	57.0	57.2	57.3	57.2	17 44	2.4
				S 39	02.5	02.5	02.5	02.5	02.5	02.5	02.6	02.6	02.7	02.6	02.6	02.6		
133	蛇夫 Oph	β	………	93	50.5	50.3	50.0	49.8	49.6	49.5	49.4	49.5	49.6	49.7	49.8	49.8	17 45	2.8
				N 4	33.3	33.3	33.2	33.2	33.3	33.4	33.5	33.5	33.5	33.5	33.5	33.4		
134	天龙 Dra	γ 天棓四 Eltanin		90	43.1	42.8	42.5	42.2	42.0	41.9	41.9	42.0	42.2	42.5	42.7	42.8	17 57	2.2
				N 51	28.9	28.8	28.7	28.8	28.9	29.0	29.2	29.3	29.4	29.4	29.3	29.1		
135	人马 Sgr	γ	………	88	10.2	09.9	09.7	09.4	09.2	09.0	08.9	08.9	09.0	09.2	09.3	09.2	18 07	3.0
				S 30	25.4	25.4	25.4	25.4	25.4	25.4	25.4	25.5	25.5	25.5	25.5	25.4		
136	人马 Sgr	δ	………	84	22.5	22.3	22.0	21.7	21.5	21.3	21.2	21.2	21.3	21.5	21.6	21.5	18 23	2.7
				S 29	49.1	49.1	49.1	49.0	49.0	49.0	49.1	49.1	49.1	49.1	49.1	49.1		

恒 星 视 位 置，2024 年
SIDEREAL HOUR ANGLE AND DECLINATION OF STARS, 2024

星号 No.	恒星名称 Star Name	共轭赤经/赤纬	1月 Jan.	2月 Feb.	3月 Mar.	4月 Apr.	5月 May	6月 June	7月 July	8月 Aug.	9月 Sept.	10月 Oct.	11月 Nov.	12月 Dec.	赤经 R.A.	星等 Mag.
137	人马 Sgr ε 箕宿三 KausAustralis	83	34.0	33.8	33.5	33.2	33.0	32.8	32.6	32.7	32.8	32.9	33.0	33.0	18 26	1.9
		S 34	22.4	22.4	22.3	22.3	22.3	22.4	22.4	22.4	22.5	22.5	22.4	22.4		
138	人马 Sgr λ	82	38.6	38.4	38.2	37.9	37.7	37.5	37.4	37.4	37.5	37.6	37.7	37.7	18 29	2.8
		S 25	24.5	24.5	24.5	24.5	24.5	24.5	24.5	24.5	24.5	24.5	24.5	24.5		
139	天琴 Lyr α 织女一 Vega	80	34.2	34.0	33.8	33.5	33.3	33.1	33.1	33.1	33.3	33.5	33.6	33.7	18 38	0.0
		N 38	48.2	48.1	48.0	48.0	48.1	48.3	48.4	48.5	48.6	48.6	48.5	48.4		
140	人马 Sgr σ 斗宿四 Nunki	75	49.1	48.9	48.7	48.5	48.2	48.0	47.9	47.9	48.0	48.1	48.2	48.2	18 57	2.0
		S 26	16.1	16.0	16.0	16.0	16.0	16.0	16.0	16.0	16.0	16.0	16.0	16.0		
141	人马 Sgr ζ	73	58.4	58.2	57.9	57.7	57.4	57.2	57.1	57.0	57.1	57.3	57.4	57.4	19 04	2.6
		S 29	50.8	50.7	50.7	50.7	50.7	50.7	50.7	50.7	50.7	50.7	50.7	50.7		
142	天鹰 Aql ζ	73	22.7	22.6	22.4	22.1	21.9	21.7	21.6	21.6	21.7	21.9	22.0	22.0	19 07	3.0
		N 13	53.8	53.8	53.7	53.7	53.8	53.9	54.0	54.1	54.2	54.1	54.2	54.0		
143	人马 Sgr π	72	12.6	12.4	12.2	11.9	11.7	11.5	11.3	11.3	11.4	11.5	11.6	11.7	19 11	2.9
		S 20	59.2	59.2	59.2	59.1	59.1	59.1	59.0	59.1	59.1	59.1	59.1	59.1		
144	天鹅 Cyg δ	63	34.7	34.6	34.4	34.1	33.8	33.6	33.5	33.5	33.6	33.8	34.0	34.2	19 46	2.9
		N 45	11.3	11.1	11.0	11.0	11.1	11.2	11.4	11.5	11.7	11.7	11.7	11.6		
145	天鹰 Aql γ	63	09.4	09.3	09.1	08.9	08.7	08.4	08.3	08.3	08.4	08.5	08.6	08.6	19 47	2.7
		N 10	40.2	40.1	40.1	40.1	40.2	40.3	40.4	40.5	40.5	40.5	40.5	40.5		
146	天鹰 Aql α 河鼓二 Altair	62	01.1	01.0	00.8	00.6	00.3	00.1	00.0	00.0	00.0	00.2	00.3	00.3	19 52	0.8
		N 8	55.8	55.7	55.7	55.7	55.8	55.9	56.0	56.1	56.1	56.2	56.1	56.1		
147	天鹅 Cyg γ	54	14.2	14.1	13.9	13.7	13.4	13.2	13.0	13.0	13.1	13.2	13.4	13.6	20 23	2.2
		N 40	20.0	19.8	19.7	19.7	19.7	19.9	20.0	20.2	20.3	20.4	20.4	20.3		
148	孔雀 Pav α 孔雀十一 Peacock	53	07.6	07.4	07.2	06.8	06.4	06.0	05.8	05.6	05.7	05.9	06.1	06.3	20 28	1.9
		S 56	39.6	39.5	39.3	39.2	39.2	39.2	39.3	39.3	39.4	39.5	39.5	39.5		
149	天鹅 Cyg α 天津四 Deneb	49	26.8	26.8	26.6	26.4	26.1	25.8	25.6	25.6	25.7	25.8	26.0	26.2	20 42	1.3
		N 45	21.9	21.8	21.7	21.6	21.7	21.8	22.0	22.2	22.3	22.4	22.4	22.3		
150	天鹅 Cyg ε	48	12.7	12.7	12.5	12.3	12.1	11.8	11.6	11.6	11.6	11.8	11.9	12.0	20 47	2.5
		N 34	03.6	03.4	03.4	03.3	03.4	03.5	03.7	03.8	03.9	04.0	04.0	03.9		
151	仙王 Cep α 天钩五 Alderamin	40	13.6	13.7	13.5	13.2	12.8	12.4	12.1	12.1	12.2	12.4	12.8	13.0	21 19	2.4
		N 62	41.3	41.1	41.0	40.9	40.9	41.0	41.2	41.4	41.6	41.7	41.7	41.7		
152	飞马 Peg ε 危宿三 Enif	33	39.9	39.9	39.8	39.6	39.4	39.1	38.9	38.8	38.8	38.8	38.9	39.0	21 45	2.4
		N 9	59.0	59.0	58.9	59.0	59.0	59.1	59.2	59.3	59.4	59.4	59.4	59.4		
153	摩羯 Cap δ	32	54.9	54.8	54.7	54.5	54.3	54.1	53.8	53.7	53.7	53.7	53.8	53.9	21 48	2.9
		S 16	01.2	01.2	01.2	01.1	01.0	00.9	00.9	00.8	00.9	00.9	00.9	00.9		
154	天鹤 Gru α 鹤一 Al Na'ir	27	34.3	34.3	34.2	33.9	33.7	33.3	33.0	32.8	32.8	32.9	33.0	33.2	22 10	1.7
		S 46	50.9	50.8	50.7	50.5	50.4	50.4	50.4	50.5	50.6	50.6	50.6	50.6		
155	杜鹃 Tuc α	24	08.6	08.5	08.3	08.2	08.1	08.0	08.0	08.1	08.2	08.3	08.4	08.4	22 20	2.9
		S 60	58.5	58.5	58.5	58.4	58.1	57.8	57.5	57.5	57.5	57.7	57.8	58.0		
156	天鹤 Gru β	18	58.9	58.9	58.9	58.7	58.4	58.1	57.8	57.5	57.5	57.5	57.7	57.8	22 44	2.1
		S 46	45.8	45.7	45.6	45.4	45.3	45.2	45.2	45.2	45.3	45.4	45.5	45.5		
157	南鱼 PsA α 北落师门 Fomalhaut	15	15.6	15.7	15.6	15.5	15.2	15.0	14.7	14.5	14.4	14.5	14.5	14.6	22 59	1.2
		S 29	29.9	29.9	29.8	29.7	29.5	29.4	29.4	29.4	29.4	29.5	29.5	29.6		
158	飞马 Peg α 室宿一 Markab	13	30.9	30.9	30.9	30.8	30.6	30.3	30.1	29.9	29.9	29.9	29.9	30.0	23 06	2.5
		N 15	20.1	20.0	19.9	19.9	20.0	20.1	20.2	20.3	20.4	20.5	20.5	20.5		
159	小熊 UMi α 北极星 Polaris	313	73.6	88.1	100.8	108.7	108.2	99.8	86.2	69.7	54.0	42.5	36.8	39.1	03 01	2.0
		N 89	22.2	22.3	22.2	22.1	21.9	21.8	21.7	21.8	21.8	22.0	22.2	22.4		

北 极 星 高 度 求 纬 度，2024 年
FOR DETERMING LATITUDE FROM ALTITUDE OF POLARIS, 2024

春分点地方时角 L.H.A. γ		0°	10°	20°	30°	40°	50°	60°	70°	80°	90°	100°	110°
第一改正值 First Correction	0 00	−26.4	−30.7	−34.2	−36.5	−37.8	−37.9	−36.9	−34.7	−31.5	−27.3	−22.3	−16.7
	0 30	26.6	30.9	34.3	36.6	37.8	37.9	36.8	34.6	31.3	27.1	22.1	16.4
	1 00	26.9	31.1	34.4	36.7	37.9	37.9	36.7	34.4	31.1	26.9	21.8	16.1
	1 30	27.1	31.3	34.6	36.8	37.9	37.8	36.6	34.3	30.9	26.6	21.5	15.8
	2 00	27.3	31.5	34.7	36.9	37.9	37.8	36.5	34.2	30.7	26.4	21.2	15.5
	2 30	−27.6	−31.7	−34.8	−37.0	−37.9	−37.8	−36.4	−34.0	−30.5	−26.2	−21.0	−15.2
	3 00	27.8	31.9	35.0	37.0	37.9	37.7	36.3	33.9	30.3	25.9	20.7	14.8
	3 30	28.0	32.0	35.1	37.1	38.0	37.7	36.2	33.7	30.1	25.7	20.4	14.5
	4 00	28.2	32.2	35.2	37.2	38.0	37.6	36.1	33.6	29.9	25.4	20.1	14.2
	4 30	28.5	32.4	35.4	37.2	38.0	37.6	36.0	33.4	29.7	25.2	19.9	13.9
	5 00	−28.7	−32.6	−35.5	−37.3	−38.0	−37.5	−35.9	−33.2	−29.5	−24.9	−19.6	−13.6
	5 30	28.9	32.7	35.6	37.4	38.0	37.5	35.8	33.1	29.3	24.7	19.3	13.3
	6 00	29.1	32.9	35.7	37.4	38.0	37.4	35.7	32.9	29.1	24.4	19.0	13.0
	6 30	29.3	33.1	35.8	37.5	38.0	37.4	35.6	32.7	28.9	24.2	18.7	12.7
	7 00	29.5	33.2	35.9	37.5	38.0	37.3	35.5	32.6	28.7	23.9	18.4	12.4
	7 30	−29.7	−33.4	−36.0	−37.6	−38.0	−37.2	−35.4	−32.4	−28.5	−23.7	−18.1	−12.1
	8 00	29.9	33.6	36.1	37.6	38.0	37.2	35.2	32.2	28.2	23.4	17.8	11.7
	8 30	30.1	33.7	36.2	37.7	38.0	37.1	35.1	32.0	28.0	23.1	17.5	11.4
	9 00	30.3	33.9	36.3	37.7	37.9	37.0	35.0	31.9	27.8	22.9	17.3	11.1
	9 30	30.5	34.0	36.4	37.8	37.9	37.0	34.8	31.7	27.6	22.6	17.0	10.8
	10 00	−30.7	−34.2	−36.5	−37.8	−37.9	−36.9	−34.7	−31.5	−27.3	−22.3	−16.7	−10.5

高度 Altitude	0°	10°	20°	30°	40°	50°	60°	70°	80°	90°	100°	110°
0	0.0	0.0	0.0	0.0	0.0	0.0	0.0	0.0	0.0	0.0	0.0	0.0
5	0.0	0.0	0.0	0.0	0.0	0.0	0.0	0.0	0.0	0.0	0.0	0.0
10	0.0	0.0	0.0	0.0	0.0	0.0	0.0	0.0	0.0	0.0	0.0	0.0
15	0.0	0.0	0.0	0.0	0.0	0.0	0.0	0.0	0.0	0.0	0.0	0.0
20	0.0	0.0	0.0	0.0	0.0	0.0	0.0	0.0	0.0	0.0	0.0	0.0
25	0.1	0.0	0.0	0.0	0.0	0.0	0.0	0.0	0.0	0.0	0.1	0.1
30	0.1	0.0	0.0	0.0	0.0	0.0	0.0	0.0	0.0	0.1	0.1	0.1
35	0.1	0.1	0.0	0.0	0.0	0.0	0.0	0.0	0.0	0.1	0.1	0.1
40	0.1	0.1	0.0	0.0	0.0	0.0	0.0	0.0	0.1	0.1	0.1	0.1
45	0.1	0.1	0.0	0.0	0.0	0.0	0.0	0.0	0.1	0.1	0.1	0.2
50	0.1	0.1	0.0	0.0	0.0	0.0	0.0	0.0	0.1	0.1	0.2	0.2
55	0.2	0.1	0.1	0.0	0.0	0.0	0.0	0.0	0.1	0.1	0.2	0.2
60	0.2	0.1	0.1	0.0	0.0	0.0	0.0	0.1	0.1	0.2	0.2	0.3
62	0.2	0.1	0.1	0.0	0.0	0.0	0.0	0.1	0.1	0.2	0.3	0.3
64	0.2	0.1	0.1	0.0	0.0	0.0	0.0	0.1	0.1	0.2	0.3	0.3
66	0.2	0.2	0.1	0.0	0.0	0.0	0.0	0.1	0.1	0.2	0.3	0.4
68	0.3	0.2	0.1	0.0	0.0	0.0	0.0	0.1	0.2	0.3	0.3	0.4

第二改正值（恒为正值）Second Correction（always +）

日期 Date	0°	10°	20°	30°	40°	50°	60°	70°	80°	90°	100°	110°
1 月 1 日	+0.1	+0.1	+0.1	+0.1	+0.2	+0.2	+0.2	+0.2	+0.2	+0.2	+0.2	+0.2
2 月 1 日	0.0	+0.1	+0.1	+0.2	+0.2	+0.3	+0.3	+0.3	+0.3	+0.4	+0.3	+0.3
3 月 1 日	−0.1	0.0	0.0	+0.1	+0.2	+0.3	+0.3	+0.4	+0.4	+0.4	+0.5	+0.5
4 月 1 日	−0.3	−0.2	−0.1	0.0	+0.1	+0.2	+0.3	+0.3	+0.4	+0.5	+0.5	+0.5
5 月 1 日	−0.4	−0.3	−0.2	−0.2	−0.1	0.0	+0.1	+0.2	+0.3	+0.4	+0.4	+0.5
6 月 1 日	−0.5	−0.4	−0.3	−0.3	−0.2	−0.1	0.0	+0.1	+0.2	+0.2	+0.3	+0.4
7 月 1 日	−0.4	−0.4	−0.4	−0.3	−0.3	−0.2	−0.1	−0.1	0.0	+0.1	+0.2	+0.4
8 月 1 日	−0.3	−0.3	−0.3	−0.3	−0.3	−0.2	−0.2	−0.2	−0.1	−0.1	0.0	+0.1
9 月 1 日	−0.1	−0.2	−0.2	−0.2	−0.2	−0.2	−0.2	−0.2	−0.2	−0.1	−0.1	−0.1
10 月 1 日	0.0	0.0	0.0	0.0	−0.1	−0.1	−0.1	−0.1	−0.1	−0.2	−0.2	−0.2
11 月 1 日	+0.2	+0.2	+0.2	+0.2	+0.1	+0.1	0.0	0.0	−0.1	−0.1	−0.1	−0.2
12 月 1 日	+0.4	+0.4	+0.4	+0.3	+0.3	+0.3	+0.2	+0.2	+0.1	0.0	0.0	−0.1
12 月 32 日	+0.4	+0.5	+0.5	+0.5	+0.5	+0.4	+0.4	+0.3	+0.3	+0.2	+0.1	0.0

第三改正值 Third Correction

春分点地方时角 L.H.A. γ	0°	10°	20°	30°	40°	50°	60°	70°	80°	90°	100°	110°

北 极 星 高 度 求 纬 度，2024 年
FOR DETERMING LATITUDE FROM ALTITUDE OF POLARIS, 2024

春分点地方时角 L.H.A. γ	120°	130°	140°	150°	160°	170°	180°	190°	200°	210°	220°	230°
第一改正值 / First Correction												
0°00′	−10.5	−4.0	+2.7	+9.2	+15.5	+21.2	+26.4	+30.7	+34.2	+36.5	+37.8	+37.9
0 30	10.2	3.6	3.0	9.5	15.8	21.5	26.6	30.9	34.3	36.6	37.8	37.9
1 00	9.8	3.3	3.3	9.8	16.1	21.8	26.9	31.1	34.4	36.7	37.9	37.9
1 30	9.5	3.0	3.6	10.2	16.4	22.1	27.1	31.3	34.6	36.8	37.9	37.8
2 00	9.2	2.7	4.0	10.5	16.7	22.3	27.3	31.5	34.7	36.9	37.9	37.8
2 30	−8.9	−2.3	+4.3	+10.8	+17.0	+22.6	+27.6	+31.7	+34.8	+37.0	+37.9	+37.8
3 00	8.5	2.0	4.6	11.1	17.3	22.9	27.8	31.9	35.0	37.0	37.9	37.7
3 30	8.2	1.7	5.0	11.4	17.5	23.1	28.0	32.0	35.1	37.1	38.0	37.7
4 00	7.9	1.3	5.3	11.7	17.8	23.4	28.2	32.2	35.2	37.2	38.0	37.6
4 30	7.6	1.0	5.6	12.1	18.1	23.7	28.5	32.4	35.4	37.2	38.0	37.6
5 00	−7.3	−0.7	+5.9	+12.4	+18.4	+23.9	+28.7	+32.6	+35.5	+37.3	+38.0	+37.5
5 30	6.9	−0.3	6.3	12.7	18.7	24.2	28.9	32.7	35.6	37.4	38.0	37.5
6 00	6.6	+0.0	6.6	13.0	19.0	24.4	29.1	32.9	35.7	37.4	38.0	37.4
6 30	6.3	0.3	6.9	13.3	19.3	24.7	29.3	33.1	35.8	37.5	38.0	37.4
7 00	5.9	0.7	7.3	13.6	19.6	24.9	29.5	33.2	35.9	37.5	38.0	37.3
7 30	−5.6	+1.0	+7.6	+13.9	+19.9	+25.2	+29.7	+33.4	+36.0	+37.6	+38.0	+37.2
8 00	5.3	1.3	7.9	14.2	20.1	25.4	29.9	33.6	36.1	37.6	38.0	37.2
8 30	5.0	1.7	8.2	14.5	20.4	25.7	30.1	33.7	36.2	37.7	38.0	37.1
9 00	4.6	2.0	8.5	14.8	20.7	25.9	30.3	33.9	36.3	37.7	37.9	37.0
9 30	4.3	2.3	8.9	15.2	21.0	26.2	30.5	34.0	36.4	37.8	37.9	37.0
10 00	−4.0	+2.7	+9.2	+15.5	+21.2	+26.4	+30.7	+34.2	+36.5	+37.8	+37.9	+36.9
第二改正值（恒为正值）/ Second Correction (always +) — 高度 Altitude												
0°	0.0	0.0	0.0	0.0	0.0	0.0	0.0	0.0	0.0	0.0	0.0	0.0
5	0.0	0.0	0.0	0.0	0.0	0.0	0.0	0.0	0.0	0.0	0.0	0.0
10	0.0	0.0	0.0	0.0	0.0	0.0	0.0	0.0	0.0	0.0	0.0	0.0
15	0.1	0.1	0.1	0.1	0.0	0.0	0.0	0.0	0.0	0.0	0.0	0.0
20	0.1	0.1	0.1	0.1	0.1	0.1	0.0	0.0	0.0	0.0	0.0	0.0
25	0.1	0.1	0.1	0.1	0.1	0.1	0.1	0.0	0.0	0.0	0.0	0.0
30	0.1	0.1	0.1	0.1	0.1	0.1	0.1	0.1	0.0	0.0	0.0	0.0
35	0.1	0.1	0.1	0.1	0.1	0.1	0.1	0.1	0.1	0.0	0.0	0.0
40	0.2	0.2	0.2	0.2	0.1	0.1	0.1	0.1	0.1	0.0	0.0	0.0
45	0.2	0.2	0.2	0.2	0.2	0.1	0.1	0.1	0.1	0.0	0.0	0.0
50	0.2	0.2	0.2	0.2	0.2	0.2	0.1	0.1	0.1	0.0	0.0	0.0
55	0.3	0.3	0.3	0.3	0.3	0.2	0.2	0.1	0.1	0.1	0.0	0.0
60	0.3	0.4	0.4	0.3	0.3	0.3	0.2	0.1	0.1	0.0	0.0	0.0
62	0.4	0.4	0.4	0.4	0.3	0.3	0.2	0.1	0.1	0.0	0.0	0.0
64	0.4	0.4	0.4	0.4	0.4	0.3	0.2	0.1	0.1	0.0	0.0	0.0
66	0.4	0.5	0.5	0.4	0.4	0.3	0.2	0.2	0.1	0.0	0.0	0.0
68	0.5	0.5	0.5	0.5	0.4	0.4	0.3	0.2	0.1	0.0	0.0	0.0
第三改正值 / Third Correction — 日期 Date												
1月 1日	+0.1	+0.1	+0.1	0.0	0.0	0.0	−0.1	−0.1	−0.1	−0.1	−0.2	−0.2
2月 1日	+0.3	+0.3	+0.2	+0.2	+0.1	+0.1	0.0	−0.1	−0.1	−0.2	−0.2	−0.3
3月 1日	+0.4	+0.4	+0.4	+0.3	+0.3	+0.2	+0.1	0.0	0.0	−0.1	−0.2	−0.3
4月 1日	+0.5	+0.5	+0.5	+0.5	+0.4	+0.3	+0.3	+0.2	+0.1	0.0	−0.1	−0.2
5月 1日	+0.5	+0.5	+0.5	+0.5	+0.5	+0.5	+0.4	+0.3	+0.2	+0.2	+0.1	0.0
6月 1日	+0.4	+0.5	+0.5	+0.5	+0.5	+0.5	+0.5	+0.4	+0.3	+0.3	+0.2	+0.1
7月 1日	+0.3	+0.3	+0.4	+0.4	+0.4	+0.4	+0.4	+0.4	+0.4	+0.3	+0.3	+0.2
8月 1日	+0.1	+0.2	+0.2	+0.2	+0.3	+0.3	+0.3	+0.3	+0.3	+0.3	+0.3	+0.2
9月 1日	0.0	0.0	0.0	+0.1	+0.1	+0.1	+0.1	+0.2	+0.2	+0.2	+0.3	+0.2
10月 1日	−0.2	−0.1	−0.1	−0.1	−0.1	−0.1	0.0	0.0	0.0	0.0	+0.1	+0.1
11月 1日	−0.2	−0.2	−0.2	−0.3	−0.3	−0.2	−0.2	−0.2	−0.2	−0.2	−0.1	−0.1
12月 1日	−0.2	−0.2	−0.3	−0.3	−0.3	−0.4	−0.4	−0.4	−0.4	−0.3	−0.3	−0.3
12月 32日	−0.1	−0.1	−0.2	−0.3	−0.3	−0.4	−0.4	−0.5	−0.5	−0.5	−0.5	−0.4
春分点地方时角 L.H.A. γ	120°	130°	140°	150°	160°	170°	180°	190°	200°	210°	220°	230°

北 极 星 高 度 求 纬 度，2024 年
FOR DETERMING LATITUDE FROM ALTITUDE OF POLARIS, 2024

春分点地方时角 L.H.A. γ			240°	250°	260°	270°	280°	290°	300°	310°	320°	330°	340°	350°
第一改正值	First Correction	0 00	+36.9	+34.7	+31.5	+27.3	+22.3	+16.7	+10.5	+ 4.0	− 2.7	− 9.2	−15.5	−21.2
		0 30	36.8	34.6	31.3	27.1	22.1	16.4	10.2	3.6	3.0	9.5	15.8	21.5
		1 00	36.7	34.4	31.1	26.9	21.8	16.1	9.8	3.3	3.3	9.8	16.1	21.8
		1 30	36.6	34.3	30.9	26.6	21.5	15.8	9.5	3.0	3.6	10.2	16.4	22.1
		2 00	36.5	34.2	30.7	26.4	21.2	15.5	9.2	2.7	4.0	10.5	16.7	22.3
		2 30	+36.4	+34.0	+30.5	+26.2	+21.0	+15.2	+ 8.9	+ 2.3	− 4.3	−10.8	−17.0	−22.6
		3 00	36.3	33.9	30.3	25.9	20.7	14.8	8.5	2.0	4.6	11.1	17.3	22.9
		3 30	36.2	33.7	30.1	25.7	20.4	14.5	8.2	1.7	5.0	11.4	17.5	23.1
		4 00	36.1	33.6	29.9	25.4	20.1	14.2	7.9	1.3	5.3	11.7	17.8	23.4
		4 30	36.0	33.4	29.7	25.2	19.9	13.9	7.6	1.0	5.6	12.1	18.1	23.7
		5 00	+35.9	+33.2	+29.5	+24.9	+19.6	+13.6	+ 7.3	+ 0.7	− 5.9	−12.4	−18.4	−23.9
		5 30	35.8	33.1	29.3	24.7	19.3	13.3	6.9	0.3	6.3	12.7	18.7	24.2
		6 00	35.7	32.9	29.1	24.4	19.0	13.0	6.6	+ 0.0	6.6	13.0	19.0	24.4
		6 30	35.6	32.7	28.9	24.2	18.7	12.7	6.3	− 0.3	6.9	13.3	19.3	24.7
		7 00	35.5	32.6	28.7	23.9	18.4	12.4	5.9	0.7	7.3	13.6	19.6	24.9
		7 30	+35.4	+32.4	+28.5	+23.7	+18.1	+12.1	+ 5.6	− 1.0	− 7.6	−13.9	−19.9	−25.2
		8 00	35.2	32.2	28.2	23.4	17.8	11.7	5.3	1.3	7.9	14.2	20.1	25.4
		8 30	35.1	32.0	28.0	23.1	17.5	11.4	5.0	1.7	8.2	14.5	20.4	25.7
		9 00	35.0	31.9	27.8	22.9	17.3	11.1	4.6	2.0	8.5	14.8	20.7	25.9
		9 30	34.8	31.7	27.6	22.6	17.0	10.8	4.3	2.3	8.9	15.2	21.0	26.2
		10 00	+34.7	+31.5	+27.3	+22.3	+16.7	+10.5	+ 4.0	− 2.7	− 9.2	−15.5	−21.2	−26.4
第二改正值（恒为正值）	Second Correction (always +)	高度 Altitude 0	0.0	0.0	0.0	0.0	0.0	0.0	0.0	0.0	0.0	0.0	0.0	0.0
		5	0.0	0.0	0.0	0.0	0.0	0.0	0.0	0.0	0.0	0.0	0.0	0.0
		10	0.0	0.0	0.0	0.0	0.0	0.0	0.0	0.0	0.0	0.0	0.0	0.0
		15	0.0	0.0	0.0	0.0	0.0	0.0	0.1	0.1	0.1	0.1	0.0	0.0
		20	0.0	0.0	0.0	0.0	0.1	0.1	0.1	0.1	0.1	0.1	0.1	0.1
		25	0.0	0.0	0.0	0.0	0.1	0.1	0.1	0.1	0.1	0.1	0.1	0.1
		30	0.0	0.0	0.0	0.1	0.1	0.1	0.1	0.1	0.1	0.1	0.1	0.1
		35	0.0	0.0	0.0	0.1	0.1	0.1	0.1	0.1	0.1	0.1	0.1	0.1
		40	0.0	0.0	0.1	0.1	0.1	0.1	0.2	0.2	0.2	0.2	0.1	0.1
		45	0.0	0.0	0.1	0.1	0.1	0.2	0.2	0.2	0.2	0.2	0.2	0.1
		50	0.0	0.0	0.1	0.1	0.2	0.2	0.2	0.2	0.2	0.2	0.2	0.2
		55	0.0	0.0	0.1	0.1	0.2	0.2	0.3	0.3	0.3	0.3	0.3	0.2
		60	0.0	0.1	0.1	0.2	0.2	0.3	0.3	0.4	0.4	0.3	0.3	0.3
		62	0.0	0.1	0.1	0.2	0.3	0.3	0.4	0.4	0.4	0.4	0.3	0.3
		64	0.0	0.1	0.1	0.2	0.3	0.3	0.4	0.4	0.4	0.4	0.4	0.3
		66	0.0	0.1	0.1	0.2	0.3	0.4	0.4	0.5	0.5	0.5	0.4	0.3
		68	0.0	0.1	0.2	0.3	0.3	0.4	0.5	0.5	0.5	0.5	0.4	0.4
第三改正值	Third Correction	日期 Date 1月 1日	−0.2	−0.2	−0.2	−0.2	−0.2	−0.2	−0.1	−0.1	−0.1	0.0	0.0	0.0
		2月 1日	−0.3	−0.3	−0.3	−0.4	−0.3	−0.3	−0.3	−0.3	−0.2	−0.2	−0.1	−0.1
		3月 1日	−0.3	−0.4	−0.4	−0.4	−0.5	−0.5	−0.4	−0.4	−0.4	−0.3	−0.3	−0.2
		4月 1日	−0.3	−0.3	−0.4	−0.5	−0.5	−0.5	−0.5	−0.5	−0.5	−0.5	−0.4	−0.3
		5月 1日	−0.1	−0.2	−0.3	−0.4	−0.4	−0.5	−0.5	−0.5	−0.5	−0.5	−0.5	−0.5
		6月 1日	0.0	−0.1	−0.2	−0.2	−0.3	−0.4	−0.4	−0.5	−0.5	−0.5	−0.5	−0.5
		7月 1日	+0.1	+0.1	0.0	−0.2	−0.2	−0.2	−0.3	−0.3	−0.4	−0.4	−0.4	−0.4
		8月 1日	+0.2	+0.2	+0.1	+0.1	0.0	−0.1	−0.1	−0.2	−0.2	−0.2	−0.3	−0.3
		9月 1日	+0.2	+0.2	+0.2	+0.1	+0.1	+0.1	0.0	0.0	0.0	−0.1	−0.1	−0.1
		10月 1日	+0.1	+0.1	+0.1	+0.2	+0.2	+0.2	+0.2	+0.1	+0.1	+0.1	+0.1	+0.1
		11月 1日	0.0	0.0	+0.1	+0.1	+0.1	+0.2	+0.2	+0.2	+0.2	+0.3	+0.3	+0.2
		12月 1日	−0.2	−0.2	−0.1	0.0	0.0	+0.1	+0.2	+0.2	+0.3	+0.3	+0.3	+0.4
		12月 32日	−0.4	−0.3	−0.3	−0.2	−0.1	0.0	+0.1	+0.1	+0.2	+0.3	+0.3	+0.4
春分点地方时角 L.H.A. γ			240°	250°	260°	270°	280°	290°	300°	310°	320°	330°	340°	350°

北 极 星 方 位 角，2024 年
AZIMUTH OF POLARIS, 2024

春分点地方时角 L.H.A. γ	纬　　度　　Latitude													春分点地方时角 L.H.A. γ
	0°	5°	10°	15°	20°	25°	30°	35°	40°	45°	50°	55°	60°	
°	°	°	°	°	°	°	°	°	°	°	°	°	°	°
46	0.0	0.0	0.0	0.0	0.0	0.0	0.0	0.0	0.0	0.0	0.0	0.0	0.0	46
51	0.1	0.1	0.1	0.1	0.1	0.1	0.1	0.1	0.1	0.1	0.1	0.1	0.1	41
56	0.1	0.1	0.1	0.1	0.1	0.1	0.1	0.1	0.1	0.2	0.2	0.2	0.2	36
61	0.2	0.2	0.2	0.2	0.2	0.2	0.2	0.2	0.2	0.2	0.3	0.3	0.3	31
66	0.2	0.2	0.2	0.2	0.2	0.2	0.3	0.3	0.3	0.3	0.3	0.4	0.4	26
71	0.3	0.3	0.3	0.3	0.3	0.3	0.3	0.3	0.4	0.4	0.4	0.5	0.5	21
76	0.3	0.3	0.3	0.3	0.3	0.4	0.4	0.4	0.4	0.5	0.5	0.6	0.6	16
81	0.4	0.4	0.4	0.4	0.4	0.4	0.4	0.4	0.5	0.5	0.6	0.6	0.7	11
86	0.4	0.4	0.4	0.4	0.4	0.5	0.5	0.5	0.5	0.6	0.6	0.7	0.8	6
91	0.4	0.5	0.5	0.5	0.5	0.5	0.5	0.6	0.6	0.6	0.7	0.8	0.9	1
96	0.5	0.5	0.5	0.5	0.5	0.5	0.6	0.6	0.6	0.7	0.8	0.9	1.0	356
101	0.5	0.5	0.5	0.5	0.6	0.6	0.6	0.6	0.7	0.7	0.8	0.9	1.1	351
106	0.5	0.6	0.6	0.6	0.6	0.6	0.6	0.7	0.7	0.8	0.9	1.0	1.1	346
111	0.6	0.6	0.6	0.6	0.6	0.6	0.7	0.7	0.8	0.8	0.9	1.0	1.2	341
116	0.6	0.6	0.6	0.6	0.6	0.7	0.7	0.7	0.8	0.8	0.9	1.0	1.2	336
121	0.6	0.6	0.6	0.6	0.7	0.7	0.7	0.7	0.8	0.9	1.0	1.1	1.2	331
126	0.6	0.6	0.6	0.6	0.7	0.7	0.7	0.8	0.8	0.9	1.0	1.1	1.3	326
131	0.6	0.6	0.6	0.7	0.7	0.7	0.7	0.8	0.8	0.9	1.0	1.1	1.3	321
136	0.6	0.6	0.6	0.7	0.7	0.7	0.7	0.8	0.8	0.9	1.0	1.1	1.3	316
141	0.6	0.6	0.6	0.7	0.7	0.7	0.7	0.8	0.8	0.9	1.0	1.1	1.3	311
146	0.6	0.6	0.6	0.6	0.7	0.7	0.7	0.8	0.8	0.9	1.0	1.1	1.2	306
151	0.6	0.6	0.6	0.6	0.7	0.7	0.7	0.7	0.8	0.9	0.9	1.1	1.2	301
156	0.6	0.6	0.6	0.6	0.6	0.7	0.7	0.7	0.8	0.8	0.9	1.0	1.2	296
161	0.6	0.6	0.6	0.6	0.6	0.6	0.7	0.7	0.7	0.8	0.9	1.0	1.1	291
166	0.5	0.6	0.6	0.6	0.6	0.6	0.6	0.7	0.7	0.8	0.8	1.0	1.1	286
171	0.5	0.5	0.5	0.5	0.6	0.6	0.6	0.6	0.7	0.7	0.8	0.9	1.0	281
176	0.5	0.5	0.5	0.5	0.5	0.5	0.6	0.6	0.6	0.7	0.7	0.8	1.0	276
181	0.4	0.4	0.5	0.5	0.5	0.5	0.5	0.5	0.6	0.6	0.7	0.8	0.9	271
186	0.4	0.4	0.4	0.4	0.4	0.4	0.5	0.5	0.5	0.6	0.6	0.7	0.8	266
191	0.4	0.4	0.4	0.4	0.4	0.4	0.4	0.4	0.5	0.5	0.6	0.6	0.7	261
196	0.3	0.3	0.3	0.3	0.3	0.3	0.4	0.4	0.4	0.4	0.5	0.5	0.6	256
201	0.3	0.3	0.3	0.3	0.3	0.3	0.3	0.3	0.3	0.4	0.4	0.5	0.5	251
206	0.2	0.2	0.2	0.2	0.2	0.2	0.2	0.3	0.3	0.3	0.3	0.4	0.4	246
211	0.2	0.2	0.2	0.2	0.2	0.2	0.2	0.2	0.2	0.2	0.3	0.3	0.3	241
216	0.1	0.1	0.1	0.1	0.1	0.1	0.1	0.1	0.1	0.2	0.2	0.2	0.2	236
221	0.1	0.1	0.1	0.1	0.1	0.1	0.1	0.1	0.1	0.1	0.1	0.1	0.1	231
226	0.0	0.0	0.0	0.0	0.0	0.0	0.0	0.0	0.0	0.0	0.0	0.0	0.0	226

用左侧春分点地方时角时，方位角是北偏西。

用右侧春分点地方时角时，方位角是北偏东。

The azimuth is north by west when the left L.H.A. γ is used.

The azimuth is north by east when the right L.H.A. γ is used.

B103

航海天文历
NAUTICAL ALMANAC

附 表
ANNEXED TABLES

中国人民解放军海军司令部航海保证部
THE NAVIGATION GUARANTEE DEPARTMENT OF
THE CHINESE NAVY HEADQUARTERS
2007 年

表1. 时角、赤纬内插表
TABLE 1. INCREMENTS AND CORRECTIONS

10^m

10^m s	太阳行星 Sun Planets	春分点 Aries	月亮 Moon	△或△ v or corr^n d	订正值	△或△ v or corr^n d	订正值	△或△ v or corr^n d	订正值
0	2 29.8	2 30.4	2 23.2	0.0	0.0	6.0	1.1	12.0	2.1
1	2 30.1	2 30.7	2 23.4	0.1	0.0	6.1	1.1	12.1	2.1
2	2 30.3	2 30.9	2 23.6	0.2	0.0	6.2	1.1	12.2	2.1
3	2 30.6	2 31.2	2 23.9	0.3	0.1	6.3	1.1	12.3	2.2
4	2 30.8	2 31.4	2 24.1	0.4	0.1	6.4	1.1	12.4	2.2
5	2 31.1	2 31.7	2 24.4	0.5	0.1	6.5	1.1	12.5	2.2
6	2 31.3	2 31.9	2 24.6	0.6	0.1	6.6	1.2	12.6	2.2
7	2 31.6	2 32.2	2 24.8	0.7	0.1	6.7	1.2	12.7	2.2
8	2 31.8	2 32.4	2 25.1	0.8	0.1	6.8	1.2	12.8	2.2
9	2 32.1	2 32.7	2 25.3	0.9	0.2	6.9	1.2	12.9	2.3
10	2 32.3	2 32.9	2 25.6	1.0	0.2	7.0	1.2	13.0	2.3
11	2 32.6	2 33.2	2 25.8	1.1	0.2	7.1	1.2	13.1	2.3
12	2 32.8	2 33.4	2 26.0	1.2	0.2	7.2	1.3	13.2	2.3
13	2 33.1	2 33.7	2 26.3	1.3	0.2	7.3	1.3	13.3	2.3
14	2 33.3	2 33.9	2 26.5	1.4	0.2	7.4	1.3	13.4	2.3
15	2 33.6	2 34.2	2 26.7	1.5	0.3	7.5	1.3	13.5	2.4
16	2 33.8	2 34.4	2 27.0	1.6	0.3	7.6	1.3	13.6	2.4
17	2 34.1	2 34.7	2 27.2	1.7	0.3	7.7	1.3	13.7	2.4
18	2 34.3	2 34.9	2 27.5	1.8	0.3	7.8	1.4	13.8	2.4
19	2 34.6	2 35.2	2 27.7	1.9	0.3	7.9	1.4	13.9	2.4
20	2 34.8	2 35.4	2 27.9	2.0	0.4	8.0	1.4	14.0	2.5
21	2 35.1	2 35.7	2 28.2	2.1	0.4	8.1	1.4	14.1	2.5
22	2 35.3	2 35.9	2 28.4	2.2	0.4	8.2	1.4	14.2	2.5
23	2 35.6	2 36.2	2 28.7	2.3	0.4	8.3	1.5	14.3	2.5
24	2 35.8	2 36.4	2 28.9	2.4	0.4	8.4	1.5	14.4	2.5
25	2 36.1	2 36.7	2 29.1	2.5	0.4	8.5	1.5	14.5	2.5
26	2 36.3	2 36.9	2 29.4	2.6	0.5	8.6	1.5	14.6	2.6
27	2 36.6	2 37.2	2 29.6	2.7	0.5	8.7	1.5	14.7	2.6
28	2 36.8	2 37.4	2 29.8	2.8	0.5	8.8	1.6	14.8	2.6
29	2 37.1	2 37.7	2 30.1	2.9	0.5	8.9	1.6	14.9	2.6
30	2 37.3	2 37.9	2 30.3	3.0	0.5	9.0	1.6	15.0	2.6
31	2 37.6	2 38.2	2 30.6	3.1	0.5	9.1	1.6	15.1	2.6
32	2 37.8	2 38.4	2 30.8	3.2	0.6	9.2	1.6	15.2	2.7
33	2 38.1	2 38.7	2 31.0	3.3	0.6	9.3	1.6	15.3	2.7
34	2 38.3	2 38.9	2 31.3	3.4	0.6	9.4	1.6	15.4	2.7
35	2 38.6	2 39.2	2 31.5	3.5	0.6	9.5	1.7	15.5	2.7
36	2 38.8	2 39.4	2 31.8	3.6	0.6	9.6	1.7	15.6	2.7
37	2 39.1	2 39.7	2 32.0	3.7	0.6	9.7	1.7	15.7	2.7
38	2 39.3	2 39.9	2 32.2	3.8	0.7	9.8	1.7	15.8	2.8
39	2 39.6	2 40.2	2 32.5	3.9	0.7	9.9	1.7	15.9	2.8
40	2 39.8	2 40.4	2 32.7	4.0	0.7	10.0	1.8	16.0	2.8
41	2 40.1	2 40.7	2 32.9	4.1	0.7	10.1	1.8	16.1	2.8
42	2 40.3	2 40.9	2 33.2	4.2	0.7	10.2	1.8	16.2	2.8
43	2 40.6	2 41.2	2 33.4	4.3	0.8	10.3	1.8	16.3	2.9
44	2 40.8	2 41.4	2 33.7	4.4	0.8	10.4	1.8	16.4	2.9
45	2 41.1	2 41.7	2 33.9	4.5	0.8	10.5	1.8	16.5	2.9
46	2 41.3	2 41.9	2 34.1	4.6	0.8	10.6	1.9	16.6	2.9
47	2 41.6	2 42.2	2 34.4	4.7	0.8	10.7	1.9	16.7	2.9
48	2 41.8	2 42.4	2 34.6	4.8	0.8	10.8	1.9	16.8	2.9
49	2 42.1	2 42.7	2 34.9	4.9	0.9	10.9	1.9	16.9	3.0
50	2 42.3	2 42.9	2 35.1	5.0	0.9	11.0	1.9	17.0	3.0
51	2 42.6	2 43.2	2 35.3	5.1	0.9	11.1	1.9	17.1	3.0
52	2 42.8	2 43.4	2 35.6	5.2	0.9	11.2	2.0	17.2	3.0
53	2 43.1	2 43.7	2 35.8	5.3	0.9	11.3	2.0	17.3	3.0
54	2 43.3	2 43.9	2 36.1	5.4	0.9	11.4	2.0	17.4	3.0
55	2 43.6	2 44.2	2 36.3	5.5	1.0	11.5	2.0	17.5	3.1
56	2 43.8	2 44.4	2 36.5	5.6	1.0	11.6	2.0	17.6	3.1
57	2 44.1	2 44.7	2 36.8	5.7	1.0	11.7	2.0	17.7	3.1
58	2 44.3	2 45.0	2 37.0	5.8	1.0	11.8	2.1	17.8	3.1
59	2 44.6	2 45.2	2 37.2	5.9	1.0	11.9	2.1	17.9	3.1
60	2 44.8	2 45.5	2 37.5	6.0	1.1	12.0	2.1	18.0	3.2

11^m

11^m s	太阳行星 Sun Planets	春分点 Aries	月亮 Moon	△或△ v or corr^n d	订正值	△或△ v or corr^n d	订正值	△或△ v or corr^n d	订正值
0	2 44.8	2 45.5	2 37.5	0.0	0.0	6.0	1.2	12.0	2.3
1	2 45.1	2 45.7	2 37.7	0.1	0.0	6.1	1.2	12.1	2.3
2	2 45.3	2 46.0	2 38.0	0.2	0.0	6.2	1.2	12.2	2.3
3	2 45.6	2 46.2	2 38.2	0.3	0.1	6.3	1.2	12.3	2.4
4	2 45.8	2 46.5	2 38.4	0.4	0.1	6.4	1.2	12.4	2.4
5	2 46.1	2 46.7	2 38.7	0.5	0.1	6.5	1.2	12.5	2.4
6	2 46.3	2 47.0	2 38.9	0.6	0.1	6.6	1.3	12.6	2.4
7	2 46.6	2 47.2	2 39.2	0.7	0.1	6.7	1.3	12.7	2.4
8	2 46.8	2 47.5	2 39.4	0.8	0.2	6.8	1.3	12.8	2.5
9	2 47.1	2 47.7	2 39.6	0.9	0.2	6.9	1.3	12.9	2.5
10	2 47.3	2 48.0	2 39.9	1.0	0.2	7.0	1.3	13.0	2.5
11	2 47.6	2 48.2	2 40.1	1.1	0.2	7.1	1.4	13.1	2.5
12	2 47.8	2 48.5	2 40.3	1.2	0.2	7.2	1.4	13.2	2.5
13	2 48.1	2 48.7	2 40.6	1.3	0.2	7.3	1.4	13.3	2.5
14	2 48.3	2 49.0	2 40.8	1.4	0.3	7.4	1.4	13.4	2.6
15	2 48.6	2 49.2	2 41.1	1.5	0.3	7.5	1.4	13.5	2.6
16	2 48.8	2 49.5	2 41.3	1.6	0.3	7.6	1.5	13.6	2.6
17	2 49.1	2 49.7	2 41.5	1.7	0.3	7.7	1.5	13.7	2.6
18	2 49.3	2 50.0	2 41.8	1.8	0.3	7.8	1.5	13.8	2.6
19	2 49.6	2 50.2	2 42.0	1.9	0.4	7.9	1.5	13.9	2.7
20	2 49.8	2 50.5	2 42.3	2.0	0.4	8.0	1.5	14.0	2.7
21	2 50.1	2 50.7	2 42.5	2.1	0.4	8.1	1.6	14.1	2.7
22	2 50.3	2 51.0	2 42.7	2.2	0.4	8.2	1.6	14.2	2.7
23	2 50.6	2 51.2	2 43.0	2.3	0.4	8.3	1.6	14.3	2.7
24	2 50.8	2 51.5	2 43.2	2.4	0.5	8.4	1.6	14.4	2.8
25	2 51.1	2 51.7	2 43.4	2.5	0.5	8.5	1.6	14.5	2.8
26	2 51.3	2 52.0	2 43.7	2.6	0.5	8.6	1.6	14.6	2.8
27	2 51.6	2 52.2	2 43.9	2.7	0.5	8.7	1.7	14.7	2.8
28	2 51.8	2 52.5	2 44.2	2.8	0.5	8.8	1.7	14.8	2.8
29	2 52.1	2 52.7	2 44.4	2.9	0.6	8.9	1.7	14.9	2.9
30	2 52.3	2 53.0	2 44.6	3.0	0.6	9.0	1.7	15.0	2.9
31	2 52.6	2 53.2	2 44.9	3.1	0.6	9.1	1.7	15.1	2.9
32	2 52.8	2 53.5	2 45.1	3.2	0.6	9.2	1.8	15.2	2.9
33	2 53.1	2 53.7	2 45.4	3.3	0.6	9.3	1.8	15.3	2.9
34	2 53.3	2 54.0	2 45.6	3.4	0.7	9.4	1.8	15.4	3.0
35	2 53.6	2 54.2	2 45.8	3.5	0.7	9.5	1.8	15.5	3.0
36	2 53.8	2 54.5	2 46.1	3.6	0.7	9.6	1.8	15.6	3.0
37	2 54.1	2 54.7	2 46.3	3.7	0.7	9.7	1.9	15.7	3.0
38	2 54.3	2 55.0	2 46.6	3.8	0.7	9.8	1.9	15.8	3.0
39	2 54.6	2 55.2	2 46.8	3.9	0.7	9.9	1.9	15.9	3.0
40	2 54.8	2 55.5	2 47.0	4.0	0.8	10.0	1.9	16.0	3.1
41	2 55.1	2 55.7	2 47.3	4.1	0.8	10.1	1.9	16.1	3.1
42	2 55.3	2 56.0	2 47.5	4.2	0.8	10.2	2.0	16.2	3.1
43	2 55.6	2 56.2	2 47.7	4.3	0.8	10.3	2.0	16.3	3.1
44	2 55.8	2 56.5	2 48.0	4.4	0.8	10.4	2.0	16.4	3.1
45	2 56.1	2 56.7	2 48.2	4.5	0.9	10.5	2.0	16.5	3.2
46	2 56.3	2 57.0	2 48.5	4.6	0.9	10.6	2.0	16.6	3.2
47	2 56.6	2 57.2	2 48.7	4.7	0.9	10.7	2.1	16.7	3.2
48	2 56.8	2 57.5	2 48.9	4.8	0.9	10.8	2.1	16.8	3.2
49	2 57.1	2 57.7	2 49.2	4.9	0.9	10.9	2.1	16.9	3.2
50	2 57.3	2 58.0	2 49.4	5.0	1.0	11.0	2.1	17.0	3.3
51	2 57.6	2 58.2	2 49.7	5.1	1.0	11.1	2.1	17.1	3.3
52	2 57.8	2 58.5	2 49.9	5.2	1.0	11.2	2.1	17.2	3.3
53	2 58.1	2 58.7	2 50.1	5.3	1.0	11.3	2.2	17.3	3.3
54	2 58.3	2 59.0	2 50.4	5.4	1.0	11.4	2.2	17.4	3.3
55	2 58.6	2 59.2	2 50.6	5.5	1.1	11.5	2.2	17.5	3.4
56	2 58.8	2 59.5	2 50.8	5.6	1.1	11.6	2.2	17.6	3.4
57	2 59.1	2 59.7	2 51.1	5.7	1.1	11.7	2.2	17.7	3.4
58	2 59.3	2 60.0	2 51.3	5.8	1.1	11.8	2.3	17.8	3.4
59	2 59.6	3 00.2	2 51.6	5.9	1.1	11.9	2.3	17.9	3.4
60	2 59.8	3 00.5	2 51.8	6.0	1.2	12.0	2.3	18.0	3.5

表 1. 时角、赤纬内插表
TABLE 1. INCREMENTS AND CORRECTIONS

18ᵐ

s	太阳行星 Sun Planets	春分点 Aries	月亮 Moon	△或△ v or corr d	△或△ v or corr d	△或△ v or corr d
0	4 29.7	4 30.7	4 17.7	0.0 0.0	6.0 1.9	12.0 3.7
1	4 29.9	4 31.0	4 17.9	0.1 0.0	6.1 1.9	12.1 3.7
2	4 30.2	4 31.2	4 18.2	0.2 0.1	6.2 1.9	12.2 3.8
3	4 30.4	4 31.5	4 18.4	0.3 0.1	6.3 1.9	12.3 3.8
4	4 30.7	4 31.7	4 18.7	0.4 0.1	6.4 2.0	12.4 3.8
5	4 30.9	4 32.0	4 18.9	0.5 0.2	6.5 2.0	12.5 3.9
6	4 31.2	4 32.2	4 19.1	0.6 0.2	6.6 2.0	12.6 3.9
7	4 31.4	4 32.5	4 19.4	0.7 0.2	6.7 2.1	12.7 3.9
8	4 31.7	4 32.7	4 19.6	0.8 0.2	6.8 2.1	12.8 3.9
9	4 31.9	4 33.0	4 19.8	0.9 0.3	6.9 2.1	12.9 4.0
10	4 32.2	4 33.2	4 20.1	1.0 0.3	7.0 2.2	13.0 4.0
11	4 32.4	4 33.5	4 20.3	1.1 0.3	7.1 2.2	13.1 4.0
12	4 32.7	4 33.7	4 20.6	1.2 0.4	7.2 2.2	13.2 4.1
13	4 32.9	4 34.0	4 20.8	1.3 0.4	7.3 2.3	13.3 4.1
14	4 33.2	4 34.2	4 21.0	1.4 0.4	7.4 2.3	13.4 4.1
15	4 33.4	4 34.5	4 21.3	1.5 0.5	7.5 2.3	13.5 4.2
16	4 33.7	4 34.8	4 21.5	1.6 0.5	7.6 2.3	13.6 4.2
17	4 33.9	4 35.0	4 21.8	1.7 0.5	7.7 2.4	13.7 4.2
18	4 34.2	4 35.3	4 22.0	1.8 0.6	7.8 2.4	13.8 4.3
19	4 34.4	4 35.5	4 22.2	1.9 0.6	7.9 2.4	13.9 4.3
20	4 34.7	4 35.8	4 22.5	2.0 0.6	8.0 2.5	14.0 4.3
21	4 34.9	4 36.0	4 22.7	2.1 0.6	8.1 2.5	14.1 4.3
22	4 35.2	4 36.3	4 22.9	2.2 0.7	8.2 2.5	14.2 4.4
23	4 35.4	4 36.5	4 23.2	2.3 0.7	8.3 2.6	14.3 4.4
24	4 35.7	4 36.8	4 23.4	2.4 0.7	8.4 2.6	14.4 4.4
25	4 35.9	4 37.0	4 23.7	2.5 0.8	8.5 2.6	14.5 4.5
26	4 36.2	4 37.3	4 23.9	2.6 0.8	8.6 2.7	14.6 4.5
27	4 36.4	4 37.5	4 24.1	2.7 0.8	8.7 2.7	14.7 4.5
28	4 36.7	4 37.8	4 24.4	2.8 0.9	8.8 2.7	14.8 4.6
29	4 36.9	4 38.0	4 24.6	2.9 0.9	8.9 2.7	14.9 4.6
30	4 37.2	4 38.3	4 24.9	3.0 0.9	9.0 2.8	15.0 4.6
31	4 37.4	4 38.5	4 25.1	3.1 1.0	9.1 2.8	15.1 4.7
32	4 37.7	4 38.8	4 25.3	3.2 1.0	9.2 2.8	15.2 4.7
33	4 37.9	4 39.0	4 25.6	3.3 1.0	9.3 2.9	15.3 4.7
34	4 38.2	4 39.3	4 25.8	3.4 1.0	9.4 2.9	15.4 4.7
35	4 38.4	4 39.5	4 26.1	3.5 1.1	9.5 2.9	15.5 4.8
36	4 38.7	4 39.8	4 26.3	3.6 1.1	9.6 3.0	15.6 4.8
37	4 38.9	4 40.0	4 26.5	3.7 1.1	9.7 3.0	15.7 4.8
38	4 39.2	4 40.3	4 26.8	3.8 1.2	9.8 3.0	15.8 4.9
39	4 39.4	4 40.5	4 27.0	3.9 1.2	9.9 3.1	15.9 4.9
40	4 39.7	4 40.8	4 27.2	4.0 1.2	10.0 3.1	16.0 4.9
41	4 39.9	4 41.0	4 27.5	4.1 1.3	10.1 3.1	16.1 5.0
42	4 40.2	4 41.3	4 27.7	4.2 1.3	10.2 3.1	16.2 5.0
43	4 40.4	4 41.5	4 28.0	4.3 1.3	10.3 3.2	16.3 5.0
44	4 40.7	4 41.8	4 28.2	4.4 1.4	10.4 3.2	16.4 5.1
45	4 40.9	4 42.0	4 28.4	4.5 1.4	10.5 3.2	16.5 5.1
46	4 41.2	4 42.3	4 28.7	4.6 1.4	10.6 3.3	16.6 5.1
47	4 41.4	4 42.5	4 28.9	4.7 1.4	10.7 3.3	16.7 5.1
48	4 41.7	4 42.8	4 29.2	4.8 1.5	10.8 3.3	16.8 5.2
49	4 41.9	4 43.0	4 29.4	4.9 1.5	10.9 3.4	16.9 5.2
50	4 42.2	4 43.3	4 29.6	5.0 1.5	11.0 3.4	17.0 5.2
51	4 42.4	4 43.5	4 29.9	5.1 1.6	11.1 3.4	17.1 5.3
52	4 42.7	4 43.8	4 30.1	5.2 1.6	11.2 3.5	17.2 5.3
53	4 42.9	4 44.0	4 30.3	5.3 1.6	11.3 3.5	17.3 5.3
54	4 43.2	4 44.3	4 30.6	5.4 1.7	11.4 3.5	17.4 5.4
55	4 43.4	4 44.5	4 30.8	5.5 1.7	11.5 3.5	17.5 5.4
56	4 43.7	4 44.8	4 31.1	5.6 1.7	11.6 3.6	17.6 5.4
57	4 43.9	4 45.0	4 31.3	5.7 1.8	11.7 3.6	17.7 5.5
58	4 44.2	4 45.3	4 31.5	5.8 1.8	11.8 3.6	17.8 5.5
59	4 44.4	4 45.5	4 31.8	5.9 1.8	11.9 3.7	17.9 5.5
60	4 44.7	4 45.8	4 32.0	6.0 1.9	12.0 3.7	18.0 5.6

19ᵐ

s	太阳行星 Sun Planets	春分点 Aries	月亮 Moon	△或△ v or corr d	△或△ v or corr d	△或△ v or corr d
0	4 44.7	4 45.8	4 32.0	0.0 0.0	6.0 2.0	12.0 3.9
1	4 44.9	4 46.0	4 32.3	0.1 0.0	6.1 2.0	12.1 3.9
2	4 45.2	4 46.3	4 32.5	0.2 0.1	6.2 2.0	12.2 4.0
3	4 45.4	4 46.5	4 32.7	0.3 0.1	6.3 2.0	12.3 4.0
4	4 45.7	4 46.8	4 33.0	0.4 0.1	6.4 2.1	12.4 4.0
5	4 45.9	4 47.0	4 33.2	0.5 0.2	6.5 2.1	12.5 4.1
6	4 46.2	4 47.3	4 33.4	0.6 0.2	6.6 2.1	12.6 4.1
7	4 46.4	4 47.5	4 33.7	0.7 0.2	6.7 2.2	12.7 4.1
8	4 46.7	4 47.8	4 33.9	0.8 0.3	6.8 2.2	12.8 4.2
9	4 46.9	4 48.0	4 34.2	0.9 0.3	6.9 2.2	12.9 4.2
10	4 47.2	4 48.3	4 34.4	1.0 0.3	7.0 2.3	13.0 4.2
11	4 47.4	4 48.5	4 34.6	1.1 0.4	7.1 2.3	13.1 4.3
12	4 47.7	4 48.8	4 34.9	1.2 0.4	7.2 2.3	13.2 4.3
13	4 47.9	4 49.0	4 35.1	1.3 0.4	7.3 2.4	13.3 4.3
14	4 48.2	4 49.3	4 35.4	1.4 0.5	7.4 2.4	13.4 4.4
15	4 48.4	4 49.5	4 35.6	1.5 0.5	7.5 2.4	13.5 4.4
16	4 48.7	4 49.8	4 35.8	1.6 0.5	7.6 2.5	13.6 4.4
17	4 48.9	4 50.0	4 36.1	1.7 0.6	7.7 2.5	13.7 4.5
18	4 49.2	4 50.3	4 36.3	1.8 0.6	7.8 2.5	13.8 4.5
19	4 49.4	4 50.5	4 36.6	1.9 0.6	7.9 2.6	13.9 4.5
20	4 49.7	4 50.8	4 36.8	2.0 0.7	8.0 2.6	14.0 4.6
21	4 49.9	4 51.0	4 37.0	2.1 0.7	8.1 2.6	14.1 4.6
22	4 50.2	4 51.3	4 37.3	2.2 0.7	8.2 2.7	14.2 4.6
23	4 50.4	4 51.5	4 37.5	2.3 0.7	8.3 2.7	14.3 4.6
24	4 50.7	4 51.8	4 37.7	2.4 0.8	8.4 2.7	14.4 4.7
25	4 50.9	4 52.0	4 38.0	2.5 0.8	8.5 2.8	14.5 4.7
26	4 51.2	4 52.3	4 38.2	2.6 0.8	8.6 2.8	14.6 4.7
27	4 51.4	4 52.5	4 38.5	2.7 0.9	8.7 2.8	14.7 4.8
28	4 51.7	4 52.8	4 38.7	2.8 0.9	8.8 2.9	14.8 4.8
29	4 51.9	4 53.1	4 38.9	2.9 0.9	8.9 2.9	14.9 4.8
30	4 52.2	4 53.3	4 39.2	3.0 1.0	9.0 2.9	15.0 4.9
31	4 52.4	4 53.6	4 39.4	3.1 1.0	9.1 3.0	15.1 4.9
32	4 52.7	4 53.8	4 39.7	3.2 1.0	9.2 3.0	15.2 4.9
33	4 52.9	4 54.1	4 39.9	3.3 1.1	9.3 3.0	15.3 5.0
34	4 53.2	4 54.3	4 40.1	3.4 1.1	9.4 3.1	15.4 5.0
35	4 53.4	4 54.6	4 40.4	3.5 1.1	9.5 3.1	15.5 5.0
36	4 53.7	4 54.8	4 40.6	3.6 1.2	9.6 3.1	15.6 5.1
37	4 53.9	4 55.1	4 40.8	3.7 1.2	9.7 3.2	15.7 5.1
38	4 54.2	4 55.3	4 41.1	3.8 1.2	9.8 3.2	15.8 5.1
39	4 54.4	4 55.6	4 41.3	3.9 1.3	9.9 3.2	15.9 5.2
40	4 54.7	4 55.8	4 41.6	4.0 1.3	10.0 3.3	16.0 5.2
41	4 54.9	4 56.1	4 41.8	4.1 1.3	10.1 3.3	16.1 5.2
42	4 55.2	4 56.3	4 42.0	4.2 1.4	10.2 3.3	16.2 5.3
43	4 55.4	4 56.6	4 42.3	4.3 1.4	10.3 3.3	16.3 5.3
44	4 55.7	4 56.8	4 42.5	4.4 1.4	10.4 3.4	16.4 5.3
45	4 55.9	4 57.1	4 42.8	4.5 1.5	10.5 3.4	16.5 5.4
46	4 56.2	4 57.3	4 43.0	4.6 1.5	10.6 3.4	16.6 5.4
47	4 56.4	4 57.6	4 43.2	4.7 1.5	10.7 3.5	16.7 5.4
48	4 56.7	4 57.8	4 43.5	4.8 1.6	10.8 3.5	16.8 5.5
49	4 56.9	4 58.1	4 43.7	4.9 1.6	10.9 3.5	16.9 5.5
50	4 57.2	4 58.3	4 43.9	5.0 1.6	11.0 3.6	17.0 5.5
51	4 57.4	4 58.6	4 44.2	5.1 1.7	11.1 3.6	17.1 5.6
52	4 57.7	4 58.8	4 44.4	5.2 1.7	11.2 3.6	17.2 5.6
53	4 57.9	4 59.1	4 44.7	5.3 1.7	11.3 3.7	17.3 5.6
54	4 58.2	4 59.3	4 44.9	5.4 1.8	11.4 3.7	17.4 5.7
55	4 58.4	4 59.6	4 45.1	5.5 1.8	11.5 3.7	17.5 5.7
56	4 58.7	4 59.8	4 45.4	5.6 1.8	11.6 3.8	17.6 5.7
57	4 58.9	5 00.1	4 45.6	5.7 1.9	11.7 3.8	17.7 5.8
58	4 59.2	5 00.3	4 45.9	5.8 1.9	11.8 3.8	17.8 5.8
59	4 59.4	5 00.6	4 46.1	5.9 1.9	11.9 3.9	17.9 5.8
60	4 59.7	5 00.8	4 46.3	6.0 2.0	12.0 3.9	18.0 5.9

表 1. 时 角、赤 纬 内 插 表
TABLE 1. INCREMENTS AND CORRECTIONS

20ᵐ   **21ᵐ**

20ᵐ	太阳行星 Sun Planets	春分点 Aries	月亮 Moon	△或△ v or corr d	△或△ v or corr d	△或△ v or corr d	21ᵐ	太阳行星 Sun Planets	春分点 Aries	月亮 Moon	△或△ v or corr d	△或△ v or corr d	△或△ v or corr d
s	° ′	° ′	° ′	′ ′	′ ′	′ ′	s	° ′	° ′	° ′	′ ′	′ ′	′ ′
0	4 59.7	5 00.8	4 46.3	0.0 0.0	6.0 2.1	12.0 4.1	0	5 14.6	5 15.9	5 00.6	0.0 0.0	6.0 2.2	12.0 4.3
1	4 59.9	5 01.1	4 46.6	0.1 0.0	6.1 2.1	12.1 4.1	1	5 14.9	5 16.1	5 00.9	0.1 0.0	6.1 2.2	12.1 4.3
2	5 00.2	5 01.3	4 46.8	0.2 0.1	6.2 2.1	12.2 4.2	2	5 15.1	5 16.4	5 01.1	0.2 0.1	6.2 2.2	12.2 4.4
3	5 00.4	5 01.6	4 47.0	0.3 0.1	6.3 2.2	12.3 4.2	3	5 15.4	5 16.6	5 01.4	0.3 0.1	6.3 2.3	12.3 4.4
4	5 00.7	5 01.8	4 47.3	0.4 0.1	6.4 2.2	12.4 4.2	4	5 15.6	5 16.9	5 01.6	0.4 0.1	6.4 2.3	12.4 4.4
5	5 00.9	5 02.1	4 47.5	0.5 0.2	6.5 2.2	12.5 4.3	5	5 15.9	5 17.1	5 01.8	0.5 0.2	6.5 2.3	12.5 4.5
6	5 01.2	5 02.3	4 47.8	0.6 0.2	6.6 2.3	12.6 4.3	6	5 16.1	5 17.4	5 02.1	0.6 0.2	6.6 2.4	12.6 4.5
7	5 01.4	5 02.6	4 48.0	0.7 0.2	6.7 2.3	12.7 4.3	7	5 16.4	5 17.6	5 02.3	0.7 0.3	6.7 2.4	12.7 4.6
8	5 01.7	5 02.8	4 48.2	0.8 0.3	6.8 2.3	12.8 4.4	8	5 16.6	5 17.9	5 02.6	0.8 0.3	6.8 2.4	12.8 4.6
9	5 01.9	5 03.1	4 48.5	0.9 0.3	6.9 2.4	12.9 4.4	9	5 16.9	5 18.1	5 02.8	0.9 0.3	6.9 2.5	12.9 4.6
10	5 02.2	5 03.3	4 48.7	1.0 0.3	7.0 2.4	13.0 4.4	10	5 17.1	5 18.4	5 03.0	1.0 0.4	7.0 2.5	13.0 4.7
11	5 02.4	5 03.6	4 49.0	1.1 0.4	7.1 2.4	13.1 4.5	11	5 17.4	5 18.6	5 03.3	1.1 0.4	7.1 2.5	13.1 4.7
12	5 02.7	5 03.8	4 49.2	1.2 0.4	7.2 2.5	13.2 4.5	12	5 17.6	5 18.9	5 03.5	1.2 0.4	7.2 2.6	13.2 4.7
13	5 02.9	5 04.1	4 49.4	1.3 0.4	7.3 2.5	13.3 4.5	13	5 17.9	5 19.1	5 03.8	1.3 0.5	7.3 2.6	13.3 4.8
14	5 03.2	5 04.3	4 49.7	1.4 0.5	7.4 2.5	13.4 4.6	14	5 18.1	5 19.4	5 04.0	1.4 0.5	7.4 2.7	13.4 4.8
15	5 03.4	5 04.6	4 49.9	1.5 0.5	7.5 2.6	13.5 4.6	15	5 18.4	5 19.6	5 04.2	1.5 0.5	7.5 2.7	13.5 4.8
16	5 03.7	5 04.8	4 50.2	1.6 0.5	7.6 2.6	13.6 4.6	16	5 18.6	5 19.9	5 04.5	1.6 0.6	7.6 2.7	13.6 4.9
17	5 03.9	5 05.1	4 50.4	1.7 0.6	7.7 2.6	13.7 4.7	17	5 18.9	5 20.1	5 04.7	1.7 0.6	7.7 2.8	13.7 4.9
18	5 04.2	5 05.3	4 50.6	1.8 0.6	7.8 2.7	13.8 4.7	18	5 19.1	5 20.4	5 04.9	1.8 0.6	7.8 2.8	13.8 4.9
19	5 04.4	5 05.6	4 50.9	1.9 0.6	7.9 2.7	13.9 4.7	19	5 19.4	5 20.6	5 05.2	1.9 0.7	7.9 2.8	13.9 5.0
20	5 04.7	5 05.8	4 51.1	2.0 0.7	8.0 2.7	14.0 4.8	20	5 19.6	5 20.9	5 05.4	2.0 0.7	8.0 2.9	14.0 5.0
21	5 04.9	5 06.1	4 51.3	2.1 0.7	8.1 2.8	14.1 4.8	21	5 19.9	5 21.1	5 05.7	2.1 0.8	8.1 2.9	14.1 5.1
22	5 05.2	5 06.3	4 51.6	2.2 0.8	8.2 2.8	14.2 4.9	22	5 20.1	5 21.4	5 05.9	2.2 0.8	8.2 2.9	14.2 5.1
23	5 05.4	5 06.6	4 51.8	2.3 0.8	8.3 2.8	14.3 4.9	23	5 20.4	5 21.6	5 06.1	2.3 0.8	8.3 3.0	14.3 5.1
24	5 05.7	5 06.8	4 52.1	2.4 0.8	8.4 2.9	14.4 4.9	24	5 20.6	5 21.9	5 06.4	2.4 0.9	8.4 3.0	14.4 5.2
25	5 05.9	5 07.1	4 52.3	2.5 0.9	8.5 2.9	14.5 5.0	25	5 20.9	5 22.1	5 06.6	2.5 0.9	8.5 3.0	14.5 5.2
26	5 06.2	5 07.3	4 52.5	2.6 0.9	8.6 2.9	14.6 5.0	26	5 21.1	5 22.4	5 06.9	2.6 0.9	8.6 3.1	14.6 5.2
27	5 06.4	5 07.6	4 52.8	2.7 0.9	8.7 3.0	14.7 5.0	27	5 21.4	5 22.6	5 07.1	2.7 1.0	8.7 3.1	14.7 5.3
28	5 06.7	5 07.8	4 53.0	2.8 1.0	8.8 3.0	14.8 5.1	28	5 21.6	5 22.9	5 07.3	2.8 1.0	8.8 3.2	14.8 5.3
29	5 06.9	5 08.1	4 53.3	2.9 1.0	8.9 3.0	14.9 5.1	29	5 21.9	5 23.1	5 07.6	2.9 1.0	8.9 3.2	14.9 5.3
30	5 07.2	5 08.3	4 53.5	3.0 1.0	9.0 3.1	15.0 5.1	30	5 22.1	5 23.4	5 07.8	3.0 1.1	9.0 3.2	15.0 5.4
31	5 07.4	5 08.6	4 53.7	3.1 1.1	9.1 3.1	15.1 5.2	31	5 22.4	5 23.6	5 08.0	3.1 1.1	9.1 3.3	15.1 5.4
32	5 07.7	5 08.8	4 54.0	3.2 1.1	9.2 3.1	15.2 5.2	32	5 22.6	5 23.9	5 08.3	3.2 1.1	9.2 3.3	15.2 5.4
33	5 07.9	5 09.1	4 54.2	3.3 1.1	9.3 3.2	15.3 5.2	33	5 22.9	5 24.1	5 08.5	3.3 1.2	9.3 3.3	15.3 5.5
34	5 08.2	5 09.3	4 54.4	3.4 1.2	9.4 3.2	15.4 5.3	34	5 23.1	5 24.4	5 08.8	3.4 1.2	9.4 3.4	15.4 5.5
35	5 08.4	5 09.6	4 54.7	3.5 1.2	9.5 3.2	15.5 5.3	35	5 23.4	5 24.6	5 09.0	3.5 1.3	9.5 3.4	15.5 5.6
36	5 08.7	5 09.8	4 54.9	3.6 1.2	9.6 3.3	15.6 5.3	36	5 23.6	5 24.9	5 09.2	3.6 1.3	9.6 3.4	15.6 5.6
37	5 08.9	5 10.1	4 55.2	3.7 1.3	9.7 3.3	15.7 5.4	37	5 23.9	5 25.1	5 09.5	3.7 1.3	9.7 3.5	15.7 5.6
38	5 09.2	5 10.3	4 55.4	3.8 1.3	9.8 3.3	15.8 5.4	38	5 24.1	5 25.4	5 09.7	3.8 1.4	9.8 3.5	15.8 5.7
39	5 09.4	5 10.6	4 55.6	3.9 1.3	9.9 3.4	15.9 5.4	39	5 24.4	5 25.6	5 10.0	3.9 1.4	9.9 3.5	15.9 5.7
40	5 09.7	5 10.8	4 55.9	4.0 1.4	10.0 3.4	16.0 5.5	40	5 24.6	5 25.9	5 10.2	4.0 1.4	10.0 3.6	16.0 5.7
41	5 09.9	5 11.1	4 56.1	4.1 1.4	10.1 3.5	16.1 5.5	41	5 24.9	5 26.1	5 10.4	4.1 1.5	10.1 3.6	16.1 5.8
42	5 10.2	5 11.4	4 56.4	4.2 1.4	10.2 3.5	16.2 5.5	42	5 25.1	5 26.4	5 10.7	4.2 1.5	10.2 3.7	16.2 5.8
43	5 10.4	5 11.6	4 56.6	4.3 1.5	10.3 3.5	16.3 5.6	43	5 25.4	5 26.6	5 10.9	4.3 1.5	10.3 3.7	16.3 5.8
44	5 10.7	5 11.9	4 56.8	4.4 1.5	10.4 3.6	16.4 5.6	44	5 25.6	5 26.9	5 11.1	4.4 1.6	10.4 3.7	16.4 5.9
45	5 10.9	5 12.1	4 57.1	4.5 1.5	10.5 3.6	16.5 5.6	45	5 25.9	5 27.1	5 11.4	4.5 1.6	10.5 3.8	16.5 5.9
46	5 11.2	5 12.4	4 57.3	4.6 1.6	10.6 3.6	16.6 5.7	46	5 26.1	5 27.4	5 11.6	4.6 1.6	10.6 3.8	16.6 5.9
47	5 11.4	5 12.6	4 57.5	4.7 1.6	10.7 3.7	16.7 5.7	47	5 26.4	5 27.6	5 11.9	4.7 1.7	10.7 3.8	16.7 6.0
48	5 11.7	5 12.9	4 57.8	4.8 1.6	10.8 3.7	16.8 5.7	48	5 26.6	5 27.9	5 12.1	4.8 1.7	10.8 3.9	16.8 6.0
49	5 11.9	5 13.1	4 58.0	4.9 1.7	10.9 3.7	16.9 5.8	49	5 26.9	5 28.1	5 12.3	4.9 1.8	10.9 3.9	16.9 6.1
50	5 12.2	5 13.4	4 58.3	5.0 1.7	11.0 3.8	17.0 5.8	50	5 27.1	5 28.4	5 12.6	5.0 1.8	11.0 3.9	17.0 6.1
51	5 12.4	5 13.6	4 58.5	5.1 1.7	11.1 3.8	17.1 5.8	51	5 27.4	5 28.6	5 12.8	5.1 1.8	11.1 4.0	17.1 6.1
52	5 12.7	5 13.9	4 58.7	5.2 1.8	11.2 3.8	17.2 5.9	52	5 27.6	5 28.9	5 13.1	5.2 1.9	11.2 4.0	17.2 6.2
53	5 12.9	5 14.1	4 59.0	5.3 1.8	11.3 3.9	17.3 5.9	53	5 27.9	5 29.1	5 13.3	5.3 1.9	11.3 4.1	17.3 6.2
54	5 13.2	5 14.4	4 59.2	5.4 1.8	11.4 3.9	17.4 5.9	54	5 28.1	5 29.4	5 13.5	5.4 1.9	11.4 4.1	17.4 6.2
55	5 13.4	5 14.6	4 59.5	5.5 1.9	11.5 3.9	17.5 6.0	55	5 28.4	5 29.7	5 13.8	5.5 2.0	11.5 4.1	17.5 6.3
56	5 13.7	5 14.9	4 59.7	5.6 1.9	11.6 4.0	17.6 6.0	56	5 28.6	5 29.9	5 14.0	5.6 2.0	11.6 4.2	17.6 6.3
57	5 13.9	5 15.1	4 59.9	5.7 1.9	11.7 4.0	17.7 6.0	57	5 28.9	5 30.2	5 14.3	5.7 2.0	11.7 4.2	17.7 6.3
58	5 14.2	5 15.4	5 00.2	5.8 2.0	11.8 4.0	17.8 6.1	58	5 29.1	5 30.4	5 14.5	5.8 2.1	11.8 4.2	17.8 6.4
59	5 14.4	5 15.6	5 00.4	5.9 2.0	11.9 4.1	17.9 6.1	59	5 29.4	5 30.7	5 14.7	5.9 2.1	11.9 4.3	17.9 6.4
60	5 14.6	5 15.9	5 00.6	6.0 2.1	12.0 4.1	18.0 6.2	60	5 29.6	5 30.9	5 15.0	6.0 2.2	12.0 4.3	18.0 6.5

表 1. 时 角、赤 纬 内 插 表
TABLE 1. INCREMENTS AND CORRECTIONS

22ᵐ

22ᵐ s	太阳行星 Sun Planets	春分点 Aries	月亮 Moon	v or corr d	v or corr d	v or corr d
0	5 29.6	5 30.9	5 15.0	0.0 0.0	6.0 2.3	12.0 4.5
1	5 29.9	5 31.2	5 15.2	0.1 0.0	6.1 2.3	12.1 4.5
2	5 30.1	5 31.4	5 15.4	0.2 0.1	6.2 2.3	12.2 4.6
3	5 30.4	5 31.7	5 15.7	0.3 0.1	6.3 2.4	12.3 4.6
4	5 30.6	5 31.9	5 15.9	0.4 0.2	6.4 2.4	12.4 4.7
5	5 30.9	5 32.2	5 16.2	0.5 0.2	6.5 2.4	12.5 4.7
6	5 31.1	5 32.4	5 16.4	0.6 0.2	6.6 2.5	12.6 4.7
7	5 31.4	5 32.7	5 16.6	0.7 0.3	6.7 2.5	12.7 4.8
8	5 31.6	5 32.9	5 16.9	0.8 0.3	6.8 2.6	12.8 4.8
9	5 31.9	5 33.2	5 17.1	0.9 0.3	6.9 2.6	12.9 4.8
10	5 32.1	5 33.4	5 17.4	1.0 0.4	7.0 2.6	13.0 4.9
11	5 32.4	5 33.7	5 17.6	1.1 0.4	7.1 2.7	13.1 4.9
12	5 32.6	5 33.9	5 17.8	1.2 0.5	7.2 2.7	13.2 5.0
13	5 32.9	5 34.2	5 18.1	1.3 0.5	7.3 2.7	13.3 5.0
14	5 33.1	5 34.4	5 18.3	1.4 0.5	7.4 2.8	13.4 5.0
15	5 33.4	5 34.7	5 18.5	1.5 0.6	7.5 2.8	13.5 5.1
16	5 33.6	5 34.9	5 18.8	1.6 0.6	7.6 2.9	13.6 5.1
17	5 33.9	5 35.2	5 19.0	1.7 0.6	7.7 2.9	13.7 5.1
18	5 34.1	5 35.4	5 19.3	1.8 0.7	7.8 2.9	13.8 5.2
19	5 34.4	5 35.7	5 19.5	1.9 0.7	7.9 3.0	13.9 5.2
20	5 34.6	5 35.9	5 19.7	2.0 0.8	8.0 3.0	14.0 5.3
21	5 34.9	5 36.2	5 20.0	2.1 0.8	8.1 3.0	14.1 5.3
22	5 35.1	5 36.4	5 20.2	2.2 0.8	8.2 3.1	14.2 5.3
23	5 35.4	5 36.7	5 20.5	2.3 0.9	8.3 3.1	14.3 5.4
24	5 35.6	5 36.9	5 20.7	2.4 0.9	8.4 3.1	14.4 5.4
25	5 35.9	5 37.2	5 20.9	2.5 0.9	8.5 3.2	14.5 5.4
26	5 36.1	5 37.4	5 21.2	2.6 1.0	8.6 3.2	14.6 5.5
27	5 36.4	5 37.7	5 21.4	2.7 1.0	8.7 3.3	14.7 5.5
28	5 36.6	5 37.9	5 21.6	2.8 1.1	8.8 3.3	14.8 5.6
29	5 36.9	5 38.2	5 21.9	2.9 1.1	8.9 3.3	14.9 5.6
30	5 37.1	5 38.4	5 22.1	3.0 1.1	9.0 3.4	15.0 5.6
31	5 37.4	5 38.7	5 22.4	3.1 1.2	9.1 3.4	15.1 5.7
32	5 37.6	5 38.9	5 22.6	3.2 1.2	9.2 3.5	15.2 5.7
33	5 37.9	5 39.2	5 22.8	3.3 1.2	9.3 3.5	15.3 5.7
34	5 38.1	5 39.4	5 23.1	3.4 1.3	9.4 3.5	15.4 5.8
35	5 38.4	5 39.7	5 23.3	3.5 1.3	9.5 3.6	15.5 5.8
36	5 38.6	5 39.9	5 23.6	3.6 1.4	9.6 3.6	15.6 5.9
37	5 38.9	5 40.2	5 23.8	3.7 1.4	9.7 3.6	15.7 5.9
38	5 39.1	5 40.4	5 24.0	3.8 1.4	9.8 3.7	15.8 5.9
39	5 39.4	5 40.7	5 24.3	3.9 1.5	9.9 3.7	15.9 6.0
40	5 39.6	5 40.9	5 24.5	4.0 1.5	10.0 3.8	16.0 6.0
41	5 39.9	5 41.2	5 24.7	4.1 1.5	10.1 3.8	16.1 6.0
42	5 40.1	5 41.4	5 25.0	4.2 1.6	10.2 3.8	16.2 6.1
43	5 40.4	5 41.7	5 25.2	4.3 1.6	10.3 3.9	16.3 6.1
44	5 40.6	5 41.9	5 25.5	4.4 1.7	10.4 3.9	16.4 6.2
45	5 40.9	5 42.2	5 25.7	4.5 1.7	10.5 4.0	16.5 6.2
46	5 41.1	5 42.4	5 25.9	4.6 1.7	10.6 4.0	16.6 6.2
47	5 41.4	5 42.7	5 26.2	4.7 1.8	10.7 4.0	16.7 6.3
48	5 41.6	5 42.9	5 26.4	4.8 1.8	10.8 4.1	16.8 6.3
49	5 41.9	5 43.2	5 26.7	4.9 1.8	10.9 4.1	16.9 6.3
50	5 42.1	5 43.4	5 26.9	5.0 1.9	11.0 4.1	17.0 6.4
51	5 42.4	5 43.7	5 27.1	5.1 1.9	11.1 4.2	17.1 6.4
52	5 42.6	5 43.9	5 27.4	5.2 2.0	11.2 4.2	17.2 6.5
53	5 42.9	5 44.2	5 27.6	5.3 2.0	11.3 4.3	17.3 6.5
54	5 43.1	5 44.4	5 27.9	5.4 2.0	11.4 4.3	17.4 6.5
55	5 43.4	5 44.7	5 28.1	5.5 2.1	11.5 4.3	17.5 6.6
56	5 43.6	5 44.9	5 28.3	5.6 2.1	11.6 4.4	17.6 6.6
57	5 43.9	5 45.2	5 28.6	5.7 2.1	11.7 4.4	17.7 6.7
58	5 44.1	5 45.4	5 28.8	5.8 2.2	11.8 4.4	17.8 6.7
59	5 44.4	5 45.7	5 29.0	5.9 2.2	11.9 4.5	17.9 6.7
60	5 44.6	5 45.9	5 29.3	6.0 2.3	12.0 4.5	18.0 6.8

23ᵐ

23ᵐ s	太阳行星 Sun Planets	春分点 Aries	月亮 Moon	v or corr d	v or corr d	v or corr d
0	5 44.6	5 45.9	5 29.3	0.0 0.0	6.0 2.4	12.0 4.7
1	5 44.9	5 46.2	5 29.5	0.1 0.0	6.1 2.4	12.1 4.7
2	5 45.1	5 46.4	5 29.8	0.2 0.1	6.2 2.4	12.2 4.8
3	5 45.4	5 46.7	5 30.0	0.3 0.1	6.3 2.5	12.3 4.8
4	5 45.6	5 46.9	5 30.2	0.4 0.2	6.4 2.5	12.4 4.9
5	5 45.9	5 47.2	5 30.5	0.5 0.2	6.5 2.6	12.5 4.9
6	5 46.1	5 47.4	5 30.7	0.6 0.2	6.6 2.6	12.6 4.9
7	5 46.4	5 47.7	5 31.0	0.7 0.3	6.7 2.6	12.7 5.0
8	5 46.6	5 48.0	5 31.2	0.8 0.3	6.8 2.7	12.8 5.0
9	5 46.9	5 48.2	5 31.4	0.9 0.4	6.9 2.7	12.9 5.1
10	5 47.1	5 48.5	5 31.7	1.0 0.4	7.0 2.7	13.0 5.1
11	5 47.4	5 48.7	5 31.9	1.1 0.4	7.1 2.8	13.1 5.1
12	5 47.6	5 49.0	5 32.1	1.2 0.5	7.2 2.8	13.2 5.2
13	5 47.9	5 49.2	5 32.4	1.3 0.5	7.3 2.9	13.3 5.2
14	5 48.1	5 49.5	5 32.6	1.4 0.5	7.4 2.9	13.4 5.3
15	5 48.4	5 49.7	5 32.9	1.5 0.6	7.5 2.9	13.5 5.3
16	5 48.6	5 50.0	5 33.1	1.6 0.6	7.6 3.0	13.6 5.3
17	5 48.9	5 50.2	5 33.3	1.7 0.7	7.7 3.0	13.7 5.4
18	5 49.1	5 50.5	5 33.6	1.8 0.7	7.8 3.1	13.8 5.4
19	5 49.4	5 50.7	5 33.8	1.9 0.7	7.9 3.1	13.9 5.4
20	5 49.6	5 51.0	5 34.1	2.0 0.8	8.0 3.1	14.0 5.5
21	5 49.9	5 51.2	5 34.3	2.1 0.8	8.1 3.2	14.1 5.5
22	5 50.1	5 51.5	5 34.5	2.2 0.9	8.2 3.2	14.2 5.6
23	5 50.4	5 51.7	5 34.8	2.3 0.9	8.3 3.3	14.3 5.6
24	5 50.6	5 52.0	5 35.0	2.4 0.9	8.4 3.3	14.4 5.7
25	5 50.9	5 52.2	5 35.2	2.5 1.0	8.5 3.3	14.5 5.7
26	5 51.1	5 52.5	5 35.5	2.6 1.0	8.6 3.4	14.6 5.7
27	5 51.4	5 52.7	5 35.7	2.7 1.1	8.7 3.4	14.7 5.8
28	5 51.6	5 53.0	5 36.0	2.8 1.1	8.8 3.4	14.8 5.8
29	5 51.9	5 53.2	5 36.2	2.9 1.1	8.9 3.5	14.9 5.8
30	5 52.1	5 53.5	5 36.4	3.0 1.2	9.0 3.5	15.0 5.9
31	5 52.4	5 53.7	5 36.7	3.1 1.2	9.1 3.6	15.1 5.9
32	5 52.6	5 54.0	5 36.9	3.2 1.3	9.2 3.6	15.2 6.0
33	5 52.9	5 54.2	5 37.2	3.3 1.3	9.3 3.6	15.3 6.0
34	5 53.1	5 54.5	5 37.4	3.4 1.3	9.4 3.7	15.4 6.0
35	5 53.4	5 54.7	5 37.6	3.5 1.4	9.5 3.7	15.5 6.1
36	5 53.6	5 55.0	5 37.9	3.6 1.4	9.6 3.8	15.6 6.1
37	5 53.9	5 55.2	5 38.1	3.7 1.4	9.7 3.8	15.7 6.2
38	5 54.1	5 55.5	5 38.4	3.8 1.5	9.8 3.8	15.8 6.2
39	5 54.4	5 55.7	5 38.6	3.9 1.5	9.9 3.9	15.9 6.2
40	5 54.6	5 56.0	5 38.8	4.0 1.6	10.0 3.9	16.0 6.3
41	5 54.9	5 56.2	5 39.1	4.1 1.6	10.1 4.0	16.1 6.3
42	5 55.1	5 56.5	5 39.3	4.2 1.6	10.2 4.0	16.2 6.3
43	5 55.4	5 56.7	5 39.5	4.3 1.7	10.3 4.0	16.3 6.4
44	5 55.6	5 57.0	5 39.8	4.4 1.7	10.4 4.1	16.4 6.4
45	5 55.9	5 57.2	5 40.0	4.5 1.8	10.5 4.1	16.5 6.5
46	5 56.1	5 57.5	5 40.3	4.6 1.8	10.6 4.2	16.6 6.5
47	5 56.4	5 57.7	5 40.5	4.7 1.8	10.7 4.2	16.7 6.5
48	5 56.6	5 58.0	5 40.7	4.8 1.9	10.8 4.2	16.8 6.6
49	5 56.9	5 58.2	5 41.0	4.9 1.9	10.9 4.3	16.9 6.6
50	5 57.1	5 58.5	5 41.2	5.0 2.0	11.0 4.3	17.0 6.7
51	5 57.4	5 58.7	5 41.5	5.1 2.0	11.1 4.3	17.1 6.7
52	5 57.6	5 59.0	5 41.7	5.2 2.0	11.2 4.4	17.2 6.7
53	5 57.9	5 59.2	5 41.9	5.3 2.1	11.3 4.4	17.3 6.8
54	5 58.1	5 59.5	5 42.2	5.4 2.1	11.4 4.5	17.4 6.8
55	5 58.4	5 59.7	5 42.4	5.5 2.2	11.5 4.5	17.5 6.9
56	5 58.6	5 60.0	5 42.6	5.6 2.2	11.6 4.6	17.6 6.9
57	5 58.9	6 00.2	5 42.9	5.7 2.2	11.7 4.6	17.7 6.9
58	5 59.1	6 00.5	5 43.1	5.8 2.3	11.8 4.6	17.8 7.0
59	5 59.4	6 00.7	5 43.4	5.9 2.3	11.9 4.7	17.9 7.0
60	5 59.6	6 01.0	5 43.6	6.0 2.4	12.0 4.7	18.0 7.1

表 1. 时 角、赤 纬 内 插 表
TABLE 1. INCREMENTS AND CORRECTIONS

30ᵐ

30ᵐ s	太阳行星 Sun Planets ° ′	春分点 Aries ° ′	月亮 Moon ° ′	△或△ v or corr d		△或△ v or corr d		△或△ v or corr d	
0	7 29.5	7 31.2	7 09.5	0.0	0.0	6.0	3.1	12.0	6.1
1	7 29.7	7 31.5	7 09.7	0.1	0.1	6.1	3.1	12.1	6.2
2	7 30.0	7 31.7	7 10.0	0.2	0.1	6.2	3.2	12.2	6.2
3	7 30.2	7 32.0	7 10.2	0.3	0.2	6.3	3.2	12.3	6.3
4	7 30.5	7 32.2	7 10.5	0.4	0.2	6.4	3.3	12.4	6.3
5	7 30.7	7 32.5	7 10.7	0.5	0.3	6.5	3.3	12.5	6.4
6	7 31.0	7 32.7	7 10.9	0.6	0.3	6.6	3.4	12.6	6.4
7	7 31.2	7 33.0	7 11.2	0.7	0.4	6.7	3.4	12.7	6.5
8	7 31.5	7 33.2	7 11.4	0.8	0.4	6.8	3.5	12.8	6.5
9	7 31.7	7 33.5	7 11.6	0.9	0.5	6.9	3.5	12.9	6.6
10	7 32.0	7 33.7	7 11.9	1.0	0.5	7.0	3.6	13.0	6.6
11	7 32.2	7 34.0	7 12.1	1.1	0.6	7.1	3.6	13.1	6.7
12	7 32.5	7 34.2	7 12.4	1.2	0.6	7.2	3.7	13.2	6.7
13	7 32.7	7 34.5	7 12.6	1.3	0.7	7.3	3.7	13.3	6.8
14	7 33.0	7 34.7	7 12.8	1.4	0.7	7.4	3.8	13.4	6.8
15	7 33.2	7 35.0	7 13.1	1.5	0.8	7.5	3.8	13.5	6.9
16	7 33.5	7 35.2	7 13.3	1.6	0.8	7.6	3.9	13.6	6.9
17	7 33.7	7 35.5	7 13.6	1.7	0.9	7.7	3.9	13.7	7.0
18	7 34.0	7 35.7	7 13.8	1.8	0.9	7.8	4.0	13.8	7.0
19	7 34.2	7 36.0	7 14.0	1.9	1.0	7.9	4.0	13.9	7.1
20	7 34.5	7 36.2	7 14.3	2.0	1.0	8.0	4.1	14.0	7.1
21	7 34.7	7 36.5	7 14.5	2.1	1.1	8.1	4.1	14.1	7.2
22	7 35.0	7 36.7	7 14.7	2.2	1.1	8.2	4.2	14.2	7.2
23	7 35.2	7 37.0	7 15.0	2.3	1.2	8.3	4.2	14.3	7.3
24	7 35.5	7 37.2	7 15.2	2.4	1.2	8.4	4.3	14.4	7.3
25	7 35.7	7 37.5	7 15.5	2.5	1.3	8.5	4.3	14.5	7.4
26	7 36.0	7 37.7	7 15.7	2.6	1.3	8.6	4.4	14.6	7.4
27	7 36.2	7 38.0	7 15.9	2.7	1.4	8.7	4.4	14.7	7.5
28	7 36.5	7 38.3	7 16.2	2.8	1.4	8.8	4.5	14.8	7.5
29	7 36.7	7 38.5	7 16.4	2.9	1.5	8.9	4.5	14.9	7.6
30	7 37.0	7 38.8	7 16.7	3.0	1.5	9.0	4.6	15.0	7.6
31	7 37.2	7 39.0	7 16.9	3.1	1.6	9.1	4.6	15.1	7.7
32	7 37.5	7 39.3	7 17.1	3.2	1.6	9.2	4.7	15.2	7.7
33	7 37.7	7 39.5	7 17.4	3.3	1.7	9.3	4.7	15.3	7.8
34	7 38.0	7 39.8	7 17.6	3.4	1.7	9.4	4.8	15.4	7.8
35	7 38.2	7 40.0	7 17.9	3.5	1.8	9.5	4.8	15.5	7.9
36	7 38.5	7 40.3	7 18.1	3.6	1.8	9.6	4.9	15.6	7.9
37	7 38.7	7 40.5	7 18.3	3.7	1.9	9.7	4.9	15.7	8.0
38	7 39.0	7 40.8	7 18.6	3.8	1.9	9.8	5.0	15.8	8.0
39	7 39.2	7 41.0	7 18.8	3.9	2.0	9.9	5.0	15.9	8.1
40	7 39.5	7 41.3	7 19.0	4.0	2.0	10.0	5.1	16.0	8.1
41	7 39.7	7 41.5	7 19.3	4.1	2.1	10.1	5.1	16.1	8.2
42	7 40.0	7 41.8	7 19.5	4.2	2.1	10.2	5.2	16.2	8.2
43	7 40.2	7 42.0	7 19.8	4.3	2.2	10.3	5.2	16.3	8.3
44	7 40.5	7 42.3	7 20.0	4.4	2.2	10.4	5.3	16.4	8.3
45	7 40.7	7 42.5	7 20.2	4.5	2.3	10.5	5.3	16.5	8.4
46	7 41.0	7 42.8	7 20.5	4.6	2.3	10.6	5.4	16.6	8.4
47	7 41.2	7 43.0	7 20.7	4.7	2.4	10.7	5.4	16.7	8.5
48	7 41.5	7 43.3	7 21.0	4.8	2.4	10.8	5.5	16.8	8.5
49	7 41.7	7 43.5	7 21.2	4.9	2.5	10.9	5.5	16.9	8.6
50	7 42.0	7 43.8	7 21.4	5.0	2.5	11.0	5.6	17.0	8.6
51	7 42.2	7 44.0	7 21.7	5.1	2.6	11.1	5.6	17.1	8.7
52	7 42.5	7 44.3	7 21.9	5.2	2.6	11.2	5.7	17.2	8.7
53	7 42.7	7 44.5	7 22.1	5.3	2.7	11.3	5.7	17.3	8.8
54	7 43.0	7 44.8	7 22.4	5.4	2.7	11.4	5.8	17.4	8.8
55	7 43.2	7 45.0	7 22.6	5.5	2.8	11.5	5.8	17.5	8.9
56	7 43.5	7 45.3	7 22.9	5.6	2.8	11.6	5.9	17.6	8.9
57	7 43.7	7 45.5	7 23.1	5.7	2.9	11.7	5.9	17.7	9.0
58	7 44.0	7 45.8	7 23.3	5.8	2.9	11.8	6.0	17.8	9.0
59	7 44.2	7 46.0	7 23.6	5.9	3.0	11.9	6.0	17.9	9.1
60	7 44.5	7 46.3	7 23.8	6.0	3.1	12.0	6.1	18.0	9.2

31ᵐ

31ᵐ s	太阳行星 Sun Planets ° ′	春分点 Aries ° ′	月亮 Moon ° ′	△或△ v or corr d		△或△ v or corr d		△或△ v or corr d	
0	7 44.5	7 46.3	7 23.8	0.0	0.0	6.0	3.2	12.0	6.3
1	7 44.7	7 46.5	7 24.1	0.1	0.1	6.1	3.2	12.1	6.4
2	7 45.0	7 46.8	7 24.3	0.2	0.1	6.2	3.3	12.2	6.4
3	7 45.2	7 47.0	7 24.5	0.3	0.2	6.3	3.3	12.3	6.5
4	7 45.5	7 47.3	7 24.8	0.4	0.2	6.4	3.4	12.4	6.5
5	7 45.7	7 47.5	7 25.0	0.5	0.3	6.5	3.4	12.5	6.6
6	7 46.0	7 47.8	7 25.2	0.6	0.3	6.6	3.5	12.6	6.6
7	7 46.2	7 48.0	7 25.5	0.7	0.4	6.7	3.5	12.7	6.7
8	7 46.5	7 48.3	7 25.7	0.8	0.4	6.8	3.6	12.8	6.7
9	7 46.7	7 48.5	7 26.0	0.9	0.5	6.9	3.6	12.9	6.8
10	7 47.0	7 48.8	7 26.2	1.0	0.5	7.0	3.7	13.0	6.8
11	7 47.2	7 49.0	7 26.4	1.1	0.6	7.1	3.7	13.1	6.9
12	7 47.5	7 49.3	7 26.7	1.2	0.6	7.2	3.8	13.2	6.9
13	7 47.7	7 49.5	7 26.9	1.3	0.7	7.3	3.8	13.3	7.0
14	7 48.0	7 49.8	7 27.2	1.4	0.7	7.4	3.9	13.4	7.0
15	7 48.2	7 50.0	7 27.4	1.5	0.8	7.5	3.9	13.5	7.1
16	7 48.5	7 50.3	7 27.6	1.6	0.8	7.6	4.0	13.6	7.1
17	7 48.7	7 50.5	7 27.9	1.7	0.9	7.7	4.0	13.7	7.2
18	7 49.0	7 50.8	7 28.1	1.8	0.9	7.8	4.1	13.8	7.2
19	7 49.2	7 51.0	7 28.4	1.9	1.0	7.9	4.1	13.9	7.3
20	7 49.5	7 51.3	7 28.6	2.0	1.1	8.0	4.2	14.0	7.4
21	7 49.7	7 51.5	7 28.8	2.1	1.1	8.1	4.3	14.1	7.4
22	7 50.0	7 51.8	7 29.1	2.2	1.2	8.2	4.3	14.2	7.5
23	7 50.2	7 52.0	7 29.3	2.3	1.2	8.3	4.4	14.3	7.5
24	7 50.5	7 52.3	7 29.5	2.4	1.3	8.4	4.4	14.4	7.6
25	7 50.7	7 52.5	7 29.8	2.5	1.3	8.5	4.5	14.5	7.6
26	7 51.0	7 52.8	7 30.0	2.6	1.4	8.6	4.5	14.6	7.7
27	7 51.2	7 53.0	7 30.3	2.7	1.4	8.7	4.6	14.7	7.7
28	7 51.5	7 53.3	7 30.5	2.8	1.5	8.8	4.6	14.8	7.8
29	7 51.7	7 53.5	7 30.7	2.9	1.5	8.9	4.7	14.9	7.8
30	7 52.0	7 53.8	7 31.0	3.0	1.6	9.0	4.7	15.0	7.9
31	7 52.2	7 54.0	7 31.2	3.1	1.6	9.1	4.8	15.1	7.9
32	7 52.5	7 54.3	7 31.5	3.2	1.7	9.2	4.8	15.2	8.0
33	7 52.7	7 54.5	7 31.7	3.3	1.7	9.3	4.9	15.3	8.0
34	7 53.0	7 54.8	7 31.9	3.4	1.8	9.4	4.9	15.4	8.1
35	7 53.2	7 55.0	7 32.2	3.5	1.8	9.5	5.0	15.5	8.1
36	7 53.5	7 55.3	7 32.4	3.6	1.9	9.6	5.0	15.6	8.2
37	7 53.7	7 55.5	7 32.6	3.7	1.9	9.7	5.1	15.7	8.2
38	7 54.0	7 55.8	7 32.9	3.8	2.0	9.8	5.1	15.8	8.3
39	7 54.2	7 56.0	7 33.1	3.9	2.0	9.9	5.2	15.9	8.3
40	7 54.5	7 56.3	7 33.4	4.0	2.1	10.0	5.3	16.0	8.4
41	7 54.7	7 56.6	7 33.6	4.1	2.2	10.1	5.3	16.1	8.5
42	7 55.0	7 56.8	7 33.8	4.2	2.2	10.2	5.4	16.2	8.5
43	7 55.2	7 57.1	7 34.1	4.3	2.3	10.3	5.4	16.3	8.6
44	7 55.5	7 57.3	7 34.3	4.4	2.3	10.4	5.5	16.4	8.6
45	7 55.7	7 57.6	7 34.6	4.5	2.4	10.5	5.5	16.5	8.7
46	7 56.0	7 57.8	7 34.8	4.6	2.4	10.6	5.6	16.6	8.7
47	7 56.2	7 58.1	7 35.0	4.7	2.5	10.7	5.6	16.7	8.8
48	7 56.5	7 58.3	7 35.3	4.8	2.5	10.8	5.7	16.8	8.8
49	7 56.7	7 58.6	7 35.5	4.9	2.6	10.9	5.7	16.9	8.9
50	7 57.0	7 58.8	7 35.7	5.0	2.6	11.0	5.8	17.0	8.9
51	7 57.2	7 59.1	7 36.0	5.1	2.7	11.1	5.8	17.1	9.0
52	7 57.5	7 59.3	7 36.2	5.2	2.7	11.2	5.9	17.2	9.0
53	7 57.7	7 59.6	7 36.5	5.3	2.8	11.3	5.9	17.3	9.1
54	7 58.0	7 59.8	7 36.7	5.4	2.8	11.4	6.0	17.4	9.1
55	7 58.2	8 00.1	7 36.9	5.5	2.9	11.5	6.0	17.5	9.2
56	7 58.5	8 00.3	7 37.2	5.6	2.9	11.6	6.1	17.6	9.2
57	7 58.7	8 00.6	7 37.4	5.7	3.0	11.7	6.1	17.7	9.3
58	7 59.0	8 00.8	7 37.7	5.8	3.0	11.8	6.2	17.8	9.3
59	7 59.2	8 01.1	7 37.9	5.9	3.1	11.9	6.2	17.9	9.4
60	7 59.5	8 01.3	7 38.1	6.0	3.2	12.0	6.3	18.0	9.5

表 1. 时 角、赤 纬 内 插 表
TABLE 1. INCREMENTS AND CORRECTIONS

42^m

42m s	太阳行星 Sun Planets ° ′	春分点 Aries ° ′	月亮 Moon ° ′	v or corr^n d ′ ′	v or corr^n d ′ ′	v or corr^n d ′ ′
0	10 29.3	10 31.7	10 01.3	0.0 0.0	6.0 4.3	12.0 8.5
1	10 29.5	10 32.0	10 01.5	0.1 0.1	6.1 4.3	12.1 8.6
2	10 29.8	10 32.2	10 01.8	0.2 0.1	6.2 4.4	12.2 8.6
3	10 30.0	10 32.5	10 02.0	0.3 0.2	6.3 4.5	12.3 8.7
4	10 30.3	10 32.7	10 02.3	0.4 0.3	6.4 4.5	12.4 8.8
5	10 30.5	10 33.0	10 02.5	0.5 0.4	6.5 4.6	12.5 8.9
6	10 30.8	10 33.2	10 02.7	0.6 0.4	6.6 4.7	12.6 8.9
7	10 31.0	10 33.5	10 03.0	0.7 0.5	6.7 4.7	12.7 9.0
8	10 31.3	10 33.7	10 03.2	0.8 0.6	6.8 4.8	12.8 9.1
9	10 31.5	10 34.0	10 03.4	0.9 0.6	6.9 4.9	12.9 9.1
10	10 31.8	10 34.2	10 03.7	1.0 0.7	7.0 5.0	13.0 9.2
11	10 32.0	10 34.5	10 03.9	1.1 0.8	7.1 5.0	13.1 9.3
12	10 32.3	10 34.7	10 04.2	1.2 0.9	7.2 5.1	13.2 9.3
13	10 32.5	10 35.0	10 04.4	1.3 0.9	7.3 5.2	13.3 9.4
14	10 32.8	10 35.2	10 04.6	1.4 1.0	7.4 5.2	13.4 9.5
15	10 33.0	10 35.5	10 04.9	1.5 1.1	7.5 5.3	13.5 9.6
16	10 33.3	10 35.7	10 05.1	1.6 1.1	7.6 5.4	13.6 9.6
17	10 33.5	10 36.0	10 05.4	1.7 1.2	7.7 5.5	13.7 9.7
18	10 33.8	10 36.2	10 05.6	1.8 1.3	7.8 5.5	13.8 9.8
19	10 34.0	10 36.5	10 05.8	1.9 1.3	7.9 5.6	13.9 9.8
20	10 34.3	10 36.7	10 06.1	2.0 1.4	8.0 5.7	14.0 9.9
21	10 34.5	10 37.0	10 06.3	2.1 1.5	8.1 5.7	14.1 10.0
22	10 34.8	10 37.2	10 06.5	2.2 1.6	8.2 5.8	14.2 10.1
23	10 35.0	10 37.5	10 06.8	2.3 1.6	8.3 5.9	14.3 10.1
24	10 35.3	10 37.7	10 07.0	2.4 1.7	8.4 6.0	14.4 10.2
25	10 35.5	10 38.0	10 07.3	2.5 1.8	8.5 6.0	14.5 10.3
26	10 35.8	10 38.2	10 07.5	2.6 1.8	8.6 6.1	14.6 10.3
27	10 36.0	10 38.5	10 07.7	2.7 1.9	8.7 6.2	14.7 10.4
28	10 36.3	10 38.7	10 08.0	2.8 2.0	8.8 6.2	14.8 10.5
29	10 36.5	10 39.0	10 08.2	2.9 2.1	8.9 6.3	14.9 10.6
30	10 36.8	10 39.2	10 08.5	3.0 2.1	9.0 6.4	15.0 10.6
31	10 37.0	10 39.5	10 08.7	3.1 2.2	9.1 6.4	15.1 10.7
32	10 37.3	10 39.7	10 08.9	3.2 2.3	9.2 6.5	15.2 10.8
33	10 37.5	10 40.0	10 09.2	3.3 2.3	9.3 6.6	15.3 10.8
34	10 37.8	10 40.2	10 09.4	3.4 2.4	9.4 6.7	15.4 10.9
35	10 38.0	10 40.5	10 09.7	3.5 2.5	9.5 6.7	15.5 11.0
36	10 38.3	10 40.7	10 09.9	3.6 2.6	9.6 6.8	15.6 11.1
37	10 38.5	10 41.0	10 10.1	3.7 2.6	9.7 6.9	15.7 11.1
38	10 38.8	10 41.3	10 10.4	3.8 2.7	9.8 6.9	15.8 11.2
39	10 39.0	10 41.5	10 10.6	3.9 2.8	9.9 7.0	15.9 11.3
40	10 39.3	10 41.8	10 10.8	4.0 2.8	10.0 7.1	16.0 11.3
41	10 39.5	10 42.0	10 11.1	4.1 2.9	10.1 7.2	16.1 11.4
42	10 39.8	10 42.3	10 11.3	4.2 3.0	10.2 7.2	16.2 11.5
43	10 40.0	10 42.5	10 11.6	4.3 3.0	10.3 7.3	16.3 11.5
44	10 40.3	10 42.8	10 11.8	4.4 3.1	10.4 7.4	16.4 11.6
45	10 40.5	10 43.0	10 12.0	4.5 3.2	10.5 7.4	16.5 11.7
46	10 40.8	10 43.3	10 12.3	4.6 3.3	10.6 7.5	16.6 11.8
47	10 41.0	10 43.5	10 12.5	4.7 3.3	10.7 7.6	16.7 11.8
48	10 41.3	10 43.8	10 12.8	4.8 3.4	10.8 7.7	16.8 11.9
49	10 41.5	10 44.0	10 13.0	4.9 3.5	10.9 7.7	16.9 12.0
50	10 41.8	10 44.3	10 13.2	5.0 3.5	11.0 7.8	17.0 12.0
51	10 42.0	10 44.5	10 13.5	5.1 3.6	11.1 7.9	17.1 12.1
52	10 42.3	10 44.8	10 13.7	5.2 3.7	11.2 7.9	17.2 12.2
53	10 42.5	10 45.0	10 13.9	5.3 3.8	11.3 8.0	17.3 12.2
54	10 42.8	10 45.3	10 14.2	5.4 3.8	11.4 8.1	17.4 12.3
55	10 43.0	10 45.5	10 14.4	5.5 3.9	11.5 8.1	17.5 12.4
56	10 43.3	10 45.8	10 14.7	5.6 4.0	11.6 8.2	17.6 12.5
57	10 43.5	10 46.0	10 14.9	5.7 4.0	11.7 8.3	17.7 12.5
58	10 43.8	10 46.3	10 15.1	5.8 4.1	11.8 8.4	17.8 12.6
59	10 44.0	10 46.5	10 15.4	5.9 4.2	11.9 8.4	17.9 12.7
60	10 44.3	10 46.8	10 15.6	6.0 4.3	12.0 8.5	18.0 12.8

43^m

43m s	太阳行星 Sun Planets ° ′	春分点 Aries ° ′	月亮 Moon ° ′	v or corr^n d ′ ′	v or corr^n d ′ ′	v or corr^n d ′ ′
0	10 44.3	10 46.8	10 15.6	0.0 0.0	6.0 4.4	12.0 8.7
1	10 44.5	10 47.0	10 15.9	0.1 0.1	6.1 4.4	12.1 8.8
2	10 44.8	10 47.3	10 16.1	0.2 0.1	6.2 4.5	12.2 8.8
3	10 45.0	10 47.5	10 16.3	0.3 0.2	6.3 4.6	12.3 8.9
4	10 45.3	10 47.8	10 16.6	0.4 0.3	6.4 4.6	12.4 9.0
5	10 45.5	10 48.0	10 16.8	0.5 0.4	6.5 4.7	12.5 9.1
6	10 45.8	10 48.3	10 17.0	0.6 0.4	6.6 4.8	12.6 9.1
7	10 46.0	10 48.5	10 17.3	0.7 0.5	6.7 4.9	12.7 9.2
8	10 46.3	10 48.8	10 17.5	0.8 0.6	6.8 4.9	12.8 9.3
9	10 46.5	10 49.0	10 17.8	0.9 0.7	6.9 5.0	12.9 9.3
10	10 46.8	10 49.3	10 18.0	1.0 0.7	7.0 5.1	13.0 9.4
11	10 47.0	10 49.5	10 18.2	1.1 0.8	7.1 5.1	13.1 9.5
12	10 47.3	10 49.8	10 18.5	1.2 0.9	7.2 5.2	13.2 9.6
13	10 47.5	10 50.0	10 18.7	1.3 0.9	7.3 5.3	13.3 9.6
14	10 47.8	10 50.3	10 19.0	1.4 1.0	7.4 5.4	13.4 9.7
15	10 48.0	10 50.5	10 19.2	1.5 1.1	7.5 5.4	13.5 9.8
16	10 48.3	10 50.8	10 19.4	1.6 1.2	7.6 5.5	13.6 9.9
17	10 48.5	10 51.0	10 19.7	1.7 1.2	7.7 5.6	13.7 9.9
18	10 48.8	10 51.3	10 19.9	1.8 1.3	7.8 5.7	13.8 10.0
19	10 49.0	10 51.5	10 20.2	1.9 1.4	7.9 5.7	13.9 10.1
20	10 49.3	10 51.8	10 20.4	2.0 1.5	8.0 5.8	14.0 10.2
21	10 49.5	10 52.0	10 20.6	2.1 1.5	8.1 5.9	14.1 10.2
22	10 49.8	10 52.3	10 20.9	2.2 1.6	8.2 5.9	14.2 10.3
23	10 50.0	10 52.5	10 21.1	2.3 1.7	8.3 6.0	14.3 10.4
24	10 50.3	10 52.8	10 21.3	2.4 1.7	8.4 6.1	14.4 10.4
25	10 50.5	10 53.0	10 21.6	2.5 1.8	8.5 6.2	14.5 10.5
26	10 50.8	10 53.3	10 21.8	2.6 1.9	8.6 6.2	14.6 10.6
27	10 51.0	10 53.5	10 22.1	2.7 2.0	8.7 6.3	14.7 10.7
28	10 51.3	10 53.8	10 22.3	2.8 2.0	8.8 6.4	14.8 10.7
29	10 51.5	10 54.0	10 22.5	2.9 2.1	8.9 6.4	14.9 10.8
30	10 51.8	10 54.3	10 22.8	3.0 2.2	9.0 6.5	15.0 10.9
31	10 52.0	10 54.5	10 23.0	3.1 2.2	9.1 6.6	15.1 10.9
32	10 52.3	10 54.8	10 23.3	3.2 2.3	9.2 6.7	15.2 11.0
33	10 52.5	10 55.0	10 23.5	3.3 2.4	9.3 6.7	15.3 11.1
34	10 52.8	10 55.3	10 23.7	3.4 2.5	9.4 6.8	15.4 11.2
35	10 53.0	10 55.5	10 24.0	3.5 2.5	9.5 6.9	15.5 11.2
36	10 53.3	10 55.8	10 24.2	3.6 2.6	9.6 7.0	15.6 11.3
37	10 53.5	10 56.0	10 24.4	3.7 2.7	9.7 7.0	15.7 11.4
38	10 53.8	10 56.3	10 24.7	3.8 2.8	9.8 7.1	15.8 11.5
39	10 54.0	10 56.5	10 24.9	3.9 2.8	9.9 7.2	15.9 11.5
40	10 54.3	10 56.8	10 25.2	4.0 2.9	10.0 7.3	16.0 11.6
41	10 54.5	10 57.0	10 25.4	4.1 3.0	10.1 7.3	16.1 11.7
42	10 54.8	10 57.3	10 25.6	4.2 3.0	10.2 7.4	16.2 11.7
43	10 55.0	10 57.5	10 25.9	4.3 3.1	10.3 7.5	16.3 11.8
44	10 55.3	10 57.8	10 26.1	4.4 3.2	10.4 7.5	16.4 11.9
45	10 55.5	10 58.0	10 26.4	4.5 3.3	10.5 7.6	16.5 12.0
46	10 55.8	10 58.3	10 26.6	4.6 3.3	10.6 7.7	16.6 12.0
47	10 56.0	10 58.5	10 26.8	4.7 3.4	10.7 7.8	16.7 12.1
48	10 56.3	10 58.8	10 27.1	4.8 3.5	10.8 7.8	16.8 12.2
49	10 56.5	10 59.0	10 27.3	4.9 3.6	10.9 7.9	16.9 12.3
50	10 56.8	10 59.3	10 27.5	5.0 3.6	11.0 8.0	17.0 12.3
51	10 57.0	10 59.6	10 27.8	5.1 3.7	11.1 8.0	17.1 12.4
52	10 57.3	10 59.8	10 28.0	5.2 3.8	11.2 8.1	17.2 12.5
53	10 57.5	11 00.1	10 28.3	5.3 3.8	11.3 8.2	17.3 12.6
54	10 57.8	11 00.3	10 28.5	5.4 3.9	11.4 8.3	17.4 12.6
55	10 58.0	11 00.6	10 28.7	5.5 4.0	11.5 8.3	17.5 12.7
56	10 58.3	11 00.8	10 29.0	5.6 4.1	11.6 8.4	17.6 12.8
57	10 58.5	11 01.1	10 29.2	5.7 4.1	11.7 8.5	17.7 12.8
58	10 58.8	11 01.3	10 29.5	5.8 4.2	11.8 8.6	17.8 12.9
59	10 59.0	11 01.6	10 29.7	5.9 4.3	11.9 8.6	17.9 13.0
60	10 59.3	11 01.8	10 29.9	6.0 4.4	12.0 8.7	18.0 13.1

表1. 时 角、赤 纬 内 插 表
TABLE 1. INCREMENTS AND CORRECTIONS

44ᵐ

s	太阳行星 Sun Planets	春分点 Aries	月亮 Moon	△或△ v or corrⁿ d	△或△ v or corrⁿ d	△或△ v or corrⁿ d
0	10 59.3	11 01.8	10 29.9	0.0 0.0	6.0 4.5	12.0 8.9
1	10 59.5	11 02.1	10 30.2	0.1 0.1	6.1 4.5	12.1 9.0
2	10 59.8	11 02.3	10 30.4	0.2 0.1	6.2 4.6	12.2 9.0
3	11 00.0	11 02.6	10 30.6	0.3 0.2	6.3 4.7	12.3 9.1
4	11 00.3	11 02.8	10 30.9	0.4 0.3	6.4 4.7	12.4 9.2
5	11 00.5	11 03.1	10 31.1	0.5 0.4	6.5 4.8	12.5 9.3
6	11 00.8	11 03.3	10 31.4	0.6 0.4	6.6 4.9	12.6 9.3
7	11 01.0	11 03.6	10 31.6	0.7 0.5	6.7 5.0	12.7 9.4
8	11 01.3	11 03.8	10 31.8	0.8 0.6	6.8 5.0	12.8 9.5
9	11 01.5	11 04.1	10 32.1	0.9 0.7	6.9 5.1	12.9 9.6
10	11 01.8	11 04.3	10 32.3	1.0 0.7	7.0 5.2	13.0 9.6
11	11 02.0	11 04.6	10 32.6	1.1 0.8	7.1 5.3	13.1 9.7
12	11 02.3	11 04.8	10 32.8	1.2 0.9	7.2 5.3	13.2 9.8
13	11 02.5	11 05.1	10 33.0	1.3 1.0	7.3 5.4	13.3 9.9
14	11 02.8	11 05.3	10 33.3	1.4 1.0	7.4 5.5	13.4 9.9
15	11 03.0	11 05.6	10 33.5	1.5 1.1	7.5 5.6	13.5 10.0
16	11 03.3	11 05.8	10 33.8	1.6 1.2	7.6 5.6	13.6 10.1
17	11 03.5	11 06.1	10 34.0	1.7 1.3	7.7 5.7	13.7 10.2
18	11 03.8	11 06.3	10 34.2	1.8 1.3	7.8 5.8	13.8 10.2
19	11 04.0	11 06.6	10 34.5	1.9 1.4	7.9 5.9	13.9 10.3
20	11 04.3	11 06.8	10 34.7	2.0 1.5	8.0 5.9	14.0 10.4
21	11 04.5	11 07.1	10 34.9	2.1 1.6	8.1 6.0	14.1 10.5
22	11 04.8	11 07.3	10 35.2	2.2 1.6	8.2 6.1	14.2 10.5
23	11 05.0	11 07.6	10 35.4	2.3 1.7	8.3 6.2	14.3 10.6
24	11 05.3	11 07.8	10 35.7	2.4 1.8	8.4 6.2	14.4 10.7
25	11 05.5	11 08.1	10 35.9	2.5 1.9	8.5 6.3	14.5 10.8
26	11 05.8	11 08.3	10 36.1	2.6 1.9	8.6 6.4	14.6 10.8
27	11 06.0	11 08.6	10 36.4	2.7 2.0	8.7 6.5	14.7 10.9
28	11 06.3	11 08.8	10 36.6	2.8 2.1	8.8 6.5	14.8 11.0
29	11 06.5	11 09.1	10 36.9	2.9 2.2	8.9 6.6	14.9 11.1
30	11 06.8	11 09.3	10 37.1	3.0 2.2	9.0 6.7	15.0 11.1
31	11 07.0	11 09.6	10 37.3	3.1 2.3	9.1 6.7	15.1 11.2
32	11 07.3	11 09.8	10 37.6	3.2 2.4	9.2 6.8	15.2 11.3
33	11 07.5	11 10.1	10 37.8	3.3 2.4	9.3 6.9	15.3 11.3
34	11 07.8	11 10.3	10 38.0	3.4 2.5	9.4 7.0	15.4 11.4
35	11 08.0	11 10.6	10 38.3	3.5 2.6	9.5 7.0	15.5 11.5
36	11 08.3	11 10.8	10 38.5	3.6 2.7	9.6 7.1	15.6 11.6
37	11 08.5	11 11.1	10 38.8	3.7 2.7	9.7 7.2	15.7 11.6
38	11 08.8	11 11.3	10 39.0	3.8 2.8	9.8 7.3	15.8 11.7
39	11 09.0	11 11.6	10 39.2	3.9 2.9	9.9 7.3	15.9 11.8
40	11 09.3	11 11.8	10 39.5	4.0 3.0	10.0 7.4	16.0 11.9
41	11 09.5	11 12.1	10 39.7	4.1 3.0	10.1 7.5	16.1 11.9
42	11 09.8	11 12.3	10 40.0	4.2 3.1	10.2 7.6	16.2 12.0
43	11 10.0	11 12.6	10 40.2	4.3 3.2	10.3 7.6	16.3 12.1
44	11 10.3	11 12.8	10 40.4	4.4 3.3	10.4 7.7	16.4 12.2
45	11 10.5	11 13.1	10 40.7	4.5 3.3	10.5 7.8	16.5 12.2
46	11 10.8	11 13.3	10 40.9	4.6 3.4	10.6 7.9	16.6 12.3
47	11 11.0	11 13.6	10 41.1	4.7 3.5	10.7 7.9	16.7 12.4
48	11 11.3	11 13.8	10 41.4	4.8 3.6	10.8 8.0	16.8 12.5
49	11 11.5	11 14.1	10 41.6	4.9 3.6	10.9 8.1	16.9 12.5
50	11 11.8	11 14.3	10 41.9	5.0 3.7	11.0 8.2	17.0 12.6
51	11 12.0	11 14.6	10 42.1	5.1 3.8	11.1 8.2	17.1 12.7
52	11 12.3	11 14.8	10 42.3	5.2 3.9	11.2 8.3	17.2 12.8
53	11 12.5	11 15.1	10 42.6	5.3 3.9	11.3 8.4	17.3 12.8
54	11 12.8	11 15.3	10 42.8	5.4 4.0	11.4 8.5	17.4 12.9
55	11 13.0	11 15.6	10 43.1	5.5 4.1	11.5 8.5	17.5 13.0
56	11 13.3	11 15.8	10 43.3	5.6 4.2	11.6 8.6	17.6 13.1
57	11 13.5	11 16.1	10 43.5	5.7 4.2	11.7 8.7	17.7 13.1
58	11 13.8	11 16.3	10 43.8	5.8 4.3	11.8 8.8	17.8 13.2
59	11 14.0	11 16.6	10 44.0	5.9 4.4	11.9 8.8	17.9 13.3
60	11 14.2	11 16.8	10 44.3	6.0 4.5	12.0 8.9	18.0 13.4

45ᵐ

s	太阳行星 Sun Planets	春分点 Aries	月亮 Moon	△或△ v or corrⁿ d	△或△ v or corrⁿ d	△或△ v or corrⁿ d
0	11 14.2	11 16.8	10 44.3	0.0 0.0	6.0 4.6	12.0 9.1
1	11 14.5	11 17.1	10 44.5	0.1 0.1	6.1 4.6	12.1 9.2
2	11 14.7	11 17.3	10 44.7	0.2 0.2	6.2 4.7	12.2 9.3
3	11 15.0	11 17.6	10 45.0	0.3 0.2	6.3 4.8	12.3 9.3
4	11 15.2	11 17.9	10 45.2	0.4 0.3	6.4 4.9	12.4 9.4
5	11 15.5	11 18.1	10 45.4	0.5 0.4	6.5 4.9	12.5 9.5
6	11 15.7	11 18.4	10 45.7	0.6 0.5	6.6 5.0	12.6 9.5
7	11 16.0	11 18.6	10 45.9	0.7 0.5	6.7 5.1	12.7 9.6
8	11 16.3	11 18.9	10 46.2	0.8 0.6	6.8 5.2	12.8 9.7
9	11 16.5	11 19.1	10 46.4	0.9 0.7	6.9 5.2	12.9 9.8
10	11 16.7	11 19.4	10 46.6	1.0 0.8	7.0 5.3	13.0 9.9
11	11 17.0	11 19.6	10 46.9	1.1 0.8	7.1 5.4	13.1 9.9
12	11 17.2	11 19.9	10 47.1	1.2 0.9	7.2 5.5	13.2 10.0
13	11 17.5	11 20.1	10 47.4	1.3 1.0	7.3 5.5	13.3 10.1
14	11 17.7	11 20.4	10 47.6	1.4 1.1	7.4 5.6	13.4 10.2
15	11 18.0	11 20.6	10 47.8	1.5 1.1	7.5 5.7	13.5 10.2
16	11 18.2	11 20.9	10 48.1	1.6 1.2	7.6 5.8	13.6 10.3
17	11 18.5	11 21.1	10 48.3	1.7 1.3	7.7 5.8	13.7 10.4
18	11 18.7	11 21.4	10 48.5	1.8 1.4	7.8 5.9	13.8 10.5
19	11 19.0	11 21.6	10 48.8	1.9 1.4	7.9 6.0	13.9 10.5
20	11 19.2	11 21.9	10 49.0	2.0 1.5	8.0 6.1	14.0 10.6
21	11 19.5	11 22.1	10 49.3	2.1 1.6	8.1 6.1	14.1 10.7
22	11 19.7	11 22.4	10 49.5	2.2 1.7	8.2 6.2	14.2 10.8
23	11 20.0	11 22.6	10 49.7	2.3 1.7	8.3 6.3	14.3 10.8
24	11 20.2	11 22.9	10 50.0	2.4 1.8	8.4 6.4	14.4 10.9
25	11 20.5	11 23.1	10 50.2	2.5 1.9	8.5 6.4	14.5 11.0
26	11 20.7	11 23.4	10 50.5	2.6 2.0	8.6 6.5	14.6 11.1
27	11 21.0	11 23.6	10 50.7	2.7 2.0	8.7 6.6	14.7 11.1
28	11 21.2	11 23.9	10 50.9	2.8 2.1	8.8 6.7	14.8 11.2
29	11 21.5	11 24.1	10 51.2	2.9 2.2	8.9 6.7	14.9 11.3
30	11 21.7	11 24.4	10 51.4	3.0 2.3	9.0 6.8	15.0 11.4
31	11 22.0	11 24.6	10 51.6	3.1 2.4	9.1 6.9	15.1 11.5
32	11 22.2	11 24.9	10 51.9	3.2 2.4	9.2 7.0	15.2 11.5
33	11 22.5	11 25.1	10 52.1	3.3 2.5	9.3 7.1	15.3 11.6
34	11 22.7	11 25.4	10 52.4	3.4 2.6	9.4 7.1	15.4 11.7
35	11 23.0	11 25.6	10 52.6	3.5 2.7	9.5 7.2	15.5 11.8
36	11 23.2	11 25.9	10 52.8	3.6 2.7	9.6 7.3	15.6 11.8
37	11 23.5	11 26.1	10 53.1	3.7 2.8	9.7 7.4	15.7 11.9
38	11 23.7	11 26.4	10 53.3	3.8 2.9	9.8 7.4	15.8 12.0
39	11 24.0	11 26.6	10 53.6	3.9 3.0	9.9 7.5	15.9 12.1
40	11 24.2	11 26.9	10 53.8	4.0 3.0	10.0 7.6	16.0 12.1
41	11 24.5	11 27.1	10 54.0	4.1 3.1	10.1 7.7	16.1 12.2
42	11 24.7	11 27.4	10 54.3	4.2 3.2	10.2 7.7	16.2 12.3
43	11 25.0	11 27.6	10 54.5	4.3 3.3	10.3 7.8	16.3 12.4
44	11 25.2	11 27.9	10 54.7	4.4 3.3	10.4 7.9	16.4 12.4
45	11 25.5	11 28.1	10 55.0	4.5 3.4	10.5 8.0	16.5 12.5
46	11 25.7	11 28.4	10 55.2	4.6 3.5	10.6 8.0	16.6 12.6
47	11 26.0	11 28.6	10 55.5	4.7 3.6	10.7 8.1	16.7 12.7
48	11 26.2	11 28.9	10 55.7	4.8 3.6	10.8 8.2	16.8 12.7
49	11 26.5	11 29.1	10 55.9	4.9 3.7	10.9 8.3	16.9 12.8
50	11 26.7	11 29.4	10 56.2	5.0 3.8	11.0 8.3	17.0 12.9
51	11 27.0	11 29.6	10 56.4	5.1 3.9	11.1 8.4	17.1 13.0
52	11 27.2	11 29.9	10 56.7	5.2 3.9	11.2 8.5	17.2 13.0
53	11 27.5	11 30.1	10 56.9	5.3 4.0	11.3 8.6	17.3 13.1
54	11 27.7	11 30.4	10 57.1	5.4 4.1	11.4 8.6	17.4 13.2
55	11 28.0	11 30.6	10 57.4	5.5 4.2	11.5 8.7	17.5 13.3
56	11 28.2	11 30.9	10 57.6	5.6 4.2	11.6 8.8	17.6 13.3
57	11 28.5	11 31.1	10 57.9	5.7 4.3	11.7 8.9	17.7 13.4
58	11 28.7	11 31.4	10 58.1	5.8 4.4	11.8 8.9	17.8 13.5
59	11 29.0	11 31.6	10 58.3	5.9 4.5	11.9 9.0	17.9 13.6
60	11 29.2	11 31.9	10 58.6	6.0 4.6	12.0 9.1	18.0 13.7

表 1. 时 角、赤 纬 内 插 表
TABLE 1. INCREMENTS AND CORRECTIONS

46^m

s	太阳行星 Sun Planets	春分点 Aries	月亮 Moon	v or corr^n / d	v or corr^n / d	v or corr^n / d
0	11 29.2	11 31.9	10 58.6	0.0 0.0	6.0 4.7	12.0 9.3
1	11 29.5	11 32.1	10 58.8	0.1 0.1	6.1 4.7	12.1 9.4
2	11 29.7	11 32.4	10 59.0	0.2 0.2	6.2 4.8	12.2 9.5
3	11 30.0	11 32.6	10 59.3	0.3 0.2	6.3 4.9	12.3 9.5
4	11 30.2	11 32.9	10 59.5	0.4 0.3	6.4 5.0	12.4 9.6
5	11 30.5	11 33.1	10 59.8	0.5 0.4	6.5 5.0	12.5 9.7
6	11 30.7	11 33.4	10 60.0	0.6 0.5	6.6 5.1	12.6 9.8
7	11 31.0	11 33.6	11 00.2	0.7 0.5	6.7 5.2	12.7 9.8
8	11 31.2	11 33.9	11 00.5	0.8 0.6	6.8 5.3	12.8 9.9
9	11 31.5	11 34.1	11 00.7	0.9 0.7	6.9 5.3	12.9 10.0
10	11 31.7	11 34.4	11 01.0	1.0 0.8	7.0 5.4	13.0 10.1
11	11 32.0	11 34.6	11 01.2	1.1 0.9	7.1 5.5	13.1 10.2
12	11 32.2	11 34.9	11 01.4	1.2 0.9	7.2 5.6	13.2 10.2
13	11 32.5	11 35.1	11 01.7	1.3 1.0	7.3 5.7	13.3 10.3
14	11 32.7	11 35.4	11 01.9	1.4 1.1	7.4 5.7	13.4 10.4
15	11 33.0	11 35.6	11 02.1	1.5 1.2	7.5 5.8	13.5 10.5
16	11 33.2	11 35.9	11 02.4	1.6 1.2	7.6 5.9	13.6 10.5
17	11 33.5	11 36.1	11 02.6	1.7 1.3	7.7 6.0	13.7 10.6
18	11 33.7	11 36.4	11 02.9	1.8 1.4	7.8 6.0	13.8 10.7
19	11 34.0	11 36.7	11 03.1	1.9 1.5	7.9 6.1	13.9 10.8
20	11 34.2	11 36.9	11 03.3	2.0 1.6	8.0 6.2	14.0 10.9
21	11 34.5	11 37.2	11 03.6	2.1 1.6	8.1 6.3	14.1 10.9
22	11 34.7	11 37.4	11 03.8	2.2 1.7	8.2 6.4	14.2 11.0
23	11 35.0	11 37.7	11 04.1	2.3 1.8	8.3 6.4	14.3 11.1
24	11 35.2	11 37.9	11 04.3	2.4 1.9	8.4 6.5	14.4 11.2
25	11 35.5	11 38.2	11 04.5	2.5 1.9	8.5 6.6	14.5 11.2
26	11 35.7	11 38.4	11 04.8	2.6 2.0	8.6 6.7	14.6 11.3
27	11 36.0	11 38.7	11 05.0	2.7 2.1	8.7 6.7	14.7 11.4
28	11 36.2	11 38.9	11 05.2	2.8 2.2	8.8 6.8	14.8 11.5
29	11 36.5	11 39.2	11 05.5	2.9 2.2	8.9 6.9	14.9 11.6
30	11 36.7	11 39.4	11 05.7	3.0 2.3	9.0 7.0	15.0 11.6
31	11 37.0	11 39.7	11 06.0	3.1 2.4	9.1 7.1	15.1 11.7
32	11 37.2	11 39.9	11 06.2	3.2 2.5	9.2 7.1	15.2 11.8
33	11 37.5	11 40.2	11 06.4	3.3 2.6	9.3 7.2	15.3 11.9
34	11 37.7	11 40.4	11 06.7	3.4 2.6	9.4 7.3	15.4 11.9
35	11 38.0	11 40.7	11 06.9	3.5 2.7	9.5 7.4	15.5 12.0
36	11 38.2	11 40.9	11 07.2	3.6 2.8	9.6 7.4	15.6 12.1
37	11 38.5	11 41.2	11 07.4	3.7 2.9	9.7 7.5	15.7 12.2
38	11 38.7	11 41.4	11 07.6	3.8 2.9	9.8 7.6	15.8 12.2
39	11 39.0	11 41.7	11 07.9	3.9 3.0	9.9 7.7	15.9 12.3
40	11 39.2	11 41.9	11 08.1	4.0 3.1	10.0 7.8	16.0 12.4
41	11 39.5	11 42.2	11 08.3	4.1 3.2	10.1 7.8	16.1 12.5
42	11 39.7	11 42.4	11 08.6	4.2 3.3	10.2 7.9	16.2 12.6
43	11 40.0	11 42.7	11 08.8	4.3 3.3	10.3 8.0	16.3 12.6
44	11 40.2	11 42.9	11 09.1	4.4 3.4	10.4 8.1	16.4 12.7
45	11 40.5	11 43.2	11 09.3	4.5 3.5	10.5 8.1	16.5 12.8
46	11 40.7	11 43.4	11 09.5	4.6 3.6	10.6 8.2	16.6 12.9
47	11 41.0	11 43.7	11 09.8	4.7 3.6	10.7 8.3	16.7 12.9
48	11 41.2	11 43.9	11 10.0	4.8 3.7	10.8 8.4	16.8 13.0
49	11 41.5	11 44.2	11 10.3	4.9 3.8	10.9 8.4	16.9 13.1
50	11 41.7	11 44.4	11 10.5	5.0 3.9	11.0 8.5	17.0 13.2
51	11 42.0	11 44.7	11 10.7	5.1 4.0	11.1 8.6	17.1 13.3
52	11 42.2	11 44.9	11 11.0	5.2 4.0	11.2 8.7	17.2 13.4
53	11 42.5	11 45.2	11 11.2	5.3 4.1	11.3 8.7	17.3 13.4
54	11 42.7	11 45.4	11 11.5	5.4 4.2	11.4 8.8	17.4 13.5
55	11 43.0	11 45.7	11 11.7	5.5 4.3	11.5 8.9	17.5 13.6
56	11 43.2	11 45.9	11 11.9	5.6 4.3	11.6 9.0	17.6 13.6
57	11 43.5	11 46.2	11 12.2	5.7 4.4	11.7 9.1	17.7 13.7
58	11 43.7	11 46.4	11 12.4	5.8 4.5	11.8 9.1	17.8 13.8
59	11 44.0	11 46.7	11 12.6	5.9 4.6	11.9 9.2	17.9 13.9
60	11 44.2	11 46.9	11 12.9	6.0 4.7	12.0 9.3	18.0 14.0

47^m

s	太阳行星 Sun Planets	春分点 Aries	月亮 Moon	v or corr^n / d	v or corr^n / d	v or corr^n / d
0	11 44.2	11 46.9	11 12.9	0.0 0.0	6.0 4.8	12.0 9.5
1	11 44.5	11 47.2	11 13.1	0.1 0.1	6.1 4.8	12.1 9.6
2	11 44.7	11 47.4	11 13.4	0.2 0.2	6.2 4.9	12.2 9.7
3	11 45.0	11 47.7	11 13.6	0.3 0.2	6.3 5.0	12.3 9.7
4	11 45.2	11 47.9	11 13.8	0.4 0.3	6.4 5.1	12.4 9.8
5	11 45.5	11 48.2	11 14.1	0.5 0.4	6.5 5.1	12.5 9.9
6	11 45.7	11 48.4	11 14.3	0.6 0.5	6.6 5.2	12.6 10.0
7	11 46.0	11 48.7	11 14.6	0.7 0.6	6.7 5.3	12.7 10.1
8	11 46.2	11 48.9	11 14.8	0.8 0.6	6.8 5.4	12.8 10.1
9	11 46.5	11 49.2	11 15.0	0.9 0.7	6.9 5.4	12.9 10.2
10	11 46.7	11 49.4	11 15.3	1.0 0.8	7.0 5.5	13.0 10.3
11	11 47.0	11 49.7	11 15.5	1.1 0.9	7.1 5.6	13.1 10.4
12	11 47.2	11 49.9	11 15.7	1.2 1.0	7.2 5.7	13.2 10.5
13	11 47.5	11 50.2	11 16.0	1.3 1.0	7.3 5.8	13.3 10.5
14	11 47.7	11 50.4	11 16.2	1.4 1.1	7.4 5.9	13.4 10.6
15	11 48.0	11 50.7	11 16.5	1.5 1.2	7.5 5.9	13.5 10.7
16	11 48.2	11 50.9	11 16.7	1.6 1.3	7.6 6.0	13.6 10.8
17	11 48.5	11 51.2	11 16.9	1.7 1.3	7.7 6.1	13.7 10.8
18	11 48.7	11 51.4	11 17.2	1.8 1.4	7.8 6.2	13.8 10.9
19	11 49.0	11 51.7	11 17.4	1.9 1.5	7.9 6.3	13.9 11.0
20	11 49.2	11 51.9	11 17.7	2.0 1.6	8.0 6.3	14.0 11.1
21	11 49.5	11 52.2	11 17.9	2.1 1.7	8.1 6.4	14.1 11.2
22	11 49.7	11 52.4	11 18.1	2.2 1.7	8.2 6.5	14.2 11.2
23	11 50.0	11 52.7	11 18.4	2.3 1.8	8.3 6.6	14.3 11.3
24	11 50.2	11 52.9	11 18.6	2.4 1.9	8.4 6.7	14.4 11.4
25	11 50.5	11 53.2	11 18.8	2.5 2.0	8.5 6.7	14.5 11.5
26	11 50.7	11 53.4	11 19.1	2.6 2.1	8.6 6.8	14.6 11.6
27	11 51.0	11 53.7	11 19.3	2.7 2.1	8.7 6.9	14.7 11.6
28	11 51.2	11 53.9	11 19.6	2.8 2.2	8.8 7.0	14.8 11.7
29	11 51.5	11 54.2	11 19.8	2.9 2.3	8.9 7.0	14.9 11.8
30	11 51.7	11 54.5	11 20.0	3.0 2.4	9.0 7.1	15.0 11.9
31	11 52.0	11 54.7	11 20.3	3.1 2.5	9.1 7.2	15.1 12.0
32	11 52.2	11 55.0	11 20.5	3.2 2.5	9.2 7.3	15.2 12.0
33	11 52.5	11 55.2	11 20.8	3.3 2.6	9.3 7.3	15.3 12.1
34	11 52.7	11 55.5	11 21.0	3.4 2.7	9.4 7.4	15.4 12.2
35	11 53.0	11 55.7	11 21.2	3.5 2.8	9.5 7.5	15.5 12.3
36	11 53.2	11 56.0	11 21.5	3.6 2.9	9.6 7.6	15.6 12.4
37	11 53.5	11 56.2	11 21.7	3.7 2.9	9.7 7.7	15.7 12.4
38	11 53.7	11 56.5	11 22.0	3.8 3.0	9.8 7.8	15.8 12.5
39	11 54.0	11 56.7	11 22.2	3.9 3.1	9.9 7.8	15.9 12.6
40	11 54.2	11 57.0	11 22.4	4.0 3.2	10.0 7.9	16.0 12.7
41	11 54.5	11 57.2	11 22.7	4.1 3.2	10.1 8.0	16.1 12.7
42	11 54.7	11 57.5	11 22.9	4.2 3.3	10.2 8.1	16.2 12.8
43	11 55.0	11 57.7	11 23.1	4.3 3.4	10.3 8.2	16.3 12.9
44	11 55.2	11 58.0	11 23.4	4.4 3.5	10.4 8.2	16.4 13.0
45	11 55.5	11 58.2	11 23.6	4.5 3.6	10.5 8.3	16.5 13.1
46	11 55.7	11 58.5	11 23.9	4.6 3.6	10.6 8.4	16.6 13.1
47	11 56.0	11 58.7	11 24.1	4.7 3.7	10.7 8.5	16.7 13.2
48	11 56.2	11 59.0	11 24.3	4.8 3.8	10.8 8.5	16.8 13.3
49	11 56.5	11 59.2	11 24.6	4.9 3.9	10.9 8.6	16.9 13.4
50	11 56.7	11 59.5	11 24.8	5.0 4.0	11.0 8.7	17.0 13.5
51	11 57.0	11 59.7	11 25.1	5.1 4.0	11.1 8.8	17.1 13.5
52	11 57.2	12 00.0	11 25.3	5.2 4.1	11.2 8.9	17.2 13.6
53	11 57.5	12 00.2	11 25.5	5.3 4.2	11.3 8.9	17.3 13.7
54	11 57.7	12 00.5	11 25.8	5.4 4.3	11.4 9.0	17.4 13.8
55	11 58.0	12 00.7	11 26.0	5.5 4.4	11.5 9.1	17.5 13.9
56	11 58.2	12 01.0	11 26.2	5.6 4.4	11.6 9.2	17.6 13.9
57	11 58.5	12 01.2	11 26.5	5.7 4.5	11.7 9.3	17.7 14.0
58	11 58.7	12 01.5	11 26.7	5.8 4.6	11.8 9.3	17.8 14.1
59	11 59.0	12 01.7	11 27.0	5.9 4.7	11.9 9.4	17.9 14.2
60	11 59.2	12 02.0	11 27.2	6.0 4.8	12.0 9.5	18.0 14.3

表1. 时角、赤纬内插表
TABLE 1. INCREMENTS AND CORRECTIONS

48ᵐ   **49ᵐ**

48ᵐ s	太阳行星 Sun Planets	春分点 Aries	月亮 Moon	△或△ v or d	订正值 corrⁿ	△或△ v or d	订正值 corrⁿ	△或△ v or d	订正值 corrⁿ
0	11 59.2	12 02.0	11 27.2	0.0	0.0	6.0	4.9	12.0	9.7
1	11 59.4	12 02.2	11 27.4	0.1	0.1	6.1	4.9	12.1	9.8
2	11 59.7	12 02.5	11 27.7	0.2	0.2	6.2	5.0	12.2	9.9
3	11 59.9	12 02.7	11 27.9	0.3	0.2	6.3	5.1	12.3	9.9
4	12 00.2	12 03.0	11 28.2	0.4	0.3	6.4	5.2	12.4	10.0
5	12 00.4	12 03.2	11 28.4	0.5	0.4	6.5	5.3	12.5	10.1
6	12 00.7	12 03.5	11 28.6	0.6	0.5	6.6	5.3	12.6	10.1
7	12 00.9	12 03.7	11 28.9	0.7	0.6	6.7	5.4	12.7	10.3
8	12 01.2	12 04.0	11 29.1	0.8	0.6	6.8	5.5	12.8	10.3
9	12 01.4	12 04.2	11 29.3	0.9	0.7	6.9	5.6	12.9	10.4
10	12 01.7	12 04.5	11 29.6	1.0	0.8	7.0	5.7	13.0	10.5
11	12 01.9	12 04.7	11 29.8	1.1	0.9	7.1	5.7	13.1	10.6
12	12 02.2	12 05.0	11 30.1	1.2	1.0	7.2	5.8	13.2	10.7
13	12 02.4	12 05.2	11 30.3	1.3	1.1	7.3	5.9	13.3	10.8
14	12 02.7	12 05.5	11 30.5	1.4	1.1	7.4	6.0	13.4	10.8
15	12 02.9	12 05.7	11 30.8	1.5	1.2	7.5	6.1	13.5	10.9
16	12 03.2	12 06.0	11 31.0	1.6	1.3	7.6	6.1	13.6	11.0
17	12 03.4	12 06.2	11 31.3	1.7	1.4	7.7	6.2	13.7	11.1
18	12 03.7	12 06.5	11 31.5	1.8	1.5	7.8	6.3	13.8	11.2
19	12 03.9	12 06.7	11 31.7	1.9	1.5	7.9	6.4	13.9	11.2
20	12 04.2	12 07.0	11 32.0	2.0	1.6	8.0	6.5	14.0	11.3
21	12 04.4	12 07.2	11 32.2	2.1	1.7	8.1	6.6	14.1	11.4
22	12 04.7	12 07.5	11 32.4	2.2	1.8	8.2	6.6	14.2	11.5
23	12 04.9	12 07.7	11 32.7	2.3	1.9	8.3	6.7	14.3	11.6
24	12 05.2	12 08.0	11 32.9	2.4	1.9	8.4	6.8	14.4	11.6
25	12 05.4	12 08.2	11 33.2	2.5	2.0	8.5	6.9	14.5	11.7
26	12 05.7	12 08.5	11 33.4	2.6	2.1	8.6	7.0	14.6	11.8
27	12 05.9	12 08.7	11 33.6	2.7	2.2	8.7	7.0	14.7	11.9
28	12 06.2	12 09.0	11 33.9	2.8	2.3	8.8	7.1	14.8	12.0
29	12 06.4	12 09.2	11 34.1	2.9	2.3	8.9	7.2	14.9	12.0
30	12 06.7	12 09.5	11 34.4	3.0	2.4	9.0	7.3	15.0	12.1
31	12 06.9	12 09.7	11 34.6	3.1	2.5	9.1	7.4	15.1	12.2
32	12 07.2	12 10.0	11 34.8	3.2	2.6	9.2	7.4	15.2	12.3
33	12 07.4	12 10.2	11 35.1	3.3	2.7	9.3	7.5	15.3	12.4
34	12 07.7	12 10.5	11 35.3	3.4	2.7	9.4	7.6	15.4	12.4
35	12 07.9	12 10.7	11 35.6	3.5	2.8	9.5	7.7	15.5	12.5
36	12 08.2	12 11.0	11 35.8	3.6	2.9	9.6	7.8	15.6	12.6
37	12 08.4	12 11.2	11 36.0	3.7	3.0	9.7	7.8	15.7	12.7
38	12 08.7	12 11.5	11 36.3	3.8	3.1	9.8	7.9	15.8	12.8
39	12 08.9	12 11.7	11 36.5	3.9	3.2	9.9	8.0	15.9	12.9
40	12 09.2	12 12.0	11 36.7	4.0	3.2	10.0	8.1	16.0	12.9
41	12 09.4	12 12.2	11 37.0	4.1	3.3	10.1	8.2	16.1	13.0
42	12 09.7	12 12.5	11 37.2	4.2	3.4	10.2	8.2	16.2	13.1
43	12 09.9	12 12.8	11 37.5	4.3	3.5	10.3	8.3	16.3	13.2
44	12 10.2	12 13.0	11 37.7	4.4	3.6	10.4	8.4	16.4	13.3
45	12 10.4	12 13.3	11 37.9	4.5	3.6	10.5	8.5	16.5	13.3
46	12 10.7	12 13.5	11 38.2	4.6	3.7	10.6	8.6	16.6	13.4
47	12 10.9	12 13.8	11 38.4	4.7	3.8	10.7	8.6	16.7	13.5
48	12 11.2	12 14.0	11 38.7	4.8	3.9	10.8	8.7	16.8	13.6
49	12 11.4	12 14.3	11 38.9	4.9	4.0	10.9	8.8	16.9	13.7
50	12 11.7	12 14.5	11 39.1	5.0	4.0	11.0	8.9	17.0	13.7
51	12 11.9	12 14.8	11 39.4	5.1	4.1	11.1	9.0	17.1	13.8
52	12 12.2	12 15.0	11 39.6	5.2	4.2	11.2	9.1	17.2	13.9
53	12 12.4	12 15.3	11 39.8	5.3	4.3	11.3	9.1	17.3	14.0
54	12 12.7	12 15.5	11 40.1	5.4	4.4	11.4	9.2	17.4	14.1
55	12 12.9	12 15.8	11 40.3	5.5	4.4	11.5	9.3	17.5	14.1
56	12 13.2	12 16.0	11 40.6	5.6	4.5	11.6	9.4	17.6	14.2
57	12 13.4	12 16.3	11 40.8	5.7	4.6	11.7	9.5	17.7	14.3
58	12 13.7	12 16.5	11 41.0	5.8	4.7	11.8	9.5	17.8	14.4
59	12 13.9	12 16.8	11 41.3	5.9	4.8	11.9	9.6	17.9	14.5
60	12 14.2	12 17.0	11 41.5	6.0	4.9	12.0	9.7	18.0	14.6

49ᵐ s	太阳行星 Sun Planets	春分点 Aries	月亮 Moon	△或△ v or d	订正值 corrⁿ	△或△ v or d	订正值 corrⁿ	△或△ v or d	订正值 corrⁿ
0	12 14.2	12 17.0	11 41.5	0.0	0.0	6.0	5.0	12.0	9.9
1	12 14.4	12 17.3	11 41.8	0.1	0.1	6.1	5.0	12.1	10.0
2	12 14.7	12 17.5	11 42.0	0.2	0.2	6.2	5.1	12.2	10.1
3	12 14.9	12 17.8	11 42.2	0.3	0.2	6.3	5.2	12.3	10.1
4	12 15.2	12 18.0	11 42.5	0.4	0.3	6.4	5.3	12.4	10.2
5	12 15.4	12 18.3	11 42.7	0.5	0.4	6.5	5.4	12.5	10.3
6	12 15.7	12 18.5	11 42.9	0.6	0.5	6.6	5.4	12.6	10.4
7	12 15.9	12 18.8	11 43.2	0.7	0.6	6.7	5.5	12.7	10.5
8	12 16.2	12 19.0	11 43.4	0.8	0.7	6.8	5.6	12.8	10.6
9	12 16.4	12 19.3	11 43.7	0.9	0.7	6.9	5.7	12.9	10.6
10	12 16.7	12 19.5	11 43.9	1.0	0.8	7.0	5.8	13.0	10.7
11	12 16.9	12 19.8	11 44.1	1.1	0.9	7.1	5.9	13.1	10.8
12	12 17.2	12 20.0	11 44.4	1.2	1.0	7.2	5.9	13.2	10.9
13	12 17.4	12 20.3	11 44.6	1.3	1.1	7.3	6.0	13.3	11.0
14	12 17.7	12 20.5	11 44.9	1.4	1.2	7.4	6.1	13.4	11.1
15	12 17.9	12 20.8	11 45.1	1.5	1.2	7.5	6.2	13.5	11.1
16	12 18.2	12 21.0	11 45.3	1.6	1.3	7.6	6.3	13.6	11.2
17	12 18.4	12 21.3	11 45.6	1.7	1.4	7.7	6.4	13.7	11.3
18	12 18.7	12 21.5	11 45.8	1.8	1.5	7.8	6.4	13.8	11.4
19	12 18.9	12 21.8	11 46.1	1.9	1.6	7.9	6.5	13.9	11.5
20	12 19.2	12 22.0	11 46.3	2.0	1.7	8.0	6.6	14.0	11.6
21	12 19.4	12 22.3	11 46.5	2.1	1.7	8.1	6.7	14.1	11.6
22	12 19.7	12 22.5	11 46.8	2.2	1.8	8.2	6.8	14.2	11.7
23	12 19.9	12 22.8	11 47.0	2.3	1.9	8.3	6.8	14.3	11.8
24	12 20.2	12 23.0	11 47.2	2.4	2.0	8.4	6.9	14.4	11.9
25	12 20.4	12 23.3	11 47.5	2.5	2.1	8.5	7.0	14.5	12.0
26	12 20.7	12 23.5	11 47.7	2.6	2.1	8.6	7.1	14.6	12.0
27	12 20.9	12 23.8	11 48.0	2.7	2.2	8.7	7.2	14.7	12.1
28	12 21.2	12 24.0	11 48.2	2.8	2.3	8.8	7.3	14.8	12.2
29	12 21.4	12 24.3	11 48.4	2.9	2.4	8.9	7.3	14.9	12.3
30	12 21.7	12 24.5	11 48.7	3.0	2.5	9.0	7.4	15.0	12.4
31	12 21.9	12 24.8	11 48.9	3.1	2.6	9.1	7.5	15.1	12.5
32	12 22.2	12 25.0	11 49.2	3.2	2.6	9.2	7.6	15.2	12.5
33	12 22.4	12 25.3	11 49.4	3.3	2.7	9.3	7.7	15.3	12.6
34	12 22.7	12 25.5	11 49.6	3.4	2.8	9.4	7.8	15.4	12.7
35	12 22.9	12 25.8	11 49.9	3.5	2.9	9.5	7.8	15.5	12.8
36	12 23.2	12 26.0	11 50.1	3.6	3.0	9.6	7.9	15.6	12.9
37	12 23.4	12 26.3	11 50.3	3.7	3.1	9.7	8.0	15.7	13.0
38	12 23.7	12 26.5	11 50.6	3.8	3.1	9.8	8.1	15.8	13.0
39	12 23.9	12 26.8	11 50.8	3.9	3.2	9.9	8.2	15.9	13.1
40	12 24.2	12 27.0	11 51.1	4.0	3.3	10.0	8.3	16.0	13.2
41	12 24.4	12 27.3	11 51.3	4.1	3.4	10.1	8.3	16.1	13.3
42	12 24.7	12 27.5	11 51.5	4.2	3.5	10.2	8.4	16.2	13.4
43	12 24.9	12 27.8	11 51.8	4.3	3.5	10.3	8.5	16.3	13.4
44	12 25.2	12 28.0	11 52.0	4.4	3.6	10.4	8.6	16.4	13.5
45	12 25.4	12 28.3	11 52.3	4.5	3.7	10.5	8.7	16.5	13.6
46	12 25.7	12 28.5	11 52.5	4.6	3.8	10.6	8.7	16.6	13.7
47	12 25.9	12 28.8	11 52.7	4.7	3.9	10.7	8.8	16.7	13.8
48	12 26.2	12 29.0	11 53.0	4.8	4.0	10.8	8.9	16.8	13.9
49	12 26.4	12 29.3	11 53.2	4.9	4.0	10.9	9.0	16.9	13.9
50	12 26.7	12 29.5	11 53.4	5.0	4.1	11.0	9.1	17.0	14.0
51	12 26.9	12 29.8	11 53.7	5.1	4.2	11.1	9.2	17.1	14.1
52	12 27.2	12 30.0	11 53.9	5.2	4.3	11.2	9.2	17.2	14.2
53	12 27.4	12 30.3	11 54.2	5.3	4.4	11.3	9.3	17.3	14.3
54	12 27.7	12 30.5	11 54.4	5.4	4.5	11.4	9.4	17.4	14.4
55	12 27.9	12 30.8	11 54.6	5.5	4.5	11.5	9.5	17.5	14.4
56	12 28.2	12 31.1	11 54.9	5.6	4.6	11.6	9.6	17.6	14.5
57	12 28.4	12 31.3	11 55.1	5.7	4.7	11.7	9.6	17.7	14.6
58	12 28.7	12 31.6	11 55.4	5.8	4.8	11.8	9.7	17.8	14.7
59	12 28.9	12 31.8	11 55.6	5.9	4.9	11.9	9.8	17.9	14.8
60	12 29.2	12 32.1	11 55.8	6.0	5.0	12.0	9.9	18.0	14.9

表1. 时角、赤纬内插表
TABLE 1. INCREMENTS AND CORRECTIONS

50ᵐ

50ᵐ s	太阳行星 Sun Planets	春分点 Aries	月亮 Moon	v or corr / d		v or corr / d		v or corr / d	
0	12 29.2	12 32.1	11 55.8	0.0	0.0	6.0	5.1	12.0	10.1
1	12 29.4	12 32.3	11 56.1	0.1	0.1	6.1	5.1	12.1	10.2
2	12 29.7	12 32.6	11 56.3	0.2	0.2	6.2	5.2	12.2	10.3
3	12 29.9	12 32.8	11 56.5	0.3	0.3	6.3	5.3	12.3	10.4
4	12 30.2	12 33.1	11 56.8	0.4	0.3	6.4	5.4	12.4	10.4
5	12 30.4	12 33.3	11 57.0	0.5	0.4	6.5	5.5	12.5	10.5
6	12 30.7	12 33.6	11 57.3	0.6	0.5	6.6	5.6	12.6	10.6
7	12 30.9	12 33.8	11 57.5	0.7	0.6	6.7	5.6	12.7	10.7
8	12 31.2	12 34.1	11 57.7	0.8	0.7	6.8	5.7	12.8	10.8
9	12 31.4	12 34.3	11 58.0	0.9	0.8	6.9	5.8	12.9	10.9
10	12 31.7	12 34.6	11 58.2	1.0	0.8	7.0	5.9	13.0	10.9
11	12 31.9	12 34.8	11 58.5	1.1	0.9	7.1	6.0	13.1	11.0
12	12 32.2	12 35.1	11 58.7	1.2	1.0	7.2	6.1	13.2	11.1
13	12 32.4	12 35.3	11 58.9	1.3	1.1	7.3	6.1	13.3	11.2
14	12 32.7	12 35.6	11 59.2	1.4	1.2	7.4	6.2	13.4	11.3
15	12 32.9	12 35.8	11 59.4	1.5	1.3	7.5	6.3	13.5	11.4
16	12 33.2	12 36.1	11 59.7	1.6	1.4	7.6	6.4	13.6	11.4
17	12 33.4	12 36.3	11 59.9	1.7	1.4	7.7	6.5	13.7	11.5
18	12 33.7	12 36.6	12 00.1	1.8	1.5	7.8	6.6	13.8	11.6
19	12 33.9	12 36.8	12 00.4	1.9	1.6	7.9	6.6	13.9	11.7
20	12 34.2	12 37.1	12 00.6	2.0	1.7	8.0	6.7	14.0	11.8
21	12 34.4	12 37.3	12 00.8	2.1	1.8	8.1	6.8	14.1	11.9
22	12 34.7	12 37.6	12 01.1	2.2	1.9	8.2	6.9	14.2	12.0
23	12 34.9	12 37.8	12 01.3	2.3	1.9	8.3	7.0	14.3	12.0
24	12 35.2	12 38.1	12 01.6	2.4	2.0	8.4	7.1	14.4	12.1
25	12 35.4	12 38.3	12 01.8	2.5	2.1	8.5	7.2	14.5	12.2
26	12 35.7	12 38.6	12 02.0	2.6	2.2	8.6	7.2	14.6	12.3
27	12 35.9	12 38.8	12 02.3	2.7	2.3	8.7	7.3	14.7	12.4
28	12 36.2	12 39.1	12 02.5	2.8	2.4	8.8	7.4	14.8	12.5
29	12 36.4	12 39.3	12 02.8	2.9	2.4	8.9	7.5	14.9	12.5
30	12 36.7	12 39.6	12 03.0	3.0	2.5	9.0	7.6	15.0	12.6
31	12 36.9	12 39.8	12 03.2	3.1	2.6	9.1	7.7	15.1	12.7
32	12 37.2	12 40.1	12 03.5	3.2	2.7	9.2	7.7	15.2	12.8
33	12 37.4	12 40.3	12 03.7	3.3	2.8	9.3	7.8	15.3	12.9
34	12 37.7	12 40.6	12 03.9	3.4	2.9	9.4	7.9	15.4	13.0
35	12 37.9	12 40.8	12 04.2	3.5	2.9	9.5	8.0	15.5	13.0
36	12 38.2	12 41.1	12 04.4	3.6	3.0	9.6	8.1	15.6	13.1
37	12 38.4	12 41.3	12 04.7	3.7	3.1	9.7	8.2	15.7	13.2
38	12 38.7	12 41.6	12 04.9	3.8	3.2	9.8	8.2	15.8	13.3
39	12 38.9	12 41.8	12 05.1	3.9	3.3	9.9	8.3	15.9	13.4
40	12 39.2	12 42.1	12 05.4	4.0	3.4	10.0	8.4	16.0	13.5
41	12 39.4	12 42.3	12 05.6	4.1	3.5	10.1	8.5	16.1	13.6
42	12 39.7	12 42.6	12 05.9	4.2	3.5	10.2	8.6	16.2	13.6
43	12 39.9	12 42.8	12 06.1	4.3	3.6	10.3	8.7	16.3	13.7
44	12 40.2	12 43.1	12 06.3	4.4	3.7	10.4	8.8	16.4	13.8
45	12 40.4	12 43.3	12 06.6	4.5	3.8	10.5	8.9	16.5	13.9
46	12 40.7	12 43.6	12 06.8	4.6	3.9	10.6	8.9	16.6	14.0
47	12 40.9	12 43.8	12 07.0	4.7	4.0	10.7	9.0	16.7	14.1
48	12 41.2	12 44.1	12 07.3	4.8	4.0	10.8	9.1	16.8	14.1
49	12 41.4	12 44.3	12 07.5	4.9	4.1	10.9	9.2	16.9	14.2
50	12 41.7	12 44.6	12 07.8	5.0	4.2	11.0	9.3	17.0	14.3
51	12 41.9	12 44.8	12 08.0	5.1	4.3	11.1	9.3	17.1	14.4
52	12 42.2	12 45.1	12 08.2	5.2	4.4	11.2	9.4	17.2	14.5
53	12 42.4	12 45.3	12 08.5	5.3	4.5	11.3	9.5	17.3	14.6
54	12 42.7	12 45.6	12 08.7	5.4	4.5	11.4	9.6	17.4	14.6
55	12 42.9	12 45.8	12 09.0	5.5	4.6	11.5	9.7	17.5	14.7
56	12 43.2	12 46.1	12 09.2	5.6	4.7	11.6	9.8	17.6	14.8
57	12 43.4	12 46.3	12 09.5	5.7	4.8	11.7	9.8	17.7	14.9
58	12 43.7	12 46.6	12 09.7	5.8	4.9	11.8	9.9	17.8	15.0
59	12 43.9	12 46.8	12 09.9	5.9	5.0	11.9	10.0	17.9	15.1
60	12 44.1	12 47.1	12 10.2	6.0	5.1	12.0	10.1	18.0	15.2

51ᵐ

51ᵐ s	太阳行星 Sun Planets	春分点 Aries	月亮 Moon	v or corr / d		v or corr / d		v or corr / d	
0	12 44.1	12 47.1	12 10.2	0.0	0.0	6.0	5.2	12.0	10.3
1	12 44.4	12 47.3	12 10.4	0.1	0.1	6.1	5.2	12.1	10.4
2	12 44.6	12 47.6	12 10.6	0.2	0.2	6.2	5.3	12.2	10.5
3	12 44.9	12 47.8	12 10.9	0.3	0.3	6.3	5.4	12.3	10.6
4	12 45.1	12 48.1	12 11.1	0.4	0.3	6.4	5.5	12.4	10.6
5	12 45.4	12 48.3	12 11.3	0.5	0.4	6.5	5.6	12.5	10.7
6	12 45.6	12 48.6	12 11.6	0.6	0.5	6.6	5.7	12.6	10.8
7	12 45.9	12 48.8	12 11.8	0.7	0.6	6.7	5.8	12.7	10.9
8	12 46.1	12 49.1	12 12.1	0.8	0.7	6.8	5.8	12.8	11.0
9	12 46.4	12 49.4	12 12.3	0.9	0.8	6.9	5.9	12.9	11.1
10	12 46.6	12 49.6	12 12.5	1.0	0.9	7.0	6.0	13.0	11.2
11	12 46.9	12 49.9	12 12.8	1.1	0.9	7.1	6.1	13.1	11.3
12	12 47.1	12 50.1	12 13.0	1.2	1.0	7.2	6.2	13.2	11.3
13	12 47.4	12 50.4	12 13.3	1.3	1.1	7.3	6.3	13.3	11.4
14	12 47.6	12 50.6	12 13.5	1.4	1.2	7.4	6.4	13.4	11.5
15	12 47.9	12 50.9	12 13.7	1.5	1.3	7.5	6.4	13.5	11.6
16	12 48.1	12 51.1	12 14.0	1.6	1.4	7.6	6.5	13.6	11.7
17	12 48.4	12 51.4	12 14.2	1.7	1.5	7.7	6.6	13.7	11.8
18	12 48.6	12 51.6	12 14.4	1.8	1.5	7.8	6.7	13.8	11.8
19	12 48.9	12 51.9	12 14.7	1.9	1.6	7.9	6.8	13.9	11.9
20	12 49.1	12 52.1	12 14.9	2.0	1.7	8.0	6.9	14.0	12.0
21	12 49.4	12 52.4	12 15.2	2.1	1.8	8.1	7.0	14.1	12.1
22	12 49.6	12 52.6	12 15.4	2.2	1.9	8.2	7.0	14.2	12.2
23	12 49.9	12 52.9	12 15.6	2.3	2.0	8.3	7.1	14.3	12.3
24	12 50.1	12 53.1	12 15.9	2.4	2.1	8.4	7.2	14.4	12.4
25	12 50.4	12 53.4	12 16.1	2.5	2.1	8.5	7.3	14.5	12.4
26	12 50.6	12 53.6	12 16.4	2.6	2.2	8.6	7.4	14.6	12.5
27	12 50.9	12 53.9	12 16.6	2.7	2.3	8.7	7.5	14.7	12.6
28	12 51.1	12 54.1	12 16.8	2.8	2.4	8.8	7.6	14.8	12.7
29	12 51.4	12 54.4	12 17.1	2.9	2.5	8.9	7.6	14.9	12.8
30	12 51.6	12 54.6	12 17.3	3.0	2.6	9.0	7.7	15.0	12.9
31	12 51.9	12 54.9	12 17.5	3.1	2.7	9.1	7.8	15.1	13.0
32	12 52.1	12 55.1	12 17.8	3.2	2.7	9.2	7.9	15.2	13.0
33	12 52.4	12 55.4	12 18.0	3.3	2.8	9.3	8.0	15.3	13.1
34	12 52.6	12 55.6	12 18.3	3.4	2.9	9.4	8.1	15.4	13.2
35	12 52.9	12 55.9	12 18.5	3.5	3.0	9.5	8.2	15.5	13.3
36	12 53.1	12 56.1	12 18.7	3.6	3.1	9.6	8.2	15.6	13.4
37	12 53.4	12 56.4	12 19.0	3.7	3.2	9.7	8.3	15.7	13.5
38	12 53.6	12 56.6	12 19.2	3.8	3.3	9.8	8.4	15.8	13.6
39	12 53.9	12 56.9	12 19.5	3.9	3.3	9.9	8.5	15.9	13.6
40	12 54.1	12 57.1	12 19.7	4.0	3.4	10.0	8.6	16.0	13.7
41	12 54.4	12 57.4	12 19.9	4.1	3.5	10.1	8.7	16.1	13.8
42	12 54.6	12 57.6	12 20.2	4.2	3.6	10.2	8.8	16.2	13.9
43	12 54.9	12 57.9	12 20.4	4.3	3.7	10.3	8.8	16.3	14.0
44	12 55.1	12 58.1	12 20.6	4.4	3.8	10.4	8.9	16.4	14.1
45	12 55.4	12 58.4	12 20.9	4.5	3.9	10.5	9.0	16.5	14.2
46	12 55.6	12 58.6	12 21.1	4.6	3.9	10.6	9.1	16.6	14.2
47	12 55.9	12 58.9	12 21.4	4.7	4.0	10.7	9.2	16.7	14.3
48	12 56.1	12 59.1	12 21.6	4.8	4.1	10.8	9.3	16.8	14.4
49	12 56.4	12 59.4	12 21.8	4.9	4.2	10.9	9.4	16.9	14.5
50	12 56.6	12 59.6	12 22.1	5.0	4.3	11.0	9.4	17.0	14.6
51	12 56.9	12 59.9	12 22.3	5.1	4.4	11.1	9.5	17.1	14.7
52	12 57.1	13 00.1	12 22.6	5.2	4.5	11.2	9.6	17.2	14.8
53	12 57.4	13 00.4	12 22.8	5.3	4.5	11.3	9.7	17.3	14.8
54	12 57.6	13 00.6	12 23.0	5.4	4.6	11.4	9.8	17.4	14.9
55	12 57.9	13 00.9	12 23.3	5.5	4.7	11.5	9.9	17.5	15.0
56	12 58.1	13 01.1	12 23.5	5.6	4.8	11.6	9.9	17.6	15.1
57	12 58.4	13 01.4	12 23.8	5.7	4.9	11.7	10.0	17.7	15.2
58	12 58.6	13 01.6	12 24.0	5.8	5.0	11.8	10.1	17.8	15.3
59	12 58.9	13 01.9	12 24.2	5.9	5.1	11.9	10.2	17.9	15.4
60	12 59.1	13 02.1	12 24.5	6.0	5.2	12.0	10.3	18.0	15.5

表 1. 时 角、赤 纬 内 插 表
TABLE 1. INCREMENTS AND CORRECTIONS

52ᵐ

s	太阳行星 Sun Planets	春分点 Aries	月亮 Moon	v or corrⁿ / d	v or corrⁿ / d	v or corrⁿ / d
0	12 59.1	13 02.1	12 24.5	0.0 0.0	6.0 5.3	12.0 10.5
1	12 59.4	13 02.4	12 24.7	0.1 0.1	6.1 5.3	12.1 10.6
2	12 59.6	13 02.6	12 24.9	0.2 0.2	6.2 5.4	12.2 10.7
3	12 59.9	13 02.9	12 25.2	0.3 0.3	6.3 5.5	12.3 10.8
4	13 00.1	13 03.1	12 25.4	0.4 0.4	6.4 5.6	12.4 10.8
5	13 00.4	13 03.4	12 25.7	0.5 0.4	6.5 5.7	12.5 10.9
6	13 00.6	13 03.6	12 25.9	0.6 0.5	6.6 5.8	12.6 11.0
7	13 00.9	13 03.9	12 26.1	0.7 0.6	6.7 5.9	12.7 11.1
8	13 01.1	13 04.1	12 26.4	0.8 0.7	6.8 6.0	12.8 11.2
9	13 01.4	13 04.4	12 26.6	0.9 0.8	6.9 6.0	12.9 11.3
10	13 01.6	13 04.6	12 26.9	1.0 0.9	7.0 6.1	13.0 11.4
11	13 01.9	13 04.9	12 27.1	1.1 1.0	7.1 6.2	13.1 11.5
12	13 02.1	13 05.1	12 27.3	1.2 1.1	7.2 6.3	13.2 11.6
13	13 02.4	13 05.4	12 27.6	1.3 1.1	7.3 6.4	13.3 11.6
14	13 02.6	13 05.6	12 27.8	1.4 1.2	7.4 6.5	13.4 11.7
15	13 02.9	13 05.9	12 28.0	1.5 1.3	7.5 6.6	13.5 11.8
16	13 03.1	13 06.1	12 28.3	1.6 1.4	7.6 6.7	13.6 11.9
17	13 03.4	13 06.4	12 28.5	1.7 1.5	7.7 6.7	13.7 12.0
18	13 03.6	13 06.6	12 28.8	1.8 1.6	7.8 6.8	13.8 12.1
19	13 03.9	13 06.9	12 29.0	1.9 1.7	7.9 6.9	13.9 12.2
20	13 04.1	13 07.1	12 29.2	2.0 1.8	8.0 7.0	14.0 12.3
21	13 04.4	13 07.4	12 29.5	2.1 1.8	8.1 7.1	14.1 12.3
22	13 04.6	13 07.7	12 29.7	2.2 1.9	8.2 7.2	14.2 12.4
23	13 04.9	13 07.9	12 30.0	2.3 2.0	8.3 7.3	14.3 12.5
24	13 05.1	13 08.2	12 30.2	2.4 2.1	8.4 7.4	14.4 12.6
25	13 05.4	13 08.4	12 30.4	2.5 2.2	8.5 7.4	14.5 12.7
26	13 05.6	13 08.7	12 30.7	2.6 2.3	8.6 7.5	14.6 12.8
27	13 05.9	13 08.9	12 30.9	2.7 2.4	8.7 7.6	14.7 12.9
28	13 06.1	13 09.2	12 31.1	2.8 2.5	8.8 7.7	14.8 13.0
29	13 06.4	13 09.4	12 31.4	2.9 2.5	8.9 7.8	14.9 13.0
30	13 06.6	13 09.7	12 31.6	3.0 2.6	9.0 7.9	15.0 13.1
31	13 06.9	13 09.9	12 31.9	3.1 2.7	9.1 8.0	15.1 13.2
32	13 07.1	13 10.2	12 32.1	3.2 2.8	9.2 8.1	15.2 13.3
33	13 07.4	13 10.4	12 32.3	3.3 2.9	9.3 8.1	15.3 13.4
34	13 07.6	13 10.7	12 32.6	3.4 3.0	9.4 8.2	15.4 13.5
35	13 07.9	13 10.9	12 32.8	3.5 3.1	9.5 8.3	15.5 13.6
36	13 08.1	13 11.2	12 33.1	3.6 3.1	9.6 8.4	15.6 13.7
37	13 08.4	13 11.4	12 33.3	3.7 3.2	9.7 8.5	15.7 13.7
38	13 08.6	13 11.7	12 33.5	3.8 3.3	9.8 8.6	15.8 13.8
39	13 08.9	13 11.9	12 33.8	3.9 3.4	9.9 8.7	15.9 13.9
40	13 09.1	13 12.2	12 34.0	4.0 3.5	10.0 8.8	16.0 14.0
41	13 09.4	13 12.4	12 34.2	4.1 3.6	10.1 8.8	16.1 14.1
42	13 09.6	13 12.7	12 34.5	4.2 3.7	10.2 8.9	16.2 14.2
43	13 09.9	13 12.9	12 34.7	4.3 3.8	10.3 9.0	16.3 14.3
44	13 10.1	13 13.2	12 35.0	4.4 3.9	10.4 9.1	16.4 14.4
45	13 10.4	13 13.4	12 35.2	4.5 3.9	10.5 9.2	16.5 14.4
46	13 10.6	13 13.7	12 35.4	4.6 4.0	10.6 9.3	16.6 14.5
47	13 10.9	13 13.9	12 35.7	4.7 4.1	10.7 9.4	16.7 14.6
48	13 11.1	13 14.2	12 35.9	4.8 4.2	10.8 9.5	16.8 14.7
49	13 11.4	13 14.4	12 36.2	4.9 4.3	10.9 9.5	16.9 14.8
50	13 11.6	13 14.7	12 36.4	5.0 4.4	11.0 9.6	17.0 14.9
51	13 11.9	13 14.9	12 36.6	5.1 4.5	11.1 9.7	17.1 15.0
52	13 12.1	13 15.2	12 36.9	5.2 4.5	11.2 9.8	17.2 15.1
53	13 12.4	13 15.4	12 37.1	5.3 4.6	11.3 9.9	17.3 15.1
54	13 12.6	13 15.7	12 37.4	5.4 4.7	11.4 10.0	17.4 15.2
55	13 12.9	13 15.9	12 37.6	5.5 4.8	11.5 10.1	17.5 15.3
56	13 13.1	13 16.2	12 37.8	5.6 4.9	11.6 10.2	17.6 15.4
57	13 13.4	13 16.4	12 38.1	5.7 5.0	11.7 10.2	17.7 15.5
58	13 13.6	13 16.7	12 38.3	5.8 5.1	11.8 10.3	17.8 15.6
59	13 13.9	13 16.9	12 38.5	5.9 5.2	11.9 10.4	17.9 15.7
60	13 14.1	13 17.2	12 38.8	6.0 5.3	12.0 10.5	18.0 15.8

53ᵐ

s	太阳行星 Sun Planets	春分点 Aries	月亮 Moon	v or corrⁿ / d	v or corrⁿ / d	v or corrⁿ / d
0	13 14.1	13 17.2	12 38.8	0.0 0.0	6.0 5.4	12.0 10.7
1	13 14.4	13 17.4	12 39.0	0.1 0.1	6.1 5.4	12.1 10.8
2	13 14.6	13 17.7	12 39.3	0.2 0.2	6.2 5.5	12.2 10.9
3	13 14.9	13 17.9	12 39.5	0.3 0.3	6.3 5.6	12.3 11.0
4	13 15.1	13 18.2	12 39.7	0.4 0.4	6.4 5.7	12.4 11.1
5	13 15.4	13 18.4	12 40.0	0.5 0.4	6.5 5.8	12.5 11.2
6	13 15.6	13 18.7	12 40.2	0.6 0.5	6.6 5.9	12.6 11.2
7	13 15.9	13 18.9	12 40.5	0.7 0.6	6.7 6.0	12.7 11.3
8	13 16.1	13 19.2	12 40.7	0.8 0.7	6.8 6.1	12.8 11.4
9	13 16.4	13 19.4	12 40.9	0.9 0.8	6.9 6.2	12.9 11.5
10	13 16.6	13 19.7	12 41.2	1.0 0.9	7.0 6.2	13.0 11.6
11	13 16.9	13 19.9	12 41.4	1.1 1.0	7.1 6.3	13.1 11.7
12	13 17.1	13 20.2	12 41.6	1.2 1.1	7.2 6.4	13.2 11.8
13	13 17.4	13 20.4	12 41.9	1.3 1.2	7.3 6.5	13.3 11.9
14	13 17.6	13 20.7	12 42.1	1.4 1.2	7.4 6.6	13.4 11.9
15	13 17.9	13 20.9	12 42.4	1.5 1.3	7.5 6.7	13.5 12.0
16	13 18.1	13 21.2	12 42.6	1.6 1.4	7.6 6.8	13.6 12.1
17	13 18.4	13 21.4	12 42.8	1.7 1.5	7.7 6.9	13.7 12.2
18	13 18.6	13 21.7	12 43.1	1.8 1.6	7.8 7.0	13.8 12.3
19	13 18.9	13 21.9	12 43.3	1.9 1.7	7.9 7.0	13.9 12.4
20	13 19.1	13 22.2	12 43.6	2.0 1.8	8.0 7.1	14.0 12.5
21	13 19.4	13 22.4	12 43.8	2.1 1.9	8.1 7.2	14.1 12.6
22	13 19.6	13 22.7	12 44.0	2.2 2.0	8.2 7.3	14.2 12.7
23	13 19.9	13 22.9	12 44.3	2.3 2.1	8.3 7.4	14.3 12.8
24	13 20.1	13 23.2	12 44.5	2.4 2.1	8.4 7.5	14.4 12.8
25	13 20.4	13 23.4	12 44.7	2.5 2.2	8.5 7.6	14.5 12.9
26	13 20.6	13 23.7	12 45.0	2.6 2.3	8.6 7.7	14.6 13.0
27	13 20.9	13 23.9	12 45.2	2.7 2.4	8.7 7.8	14.7 13.1
28	13 21.1	13 24.2	12 45.5	2.8 2.5	8.8 7.8	14.8 13.2
29	13 21.4	13 24.4	12 45.7	2.9 2.6	8.9 7.9	14.9 13.3
30	13 21.6	13 24.7	12 45.9	3.0 2.7	9.0 8.0	15.0 13.4
31	13 21.9	13 24.9	12 46.2	3.1 2.8	9.1 8.1	15.1 13.5
32	13 22.1	13 25.2	12 46.4	3.2 2.9	9.2 8.2	15.2 13.6
33	13 22.4	13 25.4	12 46.7	3.3 2.9	9.3 8.3	15.3 13.6
34	13 22.6	13 25.7	12 46.9	3.4 3.0	9.4 8.4	15.4 13.7
35	13 22.9	13 26.0	12 47.1	3.5 3.1	9.5 8.5	15.5 13.8
36	13 23.1	13 26.2	12 47.4	3.6 3.2	9.6 8.6	15.6 13.9
37	13 23.4	13 26.5	12 47.6	3.7 3.3	9.7 8.7	15.7 14.0
38	13 23.6	13 26.7	12 47.9	3.8 3.4	9.8 8.7	15.8 14.1
39	13 23.9	13 27.0	12 48.1	3.9 3.5	9.9 8.8	15.9 14.2
40	13 24.1	13 27.2	12 48.3	4.0 3.6	10.0 8.9	16.0 14.3
41	13 24.4	13 27.5	12 48.6	4.1 3.7	10.1 9.0	16.1 14.4
42	13 24.6	13 27.7	12 48.8	4.2 3.7	10.2 9.1	16.2 14.4
43	13 24.9	13 28.0	12 49.0	4.3 3.8	10.3 9.2	16.3 14.5
44	13 25.1	13 28.2	12 49.3	4.4 3.9	10.4 9.3	16.4 14.6
45	13 25.4	13 28.5	12 49.5	4.5 4.0	10.5 9.4	16.5 14.7
46	13 25.6	13 28.7	12 49.8	4.6 4.1	10.6 9.4	16.6 14.8
47	13 25.9	13 29.0	12 50.0	4.7 4.2	10.7 9.5	16.7 14.9
48	13 26.1	13 29.2	12 50.2	4.8 4.3	10.8 9.6	16.8 15.0
49	13 26.4	13 29.5	12 50.5	4.9 4.4	10.9 9.7	16.9 15.1
50	13 26.6	13 29.7	12 50.7	5.0 4.5	11.0 9.8	17.0 15.2
51	13 26.9	13 30.0	12 51.0	5.1 4.5	11.1 9.9	17.1 15.2
52	13 27.1	13 30.2	12 51.2	5.2 4.6	11.2 10.0	17.2 15.3
53	13 27.4	13 30.5	12 51.4	5.3 4.7	11.3 10.1	17.3 15.4
54	13 27.6	13 30.7	12 51.7	5.4 4.8	11.4 10.2	17.4 15.5
55	13 27.9	13 31.0	12 51.9	5.5 4.9	11.5 10.3	17.5 15.6
56	13 28.1	13 31.2	12 52.1	5.6 5.0	11.6 10.4	17.6 15.7
57	13 28.4	13 31.5	12 52.4	5.7 5.1	11.7 10.4	17.7 15.8
58	13 28.6	13 31.7	12 52.6	5.8 5.2	11.8 10.5	17.8 15.9
59	13 28.9	13 32.0	12 52.9	5.9 5.3	11.9 10.6	17.9 16.0
60	13 29.1	13 32.2	12 53.1	6.0 5.4	12.0 10.7	18.0 16.1

表1. 时 角、赤 纬 内 插 表
TABLE 1. INCREMENTS AND CORRECTIONS

56ᵐ

56ᵐ s	太阳 行星 Sun Planets	春分点 Aries	月亮 Moon	v or corrⁿ d	v or corrⁿ d	v or corrⁿ d
0	13 59.1	14 02.3	13 21.7	0.0 0.0	6.0 5.7	12.0 11.3
1	13 59.3	14 02.6	13 22.0	0.1 0.1	6.1 5.7	12.1 11.4
2	13 59.6	14 02.8	13 22.2	0.2 0.2	6.2 5.8	12.2 11.5
3	13 59.8	14 03.1	13 22.4	0.3 0.3	6.3 5.9	12.3 11.6
4	14 00.1	14 03.3	13 22.7	0.4 0.4	6.4 6.0	12.4 11.7
5	14 00.3	14 03.6	13 22.9	0.5 0.5	6.5 6.1	12.5 11.8
6	14 00.6	14 03.8	13 23.2	0.6 0.6	6.6 6.2	12.6 11.9
7	14 00.8	14 04.1	13 23.4	0.7 0.7	6.7 6.3	12.7 12.0
8	14 01.1	14 04.3	13 23.6	0.8 0.8	6.8 6.4	12.8 12.1
9	14 01.3	14 04.6	13 23.9	0.9 0.8	6.9 6.5	12.9 12.1
10	14 01.6	14 04.8	13 24.1	1.0 0.9	7.0 6.6	13.0 12.2
11	14 01.8	14 05.1	13 24.4	1.1 1.0	7.1 6.7	13.1 12.3
12	14 02.1	14 05.3	13 24.6	1.2 1.1	7.2 6.8	13.2 12.4
13	14 02.3	14 05.6	13 24.8	1.3 1.2	7.3 6.9	13.3 12.5
14	14 02.6	14 05.8	13 25.1	1.4 1.3	7.4 7.0	13.4 12.6
15	14 02.8	14 06.1	13 25.3	1.5 1.4	7.5 7.1	13.5 12.7
16	14 03.1	14 06.3	13 25.6	1.6 1.5	7.6 7.2	13.6 12.8
17	14 03.3	14 06.6	13 25.8	1.7 1.6	7.7 7.3	13.7 12.9
18	14 03.6	14 06.8	13 26.0	1.8 1.7	7.8 7.3	13.8 13.0
19	14 03.8	14 07.1	13 26.3	1.9 1.8	7.9 7.4	13.9 13.1
20	14 04.1	14 07.3	13 26.5	2.0 1.9	8.0 7.5	14.0 13.2
21	14 04.3	14 07.6	13 26.7	2.1 2.0	8.1 7.6	14.1 13.3
22	14 04.6	14 07.8	13 27.0	2.2 2.1	8.2 7.7	14.2 13.4
23	14 04.8	14 08.1	13 27.2	2.3 2.2	8.3 7.8	14.3 13.5
24	14 05.1	14 08.3	13 27.5	2.4 2.3	8.4 7.9	14.4 13.6
25	14 05.3	14 08.6	13 27.7	2.5 2.4	8.5 8.0	14.5 13.7
26	14 05.6	14 08.8	13 27.9	2.6 2.4	8.6 8.1	14.6 13.7
27	14 05.8	14 09.1	13 28.2	2.7 2.5	8.7 8.2	14.7 13.8
28	14 06.1	14 09.3	13 28.4	2.8 2.6	8.8 8.3	14.8 13.9
29	14 06.3	14 09.6	13 28.7	2.9 2.7	8.9 8.4	14.9 14.0
30	14 06.6	14 09.8	13 28.9	3.0 2.8	9.0 8.5	15.0 14.1
31	14 06.8	14 10.1	13 29.1	3.1 2.9	9.1 8.6	15.1 14.2
32	14 07.1	14 10.3	13 29.4	3.2 3.0	9.2 8.7	15.2 14.3
33	14 07.3	14 10.6	13 29.6	3.3 3.1	9.3 8.8	15.3 14.4
34	14 07.6	14 10.8	13 29.8	3.4 3.2	9.4 8.9	15.4 14.5
35	14 07.8	14 11.1	13 30.1	3.5 3.3	9.5 8.9	15.5 14.6
36	14 08.1	14 11.3	13 30.3	3.6 3.4	9.6 9.0	15.6 14.7
37	14 08.3	14 11.6	13 30.6	3.7 3.5	9.7 9.1	15.7 14.8
38	14 08.6	14 11.8	13 30.8	3.8 3.6	9.8 9.2	15.8 14.9
39	14 08.8	14 12.1	13 31.0	3.9 3.7	9.9 9.3	15.9 15.0
40	14 09.1	14 12.3	13 31.3	4.0 3.8	10.0 9.4	16.0 15.1
41	14 09.3	14 12.6	13 31.5	4.1 3.9	10.1 9.5	16.1 15.2
42	14 09.6	14 12.8	13 31.8	4.2 4.0	10.2 9.6	16.2 15.3
43	14 09.8	14 13.1	13 32.0	4.3 4.0	10.3 9.7	16.3 15.3
44	14 10.1	14 13.3	13 32.2	4.4 4.1	10.4 9.8	16.4 15.4
45	14 10.3	14 13.6	13 32.5	4.5 4.2	10.5 9.9	16.5 15.5
46	14 10.6	14 13.8	13 32.7	4.6 4.3	10.6 10.0	16.6 15.6
47	14 10.8	14 14.1	13 32.9	4.7 4.4	10.7 10.1	16.7 15.7
48	14 11.1	14 14.3	13 33.2	4.8 4.5	10.8 10.2	16.8 15.8
49	14 11.3	14 14.6	13 33.4	4.9 4.6	10.9 10.3	16.9 15.9
50	14 11.6	14 14.8	13 33.7	5.0 4.7	11.0 10.4	17.0 16.0
51	14 11.8	14 15.1	13 33.9	5.1 4.8	11.1 10.5	17.1 16.1
52	14 12.1	14 15.3	13 34.1	5.2 4.9	11.2 10.5	17.2 16.2
53	14 12.3	14 15.6	13 34.4	5.3 5.0	11.3 10.6	17.3 16.3
54	14 12.6	14 15.8	13 34.6	5.4 5.1	11.4 10.7	17.4 16.4
55	14 12.8	14 16.1	13 34.9	5.5 5.2	11.5 10.8	17.5 16.5
56	14 13.1	14 16.3	13 35.1	5.6 5.3	11.6 10.9	17.6 16.6
57	14 13.3	14 16.6	13 35.3	5.7 5.4	11.7 11.0	17.7 16.7
58	14 13.6	14 16.8	13 35.6	5.8 5.5	11.8 11.1	17.8 16.8
59	14 13.8	14 17.1	13 35.8	5.9 5.6	11.9 11.2	17.9 16.9
60	14 14.0	14 17.3	13 36.0	6.0 5.7	12.0 11.3	18.0 17.0

57ᵐ

57ᵐ s	太阳 行星 Sun Planets	春分点 Aries	月亮 Moon	v or corrⁿ d	v or corrⁿ d	v or corrⁿ d
0	14 14.0	14 17.3	13 36.0	0.0 0.0	6.0 5.8	12.0 11.5
1	14 14.3	14 17.6	13 36.3	0.1 0.1	6.1 5.8	12.1 11.6
2	14 14.5	14 17.8	13 36.5	0.2 0.2	6.2 5.9	12.2 11.7
3	14 14.8	14 18.1	13 36.8	0.3 0.3	6.3 6.0	12.3 11.8
4	14 15.0	14 18.3	13 37.0	0.4 0.4	6.4 6.1	12.4 11.9
5	14 15.3	14 18.6	13 37.2	0.5 0.5	6.5 6.2	12.5 12.0
6	14 15.5	14 18.8	13 37.5	0.6 0.6	6.6 6.3	12.6 12.1
7	14 15.8	14 19.1	13 37.7	0.7 0.7	6.7 6.4	12.7 12.2
8	14 16.1	14 19.3	13 38.0	0.8 0.8	6.8 6.5	12.8 12.3
9	14 16.3	14 19.6	13 38.2	0.9 0.9	6.9 6.6	12.9 12.4
10	14 16.5	14 19.8	13 38.4	1.0 1.0	7.0 6.7	13.0 12.5
11	14 16.8	14 20.1	13 38.7	1.1 1.1	7.1 6.8	13.1 12.6
12	14 17.0	14 20.3	13 38.9	1.2 1.2	7.2 6.9	13.2 12.7
13	14 17.3	14 20.6	13 39.2	1.3 1.2	7.3 7.0	13.3 12.7
14	14 17.5	14 20.8	13 39.4	1.4 1.3	7.4 7.1	13.4 12.8
15	14 17.8	14 21.1	13 39.6	1.5 1.4	7.5 7.2	13.5 12.9
16	14 18.0	14 21.4	13 39.9	1.6 1.5	7.6 7.3	13.6 13.0
17	14 18.3	14 21.6	13 40.1	1.7 1.6	7.7 7.4	13.7 13.1
18	14 18.5	14 21.9	13 40.3	1.8 1.7	7.8 7.5	13.8 13.2
19	14 18.8	14 22.1	13 40.6	1.9 1.8	7.9 7.6	13.9 13.3
20	14 19.0	14 22.4	13 40.8	2.0 1.9	8.0 7.7	14.0 13.4
21	14 19.3	14 22.6	13 41.1	2.1 2.0	8.1 7.8	14.1 13.5
22	14 19.5	14 22.9	13 41.3	2.2 2.1	8.2 7.9	14.2 13.6
23	14 19.8	14 23.1	13 41.6	2.3 2.2	8.3 8.0	14.3 13.7
24	14 20.0	14 23.4	13 41.8	2.4 2.3	8.4 8.0	14.4 13.9
25	14 20.3	14 23.6	13 42.0	2.5 2.4	8.5 8.1	14.5 14.0
26	14 20.5	14 23.9	13 42.3	2.6 2.5	8.6 8.2	14.6 14.0
27	14 20.8	14 24.1	13 42.5	2.7 2.6	8.7 8.3	14.7 14.1
28	14 21.0	14 24.4	13 42.7	2.8 2.7	8.8 8.4	14.8 14.2
29	14 21.3	14 24.6	13 43.0	2.9 2.8	8.9 8.5	14.9 14.3
30	14 21.5	14 24.9	13 43.2	3.0 2.9	9.0 8.6	15.0 14.4
31	14 21.8	14 25.1	13 43.4	3.1 3.0	9.1 8.7	15.1 14.5
32	14 22.0	14 25.4	13 43.7	3.2 3.1	9.2 8.8	15.2 14.6
33	14 22.3	14 25.6	13 43.9	3.3 3.2	9.3 8.9	15.3 14.7
34	14 22.5	14 25.9	13 44.2	3.4 3.3	9.4 9.0	15.4 14.8
35	14 22.8	14 26.1	13 44.4	3.5 3.4	9.5 9.1	15.5 14.9
36	14 23.0	14 26.4	13 44.6	3.6 3.5	9.6 9.2	15.6 15.0
37	14 23.3	14 26.6	13 44.9	3.7 3.5	9.7 9.3	15.7 15.1
38	14 23.5	14 26.9	13 45.1	3.8 3.6	9.8 9.4	15.8 15.1
39	14 23.8	14 27.1	13 45.4	3.9 3.7	9.9 9.5	15.9 15.2
40	14 24.0	14 27.4	13 45.6	4.0 3.8	10.0 9.6	16.0 15.3
41	14 24.3	14 27.6	13 45.8	4.1 3.9	10.1 9.7	16.1 15.4
42	14 24.5	14 27.9	13 46.1	4.2 4.0	10.2 9.8	16.2 15.5
43	14 24.8	14 28.1	13 46.3	4.3 4.1	10.3 9.9	16.3 15.6
44	14 25.0	14 28.4	13 46.5	4.4 4.2	10.4 10.0	16.4 15.7
45	14 25.3	14 28.6	13 46.8	4.5 4.3	10.5 10.1	16.5 15.8
46	14 25.5	14 28.9	13 47.0	4.6 4.4	10.6 10.2	16.6 15.9
47	14 25.8	14 29.1	13 47.3	4.7 4.5	10.7 10.3	16.7 16.0
48	14 26.0	14 29.4	13 47.5	4.8 4.6	10.8 10.4	16.8 16.1
49	14 26.3	14 29.6	13 47.7	4.9 4.7	10.9 10.4	16.9 16.2
50	14 26.5	14 29.9	13 48.0	5.0 4.8	11.0 10.5	17.0 16.3
51	14 26.8	14 30.1	13 48.2	5.1 4.9	11.1 10.6	17.1 16.4
52	14 27.0	14 30.4	13 48.5	5.2 5.0	11.2 10.7	17.2 16.5
53	14 27.3	14 30.6	13 48.7	5.3 5.1	11.3 10.8	17.3 16.6
54	14 27.5	14 30.9	13 48.9	5.4 5.2	11.4 10.9	17.4 16.7
55	14 27.8	14 31.1	13 49.2	5.5 5.3	11.5 11.0	17.5 16.8
56	14 28.0	14 31.4	13 49.4	5.6 5.4	11.6 11.1	17.6 16.9
57	14 28.3	14 31.6	13 49.7	5.7 5.5	11.7 11.2	17.7 17.0
58	14 28.5	14 31.9	13 49.9	5.8 5.6	11.8 11.3	17.8 17.1
59	14 28.8	14 32.1	13 50.1	5.9 5.7	11.9 11.4	17.9 17.2
60	14 29.0	14 32.4	13 50.4	6.0 5.8	12.0 11.5	18.0 17.3

表2. 日月出没、晨光昏影时刻内插表

TABLE 2. INTERPOLATION FOR SUNRISE, SUNSET, MOONRISE, MOONSET AND TWILIGHTS

（甲）按纬度内插（Ⅰ）Interpolation for latitude

相邻纬度 △	纬度间隔	°	° ′	° ′	° ′	° ′	° ′	° ′	° ′	° ′	° ′	° ′		°	纬度间隔	相邻纬度 △
	2 / 5 / 10 △φ		0 12 / 0 30 / 1 00	0 24 / 1 00 / 2 00	0 36 / 1 30 / 3 00	0 48 / 2 00 / 4 00	1 00 / 2 30 / 5 00	1 12 / 3 00 / 6 00	1 24 / 3 30 / 7 00	1 36 / 4 00 / 8 00	1 48 / 4 30 / 9 00	2 00 / 5 00 / 10 00	△φ	2 / 5 / 10	
h	m		m	m	m	m	m	m	m	m	m	m		h	m	
0	04		0	1	1	2	2	2	3	3	4		0	04
	08		1	2	3	4	5	5	6	7	8			08
	12		1	2	4	5	6	7	8	9	10	12			12
	16		2	3	5	6	8	10	11	12	14	16			16
	20		2	4	6	8	10	12	14	16	18	20			20
0	24		2	5	7	10	12	14	16	19	22	24		0	24
	28		3	5	8	10	13	16	19	22	25	28			28
	32		3	6	9	12	14	18	22	25	28	32			32
	36		3	6	10	13	16	20	24	26	32	36			36
	40		3	7	10	14	17	21	26	31	35	40			40
0	44		4	7	11	14	18	23	28	33	38	44		0	44
	48		4	7	11	15	20	25	30	35	41	48			48
	52		4	8	12	16	21	26	32	38	45	52			52
	56		4	8	12	17	21	26	33	40	48	56			56
1	00		4	9	13	18	22	28	35	42	51	60		1	00
1	04		4	9	14	19	24	30	37	44	54	64		1	04
	08		4	9	14	19	24	30	38	46	56	68			08
	12		4	9	14	19	25	31	39	48	59	72			12
	16		4	9	14	19	25	32	40	50	62	76			16
	20		5	10	15	20	26	33	41	52	65	80			20
1	24		5	10	15	21	27	33	42	55	68	84		1	24
	28		5	10	16	22	28	34	43	56	71	88			28
	32		5	10	16	22	28	35	44	58	74	92			32
	36		5	10	16	23	29	37	46	60	77	96			36
	40		5	11	17	23	30	39	48	62	80	100			40

（乙）按经度改正（Ⅱ）Correction for Longitude

相邻二日 △ 经度	m / 2	m / 4	m / 6	m / 8	m / 10	m / 20	m / 30	m / 40	m / 50	h m / 1 00	h m / 1 10	h m / 1 20	h m / 1 30	h m / 1 40	h m / 1 50	h m / 2 00	h m / 2 10	h m / 2 20	相邻二日 △ 经度
°	m	m	m	m	m	m	m	m	m	m	m	m	m	m	m	m	m	m	h m
0	0	0	0	0	0	0	0	0	0	0	0	0	0	0	0	0	0	0	0 00
10	0	0	0	0	0	1	1	1	1	2	2	2	2	3	3	3	4	4	0 40
20	0	0	0	0	1	1	2	2	3	3	4	4	5	6	6	7	7	8	1 20
30	0	0	0	1	1	2	2	3	4	5	6	7	8	9	10	11	12	2 00
40	0	0	1	1	1	2	3	4	6	7	8	9	10	11	12	13	14	16	2 40
50	0	1	1	1	1	3	4	6	7	8	10	11	12	14	15	17	18	19	3 20
60	0	1	1	1	2	3	5	7	8	10	12	13	15	17	18	20	22	23	4 00
70	0	1	1	2	2	4	6	8	10	12	14	16	17	19	21	23	25	27	4 40
80	0	1	1	2	2	4	7	9	11	13	16	18	20	22	24	27	29	31	5 20
90	0	1	2	2	2	5	7	10	12	15	17	20	22	25	27	30	32	35	6 00
100	1	1	2	2	3	6	8	11	14	17	19	22	25	28	31	33	36	39	6 40
110	1	1	2	2	3	6	9	12	15	18	21	24	27	31	34	37	40	43	7 20
120	1	1	2	3	3	7	10	13	17	20	23	27	30	33	37	40	43	47	8 00
130	1	1	2	3	4	7	11	14	18	22	25	29	32	36	40	43	47	51	8 40
140	1	2	2	3	4	8	12	16	19	23	27	31	35	39	43	47	51	54	9 20
150	1	2	2	3	4	8	13	17	21	25	29	33	38	42	46	50	54	58	10 00
160	1	2	3	4	4	9	13	18	22	27	31	36	40	44	49	53	58	62	10 40
170	1	2	3	4	5	9	14	19	24	28	33	38	42	47	52	57	61	66	11 20
180	1	2	3	4	5	10	15	20	25	30	35	40	45	50	55	60	65	70	12 00

注：表内数值超过60ᵐ，请进位。
Note：Values exceeding 60ᵐ in these tables should be carried.

相邻纬度—Adjacent Latitude
纬度间隔—Intervals between Latitudes

经 度—Longitude
相邻二日—Adjacent days

表 3. 行 星 月 亮 中 天 时 刻 内 插
TABLE 3. INTERPOLATION FOR MERIDIAN PASSAGE OF PLANETS AND MOON

经度 °	m 2	m 4	m 6	m 8	m 10	m 15	m 20	m 25	m 30	m 35	m 40	m 45	m 50	m 55	m 60	m 65	m 70	相邻二日 △ 经度 h m
0	0	0	0	0	0	0	0	0	0	0	0	0	0	0	0	0	0	0 00
10	0	0	0	0	0	0	1	1	1	1	1	1	1	2	2	2	2	0 40
20	0	0	0	1	1	1	1	1	2	2	2	2	3	3	3	4	4	1 20
30	0	0	1	1	1	1	2	2	2	3	3	4	4	5	5	5	6	2 00
40	0	0	1	1	1	2	2	3	3	4	4	5	6	6	7	7	8	2 40
50	0	1	1	1	1	2	3	3	4	5	6	6	7	8	8	9	10	3 20
60	0	1	1	1	2	2	3	4	5	6	7	7	8	9	10	11	12	4 00
70	0	1	1	2	2	3	4	5	6	7	8	9	10	11	12	13	14	4 40
80	0	1	1	2	2	3	4	6	7	8	9	10	11	12	13	14	16	5 20
90	0	1	1	2	2	4	5	6	7	9	10	11	12	14	15	16	17	6 00
100	1	1	2	2	3	4	6	7	8	10	11	12	14	15	17	18	19	6 40
110	1	1	2	2	3	5	6	8	9	11	12	14	15	17	18	20	21	7 20
120	1	1	2	3	3	5	7	8	10	12	13	15	17	18	20	22	23	8 00
130	1	1	2	3	4	5	7	9	11	13	14	16	18	20	22	23	25	8 40
140	1	2	2	3	4	6	8	10	12	14	16	17	19	21	23	25	27	9 20
150	1	2	2	3	4	6	8	10	13	15	17	19	21	23	25	27	29	10 00
160	1	2	3	4	4	7	9	11	13	16	18	20	22	24	27	29	31	10 40
170	1	2	3	4	5	7	9	12	14	17	19	21	24	26	28	31	33	11 20
180	1	2	3	4	5	7	10	12	15	17	20	22	25	27	30	32	34	12 00

Glossary：相邻二日—Adjacent days，经度—Longitude

表 4. 时 度 换 算
TABLE 4. CONVERSION BETWEEN TIME AND ARC

h	°
1	15
2	30
3	45
4	60
5	75
6	90
7	105
8	120
9	135
10	150
11	165
12	180
13	195
14	210
15	225
16	240
17	255
18	270
19	285
20	300
21	315
22	330
23	345
24	360

m	° ′	m	° ′
1	0 15	31	7 45
2	0 30	32	8 00
3	0 45	33	8 15
4	1 00	34	8 30
5	1 15	35	8 45
6	1 30	36	9 00
7	1 45	37	9 15
8	2 00	38	9 30
9	2 15	39	9 45
10	2 30	40	10 00
11	2 45	41	10 15
12	3 00	42	10 30
13	3 15	43	10 45
14	3 30	44	11 00
15	3 45	45	11 15
16	4 00	46	11 30
17	4 15	47	11 45
18	4 30	48	12 00
19	4 45	49	12 15
20	5 00	50	12 30
21	5 15	51	12 45
22	5 30	52	13 00
23	5 45	53	13 15
24	6 00	54	13 30
25	6 15	55	13 45
26	6 30	56	14 00
27	6 45	57	14 15
28	7 00	58	14 30
29	7 15	59	14 45
30	7 30	60	15 00

s	′
4	1
8	2
12	3
16	4
20	5
24	6
28	7
32	8
36	9
40	10
44	11
48	12
52	13
56	14
60	15

s	′
0.4	0.1
0.8	0.2
1.2	0.3
1.6	0.4
2.0	0.5
2.4	0.6
2.8	0.7
3.2	0.8
3.6	0.9
4.0	1.0

表 8. 太阳、星体高度改正表 TABLE 8. CORRECTION FOR THE OBSERVED ALTITUDE OF SUN AND STARS

太阳 sun 星 star

观测高度 Obs. Alt.	⊙	☆
° ′	′	′
6 30	8.2	−7.9
6 40	8.1	−7.7
6 50	8.6	−7.6
7 0	8.7	−7.4
7 10	8.9	−7.2
7 20	9.0	−7.1
7 30	9.2	−7.0
7 40	9.3	−6.8
7 50	9.5	−6.7
8 0	9.6	−6.6
8 10	9.7	−6.4
8 20	9.8	−6.3
8 30	10.0	−6.2
8 40	10.1	−6.1
8 50	10.2	−6.0
9 0	10.3	−5.9
9 20	10.5	−5.7
9 40	10.6	−5.5
10 0	10.8	−5.3
10 20	11.0	−5.2
10 40	11.2	−5.0
11 0	11.3	−4.9
11 30	11.5	−4.7
12 0	11.7	−4.5
12 30	11.9	−4.3
13 0	12.0	−4.1
13 30	12.2	−4.0
14 0	12.3	−3.8
15 0	12.6	−3.6
16 0	12.8	−3.4
17 0	13.0	−3.2
18 0	13.2	−3.0
19 0	13.3	−2.8
20 0	13.5	−2.6
22 0	13.7	−2.4
24 0	14.0	−2.2
26 0	14.1	−2.0
28 0	14.3	−1.8
30 0	14.4	−1.7
32 0	14.6	−1.6
34 0	14.7	−1.4
36 0	14.8	−1.3
38 0	14.9	−1.3
40 0	15.0	−1.2
45 0	15.1	−1.0
50 0	15.3	−0.8
55 0	15.4	−0.7
60 0	15.5	−0.6
65 0	15.6	−0.5
70 0	15.7	−0.4
75 0	15.8	−0.3
80 0	15.8	−0.2
85 0	15.9	−0.1
90 0	16.0	0.0

日期 date	太阳修正附加数 additional corr. for sun
一月 1	+0.3
二月 1	+0.3
三月 1	+0.2
四月 1	0.0
五月 1	−0.1
六月 1	−0.2
七月 1	−0.2
八月 1	−0.2
九月 1	−0.1
十月 1	0.0
十一月 1	+0.2
十二月 1	+0.3

月球 moon

观测高度下边 Obs. Alt. of lower limb	地平视差 horizontal parallax 54′	55′	56′	57′	58′	59′	60′	61′
° ′	′	′	′	′	′	′	′	′
5 30	59.6	60.9	62.1	63.4	64.7	66.0	67.3	68.5
6 0	60.2	61.4	62.7	64.0	65.3	66.5	67.8	69.1
6 30	60.7	61.9	63.2	64.5	65.8	67.0	68.3	69.6
7 0	61.1	62.4	63.6	64.9	66.2	67.4	68.7	70.0
7 30	61.5	62.7	64.0	65.3	66.5	67.8	69.1	70.4
8 0	61.8	63.1	64.3	65.6	66.9	68.1	69.4	70.7
8 30	62.1	63.3	64.6	65.9	67.1	68.4	69.7	70.9
9 0	62.3	63.6	64.8	66.1	67.4	68.6	69.9	71.1
9 30	62.5	63.8	65.0	66.3	67.6	68.8	70.1	71.3
10 0	62.7	64.0	65.2	66.5	67.7	69.0	70.3	71.5
11 0	63.0	64.2	65.5	66.7	68.0	69.3	70.5	71.8
12 0	63.2	64.4	65.7	66.9	68.2	69.5	70.7	72.0
13 0	63.3	64.6	65.8	67.0	68.3	69.6	70.8	72.1
14 0	63.4	64.6	65.9	67.1	68.4	69.6	70.9	72.1
15 0	63.4	64.6	65.9	67.1	68.4	69.6	70.9	72.1
16 0	63.4	64.6	65.8	67.1	68.3	69.6	70.8	72.0
17 0	63.3	64.5	65.8	67.0	68.2	69.5	70.7	71.9
18 0	63.2	64.4	65.6	66.9	68.1	69.3	70.6	71.8
19 0	63.1	64.3	65.5	66.7	67.9	69.2	70.4	71.6
20 0	62.9	64.1	65.3	66.5	67.8	69.0	70.2	71.4
21 0	62.7	63.9	65.1	66.3	67.5	68.7	70.0	71.2
22 0	62.5	63.7	64.9	66.1	67.3	68.5	69.7	70.9
23 0	62.2	63.4	64.6	65.9	67.0	68.2	69.4	70.6
24 0	62.0	63.1	64.3	65.5	66.7	67.9	69.1	70.3
25 0	61.7	62.9	64.0	65.2	66.4	67.6	68.8	69.9
26 0	61.3	62.5	63.7	64.9	66.0	67.2	68.4	69.6
27 0	61.0	62.2	63.3	64.5	65.7	66.8	68.0	69.2
28 0	60.7	61.8	63.0	64.1	65.3	66.4	67.6	68.8
29 0	60.3	61.4	62.6	63.7	64.9	66.0	67.2	68.4
30 0	59.9	61.0	62.2	63.3	64.4	65.6	66.7	67.9
31 0	59.5	60.6	61.7	62.9	64.0	65.1	66.3	67.4
32 0	59.0	60.2	61.3	62.4	63.5	64.7	65.8	66.9
33 0	58.6	59.7	60.8	61.9	63.1	64.2	65.3	66.4
34 0	58.1	59.2	60.3	61.4	62.5	63.6	64.8	65.9
35 0	57.7	58.7	59.8	60.9	62.0	63.1	64.2	65.3
36 0	57.2	58.2	59.3	60.4	61.5	62.6	63.7	64.7
37 0	56.7	57.7	58.8	59.8	60.9	62.0	63.1	64.2
38 0	56.1	57.2	58.2	59.3	60.4	61.4	62.5	63.6
39 0	55.6	56.6	57.7	58.7	59.8	60.8	61.9	62.9
40 0	55.0	56.1	57.1	58.1	59.2	60.2	61.3	62.3
41 0	54.4	55.5	56.5	57.5	58.6	59.6	60.6	61.6
42 0	53.9	54.9	55.9	56.9	57.9	59.0	60.0	61.0
43 0	53.3	54.3	55.3	56.3	57.3	58.3	59.3	60.3
44 0	52.7	53.7	54.6	55.6	56.6	57.6	58.6	59.6
45 0	52.0	53.0	54.0	55.0	56.0	56.9	57.9	58.9
46 0	51.4	52.4	53.3	54.3	55.3	56.2	57.2	58.2
47 0	50.7	51.7	52.6	53.6	54.6	55.5	56.5	57.4
48 0	50.1	51.0	52.0	52.9	53.9	54.8	55.7	56.7
49 0	49.4	50.3	51.3	52.2	53.1	54.1	55.0	55.9
50 0	48.7	49.6	50.5	51.5	52.4	53.3	54.2	55.1
51 0	48.0	48.9	49.8	50.7	51.6	52.5	53.4	54.3
52 0	47.3	48.2	49.1	50.0	50.9	51.8	52.7	53.5
53 0	46.6	47.5	48.3	49.2	50.1	51.0	51.8	52.7
54 0	45.8	46.7	47.6	48.4	49.3	50.2	51.0	51.9
55 0	45.1	46.0	46.8	47.6	48.5	49.3	50.2	51.0
56 0	44.4	45.2	46.0	46.8	47.7	48.5	49.4	50.2
57 0	43.6	44.4	45.2	46.0	46.9	47.7	48.5	49.3
58 0	42.8	43.6	44.4	45.2	46.0	46.9	47.7	48.5
59 0	42.1	42.9	43.6	44.4	45.2	46.0	46.8	47.6
60 0	41.3	42.1	42.8	43.6	44.4	45.1	45.9	46.7
61 0	40.5	41.2	42.0	42.7	43.5	44.3	45.0	45.8
62 0	39.6	40.4	41.1	41.9	42.6	43.4	44.1	44.9
63 0	38.3	39.6	40.3	41.0	41.8	42.5	43.2	43.9
64 0	38.0	38.7	39.4	40.2	40.9	41.6	42.3	43.0
65 0	37.2	37.9	38.6	39.3	40.0	40.7	41.4	42.1
66 0	36.4	37.0	37.7	38.4	39.1	39.8	40.4	41.1
67 0	35.5	36.2	36.8	37.5	38.2	38.8	39.5	40.2
68 0	34.7	35.3	36.0	36.6	37.3	37.9	38.6	39.2
69 0	33.8	34.4	35.1	35.7	36.3	37.0	37.6	38.2
70 0	32.9	33.6	34.2	34.8	35.4	36.0	36.7	37.3
71 0	32.1	32.7	33.3	33.9	34.5	35.1	35.7	36.3
72 0	31.2	31.8	32.3	32.9	33.5	34.1	34.7	35.3
73 0	30.3	30.9	31.4	32.0	32.6	33.2	33.7	34.3
74 0	29.4	30.0	30.5	31.1	31.6	32.2	32.7	33.3
75 0	28.5	29.1	29.6	30.1	30.7	31.2	31.8	32.3
76 0	27.7	28.2	28.7	29.2	29.7	30.2	30.8	31.3
77 0	26.8	27.3	27.7	28.2	28.8	29.3	29.8	30.2
78 0	25.8	26.3	26.8	27.3	27.8	28.3	28.7	29.2
79 0	24.9	25.4	25.9	26.3	26.8	27.3	27.7	28.2
80 0	24.0	24.5	24.9	25.4	25.8	26.3	26.7	27.2
81 0	23.1	23.6	24.0	24.4	24.8	25.3	25.7	26.2
82 0	22.2	22.6	23.0	23.4	23.9	24.3	24.7	25.1
83 0	21.3	21.7	22.1	22.5	22.9	23.3	23.7	24.1
84 0	20.4	20.8	21.1	21.5	21.9	22.3	22.6	23.0
85 0	19.4	19.8	20.2	20.5	20.9	21.3	21.6	22.0
86 0	18.5	18.9	19.2	19.6	19.9	20.3	20.6	20.9
87 0	17.6	17.9	18.2	18.6	18.9	19.2	19.6	19.9
88 0	16.7	17.0	17.3	17.6	17.9	18.2	18.5	18.8
89 0	15.7	16.0	16.3	16.6	16.9	17.2	17.5	17.8
90 0	14.7	15.0	15.3	15.6	15.8	16.1	16.4	16.7

观测高度上边 Obs. Alt. of upper limb	地平视差 horizontal parallax 54′	55′	56′	57′	58′	59′	60′	61′
° ′	′	′	′	′	′	′	′	′
5 30	29.4	30.2	30.9	31.6	32.3	33.0	33.7	34.4
6 0	30.1	30.8	31.5	32.3	33.0	33.7	34.4	35.1
6 30	31.7	31.4	32.1	32.8	33.5	34.3	35.0	35.7
7 0	31.2	31.9	32.6	33.3	34.0	34.8	35.5	36.2
7 30	31.6	32.3	33.0	33.7	34.5	35.2	35.9	36.6
8 0	32.0	32.7	33.4	34.1	34.8	35.5	36.3	37.0
8 30	32.3	33.0	33.7	34.4	35.1	35.9	36.6	37.3
9 0	32.6	33.3	34.0	34.7	35.4	36.1	36.8	37.5
9 30	32.8	33.5	34.2	34.9	35.6	36.3	37.1	37.8
10 0	33.0	33.7	34.4	35.1	35.8	36.5	37.3	38.0
11 0	33.3	34.0	34.7	35.4	36.2	36.9	37.6	38.3
12 0	33.6	34.3	35.0	35.7	36.4	37.1	37.8	38.5
13 0	33.7	34.4	35.1	35.8	36.5	37.2	37.9	38.6
14 0	33.8	34.5	35.2	35.9	36.6	37.3	38.0	38.7
15 0	33.8	34.5	35.2	35.9	36.6	37.3	38.0	38.7
16 0	33.8	34.5	35.2	35.9	36.6	37.3	38.0	38.6
17 0	33.8	34.5	35.1	35.8	36.5	37.2	37.9	38.6
18 0	33.7	34.3	35.0	35.7	36.4	37.1	37.7	38.4
19 0	33.5	34.2	34.9	35.6	36.2	36.9	37.6	38.2
20 0	33.4	34.0	34.7	35.4	36.0	36.7	37.4	38.1
21 0	33.2	33.9	34.5	35.2	35.8	36.5	37.2	37.8
22 0	33.0	33.6	34.3	34.9	35.6	36.3	36.9	37.6
23 0	32.7	33.4	34.0	34.7	35.3	36.0	36.6	37.3
24 0	32.5	33.1	33.7	34.4	35.0	35.7	36.3	37.0
25 0	32.2	32.8	33.4	34.1	34.7	35.4	36.0	36.6
26 0	31.9	32.5	33.1	33.7	34.4	35.0	35.6	36.2
27 0	31.5	32.1	32.8	33.4	34.0	34.6	35.2	35.9
28 0	31.2	31.8	32.4	33.0	33.6	34.2	34.9	35.5
29 0	30.8	31.4	32.0	32.6	33.2	33.8	34.4	35.0
30 0	30.4	31.0	31.6	32.2	32.8	33.4	34.0	34.6
31 0	30.0	30.6	31.2	31.8	32.3	32.9	33.5	34.1
32 0	29.6	30.1	30.7	31.3	31.9	32.5	33.0	33.6
33 0	29.1	29.7	30.3	30.8	31.4	32.0	32.5	33.1
34 0	28.7	29.2	29.8	30.3	30.9	31.5	32.0	32.6
35 0	28.2	28.7	29.3	29.8	30.4	30.9	31.5	32.0
36 0	27.7	28.2	28.8	29.3	29.8	30.4	30.9	31.5
37 0	27.2	27.7	28.2	28.8	29.3	29.8	30.3	30.9
38 0	26.7	27.2	27.7	28.2	28.7	29.2	29.7	30.3
39 0	26.1	26.6	27.1	27.6	28.1	28.6	29.1	29.6
40 0	25.6	26.1	26.6	27.1	27.6	28.0	28.5	29.0
41 0	25.0	25.5	26.0	26.4	26.9	27.4	27.9	28.4
42 0	24.4	24.9	25.4	25.8	26.3	26.8	27.2	27.7
43 0	23.8	24.3	24.7	25.2	25.6	26.1	26.6	27.0
44 0	23.2	23.6	24.1	24.6	25.0	25.4	25.9	26.3
45 0	22.6	23.0	23.4	23.9	24.3	24.7	25.2	25.6
46 0	21.9	22.4	22.8	23.2	23.6	24.0	24.5	24.9
47 0	21.3	21.7	22.1	22.5	22.9	23.3	23.8	24.2
48 0	20.6	21.0	21.4	21.8	22.2	22.6	23.0	23.4
49 0	19.9	20.3	20.7	21.1	21.5	21.9	22.3	22.6
50 0	19.2	19.6	20.0	20.4	20.7	21.1	21.5	21.9
51 0	18.5	18.9	19.3	19.6	20.0	20.3	20.7	21.1
52 0	17.8	18.2	18.5	18.9	19.2	19.6	19.9	20.3
53 0	17.1	17.5	17.8	18.1	18.4	18.8	19.1	19.4
54 0	16.4	16.7	17.0	17.3	17.7	18.0	18.3	18.6
55 0	15.7	16.0	16.3	16.6	16.9	17.2	17.5	17.8
56 0	14.9	15.2	15.5	15.8	16.1	16.3	16.6	16.9
57 0	14.2	14.4	14.7	15.0	15.2	15.5	15.8	16.1
58 0	13.4	13.6	13.9	14.2	14.4	14.7	14.9	15.2
59 0	12.6	12.8	13.1	13.3	13.6	13.8	14.1	14.3
60 0	11.8	12.0	12.3	12.5	12.7	13.0	13.2	13.4
61 0	11.0	11.2	11.4	11.6	11.9	12.1	12.3	12.5
62 0	10.2	10.4	10.6	10.8	11.0	11.2	11.4	11.6
63 0	9.4	9.6	9.8	9.9	10.1	10.3	10.5	10.7
64 0	8.6	8.7	8.9	9.1	9.2	9.4	9.6	9.7
65 0	7.7	7.9	8.0	8.2	8.3	8.5	8.7	8.8
66 0	6.9	7.0	7.2	7.3	7.5	7.6	7.7	7.9
67 0	6.1	6.2	6.3	6.4	6.5	6.7	6.8	6.9
68 0	5.2	5.3	5.4	5.5	5.6	5.7	5.8	5.9
69 0	4.3	4.4	4.5	4.6	4.7	4.8	4.8	4.9
70 0	3.5	3.5	3.6	3.7	3.8	3.8	3.9	4.0
71 0	2.6	2.7	2.7	2.8	2.8	2.9	2.9	3.0
72 0	1.7	1.8	1.8	1.9	1.9	1.9	2.0	2.0
73 0	0.9	0.9	0.9	0.9	0.9	1.0	1.0	1.0
74 0	0.0	0.0	0.0	0.0	0.0	0.0	0.0	0.0
75 0	−0.9	−0.9	−0.9	−1.0	−1.0	−1.0	−1.0	−1.0
76 0	−1.8	−1.9	−1.9	−1.9	−1.9	−2.0	−2.0	−2.0
77 0	−2.7	−2.8	−2.8	−2.9	−2.9	−2.9	−3.0	−3.0
78 0	−3.6	−3.7	−3.8	−3.8	−3.9	−3.9	−4.0	−4.1
79 0	−4.5	−4.6	−4.7	−4.8	−4.8	−4.9	−5.0	−5.1
80 0	−5.4	−5.5	−5.6	−5.7	−5.8	−5.9	−6.0	−6.1
81 0	−6.3	−6.5	−6.6	−6.7	−6.8	−6.9	−7.0	−7.2
82 0	−7.3	−7.4	−7.5	−7.7	−7.8	−7.9	−8.1	−8.2
83 0	−8.2	−8.3	−8.5	−8.6	−8.8	−8.9	−9.1	−9.2
84 0	−9.1	−9.3	−9.4	−9.6	−9.8	−9.9	−10.1	−10.3
85 0	−10.0	−10.2	−10.4	−10.6	−10.8	−10.9	−11.1	−11.3
86 0	−10.9	−11.2	−11.4	−11.5	−11.7	−12.0	−12.2	−12.3
87 0	−11.9	−12.1	−12.3	−12.5	−12.7	−13.0	−13.2	−13.4
88 0	−12.8	−13.2	−13.3	−13.5	−13.7	−14.0	−14.2	−14.4
89 0	−13.7	−14.1	−14.4	−14.5	−14.7	−15.0	−15.3	−15.5
90 0	−14.7	−15.0	−15.3	−15.6	−15.8	−16.1	−16.4	−16.7

眼高差表 DIP OF SEA HORIZON

眼高 H.O.E	眼高差 DIP	眼高 H.O.E	眼高差 DIP
(米 m)	′	(米 m)	′
0.28		9.5	
	−1.0		−5.5
0.36		9.9	
	1.1		5.6
0.42		10.2	
	1.2		5.7
0.50		10.6	
	1.3		5.8
0.58		11.0	
	1.4		5.9
0.68		11.4	
	1.5		−6.0
0.76		11.8	
	1.6		6.1
0.87		12.1	
	1.7		6.2
0.98		12.5	
	1.8		6.3
1.10		12.9	
	1.9		6.4
1.22		13.4	
	−2.0		6.5
1.35		13.8	
	2.1		6.6
1.48		14.2	
	2.2		6.7
1.62		14.6	
	2.3		6.8
1.76		15.1	
	2.4		6.9
1.93		15.5	
	2.5		−7.0
2.07		16.0	
	2.6		7.1
2.25		16.4	
	2.7		7.2
2.41		16.9	
	2.8		7.3
2.61		17.3	
	2.9		7.4
2.77		17.8	
	−3.0		7.5
2.99		18.3	
	3.1		7.6
3.16		18.8	
	3.2		7.7
3.39		19.3	
	3.3		7.8
3.58		19.8	
	3.4		7.9
3.82		20.3	
	3.5		−8.0
4.02		20.8	
	3.6		8.1
4.28		21.3	
	3.7		8.2
4.49		21.8	
	3.8		8.3
4.76		22.4	
	3.9		8.4
4.98		22.9	
	−4.0		8.5
5.26		23.4	
	4.1		8.6
5.52		24.0	
	4.2		8.7
5.80		24.6	
	4.3		8.8
6.07		25.1	
	4.4		8.9
6.35		25.7	
	4.5		−9.0
6.64		26.3	
	4.6		9.1
6.94		26.9	
	4.7		9.2
7.24		27.5	
	4.8		9.3
7.55		28.1	
	4.9		9.4
7.86		28.7	
	−5.0		9.5
8.18		29.3	
	5.1		9.6
8.51		29.9	
	5.2		9.7
8.84		30.5	
	5.3		9.8
9.18		31.0	
	5.4		9.9
9.53		31.5	
	−5.5		−10.0
9.90		32.0	

行星高度补充修正 COMPLEMENTARY CORRECTION FOR PLANETS

高度 altitude	视差 parallax 0′.1	0′.2	0′.3
10°	+0′.1	+0′.2	+0′.3
30°	+0′.1	+0′.2	+0′.3
50°	+0′.1	+0′.1	+0′.2
70°	+0′.0	+0′.1	+0′.1
80°	+0′.0	+0′.0	+0′.1
90°	+0′.0	+0′.0	+0′.0

高度 altitude	视差 parallax 0′.4	0′.5	0′.6
10°	+0′.4	+0′.5	+0′.6
30°	+0′.3	+0′.4	+0′.5
50°	+0′.3	+0′.3	+0′.4
70°	+0′.2	+0′.2	+0′.2
80°	+0′.1	+0′.1	+0′.1
90°	+0′.0	+0′.0	+0′.0

B117

太 阳 方 位 表
SUN'S AZIMUTH TABLE

纬度
LAT 30°—64°

第二册　VOL 2

中国人民解放军海军司令部航海保证部
THE NAVIGATION GUARANTEE DEPARTMENT OF
THE CHINESE NAVY HEADQUARTERS

纬度 LAT 36°

赤纬与纬度同名
DECLINATION SAME NAME AS LATITUDE

上午 a.m. hr. min.	0°	1°	2°	3°	4°	5°	6°	7°	8°	9°	10°	11°	12°	下午 p.m. hr. min.
9 0	120.4	119.6	118.7	117.8	116.9	116.0	115.0	114.1	113.1	112.1	111.1	110.1	109.0	3 0
8 56	119.6	118.7	117.8	117.0	116.0	115.1	114.2	113.2	112.3	111.3	110.3	109.2	108.2	4
52	118.7	117.9	117.0	116.1	115.2	114.3	113.4	112.4	111.4	110.4	109.4	108.4	107.4	8
48	117.9	117.0	116.2	115.3	114.4	113.5	112.5	111.6	110.6	109.6	108.6	107.6	106.6	12
44	117.1	116.2	115.3	114.4	113.6	112.6	111.7	110.8	109.8	108.8	107.8	106.8	105.8	16
40	116.2	115.4	114.5	113.6	112.8	111.8	110.9	110.0	109.0	108.0	107.1	106.1	105.0	20
36	115.4	114.6	113.7	112.8	112.0	111.0	110.1	109.2	108.2	107.3	106.3	105.3	104.3	24
32	114.7	113.8	112.9	112.1	111.2	110.3	109.4	108.4	107.5	106.5	105.5	104.6	103.6	28
28	113.9	113.0	112.2	111.3	110.4	109.5	108.6	107.7	106.7	105.8	104.8	103.8	102.8	32
24	113.1	112.3	111.4	110.6	109.6	108.8	107.8	106.9	106.0	105.0	104.1	103.1	102.1	36
20	112.4	111.5	110.7	109.8	108.9	108.0	107.1	106.2	105.2	104.3	103.4	102.4	101.4	40
16	111.6	110.8	109.9	109.0	108.2	107.3	106.4	105.5	104.5	103.6	102.6	101.7	100.7	44
12	110.9	110.0	109.2	108.3	107.4	106.6	105.6	104.7	103.8	102.9	101.9	101.0	100.0	48
8	110.2	109.3	108.5	107.6	106.7	105.8	105.0	104.0	103.1	102.2	101.2	100.3	99.3	52
4	109.4	108.6	107.8	106.9	106.0	105.1	104.2	103.3	102.4	101.5	100.6	99.6	98.7	3 56
8 0	108.7	107.9	107.0	106.2	105.3	104.4	103.6	102.7	101.8	100.8	99.9	99.0	98.0	4 0
7 56	108.0	107.2	106.4	105.5	104.6	103.8	102.9	102.0	101.1	100.2	99.2	98.3	97.4	4
52	107.4	106.5	105.7	104.8	104.0	103.1	102.2	101.3	100.4	99.5	98.6	97.6	96.7	8
48	106.7	105.8	105.0	104.1	103.3	102.4	101.5	100.6	99.8	98.8	97.9	97.0	96.1	12
44	106.0	105.2	104.3	103.5	102.6	101.7	100.9	100.0	99.1	98.2	97.3	96.4	95.4	16
40	105.3	104.5	103.6	102.8	102.0	101.1	100.2	99.3	98.4	97.6	96.6	95.7	94.8	20
36	104.7	103.8	103.0	102.1	101.3	100.4	99.6	98.7	97.8	96.9	96.0	95.1	94.2	24
32	104.0	103.2	102.3	101.5	100.6	99.8	98.9	98.0	97.2	96.3	95.4	94.5	93.6	28
28	103.4	102.5	101.7	100.8	100.0	99.2	98.3	97.4	96.6	95.7	94.8	93.9	93.0	32
24	102.7	101.9	101.0	100.2	99.4	98.5	97.7	96.8	95.9	95.0	94.2	93.3	92.4	36
20	102.1	101.2	100.4	99.6	98.7	97.9	97.0	96.2	95.3	94.4	93.6	92.7	91.8	40
16	101.4	100.6	99.8	99.0	98.1	97.3	96.4	95.6	94.7	93.8	92.9	92.1	91.2	44
12	100.8	100.0	99.2	98.3	97.5	96.6	95.8	94.9	94.1	93.2	92.3	91.5	90.6	48
8	100.2	99.4	98.5	97.7	96.9	96.0	95.2	94.3	93.5	92.6	91.7	90.9	90.0	52
4	99.6	98.7	97.9	97.1	96.2	95.4	94.6	93.7	92.9	92.0	91.2	90.3	89.4	4 56
7 0	99.0	98.1	97.3	96.5	95.6	94.8	94.0	93.1	92.3	91.4	90.6	89.7	88.8	5 0
6 56	98.3	97.5	96.7	95.9	95.0	94.2	93.4	92.5	91.7	90.8	90.0	89.1	88.2	4
52	97.7	96.9	96.1	95.3	94.4	93.6	92.8	91.9	91.1	90.2	89.4	88.5	87.7	8
48	97.1	96.3	95.5	94.7	93.8	93.0	92.2	91.3	90.5	89.6	88.8	87.9	87.1	12
44	96.5	95.7	94.9	94.1	93.2	92.4	91.6	90.7	89.9	89.1	88.2	87.4	86.5	16
40	95.9	95.1	94.3	93.5	92.6	91.8	91.0	90.2	89.3	88.5	87.6	86.8	85.9	20
36	95.3	94.5	93.7	92.9	92.0	91.2	90.4	89.6	88.7	87.9	87.1	86.2	85.4	24
32	94.7	93.9	93.1	92.3	91.4	90.6	89.8	89.0	88.2	87.3	86.5	85.6	84.8	28
28	94.1	93.3	92.5	91.7	90.9	90.0	89.2	88.4	87.6	86.7	85.9	85.1	84.2	32
24	93.5	92.7	91.9	91.1	90.3	89.5	88.6	87.8	87.0	86.2	85.3	84.5	83.6	36
20	92.9	92.1	91.3	90.5	89.7	88.9	88.0	87.2	86.4	85.6	84.8	83.9	83.1	40
16	92.4	91.5	90.7	89.9	89.1	88.3	87.5	86.6	85.8	85.0	84.2	83.4	82.5	44
12	91.8	91.0	90.1	89.3	88.5	87.7	86.9	86.1	85.2	84.4	83.6	82.8	82.0	48
8	91.2	90.4	89.6	88.7	87.9	87.1	86.3	85.5	84.7	83.8	83.0	82.2	81.4	52
4	90.6	89.8	89.0	88.2	87.3	86.5	85.7	84.9	84.1	83.3	82.4	81.6	80.8	5 56
6 0	90.0	89.2	88.4	87.6	86.8	86.0	85.1	84.3	83.5	82.7	81.9	81.1	80.2	6 0
5 56	89.4	88.6	87.8	87.0	86.2	85.4	84.6	83.7	82.9	82.1	81.3	80.5	79.7	4
52	R 05 56	R 05 53	87.2	86.4	85.6	84.8	84.0	83.2	82.4	81.5	80.7	79.9	79.1	8
48	S 06 04	S 06 07	R 05 50	85.8	85.0	84.2	83.4	82.6	82.0	81.0	80.1	79.3	78.5	12
44	A 89°.4	A 88°.2	S 06 10	R 05 47	R 05 44	83.6	82.8	82.0	81.4	80.4	79.6	78.8	77.9	16
40			A 86°.9	S 06 13	S 06 16	R 05 41	82.2	81.4	80.8	79.8	79.0	78.2	77.4	20
36				A 85°.7	A 84°.4	S 06 19	R 05 38	R 05 35	80.0	79.2	78.4	77.6	76.8	24
32						A 83°.2	S 06 22	S 06 25	R 05 32	78.6	77.8	77.0	76.2	28
28							A 82°.0	A 80°.7	S 06 28	R 05 29	77.2	76.4	75.6	32
24									A 79°.5	S 06 31	R 05 26	75.8	75.0	36
20										A 78°.2	S 06 34	R 05 23	R 05 20	40
16											A 77°.0	S 06 37	S 06 40	44
12												A 75°.7	A 74°.5	48
8														52
4														6 56
5 0														7 0
4 52														8
44														16
36														24
28														32
20														40
12														48
4 4														7 56
3 56														8 4
3 48														8 12

在北纬：上午太阳方位是北东，下午太阳方位是北西。
North Latitude；orientation is named North East at morning, North West at afternoon.

赤纬与纬度同名
DECLINATION SAME NAME AS LATITUDE

纬度 LAT 36°

上午 a.m. 时 分 hr. min.	12° °	13° °	14° °	15° °	16° °	17° °	18° °	19° °	20° °	21° °	22° °	23° °	24° °	下午 p.m. 时 分 hr. min.
9　0	109.0	107.9	106.8	105.7	104.6	103.4	102.2	101.0	99.7	98.4	97.2	95.8	94.5	3　0
8　56	108.2	107.1	106.0	104.9	103.8	102.6	101.4	100.2	99.0	97.7	96.4	95.2	93.8	4
52	107.4	106.3	105.2	104.1	103.0	101.8	100.7	99.5	98.3	97.0	95.8	94.5	93.2	8
48	106.6	105.5	104.4	103.4	102.2	101.1	100.0	98.8	97.6	96.4	95.1	93.8	92.6	12
44	105.8	104.8	103.7	102.6	101.5	100.4	99.2	98.1	96.9	95.7	94.4	93.2	91.9	16
40	105.0	104.0	102.9	101.9	100.8	99.7	98.5	97.4	96.2	95.0	93.8	92.6	91.3	20
36	104.3	103.2	102.2	101.1	100.1	99.0	97.8	96.7	95.5	94.4	93.2	92.0	90.7	24
32	103.6	102.5	101.5	100.4	99.4	98.3	97.2	96.0	94.9	93.7	92.5	91.3	90.1	28
28	102.8	101.8	100.8	99.7	98.7	97.6	96.5	95.4	94.2	93.1	91.9	90.7	89.5	32
24	102.1	101.1	100.1	99.0	98.0	96.9	95.8	94.7	93.5	92.5	91.3	90.1	89.0	36
20	101.4	100.4	99.4	98.4	97.3	96.2	95.2	94.1	93.0	91.8	90.7	89.6	88.4	40
16	100.7	99.7	98.7	97.7	96.6	95.6	94.5	93.4	92.4	91.2	90.1	89.0	87.8	44
12	100.0	99.0	98.0	97.0	96.0	95.0	93.9	92.8	91.8	90.6	89.5	88.4	87.3	48
8	99.3	98.4	97.4	96.4	95.4	94.3	93.3	92.2	91.1	90.1	89.0	87.8	86.7	52
4	98.7	97.7	96.7	95.7	94.7	93.7	92.7	91.6	90.6	89.5	88.4	87.3	86.2	3　56
8　0	98.0	97.0	96.1	95.1	94.1	93.1	92.0	91.0	90.0	88.9	87.8	86.7	85.6	4　0
7　56	97.4	96.4	95.4	94.4	93.5	92.5	91.4	90.4	89.4	88.3	87.2	86.2	85.1	4
52	96.7	95.8	94.8	93.8	92.8	91.8	90.8	89.8	88.8	87.8	86.7	85.6	84.5	8
48	96.1	95.1	94.2	93.2	92.2	91.2	90.2	89.2	88.2	87.2	86.1	85.1	84.0	12
44	95.4	94.5	93.6	92.6	91.6	90.6	89.7	88.7	87.6	86.6	85.6	84.6	83.5	16
40	94.8	93.9	92.9	92.0	91.0	90.1	89.1	88.1	87.1	86.1	85.0	84.0	83.0	20
36	94.2	93.3	92.3	91.4	90.4	89.5	88.5	87.5	86.5	85.5	84.5	83.5	82.4	24
32	93.6	92.7	91.7	90.8	89.8	88.9	87.9	87.0	86.0	85.0	84.0	82.9	81.9	28
28	93.0	92.1	91.1	90.2	89.3	88.3	87.4	86.4	85.4	84.4	83.4	82.4	81.4	32
24	92.4	91.5	90.5	89.6	88.7	87.7	86.8	85.8	84.9	83.9	82.9	81.9	80.9	36
20	91.8	90.9	90.0	89.0	88.1	87.2	86.2	85.3	84.3	83.4	82.4	81.4	80.4	40
16	91.2	90.3	89.4	88.5	87.5	86.6	85.7	84.7	83.8	82.8	81.8	80.9	79.9	44
12	90.6	89.7	88.8	87.9	87.0	86.0	85.1	84.2	83.2	82.3	81.3	80.3	79.4	48
8	90.0	89.1	88.2	87.3	86.4	85.5	84.6	83.6	82.7	81.7	80.8	79.8	78.8	52
4	89.4	88.5	87.6	86.7	85.8	84.9	84.0	83.1	82.2	81.2	80.3	79.3	78.4	4　56
7　0	88.8	87.9	87.1	86.2	85.3	84.4	83.5	82.5	81.6	80.7	79.7	78.8	77.8	5　0
6　56	88.2	87.4	86.5	85.6	84.7	83.8	82.9	82.0	81.1	80.2	79.2	78.3	77.3	4
52	87.7	86.8	85.9	85.0	84.2	83.3	82.4	81.4	80.5	79.6	78.7	77.8	76.8	8
48	87.1	86.2	85.4	84.5	83.6	82.7	81.8	80.9	80.0	79.1	78.2	77.2	76.3	12
44	86.5	85.6	84.8	83.9	83.0	82.2	81.3	80.4	79.5	78.6	77.7	76.7	75.8	16
40	85.9	85.1	84.2	83.4	82.5	81.6	80.7	79.8	78.9	78.0	77.1	76.2	75.3	20
36	85.4	84.5	83.6	82.8	81.9	81.0	80.2	79.3	78.4	77.5	76.6	75.7	74.8	24
32	84.8	83.9	83.1	82.2	81.4	80.5	79.6	78.8	77.9	77.0	76.1	75.2	74.3	28
28	84.2	83.4	82.5	81.7	80.8	80.0	79.1	78.2	77.3	76.5	75.6	74.7	73.8	32
24	83.6	82.8	82.0	81.1	80.3	79.4	78.6	77.7	76.8	75.9	75.0	74.2	73.3	36
20	83.1	82.2	81.4	80.6	79.7	78.9	78.0	77.1	76.3	75.4	74.5	73.6	72.8	40
16	82.5	81.7	80.8	80.0	79.2	78.3	77.5	76.6	75.7	74.9	74.0	73.1	72.2	44
12	82.0	81.1	80.3	79.4	78.6	77.8	76.9	76.1	75.2	74.3	73.5	72.6	71.7	48
8	81.4	80.6	79.7	78.9	78.1	77.2	76.4	75.5	74.7	73.8	73.0	72.1	71.2	52
4	80.8	80.0	79.2	78.3	77.5	76.7	75.8	75.0	74.1	73.3	72.4	71.6	70.7	5　56
6　0	80.2	79.4	78.6	77.8	76.9	76.1	75.3	74.4	73.6	72.7	71.9	71.0	70.2	6　0
5　56	79.7	78.8	78.0	77.2	76.4	75.6	74.7	73.9	73.0	72.2	71.4	70.5	69.7	4
52	79.1	78.3	77.5	76.6	75.8	75.0	74.2	73.3	72.5	71.7	70.8	70.0	69.1	8
48	78.5	77.7	76.9	76.1	75.2	74.4	73.6	72.8	71.9	71.1	70.3	69.4	68.6	12
44	77.9	77.1	76.3	75.5	74.7	73.9	73.0	72.2	71.4	70.6	69.8	68.9	68.1	16
40	77.4	76.6	75.8	74.9	74.1	73.3	72.5	71.7	70.9	70.0	69.2	68.4	67.6	20
36	76.8	76.0	75.2	74.4	73.6	72.8	71.9	71.1	70.3	69.5	68.7	67.8	67.0	24
32	76.2	75.4	74.6	73.8	73.0	72.2	71.4	70.6	69.8	68.9	68.1	67.3	66.5	28
28	75.6	74.8	74.0	73.2	72.4	71.6	70.8	70.0	69.2	68.4	67.6	66.8	65.9	32
24	75.0	74.2	73.4	72.6	71.8	71.0	70.2	69.4	68.6	67.8	67.0	66.2	65.4	36
20		73.6	72.8	72.1	71.3	70.5	69.7	68.9	68.1	67.3	66.5	65.7	64.8	40
16	R 05 20 S 06 40 A 74°.5		72.3	71.5	70.7	69.9	69.1	68.3	67.5	66.7	65.9	65.1	64.3	44
12		R 05 17 S 06 43 A 73°.2		70.9	70.1	69.3	68.5	67.7	66.9	66.1	65.3	64.5	63.7	48
8			R 05 14 S 06 46 A 72°.0		69.5	68.7		67.1	66.3	65.6	64.8	64.0	63.2	52
4				R 05 11 S 06 49 A 70°.7			67.3	66.6	65.8	65.0	64.2	63.4	62.6	6　56
5　0					R 05 08 S 06 52 A 69°.4	R 05 04 S 06 56 A 68°.2		66.0	65.2	64.4	63.6	62.8	62.0	7　0
4　52							R 05 01 S 06 59 A 66°.9			63.2	62.4	60.9	60.9	8
44								R 04 58 S 07 02 A 65°.6	R 04 54 S 07 06 A 64°.3			60.5	59.7	16
36										R 04 51 S 07 09 A 63°.0	R 04 47 S 07 13 A 61°.7			24
28												R 04 43 S 07 17 A 60°.4	R 04 40 S 07 20 A 59°.1	32
20														40
12														48
4　4														7　56
3　56														8　4
3　48														8　12

在南纬：上午太阳方位是南东，下午太阳方位是南西。
South Latitude: orientation is named South East at morning, South West at afternoon.

纬度 LAT 37°

赤纬与纬度同名
DECLINATION SAME NAME AS LATITUDE

在北纬：上午太阳方位是北东，下午太阳方位是北西。

North Latitude; orientation is named North East at morning, North West at afternoon.

上午 a.m. 时 hr	分 min	0°	1°	2°	3°	4°	5°	6°	7°	8°	9°	10°	11°	12°	下午 p.m. 时 hr	分 min
9	0	121.0	120.2	119.4	118.5	117.6	116.7	115.8	114.8	113.9	112.9	111.9	110.9	109.9	3	0
8	56	120.2	119.3	118.5	117.6	116.7	115.8	114.9	114.0	113.0	112.1	111.1	110.1	109.0		4
	52	119.3	118.5	117.6	116.7	115.9	115.0	114.0	113.1	112.2	111.2	110.2	109.2	108.2		8
	48	118.4	117.6	116.8	115.9	115.0	114.2	113.2	112.3	111.3	110.4	109.4	108.4	107.4		12
	44	117.6	116.8	115.9	115.1	114.2	113.3	112.4	111.5	110.5	109.6	108.6	107.6	106.6		16
	40	116.8	116.0	115.1	114.2	113.4	112.5	111.6	110.6	109.7	108.8	107.8	106.8	105.8		20
	36	116.0	115.1	114.3	113.4	112.6	111.7	110.8	109.8	108.9	108.0	107.0	106.0	105.0		24
	32	115.2	114.3	113.5	112.6	111.8	110.9	110.0	109.1	108.1	107.2	106.2	105.3	104.3		28
	28	114.4	113.6	112.7	111.8	111.0	110.1	109.2	108.3	107.4	106.4	105.5	104.5	103.5		32
	24	113.6	112.8	111.9	111.1	110.2	109.3	108.4	107.5	106.6	105.7	104.7	103.8	102.8		36
	20	112.8	112.0	111.2	110.3	109.4	108.6	107.7	106.8	105.9	104.9	104.0	103.0	102.1		40
	16	112.1	111.3	110.4	109.6	108.7	107.8	106.9	106.0	105.1	104.2	103.3	102.3	101.4		44
	12	111.3	110.5	109.7	108.8	108.0	107.1	106.2	105.3	104.4	103.5	102.6	101.6	100.7		48
	8	110.6	109.8	108.9	108.1	107.2	106.4	105.5	104.6	103.7	102.8	101.8	100.9	100.0		52
	4	109.9	109.0	108.2	107.4	106.5	105.6	104.8	103.9	103.0	102.1	101.2	100.2	99.3	3	56
8	0	109.2	108.3	107.5	106.6	105.8	104.9	104.1	103.2	102.3	101.4	100.5	99.5	98.6	4	0
7	56	108.4	107.6	106.8	105.9	105.1	104.2	103.4	102.5	101.6	100.7	99.8	98.9	97.9		4
	52	107.7	106.9	106.1	105.2	104.4	103.5	102.7	101.8	100.9	100.0	99.1	98.2	97.3		8
	48	107.0	106.2	105.4	104.6	103.7	102.8	102.0	101.1	100.2	99.4	98.4	97.5	96.6		12
	44	106.4	105.5	104.7	103.9	103.0	102.2	101.3	100.4	99.6	98.7	97.8	96.9	96.0		16
	40	105.7	104.8	104.0	103.2	102.4	101.5	100.6	99.8	98.9	98.0	97.1	96.2	95.3		20
	36	105.0	104.2	103.4	102.5	101.7	100.8	100.0	99.1	98.2	97.4	96.5	95.6	94.7		24
	32	104.3	103.5	102.7	101.8	101.0	100.2	99.3	98.5	97.6	96.7	95.8	95.0	94.1		28
	28	103.7	102.8	102.0	101.2	100.4	99.5	98.7	97.8	97.0	96.1	95.2	94.3	93.4		32
	24	103.0	102.2	101.4	100.5	99.7	98.9	98.0	97.2	96.3	95.4	94.6	93.7	92.8		36
	20	102.4	101.5	100.7	99.9	99.1	98.2	97.4	96.5	95.7	94.8	94.0	93.1	92.2		40
	16	101.7	100.9	100.1	99.2	98.4	97.6	96.8	95.9	95.0	94.2	93.3	92.5	91.6		44
	12	101.1	100.2	99.4	98.6	97.8	97.0	96.1	95.3	94.4	93.6	92.7	91.8	91.0		48
	8	100.4	99.6	98.8	98.0	97.2	96.3	95.5	94.6	93.8	93.0	92.1	91.2	90.4		52
	4	99.8	99.0	98.2	97.4	96.5	95.7	94.9	94.0	93.2	92.3	91.5	90.6	89.8	4	56
7	0	99.2	98.4	97.5	96.7	95.9	95.1	94.2	93.4	92.6	91.7	90.9	90.0	89.2	5	0
6	56	98.5	97.7	96.9	96.1	95.3	94.5	93.6	92.8	92.0	91.1	90.3	89.4	88.6		4
	52	97.9	97.1	96.3	95.5	94.7	93.8	93.0	92.2	91.4	90.5	89.7	88.8	88.0		8
	48	97.3	96.5	95.7	94.9	94.1	93.2	92.4	91.6	90.8	89.9	89.1	88.3	87.4		12
	44	96.7	95.9	95.1	94.2	93.4	92.6	91.8	91.0	90.2	89.3	88.5	87.6	86.8		16
	40	96.0	95.2	94.4	93.6	92.8	92.0	91.2	90.4	89.5	88.7	87.9	87.0	86.2		20
	36	95.4	94.6	93.8	93.0	92.2	91.4	90.6	89.8	89.0	88.1	87.3	86.5	85.6		24
	32	94.8	94.0	93.2	92.4	91.6	90.8	90.0	89.2	88.4	87.5	86.7	85.9	85.0		28
	28	94.2	93.4	92.6	91.8	91.0	90.2	89.4	88.6	87.8	86.9	86.1	85.3	84.4		32
	24	93.6	92.8	92.0	91.2	90.4	89.6	88.8	88.0	87.2	86.3	85.5	84.7	83.9		36
	20	93.0	92.2	91.4	90.6	89.8	89.0	88.2	87.4	86.6	85.7	84.9	84.1	83.3		40
	16	92.4	91.6	90.8	90.0	89.2	88.4	87.6	86.8	86.0	85.2	84.3	83.5	82.7		44
	12	91.8	91.0	90.2	89.4	88.6	87.8	87.0	86.2	85.4	84.6	83.8	82.9	82.1		48
	8	91.2	90.4	89.6	88.8	88.0	87.2	86.4	85.6	84.8	84.0	83.2	82.3	81.5		52
	4	90.6	89.8	89.0	88.2	87.4	86.6	85.8	85.0	84.2	83.4	82.6	81.8	81.0	5	56
6	0	90.0	89.2	88.4	87.6	86.8	86.0	85.2	84.4	83.6	82.8	82.0	81.2	80.4	6	0
5	56	89.4	88.6	87.8	87.0	86.2	85.4	84.6	83.8	83.0	82.2	81.4	80.6	79.8		4
	52			87.2	86.4	85.6	84.8	84.0	83.2	82.4	81.6	80.8	80.0	79.2		8
	48	R 05 56	R 05 53		85.8	85.0	84.2	83.4	82.6	81.8	81.0	80.2	79.4	78.6		12
	44	S 06 04	S 06 07	R 05 50		84.4	83.6	82.8	82.0	81.2	80.4	79.6	78.8	78.0		16
	40	A 89°.4	A 88°.1	S 06 10	R 05 47			82.2	81.4	80.6	79.8	79.0	78.2	77.4		20
	36			A 86°.9	S 06 13	R 05 44	R 05 41	81.6	80.8	80.0	79.2	78.4	77.6	76.8		24
	32				A 85°.6	S 06 16	S 06 19	R 05 38	80.2	79.4	78.6	77.8	77.0	76.2		28
	28					A 84°.4	A 83°.1	S 06 22	R 05 35	78.8	78.0	77.2	76.4	75.6		32
	24							A 81°.8	S 06 25	R 05 31	R 05 28	76.6	75.8	75.0		36
	20								A 80°.6	S 06 29	S 06 32	R 05 25	75.2	74.4		40
	16									A 79°.3	A 78°.1	S 06 35	R 05 22	73.8		44
	12											A 76°.8	S 06 38	R 05 19		48
	8												A 75°.5	S 06 41		52
	4													A 74°.2	6	56
5	0														7	0
4	52															8
	44															16
	36															24
	28															32
	20															40
	12															48
4	4														7	56
3	56														8	4
3	48														8	12

赤纬与纬度同名
DECLINATION SAME NAME AS LATITUDE

纬度 LAT 37°

上午 a.m. 时分 hr. min.	12°	13°	14°	15°	16°	17°	18°	19°	20°	21°	22°	23°	24°	下午 p.m. 时分 hr. min.
9 0	109.9	108.8	107.8	106.6	105.5	104.4	103.2	102.0	100.8	99.6	98.3	97.0	95.6	3 0
8 56	109.0	108.0	106.9	105.8	104.7	103.6	102.4	101.2	100.0	98.8	97.6	96.3	95.0	4
52	108.2	107.2	106.1	105.0	103.9	102.8	101.7	100.5	99.3	98.1	96.8	95.6	94.3	8
48	107.4	106.4	105.3	104.2	103.2	102.0	100.9	99.8	98.6	97.4	96.1	94.9	93.6	12
44	106.6	105.6	104.5	103.5	102.4	101.3	100.2	99.0	97.8	96.7	95.5	94.2	93.0	16
40	105.8	104.8	103.8	102.7	101.6	100.6	99.4	98.3	97.2	96.0	94.8	93.6	92.3	20
36	105.0	104.0	103.0	102.0	100.9	99.8	98.7	97.6	96.5	95.3	94.1	92.9	91.7	24
32	104.3	103.3	102.3	101.2	100.2	99.1	98.0	96.9	95.8	94.6	93.5	92.3	91.1	28
28	103.5	102.6	101.5	100.5	99.5	98.4	97.3	96.2	95.1	94.0	92.8	91.7	90.5	32
24	102.8	101.8	100.8	99.8	98.8	97.7	96.6	95.6	94.4	93.3	92.2	91.0	89.9	36
20	102.1	101.1	100.1	99.1	98.1	97.0	96.0	94.9	93.8	92.7	91.6	90.4	89.3	40
16	101.4	100.4	99.4	98.4	97.4	96.4	95.3	94.2	93.2	92.1	91.0	89.8	88.7	44
12	100.7	99.7	98.7	97.7	96.7	95.7	94.6	93.6	92.5	91.4	90.3	89.2	88.1	48
8	100.0	99.0	98.0	97.0	96.0	95.0	94.0	93.0	91.9	90.8	89.7	88.6	87.5	52
4	99.3	98.3	97.4	96.4	95.4	94.4	93.4	92.3	91.3	90.2	89.2	88.0	87.0	3 56
8 0	98.6	97.7	96.7	95.7	94.7	93.7	92.7	91.7	90.7	89.6	88.6	87.5	86.4	4 0
7 56	97.9	97.0	96.0	95.1	94.1	93.1	92.1	91.1	90.1	89.0	88.0	86.9	85.8	4
52	97.3	96.3	95.4	94.4	93.5	92.5	91.5	90.5	89.5	88.4	87.4	86.3	85.3	8
48	96.6	95.7	94.8	93.8	92.8	91.9	90.9	89.9	88.9	87.8	86.8	85.8	84.7	12
44	96.0	95.0	94.1	93.2	92.2	91.2	90.3	89.3	88.3	87.3	86.2	85.2	84.2	16
40	95.3	94.4	93.5	92.5	91.6	90.6	89.7	88.7	87.7	86.7	85.7	84.7	83.6	20
36	94.7	93.8	92.9	91.9	91.0	90.0	89.1	88.1	87.1	86.1	85.1	84.1	83.1	24
32	94.1	93.2	92.2	91.3	90.4	89.4	88.5	87.5	86.5	85.6	84.6	83.6	82.5	28
28	93.4	92.5	91.6	90.7	89.8	88.8	87.9	86.9	86.0	85.0	84.0	83.0	82.0	32
24	92.8	91.9	91.0	90.1	89.2	88.2	87.3	86.4	85.4	84.4	83.5	82.5	81.5	36
20	92.2	91.3	90.4	89.5	88.6	87.7	86.7	85.8	84.8	83.9	82.9	81.9	80.9	40
16	91.6	90.7	89.8	88.9	88.0	87.1	86.2	85.2	84.3	83.3	82.4	81.4	80.4	44
12	91.0	90.1	89.2	88.3	87.4	86.5	85.6	84.6	83.7	82.8	81.8	80.8	79.9	48
8	90.4	89.5	88.6	87.7	86.8	85.9	85.0	84.1	83.2	82.2	81.3	80.3	79.4	52
4	89.8	88.9	88.0	87.1	86.2	85.3	84.4	83.5	82.6	81.7	80.7	79.8	78.8	4 56
7 0	89.2	88.3	87.4	86.6	85.7	84.8	83.9	83.0	82.1	81.1	80.2	79.2	78.1	5 0
6 56	88.6	87.7	86.8	86.0	85.1	84.2	83.3	82.4	81.5	80.6	79.6	78.7	77.8	4
52	88.0	87.1	86.2	85.4	84.5	83.6	82.7	81.8	80.9	80.0	79.1	78.2	77.3	8
48	87.4	86.5	85.7	84.8	83.9	83.1	82.2	81.3	80.4	79.5	78.6	77.7	76.7	12
44	86.8	85.9	85.1	84.2	83.4	82.5	81.6	80.7	79.8	78.9	78.0	77.1	76.2	16
40	86.2	85.4	84.5	83.6	82.8	81.9	81.0	80.2	79.3	78.4	77.5	76.6	75.7	20
36	85.6	84.8	83.9	83.1	82.2	81.4	80.5	79.6	78.7	77.9	77.0	76.1	75.2	24
32	85.0	84.2	83.4	82.5	81.6	80.8	79.9	79.1	78.2	77.3	76.4	75.5	74.6	28
28	84.4	83.6	82.8	81.9	81.1	80.2	79.4	78.5	77.6	76.8	75.9	75.0	74.1	32
24	83.9	83.0	82.2	81.4	80.5	79.7	78.8	78.0	77.1	76.2	75.4	74.5	73.6	36
20	83.3	82.4	81.6	80.8	79.9	79.1	78.2	77.4	76.6	75.7	74.8	74.0	73.1	40
16	82.7	81.9	81.0	80.2	79.4	78.5	77.7	76.8	76.0	75.1	74.3	73.4	72.5	44
12	82.1	81.3	80.5	79.6	78.8	78.0	77.1	76.3	75.4	74.6	73.7	72.9	72.0	48
8	81.5	80.7	79.9	79.1	78.2	77.4	76.6	75.7	74.9	74.0	73.2	72.3	71.5	52
4	81.0	80.1	79.3	78.5	77.7	76.8	76.0	75.2	74.3	73.5	72.7	71.8	71.0	5 56
6 0	80.4	79.6	78.7	77.9	77.1	76.3	75.4	74.6	73.8	73.0	72.1	71.3	70.4	6 0
5 56	79.8	79.0	78.2	77.3	76.5	75.7	74.9	74.1	73.2	72.4	71.6	70.7	69.9	4
52	79.2	78.4	77.6	76.8	76.0	75.1	74.3	73.5	72.7	71.8	71.0	70.2	69.4	8
48	78.6	77.8	77.0	76.2	75.4	74.6	73.8	72.9	72.1	71.3	70.5	69.6	68.8	12
44	78.0	77.2	76.4	75.6	74.8	74.0	73.2	72.4	71.6	70.7	69.9	69.1	68.3	16
40	77.4	76.6	75.8	75.0	74.2	73.4	72.6	71.8	71.0	70.2	69.4	68.5	67.7	20
36	76.8	76.0	75.2	74.4	73.6	72.8	72.0	71.2	70.4	69.6	68.8	68.0	67.2	24
32	76.2	75.4	74.6	73.8	73.0	72.2	71.5	70.7	69.8	69.0	68.2	67.4	66.6	28
28	75.6	74.8	74.0	73.3	72.5	71.7	70.9	70.1	69.3	68.5	67.7	66.9	66.1	32
24	75.0	74.2	73.5	72.7	71.9	71.1	70.3	69.5	68.7	67.9	67.1	66.3	65.5	36
20	74.4	73.6	72.9	72.1	71.3	70.5	69.7	68.9	68.1	67.3	66.6	65.8	65.0	40
16		73.0	72.3	71.5	70.7	69.9	69.1	68.3	67.6	66.8	66.0	65.2	64.4	44
12	R 05 19		70.9	70.1	69.5	68.7	68.0	67.2	66.4	65.6	64.8	64.0	63.2	48
8	S 06 41	R 05 16	R 05 12	70.3	69.5	68.7	68.0	67.2	66.4	65.6	64.8	64.0	63.2	52
4	A 74°.2	S 06 44	S 06 48	R 05 09	68.9	68.1	67.3	66.6	65.8	65.0	64.2	63.5	62.7	6 56
5 0		A 73°.0	A 71°.7	S 06 51	R 05 06	66.7	66.0	65.2	64.4	63.6	62.9	60.9	59.7	7 0
4 52				A 70°.4	S 06 54	R 05 02			64.0		62.5	61.7	60.5	8
44					A 69°.1	S 06 58	R 04 59	R 04 55						16
36						A 67°.8	S 07 01	S 07 05						24
28							A 66°.6	A 65°.2	R 04 52	R 04 48	R 04 44			32
20									S 07 08	S 07 12	S 07 16	R 04 41	R 04 37	40
12									A 63°.9	A 62°.6	A 61°.3	S 07 19	S 07 23	48
4 4												A 60°.0	A 58°.6	7 56
3 56														8 4
3 48														8 12

在南纬：上午太阳方位是南东，下午太阳方位是南西。
South Latitude：orientation is named South East at morning, South West at afternoon.

附表（Appendix）1

太 阳 赤 纬 表 Solar Declination Table
（每日世界时 12h UT）

年度 Year：2016、2020、2024、2028、2032、2036、2040、2044、2048

日期 Date	1月 Jan ° ′	2月 Feb ° ′	3月 Mar ° ′	4月 Apr ° ′	5月 May ° ′	6月 Jun ° ′	7月 Jul ° ′	8月 Aug ° ′	9月 Sep ° ′	10月 Oct ° ′	11月 Nov ° ′	12月 Dec ° ′
1	南S 23 01	南S 17 08	南S 7 16	北N 4 52	北N 15 20	北N 22 10	北N 23 02	北N 17 48	北N 7 58	南S 3 31	南S 14 41	南S 21 55
2	22 55	16 51	6 53	5 15	15 38	22 17	22 58	17 32	7 36	3 54	15 00	22 04
3	22 50	16 34	6 30	5 38	15 55	22 25	22 53	17 16	7 14	4 17	15 19	22 12
4	22 44	16 16	6 07	6 01	16 12	22 31	22 47	17 00	6 52	4 40	15 37	22 20
5	22 37	15 58	5 43	6 24	16 30	22 38	22 42	16 44	6 30	5 03	15 55	22 28
6	22 31	15 40	5 20	6 46	16 46	22 44	22 36	16 27	6 07	5 26	16 13	22 35
7	22 23	15 21	4 57	7 09	17 03	22 50	22 29	16 10	5 45	5 49	16 31	22 41
8	22 15	15 02	4 33	7 31	17 19	22 55	22 22	15 53	5 22	6 12	16 48	22 48
9	22 07	14 43	4 10	7 53	17 35	23 00	22 15	15 36	4 59	6 35	17 05	22 53
10	21 58	14 24	3 46	8 16	17 50	23 04	22 07	15 18	4 37	6 58	17 22	22 59
11	21 49	14 04	3 23	8 38	18 06	23 08	21 59	15 00	4 14	7 20	17 39	23 03
12	21 40	13 44	2 59	8 59	18 21	23 12	21 50	14 42	3 51	7 43	17 55	23 08
13	21 30	13 24	2 35	9 21	18 35	23 15	21 42	14 24	3 28	8 05	18 11	23 12
14	21 20	13 04	2 12	9 43	18 50	23 18	21 32	14 05	3 05	8 27	18 26	23 15
15	21 09	12 44	1 48	10 04	19 04	23 20	21 23	13 47	2 42	8 49	18 41	23 18
16	20 58	12 23	1 24	10 25	19 18	23 22	21 13	13 28	2 19	9 11	18 56	23 20
17	20 46	12 02	1 01	10 46	19 31	23 24	21 02	13 08	1 56	9 33	19 11	23 23
18	20 34	11 41	0 37	11 07	19 44	23 25	20 52	12 49	1 32	9 55	19 25	23 24
19	20 22	11 20	南S 0 13	11 28	19 57	23 26	20 41	12 29	1 09	10 17	19 39	23 25
20	20 09	10 58	北N 0 11	11 48	20 09	23 26	20 29	12 09	0 46	10 38	19 52	23 26
21	19 56	10 37	0 34	12 09	20 21	23 26	20 18	11 49	北N 0 23	10 59	20 05	23 26
22	19 42	10 15	0 58	12 29	20 33	23 25	20 06	11 29	南S 0 01	11 20	20 18	23 26
23	19 29	9 53	1 22	12 49	20 44	23 24	19 53	11 09	0 24	11 41	20 30	23 25
24	19 14	9 31	1 45	13 08	20 55	23 23	19 41	10 48	0 48	12 02	20 42	23 24
25	19 00	9 09	2 09	13 28	21 06	23 21	19 28	10 28	1 11	12 23	20 54	23 22
26	18 45	8 46	2 32	13 47	21 16	23 19	19 14	10 07	1 34	12 43	21 05	23 20
27	18 30	8 24	2 56	14 06	21 26	23 17	19 01	9 46	1 58	13 03	21 16	23 17
28	18 14	8 01	3 19	14 25	21 35	23 14	18 47	9 24	2 21	13 23	21 26	23 14
29	17 58	南S 7 39	3 42	14 43	21 45	23 10	18 32	9 03	2 44	13 43	21 36	23 10
30	17 42		4 06	15 02	21 53	北N 23 07	18 18	8 41	南S 3 07	14 03	南S 21 46	23 06
31	南S 17 25		北N 4 29	北N 15 02	北N 22 02		北N 18 03	北N 8 20		南S 14 22		南S 23 02

附表（Appendix）2

时 差 表 Equation of Time Table
（每日世界时 12h UT）

年度 Year：2016，2020，2024，2028，2032，2036，2040，2044，2048

Date 日期	Jan 1月 (m s)	Feb 2月 (m s)	Mar 3月 (m s)	Apr 4月 (m s)	May 5月 (m s)	Jun 6月 (m s)	Jul 7月 (m s)	Aug 8月 (m s)	Sep 9月 (m s)	Oct 10月 (m s)	Nov 11月 (m s)	Dec 12月 (m s)
1	3 20 −	13 29 −	12 12 −	3 42 −	2 57 +	2 03 +	4 00 −	6 19 −	0 11 +	10 33 +	16 28 +	10 49 +
2	3 48	13 37	12 00	3 24	3 04	1 53	4 12	6 14	0 31	10 52	16 28	10 26
3	4 16	13 44	11 47	3 07	3 10	1 43	4 23	6 09	0 50	11 10	16 28	10 02
4	4 43	13 50	11 34	2 49	3 15	1 33	4 33	6 04	1 10	11 29	16 27	9 37
5	5 10	13 55	11 20	2 32	3 20	1 22	4 44	5 57	1 30	11 47	16 25	9 12
6	5 37	14 00	11 06	2 15	3 24	1 11	4 54	5 51	1 50	12 04	16 23	8 47
7	6 03	14 04	10 52	1 59	3 28	0 59	5 03	5 43	2 11	12 21	16 19	8 21
8	6 29	14 07	10 37	1 42	3 31	0 48	5 13	5 35	2 32	12 38	16 15	7 54
9	6 54	14 09	10 22	1 26	3 33	0 36	5 21	5 27	2 52	12 54	16 09	7 28
10	7 19	14 11	10 07	1 10	3 35	0 24	5 30	5 18	3 13	13 10	16 03	7 00
11	7 43	14 11	9 51	0 55	3 37	0 11 +	5 38	5 08	3 35	13 26	15 57	6 33
12	8 07	14 11	9 35	0 39	3 37	0 01 −	5 45	4 57	3 56	13 40	15 49	6 05
13	8 30	14 11	9 19	0 24	3 38	0 14	5 52	4 47	4 17	13 55	15 40	5 36
14	8 53	14 09	9 02	0 10	3 37	0 26	5 59	4 35	4 39	14 09	15 31	5 08
15	9 14	14 07	8 45	0 05 +	3 36	0 39	6 05	4 23	5 00	14 22	15 21	4 39
16	9 35	14 04	8 28	0 19	3 35	0 52	6 10	4 11	5 22	14 35	15 10	4 10
17	9 56	14 00	8 11	0 32	3 33	1 05	6 15	3 57	5 43	14 47	14 58	3 41
18	10 15	13 56	7 54	0 46	3 31	1 18	6 19	3 44	6 05	14 59	14 45	3 11
19	10 34	13 50	7 36	0 58	3 27	1 31	6 23	3 30	6 26	15 10	14 32	2 42
20	10 52	13 45	7 18	1 11	3 24	1 44	6 26	3 15	6 48	15 20	14 18	2 12
21	11 10	13 38	7 01	1 23	3 20	1 57	6 29	3 00	7 09	15 30	14 03	1 42
22	11 26	13 31	6 43	1 35	3 15	2 10	6 31	2 45	7 30	15 39	13 47	1 13
23	11 42	13 23	6 25	1 46	3 10	2 23	6 32	2 29	7 51	15 47	13 30	0 43
24	11 57	13 15	6 06	1 56	3 05	2 36	6 33	2 12	8 12	15 55	13 12	0 13
25	12 12	13 05	5 48	2 07	2 59	2 48	6 33	1 56	8 33	16 01	12 54	0 17 −
26	12 25	12 56	5 30	2 16	2 52	3 01	6 32	1 39	8 54	16 08	12 35	0 46
27	12 38	12 46	5 12	2 26	2 45	3 13	6 31	1 21	9 14	16 13	12 15	1 16
28	12 50	12 35	4 54	2 34	2 37	3 25	6 28	1 03	9 34	16 17	11 55	1 45
29	13 01	12 24	4 36	2 43	2 29	3 37	6 26	0 45	9 54	16 21	11 33	2 14
30	13 11		4 18	2 50	2 21	3 49	6 23	0 27	10 14	16 24	11 11	2 43
31	13 20 −		4 00 −		2 12 +		6 23 −	0 08 −		16 26 +		3 12 −

B105

天体高度方位表
SIGHT REDUCTION TABLES FOR MARINE NAVIGATION

第二册　VOL2
纬度 10°—19°
LAT

中国人民解放军海军司令部航海保证部
THE NAVIGATION GUARANTEE DEPARTMENT OF
THE CHINESE NAVY HEADQUARTERS

观测高度修正表 FOR CORRECTING THE OBSERVED ALTITUDE

太阳 sun 星 star

观测高度 Obs. Alt.	☉	☆
° ′	′	′
6 30	8.2	−7.9
6 40	8.4	−7.7
6 50	8.6	−7.6
7 00	8.7	−7.4
7 10	8.9	−7.2
7 20	9.0	−7.1
7 30	9.2	−7.0
7 40	9.3	−6.8
7 50	9.5	−6.7
8 00	9.6	−6.6
8 10	9.7	−6.4
8 20	9.8	−6.3
8 30	10.0	−6.2
8 40	10.1	−6.1
8 50	10.2	−6.0
9 00	10.3	−5.9
9 20	10.5	−5.7
9 40	10.6	−5.5
10 00	10.8	−5.3
10 20	11.0	−5.2
10 40	11.2	−5.0
11 00	11.3	−4.9
11 30	11.5	−4.7
12 00	11.7	−4.5
12 30	11.9	−4.3
13 00	12.0	−4.1
13 30	12.2	−4.0
14 00	12.3	−3.8
15 00	12.6	−3.6
16 00	12.8	−3.4
17 00	13.0	−3.2
18 00	13.2	−3.0
19 00	13.3	−2.8
20 00	13.5	−2.6
22 00	13.7	−2.4
24 00	14.0	−2.2
26 00	14.1	−2.0
28 00	14.3	−1.8
30 00	14.4	−1.7
32 00	14.6	−1.6
34 00	14.7	−1.4
36 00	14.8	−1.3
38 00	14.9	−1.3
40 00	15.0	−1.2
45 00	15.1	−1.0
50 00	15.3	−0.8
55 00	15.4	−0.7
60 00	15.5	−0.6
65 00	15.6	−0.5
70 00	15.7	−0.4
75 00	15.8	−0.3
80 00	15.8	−0.2
85 00	15.9	−0.1
90 00	16.0	0.0

日期 date	太阳修正附加数 additional corr. for sun
一月 1	+0′.3
二月 1	+0′.3
三月 1	+0′.2
四月 1	0′.0
五月 1	−0′.1
六月 1	−0′.2
七月 1	−0′.2
八月 1	−0′.2
九月 1	−0′.1
十月 1	0′.0
十一月 1	+0′.2
十二月 1	+0′.3

月球 moon

观测高度下边 Obs. Alt. of lower limb	地平视差 horizontal parallax 54′	55′	56′	57′	58′	59′	60′	61′	观测高度上边 Obs. Alt. of upper limb	地平视差 horizontal parallax 54′	55′	56′	57′	58′	59′	60′	61′
° ′	′	′	′	′	′	′	′	′	° ′	′	′	′	′	′	′	′	′
5 30	59.6	60.9	62.1	63.4	64.7	66.0	67.3	68.5	5 30	29.4	30.2	30.9	31.6	32.3	33.0	33.7	34.4
6 00	60.2	61.4	62.7	64.0	65.3	66.5	67.8	69.1	6 00	30.1	30.8	31.5	32.3	33.0	33.7	34.4	35.1
6 30	60.7	61.9	63.2	64.5	65.8	67.0	68.3	69.6	6 30	30.7	31.4	32.1	32.8	33.5	34.3	35.0	35.7
7 00	61.1	62.4	63.6	64.9	66.2	67.4	68.7	70.0	7 00	31.2	31.9	32.6	33.3	34.0	34.8	35.5	36.2
7 30	61.5	62.7	64.0	65.3	66.5	67.8	69.1	70.4	7 30	31.6	32.3	33.0	33.7	34.5	35.2	35.9	36.6
8 00	61.8	63.1	64.3	65.6	66.9	68.1	69.4	70.7	8 00	32.0	32.7	33.4	34.1	34.8	35.5	36.3	37.0
8 30	62.1	63.3	64.6	65.9	67.1	68.4	69.7	70.9	8 30	32.3	33.0	33.7	34.4	35.1	35.9	36.6	37.3
9 00	62.3	63.6	64.8	66.1	67.4	68.6	69.9	71.1	9 00	32.6	33.3	34.0	34.7	35.4	36.1	36.8	37.5
9 30	62.5	63.8	65.0	66.3	67.6	68.8	70.1	71.3	9 30	32.8	33.5	34.2	34.9	35.6	36.3	37.1	37.8
10 00	62.7	64.0	65.2	66.5	67.7	69.0	70.3	71.5	10 00	33.0	33.7	34.4	35.1	35.8	36.5	37.3	38.0
11 00	63.0	64.2	65.5	66.7	68.0	69.3	70.5	71.8	11 00	33.3	34.0	34.7	35.4	36.2	36.9	37.6	38.3
12 00	63.2	64.4	65.7	66.9	68.2	69.5	70.7	72.0	12 00	33.6	34.3	35.0	35.7	36.4	37.1	37.8	38.5
13 00	63.3	64.6	65.8	67.0	68.3	69.6	70.8	72.1	13 00	33.7	34.4	35.1	35.8	36.5	37.2	37.9	38.6
14 00	63.4	64.6	65.9	67.1	68.4	69.6	70.9	72.1	14 00	33.8	34.5	35.2	35.9	36.6	37.3	38.0	38.7
15 00	63.4	64.6	65.9	67.1	68.4	69.6	70.9	72.1	15 00	33.8	34.5	35.2	35.9	36.6	37.3	38.0	38.7
16 00	63.4	64.6	65.8	67.1	68.3	69.6	70.8	72.0	16 00	33.8	34.5	35.2	35.9	36.6	37.3	38.0	38.6
17 00	63.3	64.5	65.8	67.0	68.2	69.5	70.7	71.9	17 00	33.8	34.5	35.1	35.8	36.5	37.2	37.9	38.6
18 00	63.2	64.4	65.6	66.9	68.1	69.3	70.6	71.8	18 00	33.7	34.3	35.0	35.7	36.4	37.1	37.7	38.4
19 00	63.1	64.3	65.5	66.7	67.9	69.2	70.4	71.6	19 00	33.5	34.2	34.9	35.6	36.2	36.9	37.6	38.2
20 00	62.9	64.1	65.3	66.5	67.8	69.0	70.2	71.4	20 00	33.4	34.0	34.7	35.4	36.0	36.7	37.4	38.1
21 00	62.7	63.9	65.1	66.3	67.5	68.7	70.0	71.2	21 00	33.2	33.9	34.5	35.2	35.8	36.5	37.2	37.8
22 00	62.5	63.7	64.9	66.1	67.3	68.5	69.7	70.9	22 00	33.0	33.6	34.3	34.9	35.6	36.3	36.9	37.6
23 00	62.2	63.4	64.6	65.9	67.0	68.2	69.4	70.6	23 00	32.7	33.4	34.0	34.7	35.3	36.0	36.6	37.3
24 00	62.0	63.1	64.3	65.5	66.7	67.9	69.1	70.3	24 00	32.5	33.1	33.7	34.4	35.0	35.7	36.3	37.0
25 00	61.7	62.9	64.0	65.2	66.4	67.6	68.8	69.9	25 00	32.2	32.8	33.4	34.1	34.7	35.4	36.0	36.6
26 00	61.3	62.5	63.7	64.9	66.0	67.2	68.4	69.6	26 00	31.9	32.5	33.1	33.7	34.4	35.0	35.6	36.2
27 00	61.0	62.2	63.3	64.5	65.7	66.8	68.0	69.2	27 00	31.5	32.1	32.8	33.4	34.0	34.6	35.2	35.9
28 00	60.7	61.8	63.0	64.1	65.3	66.4	67.6	68.8	28 00	31.2	31.8	32.4	33.0	33.6	34.2	34.9	35.5
29 00	60.3	61.4	62.6	63.7	64.9	66.0	67.2	68.4	29 00	30.8	31.4	32.0	32.6	33.2	33.8	34.4	35.0
30 00	59.9	61.0	62.2	63.3	64.4	65.6	66.7	67.9	30 00	30.4	31.0	31.6	32.2	32.8	33.4	34.0	34.6
31 00	59.5	60.6	61.7	62.9	64.0	65.1	66.3	67.4	31 00	30.0	30.6	31.2	31.8	32.3	32.9	33.5	34.1
32 00	59.0	60.2	61.3	62.4	63.5	64.7	65.8	66.9	32 00	29.6	30.1	30.7	31.3	31.9	32.5	33.0	33.6
33 00	58.6	59.7	60.8	61.9	63.1	64.2	65.3	66.4	33 00	29.1	29.7	30.3	30.8	31.4	32.0	32.5	33.1
34 00	58.1	59.2	60.3	61.4	62.5	63.6	64.8	65.9	34 00	28.7	29.2	29.8	30.3	30.9	31.5	32.0	32.6
35 00	57.7	58.7	59.8	60.9	62.0	63.1	64.2	65.3	35 00	28.2	28.7	29.3	29.8	30.4	30.9	31.5	32.0
36 00	57.2	58.2	59.3	60.4	61.5	62.6	63.7	64.7	36 00	27.7	28.2	28.8	29.3	29.8	30.4	30.9	31.5
37 00	56.7	57.7	58.8	59.8	60.9	62.0	63.1	64.2	37 00	27.2	27.7	28.2	28.8	29.3	29.8	30.3	30.9
38 00	56.1	57.2	58.2	59.3	60.4	61.4	62.5	63.6	38 00	26.7	27.2	27.7	28.2	28.7	29.2	29.7	30.3
39 00	55.6	56.6	57.7	58.7	59.8	60.8	61.9	62.9	39 00	26.1	26.6	27.1	27.6	28.1	28.6	29.1	29.6
40 00	55.0	56.1	57.1	58.1	59.2	60.2	61.3	62.3	40 00	25.6	26.1	26.6	27.1	27.6	28.0	28.5	29.0
41 00	54.4	55.5	56.5	57.5	58.6	59.6	60.6	61.6	41 00	25.0	25.5	26.0	26.4	26.9	27.4	27.9	28.4
42 00	53.9	54.9	55.9	56.9	57.9	59.0	60.0	61.0	42 00	24.4	24.9	25.4	25.8	26.3	26.8	27.2	27.7
43 00	53.3	54.3	55.3	56.3	57.3	58.3	59.3	60.3	43 00	23.8	24.3	24.7	25.2	25.6	26.1	26.6	27.0
44 00	52.7	53.7	54.6	55.6	56.6	57.6	58.6	59.6	44 00	23.2	23.6	24.1	24.6	25.0	25.4	25.9	26.3
45 00	52.0	53.0	54.0	55.0	56.0	56.9	57.9	58.9	45 00	22.6	23.0	23.4	23.9	24.3	24.7	25.2	25.6
46 00	51.4	52.4	53.3	54.3	55.3	56.2	57.2	58.2	46 00	21.9	22.4	22.8	23.2	23.6	24.0	24.5	24.9
47 00	50.7	51.7	52.6	53.6	54.6	55.5	56.5	57.4	47 00	21.3	21.7	22.1	22.5	22.9	23.3	23.8	24.2
48 00	50.1	51.0	52.0	52.9	53.9	54.8	55.7	56.7	48 00	20.6	21.0	21.4	21.8	22.2	22.6	23.0	23.4
49 00	49.4	50.3	51.3	52.2	53.1	54.1	55.0	55.9	49 00	19.9	20.3	20.7	21.1	21.5	21.9	22.3	22.6
50 00	48.7	49.6	50.5	51.5	52.4	53.3	54.2	55.1	50 00	19.2	19.6	20.0	20.4	20.7	21.1	21.5	21.9
51 00	48.0	48.9	49.8	50.7	51.6	52.5	53.4	54.3	51 00	18.5	18.9	19.3	19.6	20.0	20.3	20.7	21.1
52 00	47.3	48.2	49.1	50.0	50.9	51.8	52.7	53.5	52 00	17.8	18.2	18.5	18.9	19.2	19.6	19.9	20.3
53 00	46.6	47.5	48.3	49.2	50.1	51.0	51.8	52.7	53 00	17.1	17.5	17.8	18.1	18.4	18.8	19.1	19.4
54 00	45.8	46.7	47.6	48.4	49.3	50.2	51.0	51.9	54 00	16.4	16.7	17.0	17.3	17.7	18.0	18.3	18.6
55 00	45.1	46.0	46.8	47.6	48.5	49.3	50.2	51.0	55 00	15.7	16.0	16.3	16.6	16.9	17.2	17.5	17.8
56 00	44.4	45.2	46.0	46.8	47.7	48.5	49.4	50.2	56 00	14.9	15.2	15.5	15.8	16.1	16.3	16.6	16.9
57 00	43.6	44.4	45.2	46.0	46.9	47.7	48.5	49.3	57 00	14.2	14.4	14.7	15.0	15.2	15.5	15.8	16.1
58 00	42.8	43.6	44.4	45.2	46.0	46.9	47.7	48.5	58 00	13.4	13.6	13.9	14.2	14.4	14.7	14.9	15.2
59 00	42.1	42.9	43.6	44.4	45.2	46.0	46.8	47.6	59 00	12.6	12.8	13.1	13.3	13.6	13.8	14.1	14.3
60 00	41.3	42.1	42.8	43.6	44.4	45.1	45.9	46.7	60 00	11.8	12.0	12.3	12.5	12.7	13.0	13.2	13.4
61 00	40.5	41.2	42.0	42.7	43.5	44.3	45.0	45.8	61 00	11.0	11.2	11.4	11.6	11.9	12.1	12.3	12.5
62 00	39.6	40.4	41.1	41.9	42.6	43.4	44.1	44.9	62 00	10.2	10.4	10.6	10.8	11.0	11.2	11.4	11.6
63 00	38.8	39.6	40.3	41.0	41.8	42.5	43.2	43.9	63 00	9.4	9.6	9.8	9.9	10.1	10.3	10.5	10.7
64 00	38.0	38.7	39.4	40.2	40.9	41.6	42.3	43.0	64 00	8.6	8.7	8.9	9.1	9.2	9.4	9.6	9.7
65 00	37.2	37.9	38.6	39.3	40.0	40.7	41.4	42.1	65 00	7.7	7.9	8.0	8.2	8.3	8.5	8.7	8.8
66 00	36.4	37.0	37.7	38.4	39.1	39.8	40.4	41.1	66 00	6.9	7.0	7.2	7.3	7.5	7.6	7.7	7.9
67 00	35.5	36.2	36.8	37.5	38.2	38.8	39.5	40.2	67 00	6.1	6.2	6.3	6.4	6.5	6.7	6.8	6.9
68 00	34.7	35.3	36.0	36.6	37.3	37.9	38.6	39.2	68 00	5.2	5.3	5.4	5.5	5.6	5.7	5.8	5.9
69 00	33.8	34.4	35.1	35.7	36.3	37.0	37.6	38.2	69 00	4.3	4.4	4.5	4.6	4.7	4.8	4.8	4.9
70 00	32.9	33.6	34.2	34.8	35.4	36.0	36.7	37.3	70 00	3.5	3.5	3.6	3.7	3.8	3.8	3.9	4.0
71 00	32.1	32.7	33.3	33.9	34.5	35.1	35.7	36.3	71 00	2.6	2.7	2.7	2.8	2.8	2.9	2.9	3.0
72 00	31.2	31.8	32.3	32.9	33.5	34.1	34.7	35.3	72 00	1.7	1.8	1.8	1.9	1.9	1.9	2.0	2.0
73 00	30.3	30.9	31.4	32.0	32.6	33.2	33.7	34.3	73 00	0.9	0.9	0.9	0.9	0.9	1.0	1.0	1.0
74 00	29.4	30.0	30.5	31.1	31.6	32.2	32.7	33.3	74 00	0.0	0.0	0.0	0.0	0.0	0.0	0.0	0.0
75 00	28.5	29.1	29.6	30.1	30.7	31.2	31.8	32.3	75 00	−0.9	−0.9	−0.9	−1.0	−1.0	−1.0	−1.0	−1.0
76 00	27.7	28.2	28.7	29.2	29.7	30.2	30.8	31.3	76 00	−1.8	−1.9	−1.9	−1.9	−1.9	−2.0	−2.0	−2.0
77 00	26.8	27.3	27.7	28.2	28.8	29.3	29.8	30.2	77 00	−2.7	−2.8	−2.8	−2.9	−2.9	−2.9	−3.0	−3.0
78 00	25.8	26.3	26.8	27.3	27.8	28.3	28.7	29.2	78 00	−3.6	−3.7	−3.8	−3.8	−3.9	−3.9	−4.0	−4.1
79 00	24.9	25.4	25.9	26.3	26.8	27.3	27.7	28.2	79 00	−4.5	−4.6	−4.7	−4.8	−4.8	−4.9	−5.0	−5.1
80 00	24.0	24.5	24.9	25.4	25.8	26.3	26.7	27.2	80 00	−5.4	−5.5	−5.6	−5.7	−5.8	−5.9	−6.0	−6.1
81 00	23.1	23.6	24.0	24.4	24.8	25.3	25.7	26.2	81 00	−6.3	−6.5	−6.6	−6.7	−6.8	−6.9	−7.0	−7.2
82 00	22.2	22.6	23.0	23.4	23.9	24.3	24.7	25.1	82 00	−7.3	−7.4	−7.5	−7.7	−7.8	−7.9	−8.1	−8.2
83 00	21.3	21.7	22.1	22.5	22.9	23.3	23.7	24.1	83 00	−8.2	−8.3	−8.5	−8.6	−8.8	−8.9	−9.1	−9.2
84 00	20.4	20.8	21.1	21.5	21.9	22.3	22.6	23.0	84 00	−9.1	−9.3	−9.4	−9.6	−9.8	−9.9	−10.1	−10.3
85 00	19.4	19.8	20.2	20.5	20.9	21.3	21.6	22.0	85 00	−10.0	−10.2	−10.4	−10.6	−10.8	−10.9	−11.1	−11.3
86 00	18.5	18.9	19.2	19.6	19.9	20.3	20.6	20.9	86 00	−10.9	−11.2	−11.4	−11.5	−11.7	−12.0	−12.2	−12.3
87 00	17.6	17.9	18.2	18.6	18.9	19.2	19.6	19.9	87 00	−11.9	−12.1	−12.3	−12.5	−12.7	−13.0	−13.2	−13.4
88 00	16.7	17.0	17.3	17.6	17.9	18.2	18.5	18.8	88 00	−12.8	−13.0	−13.3	−13.5	−13.7	−14.0	−14.2	−14.4
89 00	15.7	16.0	16.3	16.6	16.9	17.2	17.5	17.8	89 00	−13.7	−14.0	−14.4	−14.5	−14.7	−15.0	−15.3	−15.5
90 00	14.7	15.0	15.3	15.6	15.8	16.1	16.4	16.7	90 00	−14.7	−15.0	−15.3	−15.6	−15.8	−16.1	−16.4	−16.7

眼高差表 DIP OF SEA HORIZON

眼高 H. O. E	眼高差 DIP	眼高 H. O. E	眼高差 DIP
(米 m)	′	(米 m)	′
0.28			
	−1.0		
0.36		9.9	
	1.1		5.6
0.42		10.2	
	1.2		5.7
0.50		10.6	
	1.3		5.8
0.58		11.0	
	1.4		5.9
0.68		11.4	
	1.5		−6.0
0.76		11.8	
	1.6		6.1
0.87		12.1	
	1.7		6.2
0.98		12.5	
	1.8		6.3
1.10		12.9	
	1.9		6.4
1.22		13.4	
	−2.0		6.5
1.35		13.8	
	2.1		6.6
1.48		14.2	
	2.2		6.7
1.62		14.6	
	2.3		6.8
1.76		15.1	
	2.4		6.9
1.93		15.5	
	2.5		−7.0
2.07		16.0	
	2.6		7.1
2.25		16.4	
	2.7		7.2
2.41		16.9	
	2.8		7.3
2.61		17.3	
	2.9		7.4
2.77		17.8	
	−3.0		7.5
2.99		18.3	
	3.1		7.6
3.16		18.8	
	3.2		7.7
3.39		19.3	
	3.3		7.8
3.58		19.8	
	3.4		7.9
3.82		20.3	
	3.5		−8.0
4.02		20.8	
	3.6		8.1
4.28		21.3	
	3.7		8.2
4.49		21.8	
	3.8		8.3
4.76		22.4	
	3.9		8.4
4.98		22.9	
	−4.0		8.5
5.26		23.4	
	4.1		8.6
5.52		24.0	
	4.2		8.7
5.80		24.6	
	4.3		8.8
6.07		25.1	
	4.4		8.9
6.35		25.7	
	4.5		−9.0
6.64		26.3	
	4.6		9.1
6.94		26.9	
	4.7		9.2
7.24		27.5	
	4.8		9.3
7.55		28.1	
	4.9		9.4
7.86		28.7	
	−5.0		9.5
8.18		29.3	
	5.1		9.6
8.51		29.9	
	5.2		9.7
8.84		30.5	
	5.3		9.8
9.18		31.0	
	5.4		9.9
9.53		31.5	
	−5.5		−10.0
9.90		32.0	

行星高度补充修正 COMPLEMENTARY CORRECTION FOR PLANETS

高度 altitude	视差 parallax 0′.1	0′.2	0′.3
10°	+0′.1	+0′.2	+0′.3
30°	+0′.1	+0′.2	+0′.3
50°	+0′.1	+0′.1	+0′.2
70°	+0′.0	+0′.1	+0′.1
80°	+0′.0	+0′.0	+0′.1
90°	+0′.0	+0′.0	+0′.0

高度 altitude	视差 parallax 0′.4	0′.5	0′.6
10°	+0′.4	+0′.5	+0′.6
30°	+0′.3	+0′.4	+0′.5
50°	+0′.3	+0′.3	+0′.4
70°	+0′.2	+0′.2	+0′.2
80°	+0′.1	+0′.1	+0′.1
90°	+0′.0	+0′.0	+0′.0